中共江西省委党校（江西行政学院）科研资政工程文库

兴赣策论（十一）

XINGGAN CELUN (SHIYI)

上册

主　编／李　能

执行主编／高莉娟

副主编／郭金丰　曾　光

杨和明　高佳俊

江西人民出版社
Jiangxi People's Publishing House
全国百佳出版社

图书在版编目（CIP）数据

兴赣策论 . 十一：全 2 册 / 李能主编 . -- 南昌：江西
人民出版社，2024.4
ISBN 978-7-210-15451-8

Ⅰ . ①兴… Ⅱ . ①李… Ⅲ . ①区域经济发展—研究报
告—江西 Ⅳ . ① F127.56

中国国家版本馆 CIP 数据核字（2024）第 065355 号

兴赣策论（十一）全 2 册　　　　　　　李　能　主编

责 任 编 辑：李鉴和
封 面 设 计：同异文化传媒

江西人民出版社　出版发行
Jiangxi People's Publishing House
全国百佳出版社

地　　　　址：江西省南昌市三经路 47 号附 1 号（330006）
网　　　　址：www.jxpph.com
电 子 信 箱：jxpph@tom.com
编辑部电话：0791-86892125
发行部电话：0791-86898893
承 　印　 厂：南昌市红星印刷有限公司
经　　　销：各地新华书店

开　　　　本：720 毫米 × 1000 毫米　1/16
印　　　　张：38.75
字　　　　数：600 千字
版　　　　次：2024 年 4 月第 1 版
印　　　　次：2024 年 4 月第 1 次印刷
书　　　　号：ISBN 978-7-210-15451-8
定　　　　价：138.00 元（上下册）
赣版权登字 –01-2024-104

前　言

中共江西省委党校（江西行政学院）坚持以习近平新时代中国特色社会主义思想为指导，深入学习贯彻党的二十大精神和习近平总书记关于党校工作的重要论述，深入贯彻落实习近平总书记考察江西重要讲话精神，围绕省委和省政府中心工作和重大决策部署，大力推进新时代党校智库建设，深入开展调查研究，形成了一批较高质量的决策咨询成果和理论研究成果。

为进一步用好科研资政成果、推进教研资一体化，2023 年 12 月，校（院）启动了《兴赣策论（十一）》书稿的整理和出版工作，遴选了一批优秀的调研报告和理论文章，编辑成册、结集出版。《兴赣策论（十一）》分为上、下两册。上册收录了 45 篇调研报告，主要选自 2023 年度校（院）教职工、主体班学员和市县党校人员撰写并得到省领导批示的资政报告，分别围绕构建现代化产业体系、深化对内对外开放、全面推进乡村振兴、实施科教强省战略、推进共同富裕、统筹发展和安全等六个主题，提出的对策建议得到了省领导和有关部门的肯定。下册收录了 66 篇理论文章，主要选自 2023 年度校（院）教职工公开发表于《光明日报》《学习时报》《江西日报》等报纸以及《理论视野》《科学社会主义》等期刊的高质量理论文章，分别围绕党的建设、经济建设、政治建设、文化建设、社会建设、生态文明建设等六个主题，注重学理道理哲理阐释。

在本书编纂出版过程中，常务副校（院）长李能同志高度重视并精心指导，副校（院）长高莉娟同志对本书的编写进行了全程统筹，科研管理部郭金丰、杨和明、高佳俊同志负责书稿的统稿工作，江西经济社会发展战略研究所曾光、高建设、杨和平等同志参与了上册书稿的相关工作，科研管理部柳臻、邓爱秀、黄云、刘舟方平、姚瑶等同志参与了下册书稿的相关工作，江西人民出版社编辑李鉴和同志付出了辛勤的劳动。在此，对所有参与书稿写作和出版工作的同志一并表示感谢。由于书稿内容较多、跨度较大，加之编者水平和时间有限，本书难免有纰漏之处，敬请读者批评指正！

今后，我们将始终坚守为党育才、为党献策的党校初心，坚持围绕中心、服务大局，持续做好理论研究、对策研究这个探索规律、经世致用的大学问，努力在党的创新理论研究阐释、推进党的理论创新、为党和政府建言献策等方面推出高质量成果。

本书编写组

2024 年 1 月

目　录

构建现代化产业体系

实施科教强省战略

构建现代化产业体系

关于加快推进我省国家级锂电新能源产业集聚区
建设的思考与对策

省委党校第 112 期市厅级领导干部进修班调研组[*]

2023 年 4 月 28 日，中央政治局会议强调，要巩固和扩大新能源汽车发展优势，加快推进充电桩、储能等设施建设和配套电网改造。锂作为动力电池的重要电极材料，被誉为"绿色能源金属"和"白色石油"，是制造以新能源汽车为代表的清洁能源终端应用的关键物质材料。在全球能源转型大背景下，锂电新能源产业迎来巨大发展机遇。近年来，江西积极培育新能源新材料等新兴产业，加快构建新能源产业新发展格局，取得了较好成效。近期，调研组围绕推进我省国家级锂电新能源产业集聚区建设这一主题，深入宜春奉新、宜丰等地进行锂电新能源产业发展专题调研，形成如下调研报告。

一、江西已成为国内锂电新能源材料产业优势集聚区

（一）我省锂资源储量全国占优，开采条件优越

我省锂资源丰富，尤以宜春为盛。2022 年，我省锂资源储量占全国的40%，超过青海、四川，位居全国第一位；且锂矿储量增量达 94.5%，在全国占据重要地位。因受季节、气候、地形、海拔与其他条件限制，盐湖锂资源富集地的青藏高原、硬岩型锂辉石矿富集地的川西北和南疆地区无法大规模开

---

* 调研组成员：省委党校第 112 期市厅级领导干部进修班全体学员
执　笔　人：罗仙平　钟小武

采，短期内也不能形成较大的产能和供应量。而我省锂矿因多地处江南丘陵地带，锂云母资源在开发过程中不受高海拔、气候、低温和淡水等条件制约，可以实现常年大规模开采，在全国锂矿资源中占据重要地位。

（二）依托丰富锂矿资源，我省已形成锂电新能源全产业链开发模式

依托超大型锂矿资源基地优势和较好的地理环境等因素，宜春以龙头企业为带动，加快推进锂电产业项目全链条、集群式发展，已形成从上游锂矿资源勘查采选、碳酸锂生产，到中游锂离子电池四大关键材料、电池电芯制造，再到下游新能源汽车制造、废旧电池循环利用的"锂资源—锂材料—锂电池—锂应用—锂回收"完整全产业链体系。

通过多年持续的技术攻关，我省将锂云母资源转化为能够规模化、低成本、持续稳定开发的优质资源，与四川和新疆的锂辉石提锂、青海的盐湖提锂形成三足鼎立的格局，打破了我国锂矿资源严重依靠国外进口的被动局面，有效地保障了我国碳酸锂资源安全和锂电产业链供应链的稳定。2022年宜春新能源（锂电）产业实现营业收入1116.98亿元，同比增长149.83%，利润总额243.72亿元，同比增长385.79%，较短时间内，宜春市实现了将锂资源优势转化为产业集群优势的蓬勃发展态势。

（三）我省锂电新能源产业发展态势呈现可喜局面

近三年我省锂电产业投资在全国占比排名不断上升，2022年成功挤进全国三强。2022年，全省锂电新能源产业实现营业收入2352.8亿元，同比增长183.6%，排名全国第四；实现利润总额520.5亿元，同比增长337.1%，排名全国第一。锂盐、负极材料、电解液、隔膜、铜箔等产量都位居国内前列，其中碳酸锂、氢氧化锂产量排名全国第一，锂盐总产量占全国的近一半，产业发展态势良好。

二、制约我省构建国家级锂电新能源材料产业集聚区高质量发展的主要问题

通过深入宜春有关企业、矿山和政府部门调研，调研组认为我省锂电新

能源产业主要面临以下亟待解决的问题：

（一）锂矿资源采选－化工提锂产能受限于政府部门规划产能，将制约我省锂电新能源材料产业的高质量发展

受近年来锂电新能源市场需求高涨的拉动，宜春锂矿资源采选－化工提锂产能急剧扩张，但省自然资源厅 2022 年批复宜春 2025 年规划开采总量不足实际预测产能的四分之一。因宜春市的能耗增量指标与污染物排放总量指标是以每年开采总量为依据计算，受限于计划产能和能耗增量指标与污染物排放总量指标的控制，宜春锂矿资源采选－化工提锂产业规模发展受到较大限制，难以供应后端需求，这极大地制约了我省锂电新能源材料产业的高质量发展。

（二）我省锂矿的尾砂锂渣量大，安全处置能力亟待提升

目前，我省锂瓷石矿选矿精矿产率只有 10%—12%，剩余的 88%—90% 的选矿废料除了少部分作为陶瓷原料被消纳外，绝大部分至今未找到消纳途径，需堆存处理。锂云母精矿制备锂盐废渣也是如此。调研组在多家选矿厂看到，大量长石粉缺乏综合利用途径，厂区内长石粉堆积如山；多家碳酸锂企业厂区内锂渣大量堆积。目前，宜春市锂渣消纳能力已严重不足，随着宜春地区低品位锂云母处理能力快速攀升，预计 2023 年底将产生超过 1 亿吨长石石英尾渣，远远超出目前市场消纳能力，将进一步加剧安全处置风险。

（三）锂电池材料虽具有规模优势，但高端材料发展滞后

虽然宜春电池生产材料的产能规模居于全国乃至世界前列，但高端产品与国外企业仍有差距。在高镍三元正极材料方面，日本、韩国企业研发起步早，技术成熟度高，宜春企业的产品性能、生产工艺相比之下存在差距；部分高性能正极材料前驱体、电池电解液功能添加剂等，仍部分依赖进口。宜春电池企业在单体电池的能量密度、制造精度、温度适应范围等方面较国际市场先进水平存在一定差距。此外，受基础研发不足因素制约，我国关键材料与电池技术体系的发展后劲不足，突出表现在新一代全固态电池方向的研发布局明显滞后于日本丰田汽车公司等优势企业，可能导致新兴方向的技术与产品差距继续拉大。

（四）产业结构不合理，产业链间协作不紧密

宜春锂电新能源产业结构不合理，锂电终端应用产业与前端产业不匹配。宜春锂电新能源产业链上的其他企业之间战略合作、产业链配套仍然较低，还没有形成集聚效应。袁州、宜丰、奉新、上高、高安等地资源优势、产业优势明显，但各地区之间优势产业协作不紧密，未形成锂电新能源产业链有效的合力。锂电新能源终端应用如新能源汽车所需锂电池并不是由宜春电池制造企业提供，比如哪吒汽车电芯使用的是宁德时代的电池，还没有搭载宜春时代、宜春国轩等本地生产的电池。

（五）我省当前以化石能源为主的电力结构，极大地削弱了我省锂电新能源产业的竞争力

当前，我省的电力结构主要是以化石能源为主。2023 年 6 月欧盟《新电池法》的出台，将对我省在这一电力结构基础上发展起来的锂电新能源产业造成巨大冲击。欧盟《新电池法》要求企业提供电池碳足迹声明和标签；要求企业设定最低回收率及材料回收目标；要求企业提供电池护照，其中动力电池被明确要求具有电子记录。只有拥有电池护照的动力电池，才能进入欧洲市场。这将极大地增加我省锂电新能源产业的出口成本，对进入海外市场造成巨大冲击，并将极大地削弱我省锂电新能源产业的竞争力。

（六）人才培养结构不适应区域产业需求，科技创新能力不足

目前，我省锂电新能源产业对创新型和高技能人才的需求都极为迫切，但目前我省缺乏对锂电新能源产业的专业规划建设，也没有"双一流"高校和锂电产业国家级平台的支撑，创新链、服务产业链配套不够，产业持续强劲发展的技术支撑力严重不足。此外，我省中小企业多数没有专门的科研机构，大企业的科研平台则设在总部，研发平台和科研人员均不在当地，难以带动本地科研人员成长和科技创新能力提升。反观外省，江苏溧阳注重围绕产业链部署创新链，持续深化与中国科学院物理所合作，相继建立了一批重大创新平台，推动科技创新与产业发展的深度融合。

三、加快推进我省构建国家级锂电新能源材料产业集聚区高质量发展的对策建议

（一）科学合理地规划我省锂矿资源采选－化工提锂产能，为锂电新能源材料产业的高质量发展奠定坚实基础

对省内锂瓷土矿、锂辉石矿矿权设置情况进行全面梳理，结合锂电、陶瓷、建材等产业发展现状，科学合理地确定省内锂瓷土矿、锂辉石矿等的开采规模；综合考虑锂资源产地社会经济地理环境情况、能耗增量指标与污染物排放总量指标等要素，科学规划化工提锂产业布局，尽快出台省内化工提锂企业单位产品能耗限额标准、技术准入规范等，尽快形成规范化规模化技术水平高的化工提锂工厂成省内行业主体，杜绝小规模技术水平低的工厂多点开发的局面形成。

（二）将宜春锂矿资源集中开发区按国家级示范智慧矿山进行规划，推进我省构建全球新能源材料产业集聚区

锂资源绿色安全高效开采，要解决好安全高效开采、原矿输送，采区生态复垦等工作，构建国家级示范智慧矿山。

打造国家级锂循环经济示范产业基地，构建锂电新能源产业新发展格局。短期内甚至一个时间段，要处理好选锂尾矿的存储问题，当前的选锂尾矿本身就是长石石英粉，因为跟市场抢跑的原因，各选矿厂都没有开展长石石英分离，但长石本身就是陶瓷原料，石英好的可以做玻璃原料，差一些可以替代河沙做混凝土骨料，这些都是资源。建议各资源县区要规划好选锂尾矿存储，尽可能往陶瓷产区规划场地。

在绿色开采前提下，有条件地允许新增锂资源探矿权、采矿权或接续采矿证，优化锂矿探矿权、采矿权审批管理，按照"总量控制、产能平衡、采储平衡"的原则，允许大企业集团申请锂资源探矿权和社会资本加入锂资源风险勘查；鼓励中央勘查基金或省级专项资金开展锂资源预查项目协议转让给矿业开发头部企业；鼓励锂资源开发企业到省外、国外开展锂资源的风险勘探，加

大控制锂资源量，以保障资源的有效供给。

（三）围绕关键材料与产品实施创新，带动产业链各环节协同发展

在资源开采端，持续推进自动化采矿装备、高速通信网络、智能生产管理系统平台等的配置与应用，对矿山生产对象和过程进行动态化、智能化监控。

在矿石加工端，持续提升锂资源选矿工艺、装备与智能化的技术水平，完善补齐长石－石英分离，钽铌、锡石等伴生资源回收的生产线，提升矿产资源综合利用率。

在冶炼加工端，规范锂盐加工企业准入条件，出台加工厂绿色生产标准，全面实现生产工艺的全流程自动化控制，降低能源与辅材消耗强度，提高产品性能的稳定性及一致性。

在循环利用端，提高机械化作业程度，强化不同废旧动力电池的分类管理，提高有价金属的回收率；着力提升电解液等回收难度大、经济价值低的关键材料综合回收利用水平，发展短流程、闭路循环的回收工艺，实施回收过程中的废液无害化管理并降低污染物排放强度。

（四）强化锂电新能源领域省内外、国内外大循环与产业协同，构建宜春新能源产业龙头地位

搭建省内锂矿资源及其下游动力电池产业链企业交流平台，鼓励国内锂电产业链各环节企业加入；配套鼓励政策，定期开展线下交流，促进锂电产业链上、下游企业之间的技术交流与产业合作。注重上、下游企业的技术衔接与配套，促进上、下游企业开展生产技术合作，形成密切合作、协同创新、共生发展的产业链生态。

要强化我省锂矿资源县区之间在资源开发与矿产加工业、深加工和生态环境保护之间的协同关系，同时推动宜春与有锂电铜箔产业地市（该产业主要分布在南昌、九江、赣州、上饶等地）的协作，与新余（赣锋锂业已经是全球锂资源型企业）、赣州（锂电有孚能科技，另有永磁电机等产业集群）的分工与合作，协同推动我省锂电新能源产业高质量发展。

（五）大力发展绿色电力，打通国际快速物流大通道

为适应欧盟《新电池法》对进入欧盟产品的标准要求，保障我省锂电新能源产业用电需求及降低减排压力，建议鼓励企业自建绿色发电和储电设施，特别是对于企业发展太阳能发电、风力发电、生物质发电等绿色电力，给予土地审批、财税及绿色金融支持。

利用"一带一路""区域经济全面合作伙伴关系协定""东南亚国家联盟"等与沿线国家建立的友好外交关系，通过"基础设施换资源"等方式，促进各合作方优势互补，充分发挥国内国外两种资源、两个市场优势，打通国际快速物流大通道，塑造我省锂电新能源产业竞争新优势，破解同质竞争困局，为我省锂电新能源产业"走出去"开辟新赛道。

（六）强化"产学研"合作，培育产业链复合型科技人才

要重点建好两个产业学院。一是支持江西理工大学宜春锂电新能源产业研究院的本地化发展，以此为依托构建江西理工大学锂电新能源产业学院，为我省锂电新能源产业体系提供高端专业技术人才；二是支持宜春学院锂电新能源产业学院做实，为锂电新能源产业体系提供基础专业技术人才。

要谋划布局锂电新能源科技宜春实验室，形成从锂资源提取、材料加工到下游应用和科技创新的锂电新能源产业链创新链融合的集群，保障产业链上游基础研究需求，匹配应用研究发展创新需要，为我省锂电新能源产业高质量发展提供技术支撑。

在破解难题中推动我省光伏产业发展升级

——关于上饶光伏产业发展的调研与思考

省委党校第 113 期市厅级领导干部进修班调研组 *

　　习近平总书记近日在江西考察时强调，加快战略性新兴产业发展壮大，形成在全国有影响力的产业集群。2023 年 9 月，省委、省政府制订出台了《制造业重点产业链现代化建设"1269"行动计划（2023—2026 年）》，明确到 2026 年打造具有全球影响力的光伏新能源先进制造业集群。近期，调研组赴上饶经开区、上饶高新区、茶亭产业园等地，深入光伏企业，围绕光伏产业发展开展实地调研。形成如下调研报告。

一、上饶光伏产业发展的积极探索

（一）发展现状

　　目前，上饶已集聚光伏新能源产业链上下游企业 52 家，2022 年全市光伏新能源产业实现营业收入 1201 亿元，同比增长 56.8%，已成长为全市第 2 个千亿级产业集群。主要特点：一是龙头带动强。晶科能源"独木成林"。晶科上饶总部布局形成了从切片、电池片到组件、光伏辅材的"一体化"完整产业链。2023 年第三季度，晶科能源全球累计组件出货量达到 165GW，成为历史

---

* 　调研组成员：省委党校第 113 期市厅级领导干部进修班全体学员
　　执　笔　人：李国峰

上首家实现跨越 160GW 里程碑的公司。全年营收有望突破 1000 亿元。二是集聚程度高。上饶光伏产业主要集聚在上饶经开区。2022 年光伏产业主营业务收入 1055 亿元，占据了"半壁江山"。外贸出口额超过了九成。三是集群态势好。形成了从上游硅片，到中游电池片、组件，再到中下游配套辅材、光伏应用的完整产业链。晶科能源硅片、组件端、海优威光伏胶膜、信义光能光伏玻璃全球出货量第一，捷泰新能源电池片端全球出货量前五。四是发展后劲足。在建项目共 11 个，投资总额约 323 亿元，投资过百亿的项目 2 个，总投资 150 亿元的晶科"智慧大工厂"项目建成投产后预计年可实现营收 550 亿元，是上饶乃至全省单体投资额最大的工业项目，是全球光伏行业首个"一体化"标杆工厂。彩虹超薄高透光伏玻璃项目总投资 106 亿元。

（二）有益启示

一是必须矢志不渝育龙头。今天的晶科已经成为上饶市首家市值过千亿的上市企业，成为江西本土培育成长起来的一家全球化领军企业。晶科成功地穿越各个产业周期，不断做大做强，得益于省委、省政府和上饶市委、市政府始终与晶科风雨同舟共进退，矢志不渝育龙头，当年的"晶科之苗"也一步一步茁壮成长为光伏行业的"参天大树"。二是必须坚定不移抓集群。按照"高大上、链群配"的思路，狠抓光伏产业集群，紧盯产业链头部企业，大力实施产业链精准招商，推动光伏产业串珠成链、聚链成群，不仅帮助晶科龙头降本增效，而且培育形成了上下游紧密合作的产业生态。三是必须政企同心筑生态。当地政企同心、同向发力，携手打造光伏产业生态圈。2021 年，上饶经开区规划建成总占地 600 亩，总建筑面积约 50 万平方米的光伏产业生态园，目前已集聚海胶膜、粘胶、背板及包装辅材等企业落户，就近与晶科生产配套。今年 6 月，上饶综保区正式获批，就近为晶科组件出口海外提供平台支撑。四是必须创新机制优环境。树立"百般呵护企业、充分尊重企业家"理念，致力打造"全省一流、可比浙江"的营商环境。推行"在建项目五人行""百干联百企"等安商服务举措，推出"片区网格化服务"做法，推广全区干部"挂点＋包片"服务小组工作机制，不断擦亮上饶经开区一流营商环境的"金字招牌"。

二、当前光伏产业面临的主要问题

（一）从行业需求分析，产业前景广阔与阶段性产能过剩相矛盾

2022 年全球光伏新增装机量 222GW，国内光伏新增装机量 87.4GW，占全球总量的 40%。预计 2023 年至 2030 年间全球将新增光伏装机量 3250GW，国内将新增光伏装机量 2046GW，产业发展前景广阔。与此同时，随着老牌头部企业的产能加快扩张和跨界玩家的资本蜂拥而至，光伏产能建设迎来"井喷"期。2022 年全球光伏组件产能约 682GW，产量仅为 347GW，电池片产能 583GW，产量仅为 366GW，而实际新增装机量 222GW，整体出现了长期需求与短期供给不匹配的现象。若未来下游应用市场增速低于扩产预期甚至出现下降，可能面临阶段性产能过剩。

（二）从产业瓶颈分析，光伏产业大幅扩产与技术、人才束缚相矛盾

在当前市场已经产能过剩、各环节产品价格持续下跌的背景下，扩张无疑会加速市场产能过剩的程度，行业淘汰赛也会更快到来。与此同时，光伏产业面临技术、人才瓶颈制约。当前市场上主流光伏电池技术路线平均转换效率已经接近理论极限。光伏行业是一个涉及多学科、跨领域的综合类行业，形成了对技术人才的大量需求。目前中国光伏产业从业人员总量约为 300 万人，2023—2025 年年均新增需求约 10 万人，而实际供给量却只有 4 万人，人才供给面临很大的缺口。

（三）从市场环境分析，市场发展需求与国际贸易壁垒相矛盾

在后疫情时代强劲的经济复苏需求与俄乌冲突等多种因素的共同影响下，国内外对新能源尤其是太阳能的发展需求不断提升，纷纷调高本国的光伏发电装机容量目标。我国光伏制造企业的产品技术、市场份额在全球占据绝对优势地位。与此同时，为降低本国光伏市场的对外依赖度，全球主要市场国家开始逐渐重视光伏产业供应链的本地化，出台政策大力扶持本国企业发展；美国、欧盟等国家甚至通过增加我国企业贸易关税、出台不正当法案、专利诉讼点对

点打击等手段，打压我国光伏企业发展，形成了严峻的国际贸易保护主义市场环境。

（四）从技术趋势分析，项目量产稳定性与技术更新周期快相矛盾

光伏新能源的发展，本质上是在最低的制造成本中追求更高的光电转化效率，从而实现更高的经济价值。光伏行业历经多次技术迭代、尺寸逐步做大等技术革新。时至今日，光伏行业再一次走到了新技术的"岔路口"。目前光伏电池存在 5 种主流技术。项目搭载何种技术稳定量产实现降本增效，并在后续的技术迭代中做好产线的有效衔接，是企业在新一轮市场竞争中的关键。目前光伏头部企业无论是"押宝"一种技术路线，还是投入多种技术路线，都面临着项目量产稳定性和技术更新周期快的矛盾。

（五）从企业竞争分析，一体化布局降本增效与重资产投入相矛盾

近年来，为实现降本增效、提高抗风险能力，产业链中的各类企业纷纷向上下游延伸，力求通过一体化布局实现供应链的资源整合，优化各环节产能布局与配比，提高产业链竞争优势，进而提升整体盈利能力。但一体化布局需要投入更多的资金资源，加重了企业的资产负担，意味着行业内同质化竞争更加激烈，差异化特征缺失，这可能会使行业缺乏动力去推动新的技术。光伏行业是技术密集型行业，如果没有差异化而是同质化竞争，就很难出现专业化竞争的企业。

三、推动我省光伏产业发展升级的对策建议

（一）以更高站位谋全局，着力抓好光伏产业发展升级的顶层设计

抢抓"双碳"战略机遇，始终把光伏产业作为首位产业来抓，做到"首位产业首位推进"。做实全省光伏产业链长制。建立省委、省政府主要领导任链长的光伏产业链链长制。要做实全省光伏产业链链长制，采取强化领导、搭建平台、制定政策等一系列措施，统筹推进招商引资、项目建设、技术创新等各项工作，着力打造光伏产业集群以及一批具有影响力的产业基地、领航企业和拳头产品。做强光伏产业发展主阵地。江西光伏产业的主阵地在上饶、新余

等地，要集中资源、集成政策，支持当地做大做强光伏产业集群。上饶经开区是我省唯一的国家光伏高新技术产业化基地。要持续推进产业链精准招商，力争3年内再引进2—3家链条头部企业落户，努力建成世界一流光伏制造基地和创新应用桥头堡。坚持全省"一盘棋"防止内耗。要加强顶层设计，优化产业布局，做好项目统筹，重点支持上饶、新余等地光伏产业发展壮大。要注重协调设区市以拼政策、拼资源进行光伏产业招商的内部竞争行为，防止出现结构不优、一哄而上、重复发展的情况。开辟光储融合发展新赛道。光伏发电间歇性，决定了储能发展的重要性。储能成为光伏产业发展新一轮突破口，是又一个万亿级的产业发展赛道，光储融合已经成为光伏产业发展升级的必然选择。要"快"字当头抓储能产业支持政策的谋划落地。要学习借鉴外省的好经验、好做法，出台鼓励支持政策，吸引社会资本参与投资建设储能电站，推动光储产业融合发展。

（二）以更强定力抓强链，着力补齐光伏产业发展升级的短板弱项

始终瞄准技术前端、产品终端、行业高端的一流企业，开展精准招商，推进光伏产业强链补链壮链。组件龙头项目要聚力招商。在支持政策合理且对地方财政不会产生较大压力的前提下，要瞄准光伏组件出货量前五强企业开展重点招商，聚焦聚力引进2—3家，甚至是全部前五强组件龙头企业落户江西。补链延链项目要全力招商。按照"高大上、链群配"的思路，推进产业链上下游企业招引工作。纵向强链上，力争引进焊带、逆变器等缺链环节生产头部企业落户；横向配套上，加强龙头企业供应链项目招引，全要素降低企业生产成本。资源消耗项目要量力招商。光伏产业链上游的硅料、拉棒环节，能耗需求大且产业带动力弱，不宜引进，严防发展黑洞；光伏产业链中下游的玻璃、电池片环节，能耗需求大但对产业支撑性强，要量力引进、谨慎招商。

（三）以更实举措强保障，着力破除光伏产业升级的瓶颈制约

树立"工业挂帅、项目为王"理念，落实落细要素保障，确保重大产业项目快建成、快投产、快见效。强化用"地"保障。对亩均投资强度高、亩均产出效益高及光伏产业链中高端项目予以优先保障用地，进一步提高光伏产业

项目土地容积率，优化土地开发利用率。强化用"能"保障。探索建立光伏产业重大项目节能审查绿色通道机制，同时在用能指标方面积极争取列入省、市重大支持项目单列解决。强化用"钱"保障。成立光伏产业发展引导基金，通过国有资本的引导带动作用，激励信贷资金和社会资金支持光伏产业链项目发展；创新金融产品，推广应用订单融资、应收应付账款融资、仓单质押、知识产权质押等产品，提升光伏产业链企业贷款获得率。强化用"人"保障。进一步优化人才服务配套，开辟人才住房、子女入学和医疗保障等服务绿色通道，建立高层次人才"一站式"服务中心，减少人才后顾之忧。

（四）以更大力度拓应用，着力构建光伏产业制造与应用双轮驱动的发展格局

树立既做制造大省、又做应用强省的理念，推动形成制造与应用双轮驱动的发展格局。大力支持 GW 级光伏电站建设。"十四五"时期，我省规划新增光伏装机 16GW。要坚持目标导向，全力协调项目指标资源、土地资源、消纳资源，支持本土龙头企业建设 GW 级光伏电站基地。全力落实整县开发和全省开发区屋顶三年行动计划。要按照国家能源局《整县（市、区）屋顶分布式光伏开发试点方案》和《江西省整体推进开发区屋顶光伏建设三年行动计划》部署安排，加强部门协作，着力解决屋顶落实难、电费结算难、行业监管难、并网和就近消纳难等突出问题，确保试点方案和行动计划任务如期落地。努力推进"光伏 +"应用发展。随着光伏技术的进步和成本进一步下降，"光伏 +"不断得到拓展，与不同行业相结合的跨界融合趋势愈发凸显，农光互补、渔光互补、林光互补、水光互补等模式不断推广，光伏 +5G、光伏 + 建筑幕墙、光伏 + 市政道路、光伏 + 储能 + 充电桩等应用场景更加广泛。要采取国资带动、市场推动、政策激励等方式，加速推进"光伏 +"应用项目建设，实现多场景应用、多业态呈现，致力将我省打造成全国光伏应用示范窗口。

延长文旅产业链　壮大消费升级新动能

省委党校第 61 期中青班第一调研组[*]

文旅消费是扩大内需、拉动消费的主力军，是提振市场信心、推进高质量发展的重要引擎。2022 年以来，党中央把扩大文旅消费摆在突出位置，推动全国文旅产业率先复苏。江西作为生态大省、旅游大省、文化大省，如何抓住文旅产业全面复苏的"窗口期"，不断延长文旅产业链，巩固扩大文旅消费，是扩内需、稳增长亟待解决的重要课题。为此，调研组深入景德镇、上饶等地调研，深入研究分析扩大文旅消费面临的形势和机遇、存在的问题和不足，提出相关对策和建议。

一、疫情防控措施优化后，居民文旅消费需求发生明显变化

文旅产业涉及面广、综合性强、关联度高、带动力大，有研究表明，文旅收入每增加 1 元，可带动相关产业增收 4.5 元；文旅投资每增加 1 元，可带动相关行业投资 5 元。2023 年"五一"假期，全省接待游客人次和收入均创历史新高，仅南昌市就接待游客 1326.3 万人次，旅游总收入 77.6 亿元，分别排名全国省会城市第 4 和第 6，直接带动交通、餐饮、住宿、购物等产业快速

---

* 课题组成员：周就猫　顾海敏　刘四海　周海明　李明文　杨　涛　梁　磊　许靓静
　　　　　　　邓　培　郑　莎　黄　璜　陈　磊
　执　笔　人：刘四海　周海明　李明文　杨　涛
　指　导　老　师：李海鸣

增长。从文旅消费情况看，疫情防控措施优化后，居民文旅消费需求呈现多元化、个性化、特色化等特点。

（一）多元化，消费需求从风景转向场景

以文娱演出、风土民俗等为代表的"城市休闲游"，以民宿和营地等为代表的"乡村度假游"，以文博、主题乐园等为代表的"参观研学游"等，各种沉浸式、体验式、康养式旅游方式越来越受欢迎。调查问卷显示，84.1%的游客选择自然山水，63.6%的游客选择文化遗迹，53.6%的游客选择旅游都市，42.9%的游客选择乡村田园。2023年"五一"假期，上饶望仙谷、景德镇三宝村等多个网红景区出现"一房难求"的情况，景德镇御窑博物馆5月1日客流量超4.29万人次，创下江西博物馆单日客流纪录，成为全国最热门的地市级博物馆之一。

（二）个性化，消费频次从低频转向高频

据中国旅游研究院数据统计，2023年前4个月，居民出游意愿明显提升，达到56.3%，超过2019年同期15.8个百分点。调查问卷显示，一年内旅游2—3次的占53.5%，4次以上的占17.1%；停留时间2—3天的占70.1%，3天以上的达23.6%，自助游自驾游也成为游客出行的首选。2023年"五一"假期，是"江西人游江西"向"区域跨省游"的转折点，游客出游半径和目的地游憩半径双提升，仅南昌客源地城市前十的城市中不乏上海、武汉、北京、深圳、长沙、杭州等地。

（三）特色化，消费结构从刚性转向软性

"夜经济"不断走热，居民对品质化、特色化的文旅产品兴趣度持续提升，空间延展到历史文化街区、商业休闲中心等，游客和市民身份"一键切换"，全面融入目的地生活。调查问卷显示，文旅要素消费中美食占46.9%、购物游玩占38.1%；文旅商品中，70.3%的游客选择文创产品，52.7%的游客选择农副产品。2022年以来，我省相继推出的旅游消费节、赣菜美食节、百城百夜文化旅游消费季等主题活动，成为文旅消费市场"引爆点"，吸引诸多游客前来"打卡"消费。

二、文旅消费"井喷式"增长的同时，暴露出一些问题和不足

尽管我省文旅消费市场回暖势头强劲，但文旅消费整体水平与旅游资源整体优势并不匹配，"井喷式"增长的背后，暴露出一些问题和不足。

（一）有流量，消费贡献度不高

有的景区看似人满为患，但吸引游客消费的项目不多，"门票经济"现状依然没有改变。有的地方盲目跟风效仿外地做法，推出的文旅消费活动没有亮点、缺少特色，最后"东施效颦"，"美食节"变成"美食劫"，"弯道超车"最后"翻了车"。特别是一些免费的文化场馆没有相应的二次消费项目，人潮涌动的另一面是"叫好不叫座""赚了个吆喝"。

（二）有配套，服务满意度不高

2023年"五一"期间，有的网红景区出现用车荒、导游荒和住宿难、停车难、吃饭难、排队难等问题，导致提前"限流"，游客半路被"劝返"，景区品牌形象大打折扣。有的景区配套消费项目未发挥应有作用，"建设高大上、运营跟不上""开张热热闹闹、运营冷冷清清"；有的名义上是文旅项目，实际上是房地产。一些地方民宿缺乏有力监管，导致服务水平参差不齐，虚假宣传、随意涨价、欺客宰客等现象还时有发生。

（三）有推广，品牌显示度不高

经过多年努力，"江西风景独好"品牌深入人心，但品牌深化衍生不够，加上旅行社引流力度欠佳，"抢人大战"、同质竞争日益凸显。有的地方文旅深度融合不够，有的景区缺少文化内涵，在新业态打造上方向不明、措施乏力。各地普遍缺少懂文旅、懂市场、懂运营的专业人才，导致文旅消费活动和文创产品创意不够、推动消费后劲不足。

（四）有政策，落实精准度不高

政策、资金"撒胡椒面"多，没有做到资源集成、要素集聚。刺激文旅消费仍主要靠政府埋单、消费补贴等形式，给财政带来不小压力，难以实现常态长效。有的地方反映，我省文旅行业各种评比、评选不少，但评审机制比较

粗放，有的含金量不高，重点不够突出。此外，国有景区普遍存在管理体制不顺、运营机制不活、发展效率不高等问题，景区开发、营销推广、产品创新等方面仍然滞后，竞争力、带动力较弱。

三、多措并举延长文旅产业链，为消费升级注入新动能

"出圈"不易，"守圈"更难。当前，文旅消费回暖势头有短期"报复性"增长的因素，当文旅消费转入常态化日常消费后，如何稳住回暖势头、筑牢恢复基础、夯实扩大底子，需要立足吃、住、行、游、购、娱六大要素，从系统谋划、创新机制、夯实基础、多元融合、人才优先、政策支撑等方面入手，不断延长文旅消费产业链，为消费升级注入新动能。

（一）系统谋划，让消费布局"优起来"

一是谋好"一盘棋"。省级层面牵头，市县参与配合，对全省文旅资源进行再梳理，根据各地文化、资源、地域情况进行归类，分级进行文旅消费规划，列出详细清单、明晰发展思路，点面结合、全域推进、错位竞争。二是绘好"一张图"。聚焦"游在江西、吃在江西、玩在江西、乐在江西、购在江西"，从各地实际出发，体现特色亮点，建立健全江西全域文旅消费产品"树状图"，一地一策、一地一产。三是串好"一条链"。推动江西"大景区"建设，将研学游、文化游、会展游、乡村游等各类体验式、沉浸式、康养式文旅消费新业态串起来，串珠成链、抱团发展。

（二）创新机制，让消费载体"活起来"

一是创新运营模式。进一步深化国有景区体制机制改革，探索建立利益分成机制，引进专业团队参与市场营销，用市场化眼光和手段赋予国有景区新的活力。二是推进政策协同。打通信息孤岛，建立发改、住建、自然资源、农业农村、商务等部门政策衔接机制，把各口分散的政策资源整合起来，形成政策包，集中对文旅消费进行全方位支持。三是优化消费服务。全省范围内建立健全文旅消费诚信退赔制度，深入开展放心消费创建活动，加强从业人员培训，不断提高文旅消费环境安全度、经营者诚信度和消费者满意度，向全社会

响亮喊出"放心游江西"的口号。

（三）夯实基础，让消费体验"暖起来"

一是让城市更有"温度"。节假日或重大文旅消费活动期间，通过为外地游客腾车位、交警柔性执法、组织志愿车队免费接送游客、延长公共交通下班时间、严控住宿餐饮价格等小事小节，增加城市"人情味"，让游客感兴趣、愿意来、留得下、多消费。二是让服务更有"温情"。实施行业质量提升工程，制定酒店、民宿等行业标准，提高行业服务水平，为游客营造更加安全、舒适、优质的文旅消费环境，使更多"头回客"变成"回头客"。三是让硬件更有"温暖"。在加快景区公路、索道栈道、停车场等基础设施改造升级的基础上，多从便利性、休闲性出发，多建设一些方便游客的景区小品小憩，提升游客体验感、获得感。

（四）多元融合，让消费品质"高起来"

一是文化铸魂。对传统红色、绿色、古色文化和佛教、道教、瓷、茶文化等江西鲜明文化符号进行再挖掘、再提炼，让景区景点"会说话"，以文塑旅、以旅彰文。二是融合助力。大力推进"文旅消费+"，促进文旅消费与工业、农业、体育、教育、科技等产业融合，打造更多网红经济、夜间经济、创意经济精品，将文旅消费产业链向更广领域、更深层次延伸。三是主体带动。坚持项目为王，不断加大招商引资力度，着力引进培育更多龙头文旅企业，加快龙头企业上市步伐，尽快实现我省文旅企业上市零的突破；着力打造更多成长性好的城市、乡村综合体文旅项目，带动文旅产业高质量发展、文旅消费高水平提升。

（五）人才优先，让消费品牌"亮起来"

一是引进专业人才。总结推广上饶望仙谷引进专业化运营团队打造网红景区的经验，将文旅人才纳入党委人才工作重点，制定出台文旅领域高层次人才发展支持措施，探索建立"揭榜挂帅"制度，引进一批"流量大咖""文旅高人""团队大牛"为我所用。二是培养本土人才。实施本土文旅人才培养工程，着力培育一批学术研究、传统技艺、文化传播、文艺表演、乡村文旅人才等，以人才引领文旅消费发展。三是用好各类人才。充分发挥调动各类人才的积极性，利用网络、短视频、博文等现代化传播手段开展品牌推广，策划开展更多有创意、有吸引力的文旅消费活动，推出更多高质量文旅消费产品，打造更多的网红"IP"。

（六）政策支撑，让消费保障"强起来"

一是数字文旅赋能。健全完善文旅消费数据监测体系，常态化开展文旅消费数据监测和分析，全方位了解游客满意度，为促进文旅消费提供决策依据。二是政策优化升级。省级层面统筹，深化细化举措，重点在支持文旅产业延链补链强链和重点项目建设、新业态培育上出台进一步支持文旅消费的政策措施。三是压紧压实责任。压紧压实市县责任，探索在综合考核中对促进文旅消费取得明显成效的地方和部门予以加分奖励，充分调动各方面推动文旅消费的积极性、主动性和创造性。

聚焦延链补链强链　擦亮"千年瓷都"名片

省委党校第 9 期研修班第一调研组 [*]

习近平总书记考察江西时强调，"陶瓷是中华瑰宝，是中华文明的重要名片"，要"进一步把陶瓷产业做大做强，把'千年瓷都'这张靓丽的名片擦得更亮"。为此，调研组赴景德镇进行实地调研，形成如下调研报告。

一、景德镇陶瓷产业发展的"喜与忧"

（一）制瓷史起源早，但新赛道布局缓

"千年瓷都"景德镇，是"世界手工艺与民间艺术之都"，艺术瓷享誉世界，但在日用瓷、建筑瓷、先进陶瓷等规模化生产发展上相对不足。比如，2022 年景德镇先进陶瓷产业产值仅为 133 亿元，仅占全市陶瓷产业产值和 GDP 的 20% 和 11%。

（二）企业数量多，但龙头规模小

景德镇现有上万家陶瓷企业，主要集聚在三宝国际瓷谷、陶瓷工业园区、湘湖陶瓷大学等区域；但是，龙头企业尤其是创新型龙头企业缺乏，至今全市无一家陶瓷上市企业，产业集群的交易成本节约、集体协同、学习创新等外部经济效应有限，不利于产业发展和市场竞争力提升。

———————————

[*] 调研组成员：肖　静　曾小芳　刘晨东　汪淑晨　张　思
　　执 笔 人：肖　静　曾小芳
　　指导老师：罗　天

（三）品牌塑造重"启"，但贴牌现象不"止"

近年来，景德镇致力于打造全市范围的"景德镇制"品牌，出台了多部关于知识产权保护的法规政策，成立了全省首家知识产权律师调解中心，建立了版权交易中心。但"过路瓷""贴牌瓷"等现象屡禁不绝，抢占了许多原属于本地瓷的市场份额。

（四）陶瓷从业者"众"，但高层次专业人才"缺"

目前，景德镇陶瓷从业人员累计 15 万人，约占城区人口的 1/4；还有 6 万多"景漂"、5000 多"洋景漂"。但从结构上看，应用型技术传承人断层、创新型研发人才短缺、领军型复合人才不足等问题突出。同时，本土专业人才流出现象未能完全转变。以景德镇陶瓷大学为例，2019—2022 年毕业生留景率仅为 19.6%。

二、关于进一步做大做强陶瓷产业、擦亮"千年瓷都"名片的"思与变"

（一）做大做强"产业链"，擦亮"千亿级陶瓷特色产业集群"名片

一是育龙头、扩赛道，提升产业链。育龙头，发挥龙头企业牵引带动作用。聚焦推进重大项目建设、增强市场开拓能力、支持企业科技创新、强化金融政策扶持、优化地方营商环境等关键环节，及时出台支持景德镇陶瓷产业高质量发展的指导意见，支持以红叶等骨干企业为核心的科技型、外贸出口型、文化创意和工业设计型龙头企业快速成长，加快构建起上下游协作配套、产业链相对完整的陶瓷产业生态链。扩赛道，推动产业格局多领域广覆盖。以写好"陶瓷+X"大文章为主轴，大力发展新业态、新模式。做强"陶瓷+文旅"赛道，以当下最受欢迎的"赶集""citywalk""博物馆奇妙夜"等形式，打造景德镇陶瓷文化 IP；做大"陶瓷+服装"赛道，将"陶瓷元素"融入服装设计，乘汉服产业东风，共同助推中华优秀传统文化走出去。

二是提档次、扩市场，拓展供应链。以市场需求端为导向，调整供应端发力点。紧盯国内 4 亿中等收入群体，积极研究国际消费市场特征，推动产业

格局由两极分化的"哑铃型"向"纺锤型"转变。着力推动艺术瓷精品化，通过规范定价标准，增强传统手工陶瓷产业的竞争优势；日用瓷艺术化，顺应当代人对传统美学的追求向往，在日用瓷中注入文化内涵，使"生活有情调、灵魂有诗意"通过日常器物得以呈现，积极拓展日用瓷市场；先进陶瓷规模化，积极对接我省"1269"行动计划，积极运用9个数字陶瓷产业园，加快孵化满足电子信息、新能源、航空、医药等全省重点产业需要的陶瓷企业，促进陶瓷产业提档升级。

三是定标准、塑品牌，打造"标准链"。定标准，掌握陶瓷产业话语权。借鉴国外成熟市场使用特邀会员制的模式，支持景德镇牵头成立国家级陶瓷产业发展协会和交易平台，针对不同门类的陶瓷产业，设置相应的企业准入门槛和产品标准体系，抢占陶瓷产业制高点。塑品牌，扩大陶瓷产业影响力。实施"区域品牌＋企业品牌"战略，将"景德镇制"从本土品牌打造成为区域性共有品牌。通过引导行业协会发挥重要作用，管理"景德镇制"日常运作；加快制度建设，完善"景德镇制"准入运作机制；系统打造品牌生态体系，根据企业、产品的差异性，创建"景德镇制"下属子品牌。

四是强平台、促转型，部署数字链。通过强化"1+4"数字平台建设，赋能陶瓷产业转型发展。打造一个"数字大脑"，即智能制造数字中央平台，对销售、生产、采购、仓储、质量、设备进行全过程数据采集、监控和分析，对订单变化、生产过程、工艺控制、设备参数、库存动态、污染物排放进行可视化管理、研判和调度，从而助推整个产业链"数智化"转型升级。健全四条"数字臂膀"，即设计研发数字平台，利用"物联网"，对用户需求进行"精准画像"，为企业生产提供重要参考；生产制造数字平台，通过"数字工厂"，一方面大幅度提升生产效率，另一方面提高满足个性化需求的生产能力；销售贸易数字平台，引入"云计算"，为陶瓷企业和消费者提供包括产品展示、订单管理、支付结算、物流配送、售后服务等在内的一条龙服务；收藏展示数字平台，利用"数据库"，为文物保护与研究、数字博物馆建设、数字版权申请和交易，提供信息保障。

（二）补齐"创新链"，擦亮"高能级陶瓷产品创意平台"名片

一是完善知识产权保护体系。抢抓建设国家级知识产权保护中心的机遇，针对陶瓷知识产权担保贷款、证券、数字化的流程进行再优化，进一步降低用户成本，提高平台使用效率；延伸陶瓷知识产权链条触角，推动知识产权审查授权、行政执法、司法保护、仲裁调解、行业自律、公民诚信工作一体化开展的全领域"陶瓷知识法庭"建设。

二是搭建创新创意交流平台。以"陶溪川·邑空间"为示范样本，打造更多面向在校大学生的创新创业孵化基地，实现创新要素在同一个场景当中的高速流动；借助 B 站、抖音、小红书等网络平台进行引流，打造一个综合性的创新创意网络交流平台，实现创新要素在不同地区、不同国家之间的自由流动。

三是打通产学研用转化通道。针对产学脱钩、研用断链的现象，紧抓已有的"校企合作"制度落实，真正实现陶瓷企业与创新科技成果之间的有机对接，促进产业链与创新链之间的良性互动；紧扣陶瓷产业高质量发展主题，加快建设以企业为主体的产业科技创新平台、以景德镇陶瓷大学为主体的全国重点实验室，从而促进科研成果在陶瓷产业中的良性转化。

四是讲好景德镇陶瓷世界故事。突出"千年瓷都"的文化价值和在"一带一路"建设中的重要作用。紧扣"世界客厅"，以御窑申遗为抓手，在陶阳里历史文化街区等地标性街区、园区、厂区中，举办系列学术论坛、艺术展览、主题活动，积极开展文化研讨和科技交流等国际性学术活动，项目化打造对外文化交流的新平台。

（三）做优"人才链"，擦亮"世界级陶瓷人才聚集高地"名片

一是用精准政策留人，破解高校人才流失的困境。省、市上下联动，推动出台支持景德镇陶瓷文化传承创新发展的一揽子人才政策。为高校毕业生，量身打造就业社保补贴、技能提升补贴、创业培训补贴等政策，对取得紧缺急需职业的资格证书或技能等级证书者，大幅提高其专项补贴额度；为中小微企业和"双创"基地，分别提供新招用高校毕业生社保补贴、见习基本生活补

贴和综合商业保险补贴等，以促进其创新创业的积极性；强化人才工作制度供给，加紧出台促进教育科技和陶瓷人才融合发展的地方性法规，为人才优先发展提供法治保障。

二是以产教融合育人，破解传承人才断层的困境。一方面，大力发展职业教育，加强地方职业教育中已有的陶瓷技能学科建设，并与陶瓷企业合作，开设特色"订单班"；另一方面，针对传承人培养以"师徒制"为主、"学院制"为辅的短板，试点开展高校教育的职业化培养，通过在景德镇各高校开设陶瓷手工技艺传承专业，设置系统性学科指标，邀请非遗传承人、传统手工业者作为固定师资，促进传统工艺得到高水平延续发展。

三是以改革创新引人，破解领军人才不足的困境。目前，景德镇的陶瓷领军人才，大多都是工艺美术大师和非遗传承大师，高端人才结构相对单一，研发创新略显不足。为引进陶瓷行业高层次高技能领军人才，应尽快出台"一人一策"的项目化合作办法，尤其是依托陶瓷大学创建"一流学科"的背景，争取引进院士及其团队落户景德镇。

恰到好"储""碳"路未来

——有序推进我省新型储能产业高质量发展的调研与思考

省委党校第 9 期理论研修班第三调研组 *

2023 年 10 月，习近平总书记在进一步推动长江经济带高质量发展座谈会上强调，加快构建新型能源体系，推进源网荷储一体化发展。发展新型储能产业是推动能源转型的关键保障，也是实现"双碳"目标不可或缺的重要支撑。当前，新型储能产业呈爆发式增长态势，各省纷纷布局，抢抓这一"顶流"赛道。近期，课题组围绕我省新型储能产业发展，深入南昌、新余等地开展实地调研，形成如下调研报告。

一、我省新型储能产业发展面临的突出问题

（一）政策配套不全

一是国家行业标准有待健全。近年来国家层面陆续出台了《关于促进储能技术与产业发展的指导意见》《关于加快推动新型储能发展的指导意见》《新型储能项目管理规范（暂行）》《"十四五"新型储能发展实施方案》《关于进一步推动新型储能参与电力市场和调度运用的通知》等专项文件，积极推动和规范新型储能行业健康发展，但相关行业标准和规范的文件相对缺乏，部分新型

---

* 调研组成员：匡　丹　王　禹　饶　盼　周　云　夏媛颖　高晶璐
　　执 笔 人：匡　丹　饶　盼
　　指 导 老 师：张文君

储能技术缺乏统一的测试方法、安全标准和性能评价方法，给技术推广和市场发展带来了一定的不确定性。

二是横向对比有差距。四川、广东、江苏等省纷纷出台关于促进新型储能产业发展的规划和专项指导意见，例如《关于加快推动四川省新型储能示范项目建设的实施意见》《广东省推动新型储能产业高质量发展的指导意见》《江苏省"十四五"新型储能发展实施方案》。相比而言，我省尚未出台新型储能产业高质量发展专项指导意见，只是在《江西省未来产业发展中长期规划（2023—2035 年）》《江西省制造业重点产业链现代化建设"1269"行动计划（2023—2026 年）》等文件中，将新型储能产业作为新能源产业、未来产业发展的部分内容。

（二）产业生态不优

一是产业布局集而不群。我省多地都在布局新型储能产业，吸引了宁德时代、比亚迪、国轩高科、科朗等一批行业知名企业落户，培育了赣锋锂业、金辉锂业、孚能科技、江特电机等一批本地企业，并积极推动南昌维科钠离子电池、鹰潭耀宁储能生产基地、纬景储能科技等项目签约和开工建设。然而，我省新型储能产业起步较晚，与广东、浙江、湖南等地相比，规模偏小。产业链主要集中在电池电芯、锂电铜箔和碳酸锂材料生产环节，正负极材料、电解液、隔膜、系统集成等配套环节尚显薄弱，除锂电和光伏行业等细分领域之外未形成明显的产业集聚和规模化效应。

二是产业应用融而不合。新型储能运用在不断扩张中。电源侧的应用主要是新能源配储以及火储联合调频；电网侧的应用是通过辅助服务保障电网稳定运行；用户侧的应用场景较为广泛且快速增长，其中主要包括工商业储能、户用储能、新能源汽车服务、便携式储能等。储能的某一功能应用并不应当局限于单一应用场景。例如，平滑输出和跟踪出力计划不仅可应用于发电侧，更可运用于电网侧和用户侧。当前我省新型储能仍处于商业化和规模化发展初期，应用项目少、应用场景单一问题突出。比如，南昌市 6 个新型储能应用项目中，仅有两个已投产运营，其余 4 个皆处于前期研究阶段，且这 6 个项目的应用场景，仅有 1 个为电网侧，其余皆为电源侧。

（三）竞争优势不显

一是企业技术路线单一。当前新型储能技术路线百花齐放。除占据主导地位的锂电池储能之外，钠离子电池、液流电池、压缩空气储能等领域技术水准均处于头部水平，其中国内压缩空气储能项目已进入百兆瓦级时代。此外，抽汽蓄能、重力储能、氢储能、飞轮储能等技术都已进入试点示范阶段。但调研发现，目前我省新型储能企业技术形式较为单一，以宜春和新余的锂电池为主、南昌的钠电池为辅，缺乏其他技术路线的创新探索，相关人才储备不足。技术路线单一将导致企业难以适应储能多元化需求，难以应对其他储能技术突破带来的市场变化。

二是企业数智化程度不足。新型储能与新一代信息技术深度融合是一个重要发展趋势。目前整体行业正处于洗牌阶段，投入数字化应用将带领部分企业扛过行业周期，开拓新的市场，但调研发现，即使如赣锋循环科技这样的国家级专精特新"小巨人"企业，在回收拆解等环节都基本依靠人工作业。虽然该企业曾经尝试在上述环节进行数字化转型，但由于缺少科研支撑，瓶颈依然存在。

二、进一步推动我省新型储能产业发展的对策建议

（一）强化精准政策支持，优化产业发展环境

一是出台专项规划，提升产业战略地位。借鉴广东、江苏等省份做法，出台我省新型储能产业高质量发展专项指导意见，明确中长期发展目标和实施路径，具体包括全省新型储能产业营业收入、装机规模等。结合各地资源禀赋，按照错位发展、优势互补、特色鲜明的原则，明确细分领域重点任务。比如，电源侧重点扶持上饶、新余等地光伏配储发展；电网侧重点开展独立（共享）储能盈利模式试点；用户侧重点扶持南昌、宜春等地工商业储能和海外户用储能发展。

二是用好金融政策，护航产业健康发展。借鉴江苏做法，将新型储能作

为创新金融服务支持的重点对象，利用省级战略性新兴产业母基金撬动产业发展。我省也可整合江西省未来产业母基金和江西省现代产业引导基金等现有百亿量级基金优势，重点投向种子期、初创期新型储能企业。还可借鉴广东做法，通过举办创新创业大赛并设置新能源赛道，让优秀的储能企业获得投资机构关注。另外，引导保险机构设立新型储能专属险种。比如，紫金保险联合慕尼黑再保险公司共同开发了国内首款储能系统质量和性能保修条款，有效地解决了国内储能厂家海外订单销售痛点。

（二）加快构建产业生态，促进全产业链融合发展

一是完善产业布局，实现内驱外需共振。继续加大新型储能产业"链式"招引和培育力度，完善产业链布局。一方面，"扬优势"延链。我省锂资源储量位居全国第一，具有发展新型储能产业的"先天优势"。宜春、新余等地锂电池产能已超过新能源汽车需求量，应尽快切入新型储能赛道。通过本土上游电池、集成商合作及组团参与国外大型储能项目建设等方式加速海外布局。另一方面，"补短板"建链。借鉴广东、浙江等省份做法，聚焦聚力正负极材料、储能控制产品及系统集成、先进装备制造等缺链环节引进3—4家龙头企业落户江西，解决关键环节依赖等问题。

二是创新场景应用，促进制造和应用"双轮驱动"。重点依托有资质的专业化企业积极拓展应用场景，着力打通储能产业链到储能场景应用闭环，实现制造和应用的融合发展。拓展"新能源＋储能"应用。上饶作为全球最大的光伏组件生产基地，有巨大的新能源消纳需求，应重点抓好"光储融合"，升级现有光伏产业。在此基础上，推动分布式"光伏＋储能"在工业园区、大型商场、5G基站、数据中心、高速服务区、水产养殖场等区域示范应用。比如，济南东服务区利用储能技术实现自我中和，成为国内首个"零碳服务区"。推进用户侧定制化应用场景。鼓励探索综合能源、智慧能源、虚拟电厂、光制氢加氢一体站等新业态新型储能应用。比如，福建重点打造的"光储充检"一体化充电站，让新型储能在绿色生产生活中发挥重要作用。

（三）加强数字技术赋能，巩固提升企业竞争优势

一是强化企业主体地位，推动多维技术创新。梳理制约产业发展的"卡脖子"技术问题清单，开展重点领域研发布局。支持省会南昌打造储能产业创新中心，推动赣锋锂业等领军企业牵头组建创新联合体，在技术创新中"挑大梁"。重点建设新余—宜春锂电新能源科创城，聚焦氢储能技术、能源电子技术，加强电堆、双极板、膜材料、催化剂等燃料电池关键技术研究，开展绿氢制取、储氢产品等研发攻关。

二是实施数字赋能行动，实现企业智能运维。利用景德镇陶瓷大学储能科学与工程专业、宜春学院新能源产业学院等省内高校科研平台，通过政府"牵线搭台"，帮助解决新型储能企业数字化转型的技术难题，探索产业链各环节数字赋能。例如电池回收环节可参照深圳宝安区做法，将区块链通信模块安装在电池管理系统上，从源头实现电池数据上链，精准记录电池生命周期，实现电池高效流通利用。

做大做强中药材种植产业　夯实中医药强省建设基石

省委党校第 5 期省直青干班第四调研组[*]

江西中医药历史悠久、底蕴深厚，具有深厚的文化渊源和良好的资源禀赋、产业基础。2023 年 7 月，尹弘书记在省委十五届四次全会上明确提出加快建设国家中医药综合改革示范区，打造中医药强省，为我省中医药发展勾画宏伟蓝图。中药材种植产业是推动江西中医药事业发展的基础和关键，亟需抓紧抓牢、做大做强。近期，调研组先后赴宜春、抚州、上饶等地，通过实地走访、座谈交流等方式了解我省中药材种植产业发展现状，发现制约产业发展的问题和困难，并提出对策。

一、我省中药材种植产业发展成效

（一）中药资源禀赋优越

江西得天独厚的绿色生态优势，孕育出了丰富的中药材资源。第四次全国中药资源普查显示，我省共有植物药资源 3965 种，其中道地、特色和大品种中药材品种 40 多个，国家地理标志保护产品 15 个（中药材）。且部分中药材在全国市场占据重要份额，如车前子年产量 3000 吨至 3500 吨，约占全国的70%；枳壳年产量达 6500 吨，约占全国的 30%；另外，我省蔓荆子、海金沙等

* 调研组成员：黄龙翔　李　漪　刘　烨　舒澜静毅　潘智凯　陈　敏　张结刚　桑勤顺
　　　　　　万　磊　褚武道
　执　笔　人：李　漪
　指导老师：赵　松

产量也占全国主导地位。

（二）产业体系逐渐完备

近年来，作为全国为数不多具备中药材种植、加工制造、流通完整产业体系的省份之一，我省立足资源禀赋和特色优势，打造赣中道地药材、赣东特色药材、环鄱阳湖药食同源药材三大优势产区，中药材种植面积由 2017 年的 121 万亩增长至 2022 年的 334 万亩，五年时间增长近两倍，中药材种植综合产值增长达 67%，增速居全国前列。目前，共建设"定制药园"44 个，总面积达 17 万亩，建立省级中医药科技示范基地 47 个。

（三）规模种植稳步提升

当前，我省中药材种植模式转型升级步伐加快，部分地区通过推广"公司＋合作社＋农户""合作社＋农户""产业化联合体""四统一＋订单生产"等经营模式，生产规模化逐步形成。据初步统计，全省有省级以上中药材相关龙头企业 52 家、种植专业合作社 266 个，其中千亩以上生产基地 57 个、百亩以上 435 个，规模化种植面积约占全省总面积的 50% 以上，以零星种植为主的中药材种植格局得到改善。

二、我省中药材种植产业高质量发展面临的主要困难

（一）从横向比较来看，区位优势未能充分利用，产业规模不够大

种植面积仍然较小。2022 年，全省中药材种植面积仅居全国第 15 位，是云南种植面积（901.6 万亩）的三分之一，贵州（831.5 万亩）、四川（773.61 万亩）的四成左右。

规模化种植仍是短板。当前，全省经过 GAP（中药材生产质量管理规范）认证的中药材规范化种植基地仅有 2 个，而四川已有 27 个，贵州也有 5 个。

（二）从行业前景来看，发展潜力未能充分释放，产出品质不够高

散户粗放种养情况普遍存在。部分种植户采取"靠天吃饭"的种植方式，极容易造成药材产量和质量双低；而种植户对新型农业技术运用少，一直沿用多用化肥、多打农药的土办法，易造成药材出现农残、药残、重金属

超标情况。

中药材良种缺乏及种子质量难保证。长期以来，由于缺乏种质资源收集、良种选育，导致中药材品种退化和产量、质量下降。部分品种良种推广不够，且缺乏专业种苗检测机构，导致市场良种率应用不高，"三无种子"市场横行情况不同程度存在，既影响了中药材质量、损害种植户利益，又扰乱了产业发展。

（三）从历史底蕴来看，江湖地位未能巩固提升，赣产品牌不够响

品牌影响力不足。以我省道地药材"三子一壳"品牌为例，目前其综合产值不到 50 亿元，与云南田三七产业综合产值 310.25 亿元和吉林省人参产业综合产值 642.5 亿元相比差距较大，地域品牌效应未能凸显。

市场竞争力不强。如清江枳壳、樟树黄栀子等江西道地药材、地理标志产品受外省相同品种冲击严重，"劣币驱逐良币"现象时有发生。

（四）从政策措施来看，产业保障未能有效发挥，种植效益不够稳

市场风险难控。中药材市场价格起伏波动较大，缺时为"宝"，多则为"草"。种植户往往因市场信息获取不灵通，选择种植品种时存在一定盲目性，习惯跟风种植；加上没有稳定的销售渠道和平台，种植户更多的是坐等收购或零散销售，种植效益难以保证，甚至出现"药贱伤农"的现象。

机械化率较低。目前，种植企业机械化程度不足 10%，而普通种植户从耕整地、播种育苗移栽到采收几乎都是人工操作，适合南方中药材种植的小型机械严重缺乏。

（五）从发展规律来看，基础规范未能全面完善，标准化建设不够快

特色优势药材种植标准化研究尚存盲区。目前以"赣十味""赣食十味"为重点的 35 个中药材品种中，仍有 11 个品种种植标准未发布，部分标准的缺失导致高品质药材供给缺乏最基础的保障。

中药材质量追溯体系建设实效尚未显现。虽然中药材质量追溯体系平台已初步建立，但各设区市相关数据仍未导入，平台还未真正投入使用，中药材全产业链追溯体系建设仍需加快步伐。

三、进一步做大做强我省中药材种植产业的对策建议

（一）紧盯规模种植"关键处"，全力推动中药材产量质量双升

"全地域"扩产增效。有序地扩大种植面积，坚持以市场为导向，以中药生态农业为目标，合理规划我省中药材种植产业发展模式。因地制宜大力推广林下中药材、粮药间作等复合种植模式，在保证不触碰耕地红线的前提下，实现中药材增产增收。

"全方位"把关品质。以"赣十味""赣食十味"等道地特色品种为重点，支持种子种苗繁育基地建设，推广"育繁推一体化"模式，加快形成我省道地特色中药材种子种苗供应保障体系，从源头上保证中药材质量。

"全过程"监督管理。由农业农村、林业、中医药管理、药品监管等多部门协同发力，实现对中药材种子种苗、科学种植、采收加工全流程的监督管理，从根本上解决中药材进入药用渠道的质量安全隐患。

（二）抢占标准制定"制高点"，加快构建中药标准化体系

优化完善赣药标准。重点围绕江西道地、特色大品种在种子种苗、种植、生产加工等方面开展标准化研究，编制道地药材标准，开展道地药材等级评价，完善中药材种植的质量标准建设，力争将赣药标准上升为国家标准。

争取国家标准认证。积极开展GAP认证、有机认证和商标注册工作，申报国家地理标志保护产品，申报国家生态原产地认证，争取更多中药材品种获得"国家级"认证，打造区域公认拳头品种。

推动溯源体系建设。完善我省中药材质量追溯体系平台，按品种、环节分批推进中药材信息化追溯。鼓励中药企业优先采购纳入追溯体系平台的中药材，保证大宗中药材来源质量可溯可控。

（三）选准品牌升级"主赛道"，大力打造赣产中药材地域品牌

提升赣产药材口碑品牌。保证中药材道地化，培育催生一批拥有自主知识产权的道地中药材品牌，优化和维护产地品牌产品的质量与文化形象，深化湘赣粤港澳中医药全产业链协作，提升赣产道地药材市场认可度。

打造道地药材特色品牌。拓展江西道地中药材资源利用产业链，开发以江西道地中药成分为特色的食品、保健品、饮品、化妆品等新兴产业，进而提升如"三子一壳"传统品牌，"赣十味""赣食十味"创新品牌的影响力与竞争力。

打造药材市场交易品牌。支持建设省内区域道地中药材大宗商品交易中心，积极推广订单模式，推动道地药材龙头企业与国内外知名药企签订稳定的产销合同，以销促产，产销对接，切实解决"卖得出、卖得好"的问题。

（四）构建优质高效"大平台"，持续优化种植服务环境

聚金融"活水"滴灌。鼓励金融机构创新开发多元化金融扶持产品，加强对中药材种植大户、农民专业合作社、中药材收购加工企业等的信贷支持，助力中药材种植产业做大做强。

聚科技"引擎"助力。搭建中药材种植服务综合平台，涵盖产业信息咨询、市场供求信息等服务内容，进一步畅通中药材销售渠道，提升种植户对种植技术、市场信息的掌握程度，有效地保障农户种植效益。

聚专家"智囊"服务。推广科技特派团服务下乡模式，选派江西中医药大学、江西中医药研究院等专家，组成常态化专业服务团队。开展"点挂点联系、一对一指导"专技帮扶活动，积极为中药材种植户争取更多专业技术指导资源。

（五）探索融合发展"新形式"，不断延伸中药材种植产业链

中药＋旅游，打造旅游新模式。挖掘中医药文化资源，打好跨界融合牌，形成一批集中药材种植、田园风情、生态休闲为一体的观赏体验基地，打造可赏、可尝、可游、可养的中医药文化与健康养生旅游目的地。

中药＋饮食，打造餐饮新业态。扩宽产业幅度，做好药膳研发和推广工作，形成如宋氏葛业的"全葛宴"、天海药业的"覆盆子老鸭汤"等本地特色药膳品系，推动药膳进医院、进酒店、进家庭，形成全民参与的社会影响力。

中药＋保健，打造健康新样板。发挥中医药防病治病独特优势，采取"社会资本＋学术团体＋医疗机构"合作模式，打造标准化"治未病"健康服务中心，大力推广养生按摩、针灸、热敏灸等中医药康养产品，推动产业链条"再延伸"。

破解我省纺织服装产业数字化转型"五大难题"的对策建议

——对我省五大国家级纺织服装产业基地的跟踪调研与思考

廖清成　郭金丰　曾　光　高建设　余　漫　花　晨[*]

　　纺织服装产业是我省的传统支柱产业和重要民生产业，是我省产业链现代化"1269"行动计划的重点产业链之一，在稳增长、稳就业、稳外贸、保民生等方面发挥着重要作用。在当前严峻复杂的国内外新形势下，稳步推进我省纺织服装产业数字化转型升级，既是加快构建江西现代化产业体系的重要内容，也是推动经济高质量发展的重要抓手，对打造"三大高地"、实施"五大战略"具有重要的意义。为此，课题组深入青山湖区、共青城市、分宜县、奉新县、于都县等五大国家级纺织服装产业基地（以下简称五大纺织服装基地）开展实地调研，形成如下调研报告。

一、我省纺织服装产业数字化转型的"五大难题"

　　近年来，我省五大纺织服装产业基地以智能化改造为重点，在培育标杆

*　廖清成　省委党校一级巡视员、教授
　　郭金丰　省委党校江西经济社会发展战略研究所所长、教授
　　曾　光　省委党校江西经济社会发展战略研究所副所长、副研究员
　　高建设　省委党校江西经济社会发展战略研究所副教授
　　余　漫　省委党校江西经济社会发展战略研究所助理研究员
　　花　晨　省委党校江西经济社会发展战略研究所助理研究员

企业、探索产教融合模式、提高生产效率、培育自主品牌、形成集群竞争优势等方面取得了较好成绩，但也遭遇到一些问题困难，需引起高度重视。

（一）形成了一批数字化转型标杆企业，但企业普遍存在"不敢转""不愿转""不会转"的突出问题

近年来，五大纺织服装基地充分发挥龙头企业的示范带动作用，各地形成了一批本土数字化标杆企业。如，青山湖区的龙头企业南昌华兴针织实业与中国联通携手打造了全省首个针纺服装产业"5G+智慧工厂"，江西风时服装被评为省级智能制造标杆企业；奉新县的江西金源纺织打造了5万纱锭的5G智能化纺纱车间；共青城最大的羽绒服装企业鸭鸭智能工厂二期6条生产线完成后年产能将达到90万件羽绒服；于都县的赢家时装被评为江西省智能制造试点示范企业、两化融合管理体系贯标试点企业；等等。

调研发现，尽管企业已认识到数字化转型的重要性，但较多企业（尤其是中小企业）存在"不愿转""不会转""不敢转"等困境。某园区负责人介绍说：园区内规上企业有200多家，但真正实施全面数字化转型的还不到10家。调研的17家企业普遍认为"数字化转型是大趋势"，但2/3的企业坦承尚未实施数字化转型，1/3的企业只进行局部智能改造。甚至有个别企业主形象地说："不转型可能会死，但创新会早死。"

（二）积极探索产教融合发展，但企业普遍面临管理人才和一线熟练工"双缺"困境

近年来，五大纺织服装产业基地积极探索产教融合模式，以联合人才培育助推传统产业数字化转型。例如，共青城依托驻地高校多的特色优势，成功引进武汉纺织服装产业研究院，积极探索"研究院＋产业园"发展新模式，结合共青城市纺织服装产业需要，组建了从材料、纺织、印染、大数据、艺术设计、服装设计、纳米技术等不同专业跨学科技术研究团队。青山湖区、于都县等也都非常重视产教融合，通过"校企合作、工学结合、订单培养"等模式与江西服装学院、于都新长征技工学校等深化产教合作，为纺织服装产业数字化转型提供人才支持。

调研也发现，纺织服装企业数字化转型中普遍面临管理人才与一线熟练工"双缺"的困境。一方面，企业数字化转型对生产性服务人员需求大幅增加。有企业反映："现在十万件的单有成百上千个款式，对理单员、打版师、样衣师傅的需求都增加了许多。"另一方面，纺织企业员工呈现明显的老龄化趋势，在普通工人的年龄结构方面，一线工人主要以70后、80后为主，纺织服装产业作为传统产业对年轻人的吸引力不强。在一家企业车间大门口贴了"招一个工人酬谢1000元"的告示，侧面反映了招工难和招工贵这个突出问题。

（三）数字化转型助推产品提质增效，但企业经营出现用电成本和运维成本"两上升"的新问题

五大纺织服装产业基地的企业普遍反映，数字化改造后综合生产效率提高10%—30%，产品质量也能得到明显提升。如，共青城磊鑫服饰通过技改升级运用智能吊挂生产线后，能做到48小时快速出货，在用工减少30%的情况下产能提高了10%左右。青山湖区针纺企业运用智能化设配后，生产成本下降20%、生产效率提升了30%，质量上去了，原来3%左右的耗损，现在下降到了1.6%。

同时，企业也普遍反映，数字化改造后企业的运维成本明显增加，导致企业经营总成本不降反升。其主要原因是智能化改造后用电成本会大幅提升，以及相应的智能化系统维护成本较高。我省的电价明显高于周边省份以及四川、西藏、新疆等电力资源富足省份或国家政策重点倾斜地区。较多企业反映，数字化改造后企业的用电成本明显增加。比如，奉新县等地纺织企业普遍反映，峰谷电价的实施大幅增加24小时开工的纺织类企业的成本，企业用电每千瓦时成本提升了约0.08元，规模稍大的企业用电成本将增加几千万元。

（四）区域品牌塑造态势良好，但多数企业处于产业链价值链"双低"困局

目前，我省五大纺织服装产业基地已形成青山湖针织服装、共青城羽绒服装、奉新纺织、分宜苎麻纺织、于都服装服饰等区域品牌和产品品牌。区域品牌方面，比如，青山湖区荣获中国针织名城、全国纺织服装创意设计试点园区、全国消费品工业"三品"战略示范城市等荣誉称号；奉新县先后被评为中国新型纺织产业基地、中国棉纺织名城、中国差别化纱线基地县、纺织产业集群创新发展示范地区、全国纺织产业转移示范园区；等等。产品品牌方面，比如，共青城的鸭鸭羽绒服去年荣登中国最具价值品牌500强；于都县的赢家时装赢家拥有4个知名女装品牌，成为中国中高端女性服饰领域的领导者；等等。

调研发现，与国际、国内一流企业相比，我省纺织服装企业以订单和OEM代工生产为主，多数企业仍处于产业链、价值链的低端，品牌设计、产品营销两端在外。如，青山湖区共有各类针纺企业2000余家，90%以上针纺企业以出口代加工为主。这种设计、销售"两头在外"的模式，不但使企业盈利空间小、市场风险大，还导致产业增加值和税收等指标无法计入本省工业经济总量。棉纺、化纤仍以常规初加工产品为主，服装家纺自主品牌比重低，差别化纤维开发进展缓慢，纺织精、深加工能力相对较弱。

（五）数字化转型政策不断完善，但部分政策存在延续性、针对性、竞争力"三不足"的问题

近年来，我省先后出台了《江西省纺织服装产业数字化转型行动计划（2023—2025年）》《江西省纺织服装产业链现代化建设行动方案（2023—2026年）》等政策文件，为促进我省纺织服装产业数字化转型提供了有力支持。此外，五大纺织服装基地当地政府从财政奖励、融资便利、贷款贴息等方面加大对纺织服装产业的扶持，但调研发现部分政策缺乏延续性、针对性和竞争力。比如，青山湖区的某服装企业于2020年实施的数字化改造项目因政策"断档"至今未享受到财政奖补。与浙江、江苏、福建等发达地区甚至西部地区的四川、新疆等地相比，我省纺织服装产业的支持政策竞争力不足。例如，单个企业智能化改造的奖励政策，青山湖区是500万元封顶，而上海、宁波等地对工业互联网改造的资金补助为2000万元封顶。鼓励企业参加国际展会，共青城的补贴政策是不超过20万元/每年，而浙江的织里镇对童装企业的摊位补贴

为 30 万元 / 每年，规上企业达 40 万元 / 每年。

二、加快推进我省纺织服装产业数字化转型的对策建议

（一）以龙头企业为依托，加快构建大中小企业协同化转型格局

一是继续大力打造数字化标杆企业。集中力量率先改造提升重点优势企业的数字化、网络化、智能化水平，通过智能工厂系列改造，实现"一张图看全厂"，提升企业内部的生产管控水平和精益制造能力，显著提高研发、生产、管理协同等多环节能效，形成行业内标杆示范引领。二是鼓励龙头企业开源产业链。发挥行业领军企业引领示范作用，从数字化单体、单个企业应用向全链路、集群化应用延伸，鼓励大企业开放自身资源，与中小企业共建共享数字平台，中小企业通过连接融入链条，用平台大企业带动中小企业数字化水平提升，加速形成依托工业互联网。三是着力推进中小企业数字化转型。聚焦中小企业数字化改造需求和融资需求，挖掘一批优质转型产品和解决方案，提供中小企业"用得上、用得起、用得好"的数字化解决方案，推动中小企业积极打造示范。

（二）以产教深度融合为抓手，破解企业用工本地化难题

发挥纺织服装产业链科技创新联合体作用，将联合体打造成助推产业高质量发展、实现合作互利共赢的协同创新平台。持续推进中国纺织科学研究院共青分院建设，支持骨干企业与北京服装学院、武汉纺织大学、江西服装学院等专业性院校的合作，支持引进国内外高端设计人才和团队，创建省级重点企业研究院及省级企业设计中心，对一批行业关键技术、关键设备组织企业揭榜挂帅，进一步提高成果转化率。以"数字技术 + 行业知识"为目标重构行业人才体系。充分发挥行业协会、教培机构、咨询公司等第三方机构在数字技能人才培育中的积极作用。

（三）以数字化应用为支撑，赋能纺织服装企业智能化发展

一是建设面向纺织服装产业的区域性专业化工业互联网平台。推动平台化设计、数字化管理、智能化制造、网络化协同、个性化定制、服务化延伸六

大工业互联网平台应用模式走深向实，通过"大企业建平台，中小微企业用平台"的双轮驱动模式，促进产业链不同环节数字化转型的良性互动发展。二是培育数字化转型集成服务商。支持服务商围绕纺织服装企业需求开展工业软件技术攻关、智能制造装备研发和一体化解决方案集成，夯实工业软件、智能装备、网络设施及安全等基础支撑。支持有条件的示范性标杆企业建设云制造平台和云服务平台，培育一批具有纺织服装产业特色的智能制造系统解决方案供应商。三是夯实数字化转型支撑体系。针对园区企业数字化转型的共性需求，积极推进企业、高校、科研院所、行业组织和政府部门紧密合作，建设集测试认证、应用示范、人员培训、金融服务、法律服务等专业服务于一体的数字化转型公共服务平台。

（四）以节能降耗为重点，加速纺织服装产业绿色化转型

一是推广应用节能减排技术。落实能源消费总量和强度"双控"制度，对标先进推动纺织服装领域碳达峰工作，鼓励化纤、印染、棉纺等行业实施能效领跑者引领行动，加快推广节能降碳技术和装备，支持企业建设智能化能源管理系统。从近期看，为帮助纺织服装企业降成本、稳产能、促就业，在峰谷电价上应给予纺织企业自主选择权。二是提升纺织服装绿色制造水平。引导纺织服装企业围绕节能减污、低碳绿色发展，实施一批用地集约化、生产清洁化、废物资源化、能源低碳化项目。加强印染、粘胶、再生化学纤维等重点领域行业规范管理，推进印染等行业中小企业集聚发展、集约式治理，提升治污能效降低治污成本。三是适时开展企业数字化效益评估。加快构建纺织服装企业数字化水平评估指标体系，评估企业在不同阶段的数字化能力和应用程度，评估数字化投资效果，帮助企业提高数字化转型收益。

（五）以分类施策为导向，提升纺织服装政策的精准化

一是细化纺织、服装产业数字化扶持政策。纺织产业数字化转型，电力成本是主要因素，要着力在用电成本上优化支持政策；服装产业数字化，吊挂和销售是最适宜推广数字化的环节，应优先支持服装企业吊挂和销售领域的数字化。二是重点加大对中小企业数字化普及推广的支持力度。相对于大企业，

中小企业最需要数字化的引导、扶持，在公共服务平台、数字车间、数字化人才、金融服务等方面加大支持力度。三是创新支持纺织服装产品消费的政策举措。特别是在当前"三期叠加"的严峻形势下，需要创新纺织服装产品的消费支持政策，以及优化外贸企业的"出口转内销"政策，帮助企业纾困解难。四是加大本土纺织服装品牌支持力度。支持纺织服装企业深挖传统文化和现代文化，加强数字化公共平台建设，培养大师、大牌、大市场，加强品牌设计和品牌营销，支持企业增品牌、提品质、创品牌。

专家建议以产业用纺织品为突破口
做强做大我省纺织服装产业

郭金丰　花　晨　曾　光*

纺织服装产业是我省"1269"行动计划中 12 条重点产业链之一，我省提出到 2026 年，全产业链营业收入力争达到 1600 亿元。产业用纺织品广泛用于工业、农业、医疗卫生、环境保护等领域，是纺织工业高端化的重要方向。去年以来，服装服饰和家用纺织品外贸形势严峻，而产业用纺织品前景广阔、需求旺盛，属于国家高度重视的新兴赛道和朝阳赛道。省委党校有关专家建议引入优质资源，加强技术攻关，拓展下游产品应用，做强我省产业用纺织品工业，推动我省由纺织大省向纺织强省转变。

一、我国产业用纺织品行业发展形势分析

（一）产业用纺织品外贸展现较强韧性

受高通胀库存积压等因素影响，国际市场需求持续低迷，2023 年前三季度，我国纺织品服装出口 2231.5 亿美元，同比下降 9.5%。反观产业用纺织品出口份额虽略有下滑但相对稳健，部分出口产品还实现了逆势增长，成为纺织行业的"定海神针"。2022 年我国产业用纺织品行业的出口额达 441.5

*　郭金丰　省委党校江西经济社会发展战略研究所所长、教授
　　花　晨　省委党校江西经济社会发展战略研究所助理研究员
　　曾　光　省委党校江西经济社会发展战略研究所副所长、副研究员

亿美元，自 2019 年以来年均增长率达 17.3%。由于"露营经济"兴起，产业用涂层织物、毡布/帐篷已成为行业前两大出口产品，2022 年的出口额分别达到 49.9 亿美元和 44.3 亿美元，分别同比增长 16.7% 和 0.9%。线绳（缆）带纺织品、帆布、合成革及革基布等传统产品的市场需求状况良好，出口额分别达到 32.9 亿美元、30.2 亿美元、25.1 亿美元，分别同比增长 7.9%、21.6%、7.1%。一次性卫生用品的需求旺盛，出口额达到 30 亿美元，同比增长 19%；出口药棉、纱布、绷带价值 11 亿美元，同比增长 11.7%；湿巾出口 6.7 亿美元，同比增长 6.7%。

（二）新产品新技术加速普及应用

近年来，我国产业用纺织品领域的科创产品层出不穷。如，中纺海天研发出高性能纤维助剂，被广泛用作无人机模型的碳纤维及其复合材料。江苏佰家丽用废旧可乐瓶回收制成的双组分聚酯皮芯结构纤维，可用制室内空间的隔音材料。青岛即发研制的水溶性壳聚糖纤维针刺非织造布，无毒无刺激，可自然降解，能够快速止血，促进皮肤组织快速修复，缩短伤口愈合时间。山东鲁普研发的超高分子量聚乙烯纤维缆绳，较同类产品疲劳性能提升 10%，具有高强质轻的性能特点；同等直径下，强力为钢缆的 1.5 倍，重量仅为钢缆的 1/7；工作载荷下伸长率低于 3%。浙江四兄绳业研发的深海系泊聚酯缆绳，打破了欧美在全球深海系泊领域的长期垄断。湖南鑫海研发的超高分子量聚乙烯养殖网衣，可用于深远海养殖平台和抗风浪网箱。

（三）兄弟省份竞相布局

国家高度重视产业用纺织品发展，2022 年 4 月工信部联合发改委印发《关于产业用纺织品行业高质量发展的指导意见》，明确提出要以满足国民经济各领域需求为重点，统筹发展和安全，加快产业用纺织品高端化、数字化、绿色化、服务化转型升级。近年来，兄弟省份正在加快产业用纺织品领域的布局。如《山东省现代轻工纺织产业发展三年行动计划（2023—2025 年）》提出要打造高端产业用纺织品基地。《湖北省纺织服装产业高质量发展三年行动方案（2023—2025 年）》提出到 2025 年，实现产业用纺织品营业收入超 1000 亿元，打造全国产业用纺织品高地的发展目标。安徽省在功能性纤维材料实现重大突破，丰原聚乳酸纤维等一批高科技产品填补了行业发展空白。江苏省在碳纤维、超强聚乙烯、芳纶三大战略新材料和先进功能性纤维、生物基新材料、尼龙 6、尼龙 66、差异化涤纶等多种系列材料实现突破性发展。

二、我省产业用纺织品发展面临的现实困境

（一）发展规模整体偏小

近年来，南昌、九江、上饶、赣州等地先后引入一批产业用纺织品企业，重点项目接连取得突破性进展，但行业面临发展规模小、研发能力弱、战略部署慢等困境，难以形成竞争优势。2023 年我省产业用纺织品规上企业仅 76 户，相比 2022 年增加 3 户，企业数量较少。其中，非织造布制造企业 27 家，绳、索、缆制造企业 2 家，纺织带和帘子布制造企业 8 家，篷、帆布制造企业 9 家，其他品类企业 30 家。规模较大的企业有三江超纤、美润环保、国桥实业、大林纺织和新纶实业等。2023 年 1—9 月，我省产业用纺织品规上企业营业收入仅 28 亿元，利润仅 1.2 亿元，与我省纺织服装大省地位不符。

（二）产品研发进程缓慢

少数产业用纺织品企业技术处于行业领先地位。如，我省三江超纤拥有 7 条具有世界先进水平的水刺非织造材料生产线和 1 条国内先进针刺非织造材料生产线；国桥实业是我国涤纶纺粘法无纺布工程（滤材）技术领域的领军企业，在纺粘无纺布行业创造了多项国内、省内第一。但大部分企业研发投入不足、新产品开发缓慢、市场开拓意愿不强，以生产初级产品为主，产品附加值低。此外，我省拥有九江石化、赛得利、华瑞等一批化工化纤龙头，属于产业用纺织品上游企业，但产业链双向融合程度不高，上游优势有待激活。

（三）缺乏专项战略部署

南昌、九江、赣州、上饶、宜春等 5 个设区市，37 个省级工业园区已将纺织服装列为主导产业，但并未设立专门的产业用纺织品特色园区或基地。企业布局分散、缺链问题突出，难以形成集群效应。此外，在工信部出台《关于

产业用纺织品行业高质量发展的指导意见》（2022 年 4 月发布）基础上，省、市、县三级均未配套出台产业用纺织品专项规划或指导性意见，也没有产业用纺织品专项政策，地方重视程度不够，中小企业培育缓慢。

三、工作建议

（一）引入优质资源，推进产业用纺织品集群建设

一是多措并举开展全球招商。利用好我省区位优势和 RCEP 发展契机，以汽车内饰材料、航天材料、医用卫生材料、工业过滤材料等产品为重点，引入一批高水平产业用纺织品企业和项目。二是梯度培育优质企业。支持三江超纤、国桥实业和新纶实业等优势企业兼并重组，培育创新能力突出、具有生态主导权和核心竞争力的龙头企业。引导企业深耕细分领域，培育专精特新"小巨人"企业。加强大中小企业多维度协作，形成良好产业生态。三是促进集聚集群发展。省级层面谋划出台产业用纺织品专项规划或指导意见，推进车用纺织品、高温过滤用纺织品、非织造布、防护用纺织品产业集群建设，探索在九江、南昌、赣州等地设立产业用纺织品特色园区或基地，提高产业链配套能力和核心竞争能力。

（二）聚焦重点领域，加强关键技术和标准研制

一是集中力量突破关键技术。加大对生物基柔性可穿戴纱线应变传感器研发与制造，碳纤维增强锌离子结构电池的可扩展制备及加工技术，光动力高效抗菌抗病毒差异化面料的研发及制备关键技术，多功能的阻燃聚乳酸技术等重点技术攻关。二是完善多层次科技创新体系。持续推进产业科技创新联合体建设，鼓励企业加大研发投入，建设行业重点技术研发基地，加快科技成果转化应用。深化工业互联网平台应用，推进数字化工厂建设。三是积极参与标准体系建设。支持骨干企业主导或参与航空航天、医疗卫生、安全防护等领域重点产品标准与应用规范的制定和修订，开展高端品质认证和质量评价工作，提高行业话语权。

（三）深化区域合作，拓展下游终端产品应用

一是推进区域产业协作。加强与浙江、江苏、湖北等兄弟省份优势互补，推进产业链协作，增强产业链、供应链弹性和韧性。支持龙头企业开展跨国经营和供应链合作，探索在海外合作共建产业用纺织品生产基地、开展海外园区招商合作等。二是鼓励化工化纤企业向下游延伸。支持九江石化、赛得利、华瑞等化工化纤企业加大研发投入，根据市场需求，开发多样化的非织造布产品，拓展产品在工业、农业、基础设施、医疗卫生、环境保护等领域的应用。支持有条件的企业建设区域性创新中心，开展细分领域关键技术攻关和市场应用。三是促进与重点产业链融合。围绕我省汽车产业配套需求，研发高端车用纺织品；围绕我省航空产业配套需求，研发高强高模高韧复合材料、航空级玻璃纤维织物及其复合材料和新型防热、隔热材料；围绕我省医药产业配套需求，研发可吸收缝合线、人造血管、血液透析材料以及加快止血、抗菌等功能性医用纺织材料升级迭代进度。

深化对内对外开放

破解三大难题　助推开发区高质量发展

——关于我省开发区体制机制改革的调研与对策

省委党校第 61 期中青班第四调研组[*]

　　开发区是经济发展的主阵地，是改革开放的排头兵。为深入了解我省各类开发区体制机制改革的现状，近期，调研组先后赴九江经开区、景德镇高新区、安福高新区、彭泽工业园区等地开展实地调研。调研中，各地反映最为突出的问题集中体现在管理体制不够高效、干部队伍活力不足、专业化市场化程度不高三个方面。鉴于此，调研组着重围绕如何破解这三个焦点问题，进行了研究思考，形成如下报告。

一、因地制宜理顺开发区与行政区的管理关系，使开发区更加聚焦主责主业

　　开发区与所在行政区的管理关系，直接决定开发区能否有效剥离社会事务，"轻装上阵"聚焦主责主业。目前我省开发区与所在地行政区的管理关系大体可以分为三种模式：

　　一是"区政分离"。开发区与所在行政区的管理关系较为独立、职责边界也比较清晰，基本上"你是你，我是我"。我省绝大多数省级开发区属于这类情况。

* 调研组成员：华　桦　韩晓刚　张　晗　涂文婷　王　瑶　杨沂柳　丁黎清　付春平
　　　　　　　周小任　郑　劼　何永明　熊　涛　韩祥波
　执　笔　人：韩晓刚　张　晗　涂文婷
　指　导　老　师：张　铭

省级开发区基本都归县区级政府管辖，相对来说"船小好调头"。如果因开发区发展涉及征地拆迁、行政审批等事项需要部门或所在乡镇配合的，一般由县级党委政府直接统筹调度即可完成（因此不少省级开发区的党工委书记都由县领导兼任）。这种调度机制在省级开发区运转是比较高效的，比如安福高新区。但这种模式一般只适合县级，同时由于省级开发区相对于所在乡镇是独立的单位，所以依然需要自行承担相当体量的行政社会事务（包括创卫、防疫等中心工作）。

二是"区政交叉"。开发区与所在行政区的管理关系较为复杂、职责边界也不够清晰，呈现出"你中有我、我中有你，但我还是我"的特征。我省多数国家级开发区属于此种模式。与上海、江浙等发达地区相比，我省不少开发区尚处于征拆建设、调区扩区加快发展的阶段，出于对土地资源的刚性需求，难以脱离所属行政区独立运行。所以往往以托管、代管等方式管辖一个甚至几个行政区的乡镇。同时，随着城市边界的扩张和基础配套设施的完善，国家级开发区逐步成为人口聚集的"新区"，事实上与行政区已非常接近。这种模式短期内成就了开发区的发展与繁荣，但同时也使开发区承担了大量的社会事务，加重了开发区行政化机关化的色彩。

三是"区政合一"。这种模式下，开发区与所在行政区的关系较为密切，呈现出"你中有我、我中有你，不分你我"的特征。往往是统一规划建设、统一经济发展、统一财政预算、统一组织人事、统一社会事务管理。这种模式在发达地区较为多见。我省也有少数发展较为成熟的开发区实行或接近这种模式，比如南昌小蓝经开区。另外也有一些开发区正在积极朝此方向加大改革力度，比如景德镇高新区加快推动区政融合发展，由昌江区委书记兼任管委会主任，将开发区的教育体育、农林水利等非直接涉企事务应剥尽剥交由昌江区管理，促进高新区回归主业。这种模式有利于构建精简高效、权责清晰、运转协调的工作机制，但现阶段不是所有开发区都适用。

综上，我们建议不同类型的开发区应因地制宜分别采取"彻底剥""整体移""大力合"三种方式，理顺与所在行政区的管理关系。一是对"船小好调头"的省级开发区，建议社会事务要"应剥尽剥"。除园区建设、产业发展、企业服务等核心业务之外的社会事务要更加完全、彻底地剥离给所在乡镇；行政管理职能则全部划归职能部门履行。同时，强化县级党政班子成员兼任省级开发区党工委书记的做法，更好地统筹协调工作。对开发区的综合考核则要更加聚焦主责主业，区别其他单位。二是对建成区规模较大且与中心城区融合度较高的国家级开发区，建议进行"整体移交"。比如南昌高新区、九江经开区，已经形成了相当规模的建成区且与中心城区高度融合，这部分区域基本不再具备产业开发的空间，主要背负的是大量社会事务。可以尝试参照湖北黄石等地的成功经验，把全面完成开发任务的建成区直接移交给所在行政区（商定比例共享税收），但同时继续保留开发区的"牌子"和"人马"，再滚动开发新区域。三是对建成区规模有限且开发任务较重的国家级开发区，建议走"区政合一"之路。参照景德镇高新区的做法，通过机构整合、领导双向任职等方式加快向"区政合一"模式迈进，将社会事务统筹给行政区承担，并优化配置政策、资金、土地、人才等要素资源支持开发区发展。比如瑞金经开区、吉安高新区。

二、打破常规推进人事薪酬制度改革，最大限度激发开发区活力动力

人事薪酬制度改革，是推进开发区体制机制改革的重要环节，也是激发开发区动力活力的关键。调研发现，各级开发区在推进人事薪酬制度改革过程中，普遍存在两个方面的约束。一是人员"进出"开发区通道不畅的约束。一方面，开发区要加快发展，迫切需要打破传统的用人机制，打破人员编制和身份限制，加快推行全员聘用，以市场化的机制实现人员优胜劣汰、能进能出；另一方面，体制内的人员担心通过竞岗进入开发区工作后，"编制身份"不能保留，"工作资历"不能认定，更怕"一入开发深似海"，将来返回行政事业岗位的通道不畅通。二是开发区薪酬设置规则的约束。根据现行规定，开发区的薪酬总额须在省市核定的年度绩效工资收入人均水平框架内，且基础性绩效占三分之二，按照职务职级按月发放；年度考核绩效仅占三分之一，根据考核结果年终发放。这种规则虽然解决了前些年开发区人员普遍收入"过高"的弊

端，但似乎又与开发区特有的压力、责任和付出不相匹配，显得开发区的整体薪酬激励性不够，不利于最大限度调动攻坚克难、干事创业的活力与热情。

鉴于此，调研组提出如下两方面建议。

一是实行"双轨制"，确保体制内人员"能进能出"。借鉴山东烟台的做法，开发区除主要领导以外，从班子成员到普通干部，全面推行全员聘用制，对原体制内人员予以"档案封存"，打破"行政事业、编制内外"的身份界限，并实行任期制和末位淘汰制。同时，配套实行"双轨制"，即一方面给予体制内人员参与开发区竞聘的选拔通道，另一方面也保留若干年内重回体制内的返岗通道，从而打消体制内人才选择到开发区工作的后顾之忧。此外，可以考虑参照烟台市执行"就高原则"，即原机关事业单位人员调离开发区时，在严格执行《公务员法》和《党政领导干部选拔任用条例》等法规前提下，结合其现实表现，认定其职级比进入开发区时晋升一级。

二是推行"总额包干"和"强制排布"，确保人员薪酬"能升能降"。开发区根据机构编制部门核定的员额总数，依据上年度在全省同类开发区的考核排名，经报本级党委政府同意，在合理范围内确定本年度的薪酬总额，在年度考核期内做到增人不增薪酬总额，减人不减薪酬总额。这种做法既能赋予开发区较为自由的薪酬管理权限，又能确保其总体水平在合理范围和标准之内。同时，为了防止开发区不同岗位的人员"干多干少一个样、干好干坏一个样"，建议参考江苏一些开发区的做法，配套实行"弹性薪酬"制度。即在开发区薪酬总额确定后，再运用绩效考核进行"强制排布"，设置不低于5%左右的不合格率，确保根据工作业绩拉开薪酬差距，形成能升能降的机制。此外，还应充分考虑岗位职责的差异性，将共性考核占比设置在30%以内，个性化差异考核占比设置在70%以上，使考核的导向性、公平性、差异性有效结合。

三、循序渐进推进"管委会＋公司"改革，加快实现开发区市场化专业化运行

从全国各地开发区改革实践经验来看，在运营模式上主要经历了"管委

会主导"—"大管委会＋小公司"—"小管委会＋大公司"—"公司主导"的过程。目前，"小管委会＋大公司"和"公司主导"已逐渐成为沿海发达地区开发区的主要运营模式。比如，上海金桥开发区先成立开发公司，负责园区建设、运营管理和招商引资；管委会则成立在后，负责政策制定、行政审批等工作，呈现"小管委会＋大公司"特点。漕河泾开发区则没有成立管委会，由公司全面负责建设运营管理，呈现"公司主导"特点。

当前我省国家级开发区主要采取"大管委会＋小公司"模式，省级开发区则主要是"管委会主导"模式。前者的主要弊端是"政企不分、政资不分"，管委会的"有形之手"过多干预本属于公司市场行为的"无形之手"。公司的自主决策能力普遍较弱，大多局限在园区融资、土地开发、代建标准厂房等工作，主要充当融资平台且负债率较高。这种情况下，公司很难走向市场化、专业化。此外，还有一种现象需要引起注意：不少地方都把"管委会＋公司"中的"公司"狭隘地理解为开发区的"平台公司"。实际上这里的"公司"应该是参与开发区建设运行的各类资本（包括国有、民营、混合制）和机构。

鉴于此，我们建议：各类开发区都要循序渐进推进"管委会＋公司"改革。不管是国家级开发区还是省级开发区都要尽快向前"迈一步"，目前是"管委会主导"的，至少要向"大管委会＋小公司"迈进；目前是"大管委会＋小公司"的，则要向"小管委会＋大公司"迈进。一方面，"管委会"要坚决瘦身，做到"有形之手"放管有度。把去行政化作为开发区体制机制改革的关键目标，从严从紧控制管委会内设机构和编制数、领导职数，凡市场机制能解决的建设运营事项，要放手让公司去干，管委会则集中精力管好产业规划、政策制定、协调服务、行政审批等本职工作，真正做到"政府的归政府、市场的归市场"。另一方面，"公司"要加快转型，做到"无形之手"进退有序。坚持"非禁即入"原则，以开发区国有企业为支点，撬动和连接民营企业、混合所有制企业和基金公司等市场化、专业化力量，共同参与园区招商引资、产业投资和建设运营等。同时，在合作过程中对权责关系、合作机制和退出要件等进行明确，最终实现开发区高质量发展与市场主体盈利的双赢局面。

破解"六大困境" 大力发展口岸经济

——关于我省大力发展口岸经济的对策建议

省委党校第 62 期中青班第三调研组 *

为深入贯彻落实习近平总书记考察江西时"大力发展口岸经济，建设长江经济带重要节点城市，打造区域性物流枢纽和商贸中心"的重要指示精神，近期调研组一行先后赴南昌、九江、上饶等地，深入国际陆港、水运口岸、综合保税区、跨境电商产业园等口岸一线开展调研，摸清我省口岸经济发展的现状，分析存在的问题，并提出对策建议。

一、我省口岸经济在因势利导中稳步发展

近年来，我省紧紧围绕打造内陆地区改革开放高地，着力拓宽口岸通道，完善口岸平台，提升通关效率，口岸经济发展取得了积极成效。

（一）多层次口岸平台体系初步构建

目前，全省共拥有国家开放口岸 2 个（南昌航空口岸、九江水运口岸），南昌、赣州、九江、井冈山、上饶综合保税区 5 个，跨境电商综合试验区 9 个，特殊商品指定监管场地 7 个，汽车整车进口口岸 1 个（赣州国际陆港），形成

---

* 调研组成员：李修磊　邓顺平　高　伟　李甜甜　储怡士　李阿玲　赖声铨　杨蕙菁
　　　　　　　雷振宇　王　伟　周红燕　郭维勤　黄　璜
　执　笔　人：郭维勤　邓顺平　赖声铨　储怡士
　指　导老师：李海鸣

了"中心带动、多点支撑、协同发展"的口岸平台体系。

（二）水陆空综合交通网络基本形成

赣欧班列通达 14 个"一带一路"共建国家和 24 个城市。铁海联运打通至深圳、广州、宁波、厦门、福州 5 条"出海通道"，与毗邻我省的五大港口实现全面对接。赣江、信江实现三级通航，"两横一纵"高等级航道网基本形成。九江港至上海外高桥、洋山港"天天班"常态化开行。航空客货运共开通航线 127 条，通达 27 个国内外重点城市或地区。

（三）口岸通关便利化水平有效提升

深入实施口岸"三同"试点，不断完善"组合港"协作机制，推动实施"离港确认"，压缩口岸作业时间达 60%。持续优化进出口通关模式，开通"铁路快通"、扩大"直提""直装"试点，推进检验结果采信制度等便利化措施，实现货物"即到即查即放"。2022 年，全省进、出口整体通关时间（不含国内运输段）分别为 16 小时、0.28 小时，连续 3 年位居中部第一、全国前列。

（四）口岸经济规模稳步壮大

2022 年，全省水运口岸完成进出口货运 444.96 万吨、26.9 万重标箱，分别增长 31.87% 和 26.80%。其中，九江港水运口岸进出口货运 444.78 万吨、26.88 万重标箱，分别增长 32.15% 和 26.97%，累计完成货物吞吐量 1.81 亿吨，在全国内河港口中排名第 7 位，迈进全球港口 40 强。开行铁海联运 2290 列，增长 32.9%；开行赣欧班列 247 列，其中出境 184 列。特别是海关特殊监管区进出口发展迅速，2022 年，全省综保区进出口 699.5 亿元，增长 54.1%，占全省进出口总额的 10.42%；赣州汽车整车口岸进口中高端汽车 525 台，进口贸易总额 2.7 亿元，带动相关消费额 6.2 亿元。

二、我省大力发展口岸经济面临"六大困境"亟待破解

当前，我省口岸经济发展仍存在比较突出的困难和不足，主要体现为"六大困境"：

（一）布局之困：口岸发展平台与通道融合联动不足

当前，全省口岸与综合保税区、开发区等平台规划布局相距甚远，融合聚集发展不足，作为国际国内物流节点、中转平台、商贸中心的枢纽作用没有充分体现，没有发挥出"1+1>2"的效应。比如，南昌向塘国际陆港与昌北机场规划坐落于一南一北，导致很难形成综合枢纽经济的集聚效应。同时，由于口岸平台的运营主体和监管主体不一致，互不相认，容易出现"二次通关"现象。

（二）载体之困：物流通道建设有待提效扩容

陆路通道有待扩容。京九、沪昆"十字形"主轴通道能力饱和，赣东南、赣西北等地区铁路覆盖不足，沿长江高铁规划不经过江西；联通长三角、粤港澳大湾区的高速公路通道繁忙亟需扩容。水运通道有待开拓。现有高等级航道仅在长江江西段和赣江、信江的主要航段，其他主要支流航道等级低、通航条件差，与干线航道未实现有效联通。航空货运通道有待拓展。全省航空货运航线网络布局单一、航点较少。其中，南昌昌北国际机场货运航线仅开通1条（南昌—列日），难以满足我省外贸进出口高增长的需求。

（三）功能之困：口岸平台功能单一，设施建设相对薄弱

口岸堆场、货场规模小，占地面积有限，缺乏大型验货场和监管货仓场所，相应作业设施和设备相对匮乏。比如南昌国际陆港规划设计起点低，场站装卸区仅有2条铁路作业线、2台龙门吊，日平均作业箱量约为450标箱，而今年以来日平均作业量约770标箱，最高单日作业量达918标箱，作业量远超设计标准，经常造成货场拥堵，严重影响场站作业效率。还比如，九江港水运口岸除了物流运输功能，其他功能较少，九江港没有危化品专用堆场，我省烟花鞭炮只能通过岳阳城陵矶口岸出口。

（四）产业之困：重点产业不大不强

没有产业支撑的口岸只能是通道。我省制造业大多以传统加工和劳动密集型制造业为主，而临港临空运输适宜性强的电子信息、航空、新材料等产业规模还不大，本地工业产品可供出口较少，本地货源占比小，货源不稳定。

2022年，我省高新技术产品和服装出口占比分别为24.1%和6.6%。特别是综保区作为口岸经济的重要载体，缺乏主导产业和引领性项目，区内产业业态除了一般贸易，只有加工制造、货物存储、商品展示等，业态选择性有限，进出口规模小。2022年全省4个综保区（南昌、九江、赣州、吉安）进出口仅占全省进出口额的10.4%，低于全国平均水平。

（五）主体之困：带动性强的龙头企业欠缺

全省带动性强、产业链长的大企业还不多，2022年出口总值超过100亿元的企业仅2家。2022年前十大外贸龙头企业中，有3家进出口同比下滑，其中新余钢铁下降14.5%、江西铜业下降1.9%、华勤电子下降0.4%。特别是产业链供应链外迁风险加大，吉安立讯智造为规避美国打压风险，2022年年底有12条生产线，目前只有5条在生产，有3条已转移到越南工厂，4条处于停产状态。

（六）要素之困：口岸营商环境有待进一步优化

口岸经济发展要素支撑不强，第三方中介服务还不健全。比如，口岸金融服务不强，针对服务口岸经济出台相关金融政策及对应贷款品种很少，难以满足口岸经济发展需求。同时，涉外法律服务水平还不高，缺乏专业法律机构和专业法务人才。口岸经济管理机制不健全。口岸工作涉及海关、税务、边检等众多中央垂直管理单位，国家口岸办设在海关总署，虽然我省在省商务厅加挂"江西省人民政府口岸管理办公室"牌子，但没有落实人员编制，管理力量十分有限，统筹协调难度大。

三、推动我省大力发展口岸经济的对策建议

针对调研发现的问题，要着力以内陆开放型经济试验区建设为统领，打造以口岸通道为载体，以先进制造业为引领，以物流枢纽为支撑，以现代服务业为纽带的跨行业、跨地域、多层次的综合经济体系。

（一）优化口岸经济发展布局，规划打造口岸经济示范区

以南昌昌北机场、南昌国际陆港、九江水运口岸、赣州国际陆港为载体，

着力推进航空口岸、国际陆港、功能性口岸、综合保税区资源整合、功能集成，着力发展临港临空产业，拓展保税加工、现代物流、服务贸易、保税研发、保税展览等业态，打造南昌、九江、赣州各有特色的三大口岸经济示范区，形成以工业为引领、物流为支撑、服务业为纽带的口岸经济发展格局。加快推动综合保税区发展，拓展南昌、九江、赣州、井冈山综保区"五大中心"功能，加快推进上饶综保区建设，优化功能布局，提升产业支撑能力。

（二）着力加强口岸通道建设，打造区域性物流枢纽和消费中心

深入对接国家西部陆海新通道，提升拓展深赣欧、闽赣欧货运班列，形成以江西为起点、经西北达中亚和经西南抵东盟两线交会的"Y"字形中西部陆海大通道。实施赣江三级航道、鄱阳湖水利枢纽、浙赣粤大运河三大工程，全面连通长江、赣江、珠江两大水系，推动形成江海货运大通道。发挥昌北机场的枢纽功能，加快建成"一主一次七支"民用运输机场布局，推进国际、国内直达航线建设，完善国际客货运通道，拓展开行至非洲、东盟等地区国际航线，构建覆盖全球五大洲的"空中走廊"。

（三）深化与沿海口岸"组合港"合作，促进我省口岸由"停靠港"向"子母港"功能转变

推动九江港与上海港、赣州国际陆港与盐田港、南昌国际陆港与宁波港的深度合作，推进"组合港"发展模式，探索沿海母港主体扩大或主导我省港口运营功能，实现沿海母港功能向我省内陆港口延伸，推动我省港口现有的"停靠港"功能向"子母港"功能转变。积极搭建智慧口岸，推动南昌、九江、赣州等具备条件的港口建设"智慧港口""智能码头"，推动江西国际贸易"单一窗口"服务功能由口岸通关向口岸物流、贸易服务等全链条拓展。优化进出口通关模式，拓展"船边直提""抵港直装"等改革试点，加快推广应用"联动接卸"模式。

（四）创新"口岸＋产业"发展模式，推动重点产业集群发展

紧紧围绕"1269"行动计划，推动"口岸＋先进制造业"发展，依托南昌国际航空港、九江港以及京九、沪昆高铁，培育一批特色制造业产业带，扩

大电子信息、装备制造、新能源、新材料、航空等高附加值产品进出口规模，加快研发、维修、再制造等产业链集聚发展，建设一批有国际影响力的先进制造业产业集群。建好用好肉类、粮食、冰鲜水产品、水果等各类海关指定监管场地，推动口岸与物流、生产等环节对接，形成安全、顺畅、便利的贸易、运输、生产全链条，推动形成"一类监管场地、带动一个产业"的发展局面，促进口岸由"通道经济"向"产业经济"发展。

（五）强化口岸经济招商，构建口岸经济全要素服务体系

一方面，引进和培育口岸经济龙头企业。鼓励现有我省口岸运营主体、物流企业与国内外大型物流集团、口岸经济龙头企业通过参股、控股、合资、合作等多种形式进行重组联合，整合我省口岸相关物流、贸易、加工、保税等各环节，培育2—3家全产业链龙头企业。另一方面，大力发展口岸经济第三方服务。统筹发展融资、结算、保险、信托、租赁等供应链金融业务，拓展服务外包和法律、会计、审计等专业服务，搭建适应产业发展阶段需要的航运交易中心，集装箱物流指数、物流信息平台等政府公共服务平台，打造多要素融合发展的口岸经济服务集群。

（六）统筹各方资源，形成口岸经济发展合力

研究出台我省大力发展口岸经济的若干政策措施，全面统筹全省政策、资金、人才等各类要素资源，组建口岸经济发展基金，形成政策合力，着力破解当前口岸经济发展面临的突出问题。进一步规范降低进出口环节成本，严格落实《清理规范海运口岸收费行动方案》，强化收费目录清单，推广"一站式"阳光收费。强化口岸工作协调，完善口岸管理机制，推进省口岸管理办公室实体化运作，落实编制和人员，实现专业机构专司其职。

大力推进综合保税区建设 引领我省新一轮高水平开放

李海鸣 刘超勇 邹家骏[*]

综合保税区（以下简称综保区）是目前我国境内开放层次最高、优惠政策最多、功能最齐全的海关特殊监管区域，是高水平开放的重要功能平台。目前，上饶综保区刚申报成功，封关运行的只有南昌、赣州、九江、井冈山四家综保区，如何建设利用好五家综保区功能性平台、推动我省新一轮高水平开放是一个需要特别重视的问题。

一、我省综保区发展大有可为

我省最早成立的是赣州综保区，于 2014 年 1 月获国务院批复，2015 年 10 月封关运行。随后，南昌、九江和井冈山三家综保区陆续获批并封关运行。经过近十年的建设，已取得一定成效。

（一）经济总量"大"提升，发展绩效排名"大"跨越

综保区已成为江西开放型经济发展的重要平台。我省综保区封关运行后，经济总量实现了"大"提升。以南昌综保区为例，其进出口值由 2017 年的 36.24 亿元增至 2022 年的 225 亿元，增长了 521%，现汇进资也由 2017 年的 600 万美元增至 2021 年的 7826 万美元，增长了 1204%。

* 李海鸣 省委党校经济学教研部副主任、教授
  刘超勇 省委党校经济学教研部讲师
  邹家骏 省委党校经济学教研部讲师

同时，我省综保区在全国综保区发展绩效评估考核中进步也较快。南昌综保区在全国的排名实现三年"三级跳"，由 2019 年的第 70 位到 2020 年的第 40 位，再到 2021 年的第 31 位；并连续两年挺进中西部 A 类区行列。赣州、井冈山和九江三家综保区 2021 年在全国的排名分别为第 67 位（较上年前移 51 位）、第 93 位（较上年前移 17 位）和第 101 位；在中西部地区排名分别为第 18 位（较上年前移 25 位）、第 30 位（较上年前移 9 位）、第 35 位。其中赣州综保区首次进入中西部前 20 强。

（二）项目建设初见成效，跨境电商业态发展"迅猛"

我省综保区始终把招商引资作为重要抓手，项目建设初见成效。四大综保区现有注册企业达 568 家，已基本形成保税加工、物流分拨和跨境电商三大主导产业。

其中，跨境电商业态发展迅猛。以南昌综保区为例，其跨境电商进出口值由 2019 年的 750 万元增长到 2022 年的 81.8 亿元，增长了 1000 多倍；同时，该区布局的海外仓由 3 个增长至 44 个，仓储总面积达 20.67 万平方米，遍布全球，实现了"买全球、卖全球"，服务外贸企业近 115 家，其中赣商企业 55 家，为"稳外贸"提供了一定的支撑。

（三）平台功能日益强化，开放环境不断优化

我省已封关运行的四家综保区全部获批"增值税一般纳税人资格试点"，"五大中心"所涉业态在四家综保区也全部开展。"四自一简""承接境内区外委托加工""仓储货物按状态分类监管""进口关税保证保险""融资租赁""跨境电商退货仓"等制度措施也在各综保区分别落地。搭建了集通关、退税、仓储、物流、供应链乃至金融保险于一体的全生态链的外贸综合服务平台，为外贸企业提供了快捷、便利的服务。

水、陆、航、铁联动虚拟口岸功能初显，南昌昌北机场"三水"口岸监管场所完成验收，"综保区 + 中欧班列"国际陆运货物通关新模式在九江综保区开辟，赣州至东盟货运直通车常态化开行。通过实施口岸"三同"政策提升通关时效，通过"查验合一"改革，实现了"一次申报、一单通关"，使得我省跨境电商的通关效率持续位居全国前列。

二、我省综保区推进建设中存在的问题

（一）经济总量不高、龙头企业不多、产业结构不优

2022年我省综保区进出口总值为699.53亿元（全国排名第20位），仅为江苏（全国排名第一）的6.5%、河南（中部排名第一）的13.6%。省内进出口总值最高的南昌综保区为225亿元，仅为国内排名第一的成都高新综保区的4%，约为全国综保区平均值（443.574亿元）一半。我省综保区主要是以跨境电商、保税物流为主，加工制造普遍发展薄弱，缺乏具有龙头带动效应的企业，没有辐射产业上下游的制造业链主企业。有综保区反映，招商引资一家链主型企业至少要配套1/6的资金，而现有综保区的财政管理体制基本无法满足这一条件，甚至连现有政策的兑现都存在缺口。

（二）聚焦服务优势产业、融合优势资源发展还不够

我省有部分优势产业，如电子信息、有色、航空、新能源以及绿色食品和现代针纺等。调研中发现，综保区内企业除了对当地电子信息产业有做供应链管理配套服务，与其他的优势产业之间关联度都不大，利用综保区优势服务配套不够。这其中既有我省产业发展与综保区功能发挥的匹配性问题，如我省优势产业中出口终端产品较少，中间产品较多等。但更多的是，综保区依托自身功能根据当地的产业特点，聚焦我省优势产业服务配套的作用发挥不够。同时，融合红色文化、陶瓷文化、中医药文化的新业态新模式开发还不够。

（三）平台载体功能不平衡，新业态发展滞后

目前，全省已封关运行的4家综保区内企业主要集中在保税物流以及跨境电商等仓储分拨领域，保税维修和保税研发等高附加值企业占比较低。如，全省4家综保区只有南昌综保区引进1家保税研发企业；保税加工和保税维修企业南昌、赣州、九江和井冈山四家综保区分别只有4家和2家，32家和5家，14家和1家以及6家和1家。此外，省内综保区在新兴业态（如商品展示、保税租赁、期货保税交割等）方面仍处于起步阶段。

（四）海关监管和通关效率与企业诉求仍有差距

随着国家对外开放程度的不断加深，进出口关税日益下调，国内企业进出口通关便利化程度显著提升，内陆地区的综保区优势逐渐衰退。目前，围网、卡口管理已由监管属性转变为管理属性，但货物进出区的业务管理改革同步跟进还不到位，手续多、流程长、效率低等痛点、难点问题依然存在，"围网卡口＋电子账册"的"两把锁"也导致部分区外企业不愿意入区、区内企业希望搬迁至区外的现象客观存在。

（五）区港联动机制不完善、协调难

省内综保区与综合口岸对接协调机制不完善，政策叠加和产业联动效应不明显。以南昌综保区为例，南昌综保区周围分布着航空、港口以及铁路三大综合口岸，但昌北机场隶属于江西省机场集团公司，龙头岗综合码头隶属于省港务局，乐化铁路货场隶属于南昌铁路局，综保区与不同口岸的对接协调机制不完善，互联互通及功能延伸存在堵点。调研中获悉，省内其他综保区也普遍反映与本地区的口岸对接方面存在堵点和难点。此外，省内已运行的4个综保区位置远离市区，周围商业、交通等配套不完善一定程度上影响区内企业招工用工。

三、进一步推进我省综保区高质量发展高水平开放的对策建议

（一）完善制度，健全省级工作机制

一是建立领导机制，建议省政府成立全省推进综保区高质量发展工作领导小组，由分管省领导担任组长，成员由省商务厅等相关部门的分管领导组成。二是完善协调机制，建议领导小组成员单位定期召开联席会议，共同研究解决综保区重点项目建设、开放通道建设等重大事项。三是狠抓落实，各成员单位要对照联席会议确定的工作清单，压实责任链条，狠抓任务落实。

（二）发挥平台功能，服务我省产业高质量发展

一是培育优势，增强电子信息产业接续力和竞争力。俯瞰全国甚至全球电子信息产业发展版图，江西电子信息产业发展依然有较多短板需要弥补。成

都、新郑、昆山等先进综保区的经验显示，电子信息产业是最合适综保区发展的制造业；已封关运行的四家综保区均位于京九（江西）电子信息产业带，且区内加工制造企业均以电子信息产业居多。在增强电子信息产业接续力和竞争力上，省内综保区不宜过多强调错位发展，应"站在全国/全球谋江西"，聚焦电子信息产业打造全国知名的保税加工制造中心积极培育保税研发、保税维修、加工制造、再制造等业态。

二是找准定位，实现错位协调发展。建议省委、省政府根据各综保区所在地市及周边区域的区位条件、基础设施、主导产业等，引导各综保区按照"优势互补、体现特色"的思路错位发展，发挥好特色优势，避免同质化竞争。比如，在打造物流分拨中心方面，南昌综保区要充分发挥昌北机场、向塘国际陆港的航空运输和铁路运输优势，赣州综保区要充分发挥赣州国际陆港的铁路运输优势，九江综保区要充分发挥九江港的水运优势；又如，在打造加工制造中心方面，上饶综保区围绕光伏新能源产业，其他四个综保区聚焦电子信息产业。

三是融合发展，推进综保区与全省优势产业及优势资源有效衔接。比如，与文化、旅游、康养、中医药等产业融合发展，推动形成"文化＋旅游＋商贸"的保税商圈；依托我省陶瓷文化、红色文化和旅游资源等优势，探索发展"跨境电商＋旅游""跨境电商＋文化"等跨境电商新业态新模式。

（三）抢抓机遇，打造"南下北上"物流枢纽

首先，建议将我省打造成长三角等地货物"南下"出口的物流枢纽。随着 RCEP 正式生效，中国与东盟贸易往来加速升温，东盟已连续三年成为中国第一大贸易伙伴。国内各省与东盟进出口额排在前五位的省市分别是广东（20.8%）、江苏（12.8%）、山东（10.1%）、浙江（10.0%）、上海（8.7%）。我省已常态化开行赣州至东盟货运直通车，两天可运抵东盟国家。建议充分发挥赣州至东盟货运直通车优势，南昌海关积极与磨憨、钦州港、凭祥等口岸海关建立协调机制，保障我省开行的中老班列、中越铁海班列常态化运行，吸引长三角、山东等地与东盟进出口的货物在江西集散。

其次，建议将我省打造成粤港澳大湾区货物"北上"出口的物流枢纽。自俄乌冲突爆发以来，因为美西方国家对俄罗斯"围追堵截"，俄罗斯自中国进口额大幅上涨（2022年同比上涨17.4%）。俄罗斯自中国进口的货物，主要来自浙江、广东、山东、江苏等省份（2022年占比分别为18.4%、16.2%、11.5%、10.5%），其中，广东居第2位，出口到俄罗斯的货物贸易额为827.5亿元人民币。为此，建议省政府充分发挥赣州国际陆港与深圳盐田港共建"赣深组合港"、与广州港实现"赣广一港通"的优势，吸引广东出口到俄罗斯的货物在江西集散。

（四）数智赋能，加快推进区港联动

打造"系统集成"电子政务平台，推动综保区、机场、码头、铁路场站等业务数据共享开放，实现区港货物无缝衔接和监管执法联动。在探索推进区港联动方面，九江的做法可以在全省推广复制。为了破解九江港与九江综保区货物运输不畅的问题，九江综保区积极与九江海关沟通，充分运用GPS、海关锁、监控摄像头等数字化手段，结合九江港的口岸枢纽优势及九江综保区的政策功能优势，实现两个区域进口到货及放行提离、出口起运及运抵、理货、物流仓储、卡口和场站系统一体化，最终实现两区资源共享，优势互补，全方位一体化。

（五）协同联动，加大政策指导力度

在调研过程中，各综保区均反映，综保区的工作具有较强的业务专业性，特别是新兴业态的发展，需要及时加强对海关、税务、外汇管理等相关政策的学习与理解。为此，建议南昌海关、省税务局、国家外汇管理局省分局等部门加强对我省综保区的业务指导，大力开展业务培训，帮助综保区加强对项目落户的事前研判及风险把控。

关于高位推动南昌、赣江新区融合发展的对策建议

——贵州、陕西推进省会城市与国家级新区融合发展、建设"强省会"的经验做法及启示

曾　光　郭金丰　高建设[*]

省会南昌和国家级赣江新区，在我省高质量跨越式发展中具有重要地位和作用。省委书记尹弘强调，要"深化赣江新区、开发区管理体制机制改革"，"坚定不移深入实施强省会战略，提升南昌发展首位度和综合竞争力"。近年来，贵州、陕西两省高位推动省会城市与国家级新区融合发展，既理顺了国家级新区体制机制，又加快了"强省会"建设步伐，具有很强的启发性。建议省委、省政府强化顶层设计，高位推动南昌、赣江新区融合发展，加快做实赣江新区，做大省会南昌，做强大南昌都市圈。

一、推动南昌、赣江新区融合发展的战略意义

近年来，南昌市和赣江新区都取得了较好发展，但也都面临规模不大、实力不强、动力不足、融合不够等突出问题。高位推动南昌、赣江新区融合发展具有重要意义。

* 曾　光　省委党校江西经济社会发展战略研究所副所长、副研究员
　郭金丰　省委党校江西经济社会发展战略研究所所长、教授
　高建设　省委党校江西经济社会发展战略研究所副教授

（一）理顺赣江新区管理体制、做实国家级新区"引擎"的内在要求

赣江新区是我省最重要的国家级战略平台，但直管区面积过小、缺乏实体经济支撑，辐射带动力有限，甚至无法实质性统筹管理南昌经开区、共青城等统筹区，对全省改革发展的引擎作用有限。推进南昌、赣江新区融合发展，有利于理顺赣江新区与南昌市、九江市的利益关系，集中精力推动改革发展，降低行政管理成本，增强城市功能品质，做实国家级新区功能型平台。

（二）提升南昌发展能级、做大南昌"硬核"的战略举措

目前，南昌市处于"千万人口、万亿GDP"周边省会城市的"包围圈"之中，并面临土地空间和资源等发展瓶颈，亟需做大城市规模和高能级发展平台赋能。推动南昌、赣江新区融合发展，有利于拓展南昌市城市发展空间、加快做大南昌城市规模，提升省会发展首位度，建设具有全国影响力的区域中心城市。

（三）推进强强联合，做强大南昌都市圈"龙头"的有效途径

大南昌都市圈在全国和全省区域发展大局中，影响力不大、辐射力不强，关键是省会南昌这个"核心"不强。推进南昌、赣江新区融合发展，有利于破解制约南昌、赣江新区一体化发展的体制机制障碍，实现"1+1>2"的扩大效应，加快培育大南昌都市圈，昂起全省高质量跨越式发展的"龙头"。

二、贵州、陕西推进省会城市与国家级新区融合发展的经验做法

近年来，为解决跨区域国家级新区体制不顺、省会城市首位度不高、核心竞争力不强等突出问题，贵州省全力推动贵阳贵安融合发展、实施"强省会"五年行动，陕西省高位推进西安市全面代管西咸新区、加快西安国家中心城市建设，成为省会城市与国家级新区融合发展的"典范"。

（一）贵阳：推动贵阳贵安新区融合发展

2019年以来，贵州省委、省政府先后出台了《关于支持贵安新区高质量发展的意见》《贵阳贵安融合发展规划》《关于支持实施"强省会"五年行动若干政策措施的意见》等重磅文件，高位推动贵阳贵安高质量融合发展。主要做

法如下：

一是理顺管理体制。将国家批复的贵安新区规划区和省政府批复的贵州双龙航空港经济区规划区，整体委托贵阳市管理，贵阳市主要领导担任贵安新区领导职务，探索"省级领导、市区合一、政企联动、法人治理"管理新模式。赋予省级经济管理权限和更大自主权，将涉及贵阳贵安的省级经济管理权限全部下放贵阳贵安行使，确保"审批不出新区"。贵安新区围绕"集中精力抓经济发展"的定位，对机构编制进行精简瘦身、优化调整。贵阳市全面承接贵安新区社会管理事务，推进贵阳贵安社保、医保、公积金、审批系统等互联共通，逐步建立内容和标准统一的基本公共服务体系。

二是优化区划空间布局。贵州省委、省政府支持贵阳市"一市三县"撤县（市）设市辖区，支持加快建设以贵阳贵安为核心的城市经济圈，支持龙里、惠水、长顺、西秀、平坝等相邻县（区）深度融入"强省会"行动，加快形成贵阳、贵安、安顺、黔南一体联动协同发展新格局，支持贵阳打造首位度高的省会城市、影响力大的中心城市。坚持交通先行，启动了数博大道延伸段、观潭大道、宾阳大道、松柏环线北段等7条互联互通城市干道建设。对贵安新区土地利用年度计划指标实行单列管理。

三是加强省级统筹推动。贵州省委、省政府支持贵安新区和贵阳市在产业布局、要素配置、城市规划建设、社会管理等方面统一规划、统一建设、统筹管理，并加强用地、用电、用人等改革创新支持。省财政连续5年每年安排10亿元用于贵安新区开发建设，省级分享的税收收入全额返还贵安新区。贵阳贵安紧扣"建城市、聚人气、广招商、兴产业"，加快构建城乡规划、基础设施、现代产业、公共服务、要素市场和环境保护"六个一体化"体系，全力推动两地协同融合发展。推动贵阳六城区和四个国家级开发区与贵安新区共建合作产业园，数据中心增量项目全部布局到贵安新区。

（二）陕西：西安市全面代管西咸新区

2021年6月，陕西省推进西安—咸阳一体化发展领导小组办公室出台《关于印发西安市全面代管西咸新区指导意见的通知》，明确西咸新区交由西安市全面代管。西咸新区由起初的陕西省直管、到西安市托管，再到如今的西安市全面代管、少部分区划与咸阳共同管理，结束了西咸一体化 20 年"长跑"。主要做法如下：

一是授权西安市全面管理西咸新区。西咸新区党工委、管委会作为省委、省政府派出机构保持不变。按照"全面授权、不留空白"的要求，由西安市全面管理。由西安市制定西咸新区管委会及所属新城职能配置、机构设置、人员编制等方案。省级部门原则上不再直接管理和审批西咸新区有关事项，不再将西咸新区作为单独绩效考核主体。

二是西咸新区划分为西咸新区直管区、西安（西咸新区）—咸阳共管区。直管区由西安市全面管理，负责辖区内的行政、经济和社会管理事务；共管区由咸阳市在《西咸新区总体规划》框架下，负责辖区内的行政、经济和社会管理事务。

三是西咸新区管委会及所属新城副厅级以下（含副厅级）各级行政事业干部，按照干部管理权限，由西安市管理。共管区的各级行政事业干部，按照干部管理权限，由咸阳市管理。省级部门派驻西咸新区的纪检监察、自然资源、公安等垂直（双重）管理机构，按照属地管理的原则划转至西安市，人员划转至西安市管理。中央垂管部门派驻西咸新区的税务、消防救援、气象、统计调查等机构，按照应划尽划的原则，由西安市相关部门研究提出划转意见。

四是西咸新区直管区的国土空间规划纳入西安市国土空间规划统一编制。在规划统筹、交通同网、信息同享、市场同体、产业同布、科教同兴、旅游同线、环境同治"八同"基础上，逐步实现"四个一体化"，即城市一体化、经济一体化、交通一体化和环保一体化，共同开展西安国家中心城市建设。

三、高位推动南昌、赣江新区融合发展的具体建议

推进南昌与赣江新区融合发展是一项事关南昌、赣江新区乃至全省改革发展大局的重大战略举措，既需要省委、省政府的高位推动，也需要南昌市、赣江新区提高政治站位、服务中心大局。结合贵州、陕西等地经验做法和我省

实际，提出以下具体建议：

（一）保持赣江新区职级规格，委托南昌市管理

学习借鉴贵阳市委托管理贵安新区的经验做法，推动赣江新区由南昌市委托管理，但仍然保留赣江新区作为江西省委、省政府派出机构、正厅级规格，赣江新区党政主要领导由南昌市党政主要领导兼任，赣江新区副厅级以下各级行政事业干部，按照干部管理权限由南昌市管理。赣江新区直管区统计数据全部归口南昌市。

（二）整合昌北"三区"，扩大赣江新区直管区范围

用足用好《国务院办公厅关于支持国家级新区深化改革创新加快推动高质量发展的指导意见》（国办发〔2019〕58号）"研究推动有条件的新区按程序开展行政区划调整，促进功能区与行政区协调发展、融合发展"等政策，适时调整直管区范围。一是推动昌北"三区"（南昌经开区、南昌临空区、南昌综合保税区）机构整合，实行"三块牌子、一套人马"，优化机构职能，形成发展合力，统一纳入赣江新区直管。这样，赣江新区的发展才有更坚实的发展平台、经济基础、综合实力。二是将共青城市、永修县全域调整为赣江新区的直管区，也委托南昌市代管。考虑到九江市的经济、财税等地区利益，省级层面加强统筹协调，设置五年过渡期，过渡期内共青城、永修两地的GDP和税收等利益分配向九江市倾斜、南昌市适当兼顾，比如按照7∶3分成；五年过渡期后，全部统计数据归口南昌市。

（三）推动双向融合，实现共建共治共享

赣江新区要主动全面融入南昌市主城区，借力南昌市的人才、财力、教育、公共服务和基础设施等优质资源实现高质量跨越式发展。南昌市要提高政治站位，深刻领会"强省会"是包含了南昌和赣江新区融合发展的"强省会"，加快构建互联互通的基础设施支撑体系，积极推进南昌市优质教育、医疗、养老、文体等优质公共服务向赣江新区延伸，全面实现均等化、同城化。联合开展招商引资，推动南昌市国家级开发区到赣江新区合作共建产业园区，推动南昌市新增重大项目优先向赣江新区集聚，推动南昌市属国有企业通过股权投

资、项目合作、资本运营等方式参与赣江新区国有企业改革改制。

（四）加强省级统筹指导，完善政策支持配套

一是成立省主要领导任组长的推动南昌、赣江新区融合发展领导小组。将推动南昌、赣江新区融合发展列入 2023 年省委常委会重大议题，进行专题部署。省有关部门和单位根据职责分工制定具体支持方案和举措。二是继续加大对赣江新区的支持。考虑到调整融合需要一个过程以及赣江新区正处于快速发展阶段，建议继续保留省委、省政府支持赣江新区发展的扶持政策。同时，中央专项资金争取、省级专项资金（基金）和每年新增地方政府专项债券安排向赣江新区倾斜。三是支持南昌"强省会"建设。无论是济南合并莱芜、简阳划归成都，还是合肥三分巢湖、西安代管西咸新区，都是直接通过行政区划调整快速做大省会城市。建议在南昌市代管赣江新区的基础上，待时机成熟后并入南昌市行政区划，进一步提升省会首位度和辐射带动力。

倾听民企所需　纾解民企所忧

——对进一步优化我省民营企业发展环境的调研与建议

邱　辉　韩庆生　季要文[*]

党的二十大报告明确提出"优化民营企业发展环境，依法保护民营企业产权和企业家权益，促进民营经济发展壮大"。习近平总书记在看望参加政协会议的民建工商联界委员时强调，我们始终把民营企业和民营企业家当作自己人，在民营企业遇到困难的时候给予支持，在民营企业遇到困惑的时候给予指导。2023 年 2 月 16 日，省委召开民营企业座谈会，省委书记尹弘强调，全省各级工商联要认真对待企业的诉求，做细做实各项工作，真正当好民营企业的"娘家人"。为进一步掌握了解我省民营企业发展情况，近期课题组深入景德镇市及所辖县区的开发区、商会和企业开展实地调研，认真梳理分析企业反映的问题建议，并提出进一步优化我省民营企业发展环境的对策建议。

一、民营企业政策满意度调查基本情况

通过实地走访、电话沟通、座谈交流等方式，累计走访景德镇市域内 1432 家民营企业，共收回 1228 份有效问卷。调查显示，民营企业家对民营企业政策的总体满意度为 9.69 分（满分为 10 分）。

* 邱　辉　景德镇市委党校讲师，省委党校第八期理论研修班学员
韩庆生　景德镇市工商联经济联络科科长
季要文　景德镇市发改委二级主任科员

（一）政府政策与落实情况

该指标全市平均得分 9.5 分。93.18% 的企业对省市出台的优化营商环境相关政策有一定了解，6.82% 的企业表示不太了解或是没有听说过。企业主要是通过政府网站、新闻媒体报道、政府组织的宣讲和培训、办理相关事项时被工作人员告知、行业协会宣传、微博微信等社交网络等途径了解优化营商环境的相关政策。政策落实处理满意度情况，企业对反映的有关问题落实处理情况的满意度为 96.85%。

（二）政务服务情况

该指标全市平均得分为 9.66 分。企业对网上政务服务能力、政务服务事项便利度、惠企政策服务、政务服务满意度、政务服务平台数据共享等 5 个细分指标的满意度分别为 96.51%、96.19%、96.81%、96.7% 和 96.69%。调研中企业反映，企业去政府部门或服务大厅办事遇到的主要困难或意见有以下几个方面："不知道哪个部门具体负责 / 不知道找谁""办事环节过多，程序不清楚，来回跑好几趟""办事人员态度不好，没有做到耐心周到服务""部门之间相互推诿 / 办不成也没有说法"等。

（三）包容普惠创新情况

该指标全市平均得分为 9.644 分，分别有 96.1%、96.76% 的企业对本地创新创业活跃度、人才流动便利度给予"非常满意"评价。在基本公共服务建设方面，分别有 96.18%、96.43%、96.73% 的企业对基本公共服务、环境质量、交通运输情况给予"非常满意"的评价。

（四）劳动力市场监管情况

该指标全市平均得分为 9.614 分，企业对"本地招工、人才市场建设、保护企业用工权益"感到"非常满意""满意"的比例为 96.14%。此外，有 5 家企业感到"非常不满意"，在不满意的原因方面，主要是企业认为薪酬水平难以满足人才要求是招工难的首要原因，其他依次是招聘渠道少、本地就业机会与前途不乐观、本地缺乏吸引力等。

二、当前民营企业营商环境面临的主要问题

民营经济是我省经济发展的主力军。近年来，省委、省政府坚定不移地落实"两个毫不动摇"，旗帜鲜明地支持民营经济发展，深入实施营商环境优化升级"一号改革工程"，景德镇也紧紧围绕优化营商环境的焦点、痛点、难点，以"小切口"改革助推营商环境"大变化"。同时，在营商环境政策服务、诉求处理、金融服务和发展要素等方面仍存在一些问题。

（一）涉企政策服务不够及时、精准

一些民营企业认为，部分政策过于"高大上"，没有找到企业发展的痛点、不接地气。如，有的企业表示，目前企业发展缺的是生产一线研发设计人才和高级技工，但全市人才引进优惠政策却集中在领军、博士等高精尖研究人才上，政府虽"好心"想办事，企业却难领这个情。有的惠企政策虽然看上去很吸引人，但实际申报时却感觉条件苛刻、困难重重；有的多半是针对大型企业，而中小微企业很难符合条件无法受益；有些政策在执行层面不及时、不到位，抑制了惠企政策的有效发挥，政策落实有差距，企业获得感不强。如，省市陆续出台了国有房屋减免房租政策，相关银行却认为自己属于私人股份制企业，可以不用执行国家对公家单位店铺减租政策的决定，导致相关租金减免政策无法落实，让市场主体对一些惠企政策失去信心、产生质疑。

（二）政务服务效能不够完善、到位

一些窗口服务一次性告知执行不到位，部分工作人员不能做到发放材料"一手清"，政策解释"一口清"，业务知识不够扎实，服务意识有待提高。并联审批方面还不尽完善，相关运行机制不够健全，部门之间资源信息不联通，"信息孤岛"现象仍然存在，信息共享、数据共享有待突破。在公共服务、便民服务方面的全市通办应用场景不足，同一个事项市县两级受理标准不一，办事企业需要多次跑，企业满意度不高。

（三）金融贷款服务不够高效、灵活

企业在申请贷款时仍然存在材料多、条件高、金额小等问题，融资难题

没有得到根本性破解。尤其是面对中小微企业"短、小、频、急"的融资需求，现有金融体系还不能有效地提供充足的金融产品和金融服务。如，银行等金融机构对农副产业、小微企业重视程度不够、支持力度不够，相关帮扶政策较少。小微企业缺少抵押物，多数银行在拓展小微市场的过程中存在一定顾虑，开展信用贷款业务时往往自抬门槛、调减额度。

（四）要素供应保障不够充分、健全

部分企业认为，目前景德镇市本科院校虽有7所，但人力资源依然面临短缺问题，企业普遍面临人才招引渠道单一。职业教育与产业发展的匹配度不高，个人职业发展空间有限，创新型技术人才和一线技工均存在紧缺的难题。企业物流成本高，在快递物流价格方面，企业反映相比周边地市整体要偏贵。

（五）创新一流举措不够突出、开阔

景德镇市近年来推出了"超时默许""企业安静期""首违轻微免罚"等改革举措，广受上级部门肯定和市场主体赞赏，但首创性、引领性改革不多，创新改革含金量不足，深层次体制机制改革较少，重点领域工作能力水平还不够高，在数字赋能、科技创新、产业培育等方面尚有短板，相关指标数据水平较低。

三、进一步优化民营经济营商环境的对策建议

营商环境只有更好，没有最好。要持续深入推进营商环境优化升级"一号改革工程"，让企业家更有归属感、获得感、成就感，努力让民营经济大胆发展活力迸发。

（一）优化惠企政策，共创共享一流营商环境

惠企政策是助力民营企业做优做强的重要发力点。首先要深化细化实化惠企政策，推动惠企政策落地落实见实效。一是精准出台惠企政策。建立健全政策覆盖对象与政策制定机构会商机制，畅通企业、群众意见反馈渠道，出台政策前，先调研，使出台的政策更加接地气，易操作，以增强政策的稳定性、严肃性。二是用足用好惠企政策。推行惠企政策"线上兑付"，实现政策兑现

从企业自主申报到政策向企业主动推送、企业上门办理到企业上网办理、政策跨年度兑现到当季甚至实时兑现，实现惠企政策的集中汇聚、精准查询、主动推送、高效兑现，推动政策落实从"企业找政策"到"政策找企业"。三是健全惠企政策评价机制。健全全省政策落实和服务"好差评"机制，倒逼政策改进、服务优化和效能提升。以数字化政策治理为切入口，将企业纳入政策制定、发布、执行、监督、评估全过程，拓宽政企沟通方式，企业可在线表达政策诉求，有效地推动涉企政策更具针对性、适用性。

（二）优化政务服务，落细落实提高办事效率

一是全面提升政务服务水平。进一步厘清政府与企业、政府与市场的权力边界，减少审批事项，简化审批手续，按照"只进一扇门"要求，把所有涉企监管部门，全部纳入政务服务大厅，减少前置条件，缩短审批时间，使企业所办手续在大厅内一次性办结。同时，加强线上线下的深度融合，积极推行"互联网＋政务服务"向移动端扩展、向基层延伸，丰富电子证照应用、发挥效能监督作用，打造多位一体的政务服务体系，推动服务由"互联网＋"向"智慧＋"转变。二是整合各类政务服务资源。打通部门数据壁垒，完善市级"互联网＋政务服务"体系，以智慧城市信息平台为基础，加快整合全市各职能部门管理的各类信息服务平台，大力推进政务信息互联互通。推行"一网通办""不见面审批"的审批模式，加快完善网上政务服务中心审批系统，尽快实现同级各部门数据库与政务中心互联互通，搭建实体政务中心、网上办事大厅、移动客户端、自助终端等大数据公共服务平台，力促"群众跑腿"向"数据跑路"转变。三是建立一站式服务体系。建立"企呼我应、接诉即办"，全市企业有政策咨询、服务求助、意见建议等诉求，均可通过市县（园区）一站式企业服务中心反映，平台窗口受理企业各类咨询、求助、建议、投诉、举报类诉求，并建立快速响应、高效办理、及时反馈、闭环运行的工作机制，实现"一龙治水"，做到企业诉求"统一受理、统一服务、统一督办、统一回访"，完善部门之间互联互通机制，打造集政策发布、咨询、办理、反馈于一体的"政策超市"，让企业找到"娘家"的归属感与获得感。

（三）优化金融创新，做精做优企业融资服务

一是加强金融顾问服务。创新推出专精特新"金融顾问"服务制度，由各主办银行分管负责人、部门或者支行负责人以及一名联系人组成服务团队，定期上门走访，了解企业的生产经营情况、资金流、融资需求等要素，"一企一策"制定服务方案。二是加强金融服务平台建设，为中小微企业缓解"融资渴"。打造知识产权交易融资服务平台，一方面帮助企业触达金融服务，更高效地完成相关流程；另一方面也帮助金融机构更好地识别、衡量知识产权的价值，以金融活水精准"资"润创新之花。三是加大金融服务机构对中小微企业的支持力度。完善考核激励奖惩机制，强化小微企业金融服务产品制度设计，按照"应贷尽贷、应贷快贷"的要求，提高审批效率、加大信贷支持，扩大银企合作规模，做活"金融生态"。

（四）优化要素保障，筑牢筑强企业发展之基

一是创新人才服务，增强人才吸引力和幸福感。创新打造"人才服务一件事"联办平台，将分散于全市各部门的落户办理、人才住房申请、创业担保贷款申请、社保养老关系接续、补贴申领等13个高频人才服务事项，集成来景人才视角的"一件事"，信息只需填写一遍、材料上传一套、申请提交一次。二是强化企业技能人才供给。进一步强化校企合作，精准对接企业技能人才需求，采取"企校双制、工学一体"培养模式，由大专院校与企业搭建产教融合、校企合作平台，推动人才链与产业链有机融合。

（五）优化法治环境，用心用情服务企业发展

法治是最好的营商环境。省委书记尹弘在抚州新能源汽车科技产业园调研时指出，营商环境好不好，企业最有发言权，要进一步优化提升营商环境，提供更加优质高效的政务服务，打造更加公平公正的法治环境，让企业和投资者有更多获得感。加强优化营商环境地方立法，建立法治化营商环境建设指标体系，重点开展知识产权保护、市场秩序建设、社会诚信体系建设及行政效率提升等方面的经济立法，通过法治化环境助力优化营商环境。

全面推进乡村振兴

以五链融合　助龙头昂起　领农业发展

——我省农业产业化龙头企业现状及发展对策

省委党校第 61 期中青班第三调研组[*]

农业产业化龙头企业（以下简称"龙头企业"）是引领乡村全面振兴和农业农村现代化的生力军，是带动乡村产业高质量发展的重要主体，在要素集聚、产业融合、创新驱动、品牌打造和联农带农中具有"领头雁"作用。为深入了解我省农业龙头企业引领作用情况，近期调研组深入九江、吉安，深入龙头企业、农业科技园区、乡村振兴示范点、家庭农场等地开展实地调研，形成如下调研报告。

一、蓄势起航，龙头企业成为我省乡村产业振兴"生力军"

我省素有"六山一水两分田"之说，是全国唯一的部省共建绿色有机农产品基地试点省，资源丰富、生态良好，各地充分依托"土""特""产"资源优势，构建具有鲜明特色的农业发展格局，打造出一批产业兴旺的新样板，为龙头企业高质量发展奠定了坚实的基础。目前，我省拥有国家重点龙头企业69 家、省级龙头企业 1059 家，数量居全国第 4 位。

---

[*] 调研组成员：张宇峰　李　影　伍锡论　余俊峰　吴　峰　钟　林　陈振华　张桂钦
　　　　　　胡文峰　金丹凤　雷　晨　肖志斌　丁　洁
执 笔 人：李　影　伍锡论　余俊峰
指 导 老 师：何文靓

（一）资源变资产，产业特色化格局基本形成

我省是全国水稻重要产区，稻谷产量位居全国第 3 位；赣南脐橙种植面积世界第 1 位、产量世界第 3 位；水产品产量位居内陆省第 2 位，出口居内陆省第 1 位。全省初步形成了大米、生猪、蔬菜、水果、水产、水禽、茶叶、中药材等主导产业，粮食、畜牧、水产、果蔬产业产值突破千亿元。如九江武宁县持续放大生态优势，成立了全国首家生态产品价值转化中心，探索开展了全省林业碳中和试点和林业碳汇开发，在全省率先完成县级生态系统生产总值（GEP）核算，做大做强"两茶两水 + 林下经济"的主导产业。

（二）土地变基地，农业园区化引领成效凸显

我省以现代农业产业园为重要载体，通过"生产 + 加工 + 科技 + 品牌"一体化发展，集中连片建设生产基地，提升种养规模化、加工集群化、科技集成化、营销品牌化水平，创建了 4 个国家现代农业产业园、291 个省级现代农业示范园、55 个省级田园综合体。如吉安市以井冈山农高区为龙头，整合全市 13 个县（市、区）农业产业资源，在全市形成了大园区、大产业、大融合的发展格局。

（三）单一变多元，三产融合化发展不断深入

我省从农产品切入，通过"深加工"辐射、延伸农业产业链条，推动"三产互动"，让产业价值倍增，农产品加工总产值突破 6000 亿元、休闲农业和乡村旅游综合收入 930 亿元。如九江修水县依托宁红集团"漫江红"品牌做强茶叶产业，以"产业 + 旅游"模式，打开了"企业有基地、村集体有收入、群众能致富"的新发展思路。

（四）小众变大牌，产品品牌化运营日益成熟

我省深入实施"生态鄱阳湖绿色农产品"等品牌战略，一批"土"字号"乡"字号品牌成长为地域标签，江西绿茶、赣南脐橙、南丰蜜橘、广昌白莲、泰和乌鸡、鄱阳湖大闸蟹等久负盛名。如永新县、吉安县在发展产业的同时注重农产品品牌塑造，打造了"井冈蜜柚""横江葡萄"等具有地域特色的优质品牌。

二、领头雁少，我省农业龙头企业引领作用亟需提升

调研发现，我省虽然具备农业产业化龙头企业发展壮大的良好基础，但对比山东、河南等农业产业化"龙头引领"作用发挥明显的省份，我省农业龙头企业"领头雁"不多，"引领力"不强，仍然存在一定差距，主要表现为：

（一）产业集聚度不高

目前我省农业龙头企业带动能力不强，超 10 亿元农业企业仅有 50 家，河南 414 家、安徽 100 家，差距较大。茶叶、油茶、特色水果、水产、中药材等存在同质化竞争，区域性产业特色体现不明显。上游农民缺乏有效组织、劳动力密集，中游加工企业多如牛毛、恶性竞争，下游渠道追求利益最大化、影响产品质量。企业作为中间桥梁对辐射、引导上游生产，组织、拓宽下游市场，寻求差异化发展缺乏长远规划。

（二）品牌竞争力不强

我省农产品在全国大市场形成品牌"认知第一"或"认知唯一"方面仍有很大差距，大部分县域农产品品牌容易停留在"打广告"阶段，存在好产品不畅销的现象。没有形成系统化的营销策略，对文化历史价值塑造、核心资源优势挖掘不透彻，导致和其他品牌形象雷同，品牌价值被严重低估。如武宁县种植的高山白茶，被浙江商人采购包装后以安吉白茶品牌出售，市场销售价格达到了五倍以上。

（三）产业链延伸不长

我省现有的农业产业结构，龙头企业大多集中在产业链上游，缺乏中下游企业参与。农产品物流建设、流通效率等配套服务相对滞后，导致产业发展的"第一公里"不顺畅，产业发展缺乏后劲。农业科技成果转化率低，产品结构较单一，大多数都是初级产品加工和简单包装后就进入市场，产品附加值低，市场竞争力相对薄弱。如武宁县野生蜂蜜品质极佳，还是地理标志产品，但由于深加工企业较少，产品价值大打折扣。

（四）抗风险能力不足

农业产业投入大、周期长、风险高，除去生产、经营过程中受自然界影响发生灾害造成损失的风险性，农业产业在金融全球化背景下，因农产品信息不对称，对市场的判断能力弱，农业龙头企业因盲目扩张忽视供求规律造成功亏一篑的现象常有发生，我省大型龙头猪企"养殖大王"正邦集团正是此类情况。

（五）共同富裕效应不显

龙头企业与小农户利益联结机制还不健全，龙头企业与农户的利益联结往往因文化素质、农产品质量及市场等原因，常出现违约或毁约现象。部分农业加工龙头企业原料来源于外地，带动当地农户、中小户等致富效果尚不太明显。据统计，全省农业产业化龙头企业带动农户 470 多万户，占全省农户总数刚刚过半。

三、五链融合，以龙头企业引领我省农业产业化高质量发展

以科技创新为动力，以利益链接为纽带，以品牌整合为抓手，以产业链延伸为支撑，以党建引领为保障，立足我省绿色生态资源优势，通过"五链融合"机制，充分发挥龙头企业在乡村产业振兴中的重要引领作用。

（一）健全创新链驱动机制

一是建立健全"政府＋企业＋高校"合作机制。推广脐橙现代产业学院模式，在特色鲜明、与农业产业联系紧密的高校、专业院所，建设若干与地方政府、行业企业等多主体共建共管共享的现代农业产业学院，培养适应和引领特色农业、智慧农业、数字化农业产业发展的高素质人才，制定形成我省稻米、果蔬、茶叶、中药材等千亿、百亿级主导产业的行业规范和产品标准体系。二是推动职称评审制度改革，提升农业类高校和科研院所农业科技成果产学研比重，在农业企业科技成果转化与教师职称评审挂钩中适当予以政策倾斜。三是建立驻企农技师制度，对全省农业龙头企业的科技人员进行摸底调查，了解农业科技人员需求台账，推动江西农业科学院、江西农业大学、南昌大学等与企

业加强校企互动，驻企人员服务年限不低于两年。

（二）健全利益链联结机制

一是通过"龙头企业＋合作社＋农户"模式，建立农业产业化联合体，通过粮食、畜禽、果蔬等主导产业龙头企业牵头，若干个农民专业合作社或家庭农场共同组建，以服务和收益联结为纽带的立体化农业经营联盟，实现规模经济，降低交易成本。二是从优从精发展壮大村集体经济，引导村民通过个人的土地、宅基地、林地、闲置民房等量化入股，使村民成为股东，享受股东分红，形成村集体经济与农户间股权清晰、分配明确的利益共同体。三是组建企业集团，通过在一个区域内把几家企业合并成一家大的企业集团合并重组的方式，以及一家企业参股、控股几家企业吸收重组的方式，重新塑造农业产业链，发挥优势、形成合力。

（三）健全品牌链整合机制

一是以文化为魂。深挖我省农产品的地域背景和人文属性，通过风土人情、传统习俗、审美情趣等文化元素赋能农产品，建立原产地农产品文化势能，通过一部广告、一首歌曲、一部影视剧、一部纪录片等传播方式，让品牌深植人心。二是以特色为主。突出江西农产品"绿色生态"的鲜明特点，持续擦亮"赣鄱正品""金招牌"，打造富硒农产品高端农业品牌，形成更多"小而美"品牌，加强农产品地理商标品牌保护力度。三是以创新为先。依托企业专业品牌营销团队，借助数字、区块链、AR等新技术形成品牌集群战略，充分利用淘宝、京东、拼多多、苏宁易购等电商平台开展在线营销，实现直销和网销的充分结合。选择具有市场影响力的头部主播，为农产品直播带货。

（四）健全要素链保障机制

一是强化顶层设计，研究制定我省农业龙头企业发展中长期规划，依据各地农业优势和特色资源，在产业类型、空间布局、发展规模、企业品牌等方面进行科学合理的引导，找准发展"赛道"。二是梳理全国农业龙头企业招商引资目标库，全省国家级、省级农业龙头企业招商引资项目储备库，全省农业优势特色产业招商引资推介库，建立在谈、签约、开工、投产项目跟踪管理台账，将农业产业招商纳入经济考核指标体系，强化农业龙头企业招商引资工作机制。三是建立省、市、县三级联动的全省农业龙头企业发展引导基金，在"外引""内培"链条长、附加值高的农业龙头企业过程中，加大财政贴息等激励措施。建立专项用地保障机制，将省级以上农业龙头企业项目纳入省级重大项目清单，在用地、用林指标上予以倾斜支持。

（五）健全产业链党建引领机制

一是在现有产业链链长制的基础上新增"现代农业产业链链长"，建立"链上党建"，按照"产业相连、功能相近、资源相融、发展互促"的原则，以龙头企业、农业产业园区、产业基地等为单位，建立基层党组织，实现"产业链延伸到哪里、党员就在哪里"。二是建立村集体经济特派员制度，选派专业技能强、理论知识丰厚、党建工作经验足、熟悉农业农村工作的干部下乡镇、挂村组，支持各地培育壮大农民专业合作社、农业行业协会，当好"党建指导员""产业联络员"。三是充分发挥驻村"第一书记"示范带头作用，指导农业龙头企业加强党建工作，形成机制灵活、形式多样、各具特色的联农带农典型，做党建引领、开拓创新的"一把好手"。

回应"四大关切"　做好"土特产"文章

——基于我省 3617 份问卷和实地调研的思考与建议

省委党校第 62 期中青班第二调研组[*]

习近平总书记多次强调，要做好"土特产"文章，在江西考察时指出"把农业建设成为大产业，加快建设农业强省"。推动"土特产"发展，是建设农业强省的重要支点。为了解和掌握我省"土特产"发展现状，调研组深入吉安市、抚州市等地开展实地调研，收回有效网络问卷 3617 份（其中县乡干部占 33.1%、农业企业占 19.5%、基层农技人员占 11.5%、农民占 17.7%、农业从业人员占 9.6%、其他人员占 8.6%）。调研发现，各地普遍认为我省"土特产"发展氛围浓、潜力足、前景好，但需要在统筹保障、产业融合、品牌建设、科技支撑上再发力。为此，调研组聚焦基层关切的"四个问题"，进行研究思考，形成如下报告。

一、建立系统推进、分级联动、分类施策"三项机制"，强统筹保障之力

黑龙江五常大米、浙江安吉白茶等成功实践证明，推动"土特产"发展，

---

* 调研组成员：彭壬盛　袁　江　王太红　陈　君　丁琦玲　罗　伟　曹　卫　刘　娥
　　　　　　　刘　翔　邱　琦　李　亮　田立南　林贤英
执 笔 人：刘　翔　王太红　刘　娥　罗　伟
指导老师：陈云飞

必须统筹好政府和市场的关系，找准两者之间协调联动的最佳结合点。调查显示，70%以上的受访主体认为，目前当地"土特产"发展，政府发挥着重要的引导推动作用。比如吉安市将井冈蜜柚产业列为全市六大富民产业之首，南丰县每年安排专项资金3000万元推进南丰蜜橘"精品园、生态园、小康园"建设，吉州区引进十里芳菲项目团队以"新农业+新服务+新家园"农文旅一体发展新模式推动钓源千年古村现代复兴等等。调研同时发现，个别地方在引导推动"土特产"发展上，存在两种不良现象：一种是"无序发展"。有的地方特色乡土资源特别是优秀传统乡村文化资源得不到挖掘、保护和开发，有的产业特色相同的地区之间各自为政、同质竞争，没有将资源优势转化为发展优势。另一种是"盲目发展"。有的地方过度追求规模扩张、外延式拓展，有的地方盲目跟风、简单复制，导致增量不增效、增产不增收。有的地方发展乡村旅游放弃了原有的建筑特点、传统文化，体验项目单一、发展缺乏特色。

鉴于此，建议在遵循市场规律的前提下，加快构建"三项机制"，更好地发挥政府的引导作用，以一域产业"小支点"支撑我省农业"大发展"。一是建立系统推进机制。省级层面围绕"原"字号、"绿"字号、"贡"字号、"硒"字号农产品和一批特色乡村资源，筛选发布全省"土特产"发展目录，加大规划引导、政策扶持、主体培育、平台搭建、市场监管和公共服务等力度，建立多部门纵向用力、横向联动的工作机制，推动"土特产"发展由"单兵突击"向"集团作战"转变。二是建立分级联动机制。坚持省、市、县三级联动，省级层面重点抓好赣南脐橙、南丰蜜橘等一批在全国有较大影响力的"土特产"发展，跨区域形成集群集聚效应和整体竞争优势；对井冈蜜柚等涉及多个县（区）且具有较大发展潜力的产业，由设区市牵头，推动产业区域融合、片区协作；县一级集中资源抓好1—2个特色产业发展，科学制定发展规划，加快布局集育种、生产、加工、物流、销售于一体的全产业链。三是建立分类施策机制。坚持因地制宜、一业一策，对传统优势产业实行动态升级，形成品质、品牌、科技、功能等新的比较优势；对特色鲜明、品质优良且具有一定规模的产业，加大全产业链扶持力度，努力打造全国知名品牌；对受地域条件限制、规模产量潜力有限的产业，坚持走精品高端发展之路；对具有特色农业产业、优秀传统文化、鲜明建筑风格的乡村，推动农文旅一体发展，打造乡村振兴综合体。

二、突出龙头引领、全链推进、抱团发展"三大抓手"，解产业融合之难

调查显示，56% 的受访主体认为，制约当前"土特产"发展的主要因素是农业产业化进程较慢、三产融合不紧密。主要体现在三个方面：一是龙头企业实力还不强。受"小富即安"思想、传统营销理念和市场风险等因素影响，我省农业龙头企业实力总体不强，销售收入超 10 亿元的仅有 53 家，而湖南有 100 家、河南有 85 家，吉水县井冈蜜柚产业没有 1 家省级及以上农业产业化龙头企业。二是产业融合发展还不深。有的地方还没有从传统农业的框框里跳出来，农产品初级加工多、精深加工少，冷链仓储物流等生产性服务业发展不足。比如南丰蜜橘以卖初级果品为主，井冈蜜柚尚未实行分级分选销售，我省物流成本远高于浙江等周边地区，省内有些农产品被迫选择从义乌销往国内外，有的农产品成为外省品牌的原料产品，造成加工和销售"两头在外"。三是投融资保障体系还不健全。调查显示，87.3% 的受访主体认为，解决经营主体投入不足最有效的方法是加大金融支持力度。目前，农业经营主体抵押物少、信用评级不高，加上贷款制度约束，金融产品和服务供给不足，融资难仍是制约"土特产"发展的主要难题之一。

调研组认为，坚持工业化思维、系统化理念是推进"土特产"发展的关键。为此，提出三点建议：一是做大做强省农业投资平台，解决龙头企业发展资金瓶颈问题。统筹整合各类涉农资金、资产、资源，进一步整合优化集投融资、担保、基金等功能为一体的国有农业投资平台，会同其他市场主体设立省级农业产业孵化基金，分步骤引进和培育一批超亿元、超十亿元乃至超百亿元的骨干龙头企业。二是健全重点农产品产业链推进机制，解决产业融合不深的问题。参照制造业重点产业链建设模式，搭建省、市、县三级"总链 + 子链"

的重点产业链框架网络，实施"一链一策"的重点产业链培育计划，促进全产业链深度融合。推动农产品加工向产地下沉，探索在产地发展预制菜和中央厨房等新模式，统筹规划、分级布局农产品冷链物流体系建设，引进和培育供应链主体，比如在产地或集散地建立冷链仓储、物流配送中心、组建冷链物流运输联盟等。三是建立农业产业化联合体，解决联结联动机制不健全的问题。借鉴吉水县"组织共建、资源共享、难题共商、活动共办、产业共进"的做法，组建"龙头企业＋农民合作社＋家庭农场＋行业协会＋流通组织＋农户"的农业产业化联合体，引导推动农文旅、产加销、科工贸、行业协会、农户等各类主体抱团发展，建立健全优势互补、利益共享、风险共担的紧密联结机制。

三、构建品牌管理、产业标准、品质保障、品牌营销"四大体系"，破品牌建设之困

调研发现，各地品牌创建意识明显提高，品牌价值进一步提升。比如，赣南脐橙品牌价值达到 691.3 亿元，列 2023 年中国区域品牌（地理标志）百强榜第 5 位，连续 9 年居水果类首位。尽管如此，我省农业品牌"散、小、弱"现状仍未扭转。同样是大米品牌，我省"万年贡米"的品牌价值为 96 亿元，而黑龙江"五常大米"品牌价值超过 700 亿元。针对"品牌不响的最主要因素"，32.7% 的受访主体认为是"生产标准不统一，品质难保证"，31.5% 认为是"市场营销方式传统"。经调研分析，目前我省品牌建设主要面临"三大困局"：一是品牌难整合。有些区域公用品牌整合只是简单的"物理叠加"，忽视了品牌之间的"化学反应"，比如我省整合打造"7+2"稻米品牌，但大米品牌总数仍有上千个。二是品质难保证。有些地方忽略了品种的提纯复壮和品种改良，有的产业标准不系统、不统一，产品品质参差不齐。比如万载百合 95% 从湖南等省购种，品种多、乱、杂，种植涉及千家万户，生产标准难统一，品质难以保证。三是市场难监管。面向千家万户、面对线上线下，市场监管难度大，"辖区内不好管、辖区外管不了""以次充好、以假乱真"等现象依然存在。据反映，全国市场上销售的赣南脐橙约有一半为套牌假冒。

　　针对以上问题，建议加快构建品牌建设"四大体系"，把好资源转化为好品质、好品质转化为好品牌。一是建立统筹有序的品牌管理体系。省级层面尽快制定全省农业品牌发展规划以及区域公用品牌管理办法，统筹推动我省农业品牌建设。借鉴南丰县制定《南丰蜜橘保护条例》等做法，坚持法治保护、协会管理、执法监督、企业自律一体推进，护航"土特产"发展。二是建立覆盖全链条的产业标准体系。借鉴黑龙江五常大米27个流程99道工序8项标准的经验做法，围绕良种繁育、原料生产、种养技术、加工工艺、投入品使用、质量追溯等各环节、全流程，细化产业标准，构建全链条产业标准体系，实现全过程有标可依，最大限度压缩假冒套牌空间。三是建立规范可控的品质保障体系。实施集种质资源收集保存利用、品种改良创新、良种繁育推广于一体的"育繁推一体化"示范工程，确保种源自主可控。探索实施生产基地认证制度，建立健全省、市、县三级质量检测监测体系，搭建质量管理"一站式"服务平台。四是建立立体多元的品牌营销体系。借鉴柳州螺蛳粉经验做法，引进和培育专业化品牌营销团队，采取线上线下双轨制营销，健全农社、农企、农校、农超产销对接，建立与阿里巴巴、京东、盒马、抖音等平台常态化对接合作机制，创新推广"重大活动冠名""网红带货"等新型营销方式，努力扩大市场份额。

四、坚持体制改革、机制创新"双轮驱动"，补科技支撑之短

　　当前，我省农业科技进步贡献率仅为62.5%、在中部六省中排第五位，科技资源分散、低水平重复、产学研脱节等问题还比较突出。尽管这几年各地探索了一些模式，比如南丰龟鳖产业科创园、吉水井冈蜜柚产业研究院、上高水稻科技小院等，但科技支撑不足仍是制约"土特产"发展的重要因素。调查显示，目前，基层主要通过项目参与、专家指导、自主创新获取科技支持，93.4%的受访主体认为这三种方式均不能满足实际发展需求。究其原因：一是"项目参与"层次不深。科研项目多为自上而下安排，县级层面处于辅助地位，参与的范围和层次受限，项目内容与实际需求不匹配。二是"专家指导"蜻蜓

点水。有的专家与基地、企业没有建立紧密联结的对接合作关系，"流动式"的服务指导浮于表面，难以解决产业发展的瓶颈难题。三是"自主创新"能力有限。市、县两级面临缺资源、缺技术、缺平台、缺设备、缺人才等困难，自主研发能力弱，难以取得实质性效果。

调研组认为，解决以上问题需从科技创新体制机制着手。一是建议整合科技创新资源。参照山东省科技体制改革做法，坚持省、市、县三级联动，统筹整合分散在不同单位的农业科技力量和资源，组建新的农业科研推广机构，形成科技创新推广合力。二是建议组建农业科技综合体。参照陕西省"在产业核心区域建立试验示范站"的做法，整合科技小院、现代农业产业技术体系等资源，在产业核心区域建立由地方政府、高等院校和科研院所、培训推广机构、农业企业等组成的农业科技综合体，推进全产业链技术研发与转化应用。

打好富硒品牌　培育万亿硒健康产业

省委党校第 4 期中青 3 班第一调研组[*]

习近平总书记高度重视富硒产业发展，2019 年视察我省时嘱咐："一定要把富硒这个品牌打好。"富硒产业是健康产业，实现"富硒 + 大健康"产业融合发展，是满足人民健康需求的重要途径，是践行健康中国战略的生动实践，也是助力我省富硒和大健康产业高质量发展的有效途径。为深入贯彻落实习近平总书记视察江西重要讲话精神，加快我省富硒资源优势转化为产业优势和经济优势，加快推进我省"富硒 + 大健康"产业高质量发展，近期调研组先后深入宜春市樟树市、袁州区、明月山风景区等地进行"富硒 + 大健康"专题调研，形成如下调研报告。

一、赣鄱大地兴起"富硒 + 大健康"产业热潮

我省硒资源丰富，全省已探明富硒土壤面积 4200 万亩，占全省总面积的 16.7%，覆盖萍乡、赣州、宜春、上饶、吉安等 11 个设区市 90 个县（市、区），形成赣西、赣南、环鄱阳湖三大硒资源富集区。硒是人体每天必须补充的 15 种必需的微量元素之一，人体内含硒量与多种疾病相关，硒的营养强化

---

* 调研组成员：章洪涛　洪　灿　王　娜　刘承飞　林　军　周　霞　龙凤艳　朱圣富
　　　　　　陈　海　颜　婧　赵海青　余能学　喻晴滋
　执　笔　人：林　军　陈　海　王　娜　周　霞
　指　导　老　师：邹家骏　黄　剑

行动已成为实施健康中国战略的重要组成部分。

依托硒资源优势，我省"富硒＋大健康"产业正悄然而生。富硒农产品初具规模，目前我省已发展了富硒大米、茶叶、水果、蔬菜等富硒农产品，并形成一定规模。富硒功能食（饮）品备受青睐，如江西德致生产的富硒婴幼儿辅食品与藻泉生物科技开发的富硒葛仙米（念珠藻）系列食品受大众认可度较高，江西润田也成功树立起了天然含硒矿泉水第一品牌旗帜。富硒保健品正在萌芽，目前部分企业正朝着此类方向发展，如百神药业准备投产富硒灵芝浸膏片，江西德致正在开发德美嘉牌硒口服液等。富硒康养特色明显，明月山国际健康医学中心依托世界唯一的硒温泉资源发展"旅游＋大健康""度假＋康养"等产业项目，结合中西医学着力打造中国"健康寿命"康养中心。含硒医药大有可为，国家药品监督管理局的官方数据显示，目前含硒的药品非常稀少（仅16种），且主要成分较为类似，硒资源用于中西医药方面依然处于待开发状态，未来发展前景光明。

二、当前制约我省"富硒＋大健康"产业高质量发展的主要问题

我省硒健康产业发展已取得阶段性成效，但总体效益偏低，距离高质量发展要求还存在较大差距，主要存在以下问题。

（一）"富硒＋大健康"的生活理念尚未深入人心

民众普遍对硒与人体健康的关系不甚了解，对补硒的必要性认识不足，对硒健康产品的认可度不高。一是对硒健康的基本知识了解不够深入。调研发现，公众对于"硒"对人体健康的作用以及每日推荐硒摄入量等方面了解很少，并不清楚硒的健康功效。二是缺乏对补硒必要性的认识。绝大多数人对我国大部分地区缺硒的现状不了解，普遍认为自身不缺硒，不需要进行补硒。企业则认为硒在健康产业中应用面较窄，并不看好硒健康产业前景。三是对硒健康产品的认可度偏低。许多民众认为硒产品只是一个噱头，除了富硒大米等少数富硒农产品被部分群体所知晓外，多数硒产品的公众知晓度和认可度较低。

（二）硒健康产业人才科技支撑较弱

一是在国家级科研平台建设上还有差距。尽管我省成立了省富硒产业研究院等省级科技创新平台，但国家级硒科研平台依然缺乏，我省研发创新平台作用发挥非常有限。二是关键技术突破仍存在瓶颈。重大科技专项研究不够，在土壤硒活化、阻镉降镉、硒与人体健康关系、富硒产品精深加工等关键技术突破上存在瓶颈。三是人才队伍不强。硒健康产业是一个跨行业、多领域、多学科融合发展的产业，对高层次专业人才、复合性人才及相关科研队伍的需求量大且紧迫，硒产品研发和转化人才缺口大。

（三）硒健康品牌效应不强

一是产业发展基础不强。目前富硒产品主要集中于农产品本身及其附加值较低的初加工产品，具有高技术、高附加值的富硒高端产品依然较少。二是富硒品牌资源整合力度不够。由于不同富硒品牌之间存在同质化现象，有必要对同质化产品进行品牌资源整合，然而在资源整合过程中存在一定的利益冲突，给打响品牌龙头效应带来较大阻力。三是特色品牌带动效应不强。尽管培育了诸如"宜春大米""润田翠硒矿泉水""硒温泉"等一批在我省具有影响力的特色富硒品牌，但大部分硒品牌的知名度和美誉度还非常弱。目前，能带动支撑整个硒健康产业发展，能在国内外市场叫得响、竞争力强劲的领军品牌还非常缺乏，这也是导致我省硒行业话语权偏低的关键。

（四）"富硒＋大健康"产业融合发展机制不健全

一方面是富硒产业和大健康产业有效统筹不够。富硒产业与大健康融合发展，不局限于农业范畴，而是涉及功能食品、保健品、休闲旅游、康养医疗、生物医药等多方面，现有的硒资源开发利用等机构在硒健康领域发挥的作用非常有限。富硒产业和大健康产业融合发展还处于萌芽状态，职能部门之间合力较弱，统筹推进的体制机制还不健全。另一方面是缺乏强有力的监管体系。目前市场上依然有不少富硒产品其包装没有对含硒量作清晰标识，硒含量过低、不达标现象时有出现。有的未通过任何检测就直接打上"富硒"字样，外地的大米、菊花也打着本地富硒的名号流入市场，"劣币驱逐良币"的现象依然存在。

三、进一步打响"富硒＋大健康"产业品牌的对策建议

（一）将富硒产业作为我省大健康产业规划重点，培育、形成"富硒＋大健康"产业融合新发展格局

我省有着独特的硒资源优势，且全省富硒健康品牌正逐步打响。比如，宜春市先后获得"全国富硒农业示范基地""世界硒养之都""全国硒资源变硒产业十佳地区"三张有分量的国家级名片，拥有全国唯一可饮可浴可治病的硒温泉；赣州市近年来为唱响"世界生态硒地"品牌，培育了18个富硒休闲旅游康养区。为此建议，将富硒产业纳入我省大健康产业体系规划，整体谋划布局，以富硒农产品为重点，以富硒旅游康养为着力点，以富硒中西医药为增长点，以大健康为主线，培育、形成集富硒种养、加工、餐饮、保健、休闲、观光、旅游、康养、医药为一体的"富硒＋大健康"产业融合新发展格局。

（二）提前谋划富硒产品在中西医学领域的研究与应用，助推我省中西医药产业弯道超车

目前全国含硒的药品非常稀少，硒生物医药方面还处于待开发状态，且药品从前期研发、临床试验、取得批文、投入生产一般需要10年至15年，周期非常长。为此，需提前谋划，充分发挥我省樟树生物医药、袁州医药等医药产业优势，逐步探索富硒产品在中西医学领域的研究与应用，着力发展硒功能食品、硒中药材、硒生物医药，助推我省中西医药产业弯道超车。通过运用富硒动植物等农产品生物资源和高科技生物技术，结合中医"药食同源"养生文化的精髓，以及西医微量元素营养学精髓，将富硒资源优势转化为我省中西医药产品优势。

（三）健全"富硒＋大健康"产业保障体系，为硒健康产业高质量发展提供强力支撑

一是强化人才科技支撑。加大硒人才培育、招引力度，以人才队伍为依托，打造"富硒＋大健康"产业研究大平台，力创国家级科技创新平台。突破

制约硒健康产业发展的关键核心技术，不断深挖富硒产品附加值。二是强链补链壮链。依托"富硒"这一核心优势，围绕硒健康产业链，招大引强、扶优扶强，打造彼此关联、相互支撑、优势互补的"大健康"产业。同时，组建全省硒健康产业企业联盟，抱团发展，培养出一批竞争力强的龙头企业和行业影响力大的特色品牌，提升我省行业话语权。三是健全管理体制机制。健全产业标准体系和监管体系，规范硒产品标准认证，建立硒产品溯源机制，杜绝市场乱象。通过建立、完善职能部门协作机制，不断提升富硒和大健康产业融合发展的统筹推进力度。

（四）加强"富硒＋大健康"理念宣传教育，让硒健康理念深入人心

一是开展硒健康科普活动。通过各类媒体平台全方位宣传硒文化、硒产品、硒健康，推动硒健康科普进机关、进校园、进社区、进景区。正确引导硒健康相关协会、企业、部门等开展走出去和请进来的硒科普宣传工作，宣传硒健康理念。二是打造硒健康教育基地。加快出台硒健康教育基地相关管理办法，建设和认定一批集科普宣传、产品展示、销售对接、品牌推广、消费体验、健康检测为一体的"富硒＋大健康"教育基地，增强人民群众对硒健康重要性的认识。三是建立与缺硒省（市）地区的战略合作。我国72%的国土面积为低硒地区，其中30%为严重缺硒地区。为此，可通过建立与浙江、甘肃、黑龙江、天津等缺硒省（市）地区的战略合作关系，加强对缺硒省（市）地区的"富硒＋大健康"理念的宣传引导，扩大我省硒健康特色产品的区域影响力，让全国乃至全球都能吃上产自我省的富硒产品，能享受到我省硒健康产业发展的红利。

做好"土特产"文章 打响"江西茶"品牌

——关于我省狗牯脑茶产业发展的调研与思考

省委党校第 4 期中青 3 班第三调研组 *

习近平总书记在 2022 年底中央农村工作会议上强调，各地推动产业振兴，要把"土特产"这三个字琢磨透。当前，我省茶产业发展机遇与挑战同在，需要抢抓"风口"，"靶向"施策。调研组以狗牯脑茶为典型案例，深入遂川县开展解剖麻雀式调研，指出其在做好"土特产"文章方面的不足，并以点带面，提出加快推动我省茶产业高质量发展的对策建议。

一、狗牯脑茶引领乡村特色产业发展的有益探索

（一）基于一方水土，实施"以茶立县"战略

遂川县地处江西省西南部罗霄山脉南麓，有适合茶叶生长的"黄金纬度""黄金海拔"和肥沃的乌沙土壤。当地种茶历史悠久，茶文化深远，赋予了狗牯脑茶独具特色的品质与魅力。近年来，遂川县充分挖掘当地资源禀赋，提出"以茶立县"的战略规划，把茶产业作为优势产业、特色产业、富民产业，为乡村特色产业做大做强奠定坚实基础。

---

* 调研组成员：李小真 程 媛 梁铁鹏 张 祥 胡 云 熊玉琳 胡振枭 沈慧婷
　　　　　　　喻 轶 彭 闯 袁 涛 王美文 刘志琴
　执　笔　人：胡振枭 张 祥 胡 云 袁 涛 李小真
　指　导　老　师：余 漫

（二）依托地域特色，"茶品牌"效应初步彰显

狗牯脑茶外形秀美，茶味醇香，被评为我省"四绿一红"之首，品牌价值达43.44亿元。毛主席在井冈山时，评价其"味香醇、沁人肺腑、啜饮之后、回味无穷"。截至2022年底，遂川县茶园面积29.27万亩，产量10700吨，综合产值26.58亿元，狗牯脑茶获得2022年全国三大"最具品牌经营力"品牌之一和"最受欢迎的江西十大地域消费品牌"等殊荣，遂川县享有"中国名茶之乡""全国重点产茶县"等荣誉称号。

（三）夯实产业基础，推动"茶叶"变"茶业"

遂川县搭建科研、加工、服务、销售、物流、检测、溯源、宣传、金融"九个平台"，茶产业链条初见雏形。主要做法有：成立遂川县茶产业研究中心，聘请陈宗懋、刘仲华两位院士担任狗牯脑茶首席科学家，开展优良单株选育；组建国有江西狗牯脑茶叶有限公司，培育壮大南屏茶厂等龙头企业；实施统一规范包装，推行"一品一标"，对产品进行"实名认证"；打造了汤湖现代农业产业园、茶文化街、狗牯脑茶香园和茶文化展示馆；等等。

二、当前我省狗牯脑茶产业高质量发展的主要瓶颈

尽管我省狗牯脑茶产业发展取得了一些成效，但与浙江、福建、云南等地名优茶产业发展相比，仍存在不小差距，在高质量做好"土特产"文章方面，还存在一些不足。

（一）"土"的资源挖掘不深

一是产业资源利用率较低。遂川以生产加工春茶、名优茶为主，夏秋茶鲜叶及高山地区茶叶少采甚至不采，茶叶资源利用率仅有40%左右。二是人力资源要素保障欠缺。遂川作为产茶大县，茶专业相关技术人才较少，特别是缺乏育种、市场营销等方面的人才。同时，春茶集中采摘期间本地劳动力不足，影响茶园采摘效率。三是与本土资源的有效联动不足。遂川茶产业与温泉、梯田等县域优势资源融合不够深入，全域性"农文旅"融合发展整体规划滞后，乡村旅游模式亟待从传统的"观光式"向新兴的"沉浸式""体验式"

转变。

（二）"特"的竞争优势不够

一是品牌知名度不高，省外市场占有率低。狗牯脑茶的品质虽然得到诸多认可，但在宣传力度、品牌推广、市场开拓上仍存在短板，其销售主要还是面向省内市场，在全国范围内品牌影响力较弱。二是产品结构单一，产业效应发挥不够。狗牯脑茶以绿茶为主，虽然近年来开发了红茶、白茶，但速溶茶、茶食品等精深加工产品以及茶多酚、茶色素等功能成分的延伸产品品类不多，产品效益未得到充分发挥。三是茶园重建轻管，现代化管理滞后。生产加工主要依靠手工采制或单机作业，机械化程度较低，尚未依托现代物联网技术打造全自动茶产业数字化管理平台，数字化茶园建设进展缓慢。

（三）"产"的集群效应不强

一是标准化生产不足。经营主体多以家庭散户、小作坊为主，存在"多小散弱"的特点，产业化水平不高，抵御市场风险能力较弱。二是龙头企业"引培带"不够。省级以上龙头企业数量少，且与小微企业、农户利益链接不够紧密，辐射带动效应偏弱。三是产业链条短而不全。企业类型主要在生产、加工、线下销售等前端领域，在农机、包装、市场营销、衍生产品开发等细分领域，产业链建设存在短板。

三、进一步推进我省茶"土特产"高质量发展的对策建议

（一）立足"土"字优势，激发茶产业内生力

1. 提高资源效能，探索产业发展新路径。开发产品新价值新功能。充分开发利用茶的根、茎、叶等蕴含的营养和功效成分，开展产品精深加工，研发茶保健品、化妆品、新式茶点、茶饮等，提升产品附加值。探索产品消费及产业发展新模式。面向年轻消费群体，推广袋泡茶、冷泡茶等潮流新品；因地制宜探索"认养农业""林下经济"等新模式，实现效益和规模"双提升"。

2. 聚焦队伍建设，夯实茶产业人才支撑。加大专业人才引进力度。引进茶树育种、新产品研发、电商、品牌推广等方面的技能型和高层次人才，构建

一支强有力的产、学、研、市场、文化全覆盖的茶产业专业人才队伍。提升本土人才培养水平。开辟茶领域专门职称评审通道，激励和吸引人才投身制茶产业；加强职业技能培训，举办职业技能竞赛，培育一批"田教授""土专家""茶博士"。

3. 深耕"茶文旅"融合发展，放大发展效应。用好当地"绿、红、古"资源。依托自然生态、历史文化、地域风情等资源禀赋，着力打造一批特色茶产业小镇，开发一批旅游精品线路。放大乡村旅游效应。将茶产业与文旅、康养、研学等新业态融合发展，让"沉浸式体验"成为乡村旅游新亮点，实现"茶园变景区、茶产品变旅游特色产品"。

（二）凝聚"产"字共识，提高茶产业竞争力

1. 集聚资源"化零为整"，提升产业化水平。整合分散资源。统筹各类涉农资金设立茶产业发展基金，扶持国有茶叶企业做大做强，采取合作、兼并、入股等方式，整合家庭散户、小作坊等分散资源，提高生产和经济效益。推进标准化生产。围绕茶叶品质提升，坚持标准化发展、专业化分工，打造一批功能互补、关联紧密的茶产业分工生产组织，延伸产品链，全面提升产业化发展水平。

2. 坚持龙头引领，夯实产业发展根基。多措并举招引龙头企业。组建农业产业招商专班，开展产业链招商和"链主"招商，引进一批有实力、带动力强的龙头企业。鼓励和扶持企业做大做强。培育壮大茶叶龙头企业，制定更完善的扶持政策，提供更优质的金融、用地等服务，推动茶叶经营主体"个升企、企入规、规转股"，形成梯队式企业集群。完善利益联结机制。建立稳固的农企利益联结机制，引导龙头企业以订单农业等方式，通过"党支部＋龙头企业＋合作社＋农户"等模式，带动专业合作社、家庭农场、茶农共同发展，共享产业增值收益。

3. 畅通产业链条，推动产业集群发展。完善产业链条。借鉴山东寿光模式，建立贯通茶叶生产、加工、销售各环节的完整产业链条。建设现代农业产业园。支持茶叶主产区申报创建国家、省级现代农业产业园，开展茶叶产业

强镇建设，打造集优质种植、加工包装、观光旅游为一体的优势产业集群。优化产业配套服务。在一线目标市场布局一批前置仓，建设一批特色茶叶加工园区；完善快递物流、冷链仓储、包装销售等配套服务，提升茶叶产地商品化处理能力。

（三）坚持"特"字为要，扩大茶产业影响力

1. 强化科技赋能，增强江西茶科技含量。搭建科研平台。积极与高校、科研院所联合打造茶产业科研平台，力争在病虫害绿色防控、精深加工及衍生产品开发等关键技术方面有所突破，提供在育种、生产、加工、物流等方面的全过程科技支撑。坚持农机推广和研发"双轮驱动"。推广丘陵山区适用小型机械和高效智能农机，与科研、生产企业组建农机研发联合体，扶持培育专业机械服务企业，推动茶叶加工向机械化、标准化、智能化发展。推进智慧农业建设。抓住数字化发展机遇，推进数字化、智能化茶园建设，通过 5G+ 物联网、区块链技术，提高茶园管理水平和资源整合效率。

2. 做好品牌文章，推动江西茶强势"出圈"。强化品牌管理。深挖江西茶深厚底蕴，讲好茶文化和品牌故事，一体化推广"四绿一红"区域公用品牌体系，让"江西茶·香天下"深入人心。拓宽宣传渠道。在央媒等主流媒体、"爱优腾"网络平台及"三站一场"投放广告，推动茶品牌上央视、进专栏、入景区。创新品牌营销。邀请与产品特质相符的带货名人开展线上助销；借助"赣鄱正品"区域公用品牌，开展茶叶与陶瓷等省内其他特色产品联合展销，提升品牌知名度和影响力。

3. 完善市场建设，提升江西茶市场占有率。建好交易市场。建立省级茶叶交易中心，打造集品牌推广、信息交流、销售服务于一体的公共平台。强化市场管理。建立生产经营主体信用档案，完善溯源体系，加强产品质量安全监管。拓展海外市场。加强生态、绿色、有机出口标准的基地论证，谋求进入欧美、日韩等国际茶叶消费市场。

党建引领乡村治理新模式的有益探索

——基于对鹰潭市余江区、南昌市南昌县调研的思考

省委党校第 5 期中青 3 班第一调研组 *

习近平总书记在党的二十大报告中指出，要坚持大抓基层的鲜明导向，推进以党建引领基层治理。省委十五届四次全会提出，要深入实施治理强基战略，强调坚持党建引领，充分发挥基层党组织的战斗堡垒作用，完善党领导下的基层治理机制，不断探索基层治理新模式。为深入学习贯彻落实习近平总书记关于基层治理的重要论述和省委十五届四次全会部署要求，近期调研组深入鹰潭市余江区、南昌市南昌县开展实地调研，深度挖掘党建引领下的乡村治理新模式，形成如下调研报告。

一、鹰潭市余江区、南昌市南昌县推进以党建引领乡村治理新模式的典型经验做法

（一）"物业进乡村"模式："脏乱差"变"洁净美"

近年来，鹰潭市余江区潢溪镇把党建工作与物业服务有机结合，探索"物业进乡村"基层治理新模式，乡村"脏乱差"变"洁净美"。

---

* 调研组成员：邹　霞　聂长华　蔡晓凤　谭　颖　王　甜　许俊锋　林秭漪　周　鹏
　　　　　　黄子杰　吴传梁　梁　涵　金义波
　执 笔 人：梁　涵　邹　霞　聂长华　吴传梁
　指导老师：李　维

一是以"乡村物业"为桥梁，打通基层党组织联系群众、服务群众、依靠群众的"最后一米"。主要采取"支部领办＋服务点单"的经营模式，以村级党组织为基础，以组级集体经济组织为载体成立物业公司，村"两委"班子成员兼职物业管理成员，统筹推进乡村物业和基层党建"两个覆盖"。

二是以"群众诉求"为导向，提供群众点单、物业接单、群众评单的"闭环式"服务。在村"两委"干部对村民日常生产生活需求进行广泛摸底的基础上，建立"公益性"和"收益性"两大类服务清单，明确时间安排、工作频率、具体要求、收费标准。实行群众点单、物业接单、群众评单的"三单式"闭环服务模式，村民"手指一点"，即可享受上门代办、立诉立办、服务到家。

三是以"多元共治"为合力，实现党群共治、自发参与、协同联动的"可持续"发展。在聘请专业团队的同时，党员充分发挥引导作用，带动村里各领域能手加入物业服务队伍，为村民提供"家门口"就业岗位。通过收取10—20元／月的小额物业服务费、对个人负责的"门前三包"实行打分和"积分"兑换服务产品等方式，激励了村民维护爱护村庄环境的积极性。

（二）"智治平台"模式："乡村治理"变"乡村智理"

鹰潭市余江区洪湖乡自主开发"乡村治理信息化管理——成长树平台"，对基层治理主体实行"积分制"管理，集体和个人的任务落实、为民办事等情况形成数字化绩效考核，形成"成长值"，打通基层党建、乡村治理和服务群众的"最后一公里"，实现"乡村智理"。

一是变"期末考"为"日常考"。对乡村干部实行积分制管理，变年终"期末考"为日常积分制考核，积分成为衡量干部工作成效的重要标准，同时将积分与村党组织评先评优、资金项目倾斜等挂钩。

二是评选"月度之星""年度之星"。搭建"入党培养""党员月考""党员先锋"等模块激发党员的积极性，将入党培养对象通过完成志愿服务获取的积分作为其考察的重要依据；设立村党组织、党员月考目标分，对连续两个月未达目标分的进行"红黑榜"公示并提醒谈话。按月和年分别评选出党员先锋

"月度之星"和"年度之星"，作为评先评优的重要依据。

三是开发"积分兑换"和"随手拍二维码"。设立"积分兑换"制度，村民参与乡村治理事务获取个人积分，积分可在平台上兑换生活用品等，同时将积分与党员的优先发展、村内事项的优先办理等挂钩。除积分制外，开发"随手拍二维码"，让村民化身环境整治监督员。搭建"五治融合"模块，矛盾双方可通过手机软件挑选自己心目中公道正派的评理员进行调解，有效地提高矛盾调处的成功率。

（三）"五彩"党建模式："干部帮干"变"双向奔赴"

南昌市南昌县幽兰镇立足当地实际，探索打造出党建引领社会力量共建共治共享的乡村治理格局，有效地提升了乡村治理能力和水平。

一是以党建为引领，建立"五彩"党建服务队。幽兰镇以基层党组织为核心，按照"支部联系党员，党员联系群众"的工作方法，通过镇村干部和党员带头示范，广泛动员吸纳家官乡贤、返乡学子、热心人士等社会群体，建立起"红色党员先锋、蓝色平安建设、绿色产业发展、粉色巾帼爱心、橙色五老暖心"等"五彩"党建服务队伍。截至目前，服务队已在全镇 31 个村（社区）实现全覆盖，队员规模达 2000 余名，依托党群服务中心、新时代文明实践所（站）等阵地，架起党群之间的"连心桥"。

二是以民生为焦点，培育一批服务品牌。服务队围绕乡村中心工作，瞄准群众最关切的现实问题，培育出了"亲情连线""乡贤调解团""产业护航"等一批服务品牌，服务内容涉及政策宣传、矛盾调解、平安守护等绝大多数乡村建设领域。自"五彩"党建推行以来约五个月时间，累计开展了服务活动 1010 场，覆盖群众 2.25 万余人次，为群众办实事好事 560 余件，改善了党群干群关系，信访率下降超过 60%。

三是以机制为保障，健全三级管理责任体系和调度机制。通过构建"以镇党委书记为大队长、镇党政班子和村支书为中队长、村干部为小队长"的三级管理责任体系，将党员群众紧密团结在党组织周围；建立"镇党委书记月调度、镇党委副书记和组织委员周调度、'五彩'党建领导小组办公室日调度"

的三级调度机制，督促形成比学赶超的良好局面；实行组织与党员双考核模式，将服务队工作所占权重调整为村级目标考核中的一半，同时将党员参与服务活动情况与民主评议相结合，推动为民服务常态长效。

二、鹰潭市余江区、南昌市南昌县三种乡村治理新模式亟需完善的主要问题、难点和不足

（一）余江区潢溪镇"物业进乡村"模式存在的主要问题

一是小型村庄单建物业公司模式难以为继。物业进乡村的收入来源主要分为政府转移支付的卫生费、公路维护费，收取的保洁费，收益性服务项目收入和社会资金投入。其中政府转移支付和保洁费、服务费占比最高，而小型村庄的资金投入和业务规模有限，容易造成物业公司亏损。二是"物业进乡村"能否健康运转一定程度上取决于领办人的能力素质。实践证明，缺乏经验、责任心较差、人脉资源较少的责任人领办的物业公司，在专业性方面明显存在不足，能够承接的项目数量也有限，不利于物业公司的长远发展。三是完全市场化运营的"物业进乡村"模式生命力不强。提供维修、家政等收益性服务项目在方便村民日常生活的同时，也能为物业公司拓宽收入来源，但若因此不提供公益性服务，或收益性服务项目价格远高于市场价，则会导致村民接受程度降低，致使经营失败。

（二）余江区洪湖乡"智治平台"模式存在的主要难点

一是乡镇层面开发"智治平台"成本高，技术管理水平有待提升。搭建"智治平台"的成本包括但不限于软件开发、场所打造、专人运维、系统修复，乡镇层面单独开发运用成本压力大，也较难推广，且存在开发技术水平较低、系统管理维护不规范等问题。二是单独开发"智治平台"易增加基层负担。当前基层干部面临繁多的工作软件、APP等，且单独新增"智治平台"或多或少会与现有的数字化平台交叉重复，容易增加基层干部负担，诱发"指尖"上的形式主义。

（三）南昌县幽兰镇"五彩"党建模式存在的主要不足

"五彩"党建模式严重依赖"一把手"的重视程度，政策的延续性和落实效果存在不确定性。特别是推行过程中部分运行机制迫切需要"一把手"的高位推动。例如"三级"管理责任体系的构建、"三级调度"工作机制的建立、"双考核"模式的具体实行都需要"一把手"亲自谋划、亲自过问、亲自推动。如当地主要领导职务变更，"五彩"党建治理模式的复制推广和常态长效运转将受到较大影响。

三、进一步完善我省以党建引领乡村治理新模式的对策建议

（一）进一步完善"物业进乡村"模式的对策建议

一是遵循规模适度原则，确保"物业进乡村"模式"有利可图"。综合各地"物业进乡村"的运营经验，村庄联建模式最佳，其中联建规模又以十个村左右的规模为宜，既能集中政府转移支付的卫生费和公路维护费投入，又能提供足够的业务量，保障物业公司正常运转的"源头活水"。二是鼓励由党支部成员和乡贤能人领办物业公司。该类人群政治素质较高、联系群众较为紧密、熟悉当地情况、有一定管理经验，对内能更好地为村民提供服务，对外能不断承接新业务，增强造血功能。三是突出公益性项目、规范收益性项目。农村常住人员多为老人、妇女、未成年人等弱劳动力，实行"物业进乡村"的本质是惠民生，因此在基础服务方面必须突出公益性，让村民感受到实实在在的方便。在维修、代管、家政等收益性项目上，要做到规范价格，同市场价保持基本一致，确保村民用得起、用得舒心。

（二）进一步完善"智治平台"模式的对策建议

一是统一搭建"智治平台"，强化"智治"支撑力。由省级层面主导搭建乡村"智治平台"，聘请高级专业技术团队进行开发、运维和升级等，提高平台的安全性、规范性和公共性。同时积极探索开发新的数字化平台"智治"模式，不断完善系统运行、操作方式等，提升实用性和有效性，扩大"智治"覆盖面。二是将"智治平台"纳入现有数字化平台统一管理，减轻基层负担。将

"智治平台"纳入现有的基层工作信息化平台当中，与现有平台形成数据共享、信息互通、工作共推的局面，降低平台终端操作复杂度，减少每日打卡、在线率等方面的考核，减轻基层干部负担。

（三）进一步完善"五彩"党建模式的对策建议

建立健全推行"五彩"党建治理新模式的体制机制，以高位推动实现常态长效。一是总结推广"五彩"党建引领乡村治理的工作方法和先进经验，建立健全一套有实效、可操作、可复制推广的工作机制。二是制度确立后，先逐级试点，再全域铺开，在制度层面上解决依赖"一把手"的难题，进而推动党建引领乡村治理迈上新台阶。

坚持"五力"并举　筑牢乡村文明阵地

——关于推进我省乡村新时代文明实践提质增效的调研报告

省委党校第 8 期中青 2 班第三调研组*

新时代文明实践工作的基点在县，重点在乡村，关键在人。为掌握我省新时代文明实践所（站）建设与运行情况，调研组深入兴国县、赣县区、泰和县等地的 12 个乡镇，面向全省各设区市发放 2000 份调查问卷，同时采取个别访谈、小型座谈等方式，形成如下调研报告。

一、我省乡村新时代文明实践工作喜中有忧

从调研情况看，各地贯彻《江西省新时代文明实践中心建设指南》的部署，在场所、队伍、活动、项目、标准、资源整合和服务群众等方面取得了可喜成就，但也还存在一些突出问题，主要表现在：

（一）有场所，但资源配置不够合理

场所建设虽然面上全覆盖，但资源整合不到位，资源分散、各自为政的情况仍然存在。有的选址不科学、功能较单一；有的不顾实际建在村委会、服务范围较小，影响使用效率和功能发挥。有 29.73% 的调查对象认为"文明实

---

*　调研组成员：杜倩雯　朱兴建　李洪亮　周子泓　刘海亮　徐伟伟　徐星光　李胜泉
　　　　　　　　罗晓强　郭建雄　黄天生　段梦萍
　　执　笔　人：周子泓　黄天生　李洪亮
　　指　导　老师：刘春春

践场所较偏僻，不便参与活动"。场所建设标准不平衡，中心村投入资金多、建设标准更高，而偏远山村投入少、条件相对简陋，有的村级实践站甚至未满足体育健身、读书看报等基本功能。

（二）有队伍，但志愿服务效果不佳

乡村志愿者队伍主要由乡村干部、妇女小组长、公益性岗位人员组成，社会化、专业化志愿者队伍较少。调查显示，38.57%表示"要动员群众参与，组建好本地特色志愿服务团队"，28.82%认为"志愿者队伍专业能力不强"，18.84%希望"引进外部专业志愿服务组织"。志愿服务多以政府倡导的大型活动为主，行政化色彩浓，社会化组织程度较低。志愿服务星级评定、信用积分兑换机制不健全，志愿服务组织管理还有差距，仅16.53%的组织与志愿者签订书面协议、34.69%对申请加入者进行面试、46.94%对志愿者服务时间或频度进行要求。文明实践员配备不强，大多数是由村"两委"干部兼职，面向社会公开选聘专职人员较少，人员素质参差不齐。

（三）有活动，但群众参与有待提升

激发和调动群众参与不够，活动中存在"工作人员多、党员干部多、普通群众少"的现象。农村常住人口流失严重，留守人员多为老人、儿童、妇女，文化水平普遍不高，有的地方理论宣讲不接地气、生搬硬套，导致群众参与率不高。活动对接群众需求不够，有的甚至把党员活动日、工作会议等活动等同于开展文明实践活动。调查显示，有34.46%认为"活动设计不合理"，36.88%表示"活动内容与形式单一"，26.79%"对活动内容不感兴趣"。

（四）有抓手，但打造品牌项目不够

在新时代文明实践中心试点阶段，全省充分挖掘各地资源，积极推广典型经验，打造了一批特色品牌。但调研发现，到了全面展开阶段，很多地方把主要精力放在阵地建设、志愿服务和活动开展上，而在健全体制机制、打造品牌项目上较少谋划探索，缺特色项目、缺有效载体、缺运营品牌的问题较为突出。

（五）有落实，但聚焦重点任务不够

各地把新时代文明实践工作纳入党委中心工作，与基层党建、乡村振兴、基层治理等统筹推进。但是，有些地方把这项工作的重点放在"挂牌上墙""完成任务""应对考核"上，存在重建设轻管用、重考核轻实效的现象。调查对象中，认为"所在地区不是每月都会开展新时代文明实践活动"的占15%。"五项重点工作内容"落实有差距，开展政策理论宣传宣讲活动更少，也不深入。

（六）有管理，但常态长效还有差距

场所开放时间不合理，有的地方参照机关上下班时间，工作日上班、节假日值班，"八小时内"开门、"八小时外"休息，不符合群众白天劳作、晚上休闲的作息安排，没有适应群众平时流动大、节假日返乡的情况，服务供给与群众需求脱节。实践站运行日常考核机制不健全，有的地方停留在"网上平台""微信工作群"等"线上"考核，深入实地检查成效不够。调研发现，有的文明实践员专注完成"点单平台"任务，"上传活动"代替"开展活动"。

二、进一步推进我省乡村新时代文明实践提质增效的对策建议

乡村新时代文明实践工作是一项系统工程，需要以基层党建为统领，协同推进、狠抓落实，推动场所更加完善、队伍更具活力、活动更富成效、项目更加精准、机制更为健全，让文明之花绽放赣鄱大地。

（一）坚持党建引领，进一步强化要素保障力

以基层党建为统领，发挥党组织的政治功能和组织功能，凝聚推进工作的强大合力。树立实效考核导向。完善《江西省新时代文明实践所（站）建设标准、考评细则（试行）》，适当增加机制建设、志愿服务、活动开展等考核指标的比重，对打造品牌项目进行专项考核，运用考核"指挥棒"把工作重点调动到提质增效上。多措并举加大投入。加大上级财政资金支持力度，资金投向由场所建设转到活动运转、人员选聘和培训等方面，适当提高星级所（站）建设的奖补标准。总结推广兴国县等地做法，构建政府投入、单位帮扶、社会支持、群众捐助等多元投入机制，引导设立新时代文明实践基金。选优配强专职

人员。由当地财政保障，按照当地一般村干部的工资标准，面向社会公开招聘专职文明实践员，并列入村级后备干部进行培养。组织开展文明实践员技能大赛、文明实践员先进评选等活动，增强文明实践员的身份感、归属感和荣誉感。

（二）优化资源配置，进一步增强阵地承载力

以标准化、规范化场所建设为基本参照，引导向系统化、差异化、实用化提档升级，实现从"有没有"到"优不优"的转变。立足全域系统化建设。根据"圩镇人员聚集化"教育等农村人口流动特点，引导各地不拘泥于"一村一站"的传统模式，因地制宜构建"乡镇实践所 + 中心村实践站 + 偏远山村实践点"资源整合互补的阵地建设格局。增强乡镇文明实践所的功能，推动文明实践所与圩镇社区文明实践站进行整合联建；发挥中心村实践站的带动作用，推动与偏远山区村进行整合共建；对偏远山村人口集中区域，设立文明实践点，延伸文明实践触角。紧扣实际差异化提升。根据当地人员结构、风土习俗等情况，差异配置功能，防止千篇一律。比如泰和县螺溪镇结合当地喝茶习惯，创新打造"幸福茶馆"文明实践站，"茶馆"变"实践点"，深受群众欢迎。聚焦功能实用化整合。重点在场所和设施、功能和活动、人员和力量整合上下功夫，集聚更多人员、资金、项目等资源。比如兴国县茶园乡把乡镇实践所与乡贤馆、勤廉馆整合起来，功能齐全，实用性强。

（三）提升志愿服务，进一步筑牢关键支撑力

新时代文明实践活动，主要活动方式是志愿服务。推进乡村文明实践工作，完善志愿服务机制是关键。整合优化志愿服务队伍。对志愿服务项目进行优化整合，打造具有我省特色的乡村"五彩"志愿服务队，即红色理论宣讲队、橙色夕阳呵护队、青色护苗行动队、绿色卫生环保队、黄色平安护卫队。提升志愿服务水平。实施志愿服务示范项目创建工程，引导志愿服务项目化运作。实施"一乡一支"特色志愿服务队、"一村一名"骨干志愿者培育行动，加强志愿者队伍质量评估，提升志愿者专业化能力。吸引社会人员参与。出台以精神激励为主、物质奖励为辅的志愿服务回馈激励办法，完善志愿服务信用

积分储蓄兑现机制，推动更多社会力量参与文明实践。

（四）丰富实践活动，进一步激发群众内生力

实施文明实践活动需求化、通俗化、大众化"三化"提质行动，调动群众的积极性和能动性。突出需求化。健全"共谋、共建、共管、共评、共享"群众全过程参与机制，回应群众需求，赢得群众支持。比如赣县区推出"客家喜宴"，喜事办出"客家味"，防止大操大办，推进移风易俗；兴国县设立"亲情连线室"，方便留守群体与外出亲人沟通。注重通俗化。采取编印《简明读本》、拍摄微视频或小品等，用群众喜闻乐见的方式宣传党的创新理论。比如兴国县组建"山歌理论宣讲队"，用"兴国山歌"宣讲党的政策，群众参与度高。推动大众化。运用数字赋能，探索开设"全省线上新时代文明实践平台"，扩大覆盖面，提高参与率。比如赣县区开设"线上理论学习分享会"，采取线下开展宣讲、内容全程录制、微视频线上传播方式，破解农村外出人员参与活动的难题。

（五）打造品牌项目，进一步凝聚核心竞争力

打造各具特色的新时代文明实践品牌项目，有利于扩大影响力和知名度，有利于发挥典型带动、促进整体提升。一方面，鼓励基层探索创新。建立新时代文明实践创新项目评选和激励机制，引导基层围绕"五项重点工作内容"创新品牌项目，提升新时代文明实践项目化运作水平。另一方面，注重经验总结和典型推广。建议省级层面定期编印《基层新时代文明实践工作案例选编》，总结、推广各地探索的好机制和好经验，以及挖掘、宣传基层涌现的先进事例和典型人物。

破解"四大"瓶颈　建设油茶强省

——关于我省油茶产业高质量发展的调研与思考

省委党校第4期省直青干班第二调研组[*]

江西是国家油茶产业重点区域，油茶产业是我省具有优势特色可以大有作为的林业产业。近年来，我省认真贯彻落实习近平总书记对油茶产业发展的重要指示及视察江西重要讲话精神，加快建设全国油茶强省，取得明显成效。截至2022年，全省油茶林面积1560万亩，油茶综合产值近500亿元，产量和产值均居全国第二，产业规模和效益初步形成。近期调研组深入赣州兴国、南康等地调研，形成如下调研报告。

一、制约我省油茶产业发展面临的"四大"瓶颈

（一）资金投入不足

一是财政扶持力度不大。据调查，我省油茶产前平均成本约5000元/亩。目前，我省新增种植油茶省级财政补助为1000元/亩，改造补助为400元/亩，县级配套资金难以落实，现行财政补助力度与种植成本不匹配，林农油茶种植积极性不高。我省财政资金补助面较窄，主要用于油茶营造林补助，对产业加

---

* 调研组成员：何龙喜　邓文萃　彭许庆　谢相兴　李　昕　徐俊平　胡油志　周　阳
　　　　　　　任　梦　刘　浪
　执　笔　人：何龙喜　邓文萃　彭许庆
　指　导　老　师：曾　光　吴瑞安

工环节、品牌建设等扶持力度不够。二是社会投资积极性不高。由于前期投入大、回报周期长、土地流转及后期管护困难等方面的因素，油茶种植至今未形成规模化经营，导致社会资本进入油茶行业积极性不高。三是融资难较普遍。油茶产业种植环节需要持续大量的资金投入，且种植周期长、投入大、散户多、评估难、价值变现难，而银行推出的贷款产品大多为流动资金贷款，周期短、利率高，且需要房产类抵押物，导致油茶经营主体贷款意愿不强。目前基本上没有符合油茶产业特点的贷款产品。

（二）油茶产品销售不畅

一是茶油消费市场较小影响销路。茶油饮食文化集中在长江以南地区，消费人群具有地域性，导致整体消费市场较小，在食用油市场占比率仅为2%左右。二是茶油生产成本高影响销售。油茶多种植在丘陵缓坡地带，机械化水平低，人力投入成本逐年增高，进一步增加了茶油产品成本。调查发现，兴国县、南康区毛油市场价在55—70元/斤，精炼油市场价在80—110元/斤，普通消费者"吃不起"，市场综合竞争力弱。三是油茶产品单一影响竞争力。我省规模以上油茶加工企业仅46家，缺少在全国有影响力的龙头企业和知名品牌，产品种类以食用油为主，深度加工和综合利用不够，致使油茶加工产品单一，缺乏市场竞争力，严重制约着我省油茶销售及整个产业链发展。

（三）科技创新支撑不足

一是关键技术少。目前油茶品种选育、快速高效的组织培养育苗技术、茶油鉴伪技术、茶油功效及主要成分药理活性等科研未取得突破，在提高油茶授粉坐果率、水肥管理、低产林改造和提升关键技术等方面缺乏有效的实用技术成果。二是机械化普及难。油茶相关机械设备研发滞后，影响产业发展。目前油茶种植过程中只有清山整地、割草环节中有不同型号的机械设备可供选择，后期的垦复、施肥、采摘几乎无可供选择的机械。据统计，全省现有经营的油茶林中使用农机开展抚育管理的面积仅占0.87%。三是科技成果转化率低。科技成果推广应用、科技培训和指导服务不够，大部分地方仍采用常规造林方法营造油茶林，管理模式较粗放，产业升级缺乏科技支撑。

（四）现代化油茶加工体系尚未建立

一是油茶加工仍以小作坊为主。据不完全调查统计，我省茶油加工企业中，小作坊占比约70%，以毛油的形式通过非市场渠道销售。全省规模以上油茶加工企业虽然有46家，但资产规模均在2亿元以下；年销售收入亿元以上的企业仅13家，而且以生产其他食用油为主，行业带动能力不足。二是初加工基地缺乏。当前我省油茶果初加工主要以企业和农户自行采取人工堆沤、晾晒、破壳为主，社会化服务程度低、机械化比率不高，初加工能力不足。据统计，全省油茶果剥壳、烘干初加工设备仅221台（套），仅能满足60万—100万亩油茶林的初加工需求，占全省油茶林面积的5%左右。人工处理茶果经常遇阴雨天气，处理不及时的茶籽容易发生霉变，不仅影响价格，更增加茶油产品的质量安全风险。三是油茶产业链延伸不足。茶油不仅有食用价值，还有药用保健价值；茶枯饼、茶皂素、茶籽壳等剩余物可作为日用化工、制染等工业原材料。但是，目前我省茶油加工业以加工食用油为主，医药保健、美容等高附加值的精深加工产品少，影响产业链延伸。

二、推进我省油茶产业高质量发展的对策建议

（一）加大产业资金支持力度

一是设立省级油茶产业发展专项扶持基金。建议统筹中央财政衔接推进乡村振兴补助资金、产油大县奖励资金、林业改革发展等资金，设立省级油茶产业发展专项扶持基金，支持油茶种植、抚育管理、油茶林基础设施建设、油茶产业示范园建设、企业兼并重组、产品研发等方面，推进油茶产业高质量发展。二是加大财税支持。加强减税降费政策宣传和辅导，推动现有油茶产业政策的落实落地。省级财政加大对新造和改造的油茶林基地的支持，支持各地将油茶产业纳入粮油发展专项、乡村振兴、水利基础设施、农村道路等相关资金支持范围。三是创新油茶金融产品。鼓励金融机构创新产品和服务模式，创新"油茶贷"等信贷产品，开展经济林木（果）权证抵押贷款和林地不动产证抵押贷款，提升中小微油茶企业的融资可获得性。探索开展将农业保险的"保防

救赔"风险减量体系引入油茶产业，"保树 + 保果"，降低油茶种植经营户经营风险。

（二）全面提升油茶产业科技支撑能力

一是加快油茶产业发展"卡脖子"技术攻关。建议依托南昌大学、江西农业大学、省林科院等科研院所在育种、食品加工等领域的学科优势，推进产学研用能力建设，采取"揭榜挂帅"方式，加快油茶良种选育、精深加工、机械装备、品质检测等油茶产业链关键技术攻关和成果转化，为油茶产业发展提供科技支撑。二是组建油茶科技服务团队提供技术指导。建议整合全省油茶技术推广力量，建立不同层次和功能的标准化油茶科技服务团队，制定完善油茶产业科技服务体系。通过现场培训、技术讲座等形式，定期开展技术指导和咨询服务，帮助油茶种植户切实掌握油茶种植关键技术，助推油茶产业扩面提质。三是推动油茶产业标准化。积极引进、培育领军型油茶龙头企业，推动现有油茶企业兼并重组和品牌整合，培育壮大在加工规模、产品研发、市场销售、社会影响力等方面具有领先地位的油茶"头雁型"和"雏鹰型"企业。积极探索茶油加工小作坊规范提升，推进茶油加工集中化、规模化、标准化，提升全省茶油加工生产水平。

（三）着力提升油茶产业综合效益

一是探索"1+N"经营模式，提升经营水平。通过建立"企业 + 基地 + 农户""企业 + 合作社 + 基地 + 农户"、专业合作社、家庭农场等多种形式，使企业和农户成为经济利益共同体。让各种市场主体可通过承包、租赁、转让、股份合作经营等形式参与油茶基地建设。二是探索建立"3331"经营模式，建设高标准示范基地。探索"3331"经营模式，将资本、技术以及资源要素进行集约化配置，实现油茶产业现代化可持续发展，即县级国有公司出资建设、乡级国有公司施工建设与管理、农户用土地入股、村集体经济协助日常管理的经营模式，前 5 年给入股农户保底分红，第 6 年开始产生收益后，"县、乡、村、农户"按 3∶3∶3∶1 的比例分红。三是推动"一二三"产业融合发展，提高综合效益。积极发展"油茶 + 林下经济"，引导企业和农户在油茶幼林地套种中药材、食用菌等经济作物，提高油茶林前期产出。鼓励有条件的地方发展现代农业油茶庄园经济，开展油茶生态文化旅游；推进油茶产业与餐饮文化、自然教育、休闲康养等产业融合发展，提高油茶产业综合效益。

（四）全力打响"江西山茶油"品牌

一是建立完善"江西山茶油"品牌体系。建立完善以"江西山茶油"公用品牌为引领，区域特色品牌、企业知名品牌为一体的"江西山茶油"品牌体系。对江西山茶油产品采取统一标准、统一包装、统一定价、统一营销、统一管理的"五统"经营管理模式，打造"江西山茶油"高品质品牌形象。二是加强"江西山茶油"品牌推广宣传。加大"江西山茶油"品牌官方权威推介力度，积极将江西山茶油宣传纳入农产品公益宣传。通过油茶文化节和油茶美食节，宣传培育茶油餐饮文化，宣传江西山茶油。积极组织山茶油企业参加农产品、森林食品展销会，鼓励发展电子商务，建立江西山茶油产品营销体系，提高品牌影响力和市场占有率。三是建立"江西山茶油"品质追溯服务平台。建设"江西山茶油"品质追溯服务平台，提供茶油生产经营环节的关键技术共享、查询和互动等功能，对产品质量进行追溯，推动企业加强产品质量控制，树立"江西山茶油"公用品牌的公信力和影响力。

大力培育发展江西预制菜的对策建议

温　焜　宋慧琳　张　扬[*]

2023 年中央一号文件首次提出"培育发展预制菜产业"，预制菜产业迎来重要发展风口。2023 年江西省委一号文件提出要聚焦推动乡村产业高质量发展，不断拓展农业增值增效空间。预制菜产业是农村一二三产业融合发展的新模式，是农民"接二连三"增收致富的新渠道。江西应培育现代农业新业态，大力推动预制菜"赣鄱正品"品牌建设，助力农业强省建设。

一、江西发展预制菜产业的优势条件

（一）政策红利加速释放

早在 2021 年 1 月农业农村部联合自然资源部、国家发展改革委印发了《关于保障和规范农村一二三产业融合发展用地的通知》，提出支持拓展集体建设用地使用途径、盘活农村存量建设用地发展预制菜产业。财政部将给予预制菜企业主体享受农产品初加工企业同等的所得税优惠政策，并鼓励地方设立面向制造业的产业投资基金、创业投资基金等支持预制菜产业发展。

（二）资源禀赋优越

江西良好的生态环境资源是现代农业的发展基础，是预制菜产业发展的

———————

* 温　焜　省委党校校（院）刊编辑部副主任、教授
　宋慧琳　江西财经大学国际经贸学院副教授
　张　扬　省委党校江西经济社会发展战略研究所讲师

强大底气。江西森林覆盖率列全国第二位，环境空气质量优良天数比率、地表水水质优良比例等指标均名列中部省份第一。江西水资源丰富，也是全国富硒土壤大省之一，发展富硒特色农业具有得天独厚的条件。

（三）产业基础不断夯实

江西与农业农村部共建绿色有机农产品基地试点省，2022 年，江西发展绿色有机地理标志农产品 4413 个，总数居全国第三位。近年来江西陆续出台实施《关于加快推进绿色食品产业链高质量发展的指导意见》《关于全力做好2023 年全面推进乡村振兴重点工作的实施意见》，明确提出启动预制菜龙头企业培育工程。2022 年 11 月，赣州市出台了《赣州市推进预制菜产业发展三年行动方案》，全力打造南方预制菜产业名城、世界客家菜预制加工基地。

二、江西预制菜产业高质量发展面临的主要问题

（一）企业普遍处于小、弱、散状态

《2022 年度中国各省预制菜产业发展水平排行榜》发布，江西产业发展指数位列第 24 位，这与农业大省地位不匹配。江西预制菜企业规范化建设滞后，大部分都是从传统农产品加工企业转型而来，普遍存在小、散、乱等问题，缺乏产业龙头企业带动。2023 年 3 月发布的《胡润中国预制菜生产企业百强榜》中，江西仅煌上煌一家入围，列全国第 16 位，与广东、上海、北京的 20 家、14 家、12 家差距较大。

（二）产业标准化建设滞后

江西预制菜的标准体系建设相对滞后，对于预制菜对应的食用方法、物流配送方法、贮存方法、保质期限以及对应的包装方式还未统一包装标识规范。预制菜专门冷链运输规范建设不完善，导致上下游衔接不到位，影响用户体验。江西预制菜标准化程度不高，制约产业的高质量发展。

（三）产业高位统筹不够

目前，江西尚未出台专门针对预制菜产业的专项规划和配套政策体系，相关职能分散在商务、农业农村等部门，难以形成高效协同。在推动赣菜高质

量发展的政策规划中，涉及预制菜产业的内容少。物流配套与预制菜产业的协同发展方面还不够。

三、推动江西预制菜产业高质量发展的对策建议

（一）完善预制菜生产体系，加快全产业链融合

1. 建设标准化原料生产基地。一是深化部省共建绿色有机农产品基地试点省建设，加快全国绿色食品原料标准化生产基地、有机农产品基地以及农产品地理标志核心基地建设。二是立足"赣西、赣南、环鄱阳湖"三大硒资源富集区，打造富硒稻米、富硒果蔬、富硒禽蛋等一批预制菜原材料生产基地。三是支持预制菜企业通过自建基地、订单基地等方式，采取"企业＋合作社＋基地"模式，提升预制菜原料供应水平。

2. 培育壮大预制菜加工企业。一是加快培强做大一批专业化、智能化、集约化生产水平高的预制菜"领航型"头部企业。支持鼓励煌上煌、国鸿等农产品龙头企业构建"中央厨房"餐饮服务供应链体系，引领产业发展，发挥赣州得利斯等大项目的示范作用，吸引带动更多预制菜头部企业来江西投资。二是加大行业"专精特新""小巨人""单项冠军"企业培育力度，支持符合条件的本地预制菜企业通过并购控股、挂牌融资等方式，在境内外资本市场上市挂牌。

3. 建设预制菜产业园区。一是学习借鉴广东省布局11个省级差异化特色化预制菜产业园的经验做法，鼓励各地根据自身特点和优势发展专业性的预制菜产业园区，将原材料优势、生产规模效应与消费市场结合形成"三产联动"。二是将预制菜产业园纳入第二轮省级现代农业产业园建设以及江西发展现代农业与食品战略性支柱产业集群行动计划的范畴，予以重点扶持培育。三是大力推动预制菜产业企业和产业链上下游配套企业集中入园发展，鼓励工业产业园与现代农业产业园融合，形成政策叠加优势。

（二）推进预制菜标准化建设，提升赣菜品牌美誉度

1. 推进预制菜标准体系建设。一是借鉴广东制定粤菜预制菜五项基础性关

键性地方标准的经验做法，立足赣菜标准体系，形成预制菜团体标准，打造三杯鸡、赣南小炒鱼、鄱阳湖鱼头、江西米粉等预制菜大单品。二是加快制定预制菜产业园建设指南、预制菜中央厨房建设指南、预制菜冷链物流运输要求等基础通用标准，构建具有江西特色的全产业链预制菜标准体系，推动预制菜行业行稳致远。三是借鉴山东联合预制菜产业上下游相关企事业单位，组建全省预制菜产业联合会的经验，引导赣菜协会、省餐饮联合会等行业协会组织及相关企业组建江西预制菜产业联盟，通过组织召开全国性的预制菜产业大会等活动促进企业抱团发展、合作共赢。

2. 构建预制菜食品安全监管体系。一是建立健全食品安全追溯体系，完善预制菜行业监管机制，强化预制菜"从产地到餐桌"全程监管。二是严格落实预制食品生产标准，推动"明厨亮灶"向预制菜生产车间、中央厨房等加工环节延伸，确保预制菜食品安全。三是推动预制菜生产企业落实食品安全主体责任，发挥信用监管作用，开展预制菜企业诚信评价，守护公众"舌尖上的安全"。

3. 创新预制菜营销渠道。一是优化"立体式"营销渠道，加强与安井食品、叮叮懒人菜等线上预制菜销售企业的合作，建立预制菜行业信息共享平台。二是江西预制菜形成统一标识，在各相关产业大会、设区市网络直播等平台加大宣传，鼓励预制菜生产企业加入电商平台，通过直播、种草等方式加强营销宣传和招商推介。三是用好用实 RCEP 规则，大力培育预制菜出口企业，鼓励企业在境外建立加工基地，在"双循环"新发展格局下推动江西预制菜走向世界。

4. 讲好预制菜品牌故事。一是借鉴河南深度发掘豫菜、豫厨文化故事，融合豫菜与本地文化的经验，来深度发掘赣菜、客家菜的文化故事，推动预制菜产业与休闲、旅游、文化等产业深度融合，打造美食文化 IP，提升江西预制菜文化内涵和吸引力。二是建立赣菜预制菜产品库，开展优秀品牌评选活动，依托"生态鄱阳湖·绿色农产品"品牌战略，加大预制菜"赣都正品"的品牌建设。

（三）加强配套体系建设，优化预制菜产业生态

1.加大冷链物流支持力度。一是优化冷链物流布局，统筹省供销联社等力量加快建设城乡冷链物流骨干网，打造对接长三角、粤港澳大湾区等地的现代农产品冷链物流体系。推进农产品产地冷藏保鲜整县（市、区）试点，引进培育一批预制菜仓储冷链物流龙头企业。二是支持预制菜企业利用现有的冷链物流网络，拓展预制菜冷链物流服务渠道。推动江西预制菜产业组织与物流和采购协会深入合作，共同推进冷链物流、预制菜行业数智化发展。

2.加大金融支持力度。一是借鉴广东省运作预制菜母基金＋规模子基金群的经验做法，在省级母基金的基础上，由上市龙头企业、文旅公司等设立针对预制菜细分领域的预制菜子基金。将预制菜中小企业纳入"赣菜贷"金融项目支持范围。二是创新金融信贷服务，大力发展预制菜产业供应链金融，为预制菜生产、加工、仓储、流通等环节提供多元金融服务。对符合条件的预制菜产业技改项目给予贴息等财政金融支持。

3.加快预制菜研发平台建设。一是借鉴广东成立省级预制菜产业联合研究院、设区市设分院的做法，加快推进赣菜美食文化研究院建设，集成政、产、学、研等创新要素和创新资源，打造赣菜预制菜开放式创新发展平台。二是支持南昌大学食品学院等建立预制菜研发重点实验室、工程技术研发中心，开展关键核心技术联合攻关，加强预制菜大单品研发，提升本土预制菜品牌竞争力。

4.培养预制菜产业人才。借鉴广东实施"粤菜师傅""广东技工""南粤家政"三大工程的经验做法，依托赣菜学院等机构，加大人才培养力度，创新课程设置，储备一批有技艺、有创意、适应当下消费需求的预制菜人才队伍。加大预制菜产业职业技能培训力度，鼓励各市开发适合产业需求的职业培训工种目录，纳入职业培训补贴范围。

做好"土特产"文章　促进乡村特色产业提质增效

——关于上饶市发展乡村特色产业的调研报告

张建琴　邱　华　郑君锐*

近年来，上饶市依托乡村特色优势资源，有效地整合要素资源，引导各县（市、区）培育发展1个农业首位产业和1至3个主导产业，目前已初步形成"一县一首位产业"农业发展格局，培育了优质稻、水产、蔬菜3个国家优势特色产业集群，创建了上饶广丰马家柚、婺源绿茶两个国家特色农产品优势区，打造了信州区320国道农业产业、广信区北乡片产业、广丰区大湖乡产业等22条乡村振兴示范带。为进一步促进乡村特色产业提质增效，本课题组深入上饶市12个县（市、区）开展调查研究，发现问题并提出对策建议，以期为我省乡村特色产业发展提供有益参考。

一、上饶市乡村特色产业发展面临的主要"瓶颈"

虽然上饶市各地区都在探索做好"土特产"文章，打造了一些地方特色产业，但还存在经济效益不高、市场化程度不高、利益联结机制不完善、农业人才短缺等主要瓶颈。

---

* 张建琴　上饶市委党校公共管理教研室副主任、讲师
　邱　华　上饶市委党校科研管理处主任
　郑君锐　上饶市玉山县南山乡党委副书记、政法委员

（一）经济效益不高

因缺乏统一的标准化、规范化的种植技术和生产设施，难以保证产品品质，加之精深加工和仓储物流配套不够健全，从而产品品牌形象不够突出，产出效益与预期有较大差距。如，广丰马家柚种植规模虽大，但受自然气候影响较大难以进行品控，全市域的深加工和统购统销机制不完善，衍生产品市场化渠道不通畅，经营效益不稳定，其品牌价值也仅为18亿元，与赣南脐橙691.27亿元的品牌价值差距甚远。

（二）市场化程度不高

品牌营销能力欠缺，产品在市场化方面遇到了较大阻力。如，广丰马家柚目前研发出了柚子皮、柚枕、酵素、柚子酒、柚子糖、美妆产品等60余种精深加工产品，但真正打入市场的只有五六种产品，大部分精深加工产品无法量产。再如，婺源绿茶、广信白眉茶需要贴牌西湖龙井、安吉白眉等才能更好打入市场。

（三）利益联结机制不完善

调研中发现，经营主体与农户间的利益联结形式比较单薄，离农民挑上"金扁担"还有不少差距。农户多以土地租赁、农产品及原料买卖、计时计件获取报酬等方式获得收益，而通过合作经营共享红利的占少数。虽然有些企业、合作社建立了股份分红机制，但实施分红的比例较低，多数采取每年固定的保底分红方式进行。

（四）农业人才紧缺

近年来，上饶市出台了"回村大学生"工程、"雏鹰成长"计划等一系列政策，支持年轻大学生和各类人才返乡创业就业，但由于政策保障力度不足，农业特色产业人才仍紧缺。如，由于掌握红芽芋标准化种植技术的人才不多，导致铅山红芽芋产品品质难以把控，影响经营效益和品牌形象。

二、促进我省乡村特色产业提质增效的对策建议

习近平总书记指出："做好'土特产'文章，依托农业农村特色资源，向

开发农业多种功能、挖掘乡村多元价值要效益，向一二三产业融合发展要效益，强龙头、补链条、兴业态、树品牌，推动乡村产业全链条升级，增强市场竞争力和可持续发展能力。"这为我们促进乡村特色产业提质增效、推进乡村产业振兴指明了方向。

（一）做好"土"的文章，立足乡土强龙头

1. 整合地方特色资源。紧扣地区自然条件、资源差异、地域标识、制作方法及技艺、特定历史文化等"土"的基础要素，搭建农业优势特色产业信息平台，构建全省农业优势特色产业信息库，对产业地域分布、产业结构、产业动态、供需信息等进行动态跟踪，为我省农业优势特色产业发展提供基础数据及决策支持。

2. 培育新型经营主体。加大对各类农业产业化龙头企业的扶持力度，积极引进和培育一批实力强的农业产业化龙头企业，通过农业龙头企业带动各类经营主体不断发展。比如，横峰县坚持一手抓外地龙头企业落地，一手培育本土龙头企业快速成长，先后引进了隆平高科、天力种业、合银种业等11家制种企业入驻，培育扶持本地的兴安种业实现"育繁推"一体化。

（二）做好"特"的文章，提升品质树品牌

1. 坚持"人无我有"，抓品种培优。特色产业要"特"得明显，关键要以优质"品种"做支撑。可以借鉴延安洛川苹果的经验，作为洛川最好、最合适的特色产业，洛川县储备了600多个苹果新品种，区域公用品牌价值高居全国水果类第一。

2. 坚持"人有我优"，抓品质提升。积极探索与高校和科研院所的合作机制，建立农业科技成果孵化中心，研发一批关键性、突破性技术，提升产品品质，形塑地方特色农产品品牌。如，广丰区正在加大与华中农业大学的合作，建立了马家柚科研中心，让果农从"会"种柚到"慧"种柚。

3. 坚持"人优我精"，抓品牌打造。区域公共品牌具有联合带动优势，要在积极打造区域公共品牌上发力。如，上饶市借助江西省创建"赣鄱正品"全域品牌东风，打响了"上上之选·饶有风味"区域公共品牌；依托线上线下营销合作，唱响了一批"土字号""乡字号"特色农产品品牌。比如横峰"港边红"富硒红薯已走向全国，出口东南亚，带动了当地红薯种植面积达 3.5 万亩以上，总产值 1 亿元左右。

（三）做好"产"的文章，紧跟市场补链条

1. 以市场化强链补链。引导资本投向特色产业两端高附加值环节，推动特色农业产业前展后延，加快构建研发设计、选种育种、生产加工、销售服务、品牌孵化等全产业链，打通产供销，确保产品能够在市场化竞争中增加附加值。可借鉴山东省金乡县打造大蒜加工产业链的经验，通过 700 多个企业把大蒜加工成调味品、大蒜素、精油等 100 多种产品，形成产业集群，身价上涨十几倍，出口量占全国的 70%。

2. 以科技赋能畅通循环链。加快数字乡村建设，将"大数据""互联网+"等信息技术向农业生产、经营、服务领域全面推广，尤其要加快推动电子商务进乡村，培育区域农产品直播带货能人，改善农村商流物流条件，推进冷链物流设施建设，解决农产品销售"最后一公里"问题。

3. 以精细化提升综合服务。引导鼓励大型龙头企业、工商资本、社会组织进入农业社会化服务体系，打造全程全域覆盖的社会化服务网络，为农业生产者提供产前、产中、产后全过程综合配套服务。如，玉山县组建了农三强农业服务有限公司，采取"服务组织+村集体+农户""服务组织+主体+农户"模式，以全托、半托、代管三种方式为农户提供农业社会化服务。

（四）做好"扶"的文章，加大扶持兴业态

1. 强化多元投入。一方面，党委政府要继续优化相关扶持政策，积极整合各类涉农项目资金，以全域化的视角集中整理和分配全域产业资源，防止部门资源供给"碎片化"和资金扶持投入"同质化"。另一方面，要积极构建完善乡村产业投入稳定增长机制，通过基金、贴息、担保等途径，鼓励引导金融和社会资本投向乡村产业。如，广信区华坛山镇为助力樟涧民宿产业发展，通过"政—银—民宿"三方联动，降低贷款门槛、提高贷款额度，共发放"民宿贷"191 户 4000 余万元，仅两年时间樟涧村已拥有民宿 73 家，户均增收 11.6

万元，村集体收入超 100 万元。

2. 优化利益联结机制。优化产业主体与农户之间的利益分配，多元探索"公司＋合作社＋农户"的订单式、"股金＋租金＋薪金"的股份式、"土地代耕代管代种、农产品代加代销代售"的托管式、"合作社及合作社参股、龙头企业分红"的分红式、"区域交易大市场＋小微农商商户互惠互利"的市场式等类型的利益联结机制，促进农民持续增收。如，弋阳县葛溪乡雷兰村，通过"企业土地流转＋农户土地反包＋种植技术指导＋产品代销代售"模式，企业实现了每亩 5000 元的利润，农户实现了每亩 1.5 万元的收入。

3. 注重人才培育使用。树立"不求所有、但求所用"理念，引导和鼓励高等院校、科研院所、国有企业等企事业单位专业技术人员到乡村创新创业，带动地方特色产业发展。用好"回村大学生"工程、"雏鹰成长"计划等，培养年轻化、高素质、懂技术的乡村人才。打好"乡情牌"，鼓励更多乡贤回乡投资，助力家乡产业振兴。

实施科教强省战略

强化企业科技创新主体地位
打造现代化产业体系强力引擎

省委党校第 61 期中青班第二调研组[*]

党的二十大报告指出："强化企业科技创新主体地位，发挥科技型骨干企业引领支撑作用，营造有利于科技型中小微企业成长的良好环境，推动创新链产业链资金链人才链深度融合。"不断强化企业科技创新主体地位，持续激发企业创新活力，是以科技创新促进产业提质增效，加快打造现代化产业体系的迫切需要。近期，调研组赴赣州、鹰潭等地，详细了解支持企业科技创新、促进现代化产业体系建设情况，梳理工作亮点和成效，找准困难和问题，提出对策建议。

一、企业科技创新主体地位日益凸显

近年来，全省上下深入实施创新驱动发展战略，大力支持和服务企业创新发展，企业科技创新主体地位日益凸显，为我省现代化产业体系建设提供了有力支撑。

---

[*] 调研组成员：邹　俊　黄宁锋　李敏敏　刘章屿　裴　钦　文　浪　杜增龙　彭　磊
　　　　　　　廖元新　毛一萍　刘方淼　成静清
执　笔　人：黄宁锋　李敏敏　刘章屿
指 导 老 师：梁玉红

（一）企业创新生态持续优化

赣州市在加大财政投入、完善政策体系、集聚创新资源、优化为企服务等方面持续发力，引导营收超 1 亿元的规上企业实现研发机构、研发人员、研发经费、产学研活动、发明专利和新产品全覆盖。鹰潭市建设了铜产业大数据中心、先进铜产业学院等重大平台，创新推出"工业创新发展专项贷款"产品。2021 年，全省各类企业研究与试验发展经费支出 422.47 亿元，同比增长 16.2%，占全社会的比重提升至 84.1%。

（二）企业创新活力不断增强

赣州市以企业为主体，获批建设国家级创新平台和载体 20 个、省级创新平台和载体 144 个，组建市级重点实验室和技术创新中心 200 多个。鹰潭市规上工业企业中有研发活动企业占比达 51.06%，鑫铂瑞科技公司建设了全国首个铜箔行业 5G+ 工业互联网智能工厂，康成特导新材公司成功突破被国外公司垄断的银铜合金线坯和锡铜合金线坯技术，一批具有核心竞争力的科技型企业加速壮大。2022 年，全省有效期内高新技术企业 6334 家，新认定 1891 家；入选国家库科技型中小企业 10842 家，同比增长 29.67%。

（三）企业创新效能加快释放

依托科技型企业培育工程的大力实施，赣州从十年前的产业规模小、集中度低、龙头企业少，到目前已实现千亿产业、千亿园区、百亿企业三个"零"的突破，稀土新材料及应用集群跻身国家先进制造业集群。鹰潭市加速推进铜加工企业高端化、智能化、绿色化发展，精深加工比重不断提高，产品种类越来越丰富，科技含量和附加值越来越高，铜行业发明专利拥有量达 2500 余项，起草国家和行业标准 32 项，均居行业首位。2022 年，全省战略性新兴产业、高新技术产业增加值分别增长 20.6%、16.9%。

二、提升企业科技创新主体地位面临的困难和问题

（一）企业创新存在"三个制约"

一是人才匮乏的制约。调研中企业普遍反映，受区位条件、工资待遇、

生活环境等因素影响，人才引进难、留住难，人才总量和结构难以满足发展需要。截至2021年底，全省每万名劳动力中研发人员全时当量12.48人年，仅为全国平均水平的67.7%。二是资金短缺的制约。中小企业规模小，自有资金有限，"融资难"的问题普遍存在。技术研发、成果转化、市场开拓等每个环节都需要大量资金支持，资金短缺成为阻碍企业科技创新的主要因素。三是动力不足的制约。一些企业存在"小富即安""小富即满"的思想，缺乏做大做强的内生动力。自主创新充满了风险和挑战，部分企业不愿创新、不敢创新。

（二）企业研发存在"三个较低"

一是研发活动覆盖面较低。受百年变局、世纪疫情等超预期因素影响，企业经营压力增大，对研发投入持谨慎观望态度。2021年，全省规上工业企业开展研发活动的覆盖面仅为37.8%。二是研发投入强度较低。企业研发投入虽然保持较快增长，但强度依然较低。2021年，全省规上工业企业研发投入强度为0.89%，远低于全国平均水平1.33%。三是研发层次仍然较低。企业研发活动以开发新产品、丰富产品功能、提高生产效率为主，原始创新能力不足，重大科技成果产出较少。

（三）产学研合作存在"三个不够"

一是对接渠道不够顺畅。企业难以及时深入了解高校、科研院所的创新成果，高校、科研院所也难以充分掌握企业的技术需求，供需双方缺乏便捷高效的对接渠道。二是合作联动不够紧密。一些企业虽然开展了产学研合作，但沟通联系较为零散，合作形式比较松散，没有形成常态化聚合发展的长效机制。三是投资体系不够多元。地方财政科技经费有限，科技金融和风险投资体系不健全，产学研项目融资渠道较窄，由政府、企业、金融机构、风险投资机构等共同参与的多元化投资体系尚未形成。

（四）成果转化存在"三个有待"

一是供需匹配程度有待提升。高校、院所科研人员在研发项目选题时更多倾向于学术性和前沿性，对技术市场和产业需求缺乏全面深入的了解，技术成果可转化度不高。二是服务支撑能力有待强化。技术转移转化专业机构和人才队伍不强，特别是缺乏技术评估、质量管理、市场分析、商业推广、交易估值等专业化、高水平中介服务机构。技术交易公共服务平台功能有待完善，尚未完全发挥促进成果转移转化的作用。三是激励政策措施有待完善。财政资金对中试环节支持力度不够，成果中试熟化平台质量不高。企业创新产品推广使用步伐不快，扶持政策不够有力。

三、强化企业科技创新主体地位的对策建议

（一）做好"聚"的文章，促进创新要素向企业集聚

一是强化企业科技人才支撑。深化产教融合，强化政府、高校、企业等多元主体协同，加快建设一批现代产业学院，建立专业共建、课程共设、人才共育、过程共管、资源共享、科研共创的长效机制，促进教育链、人才链与产业链、创新链有机衔接。鼓励企业在长三角、粤港澳大湾区等创新资源富集地区建设"研发飞地"，在人才引育、科技项目、成果转化等方面给予支持引导，走出一条"人才在外地，科研为江西；成果在异地，转化在江西"的引才新路子。二是发挥财政资金引导作用。加强财政保障力度，优化科技资金支出结构，加大各类科技计划对企业的支持力度，确保对企业的科技投入稳步增长。用好用足省科技创新发展基金，大力引进创投基金，撬动更多社会资金支持企业创新。三是推动惠企创新政策落地见效。全面梳理现行有效的惠企创新政策，完善推广"免申即享""即申即享"等创新举措，推动企业"应享尽享"。加大科技创新券推广力度，扩大使用范围，优化兑付流程，进一步放大支持企业创新的政策效应。

（二）破解"投"的难题，支持企业加强研发活动

一是激发企业研发动力。引导科技型企业建立研发准备金制度，实施研发费用后补助政策。建立科技型企业融资担保"白名单"，推动金融机构减费让利，促进企业综合融资成本稳中有降。鼓励各类园区、小微企业双创基地、科技企业孵化器等载体，以减免、缓交等方式给予租金优惠，支持科技型企业

和创新团队稳定发展。二是组建科技特派团。统筹省市县三级科技特派员，集聚青年博士和产业技术专家，以"一县（区）一团"方式组建科技特派团，积极为企业提供多层次、全方位的科技服务，实现科技特派员工作由"单兵作战"到"组团服务"。三是强化科技金融支撑。引导金融机构与产业园区开展合作，建立共同支持、共担风险、共享信息的合作模式，为企业创新提供一站式、多样化金融服务。鼓励有条件的地区建立科技保险保费补贴制度，对科技型企业购买经国家批准的科技保险产品予以保费资助。

（三）下足"融"的功夫，强化企业主导的产学研深度融合

一是建立健全制度机制。健全企业常态化参与科技创新法规、规划、政策、指南等制定机制，积极开展问需问策活动。建立企业出题、政府立题、产学研协同答题、市场阅卷的科技项目形成和评价机制，将行业龙头企业重大创新需求纳入各级科技计划项目指南。完善"揭榜挂帅"制度，在信息发布、需求对接等环节，采用技术手段和安全措施，有效地保护企业技术和商业秘密。二是增强协同创新能力。支持市县和重点园区，围绕"2+6+N"产业体系，组建一批领军企业牵头、高校院所支撑的创新联合体，开展"卡脖子"技术以及具有先发优势的关键技术、引领未来发展的基础前沿技术攻关。鼓励新型研发机构组建创新联盟，推进创新资源共享，加强科技成果转化，构建产学研协同创新共同体。三是推动大中小企业融通创新。深入实施大中小企业融通创新"携手行动"，广泛开展融通对接活动，促进大中小企业创新链、产业链、供应链、数据链、资金链、服务链、人才链全面融通，增强产业链供应链韧性和竞争力。

（四）优化"转"的环境，提高科技成果转化质效

一是提升科技服务能力。加强江西网上常设技术市场建设，充分利用大数据、云计算等先进技术，开展信息深度挖掘和匹配，促进科技成果与企业需求精准对接。加快建设和引进一批高水平的技术转移服务机构，培育具有较强公信力和市场认可度的知识产权评估机构。二是加强中试基地建设。加大财政资金支持力度，依托龙头企业、重点园区、高校院所建立一批集技术集成、熟

化和工程化试验服务为一体的开放型科技成果转化中试基地，尽快实现重点产业集群的全覆盖。三是加快成果转化应用。深入实施校企科技成果转化合作，大力挖掘具有良好市场前景和商业价值的"沉睡专利"，推进专利供需精准对接、高效转化。设立江西省创新产品推荐目录，完善政府首购、示范应用奖补、保险保费补贴等政策，促进创新产品规模化应用。

以高水平科技创新引领现代化产业体系建设

——安徽省科技创新驱动高质量发展的经验与启示

省委党校第 62 期中青班 *

习近平总书记在江西考察时指出，要努力构建体现江西特色和优势的现代化产业体系。中央经济工作会议强调，要以科技创新引领现代化产业体系建设。围绕"以科技创新引领现代化产业体系建设"这一主题，省委党校第 62 期中青班全体学员赴安徽深入高新园区、科学岛、先进制造基地、新型研发机构和知名企业，开展了为期一周的学习调研，形成如下调研报告。

一、安徽省以科技创新引领产业发展的主要经验做法

安徽省深入实施创新驱动发展战略，举全省之力打造综合性国家科学中心，促进创新链与产业链深度融合。2012—2022 年，高新技术产业增加值年均增长 14.9%，占规上工业增加值比重高达 45.7%，较 2012 年提升 10.9 个百分点。2022 年全省先进制造业增加值迈上万亿元台阶，区域创新能力跃升至全国第 7 位，连续多年稳居全国第一方阵。

---

* 调研组成员：省委党校第 62 期中青班全体学员

执　笔　人：邓顺平　储怡士　朱盛文　王广兵　周红燕

（一）注重原始创新，提升创新策源能力

合肥科学岛建设"初长成"。从 1965 年开始，安徽省深化与中国科学院合作建设科学岛。经过几代人的接续努力，科学岛已建设成为世界级大科学装置集中区和全国代表性的大科学工程创新中心。当前，安徽省正以科学岛为核心区，加快推进占地 19.2 平方千米的合肥综合性国家科学中心建设。

战略科技力量"已成势"。全国首个国家实验室全面入轨运行。深空探测实验室总部成功落户。建成认知智能实验室等"国字号"创新平台 216 家，省实验室、技术创新中心 34 家，在全国率先组建创新联合体 4 个。聚焦公共安全、智能制造等新兴领域，引进清华大学等知名高校，与安徽本地科研机构和企业合作，打造出一批机制灵活、成果丰硕的新型研发机构。

高水平科技成果"见实效"。世界首条量子保密通信干线——"京沪干线"、首颗量子科学实验卫星"墨子号"、首颗量子微纳卫星"济南一号"等"国之重器"相继问世。"九章""祖冲之"号系列量子计算原型机成功研发。铁基高温超导体、极端条件下重要压力容器等 3 项重大成果获国家科学技术奖一等奖。聚焦新能源汽车、锂电池、太阳能光伏"新三样"产业领域，加速核心技术攻坚，在动态存储芯片、全色激光投影、仿鹅绒结构高保暖材料等领域取得了一批重大原创成果。

（二）注重产业创新，一体推进产学研用

"精准滴灌"服务企业自主创新。安徽省级实验室、省技术创新中心，50% 由高新技术企业承担；新型研发机构超 60% 由高新技术企业牵头。全省企业研发投入、企业研发人员、企业研发机构、企业有效发明专利占比，实现了"4 个 80% 以上"。实施科技型中小企业、高新技术企业"双倍增"行动和规上制造业企业"两清零"行动。2023 年全省高新技术企业、科技型中小企业总量分别达 1.9 万家和 2.7 万家；推动主营业务收入 1 亿元以上无研发活动、主营业务收入 5 亿元以上无研发机构的规上制造业企业"清零"分别达 1491 家和 429 家。

"精准对接"搭建成果转化平台。制定实施《安徽省深化科技创新体制机制改革加快科技成果转化应用体系建设行动方案》，落实48项细化配套政策，促成科技成果加速转化落地。高质量举办两届中国（安徽）科交会，打造了具有重要影响力的"科技大集"。开展"双创汇"走进"大湾区""长三角"等活动，推动创新链产业链资金链人才链深度融合。打造"羚羊"工业互联网科产平台，已汇聚高校院所150余家，各类专家1.7万人。

"精准配套"打造产业集群高地。设立300亿元"三重一创"（重大新兴产业基地、重大新兴产业工程、重大新兴产业专项建设，构建创新型现代产业体系）产业发展基金，省政府每年出资20亿元作为引导资金，重点投向全省重大新兴产业基地（工程）中处于成长期和成熟期的项目。高标准建设"中国声谷"等产业集聚地，集成电路等四领域入选国家战略性新兴产业集群，数量居全国第3位。高新区以占全省不到1%的国土面积，创造了全省规上工业企业超过20%的营业收入，高新技术企业、科技型中小企业占比约为全省的1/3。合肥、芜湖、滁州、合肥新站4家高新区，已发展成为营收超千亿元的园区。

（三）注重制度创新，激发创新创造活力

"好机制"育出发展新路子。完成首轮全面创新改革试点，"编制周转池""专利权融资""区域科创板"等13项"安徽经验"，在全国推广复制。全国首创将高水平创新型省份建设纳入省委季度"赛马"，"人才团队＋科技成果＋政府参股＋股权激励"模式被国务院发文推广，成功揭榜"科教融合培养产业创新人才"等11项改革任务，数量居全国第一。

"试验田"种出制度创新成果。安徽省政府、合肥市政府与中国科学技术大学联手打造的"科大硅谷"，创新研发模式、科技成果转化机制、人才聚集机制及投融资机制，实现"一栋楼就是一个创新联合体，一栋楼就是一个产业链"，构建科技创新策源、新兴产业集聚的融合示范区。预计2025年，将集聚1万多家科技型企业、新型研发机构、科创服务机构。

"共同体"结出协同协作之花。推进长三角科技创新共同体建设，启动实施2022年国家级长三角联合攻关项目。推动长三角G60科创走廊建设，G60科技成果转化促进中心成功落户合肥。举办中欧科技创新合作对接，赴日韩开

展科技交流与"双招双引"等活动，取得明显成效。

二、以高水平科技创新引领江西现代化产业体系建设的对策建议

安徽省紧紧抓住科技创新"牛鼻子"，聚焦国家战略、产业体系、创新环境等关键要素，以"十年磨一剑"的韧劲和"认准了就干"的拼劲，大力推进科教大省向创新强省、经济强省转变，多个领域实现了从"跟跑"到"领跑"的飞跃，为我省加快培育发展新质生产力、构建体现江西特色和优势的现代化产业体系，提供了有益的借鉴和参考。

（一）强化前瞻部署，高标准建设"一岛一城"

强化省会南昌在全省科技创新中的引领地位，高标准建设中国（南昌）科学岛、九龙湖未来科学城。积极争取在"一岛一城"布局建设大科学装置、技术创新中心等战略科技力量，打造更多创新"国家队"。发挥南昌实验室的龙头作用，围绕特色和重点产业，着力布局一批国家实验室研究基地、省实验室和省重点实验室。加快打造中部区域科技创新中心，推动南昌都市圈科技创新深度融合，支持赣州建设具有世界影响力的稀土科技创新中心，推进九江、宜春、上饶等地打造特色鲜明、竞争力强的产业集群。依托江西特色资源禀赋和产业基础，创建一批未来产业先导试验区，打造未来产业培育发展高地。

（二）强化协同创新，实施联合体"兵团作战"行动

积极探索产业链科技创新联合体发挥作用的有效方式，对现有 24 个联合体进行评估和分类处置。优化联合体运行机制，赋予项目牵头单位技术路线制定权、攻关任务分解权、参与单位决定权、经费使用自主权，建立"企业出题、科研机构答题、市场评题"协同攻关模式，开发一批创新技术和产品。围绕制造业重点产业链现代化建设"1269"行动计划，滚动编制技术攻关"倒逼"清单、"引领"清单、"转化"清单，解决我省重点产业发展面临的关键技术难题。优化联合攻关的选题机制，精准谋划储备和实施项目。对需求迫切的选题，采取"一事一议"方式实施。

（三）强化靠大联强，"借梯登高"拓展科技区域合作

积极融入 G60 科创走廊一体化建设，主动对接融入长三角一体化、粤港澳大湾区等沿海发达地区，精准对接各类创新要素，加大科技创新协同攻坚力度，促进更多省外高校、院所和企业科技成果在江西转化落地。积极推进与安徽、湖北、湖南等中部兄弟省份合作，联合打造国家级科技创新平台。充分发挥中医药、陶瓷、航空等特色优势，积极参与金砖国家、一带一路共建国家科创孵化园建设，着力推动江西科技走出去。

（四）强化共建共赢，"借智引力"推进科研飞地建设

制定出台《关于促进江西省科创飞地高质量发展的若干措施》，聚焦制造业重点产业链现代化建设"1269"行动计划，试点建设政府主导型"科研飞地"，对从事公共服务的"科研飞地"平台，择优给予支持。围绕重点产业链和产业集群，精准招才引智，实施"周末工程师""科技副总"制度，推动赣籍知名企业和高层次人才回赣发展，加速创新资源向赣汇聚。

（五）强化产研对接，打通成果转化"最后一公里"

围绕我省重点产业领域，加快建设科技成果产业化基地和成果转化中试基地，努力培育一批高水平的科技成果转移服务机构和技术经纪人。加快建设江西省"成果转移转化中心"，建设区域科技大市场。组建省科技成果转化引导基金，引导保险机构创新成果转化保险特色险种。强化校企联合，安排科技专项资金，通过产学研联合实施一批重大科技成果熟化与工程化研究项目，让更多科技成果通过转化落地生"金"。

（六）强化需求导向，壮大"市场化"新型研发机构

围绕特色和重点产业领域，优化现有新型研发机构管理方式。对现有 59 个省级新型研发机构进行评估，加大对与产业发展融合度高、成效明显的新型研发机构的财政扶持力度。探索设立特殊"编制池"，对新型研发机构符合条件的高层次人才给予重点支持。鼓励有条件的本地高校、科研院所和企业，以"对赌协议""一所（院）两制"等创新方式，引进大院大所、名校强企，设立一批新型研发机构。

（七）强化政府效能，构建"服务型"科研管理体制

建立重大科技决策咨询体系，按照"1+N"架构，成立省科技创新战略咨询委员会和若干领域战略咨询委员会。探索高配重点市县科技局主要领导，加强科技行政管理部门与科研机构、高新区之间的干部交流。推进省直属科研院所改革，优化省科学院、农科院、林科院运行机制，探索将部分市属科研院所整合成省级科研院所分支机构或研究基地。

高质量推进长江国家文化公园（江西段）建设的对策建议

省委党校第 62 期中青班第一调研组[*]

建设国家文化公园，是新时代党中央的重大决策部署。2023 年 10 月，习近平总书记来赣考察，首站调研长江国家文化公园九江城区段建设情况，并在南昌市主持召开的进一步推动长江经济带高质量发展座谈会上，对保护好传承好弘扬好长江文化提出明确要求。为深入学习贯彻习近平总书记考察江西重要讲话精神，调研组一行深入九江、上饶等沿江沿湖 7 个县（市、区），进园入企访实情、座谈交流找症结、书面调研问需求、咨询专家献实策，在此基础上提出对策建议。

一、长江国家文化公园建设现状

长江国家文化公园是继长城、大运河、长征、黄河国家文化公园之后第五个国家文化公园，自 2021 年 12 月启动建设以来，正如火如荼地展开。

（一）国家层面密集部署，纲举目张全面推动

组建国家文化公园专家咨询委员会长江组，先后召开长江国家文化公园

---

*　调研组成员：张志龄　王广兵　杨　帆　王晶洁　唐熠岱　陈晓春　朱盛文　陈　猛
　　　　　　　吴　凌　夏李斌　王艳春　欧阳杰
　　执　笔　人：王广兵　陈　猛　朱盛文　夏李斌
　　指导老师：花　晨

建设调度会、推进会。制定《长江国家文化公园建设保护实施方案》，编制《长江国家文化公园建设保护规划》《长江文化保护传承弘扬规划》《长江文物保护利用专项规划纲要》，初步形成"1+2+13"规划体系，明晰路线图、时间表和任务书。

（二）沿江省份积极作为，精准定位靶向施策

江苏、重庆等成立以主要领导为组长的工作领导小组，召开专题部署会。江苏2022年4月率先出台《长江国家文化公园江苏段建设推进方案》，规划建设长江数字文化博物馆等重点项目，举办长江文化节。湖北将争创长江国家文化公园示范区、建设长江国家博物馆列为省重大文化工程，组织开展"沿着长江读懂中国——万里长江行"等主题活动，与国家文物局签署《共同推进湖北文物事业高质量发展战略合作协议》，成立长江文明考古研究院、长江艺术研究院，发布70多项研究课题。重庆与中国社科院共同举办长江文明论坛，举办中国长江三峡国际旅游节，以巴渝文化、三峡文化、抗战文化等为重点，提炼长江文化主题28个，遴选文化标识69个。四川开展长江流域文物资源专项调查，启动文物保护利用规划编制。

（三）江西沿线闻令而动，主动融入有序推进

省委、省政府高度重视，把长江国家文化公园（江西段）建设写入2023年《省政府工作报告》。省委、省政府主要负责同志及分管负责同志多次作出指示批示。省文旅厅将其作为"三大政治任务"之一，纳入全省文化和旅游高质量发展"3336"行动计划，并围绕规划编制、遗产保护、活化利用等积极开展工作。

九江作为江西段建设核心区域，启动九江段规划编制，谋划推进浔阳江最美长江岸线、瑞昌市铜岭铜矿国家考古遗址公园、湖口县"山·江·湖"生态文明展示园等一批重点项目，举办高质量建设长江国际黄金旅游带交流研讨会等。南昌市将滕王阁景区北扩作为长江国家文化公园标志性项目进行打造，引进陆军博物馆建设项目等。上饶鄱阳县着力打造"鄱湖蓝"品牌，成立鄱阳湖文化研究会，建设鄱阳湖国家湿地公园、瓦屑坝移民文化园等。

二、长江国家文化公园（江西段）建设存在的问题

调研发现，国家层面启动长江国家文化公园建设已近两年，江西段建设工作虽取得阶段性成效，但仍面临一些突出问题。

（一）顶层设计滞后，建设目标路径不清晰

统筹谋划有待加强。目前省级层面尚未成立工作领导小组，相关规划还在编制中，尚未建立省负总责、分级管理、分段负责的工作机制。

整体建设进度偏慢。江西是长江国家文化公园七个重点建设区之一，也是最早启动建设的省份，但沿线市县大多对公园整体规划、项目建设、管理运营缺乏清晰认识，迫切需要省级层面高位推动、积极引导。

（二）研究挖掘不够，保护传承弘扬亟待加强

研究阐释不足。赣鄱文化底蕴厚重，是长江文化重要空间载体，在中华文明发展史上地位举足轻重，江西稻作、陶瓷、青铜等文明是长江流域标志性、源头性文明，井冈山精神、抗洪精神等是长江流域红色基因的重要组成部分，但与文化特征鲜明的巴蜀、湖湘、荆楚、吴越等地域文化相比，赣鄱文化未得到充分研究阐释、标识度不高。省内高校、科研院所等参与长江文化研究氛围不浓，研究课题几乎为空白，未厘清江西段文化核心内容，未提炼出赣鄱文化标识。

保护压力较大。江西段沿线遗产众多、种类丰富，不同时期、不同形态的文化资源叠加交错，保护难度大，碎片化、抢救性保护现象突出。如瑞昌铜岭商代古铜矿开采冶炼遗址，早在1991年就被评为全国十大考古发现之一，但遗址博物馆展陈方案还处于报审阶段，400多件出土文物，瑞昌市博物馆仅存20多件。

转化利用较低。江西段展示载体主要以自然景观、文博纪念场馆等形式体现，通常以老三样"展柜＋展板＋文物"静态方式呈现，讲好长江文化故事能力不足、思路不宽，推动其创造性转化、创新性发展的手段、载体还不够清晰有力，有影响力和"出圈"的文艺精品不多，特别是利用新技术在长江文

化创新传播、IP打造等方面有较大提升空间。

（三）保障要素不全，土地资金成最大难题

规划用地矛盾突出。部分市区反映受"三区三线"以及风景名胜区等限制，规划建设的重大文旅项目因占地规模大、业态多，存在用地指标紧缺、调规难等问题。

业态同构重复建设。旅游产品较为单一，文旅融合度不高。围绕长江文化主题策划、包装项目缺乏创新性和协同性，未建立共建共享机制。如鄱阳县已建成鄱阳湖博物馆，都昌县还规划建设鄱阳湖文化博物馆，湖口、余干等县均提出打造以江豚为主题的湾区，永修、鄱阳、湖口等县上马观赏候鸟文旅项目。

建设资金缺口量大。江西段规划建设展馆、遗址公园等大部分属于公益项目，以政府主导推进为主，社会资本参与度不高。江西段入选文旅部长江国家文化公园建设保护规划的5个重点项目（全国59项），总投资达62.15亿元，中央财政对每个项目支持最多不超过8000万元，建设和运维以地方投入为主。汇总江西段沿线15个重点县规划建设项目所需资金，总额达数百亿元，仅依靠市县财政投入，难以为继。

三、高质量推进长江国家文化公园（江西段）建设的对策建议

建设长江国家文化公园（江西段）是重大的政治工程、文化工程、生态工程、民生工程，江西需按照"走在前、勇争先、善作为"的目标要求，将其打造成长江国际黄金旅游带引领区、文化引领区域发展的示范高地、中华文明发扬光大的重要地标。

（一）建立高位统筹协调机制，凝聚强大工作合力

高规格协调推动。借鉴江苏、重庆等省（市）经验，建议成立以省委或省政府主要领导为组长的国家文化公园（江西段）建设工作领导小组，统筹推进长江、长征两大国家文化公园建设。

高标准落细落实。加快制定江西段建设推进方案，建议由省文旅厅牵头，

构建省、市、县三级联动机制，避免出现破坏生态、重复建设、同质化竞争等问题。

（二）完善保护传承长效机制，丰富活态展示利用

加快重大项目建设。借鉴湖北经验，加强与国家文物局、长江水利委员会等单位合作，共同开展文物保护工作。结合全国第四次文物普查，摸清长江文化资源家底。实施鄱阳湖流域文明探源工程，抓好万年仙人洞与吊桶环遗址早期稻作和古代陶瓷文明考古研究。加快推进九江荞麦岭遗址、南昌汉代海昏侯国遗址等勘探和发掘。加快建设瑞昌铜岭铜矿遗址公园等一批国家考古遗址公园。高标准建设鄱阳湖博物馆，打造展示长江文明的重要窗口。在《江右文库》基础上，构建赣鄱文化基因库。

加强挖掘研究阐释。站在建设文化强省强国，推进文化自信自强的高度，做好长江文化体系及文化标识的梳理。整合省内重点高校、科研机构、智库平台等资源，打造长江文化高端研究平台，将长江文化研究列入各级智库课题和社科规划重大项目，用一批重大成果实证和解读长江文明，绘制赣鄱文化谱系，提升赣鄱文化在长江文化共同体中的标志性地位和显示度。在省内重点媒体上推出名家专栏，解码长江文明密码。高规格举办文化传承发展高峰论坛，开展"赣鄱文化"大讨论。

做好活态传承利用。实施"赣鄱文化活态传承展示工程"，创作推出一批年轻态、时代性、国际化的长江文化主题文艺精品和文创产品，规划建设鄱阳湖图书馆，打造环鄱阳湖博物馆群，让沉甸甸的文化遗产"活起来、潮起来、热起来"。依托山形水势、陆路水道、现代交通等线性空间，按照"主题化、网络状、快旅与漫游结合"原则，打造"长江最美岸线"百里文化廊道、"环鄱阳湖"千里生态廊道、山江湖（庐山、长江、鄱阳湖）文化景观廊道等标杆项目。高频次推进长江国家文化公园（江西段）建设宣传，举办走进"山江湖"系列主题活动。

（三）健全文旅融合发展机制，实现"双效"统一

"双向"赋能，加速文旅融合。以文塑旅、以旅彰文，及时出台全面对接融入长江国际黄金旅游带的实施意见，推进沿江沿湖名城名镇名村、特色街区"绣花、织补、微改造"，科学规划若干特色精品旅游线路，高标准建设鄱阳湖国家级文旅融合发展示范区，创建国家级旅游度假区，大力发展康养服务业，创新国家文化公园运营管理模式，实现社会效益与经济效益双生共赢。

"三化"助推，升级文旅业态。依托国家文化数字化战略，推进长江文化IP化、IP数字化、数字产业化，建设长江国家文化公园（江西段）数字化展示平台等文旅新基建项目。以长江文化为主题，运用超高清、虚拟现实、人工智能（AI）等技术手段，打造多个"颜值"和"气质"兼具的智慧旅游场景，让游客移步换景、穿越古今，近距离欣赏长江沿线美景，多角度行走江湖，全方位读懂赣鄱。

"四新"发力，做强文旅产业。以"新理念、新主体、新业态、新模式"促进文旅融合创新。遵循"共抓大保护、不搞大开发"理念，合理利用长江文化资源，培育壮大一批文旅龙头企业。引进和创办有国际影响力的系列赛事、节庆活动。大力发展生态科普研学游、展演旅游、游轮旅游、光影夜游等新业态。规划建设环鄱阳湖自驾游停车区、观景台、文化驿站，打造一批主客共享的长江文化艺术廊道、鄱湖人家特色民宿、四季写生摄影基地，建设世界级生态文化旅游目的地。

（四）加强规划指导和政策引导，确保建设有章可循

坚持规划先行。建议将《长江国家文化公园（江西段）建设保护规划》的编制，纳入 2024 年度省重点专项规划。根据江湖交汇、山江湖一体这一特色，以 152 千米长江江西段岸线为核心区，以连接长江的环鄱阳湖区域为拓展区，以赣江、抚河、信江、饶河、修河五支主要河流所经区域为辐射区，构筑"一核一环五支多点"的长江国家文化公园（江西段）空间格局框架。明确"以线串环扩面联点"的建设路径，围绕沿江沿岸沿线珍贵文化、生态、景观等要素资源，布局建设重大文旅项目，构建历史文脉贯通、江湖水脉联通、产业动脉互通的发展格局。

坚持多规衔接。加强对各类专项规划和市县规划的指导和约束，健全规

划全生命周期闭环管理体系，有效地衔接相关规划、保护条例，一体推进产业布局、生态环境保护、基础设施建设、公共文化服务等要素配置。

坚持同向发力。支持多元主体参与建设开发，用好中央预算、专项债、政策性开发性金融工具。设立专项建设基金，利用省文投基金、文企贷、文旅贷等加大对重大项目的支持力度。建立重大文化项目资金投入分担机制，对纳入国家规划的重大项目，建议省市财政按一定比例进行配套，项目所在县（市、区）负责兜底。充分保障长江国家文化公园（江西段）重点项目建设用地指标。推进沿江沿线跨区域合作和政策协同。

打通中医药科技创新与成果转化"三大堵点"
助推江西中医药强省建设

省委党校第 62 期中青班第四调研组[*]

习近平总书记指出,"中医药是中华民族的瑰宝,一定要保护好、发掘好、发展好、传承好","江西应当发挥中医药产业的优势"。科技发展是产业发展的基础性、全局性支撑。为进一步提升中医药科技支撑、充分发挥江西中医药特色优势,助推中医药强省战略达速达效,调研组深入樟树、南城等地调查研究,深挖我省中医药科技创新与成果转化尚待打通的"三大堵点",提出对策建议。

一、我省中医药科技创新与成果转化现状

近年来,我省坚持传承精华、守正创新,多措并举推动中医药科技创新与成果转化取得诸多进展。

(一)科创平台体系健全

截至目前,我省累计获批中医药领域全国重点实验室 1 个,国家级创新平台 9 个,省部级创新平台 86 个。其中,国家中药先进制造与现代中药产业创

---

[*] 调研组成员:喻茂林　周　圆　毛　涛　夏晓雯　李红波　方玉明　李茂进　王祥宜
　　　　　　　吴皇云　刘　敏　周付林　黄学俊
执 笔 人:周　圆　刘　敏　周付林
指 导 老 师:席鹭军

新中心是中国第九个、中医药领域唯一的国家级产业创新中心。中药固体制剂制造技术国家工程研究中心是我省仅有的两家纳入国家工程研究中心新序列管理的中心之一。赣江新区中医药科创城打造覆盖基础研究、应用研究、技术研发和产业化的中医药全链条创新体系，成为我省中医药科技创新集聚区。近三年，江西省中医药管理局还建设了三批次共63个重点研究室、临床研究基地。

（二）体制机制逐步完善

我省出台加强中医药人才工作的方案，重点部署中医药人才队伍扩大、体制机制改革和培养模式改革等；省科技厅、省中医药管理局联合制定文件，建立了"科技＋中医药"联合立项模式；医保支持中医药科技成果机制更加突出，中药饮片、医疗机构制剂、中药配方颗粒等加快纳入我省医保支付范围，中医类医疗服务价格、热敏灸推广等医保支持力度进一步加大。

（三）科技成果特色鲜明

我省以第一完成单位获得国家科技进步奖二等奖2项，参与完成国家科技进步奖二等奖2项。成立江西省中医药标准化技术委员会，支持开展121项中医药标准化研究，制定了8项国际标准、4项国家标准和37项地方标准，江西中医药大学主导制定的两项中医药国际标准由国际标准化组织（ISO）批准发布。"中药制造现代化——固体制剂产业化关键技术研究及应用"项目授权专利386项，为300多家制药企业提供技术服务累计500余项。2023年10月，江西青峰药业公司"枳实总黄酮片"获批上市，是今年全国批准上市的5个1类中药创新药之一。

二、我省中医药科技创新与成果转化存在的问题

调研发现，我省中医药科技创新与成果转化链条上仍存在"三大堵点"亟待打通。

（一）企业创新主体地位发挥还不够

调研组深入樟树市、南城县等地20余家中医药中小企业调查，发现企业普遍重视科研，认为科研是企业发展提速增质的必要手段。如，樟树德上集团

的企业标语就是"科技创新是我们企业的生命线"。但不容忽视的是，企业层面仍存在三种困境：一是想研"不敢研"。不少企业表示，研发一款新药，往往需要耗费十数年时间，还可能研发结果不佳，投入的经费和人力"竹篮打水一场空"。有上市公司在投入科研时，得不到股东一致同意，只能由实际控制人私人投入研发。故囿于新药研发周期长、风险高、投入大，企业虽深知研发的重要性，也不敢轻易投入。2022 年，全省规上中药企业研发投入仅 7.86 亿元，研发强度 1.88%，低于全国规上医药制造业研发强度（3.57%）。二是想研"无能研"。企业普遍表示，开展科研面临人才急缺的问题。受地域环境限制，人才本地培养难，大多数企业没有独立的研发团队，"引不来、留不住"的问题突出。我省高等教育、青年领军人才相比周边省份差距明显，仅 1 所世界一流学科建设高校，在赣"两院"院士 10 人，中医药领域院士为 0。三是想研"研无果"。受政策因素等影响制约，很多企业长时间投入研发，却带不来好的产业化效果。如：南城百神昌诺公司投入近 6000 万研制了大黄总蒽醌胶囊，获得科技部两个重要新药创制奖项，但前后历经 13 年才取得批件，13 年间市场需求和竞争格局早已发生变化，该产品至今颗粒无收。

（二）科技创新机制还不活

目前，我省高校和科研机构的大量科研成果找不到适配的企业、大量中小企业找不到需要的科研成果的"窘境"普遍存在。究其根源，在于以下三个方面：一是科研机制不匹配产业需求。长期以来，科研评价体系更多注重追求论文、专利和课题数量，使研究人员不得不花较多精力去发论文、争课题、搞验收，导致大多数科研人员开展"短平快"的学术研究，与产业需求不匹配，无法转化。二是成果赋权改革不完善。我省职务科技成果赋权改革的覆盖面太窄，成果转化业绩在人才评价体系中仍处于"弱势"。科研人员对知识产权价值认知不足，导致不少中医药科技成果"养在深闺人未识"。三是协同创新体系不健全。我省虽已建设了一批高水平中医药科技创新平台，但在中医药理论创新、临床实践创新和中药产业技术创新领域，科技创新人才总量不够、人员领域分布不均衡，有少数的协同创新联盟，但还未形成紧密的多学科、跨领域、多团队协同创新、合作攻关模式。

（三）科技成果转化还不畅

江西有"樟帮""建昌帮""土将军"金字招牌，手握全国 1/3 的药酒批文、300 多个中成药批文，但转化的效果不显著。一是产品服务需求受阻。药品集中采购的低价政策和新药审批审评的从严政策，使中药品种客观上受到冲击；中药产品进医保和基药目录仍比较困难，我省进入全国医保目录的中药大品种处方药仍有限，与中药制造大省地位不匹配。二是专业转化服务机构缺失。科研人员将技术本身当作科技创新的全部，大多缺乏市场化思维，同时技术转移存在信息不对称问题；科技成果转化需要建立供需双方互信互联的机制与平台，提供专业化的转化服务。我省现有国家级技术转移示范机构仅 5 家，占全国 425 家总量的 1.1%；省级技术转移示范机构仅有 22 家。其中，中医药领域国家级、省级技术转移示范机构 0 家，中医药科技成果转化服务严重缺乏，科研成果从"想转"变为"难转"。三是政策链式支撑不强。中医药科技创新涉及发改、财政、科技、卫健、药监、教育、中医药管理部门等有关部门和科研院校，有关科技创新的政策要真正落地，还需要各个不同部门协同支撑，避免规划与落地脱节的现象。

三、进一步推动我省中医药科技创新与成果转化的对策建议

畅通中医药"产、学、研、用、金"全链条，加快完善政府和市场"两个服务"，弥补资金和需求"两个缺口"，激发企业和科研"两个活力"。

（一）优化协同管理体系和服务，统筹推进江西中医药科技和产业工作

明确市、县（区）牵头承担中医药管理职责的工作部门，在科技、工信、市场等相关职能部门设置中医药专业人员，与中医药管理专职部门常态化协同，解决职能分散、多头管理、各管一块的协作问题；有条件的市、县（区）可单设中医药管理部门，与省中医药管理局形成垂直管理体系，避免"上热下冷"，更好地推进中医药科技和产业顶层规划落地见效。四川省于 2017 年在所有市（州）设立了专门的中医药管理机构，并同步完善各县（区）中医药管理

机构，有力地根治了管理上"高位截瘫"的问题。

（二）强化市场牵引，构建高效顺畅的中医药科技成果转化模式

一是建立高效的中医药成果转化中心。打造专业的中医药科技成果转化平台，建立反映企业需求的"问题库"和展示高校、科研院所科研成果的"项目库"，促进供需双方市场化对接；鼓励中医院、企业、科研机构、高等院校等加强协作、共享资源，提升科技成果转化效率。二是争创国家中医药科技成果转化基地。国家中医药管理局与我省共建，加速我省中医药科技资源聚集和成果转化应用。

（三）创新科研组织与考核机制，大力激发中医药科研活力

一是建立面向市场需求的科研组织方式。以市场需求为导向，开展"订单式"科研活动，实施企业需求类"揭榜挂帅"重大科研专项。鼓励省内外高校与济民可信、华润江中、青峰药业、仁和集团等龙头中医药企业整合各自核心科研、产业能力，建立高度协作的创新联合体，共同攻关我省中医药科研难题。二是重构以科研成果转化为导向的考核评价体系。提高科研成果转化在科研人员考核评价体系中的指标权重；鼓励和支持科研人员面向市场需求开展研究，对取得应用研究成果或成果转化成绩突出者，在科研奖励、职称晋升、评优评先等方面给予着重倾斜。三是创新科研成果转化激励机制。推动中医药职务科技成果权属改革，鼓励科研人员参与科研成果转化。在成果转化收益分配、团队组建等方面赋予科研单位和科研人员更大自主权；深化成果转化产权激励，合理设定产权归属与收益分配比例；引导科研人员从买卖式服务转到共享式服务，如纯包干价的技术服务变成股份式的合作开发模式。

（四）探索"先使用后付费"改革试点，大力激发企业科技投入动力

一是科研转化多样化。鼓励高校、科研机构采取"零门槛费＋里程碑支付＋收入提成"或"延期支付许可费"等方式授权中小企业先行试用，解决中小企业"不敢转"的问题。二是科研投入政府补。对中医药企业科研创新项目，政府给予税收奖补、配套资金等支持，缓解企业投入压力；对中医药基础性研究需求，政府投入研发，产生的成果免费向企业发布，并同步推动配套政

策落地。三是科研力量政府引。总结、推广樟树市的经验做法，由政府搭台，以人才补贴、人才编制等特殊政策为当地企业引才创造有利条件；加大"县管乡用""乡聘村用"人才支持力度，试点"省管县用""市管县用"用才模式，重点支持县域中医药企业引才育才需要；大力支持企业建立研发飞地、研发协同等。

（五）发挥金融"活水"作用，"贷"动中医药科技创新与成果转化功能

一是创新金融支持方式。推广赣江新区中医药科创城"科技创新券"的做法，设立"科技+中医药"创新基金，以小资金撬动一批科研成果"入场"，活跃科研成果市场氛围。二是丰富金融服务产品。创新中医药专属信贷和保险产品，发展中医药供应链金融，精准服务中医药产业链金融需求。三是优化金融资源配置。在信贷投放、低息利率等方面进一步加大对中医药产品研发与推广、临床科研、种植研究与培养、大数据分析等科技项目的支持。

（六）全方位引导扩大中医药产品服务市场需求，厚植中医药科技创新培育土壤

一是加大推动数字赋能中医药产业提质增量。推广樟树五洲药业、南城同善堂等企业的"云仓储+云物流""数字药房"等模式，以数字化推动中医药产品和服务现代化，推动中医药供给提质增量。二是深化中医药社会理念。持续向基层普及中医馆，常态化举办"中医入园区""中医入企""中医入村"等活动。三是全面唱响江西中医药文化名片。结合我省"杏林文化""旴江医学""樟树药都""建昌帮"等文化名片，大力开发中医药+大健康、中医药+康养、旅游等新型产业融合模式，多领域延展我省中医药品牌内涵。

"双向"整合资源
进一步推进我省乡村义务教育优质均衡发展

——赣州市会昌县、安远县等地义务教育发展的调研与思考

省委党校第 5 期中青 3 班第四调研组 [*]

习近平总书记指出，基础教育搞得越扎实，教育强国步伐就越稳、后劲就越足。近年来，我省高度重视义务教育优质均衡发展，在优化县域义务教育资源配置上持续出新招、出实招，乡村学校"散、弱、小"局面得到较大改善，教育供给质量和水平持续提升。为进一步推动乡村义务教育优质均衡发展，调研组深入赣州市会昌县、安远县等地开展实地调研，形成如下调研报告。

一、会昌县和安远县推进乡村义务教育优质均衡发展的主要经验做法

（一）勤沟通，争取群众广泛认可和支持

会昌县作为我省优化县域义务教育资源配置工作试点县，已成功实现优化撤并 117 所乡村小规模学校，分流安置学生 490 人、专任教师 60 人、临聘人员 24 人。撤并前，会昌县有针对性地开展多轮家访摸底，组织多场现场听证

---

* 调研组成员：熊俊鹏　黄相远　唐靓嫱　周　斌　杨　祺　郭　消　陈加际　程伟东
　　　　　　　邹　翠　赖　琦　连丽聪　舒　童　肖雨隆
　执　笔　人：程伟东　黄相远　肖雨隆　周　斌
　指　导　老　师：张　扬

会答疑，并开展"观校""试学"行动，打消学生和家长的顾虑。比如，白鹅乡原洋口小学撤并前开展"到白鹅中心小学试读体验周"活动，得到学生家长认可，体验一周结束后原洋口小学 27 名学生全部同意转入中心学校就读，形成较好的示范带动效应。安远县则通过入户调查、召开家长座谈会等形式解读优化政策，积极宣传乡村中心学校的比较优势，了解群众的想法，打消群众的顾虑。截至目前，安远县成功优化撤并小规模学校 39 所，分流安置师生 281 人。

（二）强帮扶，组建城乡教研联盟体

会昌县在教学资源整合方面，一方面积极联系对接赣州中学、赣州第一中学、赣州第三中学等 11 所名校，与部分乡村中心学校组成结对帮扶，提高教学质量；另一方面实行"大学区"管理，划出城区大学区、筠门岭镇大学区、麻州镇大学区等 5 个学区，开展学区内校际结对帮扶，永隆乡、清溪乡、高排乡等 12 个乡镇的学校教学质量得到改善。安远县建立城乡教研联盟体，划分 4 个初中片区、5 个小学片区，每个片区指定 1 个牵头学校每学期派送各科名师、骨干教师，到重点帮扶学校开展课堂指导、送课送教、同课异构等活动，改善教学质量。

（三）解民忧，消除"学、吃、住、行"等顾虑

在帮助"被优化"学生融入新环境方面，会昌县探索由学校安排 1 名校领导、1 名党员教师、1 名优秀学生开展"帮带"辅导，并每周开展 1 次谈心谈话。在改善基础设施设备方面，会昌县升级改造教师周转房 1850 余套，投入资金 1.27 亿元增加学位 3800 个、床位 462 个、餐位 520 个。在学生交通保障方面，会昌县实行"农村客运班线"和"校车"两种接送模式，精心设置公交线路 14 条、接送点位 20 个，每个点位安排"护学岗"、每辆公交车安排照管员，解决 960 余名学生的乘车需求；同时，探索交通成本分担机制，10 公里之内学生交通费用 1 元／次，10 公里之外交通费用 2 元／次，剩余部分由县财政补贴。安远县在原古田小学设立学生"集散点"，开设公交专线连通至城区的城北学校，由学校统一办理公交卡、班主任跟踪、专人护送，定时、定点、定线保障 72 名学生乘车往返。

（四）促转型，盘活利用闲置校舍

会昌县制定了《学校闲置资产处置工作方案》，其中 69 所闲置校舍划归县国资委统一处置，引入社会资本约 1.1 亿元，另有 48 所计划改为村级孝老食堂、新时代文明实践站、老人疗养院、精神病医院等公益事业，有效地节省后续修缮资金约 5000 万元。比如，会昌县站塘乡原中心小学搬离后，改为集医疗、养老、康复、休闲娱乐等功能为一体的综合医养院；原南坑教学点引入社会资本 3000 余万元，改为昌宁精神病医院，开放床位 200 张，每年为村集体经济增收约 10 万元。安远县凤山乡原井坵教学点，改建成集新时代文明实践宣传、社会综合治理、产业教育培训等功能于一体的活动场所。

二、当前我省乡村义务教育优质均衡发展存在的主要问题

随着小规模学校师生大量优化并入乡村中心学校，这对中心学校的办学能力提出了更高要求。同时，不少撤并条件尚不成熟必须保留的小规模学校，教育供给质量和水平面临下降风险。

（一）优化后乡村中心学校基础设施仍存短板

一是周边道路交通存在较大安全隐患。比如，会昌县周田镇中心小学每到放学时候，有 1400 余名学生需要家长接送或步行往返，其间易造成学校门口交通拥挤。安远县镇岗乡中心小学邻近国道，每到放学时间，所有学生由家长接送或自行往返，常造成校门口国道严重拥堵，安全风险增大。

二是校内基础设施难以满足新增公共服务需求。为了承接被撤并学校的师生，一些乡村中心学校面临改扩建难题。比如，安远县不少乡村中心学校担心接收小规模学校撤并的生源后，学生学位、食堂餐位、宿舍床位、医疗卫生等设施不能满足新增师生的需求，并面临学生数增加带来公共服务压力和运营经费压力。

（二）优化后小规模学校保持教学质量难度较大

一是乡村小规模学校教学质量不高。调研了解到，乡村小规模学校教师年龄普遍偏大且多为本村（组）人，原因是乡村中心学校考虑他们回村的意愿

强烈，且大多数年轻教师考虑中心学校更有助于个人职业发展，不愿到小规模学校教学，导致部分小规模学校教师专业结构不均衡，尤其是音美体等课程专业教师短缺，不利于小规模学校教学质量的提高。

二是小规模学校教师教学任务重。调研了解到，乡村中心学校老师每周课程约为12—15节，且基本只负责同一年级1到2个班级的"专业主课"。而在小规模学校，有的老师每周课程多达20节，并经常合并多个班级的音美体等课程一起授课，少数小规模学校三个年级三个班三名教师的情况仍然存在。

（三）优化后部分家庭教育成本增加

一是住房成本增加。部分家庭考虑交通、工作等多种因素，随小孩上学就近租房、买房、建房陪读，造成较大的生活经济压力。比如，选择集镇租房的偏远家庭，每年仅住宿租金就达到2400—6000元。

二是交通成本增加。部分家庭需承担长距离接送带来的时间成本、交通成本。比如，调研访谈发现一对老夫妻在村带了3个儿子的9个小孩，分别在乡村中心学校和小规模学校就读，仅接送上下学总路程就超过40公里。如果选择乘坐公共交通工具，有的学生交通费用可能高达每人600—700元/学期。

三、进一步推动我省乡村义务教育优质均衡发展的对策建议

优化乡村义务教育资源配置涉及面广，是一项系统工程和民生工程。建议加强统筹协调，进一步解放思想，创新工作方式，凝聚各方合力。

（一）推进乡村义务教育学校与当地各级政府部门的"双向联动"

一是提高学校与政府的联动质效。各级政府部门和乡村中心学校要建立健全联动机制，成立联合专班或相应工作领导小组，有问题及时会商解决、有障碍及时合力破除。比如，可以推动当地政府通过购买服务，解决远距离学生交通难、住宿难等问题。

二是强化地方政府的服务保障。要指导各地结合实际，完善优化义务教育资源的配套措施，保障政策的稳定性、持续性和长效性，让优化资源配置过程拥有科学合理的过渡期、适应期。比如，建议适当延长被撤小规模学校生均

公用经费的保障期，或完善撤并过程义务教育阶段生均公用经费保障机制，缓解撤并后乡村学校运转的压力。

三是优化闲置校舍处置方式。支持在优先用于发展乡村教育事业或公益事业基础上，充分盘活闲置校舍的经济效益，所得收益根据产权归属，统筹用于乡村教育事业。

（二）推进城区名校与乡村中心学校的"双向结对"

一是完善城区名校与乡村中心学校结对帮扶制度。完善城乡学校手拉手、对口支教制度，深化集团化办学、大学区制管理、智慧教育等改革，实现结对学校间优质教育资源更高水平共享。

二是狠抓义务教育教师"县管校聘"管理体制改革落实。加强督促指导各地落实教育部门统一管理、学校按岗聘任、教师有序流动等有关配套举措，做到编制动态管理、岗位合理调配，实现各区域教师从"学校人"到"系统人"的转变。

三是加强乡村义务教育名师培养。引导并鼓励名校强校教师和校长向乡村薄弱学校流动，建立教师校内竞聘上岗机制，支持乡村学校深化与师范高校交流合作，助推乡村义务教育教师队伍建设。

（三）实现乡村义务教育教师与农村学生的"双向流动"

一是动态优化调整乡村学校布局。坚持"科学评估、应留必留、有序撤并、积极稳妥"的原则，科学规划乡村小规模学校布局，尊重群众意愿，鼓励偏远农村家庭就近择校就读，既缓解中心学校基础设施建设压力和运营压力，又避免中心学校扩建后，因生源逐年减少带来的教育资源二次浪费。

二是探索实践乡村学校"一校多区"管理新路径。融合乡村中心学校与各小规模学校成"一校多区"，开展同步化办学，实行"师资同盘、教学同步、培训同频、文化同系、考核一体"的管理方式，实现一体化发展。

三是推动倡导实现教师调度式"走教"。鼓励支持优秀教师通过跨校兼课、教师"走教"等方式，合理统筹安排区域各乡村学校教学课程，最大限度实现区域内教师资源共享，补齐乡村小规模学校教学质量短板。

产教融合育新才　校企携手促就业

——关于新余市、进贤县深化校企合作助推高质量就业的调研与思考

省委党校第 8 期省直处干班第三调研组[*]

党的二十大报告指出："推进职普融通、产教融合、科教融汇，优化职业教育类型定位。"就业是最大的民生，而大中专院校毕业生是就业的重中之重。我省 2023 届高校毕业生规模将再创新高，预计为 45.7 万人，同比增加 22.19%。一边是大中专院校毕业生数量持续增长，面临就业难题；一边是企业高质量发展，普遍遭遇招工难、用工荒。如何通过校企合作，助推大中专院校毕业生高质量就业，全面激活"人才引擎"，成为摆在学校、企业、政府面前的一道必答题。近期，调研组赴新余市和南昌市进贤县两地，共走访 4 所大中专院校、3 家企业、1 个市级政务服务中心，以及新宜吉六县跨行政区转型合作实验区、进贤县经济技术开发区，通过座谈交流与实地考察相结合的方式，多层次、多渠道了解情况，发现问题，提出对策。

一、现状：两地校企合作形式多样、成效显著

通过调研发现，新余市、进贤县两地的学校、企业充分发挥双方人才、

---

* 调研组成员：黄小勇　蒋少征　王丽琴　汪晓曼　刘晓辉　吴新谱　万贻和　朱　悦　平先良　张云文

执　笔　人：蒋少征

指导老师：赵　松

教科研和管理等方面的资源优势，扎实有效地推进了校企深度融合发展。总体来看，当地校企合作主要有以下几种模式：

（一）"教学工厂"模式

该模式通过将企业的生产环境引入学校，采用生产环境与教学环境合二为一的现场教学模式，使学校的教学内容更加符合企业的实际需求。近年来，在"教学工厂"模式的基础上，新余和进贤的大中专院校发展出多个"技能大师工作室"，成效显著。比如，江西冶金职业技术学院、江西工程学校、华东交通大学（进贤校区）等学校，选择与地方经济紧密相关的产业，由具有"绝招绝技"的高技能人才和技能带头人，在校园内领办或创办工作室，以"师徒制"的方式授课，培养出一批和地方企业适配度极高的技能人才。其中，江西冶金职业技术学院成立5个"大师工作室"，如卢新春名师工作室、丁宇宁名师工作室、潘有崇名师工作室等，并与新钢集团、江西铜业集团、赣锋锂业等100多家企业签订了校企合作协议。

（二）"订单"模式

学校根据企业要求，制定人才培养计划，共同组织教学，学生毕业后由企业根据协议安排学生就业。"订单式"校企合作培养模式既解决了学生的就业问题，又帮助企业解决了急需人才的供应问题。江西工程学校开设"华为班""美的班""苏宁班""江铃班"等企业冠名班，长期与省内外大型企业保持合作关系，近几年的就业率均保持在96%以上。

（三）"技术服务"模式

在社会快速发展与竞争日益激烈的今天，企业越来越重视对员工的培训。而大中专院校的教师具有较高的专业理论水平且授课能力较强，因此可通过校企合作实现对员工的培训，服务社会。新余学院是新余市唯一一所公办普通本科院校。该校积极引导教师围绕新余市经济社会发展开展科学研究和技术攻关，共获得国家级、省级各类科研项目190余项，申请专利700余项，学校组建了22支校地合作博士服务团队，选派了75名优秀科技人员深入企业开展科技帮扶。

此外，还有一种"园区建院"模式正在探索中。比如在进贤，医疗器械是当地的支柱产业，江西进贤医疗器械科技产业园于去年在园区内建立医疗器械职业学院，设立护理、医学影像技术、医学检验技术等专业，以精准对接的方式实现企业和学校双赢。目前，招收学生达 200 余人。

二、问题：合作动力不足、层次不够深入

虽然目前我省已有较多形式的校企合作模式，但从实际效果来看，大多校企合作只是停留在较浅层面，校企合作中依然有许多不完善之处，存在着许多亟待解决的问题，现结合学校、企业、政府三者来分析。

（一）合作动力不足，出现校"热"企"冷"现象

我国优质的大中专院校较多，但优秀职业教育学院和职业教育专业较少，企业与各大中专院校合作动力不足。学校专业设置与企业生产实际存在严重脱节，学校教学内容的发展变化严重落后于企业生产技术的变化，部分高职院校培养的学生与企业所需要的人才脱节，企业对高职院校培养的学生不够认可。校"热"企"冷"的现象在高职校企合作中普遍存在。比如，江西工程学校有一个关于钻探专业的国家级大师工作室，因为用工单位对钻探专业技术人员要求本科学历，而导致毕业生能去到好企业的机会大大降低，最终招生萎缩，该国际级大师工作室被取消。同时，真正有能力、有精力参与企业技术研发的院校教师非常有限，导致很少有企业向院校招标应用技术研发项目。当前专业教师很难有较长的周期深入企业现场并担任实职，企业也不愿意将关键技术岗位交给院校教师，企业培养教师的作用无法有效地发挥。

（二）合作层次不够深入，存在形式化

合作协议多，实质合作少。为了满足教育部门对高职校企合作的要求，或为了应付一些评估检查，抑或为了招生宣传需要，院校一般都会与企业签订多份校企合作协议，然而这些协议很少能落到实处。比如，新余市部分企业反映一些订单班、冠名班学生毕业后不前往签约企业就业，而签约留下来就业的毕业生也大多做不长久。而部分高校反映订单班、冠名班在实际授课及毕业实

习等方面虽然侧重于本地企业，但学生普遍存在到大城市打拼发展的想法，校企双方合作积极性不高。据了解，2020 年至 2022 年新余市各高校订单班开设均有所减少，目前已有部分院校停开订单班、冠名班。

（三）校企合作各方面体系不完善

校企双方特别是企业缺乏高职人才培训、教学管理、专业建设、课程建设、师资队伍建设等方面的合作管理制度。企业以追求最大利益产出为目的，意识不到校企合作人才培养与自身长远发展的密切关系，甚至认为校企合作是企业的负担，大多数企业没有成立正式的合作部门、更没有建立相应的管理制度。从政府层面看，政府对校企合作各项保障制度不够到位，难以把校企合作培养项目的实施放到地区人力资源建设的高度。相应的校企合作奖励、配套经费等不能达到需求，高职院校办学经费中用于校企合作的比例也比较低，校企合作经费得不到保障。

三、建议：变革模式、完善机制实现优势互补

目前，各大中专院校正在开展高校书记校长访企拓岗促就业专项行动，为校企携手助就业起到积极作用。深化校企合作助推高质量就业，需要更新就业观念、变革培养模式，深化产教融合，以政府"搭好台"，推动形成"双向发力"的全方位机制，为人才培养和就业提供支撑。

（一）进行教学模式改革，顺应国家高技能人才培养的要求和趋势

把学生到企业进行工学结合课题实训纳入教学体系，建立一批稳定的实训基地。一方面要"请进来"，把企业的设备、技术、师资、产品请进来，变企业的这些资源为学校所用，实现把工厂搬进学校的目的。另一方面要"走出去"，继续推进学生到企业进行课题实训、教师进企业轮训，实现把学校搬到工厂的目的。

（二）在高校和企业、政府成立校企合作部门，破除合作壁垒建立利益共同体

各级政府应结合区域经济发展和产业结构调整，统筹区域内相关企业和

高等院校建立校企合作平台。在企业，可以建立由企业技术骨干、工程师与管理者组成的专业及课程开发指导委员会。高校与企业建立合作关系之前，可先与企业的高级人才建立合作关系。同时，高校要积极探索市场化导向的人才培养模式，挖掘和企业的共同利益，提高企业参与的积极性。

（三）发挥企业的重要主体作用，建立校企合作长效机制

校企双方要实现深入持久的合作，建立长效机制，必须解决如何让企业充分发挥校企合作重要主体作用这一瓶颈问题。要结合学校、企业各自资源优势，以"共建、共享、共赢"为目标，找准利益结合点，建立师资共培、人才共育、资源共享、集团共建的长效合作机制。

当下，各大中专院校正在找准校企合作的关键着力点和利益共同点，利用师资优势帮助企业解难题、服务企业技术发展需求，让产教融合不仅"有温度"，也"有深度"。在高校全力探索以不同学科、不同专业需要对接不同行业的企业的同时，企业也需要在众多不同层次高校中寻找适合的"搭档"。政府应整合多方需求，建立合作库，分类汇总，促进校企精准匹配。

推进陶瓷文化传承创新
让千年瓷都全面迸发新的生机与活力

——推进景德镇陶瓷文化传承创新的调研与思考

省委党校第 9 期省直处干班第三调研组*

陶瓷文化是中华文化一颗璀璨的明珠，是推动中外文化交流一张亮丽的名片，景德镇更是享誉世界的千年瓷都。习近平总书记指出，要坚持守正创新，以守正创新的正气和锐气，赓续历史文脉、谱写当代华章。省委书记尹弘强调，要高质量建设景德镇国家陶瓷文化传承创新试验区（以下简称试验区），让千年瓷都全面迸发新的生机与活力。为此，调研组深入景德镇进行实地调研，研究分析推进景德镇陶瓷文化传承创新的有益探索、问题瓶颈，并提出相关对策和建议。

一、景德镇陶瓷文化传承创新发展的有益探索

（一）以御窑遗址为核心，推进陶瓷文化保护

景德镇先后制定并出台了《景德镇市陶瓷文化传承创新条例》《景德镇御窑遗址申报世界文化遗产三年行动计划及任务分工表（2021—2023 年）》《景德镇大遗址保护利用片区总体规划》《景德镇陶瓷文化遗产认定及保护管理办

---

* 调研组成员：王　玲　蔡婉云　梁小芳　赵　薇　倪　华　陈海龙　毛开正　邓　静
　　　　　　高　原　郑永明
　　执　笔　人：蔡婉云　梁小芳　赵　薇

法》等。2015年启动御窑遗址世界遗产申报工作，2017年御窑遗址列入世界遗产预备名录。创建陶瓷文化生态保护实验区，成立景德镇市非遗协会，非遗馆建成开馆，手工制瓷技艺获批联合国教科文组织非遗项目，建立了非遗项目数据库。截至2022年底，全省有国家（省）级非遗生产性保护示范基地9家，非遗保护名录26项，国家（省）级以上代表性传承人190人，市级以上非遗传承人2100人。

（二）加强人才队伍建设，推动陶瓷技艺传承创新

出台了《景德镇陶瓷领域专业技术、技能人才分类管理办法（试行）》，在工程技术职称系列下直接设置陶瓷工程专业，并获全省陶瓷材料、陶瓷机电、陶瓷检测等高级职称评审工作授权；设立景德镇陶瓷技师学院，新建景德镇艺术职业大学；实施艺徒制度、代表性传承人制度，培育新时代大国工匠。与72个国家180多个城市建立友好联系，吸引5000多名"洋景漂"在景德镇创新创业。陶溪川邑空间"双创"平台累计服务"景漂"创客2.1万名，孵化创业实体3683个，扶持注册中小微企业1800余家，带动上下游就业超过11万人。

（三）加强知识产权保护，护航瓷都品牌

设立"景德镇陶瓷知识产权联盟维权保护金"和知识产权"一站式"公共服务窗口，全国首创"专利牵手非遗"。以展览会、交易会、批发市场、旅游景区为重点，持续开展陶瓷知识产权执法专项行动，切实解决陶瓷知识产权维权举证难、周期长、成本高等问题。2022年11月8日，发布了"景德镇制"区域品牌系列标准、形象标识及宣传口号，出台日用硬质瓷器标准，开创了景德镇陶瓷现代化品牌建设的新纪元。

（四）以陶瓷为立市之本，推动产业转型升级

一是坚持主攻先进陶瓷，进一步做大日用陶瓷、做精艺术陶瓷。2022年，景德镇陶瓷工业总产值665.37亿元，同比增长28.95%；规模以上陶瓷企业203家，同比增长45%；陶瓷出口5.16亿元，同比增长148%，其中艺术瓷出口5543万元，同比增长89%。二是围绕陶瓷文化创新发展旅游产业。大力发展陶瓷历史文化游和研学游等，以"夜珠山"为代表的夜市经济快速发展，"夜珠山"消费带收入约占景德镇市文旅消费收入的30%。2022年，全市接待国内外游客

4466.69 万人次，旅游总收入达 362.96 亿元。

二、推进景德镇陶瓷文化传承创新面临的问题瓶颈

（一）陶瓷文化保护开发利用不够

部分博物馆陶瓷文化挖掘不充分，仍局限于文物展现，对传统技艺介绍不深，作品"背后的故事"介绍不足，文创作品形式不够丰富。线上博物馆传播渠道经营不足，展示形式单一，没有结合不同平台传播特点和受众人群进行针对性宣传，线上小程序功能单一，服务还处于初级阶段，观众黏性低。大量"保险柜里"的私人博物馆利用率不高。

（二）陶瓷文化传承创新后劲不足

从事传统陶瓷产业的人越来越少，年纪较大的老辈工匠即将退休，年轻人不愿学习艰苦的传统陶瓷技艺。高校培养的传统技艺人才与实际传统技艺需求还存在差距，成为熟练陶瓷工匠仍需较长时间。过于注重仿古、仿名窑、仿名家的陶瓷产品，不利于传承创新。陶瓷直播带货受头部效应影响，为追求利润最大化可能大量引入机械化、批量化生产方式，手工作坊的生存空间将被挤压，传统制瓷工艺和手工技能面临失传，真正具有高水平制瓷技艺和创作能力的陶瓷艺术家越来越少。

（三）陶瓷文化国际传播模式不多

陶瓷文化艺术演艺精品不多，尤其是用于国际文化交流的陶瓷文化演艺精品更少，优秀陶瓷文化艺术演艺创作人才缺乏。开展国际对外交流时，多停留于景德镇陶瓷成品上，对展现景德镇陶瓷历史文化内涵，将悠久历史文化与"一带一路"国家和地区文化及思想融合在一起，传播中华文化，讲好中国故事等方面挖掘不足。

三、高质量推进景德镇陶瓷文化传承创新的对策建议

（一）创新传播模式，让景德镇陶瓷文化"热起来"

一是创新内容表达方式，提升线上陶瓷博物馆展示体验感。少用线上体

验感差的图文浏览模式，多用纪录片、短视频、3D动漫等直观体验性强的方式，全方位生动地展示景德镇瓷器、陶瓷背后的故事以及制作陶瓷的工艺，弘扬景德镇陶瓷与时俱进、变革创新的精神。二是拓展陶瓷文创产品种类，提升博物馆文化再生功能。抓住景德镇陶瓷文化中青花、玲珑、粉彩及各时期古瓷特点等独有特色元素融入各类文创产品中，开发类似河南博物馆"文创卷纸"、国家博物馆"击鼓说唱俑"雪糕、故宫博物院"来自故宫的礼物"等受年轻人追捧的文创产品，让景德镇千年陶瓷历史被更多人了解和喜爱。三是鼓励公立博物馆与民间博物馆开展合作交流，促进民间博物馆专业化、规范化发展，在条件允许的情况下可以合作建馆，推动资源优化配置。

（二）加强陶瓷技艺保护与传承，让景德镇陶瓷文化"活起来"

一是提高对陶瓷技艺保护与传承的重视。围绕景德镇72道制瓷工序，制作陶瓷技艺非遗纪录片，在电视、微信、抖音、哔哩哔哩等各种媒体上播放，吸引年轻群体成为传播推广非遗的主力军。二是开通线上数字展览馆和非遗官方直播平台，带动非遗文创产品发展，促进代表性传承人以更加高涨的热情投入到非物质文化遗产保护和传承工作中。三是增强本地高校对陶瓷技艺传承的人才支撑。在专业设置上科学对接陶瓷全产业链，构建"做中学、学中研、研中创"的全链条非遗双创人才培养模式，将课堂、非遗传承班、非遗社团、孵化园、大赛、企业等场所融为一体，通过课堂学习创新创业公共课、非遗传承班学习非遗技艺、社团打磨技艺、孵化园设计研发产品、大赛实践检验等，培养符合实际需求的陶瓷技艺人才。

（三）筑牢品牌优势，让景德镇陶瓷文化"响起来"

一是坚持"传统技艺＋手作"。在现有"景德镇制"品牌基础上，针对景德镇手作要素，再打造一个高端品牌——精品手作陶瓷，邀请专业团队设计和策划，注重精品、限制数量，讲好陶瓷背后的故事，提升其附加值，促进手工陶瓷业坚守初心。建立景德镇陶瓷跨界研究院，促进手工陶瓷业不断创新。二是建立景德镇陶瓷品牌动态培训计划。定期邀请国内顶级营销、品牌、管理专家，针对陶瓷企业老总、管理层展开培训，全面提升景德镇陶瓷企业的品牌营销能力。建立优质陶瓷企业项目库，重点扶持，形成景德镇陶瓷发展振兴的"中坚力量"。三是运用现代科技手段强化知识版权保护。加快建立景德镇陶瓷业大数据中心，实现生产、防伪、销售、追溯一体化数据平台，在现有版权保护工作开展的基础上，运用区块链等新手段新技术，动态跟踪、动态服务，为景德镇陶瓷植入"智慧大脑"，促进对景德镇陶瓷原产地和非遗创新的保护。四是发挥行业引导的作用，积极争取牵头编制符合我国国情的陶瓷标准，陶瓷产业标准、陶瓷艺术标准，争取参与国际陶瓷相关标准的制定等。

（四）精心打造世界瓷都名片，让景德镇陶瓷历史文化"走出去"

一是精心设计千年瓷都城市IP。将千年陶瓷历史文化精髓融入城市名片（包括城市形象标识LOGO等）设计，打造景德镇独一无二的城市名片，邀请知名旅游博主、网红主播等大力宣传、解读城市名片；将AI技术与陶瓷结合，精心制作"陶瓷会说话""跨越千年的对话"等视频，还原展现传统制瓷技艺场景、制瓷过程、人文内涵，通过海内外媒体矩阵以及城市户外等宣传，让更多人了解和记住景德镇陶瓷历史文化。二是打造一批景德镇陶瓷文艺精品。打破编制和薪酬的限制，大力培育引进优秀文艺创作者，以景德镇陶瓷发展历史、工匠精神为系列主题，精心打造一批大型情景式歌舞剧、纪录片、电视、电影等作品，为景德镇陶瓷旅游注入新场景、新亮点。三是向世界讲好景德镇陶瓷文化故事。海外宣传中，注重结合语言、生活习惯、宗教信仰等差异，找准共同点，与外国人一同讲好陶瓷故事和中国故事。一方面做好通过"外眼"讲述中国故事，让"洋景漂"现身讲述在景德镇追求陶艺梦想的真实生活、难忘感受、生活经历，让更多的外国人了解和喜欢中国陶瓷文化。另一方面，本地高校要加强国际文化交流意识，设置陶瓷文化传播课程，讲好景德镇陶瓷文化故事。加强与国外院校的联系与合作，推进合作办学、师生交流、工作营等合作交流项目，促进更多国际陶瓷合作项目落地景德镇。

深化中职院校产教融合 赋能区域特色产业高质量发展

——关于宜春市中职教育和锂电产业产教融合的调研与思考

省委党校第 5 期省直青干班第一调研组 *

习近平总书记指出，职业教育与经济社会发展紧密相连，对促进就业创业、助力经济社会发展、增进人民福祉具有重要意义。新《职业教育法》明确了职业教育培养模式要坚持产教融合、校企合作。2023 年"深化产教融合，推进职业和技工教育"列为省深改组重点工作。一方面是国家、省级层面高度重视职业教育产教融合工作，另一方面是我省职业教育特别是中职教育产教融合尚处于"浅层合作"模式，发展动力不足。为找准中职院校与区域特色产业的产教融合中存在的问题，形成对策建议，近日调研组赴宜春市开展了中职院校和锂电产业发展的产教融合情况调研。具体情况如下：

一、宜春市中职教育产教融合发展现状

近年来，宜春市高度重视职业教育产教融合工作，建立完善六部门协同的产教融合工作推进机制，2023 年全市产教融合型企业 8 家，其中省级产教融合型企业 3 家，14 所中职院校已与 73 家企业开展校企合作，参与学生

---

* 调研组成员：张 捷 尹 健 吴 悠 汪睿超 杨 林 谢国平 朱黎阳 张 萤
　　　　　　肖佩佩 向军波
执 笔 人：张 捷 尹 健
指导老师：杨 伦 赵 松

11783 人。宜春市中职院校中均开设了锂电新能源、化工分析检测、储能、新能源汽车类等专业。其中宁德时代、江西国轩、合众汽车等锂电产业头部企业也与中职院校建立了形式多样的产教融合机制，整体产教融合工作取得了一定成效。

（一）产教融合模式不断创新

产教融合模式是实现学校和企业联动发展的基础。在校企合作对接方面，通过创新校企联合设计课程和教材、打造"校中企"车间、建设实践中心、共同申报攻关项目和课题等举措，突破以往"奖学金"和"定期宣讲"等简单模式，发展为"产业学院""订单班""新型学徒制"等多种新型模式。如，江西国轩公司和宜春职业技术学院开设"国轩产业学院"，通过联合开发教材，建立"实训车间"，让更多在校中职学生实现了"在校即实习，毕业即就业"。目前，宜春市中职院校与企业共建"产业学院""订单班"等31个，与25家企业建立了现代学徒制合作关系。

（二）学校办学能力不断完善

随着产教融合的持续推进，促使职业院校依托市场定位，与企业联合制定专业教学课程，实现"一企一课程"，提高教学内容与岗位需求的匹配度。如，合众汽车和宜春工业技工学校设立"合众实训室"，企业工程师在校设定和教授专业课程。同时，依据省级"双师型"教师考评方案，结合学校产教融合实际情况，制定针对性措施，组织企业工程师和学校"双向实训"，从而提高"双师型"教师比例，全市中职院校教师"双师型"占比达到30%。

（三）就读学生获得感不断增强

产教融合在帮助学生就业，增强学生获得感，提高毕业生留赣留宜率上的作用发挥愈加明显。近年来，举办省、市级中职院校才艺大赛、技能大赛成为职业教育产教融合常态化举措。2022年宜春市职业院校共获国家技能竞赛三等奖以上9个，省级技能竞赛三等奖以上43个，获奖学生被各大企业"哄抢"。宜春市通过加强职业院校实习就业岗位、薪资待遇保障等方面指导，锂电企业中职学生工资远高于当地工人平均工资，中职院校留宜留赣率均在80%

以上。同时，实施中高职五年贯通培养模式，中职学生搭乘"产教融合"双翼，实现学历教育再提升。目前宜春市中职学生升学率约60%，产教融合推动职业院校人才培养提质升级，让学生获得感不断增强。

二、宜春市中职教育产教融合发展存在的主要问题

从调研情况来看，中职教育产教融合整体呈现出"校热企冷学生无所谓"的现状。同时，一些区域特色产业由于转型升级，新问题也在突发。如，当前宜春市锂电产业多数企业面临转型升级"阵痛期"，企业为节约成本中断或延迟与中职院校开展产教融合。

一是政府统筹和协调力度有待加强。产教融合中起主导作用的是政府。政府部门缺乏统筹规划，在推动区域特色产业和职业教育资源互补、良性互动等方面作用发挥不充分。如，锂电产业作为宜春市的重要产业，在本科、高职、中职三个层次人才培养上还是以学校为单元各自为政，造成产教融合"合而不深"。同时，产教融合缺少协调发展机制。如，发改、工信等非教育主管部门对吸引优质企业积极参与产教融合的政策引导和激励不够。职业教育重要性缺少引导和宣传，社会对职业教育存在偏见，学生对产教融合带来的就业优势"视而不见"。

二是中职院校办学能力有待提升。目前宜春市乃至全省中职院校均存在"小、弱、散"现象，教育部门职业学校与人社部门技工学校之间、职业院校与行业企业之间，在师资交流、实训互通等方面资源未能有效整合。在专业设置上还不够科学，盲目追求开设"热门"专业。如，宜春市中职院校开设新能源制造、化工分析检测等专业的课程，但此类专业中职毕业生就业市场竞争力明显低于其他高学历学生，反而以往机械制造、模具数控等优质中职专业毕业生，企业更愿意招聘。中职教育"双师型"教师培养力度不够，与全省要求占比50%的目标，还有一定差距。

三是企业参与积极性有待激发。在中国制造转为"中国智造"产业转型升级进程中，出于成本考虑，企业在产教融合发展中容易打"退堂鼓"。如，

宜春市锂电产业除少数头部企业外，绝大多数企业主动参与产教融合的积极性都不高，同时头部企业更加注重学历，认为中职教育产教融合投入和产出不成正比，企业大成本投入产教融合，相比之下去其他企业挖人成本更低以及中职毕业生心理不成熟，不适应企业工作环境等因素，"校热企冷"的现象较为普遍，甚至部分企业中断与中职教育产教融合，更倾向于与高职和本科院校合作。

三、进一步深化我省中职产教融合发展的对策建议

为紧密职业教育产教融合机制，赋能江西特色和优势产业发展，坚持问题导向，调研组提出以下工作建议。

（一）聚焦政策保障水平，夯实产教融合发展基础

一是加强规划统筹。各级政府应结合区域经济发展和特色产业结构调整，大力推进产教融合试点校企建设。制定出台产教融合发展规划，科学设计本科、高职和中职院校产教融合发展模式、发展目标和规模。参照中小学教育集团模式，以设区市为主统筹中等职业学校布局，推进中等职业学校达标建设，整合办学资源，提升办学能力。二是建立产教融合信息对接平台。定期更新政府、企业、院校的相关激励政策、企业人力资源需求和院校毕业生源等信息，实现信息对称与资源共享，打破政府、学校和企业沟通的屏障。三是创新推动职普融通。建立健全普通高中和中等职业学校合作互动机制，让学生可结合自身实际及意愿，选择更适合的发展方向和更高质量的教育。四是建立产教融合容错机制。在产权、股份、收益等方面以清单方式明确列出产教融合中禁止和限制的行为，消除壁垒，鼓励学校和企业探索产教融合新模式，充分释放产教融合的活力。

（二）聚焦关键办学能力，增强产教融合发展动力

一是加强专业设置动态调整。职业院校要准确掌握区域特色产业发展动态，实施专业布局动态调整机制，大力发展特色产业所需的稳定性、基础性专业，做好专业质量评价、预警调控，形成紧密对接产业链的专业体系。二是加

强"双师型"教师队伍建设。实行"双渠道"专业教师招聘制度，努力建设以专任教师为主体、专兼职相结合的教师队伍，推动学校采取政府购买服务的方式，按在编教师的薪酬标准自主招聘部分专业教师。三是加强学生工匠精神教育。工匠精神是职业院校的灵魂，职业院校要加强校园文化建设，把工匠精神文化潜移默化地穿插在课程建设中，培养中职院校学生务实肯干、坚持不懈的精神追求，不断增强学生的职业自信，使之能够快速融入产业发展。

（三）聚焦外部环境营造，提升产教融合发展效能

一是营造职业教育发展的良好氛围。加强职业技能竞赛、职业大师工匠工作室建设。办好职业教育活动周，利用"五一"节、教师节等重要节日加大对职业教育的宣传力度，挖掘和宣传职业教育人才成长的典型事迹。推出一批具有影响力的职业教育传播作品，营造全社会重视技能技术，尊重技能人才的良好氛围。二是建立产教融合监督体系。建立产教融合政策执行监督体系，激发产教各方主动作为、协同配合。以职业学校综合考核为抓手，定期对各级政府产教融合政策的落实情况进行监督。把"新增教育经费向职业教育倾斜"等情况纳入督导评价。三是降低企业产教融合成本。产教融合较好的企业要发挥典型示范作用和社会效益，配合政府和学校做好产教融合试点工作。积极探索"校中企"的模式投资建设的实训基地，让实训基地成为企业的"校内车间"，企业在校即可获得经济效益，学生也能获得实惠补贴，从而不断提高企业的参与度，增强产教融合的效能。

用好用活红色资源　着力增强主题教育的穿透力和感染力

省委党校第 6 期全省高校处干班第二调研组[*]

江西是一片红土圣地，红色文化厚重，是"一座没有围墙的博物馆"。省委书记尹弘在全省主题教育动员大会上提出，"要用好用活红色资源，着力增强主题教育的穿透力和感染力"。为深入学习贯彻习近平新时代中国特色社会主义思想主题教育，用好用活红色资源，展现江西高校主题教育的鲜明特色，第 6 期全省高校处干班第二调研组深入南昌、吉安等地高校，通过实地调研、线上调查等方式了解了我省高校将红色资源融入主题教育的情况，形成如下调研报告。

一、江西高校利用红色资源开展主题教育的主要做法

（一）打造"红色研学课堂"

开展主题教育要真学、深学、勤学、善学，弄清楚为何学、学什么、怎么学，深刻感悟习近平新时代中国特色社会主义思想的真理力量和实践伟力，并用来指导实践，让主题教育真正"落地生根"，发挥实效。调研发现，有红色资源的教育比没有红色资源的教育，有看得见、摸得着、可联系、可联想的

[*] 调研组成员：吴光明　李寿锋　汪金龙　王义华　黄赣生　肖　晓　余志伟　周婧菲
　　　　　　　徐　斯　陈立涛
　执　笔　人：吴光明　李寿锋　汪金龙
　指 导 老 师：王　芳

优势，能够起到教育见效快、印象深、收获大的作用，效果更好。比如，南昌大学党委开展"沿着总书记视察南昌大学足迹重温重要讲话精神"特色主题党日活动就取得了良好的效果。省内其他高校举办的校内各级主题教育读书班也纷纷走进江西革命烈士纪念堂、小平小道陈列馆、方志敏烈士纪念馆等红色场所，通过现场学习，引导广大党员干部深刻领悟"两个确立"的决定性意义，不断增强做到"两个维护"的思想自觉、政治自觉、行动自觉。

（二）运用本地本校"红色资源"

江西科技师范大学把建军精神融入学校内涵建设，全面推进学校主题教育。赣南师范大学弘扬寻乌调查的优良传统，推动学校高质量发展。萍乡学院立足安源红色文化，全面推进学校事业发展。上饶师范学院大力弘扬方志敏精神，推动主题教育各项任务落细落实。九江职业技术学院注重用好用活"九八抗洪纪念馆""修水秋收起义纪念馆"等红色资源，融合提升学习效果。

（三）塑造"红色思政品牌"

一堂好的思政课需要合适的、恰到好处的宣传形式，才能够充分地发挥其优势及作用。调研发现，省内高校积极弘扬红色文化特色，打造"红色思政品牌"，以青年喜闻乐见的生动形式，推动青年大学生学习习近平新时代中国特色社会主义思想入脑入心。南昌大学将党史国史融入舞台剧中，推出艺术思政大课"青春里的歌"，用艺术之美点亮"思政课堂"。江西师范大学积极利用本校红色文化教育馆开展思想政治理论课教学，打造红色讲堂。南昌航空大学组织红色短剧、红色讲坛、红色故事会、红色经典诵读等进课堂，传承好红色文化基因。井冈山大学举办了"学习新思想·奋斗新青年"映山红青年艺术思政课和"传承井冈山精神培育时代新人"全省高校红色运动会。

（四）创新社会实践

江西高校积极将红色教育与江西经济社会发展相结合，传承红色基因。比如，井冈山大学结合主题教育要求，改造提升在国内已演出260余场的音乐舞蹈史诗《井冈山》。主题教育开展以来，先后在江西省委党校、中国井冈山干部学院进行演出，反响强烈。江西师范大学、江西财经大学、华东交通大学等省内多所高校成功入选 2023 年全国大学生井冈山精神志愿宣讲团。宣讲团深入校园、农村、社区、企业、机关、网络等，广泛开展有特色、接地气的互动式宣讲活动，在服务社会中做红色基因的传承者。

二、江西高校利用红色资源开展主题教育存在的不足

（一）江西本土红色资源"富矿"深挖不够

调研发现，在主题教育过程中，向受众传播历史史实时，停留在对历史与事件的讲述层面较多，未能将史料转化为生动感人的故事。或者虽然利用故事的形式传播给受众，但是对于红色文化资源所蕴含的新时代价值挖掘远远不够。比如，如何结合新时代中国特色社会主义的时代背景、学习贯彻党的二十大精神、这次主题教育的主要目标任务，大力弘扬革命传统，使红色资源在主题教育中产生应有的效果等方面还有不少提升空间。

（二）把江西红色资源融入主题教育的全过程还不够

这次主题教育不划阶段、不分环节，要把理论学习、调查研究、推动发展、检视整改贯通起来，有机融合、一体推进。调研发现，在主题教育过程中，省内一些高校在理论学习和开展思想政治工作方面利用红色资源较多，但在调查研究、推动发展、检视整改方面利用红色资源仍明显不足。如何健全融入渗透机制，把江西红色资源融入主题教育的全过程，力求取得综合性整体效果，让党员干部在润物无声和日积月累中感受红色资源和红色精神的影响力和震撼力是关键。

（三）在主题教育中运用江西红色资源的针对性还不强

在中共中央颁发的《关于在全党深入开展学习贯彻习近平新时代中国特色社会主义思想主题教育的意见》全文中，"问题"一词出现了 33 处，"难题"一词出现了 3 处。坚持问题意识才能增强这次主题教育的针对性、指导性、实效性。省内一些高校在利用红色资源开展主题教育的过程中，还需进一步增强问题意识。比如，省属高校层次、水平、特色存在差别，高校内部不同层级、不同岗位党员干部的需求不同，如何依托江西红色资源开发主题明确、逻辑清

晰、结构合理、务实管用的党性教育系列课程仍有较大空间。

三、江西高校利用红色资源开展主题教育的对策建议

（一）强化政治引领

聚焦深化主题教育，深入学习习近平总书记关于红色基因传承、坚定理想信念、提升道德修养、加强党性锻炼、加强党的作风建设等重要论述，进一步挖掘江西红色资源与习近平新时代中国特色社会主义思想的内在联系，努力讲好党的故事、革命的故事，教育引导广大师生知史爱党、知史爱国，在历史和现实的对照中，增强政治认同、思想认同、理论认同、情感认同，让革命老区对党忠诚的红色基因代代相传。比如，中央苏区时期，苏维埃政府建立了代表会议制度、巡视制度、检察制度，建立了一套行之有效的监督体系。江西党史上这些鲜活生动的案例，具有很强的教育性、示范性、引领性，为当前进一步推进全面从严治党、加强党的作风建设，推进党的自我革命提供了历史镜鉴。

（二）打造红色文化教育新体系

制定高校利用红色资源开展主题教育工作计划，加强对相关工作的组织领导和统筹协调。牢牢把握"学思想、强党性、重实践、建新功"的总要求，将红色教育贯穿不同学段课程设计全过程，推出与主题教育紧密结合的红色教育课程体系。同时，在开发全新的高校思想政治教育方式的过程中，完成从红色资源优势到教学内容优势的转化，在思想政治理论教学体系中融入丰富的红色资源。在全校范围内遴选政治素质好、理论水平高、表达能力强的优秀师生，组建红色文化教育教师队伍，加强培养培训和实践锻炼。注重红色教学基地、社会实践基地建设，注重体验课程开发，广泛开展红色研学和红色走读活动，让大学生在实地体验中感悟红色革命历史，精神层面得到升华，道德素养得到提升，精神力量得以增强。

（三）丰富红色文化教育形式

根据不同的环境和受众，利用专题、现场、访谈、情景等多种模式，以

丰富的史料向广大师生展示红色文化的魅力，切实增强教育的时代性、针对性，穿透力和感染力，让红色文化直抵人心。不断推出原创校园红色文化作品，通过"唱、读、讲、传"等红色文化活动，加强校园红色文化建设，引导高校广大师生不断从革命精神中汲取智慧和力量，坚定理想信念，补足精神之"钙"，筑牢思想之"魂"。

（四）创新红色文化宣传方式

利用美术学、设计学等学科优势，加强红色文化创意产品的开发推广，设计开发集历史记忆、区域特色于一体的红色资源衍生产品。把握好宣传主渠道和主阵地，用好用活学校网站、主题教育宣传网站、学习强国、微信公众号等媒介，充分发挥融媒体优势，强化"科技＋红色教育"的新模式探索，借助VR、AR 等技术，扩大宣传渠道、拓展宣传方式，提高主题教育的针对性和实效性。结合思政、VR、传媒和动漫等学科优势，建设独具特色的红色文化教育馆，致力弘扬红色精神、传承红色文化、赓续红色基因。加强与中央、省级媒体合作，整合利用媒体资源，开辟高校红色文化教育栏目。制作一批红色文化教育推介片，在公共场所展示。

（五）打造红色文化教育主题品牌

全力打造红色文化教育高地，做大做强红色文化教育主题品牌，是江西高校推动全国红色基因传承示范区建设、彰显主题教育特色的重要路径。积极争取由省委宣传部、省委党史研究室牵头，吸纳组织、宣传、党校、高校、社科研究机构及红色场馆有关专家，组建红色文化研究智库，开展课题研讨、成果发布、精神宣讲等活动，打造高校红色文化教育主题品牌。进一步挖掘红色资源，深化红色文化重大课题研究。比如，中央红军长征后南方三年游击战争、赣东北革命根据地、三湾改编、寻乌调查、兴国调查等红色资源，有待进一步挖掘梳理。

深化"产教人"融合　加快传统产业改造升级

——共青城"研究院＋人才集团＋产业园"赋能纺织服装产业的调研与思考

廖清成　曾　光　郭金丰[*]

习近平总书记在江西考察时强调，要"加快传统产业改造升级"。近年来，共青城市积极探索"研究院＋人才集团＋产业园"赋能纺织服装产业高质量发展之路，为我省县域经济和传统产业改造升级提供了"产教人"融合发展的样板，值得总结推广。

一、共青城探索"研究院＋人才集团＋产业园"融合模式推动纺织服装产业转型升级的主要做法

近年来，共青城市聚焦纺织服装首位产业，深化"产教人"融合发展，加快纺织服装产业改造升级，荣获"中国羽绒服装名城""中国纺织产业集群试点地区""国家新型工业化纺织服装产业示范基地"等荣誉。目前，全市共有纺织服装企业400多家，其中规上企业86家，从业人员3万多人。2022年纺织服装产业实现主营业务收入222.4亿元，实现利润总额23.47亿元。

---

* 廖清成　省委党校一级巡视员、教授
　曾　光　省委党校江西经济社会发展战略研究所副所长、副研究员
　郭金丰　省委党校江西经济社会发展战略研究所所长、教授

（一）围绕产业链部署创新链，组建产业"研究院"

积极对接"中字头"院所、"双一流"高校、"领军型"企业，按照"有独立机构、有领军人才、有专职团队、有固定场地、有稳定投入、有重点项目"的"六有"标准，采取"政院企"共建、独立法人运营、引进院所主管的方式共建产业研究院。与中国纺织科学研究院成立中纺院共青分院，按事业单位分设和运行。与武汉纺织大学成立武汉纺织大学共青城纺织服装产业研究院（以下简称武纺大研究院），以中国工程院院士徐卫林为产业技术总顾问、武汉纺织大学30余名研究生团队全职驻院，组建了从材料、纺织、印染、计算机大数据、艺术设计、服装设计等跨学科技术团队，探索形成了以"前院孵化项目，后院转化成果"的聚合发展路径，已建成服装设计、成果展示、新材料实验三个中心，每季度举办羽绒服装设计新品发布会。

（二）围绕创新链汇聚人才链，成立人才发展集团

2022年3月，率先在全省组建共青城市人才发展集团有限公司，按照"政府主导、市场运作、企业运营"模式，打造"城市HR"。一是开展"访企问需解难"行动。绘制产业发展、企业创新两类技术和人才"需求图"，建立人才供需云端"数据库"和"云上引才中心"，通过高校人才定向推送、企业云招聘、直播云带岗、引才云宣讲等方式，实现人才供需精准匹配。二是打造"红林"公益服务品牌。2023年"红林青招云引未来"云直播带岗为纺织服装企业线上揽才100余人，开展"红林青勉"技能培训、读书会等。三是打造高品质"人才服务窗口"。设立人才服务专员、专网、专窗、专卡、专策，建设人才"掌上"全链智能服务体系，推动人才关键小事"一掌通办"，人才引进、创业、就业、服务等"智配直享"。

（三）围绕产业链升级数字链，搭建产业数字化平台

围绕鸭鸭羽绒服装头部企业，武纺大研究院建立一系列羽绒服装数字化转型升级平台。一是建立羽绒指数中心，构建定量及定性的海量数据，帮助企业精准化市场研发、设计、生产、销售以及进行评估、验证预测。二是建立原创服装设计数据库，以中国传统文化为基础，通过科技、文化、艺术赋能设

计，已完成原创服装设计 600 余款，成为江西省纺织服装科技创新联合体的重要力量。三是建设海量数字化服装版型数据库，主要包括服装款式、号型规格、面料和样板等数据库。四是建立品牌孵化中心，根据市场需求进行受众群体细化，培育了"青绒"系列品牌矩阵，拓展四季常服产业链条。

（四）围绕价值链拓展营销链，打造产教融合示范区

武纺大研究院与江西师大科技学院服装学院、南昌大学共青学院等驻地高校合作成立数字营销实训基地，推动本地高校人才由学习型向实用型人才转化。人才集团与江西奥博特、江西旭东、九江雅慕、共青城春蕾等龙头企业围绕服装品牌、原创设计、生产技术和电商销售等方面开展战略合作，共建纺织服装实训中心、销售中心和校企共享平台，打造产教融合示范区。

二、我省纺织服装产业改造升级面临的突出问题

尽管共青城市初步探索了一条"产教人"融合发展之路，但总体而言我省纺织服装产业改造升级任重道远，这既有严峻复杂的国际形势环境的冲击影响，也有我省纺织服装产业链供应链自身发展以及产业政策等多方面原因。

（一）产品出口不畅：全球需求走弱和"订单东南飞"

近年来，欧美国家经济不景气以及欧美国家叠加新疆棉禁令、贸易摩擦等影响，我国纺织服装出口订单大量减少。同时，受成本上升、用工难等因素影响，国内大量订单转移至成本更低的越南、印度等国家和地区。多家纺织服装企业反映，新冠疫情期间企业外贸订单逆势增长，但今年下半年以来外贸订单不确定性增加，外贸订单从以前的半年期缩减为三个月甚至一个月。南昌海关数据显示，2023 年前三季度我省纺织纱线、织物及其制品出口 55.05 亿元，同比下降 32.7%；服装出口 173.35 亿元，同比下降 26.4%。

（二）转型动力不足：中小企业数字化转型成本较高，"不愿转""不敢转""不会转"问题普遍

我省大部分纺织服装中小企业普遍存在"不愿转""不敢转""不会转"等突出问题，数字化改造升级步伐减缓。主要原因有：一是中小企业对数字化认

识不深，有的企业满足于现有生产规模和生产方式，有的对数字化改造有安全顾虑。二是数字化改造成本偏高，加之外贸订单减少许多中小企业处于微利或亏损状态，数字化转型的动力和资金不足。三是数字化改造公共服务不健全。目前我省缺少纺织服装产业大脑，数字场景大多停留在浅层次应用等。比如，共青城纺织服装企业400多家，目前只有鸭鸭股份、磊鑫服饰、新邦服饰、雪鸭丫集团等10余家重点企业启动智能化工厂改造。

（三）产教融合不深：企业熟练工紧缺，大学生就业难

一方面，共青城市拥有大中专院校12所，大学生近10万人，是全省青年人口占比最高的县级城市，受国内外严峻复杂经济形势和大学生就业观念等因素影响，今年大学生就业难问题尤为突出。另一方面，纺织服装企业招工难依旧，员工年龄偏大，很难招聘到年轻大学生，特别是一线熟练工人紧缺。调研发现，现在纺织服装企业中年男性员工多起来了。据企业介绍，主要是这几年房地产建筑行业不景气，每周都有建筑行业的农民工来企业找工作。此外，企业间抬高工价挖工人、工人不愿意签订劳动合同等问题，加剧了"用工难、用工贵、工人不稳定"的行业乱象。

（四）整体档次不高：产品以贴牌为主，自主品牌比重偏低

除鸭鸭、良良等少数几个品牌外，我省纺织服装企业以贴牌加工出口经营模式为主，产品附加值偏低，企业盈利空间小，抗风险能力弱。棉纺、化纤仍以常规初加工产品为主，服装家纺自主品牌比重低。比如，南昌青山湖区是国家级纺织服装外贸转型升级基地，区内有纺织服装企业2000余家，产值突破500亿元，但主要以贴牌加工为主，外贸业务占比超80%。共青城市原有5个中国驰名商标，目前只有"鸭鸭""回圆""深傲"在生产、销售和使用。

（五）营商环境不优：产业配套不完善，产业政策缺乏竞争力

省内尚未形成与行业发展配套的成熟专业市场，面辅料、拉链、纽扣等原辅料均需从外省采购；印染产能不足，大部分需运往外省印染；纺织服装产业全省尚未建立产业大脑、供应链平台公司和销售大市场。这些问题造成物流

成本高，新品上线周期长，不利于招商引资延链补链。与兄弟省份相比，我省纺织服装产业扶持政策不具备竞争力，在科技创新、数字化改造、品牌建设、市场拓展、金融服务等方面亟待加强。

三、深化"产教人"融合，加快推进我省纺织服装改造升级的对策建议

（一）把稳定供应链摆在更加突出的位置，加大对纺织服装企业稳内贸外贸的支持力度

"留得青山在，不愁没柴烧。"建议加大对纺织服装企业扩内需稳外贸的支持力度：一是创新纺织服装产品的消费支持政策，将本土纺织服装产品纳入政府消费券支持体系。积极推动外贸企业进社区、进商场、进平台，支持网红直播带货我省纺织服装产品，扩大国内消费市场。二是创新外贸企业"出口转内销"政策，搭建出口产品转内销线上平台，对外贸企业出口转内销的产品按照销售额给予外贸同等支持。三是支持纺织服装企业扩大对外出口。充分利用RCEP、"一带一路"等相关政策，组织企业参加国外各类展会，自主举办全球性展会。加强纺织服装企业跨境电商业务知识和技能培训，鼓励企业通过多类电商平台拓展外贸市场。

（二）聚焦数字化服务平台建设，加快中小型纺织服装企业数字化改造升级步伐

一是加强纺织服装产业基地数字化公共服务平台建设。比如，在武纺大研究院和江西省纺织服装产业创新联合体的基础上组建江西省纺织服装产业大脑，为全省纺织服装产业链提供数字化、智能化、公益性支撑。二是遵循先易后难原则，逐步推进中小企业数字化普及推广工作。遴选1—2家总承包商和若干家服务商，实施"线下轻量化改造+线上SaaS云服务"，梯度打造样本企业，并在同行业快速复制推广。三是优化中小企业数字化改造支持政策。按照"政府补一点，平台让一点，企业出一点"的思路，推动财税政策优化调整，切实降低企业数字化转型成本。

（三）深化校地企合作，夯实纺织服装产业人才链

一是分层级创新组建产教联合体。依托青山湖区、共青城市、于都县等地纺织服装和职业教育资源优势，组建一批由产业园区、行业龙头企业、高等学校和职业院校等牵头的产教联合体，以教促产、以产助教、产教融合、产学合作，推动形成同市场需求相适应、产业结构相匹配的现代职业教育体系。二是建立健全产教联合体实体化运行机制。鼓励支持产教联合体根据运行需要，搭建由政府（园区）、学校、企业、科研机构等多方投入的具有公益性质的法人实体运营平台，因地制宜实行理事会领导下的职业经理人负责制。三是完善多元共育共享人才机制。汇聚产教联合体成员单位特色职业教育资源，共建共享师资队伍、教学资源、产业学院、实训基地等。完善校企合作专业共建机制，采取"校中厂""厂中校"等方式，推动学校人才培养与企业生产运行无缝衔接。

（四）强化科技和文化赋能，提升我省纺织服装品牌张力

一是加强创新平台建设，统筹规划和建设国家和省市级纺织产业创新中心等创新平台。针对制约产业发展的共性关键技术，带头攻坚、制定行业标准。二是以时尚化、高端化、品牌化、国际化发展为主，着力打造总部集聚、加强产品设计、提升产品品质、培育名企名品名区名城、加强品牌推广和消费等。鼓励纺织服装企业与服装设计大师、工艺美术大师合作，发展个性化、订制化、功能化服装。三是推进传统优秀文化传承创新，引导企业融入更多文化创意元素，增强服装产品的文化底蕴和艺术时尚色彩。比如，支持纺织服装企业与景德镇陶瓷艺术紧密结合，创新推出一批具有千年瓷都风韵、走向世界的高端服装产品。

（五）完善产业链链长制，构建"链长＋链主＋链创"融合机制

共青城探索建立的"研究院＋人才集团＋产业园"融合发展模式，是对我省产业链链长制的丰富与拓展。结合广东、湖北、山西等省份产业链链长制发展的最新动态，建议：一是学习借鉴广东、山西等省经验，进一步明确我省"链主"企业的遴选标准、管理办法及考核激励措施，更好地发挥"链主"企

业的引领示范带动作用。二是学习借鉴湖北、江苏等地经验，将"链创"机构纳入产业链链长范畴，统筹谋划"一产一院"和人才发展集团，更好地发挥科创机构在强链补链延链中的重要引领服务功能。三是学习借鉴湖北、重庆等地经验，实施金融链长制，着力补齐金融服务产业链实体经济短板。

推进我省乡镇（街道）党校高质量发展的对策建议

周延飞　支娜娜　蒋克义[*]

乡镇（街道）党校是党校事业的重要组成部分，是离群众最近的党校。新时代加强对农村、街道社区党员的教育培训，事关党中央路线方针政策的贯彻落实和基层党员群众的教育引领。为此，调研组赴永修县、湖口县、庐山市等地开展实地调研，重点对乡镇（街道）党校场地、设施保障、制度建设和特色做法进行分析研判，并提出进一步推进我省乡镇（街道）党校建设的对策建议。

一、加强乡镇（街道）党校建设不仅必要而且重要

据中央组织部《中国共产党党内统计公报》显示，截至 2021 年 12 月 31 日，全国有 29649 个乡镇、114065 个社区（居委会）、491129 个行政村建立了党组织。新时代加强乡镇（街道）党校建设不仅必要而且重要。

（一）中央有要求

加强乡镇（街道）党校建设，有利于深入学习贯彻习近平总书记关于干部教育培训的重要论述、关于党校办学治校系列重要指示精神，落实《中国共产党党员教育管理工作条例》《中国共产党党校（行政学院）工作条例》《中国

* 周延飞　省委党校公共管理学教研部教授
　支娜娜　江西甘祖昌干部学院副教授
　蒋克义　九江市委党校工作科科长

共产党农村基层组织工作条例》《2019—2023 年全国党员教育培训工作规划》等相关规定。《中国共产党农村基层组织工作条例》第八章第三十三条第二款写明："县、乡两级党委应当加强农村党员教育培训，建好用好乡镇党校、党员活动室，注重运用现代信息技术开展党员教育。乡镇党委每年至少对全体党员分期分批集中培训 1 次。"

（二）基层有任务

乡镇（街道）党校是基层党员干部教育体系的重要组成部分，是培训农村、社区党员的主要渠道，也是党在农村、社区的思想理论建设重要阵地。在农村，乡镇党校可以重点围绕贯彻落实习近平总书记关于"三农"工作的重要论述、打赢脱贫攻坚战、实施乡村振兴战略、推进农业农村现代化等开展党员教育培训，实现对农村党员教育培训的全覆盖。在街道社区，街道党校可以重点围绕巩固党在城市的执政基础、加强城市治理、服务社区群众、建设美好家园开展党员教育培训，实现对街道社区党员教育培训的全覆盖。

（三）党员有期盼

新时代新征程，对广大基层党员干部的精神状态、能力素质、工作作风提出了新的更高的要求，基层党员干部要全面增强高质量发展本领，他们也有教育培训的期盼。但受师资和场地限制，县委党校培训容量和规模有限，难以完成《2019—2023 年全国党员教育培训工作规划》规定的学时。以永修县、湖口县、庐山市等为例，2021 年永修县共有党员 17113 名，其中农村、社区党员占 59.69%；湖口县共有党员 13771 名，其中农村、社区党员占比 58.27%；庐山市共有党员 11636 名，其中农村、社区党员占比 43.71%。经综合调查研判分析，农村和街道社区党员活动、培训等组织生活较少，目前存在组织存在感、归属感不强等问题，他们希望通过集中教育培训提升自身素质。

二、我省乡镇（街道）党校建设的有益探索与突出问题

（一）乡镇（街道）党校工作的有益探索

近年来，乡镇（街道）党委积极整合各类资源，不断完善乡镇（街道）

党校组织架构、教学阵地和师资配备，努力实现对农村、街道社区党员教育培训的全覆盖。经对三地的综合调查和对莲花县乡镇党校、九江市柴桑区乡镇党校的综合研判分析，探索如下。

1.建立组织机构。湖口县城山镇党校突出党委主体责任，成立了由乡镇党委书记兼任党校校长，分管组织工作副书记、组织委员兼任副校长的领导机构。下设办公室，由组织委员兼任办公室主任，至少有2名以上专（兼）职人员组成办公室，负责乡镇（街道）党校的具体工作，推进乡镇（街道）党员教育培训的全覆盖。莲花县乡镇党校则由乡镇党委书记兼任校长，党委副书记兼任常务副校长，全体党委委员兼任校务委员会委员。

2.整合教学阵地。湖口县城山镇党校按照因地制宜、资源整合、规范节俭、一校多用的原则，整合乡镇（街道）党员活动室、党员远程教育站点、新时代文明实践站等阵地资源，建设实用、开放、共享的乡镇党校培训场所。同时，根据"课堂＋基地"实训要求，每个乡镇（街道）党校就近链接红色教育、绿色产业发展、城乡基层治理示范典型等教学资源，分类建设党性教育、产业技能培训等实训基地。由于乡镇分散，与县城距离较远，莲花县把乡镇村的会议室、红色名村、红色展馆等场所作为课堂，坚持"实体＋规范"，聚力打通基层党员教育"最后一公里"。九江市柴桑区乡镇党校，盘活现有资产资源，利用各乡镇现有的乡贤馆、文明实践所等场馆来升级改造乡镇党校的阵地建设，建设实用、开放、共享的乡镇党校培训场所。同时，又充分发挥"多色资源"的作用，依托本地乡镇赣北革命根据地、赤湖游击队旧址、马回岭火车站等红色教育基地，博莱食品产业园、农业产业化项目等绿色实践基地，荞麦岭遗址等古色文化教学点。

3.建强师资队伍。三地乡镇党校，选聘一批思想政治素质好、实践经验丰富的乡镇（街道）领导班子成员、优秀基层党组织书记、党代表、先进模范人物等担任乡镇（街道）党校兼职老师，吸纳一批乡镇挂点县领导、驻村第一书记、各级宣讲团成员等开展送课活动。莲花县乡镇党校由乡镇干部、村致富带头人等担任党校教师，让熟面孔当教员，消除了基层党员与党校之间的距离感。九江市柴桑区乡镇党校，组建专兼职结合的师资库，吸纳基层党组织书记、先进模范人物、党校教师及行政审批、营商环境等各行业骨干人才入库。

4. 建立健全管理制度。莲花县乡镇党校坚持"反馈＋考核"，制定《教学管理制度》《学员管理制度》《莲花县乡镇党校教学考核评分细则》等工作制度，因势顺导把规矩"立"起来，不断提高党员培训教育的质量，发挥乡镇党校补足基层党员"精神之钙"的作用。九江市柴桑区乡镇党校，建立区委党校与各乡镇党校的"一对一"对接联系制度。区委党校领导班子、科室负责人与教员分片联系指导乡镇党校建设、教学、培训工作，指导各地制定党员学习管理制度，明确乡镇党员的具体学习任务和奖惩制度。

（二）乡镇（街道）党校发展面临的主要问题

经综合调查分析，近年来我省乡镇（街道）党校发展取得一定成绩，但还面临不少问题，主要如下：

1. 组织架构不统一。中央、省、市、县党校都有一整套完整独立的政策、机构、人员，成建制资源配置，来保障党委党校的运转，而乡镇（街道）党校在上述层面则没有办法来保障。

2. 经费保障不够充足。在加强党校阵地建设投入方面，各乡镇不均衡。资金方面缺乏上级专项资金支持，县财政支持力度还不够大，各乡镇在整合职能部门项目资金方面做得还不够。

3. 培训教育还有盲区。针对流动党员设置的"订制式"学习课程不多，对农村在外流动党员培训力度不大，存在个别流动党员处于"游离"状态。同时，对"两新"党组织党员培训方式单一。

4. 教研能力有待提高。主要表现为培训不系统、课程短缺、教研成果少。班次设置多以短期专题培训为主，长期系统培训偏少，教学内容系统性不强；依靠上级党校教师讲授的课程占比偏高，地方特色课程、精品课程短缺。

三、推进我省乡镇（街道）党校高质量发展的对策建议

（一）强化主体责任

建立健全《党委（党组）书记和党支部党员教育责任清单》，明确党委（党组）书记、党支部的具体责任，推动照单抓好落实。把党员教育工作作为各级党组织书记抓基层党建述职评议考核、基层党建工作重点任务推进会、年度目标责任考核的重要内容，倒逼各地各单位主要负责人重视党员教育工作、认真落实各项任务措施。

（二）加强经费保障

建立健全以财政经费为主、留存党费补充为辅的党员教育培训经费来源机制，逐级把党员教育培训经费列入财政预算。例如，山东省威海市荣成市成山镇将党员教育经费按照每名党员 50 元的标准纳入财政年度预算，将党员教育经费纳入财政年度预算，同时增设党校培训费科目，镇级设立 20 万元作为专项保障，构建起充足的财政支撑。

（三）探索多元化运营模式

根据不同领域党员特点需求，以农村抓专业化管理、农户抓技能化提升、机关抓规范化建设为目标，将党校建在产业链上、建在项目现场，探索"党建＋企业＋合作社＋农户"的新型发展模式。比如，山东省淄博市淄川区西河镇创新发挥镇党委党校作用，依托该镇龙头企业产业园，通过建实、办好镇党校，为各村找到合适的致富增收新路子，助力乡村振兴。

（四）强化师资队伍建设

从各领域选聘政治素质过硬、实践经验丰富、理论水平较高的专兼职师资，实行入库师资动态管理，对学时认定、考核评价等做出规定，推动优秀师资向一线下沉、为基层服务，较好地解决了基层党员培训师资力量不足、授课质量不高等问题。

江西打造"近悦远来"一流人才环境对策建议

涂颖清　黄毅峰　涂文婷　陶　东　叶冬鲜　张瑞瑞　欧阳小红 *

在党的二十大报告中，习近平总书记这样强调深入实施人才强国战略：坚持尊重劳动、尊重知识、尊重人才、尊重创造，完善人才战略布局，加快建设世界重要人才中心和创新高地，着力形成人才国际竞争的比较优势，把各方面优秀人才集聚到党和人民事业中来。

近年来江西省聚焦"作示范，勇争先"的目标要求，深入实施人才强省战略。省委、省政府始终把人才作为第一资源，努力打造"近悦远来"的一流人才环境，让各类人才在江西舒心生活、顺心工作、安心发展。为此课题组围绕江西打造"近悦远来"一流人才环境的对策研究，通过座谈交流、个别访谈、入企考察和书面调研等方式，进行深入细致的抽样调研走访，形成如下调研报告。

一、江西人才政策实施落地的特点

（一）政策落地均衡性有难点

一是省会城市"虹吸效应"明显，地方人才资源不足。省会城市的"虹

* 课题组成员：涂颖清　省委党校领导力拓展教研部教授
　　　　　　　黄毅峰　省委党校领导力拓展教研部负责人、教授
　　　　　　　涂文婷　省委党校领导力拓展教研部副主任、副教授
　　　　　　　陶　东　省委党校领导力拓展教研部讲师
　　　　　　　叶冬鲜　南昌工学院信息与人工智能学院讲师
　　　　　　　张瑞瑞　省委党校党的学说与党的建设专业研究生、新建区政府办公室干部
　　　　　　　欧阳小红　华东交通大学体育与健康学院讲师

吸效应"促使人才、资本、技术、信息等要素高度聚集，江铜、江钨、萍钢等地方核心企业总部迁至南昌，地方市县产业、人口、科研院所"空心化"进一步叠加，造成我省除南昌以外其他城市引进硕博人才难度增加，且总体质量不占优势。

二是"高精尖"研究人才政策优渥，专业技工人才关注不足。从引进人才的适配性来说，各地急需紧缺实用性人才缺口较大，特别是在新能源、光学、铜基新材料、大数据、大健康等主导产业发展中，硕士生、本科生和拥有中级、副高级职称的技术工人缺口较大，人才的供给量还远远无法满足需求。

三是城乡资源条件差异导致城乡人才市场失衡。当前城乡设施、教育、医疗、发展空间、产业承载等资源环境存在差距，使农村地区对人才的"引育用留"处于劣势地位。

（二）政策指导有效性有堵点

一是人才"引"和"用"衔接不紧密。对人才存在更着眼于对增量的"引"，而忽视了对存量的"用"。助力产业发展的成效与预期目标有差距，往往需要某方面的人才便着重于某类人才的引育，人才培育与使用衔接不够紧密，产学研用的结合缺乏系统性。

二是各地具体政策落地"慢一步"。新发展阶段构建新发展格局，必然需要一批适应新时期的年轻人才队伍、新颖工作岗位、前沿研究方向。针对新时期的人才政策要求，各领域实用型人才引育政策、培养规划和激励方案都处于摸索提升阶段，需要牵头部门反复打磨，其磨合与适应也需要一个过程，因此省内人才政策与沿海开放城市相比有"慢一步"的感觉。

（三）人才待遇普惠性有痛点

一是待遇水平低，导致各类人才引进难。省级人才政策中有鼓励用人单位对高层次人才实行期权、股权和企业年金等中长期激励方式的政策，但企业主实际落实情况较差，且地方企业整体消费水平及工资水平较低，大部分中小企业给不了让人才（特别是高层次人才）充分发挥其才能的薪资待遇和研究环境。

二是基础设施弱，导致各类人才留下难。省级人才政策中针对人才在住房、医疗、子女入学、交通出行等生活方面提出建设人才公寓、设立人才专员、发放高层次人才电子服务卡等多项生活服务举措，但如鹰潭高新区仅辖一个白露街道，其面积小，作为功能区，在教育、医疗、住宿条件等各方面亦无优势，引进人才时的"关键小事"亦需协调其他县区。

三是全职引进少，导致人才作用发挥难。全职引进需在本地缴纳社保，受买房、医疗、子女入学、交通出行等客观因素的影响，导致高层次人才刚性引进难。调研中了解到鹰潭高新区社保基数与省会、一线城市及沿海城市相比偏低，大部分高层次人才不愿意在高新区缴纳社保，因此企业引进的高层次人才多为柔性引进，发挥作用有限。

二、江西与其他地区人才政策的对比分析

（一）江西省人才政策亮点

通过比较江西与中部各地区出台的系列人才政策，我省在一些方面呈现出一定亮点，具体表现在以下几个方面：

一是人才引进门槛放低，条件适度放宽。以省会城市南昌为例，南昌出台的《关于支持大学毕业生和技能人才来昌留昌创业就业的实施意见》等系列政策中对人才落户限制条件少、门槛低，对于青年人才实行落户"零门槛"。此外，各项奖励政策适用范围广，大学生从专科起点即可享受相应的人才政策，同时覆盖了技能型人才。

二是注重引进高层次人才，力度相对较大。江西作为经济欠发达省份，高层次人才存量较小，对高层次人才的需求显得更为迫切，已制定"双千计划""百千万人才工程""井冈学者奖励计划"等高层次人才政策。在引才奖励、子女入学、购房补贴等方面均有较大支持力度，如在引才奖励上，对院士给予1000万元资金支持、国家海外引才计划专家给予500万元—1000万元的创新创业项目资助等，奖励力度高于中部其他地区甚至部分发达地区。

三是培育优势重点产业人才，举措聚力创新。借助世界VR产业大会举办

地永久落户江西南昌的利好政策，江西紧紧抓住这一历史机遇，对 VR 这一重点产业领域高度重视。通过出台《进一步加快虚拟现实产业发展若干政策措施》，在 VR 专业设置、VR 人才培育、高端人才引进上给予了许多政策优惠，重点引进与培育 VR 领域人才。此外，江西还出台"江西中医药人才培养杏林计划"，针对中医药人才进行重点培育等。

（二）江西省人才政策局限

近年来，我省通过深化体制机制改革、加快平台载体建设、实施重大人才工程等举措，为人才发展提供了较好的服务和保障，但人才总量不足、结构不优，"引育"和"用留"脱节，服务发展的动力不强。主要表现为：

一是规模上人才总量少与高端人才流失并存。如我省专业技术人才只有 305 万人，低于安徽（414 万人）、湖北（412 万人）、湖南（350 万人）。本地培养的人才流失严重，2021 届高校毕业生总体留赣率仅为 57.7%，其中本科 43.5%、硕士 49%；技工院校毕业生留赣率虽高一点，但也只有 68.3%。

二是重"人才引进"与轻"引才绩效"并存。从江西和中部其他省份人才政策分析可知各地人才奖励（补贴）的发放与绩效之间的联系有差异。如合肥按照 2∶1∶1 分 3 年发放奖励，但规定第二、三年要履行相应考评程序；长沙奖励（资助）的发放与绩效的联系更加紧密，对于创办企业或核心成果转化，均规定了新增营业收入或实缴税收的标准，对于新增营业收入超 1 亿元的，最高奖励不超过 300 万元。南昌奖励（资助）补贴按照 4∶3∶3 的比例分三年发放，考评或绩效等规定不完善，这在一定程度上反映出缺乏对人才实际工作能力和工作业绩的考核，在激励分配方面，平均主义仍然存在，能够反映人才实际价值的分配制度尚需健全。

三是常规政策全面与专项举措不完备并存。通过人才政策对比，经济发达地区面向高层次人才及青年人才的政策明显更为细化且完备。如《苏州市人才制度改革十五条》中通过建立"高层次人才编制池"制度、强化股权激励政策、金融服务支持等举措进行人才管理。而《江西省高层次人才引进实施办法》中虽然也有相关举措安排，但是却较为笼统，如在"工资待遇""配偶安置"等方面的表述。此外，青年人才作为推动科技创新与经济发展的生力军，武汉针对青年创业人才、"春笋行动"优秀青年人才设有专门的奖励补贴，长沙也出台《长沙市"小荷"青年人才创新创业项目支持实施办法（试行）》对青年人才进行引进与培育，而江西暂未有对青年人才扶持的相关专项政策文件。调研中企业肯定江西围绕人才工程做了很多实实在在的工作，同时表示企业的人才不仅需要精神荣誉，更需要创新性的举措支持企业成长，安徽给蔚来投资、市场，企业很快发展起来，政府卖掉一小部分股权收回投资，实现企业、政府、社会三方共赢的局面。调研中他们继续表示最美江西不仅是生态，科技也要跟上，新经济新业态的发展需要将过去"不找市长找市场"的被动服务升级为"市长带你找市场"，帮助一批立足江西，走出江西的企业，提升竞争力。

三、江西打造"近悦远来"一流人才环境的对策建议

"环境好"吸引"远者来"。继续唱响"才聚江西智荟赣都"江西引才品牌，积极发挥用人单位的主体作用，逐步形成以各大企业、科研院所、学校、医院等人才载体容量较大单位为核心的人才生态集聚地；充分利用快手、抖音、小红书、微博、微信等新媒体，建立人才政策宣传官方号，录制人才政策小视频，组建"人才说"等小栏目；建立健全引才聚才的政策体系，扩大人才政策覆盖面，将基础性人才、本土人才、技能型人才等纳入人才政策享受范围，吸引各类人才"落地生根"，让"近者悦"吸引"远者来"；创新人才引进的管理和服务，将"人才不为我所有，人才为我所用"的成效进一步凸显，加大对"选调生"群体关心力度。提升人才对各自领域重大决策和重要事项的知情权、参与权、表达权和监督权等，给予精神尊重、关怀，打响江西天下英才重要首选地的名片。

"可作为"吸引"远者来"。构建产才闭环，搭建"大有可为"的事业舞台，坚持以产育才、以才促产、产才融合的理念，聚焦重点产业项目，精准发力，促进"人才链"与"产业链"深度融合。紧扣产业链，部署人才链，布局

创新链，围绕全省特有的稀土、航空、VR、新能源、新材料、装备制造等领域打造重点产业；支持以南昌为主、协同相关设区市，以京九（江西）电子信息产业集群联合申报国家级先进制造业集群，通过引进重大项目，吸纳更多科技创新人才，不断深化产才融合，形成产业和人才同频共振、互动支撑的良好局面。

"近者悦"吸引"远者来"。探索自主举荐人才制度，一方面根据企业贡献度、创新能力等，公布具备自主举荐人才的企业名单，赋予自主举荐权限，如："创新型成长型"企业和年度纳税额为前100名的主导产业工业企业，不看学历、资历等，可自主推荐2名关键岗位人才直接纳入急需紧缺人才范畴，享受相应人才待遇。另一方面用好"一事一议"政策，为企业人才评价开辟绿色通道，给予评价认定权；实施以才奖才政策，为精准有效支持数字经济一号发展工程，在数字经济企业中先行先试以才奖才政策，按照数字经济企业拥有的高层次人才数赋予企业自主举荐人才名额，不看资历、学历等条件，由企业根据发展需要举荐人才，享受申租人才住房、首套商品房不限购、子女入学择优安置以及个人所得税地方留成部分等额专项补贴等优惠政策。

"真爱才"吸引"远者来"。积极营造"赣式"爱才氛围，唱响"才到江西更有为"品牌，在人才管理过程中破除"官本位"、去行政化，坚持人才为本、信任人才、尊重人才、善待人才、包容人才，创新推出"赣show才"政策服务一点通平台，有效地提升人才服务便利度，从精准贴心的生活优质服务入手，用心办好关系人才成长发展的"关键小事"，着眼于解决人才8小时外生活单一的问题，延长人才服务链，让人才融入江西，爱上江西；首创"江西科学家日"，弘扬科学家精神，面向科技前沿，定期举办院士大讲堂、定期邀请院士专家咨询问诊、出谋划策，传承老一辈江西籍科学家优秀品质，营造爱才敬才的良好城市氛围；举办江西国际精英创业周，面向全球树立城市形象，奠定城市口碑，以人才联谊会、人才论坛、活动沙龙、老乡会等形式，促进创业人才的朋友圈形成，厚植"人到江西才有为"的底气，打响"才来江西创精彩"的人才工作品牌。

打通"政产学研用"链条　加速科技成果就地转化

——南昌市加速科技成果就地转化的调研与建议

曾　光[*]

促进科技成果转化是加强科技与经济紧密结合的关键环节。近年来，南昌市科技成果转化加速推进，但也存在供给不足、需求不强、服务不优和体制不顺等突出问题。为此，课题组深入南昌市重点开发区、新型研发机构和创新型企业进行实地调研，在借鉴国内国家科技成果转移转化示范区先进经验的基础上，提出进一步推进南昌科技成果加速就地转化的对策建议。

一、南昌市促进科技成果转移转化的主要举措与成效

近年来，南昌市出台了高层次科技人才计划、新型研发机构建设、科技创新基础大提升、年营收 3 亿元以上工业企业研发机构全覆盖、促进科技成果转移转化补助等政策举措，科技成果转移转化取得明显成效。

（一）企业自主创新能力取得新提升

一是构建了"科技型中小企业—高新技术企业—创新型领军企业"梯次培育机制。2022 年，全市科技型中小企业 2707 家，高新技术企业 1929 家，独角兽、瞪羚企业 156 家。二是加大企业研发平台建设。2022 年，首个国家制造业虚拟现实创新中心落户，拥有国家重点实验室 5 家、国家工程技术研究

---

* 曾　光　省委党校江西经济社会发展战略研究所副所长、副研究员

中心 4 家,国家众创空间 24 家、国家小微企业创业创新示范基地 6 家,累计建成院士工作站 16 家、专家工作站 20 家。年营收 3 亿元以上工业企业研发机构覆盖率达 89.68%。三是加大企业研发投入普惠性后补助。2019—2021 年分别发放企业研发投入补助资金 1.76 亿元、1.82 亿元、2.32 亿元。2022 年,全市全社会研发经费投入强度达 1.93%,企业研发投入占全社会研发投入的 70% 以上。

（二）科技成果转化渠道取得新拓展

一是深化市校战略合作。2022 年 7 月,与南昌大学等 7 所驻昌高校签订战略合作框架协议,收集可转化科研成果 608 项,征集企业需求 102 项,梳理合作项目 53 个,已达成意向合作 18 个。二是办好成果直通车活动。2022 年成功承办火炬科技成果直通车江西（南昌）站系列活动,先后举办了 6 场科技成果对接会,征集省内外高校院所科技成果 226 项,征集企业技术需求 67 项。特别是首次走出去赴粤港澳大湾区进行深度对接,达成 5 项合作意向,现场签约 3 个项目。三是创新技术交易方式。依托江西省技术转移产业联盟,在南昌科技广场举办 3 场科技成果拍卖会"赣拍",对 30 项科技成果进行拍卖,成交价 4015 万元,溢价 36.49%。2022 年,全市技术合同成交额达 135.5 亿元,同比增长 27%。

（三）重大科技成果转化落地取得新突破

一是实施一批重大科技成果专项。南昌市科技计划项目每年实施 5—7 项重大科技成果专项,每项支持金额 150 万元—200 万元。2022 年,南昌市 5 项重大科技成果转化项目立项,支持金额为 850 万元。二是转化一批省级科技成果。2022 年登记推荐科技成果 179 项,其中有 79 项成果在昌实施转化,转化率达 44.13%,实现技术交易收入 486.8 亿元、产值利润 89.68 亿元、缴纳税金 33.59 亿元。三是表彰一批重大科技成果案例。2022 年驻昌高校和南昌市企业 6 项重点成果被评为全省十大亮点科技成果,其中 4 项科技成果被评为典型案例。

（四）科技人才引进和培育取得新成就

一是全面推进"每年吸引 10 万名大学生和技能人才来昌留昌创业就业"

行动计划。持续开展"百场校招"活动，建设 79 个"赣才归巢工作站"，已吸纳 14.26 万名大学生和技能人才来昌创业就业，落实 11.28 万名 2022 年应届毕业生在昌就业。二是加大高精尖人才引育。大力实施"双百计划""洪城计划""顶尖领军人才领航计划"。加大高层次人才产业园人才项目引进，江西北航研究院、北京大学南昌创新研究院、中国科学院江西育成中心、中山大学南昌研究院等一批新型研发机构落户，并已研发、孵化一批科技项目。三是发挥国家技术转移人才培养基地的优势。共同举办科技成果转移转化专业人才培训，已培训初级技术经纪人 553 人。

二、南昌市科技成果转化的问题与短板

科技成果转化是一项高技术、高风险、高投入、长周期的活动。目前，南昌市科技成果转移转化还存在供给不足、需求不强、服务不优和体制不顺等问题短板，成果转化率和产业化率偏低。

（一）高质量科技成果源头供给不足

国家双一流大学、国家级大院大所、高端研发平台数量少。技术合同成交额增速快，但总体规模较小。企业普遍反映，本地高校院所成果供给与企业发展需求匹配度不高，高校科研偏理论、重论文、重专利申报，满足市场需求、适合转化的不多。

（二）企业科技成果转化需求和意愿不强

大多数中小企业反映，企业自主研发的高质量科技成果少，但缺乏科技成果转化的专业人才和工作经验，加之专利要价高、转化风险高，对转化活动信心不足。此外，部分企业不愿通过"揭榜挂帅"等公开方式发布企业需求，担心泄露企业的技术路线。企业研发人员动力不足，企业发展技术最终需要老板拍板。政府财政后补助金额较少，省财政补助 2.5%、市财政补助 3%。

（三）科技成果转化仍存体制机制障碍

我省科技成果三权改革、科研职务成果赋权改革试点等政策不到位。市场化评价机制不健全，供给、需求双方对第三方评价机构不信任。有企业反

映，企业技术标准超过行业标准、产品已大批量出口欧美，申报政府类评奖和资助时还需要专家鉴定。某新型研发机构反映，因单位属于事业单位公益三类，但税务政策只认一类、二类事业单位，导致不能享受部分税收优惠政策。另外，高校技术转移中心工作人员的激励机制不健全，导致工作积极性不高。

（四）全链条专业化服务体系不完善

企业普遍反映，目前南昌市只有初级技术经纪人培育资格，技术转移机构、技术经纪（经理）人队伍较弱。全市技术研发、技术转让、成果评估评价等专业化技术转移机构少。企业人才很难达到市级高层次人才标准，并且南昌市人才政策"十条"对高层次人才有 35 岁年龄限制，不利于企业高层次人才招聘。此外，市级层面尚未成立专门的科技成果转移转化基金，天使投资、风险投资等科技金融服务相对滞后。

三、国家科技成果转移转化示范区的典型经验

国家科技成果转移转化示范区是科技成果转化政策先行、机制创新的试验田和排头兵。目前，国家已批复建设 12 个国家科技成果转移转化示范区。本课题重点总结归纳了河北京南、浙江宁波、江苏苏南、四川成德绵、安徽合芜蚌五个国家科技成果转移转化示范区的典型经验。

（一）河北京南：跨区域承接模式

河北京南示范区覆盖了河北省科技和产业较为发达的"五市十园"，建立健全京津冀科技创新合作和成果跨区域转化机制，积极承接京津优质科技资源。

1. 以各高新区为主要载体。积极推进高新区与京津地区高校院所创新合作，建立健全创新创业和孵化体系，持续引进各类产业化项目。

2. 以技术合同交易为主要方式。2018—2020 年，河北省连续 3 年吸纳京津技术合同成交额超过 200 亿元。2022 年，示范区"五市一区"共吸纳京津技术合同成交额 223.08 亿元，占河北省吸纳京津技术合同成交额的 55.38%。

3. 完善"京津研发、河北转化"协同创新链条。打破行政壁垒，鼓励园区、企业跨区域设立实验室、产业研究院、企业技术中心，到京津设立"人才飞地""研发飞地"，完善"京津研发、河北转化"协同创新链条。对重大科技成果转化一次性支持力度达 200 万元至 500 万元。

（二）浙江宁波：数字化赋能模式

1. 科技管理数字化改革。"推进科技管理数字化改革，切实减轻科研人员负担"入选科技部科技体制改革典型案例，江北区"新产品研发项目全生命周期一件事集成服务改革试点"列入全省科技创新"揭榜挂帅"应用场景建设先行试点项目。

2. 推广校企合作"先用后转"模式。2021 年 10 月起，浙江在全国率先探索科技成果"先用后转"机制，通过"先免费试用、后付费转化"的形式推动高校院所面向浙江山区 26 县和中小企业实施科技成果高效转化，并在金华武义、丽水龙泉等地开展试点。

3. 出台全国首个通用性省级地方标准。2023 年 2 月出台《科技成果公开交易规范》，从制度层面对科技成果公开交易的基本原则、总体要求、交易流程、评价与改进机制等进行了明确，提炼并规范了公开交易的一般要求及流程，填补了国内科技成果公开交易领域标准的空白。

4. 开发"安心屋"数字化场景应用。浙江省科技厅联合省财政厅共同开发"安心屋"数字化场景应用，实现成果转化在线申请、转化合同在线审批、合同登记和免税登记在线受理、收益分配在线登记和科技成果在线赋权，经过"安心屋"转化的成果后续可不再纳入国有资产审计、清算核资范围，以规范促免责。

（三）江苏苏南：产业发展引领模式

江苏是制造大省、经济强省，产业基础比较雄厚。近年来，江苏苏南示范区聚焦战略新兴产业发展，以高新区为主阵地，以产业需求为导向，建立健全产学研合作机制。

1. 布局"一区一战略产业"。重点支持每个高新区培育发展一个标识性特色战略产业，在相关优势领域形成重大原创成果、具有国际竞争力的创新型企业以及进入价值链中高端的产业创新集群。

2. 建设"一区一基地"。围绕新材料、集成电路、生物医药等战略性新兴产业，深化与中国科学院、中国工程院、北京大学、清华大学、浙江大学（"两院三校"）产业合作，布局 17 个科技成果转移转化基地，积极承接国家重大科技计划成果落地转化。

3. 实行"一院一公司"。深化新型研发机构改革，将江苏省产业技术研究院作为创新改革基地，实行"一院＋一公司"的管理体制，明确权责范围和管理模式，构建以研发载体、创新资源和产业需求组成的产业技术创新体系。

（四）四川成德绵：成果供给推动模式

近年来，成都深入推进科技成果转化"一号工程"，持续推进科技成果就地就近转化。2022 年，成都市技术合同登记成交额超 1400 亿元，三项原创成果入选全国科技十大进展。

1. 深化成果转化体制机制改革。职务科技成果"先确权、后转化"改革、"科创通"平台服务企业的经验获国务院大督查通报表扬，成果权属改革经验在全国复制推广，在全国率先出台政策支持技术经纪人职称评定。

2. 建立跨区域"创新策源＋成果转化"协同创新模式。推动西部（成都）科学城建立跨区域"创新策源＋成果转化"协同创新模式，深化"总部＋基地""研发＋制造"新型协作关系，探索"统计分享、财税分享"等合作机制。

3. 探索"实验室＋基金＋公司＋基地"转化模式。依托重大科技基础设施、天府实验室等重大创新平台，探索组建专业化、市场化成果转化运营公司，探索建立"实验室＋基金＋公司＋基地"转化模式，推进原创成果"沿途下蛋""沿途孵化"。

（五）安徽合芜蚌：校地合作模式

2022 年以来，芜湖市深化与中国科大的校地合作，推进科技成果就近来芜转化，共吸纳中国科大技术 15 项，合同成交额达 3160.3 万元。

1. 建立"地方出资、学校配套、共同管理、定向转化"机制。实施"鲲鹏计划"校地合作成果转化专项，成立资金池。其中，芜湖市出资 1000 万元，中国科大配套出资 200 万元，执行期五年，专项支持中国科大职务科技成果在芜湖转化。

2. 共建定向转化平台。芜湖市政府与中国科大共同组建长三角信息智能创新研究院，以研究院为载体建设运行中国科大芜湖技术转移中心，派专人到中国科大成果转化办挂职，面对面对接科技成果。

3. 实施一批重大项目。围绕芜湖市企业技术需求，合作建成"新材料与智能制造"等联合实验室 5 个，面向中国科大教授专家推进科技成果定向转化项目 11 项，支持资金达 800 万元。

4. 引进高层次人才团队。以长三角信息智能研究院为纽带，深入挖掘中国科大科技成果和校友资源，引进高层次科技人才团队 8 个，均在芜成立实体公司，孵化科技型企业 4 家。

表 1　国家科技成果转移转化示范区典型经验简介

序号	示范区名称	批复时间	建设定位	模式特征	典型经验做法
1	河北京南	2016	京津地区创新成果承接和转化	跨区域承接	以高新区为主要载体，设立"人才飞地""研发飞地"，完善"京津研发、河北转化"协同创新链条
2	浙江宁波	2016	深化企业科技创新和成果转化主体地位	数字化赋能	线上线下交易一体化，公开交易标准化，科技管理数字化，开发"安心屋"场景
3	江苏苏南	2017	成果转化助力战略性新兴产业壮大发展	产业发展引领	"一区一战略产业""一区一基地""一院＋一公司"
4	四川成德绵	2018	国家重大科技成果落地转化	成果供给驱动	跨区域"创新策源＋成果转化"协同创新模式，探索军民科技融合新模式
5	安徽合芜蚌	2022	全国科技成果转移转化的示范样板	校地合作驱动	深化与中国科大合作，建立"地方出资、学校配套、共同管理、定向转化"的机制

四、南昌打通"政产学研用"链条，加速科技成果就地转化的对策建议

（一）创新提能扩大科技成果源头供给

1. 打造高能级平台产成果。以赣江两岸科创大走廊为重点，以南昌高新区为龙头，持续推进大院大所进南昌，高标准打造中国（南昌）科学岛，高水平建设南昌航空、中国（南昌）中医药、南昌 VR 科创城等重点科创平台，搭建以国家级重点实验室、大科学装置为引领的高能级创新平台。鼓励高能级创新平台承担国家战略科研任务和重点研发项目，形成一批原创性强的重大基础研究成果和战略产品。

2. 深化校地战略合作转成果。深入推进与在昌高校的战略合作，实施高校院所"沉睡专利"转移转化行动，建立"地方出资、学校配套、共同管理、定向转化"机制，引导企业专家到高校兼职，推进高校选派科技副总、科技专员等到企业挂职，多频次组织校企供需对接会，推进高校专利优先向在昌企业转移转化。

3. 探索"科技飞地"引成果。进一步解放思想，积极推动与长三角、粤港澳大湾区等科技发达地区共建"人才飞地""科技飞地"，创新"人才＋项目＋载体"科技合作新模式，完善"研发设计在长三角（粤港澳大湾区）、转化落地在南昌"机制。

（二）增量提质激发企业需求动力

1. 加大创新型企业培育。大力培育高新技术企业，实施科技企业"双倍增"行动和科技小巨人培育计划。引导企业加大研发投入，支持规模以上企业发展成为高新技术企业。

2. 支持企业开展产学研深度合作。支持企业自主开展技术交流合作，推动企业与高校院所成立联合实验室、研发中心、产业技术研究院、产业创新联盟、公共服务平台、工程实验室等。支持龙头企业与高校院所、新型研发机构组建产学研深度融合，共建创新联合体，加强订单式的定向研发、定向转化、

定向服务，共建共享技术开源平台和应用开放平台。完善"揭榜挂帅""赛马制"等科技攻关模式。

3. 加大对创新产品的推广。加大对创新产品的财政和金融支持力度，提升首台（套）产品检测能力，加快首台（套）产品推广应用。加大科技成果"安心屋"数字化应用等场景建设，结合优势产业链定期发布一批应用场景项目。支持高校和科研机构将科技成果许可给中小微企业使用。持续开展财政资金支持设立的科技项目成果汇交，陆续筛选出其中的优秀成果推向市场。

（三）服务提效打造复合型成果转化生态

1. 加大技术转移转化公共服务平台建设。用好江西省网上常设技术市场、南昌科技大广场等线上、线下技术转移转化平台。建设全市域全周期的成果孵化大平台，完善"众创空间—孵化器—加速器—产业园"全链条孵化体系。常态化举办科技成果转化路演活动，定期举办校企、院企对接会。

2. 加强专业化技术转移机构建设。支持企业与高校院所和一线科研人员共建技术转移、技术评估、知识产权、法律咨询等专业服务机构，认定和支持一批品牌技术转移机构。支持有条件的高校、科研机构设立概念验证中心，对新建的概念验证、中试研发平台，市财政按投资额一定比例给予支持。

3. 加强技术转移人才队伍引育。壮大科技创新领军人才队伍，支持有条件的高等学校开设科技成果转移转化相关课程，探索建立技术转移学院。加大初、中级技术经理人、经纪人培训，开放技术经纪人网上培训权限，增加资本市场等业务培训。畅通技术经理人的职业发展通道，探索在工程系列增设技术经纪专业职称制度。

4. 拓宽成果转化融资渠道。组建南昌市科技成果转移转化基金，强化长效激励与约束机制，明确基金筹建及使用管理办法。加大对高新技术企业贷款贴息和科技保险等支持力度，组织政银企对接活动。健全"直投＋跟投＋子基金"多元投资方式，完善科技信贷风险代偿机制，遴选一批科创板拟上市储备企业。

（四）改革创新打通科技成果转化"堵点"

1. 深化科技成果三权改革。市级层面出台科技成果三权改革、科研职务成果赋权改革试点等方面的政策举措，真正使科研人员的所有权、使用权、收益权得到落实。

2. 实施市场化评价机制。实行"谁委托成果谁负责评价""谁使用成果谁主导评价"的原则，弱化政府主导评价导向，更好地发挥"第三方"专业机构的作用。

3. 探索"先使用后付费"改革试点。鼓励高校、科研机构采取"零门槛费＋里程碑支付＋收入提成"或"延期支付许可费"等方式授权中小企业先行试用，解决中小企业"不敢转"的问题。

4. 加大科技成果转化奖补力度。全面落实、及时兑现科技成果转化奖补政策，并逐步实施惠企政策"不申即享"。探索由政府向中小微企业无偿发放创业创新服务券，推动其向高校院所、新型研发机构、科技中介机构等购买科技服务。

深化"四化"改革　发挥"五手"作用

——关于共青城市人才发展集团创新发展的探索与思考

张小军　黄立群　黎　凌　徐龙华　王均国　黄乐平　徐　妍[*]

习近平总书记指出，"办好中国的事情，关键在党，关键在人，关键在人才"。党的二十大报告强调"人才是第一资源"，要"聚天下英才而用之"。2022年3月共青城市在全省率先组建人才发展集团有限公司（以下简称"人才发展集团"），通过引进市场化机制，有效地破解人才工作机关化束缚、体制性障碍、碎片化等问题，初步走出了"人才+服务+产业+资本+创新"的"五链"融合发展之路。

一、人才发展集团"四化"改革创新的主要做法

共青城市按照"政府主导、市场运作、企业运营"模式，市财政注资5亿元成立市人才发展集团，坚持以人力资本开发为方向、以高端人才引进为引领、以信息技术平台为基础、以人力资源服务为主体、以"五链"融合为主

---

* 课题组成员：张小军　九江市委党校常务副校长
　　　　　　　黄立群　九江市委党校副校长
　　　　　　　黎　凌　九江市委党校科研科科长
　　　　　　　徐龙华　共青城市委党校常务副校长
　　　　　　　王均国　共青城市委人才服务中心主任
　　　　　　　黄乐平　共青城市人才发展集团总经理
　　　　　　　徐　妍　九江市委党校科研科科员

线，致力打造"城市 HR"。成立一年来，人才发展集团累计引进各类专业人才 270 余名，其中中国工程院院士 1 名、省级高层次人才 27 名。

（一）构建市场化人才工作体系

一是领导层实行"党委领导 + 职业经理执行"的模式。集团董事长、总经理和部分班子成员由党委派驻，经理层及以下通过市场竞聘方式选拔，实现党管人才和市场机制相融合。二是中间层实行"事业部 + 板块业务"的模式。成立市场运营部、人才招考部、人力资源部等 7 个部门，聚焦英才集聚、人力资源、人才安居、人才教育、人才智慧、人才双创 6 大核心板块，建立监管、考核等机制，构建形成相对独立、一体发展的工作格局。三是执行层实行"合资 + 合作"模式。围绕集团重点业务，成立智汇青城、人才伯乐、人才安居等 5 家子公司。根据公司主攻方向，采取合资模式的，以控股、参股的方式参与市场竞争；采取合作模式的，以"集团搭台、合作方唱戏"的方式参与市场竞争。

（二）构建精准化人才供给体系

运用市场手段解决供需两端信息不对称、渠道不通畅、效果不明显的问题，实现人才供给与企业需求精准匹配。一是创新市管人才"云上匹配"模式。把机关、事业单位、企业人才进行分门别类，建成 11 个供给门类，建立人才供需云端"数据库"和"云上引才中心"，通过企业云招聘、直播云带岗、引才云宣讲等方式，求职人才在线可获取满意的 offer。二是创新高校人才"定向推送"模式。引入人才综合分析评价平台，与驻市高校、职业院校合作，对大学生在校的政治素养、专业素养、心理素养、作风修养、成长轨迹、群众评价、岗位匹配等进行全程跟踪，并进行画像评价，形成数字档案，实行精准推送。

（三）构建社会化人才使用体系

秉持"立足共青、服务全省、辐射全国"的目标，围绕人才"引育留用"四个环节创新办法，构建社会化人才使用体系。一是推进人才选聘订制化。创立"三点一线"招考法，把用才需求、招考方式、选才质量统一起来，成立人才招考命题专家委员会，推动"围绕产业链、创新链配套人才链"，分类别建立招考题库。二是创新"第三方"专业化评价机制。根据管理人才、技术人才等高层次人才的日常表现、年度业绩，由人才发展集团作为第三方对其进行评价打分，评价结果作为出资人对人才的考核和使用依据。积极承接机关事业单位编外工作人员的招聘、培训、考核、建档等管理工作，根据编外工作人员的业绩表现，选择续签或者解聘，保证政府雇员人岗相适。三是组建人才发展基金。市财政设立1000万元的专项资金，并划入优质资产，撬动社会资本投入，推动人才、科技和资本深度链接。

（四）构建专业化人才服务体系

人才发展集团致力打造高品质"人才服务窗口"，以优质服务提高对人才的"黏性"。一是"C2C"式专项服务。设立人才服务专员、专网、专窗、专卡、专策，对人才"衣食住行、业教医保"，实行"一对一服务"。二是"EPC"式总承服务。建成总面积8600平方米的人才服务综合体，导入服务商，为入驻人才生活、成长、工作，提供教育培训、职业介绍、路演直播、健身休闲等各项服务。三是"CC"式双赢服务。导入驻市高校优秀毕业生资源，成立高校人才联谊会和校友引才站，通过"一年一校一活动、五年一城一论坛"，为毕业校友抱团合作提供平台、牵线搭桥。四是"O2O"式双线服务。启动建设数字服务平台，通过线上注册会员、线下服务链接，推动人才就医、出行、观影、旅游、食宿等关键小事"一掌通办"，人才引进、创业、就业、服务等"智配直享"，建设人才"掌上"全链智能服务体系。

二、深化人才发展集团改革，更好地发挥"五手"作用

2023年1月，江西省人民政府办公厅正式印发文件（赣府厅字〔2023〕3号）组建江西省人才发展集团，明确在全省各地市及全国人才集聚地区组建省人才发展集团分支机构。建议总结推广共青城市人才发展集团改革经验，加快推进我省县域人才发展集团改革，进一步优服务、拓业务、提业绩，更好地发挥"五手"作用，不断提升人才资源配置效率和整体效能，打造人才洼地，为

实现高质量发展提供强大的人才支撑。

（一）当好党管人才的抓手

深入学习贯彻习近平总书记关于人才工作的重要论述，树立人才第一资源的理念，从我省人才工作的实际情况出发，把人才发展集团作为党管人才的触角和重要载体。积极支持在人才相对集中的设区市比如南昌、赣州、九江市等地率先设立市级人才集团，推动全省有条件的县级市加快组建人才发展集团，擦亮中部地区人才发展服务的联盟品牌，构建纵向联动、横向协同、资源聚合、服务集成的全省人才发展服务市场化体系。

（二）当好人才引留的助手

聚焦全省产业发展的人才需求，以产聚才、精准引才，加强人才"引育用留"全链条机制建设，为产业链提供人才供应链。积极引进产业链上的高层次人才，解决链上企业用才需求，充分利用高校的教育资源优势，培育产业链上所需要的人才。同时通过建立协同型人才孵化机制留住人才，省市县三级创立人才科研孵化为一体的创新综合体，深度参与人才高地的平台建设。通过引进一个人才、带来一个团队、兴办一个企业、带动一方产业，形成人才与产业融合发展的良性循环。

（三）当好校企联动的推手

校企合作是地方经济发展的重要手段。人才发展集团要秉持"多方联合、共谋发展"的新理念，推进"校企合作，双向赋能""供需同库、精准匹配"，构建人才服务"1+N"互动体系，精准培育产业链上企业所需的技术型、技能型人才。同时，以服务地方需要、市场需求和学生就业能力提升为目标，畅通学历提升和职业技能等级证书渠道，保障一线产业人才的技能培训，着力提升人才学历和技能水平，实现"1+X"向"2+X"证书制度转变。

（四）当好资本运作的高手

资本是实现人才项目产业化的重要支撑。加快组建省级人才发展基金，与市县人才发展基金采用母子基金运作模式，进一步扩展人才发展基金投资覆盖面，提高资金使用效率，有效地拓展人才工作外延，提升金融服务人才创业

的水平；在重大人才创业项目上，省内各人才发展集团可采用人才基金联盟方式，在资源共享、资金集合、协同创新等多方面进行大胆探索和实践，为基金联盟发展注入强大动力，共同推动人才资源、科技创新、基金资源的融合发展。

（五）当好安居乐业的帮手

良好的人才生态环境是留住人才、成就事业的基石。要不断优化人才就业创新、生产生活的环境。一是加大基础设施的硬投入。良好的基础设施是吸引人才的基础，例如共青城市建设的实体化运行的人才服务综合体"红林青春谷"和340套酒店式人才公寓，服务全市企业、人才及家属。二是提升宜居宜业的软服务。着眼于解决人才"8小时外"的生活，比如组织音乐节、脱口秀、书籍签售会等精神娱乐活动，用心办好关系到人才日常生活、成长发展的"关键小事"。三是加强全生命周期的长服务。着力解决人才配偶就业生育、子女托育教育、父母养老以及住房等最关心最直接的现实问题，提升人才的获得感、幸福感。

推进共同富裕

进一步推进我省闽浙赣革命根据地红色旅游
高质量发展的对策建议

省委党校第 8 期中青 2 班第一调研组 *

赣东北是闽浙赣革命根据地所在地，红色资源丰富，近年来红色旅游蓬勃发展。近期调研组深入我省闽浙赣革命根据地就红色旅游高质量发展进行专题调研，形成如下调研报告。

一、闽浙赣革命根据地红色旅游产业发展现状

闽浙赣革命根据地作为"六大革命根据地之一"，全盛时期跨闽浙皖赣四省边区 52 个县，人口逾百万，这其中又以上饶市横峰县、弋阳县为主要根据地，景德镇市浮梁县为游击区域。

（一）形成了红色旅游精品路线网

一是打造了"线下"精品路线，上饶市以"可爱的中国"为主题，设计一批旅游精品路线，如弋阳湖塘·方志敏故居——横峰葛源·闽浙赣革命根据地旧址群——玉山·中国工农红军北上抗日先遣队纪念馆，通过这条精品线路，依据时间脉络将方志敏生平事迹、闽浙赣革命根据地发展史串联成线。二

---

* 调研组成员：徐　嫔　廖玲玲　卢　鑫　熊劲强　柳　健　胡　奇　陈小雄　王江宏
　　　　　　徐　伟　黄传森　邵战海　白兆宇　温　庭
执　笔　人：徐　嫔　邵战海　温　庭
指导老师：李　维

是打造了"线上"虚拟路线。横峰县开发"走遍横峰·红色之旅"手机小程序，通过红色地图打卡冲关的游戏方式，将实地打卡与线上展示相结合，激发全民参观革命旧址的热情。三是推出"流动"主题展览。推出"共和国英烈——方志敏特展"，走出家门，先后赴南昌、九江、广州、珠海、宣城、常山等省内外场馆举办展览15场，参观人数突破30余万人次，新浪网在线直播观看人次达400多万。

（二）打造了红色旅游品牌舰队

深耕基地品牌。2022年，横峰县通过举办闽浙赣革命根据地创建90周年纪念大会，邀请革命后代代表、国内专家学者、闽浙皖赣4省党史部门负责人等150余人参加主旨交流和研讨，叫响了"可爱的中国从这里走来"品牌。弋阳县将红色基因融入经济社会发展大局中，以方志敏干部学院和方志敏故居为平台，叫响了"在弋阳，看见可爱的中国"品牌。做实服务品牌。挑选旧址所在地的党员、干部、烈士后代、教师、学生等68名同志组建红色宣讲团，为游客讲述红色历史故事。聘请文物安全管理员33名，为红色旧址及文物的安全拴上了"保险杠"。唱响文化品牌。弋阳县创作了弋阳腔革命现代戏《方志敏》，于2019年6月18日受邀参加"全国基层院团戏曲会演"开幕式演出。横峰县创作编排了赣东北采茶戏《可爱的中国》，以7个篇章反映根据地"活跃跃的创造"历程。横峰县还组建了一支由红军家属、烈士后代和革命文物保护者等60多人的"模范苏维埃合唱团"，专门演唱赣东北苏区红色歌曲，多次受邀赴广州、珠海、南昌等地的革命场馆进行演出，是全国唯一一个专门演绎赣东北苏区红色歌曲的特色合唱团。此外，启动了横峰红色基因研究工程，编辑出版了《方志敏在横峰》《让革命史迹永放光辉》《热血忠魂天地间》等200余万字的史料书籍。

（三）培育了红色旅游产业集群

横峰县葛源镇坚持以"红"带"绿"、以"绿"助"红"的发展思路，依托葛源4A级景区，深入挖掘红色资源，以闽浙赣革命根据地旧址群为核心，成立"桥韵旅游公司"，引进专业化的运营团队和服务团队，对葛源旅游资源及旅游要素进行合理穿插，围绕"吃住行游购娱"沿着红色旅游精品路线，大力发展红色旅游等产业。2022年全镇8个村共实现村级集体经济收入405.56万元，村村突破30万元。同时，利用秀美乡村吸引力，通过筹办旅游文化艺术节、农民丰收节等特色活动，带动农民增收。目前，新建农家乐20家、民宿15家，采摘游等参与式、体验式的乡村旅游产品，吸引了八方游客前来接受爱国主义教育、欣赏葛源秀美景色。

二、闽浙赣革命根据地红色旅游产业发展存在的问题

在乡村振兴、老区振兴以及全国红色旅游兴起的大背景下，闽浙赣革命根据地红色旅游产业凭借独特的红色旅游资源、优美的生态资源、浓厚的传统文化，走上发展"快车道"。但同时也面临着资源挖掘不深、展览方式单一、体验性不强等问题，红色资源的产业化之路任重道远。

（一）旅游景点星罗分布，但未能形成全域旅游路线

从方志敏故居到方志敏纪念馆再到闽浙赣苏区省政府等点位，打造得非常好，但是互相之间车程较远，没有形成特定关系的关联，没有做到串点成线、连线成面。一是区域协同不够。当前该地区产业合作多局限于资源的整合，上下游产品配套和供应链过于专注本地区域，跨区域产业体系尚未有效形成，在标准制定、联合开发、共同拓展市场、金融创新、服务落地等领域的合作不足。二是旅游线路不优。虽然有精品线路，但是没有打造龙头精品景区，缺乏震撼性的旅游产品，对外拓展市场缺乏特色和创意。三是旅游人才不专。虽然讲解员队伍较强，但是旅游从业人员整体素质不高，导游匮乏，没有形成导游团队，部分红色遗址未能配备导游。

（二）市场主体数量持续增加，但缺乏龙头运营企业

发展红色文化产业，既要有政治高度，也要有现实热度，最关键在于运营主体的市场洞察力和政治敏锐性。一是市场主体平均规模不大。尽管该地红色资源丰富，也自发形成了一些以住宿、餐饮为主的业态，但系统挖掘整理红色资源起步较晚，没有形成或培育规模较大的运营主体，在市场洞察、风险规

避、持续投入等方面难以保障。二是投资主体结构单一。当前红色资源的开发仍以政府为主，市场产品开发程度不高，红色资源开发建设主要依赖本级财政资金直接投资，外部资本较少介入原创性研发。三是主导产业优势不明显。当前涉及红色资源的产业以传统旅游业为主，散而微，民宿、康养等基于红色资源、生态资源、传统文化资源等综合性开发的新业态产业较少，主导产业缺乏使得红色资源的辐射效应较低。

（三）红色遗址保护有力，但旅游开发设施不全

调研所到之处，红色文化遗址均得到有效保护，但是红色资源为粗放型开发利用，旅游配套设施不足，游客体验差。一是开发模式落后。大部分停留在"一栋小房子＋一些照片剪影＋一些革命物件"，缺乏吸引力和影响力，经常是路上两小时、点上十分钟，吃不了饭、留不了宿，难以满足游客红色文化旅游资源的发展需要。二是产业配套缺乏。调研过程中基本没有发现结合住宿餐饮、旅游观光、深度体验等多方位的配套设施，这一方面是因为品牌不响难以吸引投资，另一方面也因为前期规划缺位而难以实现。三是产业融合不强。对红色文艺作品、红色文创产品、红色经济品牌等产业发展不足，产品创作创新较少。

（四）产品供给数量众多，但地域性特色产品不多

红色资源未能发展为成熟的旅游产业，其核心问题在于旅游产品的供给与游客的需求不匹配。没有把红色资源充分挖掘整理，开发的旅游产品数量较少、形式单一、不成体系，仅以观光为主。然而，现实是游客日益追寻的沉浸式的红色旅游体验以及优质的旅游配套服务，导致闽浙赣革命根据地游客以省内为主，对江浙沪游客缺乏吸引力，后者选择远距离的延安和赣南作为红色旅游的首选地。

三、促进闽浙赣革命根据地红色资源产业开发的对策建议

闽浙赣革命根据地红色文化资源丰富，且保存完整，具备对红色文化资源进行产业开发的资源条件，建议在加强保护的基础上，通过三个"好"的举

措，进一步推进红色资源的产业化发展。

（一）打造好全域旅游路线

红色文化产业化是"实现红色文化经济价值、获得经济效益的基本方式，也是红色文化资源属性的具体实现与落实"。一是协同为要。建议积极探索、创新旅游管理体制，加入全省红色旅游联盟，联合推出精品旅游线路。组建包含横弋两县的国有文旅公司，主要承担旅游规划策划、旅游宣传营销、旅游品牌创建、景区管理服务等任务，推动旅游企业、旅游产品等全面对接，实现资源共享、合作共赢。二是精品为主。将具备参观条件的红色旅游景点、革命纪念地、旧址故居等进行整合串联，规划设计线路主题，以红色游、文化游、生态游、自驾游、高铁游等为形式，通过多媒体、多平台联动，深入构建品牌、平台、媒体、活动、资源五大矩阵，形成立体化、多维度、全方位的宣传声势，不断提升线路在全国乃至世界的影响力，打造赣东北红色文化旅游品牌。三是人才为先。选拔、引进一批旅游开发建设、宣传营销的管理人才，建立相关人才优待政策。建立合理的用人激励机制，逐步建立一支业务精通、善谋实干的高素质旅游干部队伍，为全域旅游提供智力支撑。

（二）培育好龙头运营企业

核心是开展市场运作，盘活红色资源。一是要培育经营主体。通过市场化、专业化的旅游包装、营销、策划，以原有红色景区景点为基础，全面进行市场化改造，打造旅游新业态，使红色旅游步入"投资—建设—运营—回报"的良性循环。二是要吸引投资主体。鼓励私营企业、民间资本与政府合作，吸引民间资本参与重大旅游项目开发，参与公共基础设施建设，给予投资方一定的自主经营权，利用市场经济手段，解决旅游业存在的短板、痛点等问题，走自我完善、自我发展之路。三是要做大主导产业。针对消费需求逐步培育壮大龙头企业，开辟研学、拓展、旅游商品等多种收入渠道，进一步丰富旅游业态、弥补供给短板、吸引旅客流量、产生经营效益，从根本上克服旅游产业投入不足、开发利用不足、景点之间缺乏串联的问题。

（三）建设好区域旅游合作新机制

明确红色资源的共享区域，形成产业区域配套协作发展。一是创新开发模式。在红色资源景观区域多开发立体式、情景式的红色剧场、展览馆，把传统讲授式教学的被动接受转化成真实的体验感受，结合群众的需求开发高质量的红色手办、伴手礼、餐饮等旅游产品，增加景区的体验感、浸入感，使经典红色片段"活起来"，打造更多群众喜欢的红色文化产品。二是完善产业体系。推进红色旅游与乡村旅游、研学旅游、生态旅游等融合发展。打通旅游二次消费渠道，增加二次消费品种，遴选一批独具特色、具有发展潜力的旅游商品企业，政府给予资金和技术上的帮助，支持其搞技改和研发，推出契合游客购买心理的文创产品，实现"做强一个，带动一批"的聚集效应。三是优化管理服务。以项目建设为抓手，全面细化各景区功能区设置，完善景区"停车场、公厕"等配套设施，优化"接驳换乘、咨询问询"等配套服务，加快推进智慧旅游，开发景区导览、一键购票、餐饮预约等云功能，实现"一键游""云上游"，培育特色鲜明、能持续的"吃、住、行、购、娱、游"业态。

深化医共体改革　推进"共建共用共享"

——关于我省县域医共体建设的调研与思考

省委党校第4期省直青干班第五调研组[*]

习近平总书记强调，要推进县域医共体建设，改善基层基础设施条件，落实乡村医生待遇，提高基层防病治病和健康管理的能力。近期，调研组围绕我省县域医共体建设情况，以召开座谈会、实地走访、现场访谈等形式，分赴南昌市进贤县和赣州市章贡区、于都县等地开展实地调研，共召开专题调研座谈会3场，走访县区人民医院、中医院5家，深入社区卫生服务中心、乡镇卫生院、村级卫生服务室10家，根据调研情况进行分析和思考，形成如下调研报告。

一、县域医共体建设的有益探索

调研中，进贤县、章贡区、于都县围绕"县强、乡活、村稳、上下联、信息通、模式新"的思路，探索了符合当地经济社会发展情况的县域医共体建设模式。

---

* 调研组成员：肖　萌　李镇江　徐　俊　张　峰　成沛锦　刘　寅　彭　维　谢怡洁　王济宇

执　笔　人：徐　俊　成沛锦　肖　萌

指导老师：吴瑞安　喻鹏辉

（一）主要模式

1.章贡区"全托管＋一体化"模式。章贡区以广东省人民医院赣州医院为龙头，将章贡区内公立医院、妇保院、乡镇卫生院、社区卫生服务中心等组建赣州市立医院医疗集团，靠大联强提升竞争力。

2.于都县"一院三区三中心"模式。以全县各卫生健康机构为主体、县人民医院为依托，组建了以"一院三区三中心"（于都县卫生健康总院，于都县卫生健康总院第一、二、三院区，于都县卫生健康总院中医诊疗中心、妇幼诊疗中心、疾控诊疗中心）为龙头的紧密型县域医共体。

3.进贤县"融合＋直通"托管模式。进贤县将县人民医院整体托管给江西省人民医院，组建江西省人民医院进贤医院，由省人民医院实施人事、财务、运营管理，着力打造省县医疗机构融合发展新模式、医教研省县直通新高地、县域医疗机构高质量发展新标杆。

（二）县域医改制度向纵深推进

深化医疗集团统管模式改革。赣州市立医院医疗集团内实行一体化管理，建立集团总院与分院下派挂职、上派进修、专家坐诊、远程医疗等联动机制。深化医保支付方式改革。章贡区积极争取市级支持，探索实行医保总额预算付费，将核定的县乡村三级基本医保基金总额预算给县域医共体。深化人事薪酬制度改革。章贡区、于都县探索推进公立医院编制备案制管理，实行医院正式编制职工与备案制职工同岗同酬；探索实施乡村医生"县招、乡管、村用"，对边远山区医务人员另外发放300元/人/月阳光补助；按照"两个允许"的要求，对基层医疗机构收入分配按照公益二类管理和运行。

（三）县域医疗服务能力明显提升

加快发展做强龙头医院。进贤县、章贡区和于都县均在建或已建县级医院新院区。章贡区总投资30亿元新建广东省人民医院赣州医院新院，获批国家区域医疗中心建设项目。共享发展提升医疗能力。赣州市立医院医疗集团建立远程心电诊断中心，由心电图专家对各分院做的心电图进行远程会诊，3分钟即可回传诊断结果，有效地解决基层医疗机构心电图医生资源短缺问题。据介绍，章贡区每年因此及时挽救心肌梗死等心血管疾病患者达 80 多人。错位发展打造特色学科。赣州市立医院医疗集团各分院按照"一院一特色"的原则，重点打造 1—2 个特色亚专科，实现总院和分院的差异发展、协同发展。进贤县乡镇卫生院大力发展中医特色诊疗服务，拓宽乡镇医疗服务功能。

（四）群众"看病难、看病贵"问题有效缓解

就近享受高水平医疗服务。于都县各县级医院分别与北大人民医院等国内高水平医院签订了对口帮扶协议，近年来各帮扶医院先后派出 44 批次 120 余名专家进行驻点帮扶，指导手术 3000 余台，让老百姓在家门口就可以享受高水平医院的卫生健康服务。推进家庭医生签约服务。进贤县以南昌市家庭医生签约十大民生实事工程为契机，组建家庭医生团队 260 余个，累计签约279917 人。诊疗费用有效降低。进贤县在医共体内部实施 CT、核磁共振等设备共享，乡镇卫生院开单，县级医院检查，为患者减轻了 20% 的检查费用。

二、当前医共体建设面临的主要问题

（一）医共体建设系统性集成性不够

一是"互补发展"有欠缺。县级医院和基层医疗机构并未完全按照各自的定位"错位"发展，存在大医院"不愿放"、基层医疗机构"接不住"、群众"信不过"的现实困境。二是"资源整合"有阻力。医共体内部的县级医院和乡镇卫生院资源没有有效整合，"各自为政"现象依然存在，行政、人员、财务、质量、药械、信息"六统一"的"一盘棋"格局尚未真正建立。三是"三医联动"有差距。医疗、医保、医药三医联动的体制机制不健全，特别是与分级诊疗相适应的医保政策还有待完善。

（二）医疗资源下沉不平衡不充分

一是优质医疗资源总量不足。当前，我省大部分县区医疗服务体系均存在优质医疗资源短缺的问题，难以满足人民群众日益增长的医疗健康需求。二是优质医疗资源分布不均。比如，进贤县 90% 以上医疗业务集中在县人民医院和县中医院两家二级医疗机构，乡镇医疗机构高水平医务人员不足、医疗设

备不足、医疗服务能力不足。三是优质医疗资源联动不够。县域医共体上下联动、资源共享、优势互补、密切协作的医疗服务体系仍需完善。

（三）医共体建设信息化水平滞后

一是基层信息化建设有差距。县级医院信息化建设起步较早，信息系统建设相对较成熟；而乡村医疗机构信息化建设由于起步晚、投入少、人才缺，信息系统建设相对不够完善。二是信息化建设标准不统一。医共体各医疗机构使用的软件和系统所采用的标准不一致，数据无法对接统一，使得医共体推行分级诊疗、双向转诊存在信息壁垒。三是信息化统一监管不健全。于都县卫生健康服务平台已完成一期建设，但大部分医院因各自信息管理系统不一致，导致各医院医疗行为监管还是依靠人力监管，无法实现一体化管理。

（四）医疗队伍建设有待增强

一是基层人才留不住。由于基层医疗机构工作人员待遇低、发展空间小、编制不足，基层"招不来、留不住"医生的情况较为普遍。二是年龄结构不合理。进贤县医疗系统现有在编35岁以下人员仅179人，占正式职工总数10.9%，青黄不接现象日益凸显。调研中发现有的村医已近70岁高龄，依然在岗服务，面临"后继无人"的局面。三是编制分配不均衡。部分基层医疗卫生机构基本医疗任务重，编制数不足以保障其正常运转，只能通过聘用人员补充力量，造成负担过重；部分基层医疗卫生机构业务萎缩，单纯承担基本公卫任务，客观存在编制利用效率不高的情况。

三、对策建议

（一）着力加强组织领导，深化医疗资源共用共享

一是党建"强起来"，凝聚医共体建设合力。各级地方政府成立医共体建设领导小组，定期召开专题会议研究推动医共体建设。二是架构"建起来"，创新医共体整体设计。切实落实各级各类医疗卫生机构的功能定位，大力推进"基层首诊、双向转诊、急慢分治、上下联动"的分级诊疗模式。三是政策"活起来"，保障医共体持续健康发展。进一步深化医药卫生体制改革，完善与

医共体发展相适应的医保支付、资源共享、薪酬分配、编制管理等政策措施。

（二）着力推动资源下沉，提升基层医疗服务水平

一是做强龙头。探索全省三级医院分别与县级医疗机构建立对口帮扶机制，让省、市大型医疗机构的人才、技术和管理制度等优质资源深度下沉到县域，全面提升县域医疗机构服务能力。二是做实基层。加快向基层医疗机构配备配置新设备、适宜设备。选择部分服务人口多、基础好的乡镇卫生院，纳入当地二级医院规划重点建设。实行乡村医疗服务一体化，将乡村医生纳入乡镇卫生院统一管理。三是做优服务。医共体成立医疗、药剂、检验等质控中心，按县级医院标准同质化提升乡镇卫生院医疗质量。加强基层慢病管理，将慢病药品目录下沉到乡镇卫生院。

（三）着力实施数字化赋能，提升基层医疗信息化水平

一是推进信息系统互联互通。建设区域健康大数据中心，因地制宜地逐步升级改造县级公立医院与基层医疗机构现有信息系统。二是建立远程诊断中心。参照章贡区模式，在全省范围推行建立县级心电图远程诊断中心，将为乡镇、社区基层卫生服务机构配齐心电图监测设备作为全省民生实事予以推进，有效地降低心血管疾病致死率。三是建立信息管理系统。探索建立全生命周期患者档案、集团慢性病管理中心，构建大病慢病随访信息系统，为精准化健康服务提供保障。

（四）着力建强人才队伍，强化基层医疗力量

一是进一步加强基层医疗人才引进。探索建立人才招聘绿色通道，统筹医共体下属基层医疗卫生机构编制，探索县级医共体县聘乡用。大力推动村医建设工程，及时补充村医，破解我省村医匮乏的困局。二是建立县级医院培训、下派机制。县级医院定期接收基层医务人员免费进修轮训，建立城市医疗卫生人才定期服务乡村制度。三是优化激励机制。拓宽乡镇卫生健康人才成长道路，在职称评定、岗位设置政策方面适当向乡镇倾斜。全面实施基层医疗卫生机构"公益一类财政保障，公益二类绩效管理"。

探索"平安义警"新模式　打造共治共享新格局

——基于上饶"平安义警"的调查与思考

高莉娟　李丹妃　姚　亮　吴振华　周燕妮[*]

省委政法工作会议强调:"要加快推进社会治理现代化,努力在建设更高水平的平安江西上勇争一流。"近年来,上饶市践行"警力有限,民力无穷"的理念,传承发展新时代"枫桥经验",探索推出"平安义警"共建、共治、共享的社会治理新模式,深得群众好评。为此,课题组深入上饶市开展实地调查,形成如下调研报告。

一、上饶"平安义警"建设的探索与创新

"平安义警"作为新时代志愿服务中的一种重要创新,是一支以实际行动弘扬奉献、友爱、互助、进步精神,积极参与平安共建、群防群治等公益活动的群众性志愿力量。上饶市将"平安义警"作为市域社会治理现代化试点的重要抓手,深入推进平安建设和市域社会治理,初步走出一条具有时代特征和地方特色的群防群治新路子。

* 　高莉娟　省委党校副校(院)长、教授
　　李丹妃　省委党校科学社会主义(政治学)教研部讲师
　　姚　亮　省委党校科学社会主义(政治学)教研部主任、教授
　　吴振华　省委党校科学社会主义(政治学)教研部副教授
　　周燕妮　省委党校科学社会主义(政治学)教研部讲师

（一）上饶"平安义警"的特色做法

1.构建"五级链条"群防群治模式。对照市、县（区）、乡镇（街道）、村（社区）、组（小区）层级，成立"市协会—区协会—大队—中队—分队（工作站）"五级链条模式。市协会、区协会建有党建工作室、爱心超市等功能模块，在发挥实物功能的同时又将其作为"平安义警"工作、交流、创新等载体，增强各层级"平安义警"的归属感与凝聚力。下属大队、中队、分队建有小办公场所，各分队队长家门口均悬挂有"平安义警"灯箱，以方便群众发现"平安义警"，求助"平安义警"。五级链条模式的搭建，切实将"平安义警"的"毛细血管"延伸至千家万户，实现了信息获取的层级式增长，真正将基层社会治理走深走实。

2.构建多元化志愿服务保障机制。夯实基础保障，为每名"平安义警"配备统一的个人装备，并在工作点配备橡皮警棍等警械。加强制度保障，出台了协会规章、财务等管理制度，推动"平安义警"进一步规范化、爱心化和服务化；创建了"先培训、后上岗"的服务机制，紧贴实际任务，开展线上＋线下、集中＋结对、岗前＋升级培训。强化资金保障，通过协调政府、红会等部门设立"义警基金"；通过接受捐赠等方式保障行动正常开展。落实安全保障，通过与市平安保险公司合作，为每名培训合格的"平安义警"购买人身意外伤害保险。

3.搭建"全媒体"志愿动员平台。一方面，运用互联网搭建精细化的大数据管理5G平台，对会员注册、身份确认、任务发布、活动报名、报到打卡、服务计时、爱心积分等进行全流程数字化管理，跳出了信息阻隔和低效联动的传统组织模式，成千上万的志愿者被高效动员起来。另一方面，依托微信公众号、官方抖音等新媒体打造线上公益矩阵，通过组建"平安义警"网络达人联盟，让直播间成为法官、舆情的主阵地；借助"平安义警"协会官方抖音直播平台形成独特的粉丝经济，支持当地企业，助力经济建设，实现"平安义警"自我造血。

（二）上饶"平安义警"的治理成效

1. 发挥"平安义警"志愿力量，有效地弥补了基层警力不足。一方面，通过上饶"平安义警"这一载体，汇聚了广大的社会公益人士，破解了基层警力不足的难题。据统计，上饶"平安义警"志愿者高达 16 万余人，服务总时长超过 125 万小时。另一方面，通过大数据管理平台，统筹了"平安义警"碎片化的时间、分散化的区域，达到了建立会员信息、规范队伍管理、突破时空地域、对接群众公共需求的"一网统管"高效运转。

2. 发挥"平安义警"专业能力，有效地防范区域安全风险。上饶"平安义警"在上岗前会接受法律法规意识、安全防范知识、实战技巧技能等培训，据统计，全市已组织"平安义警"业务培训 60 场，培训人员达 5 万余人次。不仅如此，上饶"平安义警"还创新了"民警＋辅警＋义警"全覆盖的社会基层治理新模式，切实为平安上饶建设保驾护航。如在"平安义警"队伍的轮班巡逻下，去年下半年开始试点的朝阳王村村在调研组抵达当天已连续实现 201 天平安无事，且与往年同时段相比纠纷类警情、盗窃类案件等均有所下降。

3. 发挥"平安义警"志愿精神，有效地引领社会道德风尚。上饶"平安义警"作为新时代雷锋的孵化器，凝聚起了"一座城，一条心，一起拼，一定赢"的磅礴力量，让见义勇为、见义众为，人人参与、人人享有成为新时代社会风尚。如"平安义警"杨隆华在巡逻中发现溺水青年时，立即跳入水中进行救援，看到他的义举，一名群众也跳入水中协助救援；"平安义警"刘礼银在日复一日、风雨无阻的行动中，用自己的坚持感染着身边十几人加入"平安义警"队伍，一起致力于上饶的志愿服务。

4. 发挥"平安义警"服务功能，有效地降低社会治理成本。上饶"平安义警"具有服务的自愿性、行为的无偿性、成本的自给性等特点，其不仅能为政府节省众多常态化的公共支出，还能够缓解政府的应急压力，降低政府的应急成本。如 2022 年下半年，上饶"平安义警"通过义务维持居民采样点秩序，在一定程度上减轻了政府的财政负担。还有 2023 年 4 月份在上饶城市马拉松赛中，有 956 名"平安义警"维持现场秩序，这在很大程度上降低了政府的社会治理成本。

二、"平安义警"志愿服务可持续发展面临的主要困境

（一）广大干部群众对"平安义警"认识不到位

当前广大干部群众对"平安义警"的认识还不到位，这一方面表现为党政干部的认识不到位，把它仅定位于公安的一支辅助力量，对"平安义警"的发展缺乏必要的组织、资金、场地等支持。另一方面是群众的认识不到位，没有深刻认识到"平安义警"在基层社会治理现代化中的重要作用。

（二）"平安义警"管理运行机制不健全

上饶"平安义警"志愿者从去年成立之初的2万人发展到16万多人，其中注册"义警"从1800人上升到3622人，服务内容从最开始的护校安园拓展到矛盾调解、法治宣教、应急服务等多个方面。随着"平安义警"数量及其服务内容的快速增长，现有的管理机制已明显跟不上实践运行的需要。如在"平安义警"的"进"与"出"方面就缺乏规范化的评价设计、在权利与义务方面亦缺乏明确细致的制度规范、地方"平安义警"志愿服务平台尚未有效接入到省级志愿服务平台等。

（三）"平安义警"专业能力水平与群众期待有差距

"平安义警"承担着参与社会治理、维护治安秩序等多方面的工作，对其专业能力有着较高的要求。从当前实践来看，"平安义警"主要来源于学校家长群体，专业社会组织志愿者、社会技能型志愿者较少。与此同时，"平安义警"工作主要围绕平安护校、治安巡逻等方面展开，在调解矛盾纠纷、提供应急服务等方面的实操能力比较薄弱。

（四）"平安义警"激励有待加强

上饶"平安义警"主要依靠爱心企业的捐赠和政府部门的经费维持基本运转，并通过爱心超市积分兑换、年会表彰等方式对志愿者进行激励。随着"平安义警"的不断发展壮大，有限的外部资金已难以维持当前的活动需要，单一化的激励方式亦无法充分调动志愿者的活动积极性。

三、进一步推进"平安义警"可持续高质量发展的对策建议

（一）着力推进"平安义警"志愿服务的先行试点

目前上饶"平安义警"仍处于探索阶段，这对于推动全省市域社会治理具有重要的探索意义。为此，一方面建议将上饶"平安义警"纳入省委、省政府市域社会治理创新试点市，并对先行先试的做法和经验进行总结，再逐步加以推广和完善。另一方面，建议将平安建设志愿服务纳入政府购买公共服务项目清单，通过政府购买保障"平安义警"的基本运行，推动"平安义警"健康畅通有序发展。

（二）着力推进"平安义警"志愿服务的规范化发展

首先，有效地整合各级志愿服务管理平台，推动上饶"平安义警"平台与江西省志愿服务平台有效衔接。其次，加强统一的地方立法保障，明确"平安义警"的权责边界，明确规定"平安义警"享有协会选举、安全保障等各项权利，并对"平安义警"中的不良现象加以规范引导，依法处置违法违规行为。最后，建立规范的统一评价机制，将"平安义警"志愿服务纳入各部门工作绩效考核等范畴，鼓励各部门为"平安义警"提供各种积分兑换等激励措施。

（三）着力提升"平安义警"志愿服务专业化能力和水平

首先，主管部门应加强对"平安义警"队伍培训工作的规划与指导，常态化开展针对性强的培训规划及内容设计。其次，可借助相关部门的专业技术人员及地方高校的师资力量，为"平安义警"提供专业化能力培训。最后，应加强模拟演练和实战演练，将抽象的技能内容变成具体的操作，让"平安义警"熟练掌握使用防护用品的技能，不断提升技术运用能力与应急处置能力。

（四）着力推进"平安义警"志愿服务资源的有效整合

首先，党委政府和各个部门之间应形成高位推动，将"平安义警"工作与平安江西建设的相关工作进行有效衔接，使其享受同等的优待权益。其次，

形成整齐划一的市级队伍整合，并把县区的队伍建设纳入市级层面统一进行编排部署。最后，有效地整合属地内外资源，通过属地政府搭建联结资源的桥梁纽带，为"平安义警"志愿服务提供必要的资金、场地等支持；通过与爱心企业合作建立"慈善超市"等获得一定的运转资金。

（五）着力打造"平安义警"志愿服务品牌

首先，可借助本地知名网红、名人等明星效应，通过网络直播、宣传册、书籍等方式，不断扩大"平安义警"志愿服务的社会影响力，提升公众认知，引导公众积极投身"平安义警"志愿服务。其次，充分发挥数字化技术在"平安义警"微视频制作等方面的作用，增强宣传的视觉感与体验感，提升宣传效果。最后，充分挖掘"平安义警"志愿服务过程中的典型人物与动人事迹，努力塑造具有本地特色的"平安义警"志愿服务品牌。

统筹发展和安全

构建房地产市场平稳健康发展新模式

李 能 *

　　房地产业是我国国民经济的重要支柱产业，对于经济发展、民生改善、金融稳定和风险防范具有系统性影响。近年来，随着市场的不断变化和政策的深度调整，房地产行业进入供需结构性调整阶段。针对稳经济大盘下房地产何去何从的问题，2021 年 12 月，中央经济工作会议首次提出"探索新的发展模式"。2023 年 7 月 24 日召开的中央政治局会议作出"适应我国房地产市场供求关系发生重大变化的新形势，适时调整优化房地产政策"的重要部署；7 月31 日召开的国务院常务会议强调"根据不同需求、不同城市等推出有利于房地产市场平稳健康发展的政策举措""加快研究构建房地产业新发展模式"；12月 11 日至 12 日召开的中央经济工作会议强调"积极稳妥化解房地产风险，一视同仁满足不同所有制房地产企业的合理融资需求，促进房地产市场平稳健康发展""加快推进保障性住房建设、'平急两用'公共基础设施建设、城中村改造等'三大工程'"。因此，在准确把握我国房地产市场发展逻辑和未来趋势的基础上，针对当前房地产市场出现的新情况新问题，提出构建房地产市场新发展模式的对策，具有非常重要的现实意义。

---

* 李 能　省委党校（江西行政学院）常务副校（院）长

准确把握我国房地产市场的发展逻辑

改革开放以来，在居民需求旺盛和政策有效驱动的背景下，我国房地产行业快速发展，主要经历了四个阶段。

（一）政策引导阶段（1978—1998年）：住房商品化开启

在住房商品化提出以前，我国主要实行福利分房制度。1978年，房改问题的提出打开了住房市场化大门，住房市场化的相关政策陆续出台。1979年，我国开始实行新建住房由政府统一建造、以成本价出售给职工的试行办法。1988年2月，国务院出台《关于在全国城镇分期分批推行住房制度改革的实施方案》，首次提出"住房商品化"的概念，标志着住房制度改革进入全面试点阶段。1994年7月，国务院出台《关于深化城镇住房制度改革的决定》，基本内容包括把住房实物福利分配的方式改变为以按劳分配为主的货币工资分配方式、建立住房公积金制度等，标志着住房制度改革进入深化和全面实施阶段。

（二）政策扶持阶段（1998—2008年）：房地产市场迅速发展

1998年7月，国务院印发《关于进一步深化城镇住房制度改革加快住房建设的通知》，正式开启以"停止住房实物分配，逐步实行住房分配货币化"为核心的住房制度改革，标志着我国福利分房制度结束和住房市场化正式开始，自此我国房地产投资总额和房价进入一路飙升的阶段。2003年8月，国务院发布《关于促进房地产市场持续健康发展的通知》，明确提出"房地产业关联度高，带动力强，已经成为国民经济的支柱产业"，此举进一步强化了住房的商品属性，房地产投资大幅增加，房价不断上涨。

（三）政策调控阶段（2008—2015年）："救市"与稳定房价

2008年受美国次贷危机和紧缩货币政策影响，国内房地产市场景气度下行，房价出现10年来的首次下跌。2009年，随着国家出台"四万亿"刺激计划和宽松信贷政策，商品房销售市场逐步回暖，房价止跌并快速回升。2010年，为抑制房价过快上涨，国家出台系列调控政策，各地也纷纷出台相应的细化措施，抑制房地产投资和投机性需求。在"调结构、稳物价"的大背景下，"国八条""新国五条"等先后落地，各大城市相继颁布"限购""限贷"等政策，控制房价过快上涨，房地产市场再次步入调整阶段。2015年，随着国家启动棚户区改造计划、实施"去库存"政策，加之一系列宽松的行业政策出台，房地产市场快速回暖，房价出现了自1998年实行住房市场化以来的最大涨幅。

（四）政策规范阶段（2016年至今）：回归住宅的居住本质

为了遏制房价过快上涨，2016年中央经济工作会议第一次提出"坚持房子是用来住的、不是用来炒的"定位。2017年政府工作报告强调房地产调控要因城施策去库存，并首次明确坚持住房的居住属性，锁定了未来住房政策调控的总基调——坚持住房的居住属性，建立多主体供给、多渠道保障、租购并举的住房制度，逐渐形成多层次的住房市场供应体系。2020年，受新冠疫情和经济下行压力影响，房地产销售增速明显放缓。自2021年开始，随着一些房地产龙头企业频繁出现资金链断裂、资金流失等"暴雷"状况，国内房地产行业受到严重冲击，房地产市场交易活跃度下滑，许多城市新房、二手房价格走低，出现明显趋弱的现象。

改革开放45年来我国房地产市场与政策的演变轨迹，体现了中国特色社会主义市场机制从萌芽到成熟的演变历程，体现出短期政策调控与市场长效机制相结合的显著特征。因此，要从我国房地产市场发展的基本逻辑出发，准确把握房地产市场发展的趋势变化，理性看待房地产市场发展的短期波动。

深刻洞察我国房地产市场的未来趋势

房地产与城镇化之间存在非常紧密的互动关系，房地产问题本质上也是城镇化问题。从发达国家的房地产发展历程来看，伴随着城镇化率的不断提升，房地产市场都经历过由注重数量到数量与质量并重，再到质量第一，进而强调个性化、多样化、高环境质量的发展过程。作为城镇化后发国家，未来中国房地产市场也将沿着这个方向发展。

（一）城镇化中后期房地产市场发展的一般特征

中国宏观经济研究院王继源的有关研究表明，整体看，发达国家城镇化率在低于50%时，城镇化率年均提高一个百分点以上是常态，达到60%后城镇化速度开始陆续放缓，但幅度不大，超过70%后则会出现普遍的显著放缓。目前，在人口规模超过3000万的发达国家中，城市化率已普遍高于80%并趋于稳定。从全球城镇化先发典型国家发展历程看，城镇化率达到60%以后，城镇发展开始呈现出新特征、新趋势、新规律，主要表现为：城镇化率从年均提高一个百分点以上的高速增长逐步回落到一个百分点以内的快速增长；城镇化主要驱动力从资源要素驱动的传统工业转向人力资本创新驱动的现代服务和先进制造业；城镇开发模式从外延增量式扩张转向增量扩张、存量更新并重的内涵精致提升；人口流动方向从就近的城乡人口迁移为主转向更大范围的城市间人口迁移；城镇化空间形态从单中心转向多中心、郊区化发展，从中心城市转向都市圈、城市群一体化发展；城市发展理念从突出效率转向以人为中心。

与此相适应，城镇化中后期房地产行业随之进入转型发展期。从需求端来看，市场总需求增长稳中缓降，人口大量流入的大城市新市民住房需求持续增加，人口流出的中小城市需求下降，改善型中大户型和高品质住房需求增长，灵活就业、柔性办公等对房地产产品的需求更加多元。从供给端来看，中心城区可供使用的土地趋于饱和，新建住宅主要集中在城郊或与中心城区具备便捷交通的通勤区，中心城区存量住房批次改造，保障性住房供给力度加大，房地产产品供给质量不断提升。从价格端来看，房价涨幅总体趋缓，短期波动性增强，有的甚至暴涨暴跌，加之资产体量巨大等因素，应对不力会对国民经济健康发展构成现实威胁。如，日本在二十世纪八九十年代房地产泡沫的膨胀与破裂，导致日本经济陷入了"失去的二十年"；美国2008年次贷危机前后房价暴涨暴跌，诱发了国际金融危机。

（二）我国城镇化和房地产市场发展的未来趋势

改革开放以来，我国城镇化进入跨越式发展时期，常住人口城镇化率从1978年的17.9%上升到2022年的65.22%，年均增长1个百分点以上，目前已经处于快速发展的中后期。尽管经济下行压力增大，但城镇化动力仍然强劲，蕴含着巨大的内需潜力和发展动能。据中国社科院人口与劳动经济研究所及社会科学文献出版社 2021 年 12 月发布的《人口与劳动绿皮书：中国人口与劳动问题报告 No.22》预计，中国将在"十四五"期间出现城镇化由高速推进转向逐步放缓的"拐点"，城镇化率将在 2030 年左右突破 70%，2035 年后进入相对稳定的发展阶段，表现出城市群和都市圈快速兴起、逆城镇化趋势逐步展开、城乡一体化进程加速、城镇化发展质量全面提升等新特征。随着人口增长趋势和人口结构发生较大变化，城镇住房自有率达到高位，房地产市场将由"增量时代"进入"存量时代"，房地产开发企业"高负债、高杠杆、高周转"的数量扩张型发展模式将转变为更注重结构优化、质量提升的精细化发展模式。

一是房地产开发规模稳中缓降。近年来，在城镇化的加速推进下，我国城乡居民住房条件明显改善。国家统计局公布的《中国人口普查年鉴 2020》显示，2020 年全国家庭中自有住房的比例已经超过七成，全国人均住房建筑面积由 2010 年的 31.06 平方米上升至 2020 年的 41.76 平方米，其中城市、镇、乡村人均住房建筑面积分别约 36.52、42.29、46.80 平方米。随着大规模城市建设"基本定型"、住宅存量的不断积累，住宅投资增长势头将会经历一个缓慢向下调整的时期。

二是房地产空间布局日益分化。以城市群、都市圈为依托构建大中小城市协调发展格局，推进以县城为重要载体的城镇化建设，是我国未来城镇化发展的方向。随着我国户籍制度改革持续深化，人口流动将从就近城乡迁移为主转向更大范围的城市间人口迁移。房地产发展空间将更多聚焦京津冀城市群、长三角城市群、粤港澳大湾区、成渝城市群，以及全国都市圈、强省会城市和发展动力强劲的县城，一般中小城市房地产市场将不同程度收缩，大城市开发重点也由中心城区逐渐转向郊区和次中心。

三是房地产需求结构更为多样。随着我国现代化进程的推进，城镇低收入住房困难群体、新市民、青年人的住房需求需要通过保障性住房解决。生活水平提高和三孩政策实施，推动设施配套齐全的四五居室改善型住房需求较快增长。据测算，我国 60 岁及以上老年人口将在"十四五"时期突破 3 亿，2035 年左右突破 4 亿，与子女亲友就近、满足医疗和康养等条件的适老型住房需求持续加大。移动互联网与高速铁路网便利人们在就业城市郊区或异地安家。

四是房地产产品品质不断提升。随着城市发展、时代进步、观念更新，人们追求更加绿色、健康、安全、宜居的居住环境，住房需求由"有房住"向"住好房"转变。未来房地产发展不仅将彻底告别粗放式扩张模式、走集约智能绿色低碳发展之路，而且将适应人们生产生活方式变化，升级配套设施、服务保障、文化品位，更好满足人民群众的高品质居住需求。

促进我国房地产市场平稳健康发展的对策建议

基于我国城镇化与房地产市场的发展逻辑和未来趋势，建立房地产业发展新模式要坚持"房子是用来住的、不是用来炒的"定位，坚持行业调控与市场机制相结合，政策重点逐步从"扩增量"转向"优存量"、从"有没有"转向"好不好"，加快推进房地产业供给侧结构性改革，加快建立多主体供给、多渠道保障、租购并举的住房制度，以结构性供给满足结构性需求，实现房地产市场"供求基本平衡、价格基本稳定、价格基本合理"的目标。

（一）加强对房地产市场的预期引导

近三年，受疫情反复、头部房企债务违约、个人收入预期下降等因素影响，房地产市场预期转弱。建议积极引导市场预期，增强房地产消费意愿，提振房地产市场信心。

一是深入开展"保交楼"行动。抢抓政策窗口期和施工黄金期，组织扩大施工力量，加快项目建设进度，形成更多实物工作量，力争如期完成保交楼任务。加大保交楼项目的商业配套融资力度，督促有关企业通过处置未开发土地、在建项目、公司股权等方式筹集资金用于保交楼后续建设。打通保交楼专项借款资金省内统筹调配通道，帮助有关地方解决资金短缺难题。

二是增强房地产行业发展信心。稳妥推进商品房"现房销售"试点，消费者首付在交房后支付，贷款也在交房后开始还，增强购房者信心，杜绝"烂尾楼"出现。在符合法律法规规定的办证条件下，稳慎推行"交房即办证"试点，落实商品房交付即可办理"不动产权证"要求，实现"交房即办证"。稳妥推进房票安置试点，城中村改造、城市更新中涉及的房屋征收，可通过发放房票等货币化的方式安置。

三是强化市场舆论和预期引导。一方面，媒体在确保客观性、真实性的前提下，发挥舆论的正能量，给予大众正确的认知，为房地产市场的良性发展助力。另一方面，规范管理自媒体平台，依法打击个别自媒体发布抹黑、唱衰房地产市场等不实信息的行为。

（二）完善多层次住房供应体系

当前，我国住房总量绝对短缺时期已过，住房供给的结构性矛盾是主要问题。要针对住房供给存在的"四重四轻"问题（重售轻租、重新轻旧、重市场轻保障、重预售轻现房），提供更加多样化的住房供给，努力形成"高端有市场、中端有支持、低端有保障"的住房发展格局，实现与需求相匹配的高质量供给。

一是加大高端住房供应。随着城镇化推进和经济社会发展，人民群众的住房观念正在从"有房住"向"住好房"转变，对绿色、健康、智慧高品质住宅的需求日益增长。高品质住宅符合绿色、健康、智慧发展方向，满足绿色生态发展和居民健康生活要求，保证住宅建筑节能环保、绿色低碳、舒适健康，引领美好居住生活。建议加大高品质住宅用地供应，推广立体生态建筑建设，促进住房建设绿色化、集约化、智能化发展，提高住宅设施配套水平，全面提升住房品质。

二是大力支持改善性住房。长期看，"先租后买、先小后大、先旧后新"是人们不断改善住房条件的消费模式。一方面，通过降低改善性购房准入门槛、加大税收政策支持力度等措施，实现改善性住房需求的有效释放，让改善性住房需求成为稳定房地产市场大盘的关键。另一方面，及时向社会公布教育、医疗、交通等基础设施规划布局，尽快完善住宅区周边的道路、公园、绿地、市政等基础设施配套，完善住宅区内部的园林景观、适老养老、休闲休憩、运动场所等设施设备，使居民生活更加便利舒适。

三是切实抓好保障性住房。城市房价上涨压力将会持续存在，住房保障是长期任务，租赁式保障与产权式保障都是重要的保障方式。一方面，加快发展保障性租赁住房，多渠道增加租赁住房供给，保障租售同权，切实解决承租人同等享有教育、医疗等公共服务。另一方面，将保障性配售住房规划建设和"城中村"改造等工作有机结合，加快保障性配售住房建设，让年轻人实现从租房到拥有产权住房的梦想。

（三）构建房地产用地多元化供给模式

以"招拍挂"为特征的房地产用地供给模式对房地产市场格局的形成影响较大，推高了房价，形成了价格错配。推动房地产用地供给多元化，有助于降低土地成本，倒逼地方政府减少乃至摆脱对土地财政的依赖。

一是构建城乡统一的用地市场。有规划地推动农村集体建设用地和宅基地入市，扩大房地产开发用地供给渠道，构建充分有效的土地一级市场新的竞争格局，倒逼地方政府减少土地财政依赖度，积极扶持产业发展以获取税收，分流压力过大的部分大城市住房市场需求。

二是调整完善城市土地供应出让政策。制定更加严格的土地供应政策，完善土地供应机制，优化土地供应结构，加强土地供应的规划和管理，合理把控土地出让节奏和区域分布，确保土地的有效利用。建立"以人定供"的市场化土地交易机制，按照城市住房供给量与人口增长相协调原则，调整城镇建设用地年度指标分配依据，根据常住人口变化动态调整住宅用地指标。

三是创新出台土地使用权到期后的接续政策。防止大拆大建，制定并出台住宅、商服、工业三类用地使用期限届满后的接续政策。考虑到城市产业结构调整的需要，对商服和工业用地实行"新租约＋土地年租"制度，化解亟待更新的既有建筑由于土地使用年限短导致社会资本无法投入的问题，加快城市产业升级和功能提升，平滑衔接新旧建筑使用年限、用途和容积率的改变。

（四）完善房地产政策工具箱

根据房地产市场供求关系发生重大变化的形势，及时优化房地产政策，因城施策，支持刚性和改善性住房需求，支持房地产业合理融资需求。

一是创新房地产企业融资模式。房地产行业融资模式的改革方向需要从过去以债权融资为主向"股债多元"转变，拓宽房企权益融资渠道，鼓励房企上市融资，扩大直接融资比重。大力发展多元化的房地产融资工具，引导金融机构落实国家已经明确的开发贷款、按揭贷款、并购贷款、施工企业流动性贷款等系列金融支持政策，以分散银行信贷风险，防范房地产金融风险。将房企"持有运营类"的物业，如公寓、商业、办公楼、酒店等纳入公募 REITs 运作，利用公募 REITs 将大宗物业的整体经营与流动性相结合，有效盘活存量资产，强化资本市场对不动产产权流动的支持力度。

二是探索推进二手房跨行带押过户。目前，由于各银行考虑内部贷款业绩保护和资金安全问题，二手房跨行带押过户暂未实现。建议在总结存量房带押过户做法的基础上，引进有国家认可资质的第三方担保公司，携同各家银行探索推进二手房跨行带押过户，既可解决客户对银行选择的问题、全面实现带押过户的普适性，又可以取缔市场上的"过桥"行为，降低业主的售房成本，整体缩短交易周期，最大限度激活二手市场。

三是建立健全房地产税收制度。按照"立法先行、充分授权、分步推进"的原则，稳妥推进房地产税改革，对新交易或者过户的非经营性住房家庭开征房地产税，而对拥有存量房但暂不进行交易和过户的住房家庭暂不征收房地产税，并根据不同的房产类型、面积，按照一定的税率、税基、起征点征收房地产税。

（五）有效防范化解房地产市场风险

房地产市场是目前风险较大、隐患较多的领域，且产业关联度高、涉及范围广、债务规模大，防范化解房地产领域的风险不仅关系到房地产市场的稳定与安全，也关系到经济的稳定与安全。

一是加强对房地产市场波动的监管。重视房地产市场波动给经济、民生和社会稳定带来的潜在风险，避免房地产市场的过冷、过热和泡沫化。建立健全市场调控机制，防止房地产市场出现投机和恶意炒作行为。推动房地产市场与经济社会发展相协调，避免地方政府过度依赖土地财政。

二是加大对房地产企业的监管力度。加大房地产企业项目预售资金监管力度，尤其是分析研判存在风险的房地产项目，对房地产企业监管账户情况做到心中有数。加强对房地产企业的信用评估，建立房地产企业的黑名单制度，防止不良企业扩散和恶性竞争现象的发生。规范商品房交易行为，督促房地产企业严格落实商品房销售价格备案制度，严格执行明码标价、一房一价，并严厉打击房地产企业违规预售、虚假广告等违法违规销售行为。

三是建立健全房地产市场风险预警机制。梳理排查房地产企业潜在风险，定期研判房地产市场风险情况，及时发现和应对房地产市场风险。密切关注高风险头部房企流动性问题，建立风险企业旬报制度，及时采取应对措施。

关于推动我省应急产业高质量发展的几点建议

徐文锦　黄同林　李华汐 *

党的二十大报告指出，增强维护国家安全能力，加强重点领域安全能力建设，确保重要产业链供应链安全。应急产业是应急管理能力建设的重要支撑，产业高质量发展有助于推进我省应急管理体系和能力现代化建设。为此调研组先后赴定南应急产业基地、江西省公共安全科技创新联合会、中海信国家应急产业示范基地（深圳）等地方开展调研，形成如下调研报告。

一、我省应急产业发展的基本情况

（一）政策发力优环境

近年来省政府先后出台多项政策，促进了应急产业持续健康发展。2015年5月，印发《贯彻落实国务院办公厅加快应急产业发展意见重点工作分工方案》，从发展思路、科技创新、融资体系等方面提出加快应急产业发展的各部门分工方案，明确应急产业发展的重点方向和主要任务，从政策上营造良好环境，助推应急产业发展。2021年7月，印发《江西省突发事件总体应急预案》，相关部门相继出台各专项应急预案，包括突发环境事件、公共卫生事件、自然

* 徐文锦　省委党校工商管理学教研部副教授，江西应急管理研究中心研究员
　黄同林　省应急管理科学研究院二级教授、高级工程师，江西应急管理研究中心特聘研究员
　李华汐　省应急管理科学研究院工程师

灾害、生产安全事故等，每一项应急预案都针对特定领域提出物资与资金保障、技术保障、交通与运输保障等要求，对扩大应急产业需求侧起到重要推动作用。

（二）地市落实显成效

在省政府不断出台政策鼓励应急产业发展的背景下，全省各地积极落实。南昌市依托昌飞集团、中国直升机设计研究所（602所）等公司，重点开展无人机的研发制造，加大直升机在应急救援中的应用。将VR（虚拟现实技术）特色产业，用于培训演练、大众体验、安全应急教育等。景德镇打造北汽昌河汽车配套产业园和航空小镇，在车辆安全和航空应急救援领域形成产业集聚。九江市在消防安全和防汛工作方面成效显著，全国首艘大型水上综合救援工程船——"中国应急九江号"为沿江民众筑起了坚实的安全屏障。

（三）园区建设扬优势

赣粤边际（定南）应急产业园区建设项目已列入江西省"十四五"应急体系规划中重点扶持项目，该县利用区位优势，全力打造"港产城融合"发展创新区，规划建设省级商贸物流服务业基地，依托本地省级重点职业学校，培养本土应急发展实用型人才。产业园围绕监测预警、预防防护、处置救援、应急服务四个重点方向，形成集群化、全方位的应急产业发展格局。

二、我省应急产业发展面临的困难

（一）产业布局亟待规划

1.园区定位谋划不足。当前我省对应急产业园区高位谋划不足，产业发展定位不清、方向不明，有关部门给予的配套措施和支持不够，导致国家级应急产业园区建设进度缓慢。

2.产品品类供应单一。应急产业重点产品分为监测预警产品、预防防护产品、处置救援产品和应急服务产品4个领域，省内应急企业多数仅生产预防防护类产品，涉及监测预警类、处置救援类和应急服务类产品较少。

3.龙头企业带动有限。省内缺少大型应急相关的龙头企业，对于如何整合现有安全应急产业扶优做强，引进国内外应急产业龙头企业带动本地中小企业发展是我省应急产业高质量发展面临的巨大挑战。

（二）产业环境亟待完善

1. 产业政策需细化。《江西省"十四五"应急体系规划》《江西省"十四五"产业技术创新发展规划》等规划及政策大多从宏观角度把控应急产业发展，针对应急救援、应急装备、应急防护等特定领域的专项规划和政策还需细化。

2. 供需之间不匹配。政府部门及家庭等主体难以明确需保留和配置的产品和标准，企业无法实现定向生产，如关键性安全应急装备，其在产品性能、可靠性方面难以满足需求方高水平应急需求。

3. 投融体系不完善。目前我省应急产业的发展主要依赖政府财政拨款建造基地和企业小规模自筹资金，现有投融资体系不够完善，缺少产业化的多种资本支持机制。如现有银行信贷的间接融资、证券市场发行筹资等方式，追求相对安全稳健，而产业投资是具有风险的，因此现有投融资体系难以成为应急产业化过程中所需的资本支持。

（三）人才技术亟待增强

1. 技能人才有待壮大。人才是第一生产力，当前我省尚未建立应急管理职业教育类院校，应急产业技能型人才规模远远不能满足应急产业发展的需要。如大量危险化学品企业，存在招不到技能型人才现象，技能型人才的缺乏成为制约应急企业发展的主要障碍。

2. 专业人才有待培养。我省开设应急管理相关专业的高校院所屈指可数，仅有江西理工大学在 2021 年开设了应急管理专业，招收了首批应急管理专业学生，且招收数量不多，科研人才严重匮乏，不利于产业的长远发展。

3. 成果转化有待加强。"产学研用转"未有效融合，把科研院所推向市场的力度不足，导致应急救援类、高新技术类科研成果主要集中在相关科研院所内，未能形成市场化主体，科研成果转化率较低。

三、推动我省应急产业高质量发展的建议

（一）成立省级工作领导小组，因势利导引进扩展产业链

1. 高位推动。建议成立省级工作领导小组，由省政府相关领导担任组长。小组下设综合协调组和建设推进组，其中综合协调组设在省政府办公厅，负责梳理汇总提交领导小组研究审议的相关议题，制订、分解产业园区建设工作目标任务，定期听取产业园区建设推进的工作汇报，统筹协调园区建设需要协调的相关工作，协调联系上级部门对接产业园区建设相关工作。

2. 专班推进。建议建设推进组设在定南县政府办公室，负责编制应急产业园区建设的相关规划、产业培育计划，推进园区建设工作，推进合作项目招引落地，按时按质完成产业园区规划编制。推进组专班成员要全力争取省里对口部门的大力支持，按任务清单同步推进规划编制、项目建设、土地收储、用地调整、土地管控、招商引资等，把定南应急产业园打造成为赣南地区经济发展的龙头、支柱和重要增长极。

3. 集群扩展。因势利导引进一批能与现有产业和企业对接、带动性强、关联度高的项目，吸引上下游企业跟进，形成比较完整的产业链，通过相关产业的横向拓展形成关联度强的产业集群，实现产业布局合理化。例如定南应急产业园区，可依托本土企业龙邦科技，立足即将以其高技术含量芳纶（具有高强度、高弹性、高耐热、耐切割、电绝缘性等优点）为主体申报的化工园区，发展芳纶上下游产业，打造集应急救援新材料、航空航天等高端装备、应急安保、安全防护、电子信息智能化等为一体的高关联度产业集群。

（二）南昌九江重点打造，各地"一市一特"

1. 南昌打造应急汽车产业基地。作为省会城市南昌，有效地发挥京九线上省会城市和全国性综合交通枢纽的特殊作用，培育江铃汽车、昌河汽车、华宏汽车等成为龙头企业，与博世、北京泰远汽车自动防撞器制造公司、天合汽车零部件公司等合作，鼓励合作企业将分公司或部分产业链落地南昌，使龙头企业带动本地汽车类的中小企业，联合打造发展汽车应急产品、新能源汽车整车

及零部件的产业集群村，围绕经开区打造辐射上饶、抚州的中部一流新能源汽车产业基地。

2. 九江打造化工安全产业集群。永修县星火有机硅有限公司为全国著名的有机硅生产企业，依托九江石化、星火有机硅有限公司等龙头企业，带动化工安全中小企业。针对石油化工勘探开发过程中生产安全保障技术、环保技术和重点行业尘毒防护技术及其装备，发展安全技术。针对化工企业安全生产提升风险防控能力，推进化工园区、大型石油库区开展定量风险评估，实施化工园区安全管理一体化建设，打造九江化工安全产业集群。

3. 各地形成"一市一特"产业集群。宜春市围绕锂电安全领域培育宝江锂业、宁德时代、艾德纳米、远东福斯特等龙头企业，发展三元材料、磷酸铁锂动力电池等高端电池的产业集群村。赣州市围绕矿山安全领域发挥江西铜业、江钨控股集团等龙头作用，实现矿山生产过程的自动检测、智能监测、智能控制与智慧调度，打造矿山物联网产业集群村。鹰潭市围绕 5G+ 智慧城市安全领域培育三川智慧、鑫铂瑞、江南新材等企业，打造以 5G 为核心的现代应急智能基础设施产业集群村。

（三）多措实现供需匹配，积极推进金融服务

1. 精准联动政策落地。建议针对事故和灾害等多发领域，结合各地市产业特点，梳理产业链，从顶层上进行规划设计，出台针对市场建设的精准政策。同时构建省、市、县、乡、村的上下联动组织体系，充分动员和发挥乡镇、社区、企事业单位、社会团体和志愿者队伍的作用，正确引导社会力量。

2. 高效达成供需匹配。建议通过发布重点支持的应急产品和服务目录，采用政府购买服务等方式支持与生产生活密切相关的紧急医疗救援、道路救援、航空救援等应急服务，扩大应急产品市场。同时利用 VR 地震科普、VR 救援模拟等新兴技术科普减灾防灾理念，让体验者通过具象化、多维度、沉浸式学习防灾减灾知识和逃生技巧，有效地激发单位、家庭和个人应急消费需求。

3. 积极推进金融服务。建议充分发挥金融机构作用，依托中国人保、平安保险等保险机构，鼓励应急产业生产企业在国家政策范围内与保险企业开展

合作，引导保险资金参与应急产业技术装备领域的推广应用及应急基础设施建设，如鼓励建立应急产业首台（套）重大技术装备保险补偿机制，帮助企业转嫁风险，减少运营成本。依托中信证券、江西银行、江西国际信托等金融机构，创新投融资模式，为我省引进先进应急技术、产品和服务建设等提供金融支持，加大对带动性强的应急产业项目的信贷支持力度。

（四）创新人才培养模式，发展"科技＋应急"项目

1. 强化研究型人才培养。建议省内高校如南昌大学、江西财经大学等增设应急管理、应急技术与管理等相关专业，培养研究型人才。也可加强与省外如武汉理工大学等在应急管理体系建设研究知名的高校和科研院所合作，鼓励其分校（分院）落户我省。

2. 创新"产学研用转"合作模式。建立应急管理类中专、大专、本科等院校，加强院校对应急管理技术型人才的培养，引导企业与职业技术院校合作，加强定向培养，如定南县职业中等专业学校为定南应急产业园区培养应急专业人才。通过加强政府、企业、科研院所和高校的协同合作，创新"产学研用转"合作模式。

3. 发展"科技＋应急"项目。建议依托省级工程中心、联合培养基地、省应急管理学会、省应急管理标准化技术委员会、联创中心等平台，充分发挥技术优势、人才优势、资源优势，将我省应急管理研究领域的力量聚合起来，强化资源与数据共享，发展"科技＋应急"项目，持续推进应急产业向数字化、智能化、网络化发展，如依托以上平台，设立省级应急管理重点实验室，汇聚全省应急科技及信息化成果，为全省加快实现应急"机械化换人、自动化减人、智能化管控"发挥更大的合力。

关于提升我省企业安全生产管理水平的对策建议

——基于我省南康家具、于都服装产业的调查

黄毅峰　陶　东　徐文锦[*]

习近平总书记高度重视统筹发展和安全，多次就发展和安全辩证统一关系发表重要论述。"安全是发展的基础，稳定是强盛的前提"，好的安全生产环境才能保障企业稳定生产，护航经济高质量发展。省委第十五届第四次全体（扩大）会议上，尹弘书记强调，"要高效统筹发展和安全，坚决防范化解风险挑战""切实以高水平安全保障高质量发展"，为我省做好企业安全生产工作指明了方向，提供了遵循。南康家具产业与于都纺织服装产业是我省"1269"行动计划中提及的重点产业链，在推动发展的过程中做好安全生产管理至关重要。调研组以这两个产业为切入点进行深入调研分析，得出此调研报告。

一、南康、于都等地企业安全生产管理创新做法

赣州市南康家具产业、于都纺织服装产业不断转型升级，在推进高质量发展过程中积累了产业优势，也不断探索和创新安全生产管理的新方法新举措。

（一）织牢企业安全生产管理网格

1. 在企业悬挂安全生产责任牌。在安全生产责任牌中，包含了企业主要负

---

* 黄毅峰　省委党校领导力拓展教研部负责人、教授，江西应急管理研究中心主任、首席专家

陶　东　省委党校领导力拓展教研部讲师，江西应急管理研究中心研究员

徐文锦　省委党校工商管理学教研部副教授，江西应急管理研究中心研究员

责人、挂点领导、责任干部及其联系方式等相关信息，要求挂点领导和干部定期深入企业指导检查安全生产工作，推进重大事故隐患排查整治，落实属地、属事、属人责任，织牢织密安全责任网，让每个企业安全生产都有抓手。

2. 对重点领域开展安全巡查。如南康区建立了领导夜巡制度，由领导带队对辖区内企业进行夜间巡查，传导安全生产管理压力，督促相关主体"时时刻刻"做好安全工作。

3. 落实安全生产"三员到岗"行动。在节假日等重点敏感时期继续生产建设的项目和企业，必须严格落实企业主要负责人、安全管理人员在岗带班，行业监管人员在岗履责，否则一律视为重大隐患进行处罚。

（二）主动为企业提供安全生产服务

1. 主动为企业安全监管"减负"。坚决整治填表式监管，以及重复报送各类表格的形式主义、官僚主义问题，给企业安全管理人员和企业减负。

2. 主动组织专家对企业进行安全"体检"。采取政府购买服务方式，以发现问题为目标导向，对重点监管企业、行业重点风险，组织专家免费上门会诊，帮助查找隐患、防控风险。如南康区通过政府购买安全生产技术服务的方式，聘请东北大学团队对辖区内450家10人以上涉粉作业企业逐企排查指导，制定"一企、一表、一方案报告"，进行粉尘涉爆风险排查整治。

3. 主动为项目建设提供全流程安全服务。在项目开建前应急部门提前介入，主动为企业办理相关证件，做好项目建设前、建设中、运营过程中的全过程安全管理服务工作。

（三）宽严相济进行安全生产执法

1. 制定"不扰不缠"的安全检查制度。落实"双随机一公开"、企业"安静生产期"制度，原则上50天内不重复检查，在对违法者"利剑高悬"的同时，对守法者"无事不扰"。

2. 建立"张弛有度"的奖惩机制。一方面，明确企业自查自纠发现的重大事故隐患不予处罚；另一方面，对企业未认真开展自查，应急部门检查发现的重大事故隐患从严从重处罚，引发事故的依法顶格处罚并实行行刑衔接，依法追究企业主要负责人和安全管理人员的刑事责任，进行联合惩戒。

3.采取"刚柔并济"的执法方式。赣州市应急管理局在全省应急管理系统率先开展"说理式执法"，坚持刚性执法与柔性服务相结合，执法既理直气壮，又热情服务，建立轻微违法行为不予行政处罚目录清单，对首次发现的轻微问题，先提示提醒，督促整改，对给予整改机会拒不整改或整改不到位的再进行严格处罚，让执法既有力度又有温度。

（四）加强培训提升安全生产管理能力

1.提升领导干部应急处置能力。赣州市应急管理局多次举办危化（工贸）安全监管干部培训班，于都县委举办全县领导干部应急管理专题培训会，进一步夯实领导干部对突发事件应急处置和防灾减灾救灾工作方面的知识储备。

2.提升基层一线安全管理人员业务能力。如于都县开展了村（社区）专职应急管理员专题培训班，提升全县村级应急管理员的业务能力。南康区通过线上＋线下的方式召开专家技术服务业务培训反馈会，组织全区木质家具粉尘涉爆企业负责人、家具协会负责人、业务骨干和执法队员等3000余人进行专题培训，提升一线人员的业务能力。

3.提升应急执法队伍的执法水平。通过培训提升执法队伍的各项业务能力，规范涉企检查行为，联合多部门提前拟定执法检查计划，避免多级执法，减少检查频次。

二、南康、于都等地企业安全生产管理存在的问题分析

当前，企业安全生产面临的风险仍然比较严峻。调研发现，南康、于都等地企业在安全生产管理中仍然存在一些问题，主要表现在以下几方面：

（一）缺乏重视安全生产的内生动力

1.部分企业负责人心存侥幸，算短期经济账忽视长期安全账。认为将过多的资源和精力用到安全生产管理中"不划算"，在对家具产业调研中就发现不少企业没有购置必要的防尘防爆安全防护装备。对于企业安全生产的投入以应付政府检查为主，导致风险隐患排查不力，已发现、已督促整改的隐患问题容

易反复出现。

2. 部分企业将宽松的营商环境视为对安全管理的放松。部分企业盲目追求经济效益，不主动了解企业自身的安全责任，对创建高水准的安全生产环境缺乏动力，甚至降低安全标准，如于都服装产业，有些规模超过百人的企业，没有按要求配备专职安全员，也没有严格按要求设计逃生通道。

3. 部分企业简单粗暴地将安全责任推卸至员工。有些企业片面强调员工的不安全行为，忽视自身对员工安全培训教育的责任，将安全培训教育成本增加到员工身上，导致培训效果差，企业安全文化与安全意识偏低。例如，有的服装企业经常占用员工休息时间开展培训，引发员工不满，导致员工不配合。

（二）安全生产管理制度执行不到位

1. 对各类制度的理解存在偏差。部分企业认为相关安全制度并非对企业发展的促进，而是约束与禁锢，存在抵触情绪，多是被动接受与执行。如部分家具与纺织企业应付式制定了应急预案与安全制度，但内容与本企业联系不够紧密，实操性不够强。

2. 对各类制度的执行不到位。如部分家具与纺织企业以生产任务重、招工难、员工流动率高、员工缺乏意愿等理由对安全教育培训制度的执行打折扣，延迟新人培训或是仅对部分员工培训，培训内容也不够完整，部分家具与纺织企业重视了消防安全教育，却忽视了机器伤人事故防范和自救互救知识的教育培训。

3. 制度执行的稳定性较差。调研中发现，部分服装企业自恃从未发生事故或属于低危企业，在严格执行一段时间制度后即有所松懈或打折扣。相反，某一曾经发生过事故的服装企业，经历了惨痛的损失反而持续严格落实相关规制要求。

（三）非高危行业和隐性风险容易被忽视

1. 关注行业重点突出风险，忽视了次要与长期隐性风险。家具与纺织产业并非高危行业，事故发生率与损害程度相对而言略低，但这并不意味着非高危企业安全生产管理可以放松，更不意味着非高危企业只需关注重点风险。如部分家具、纺织企业对防爆防火事故的发生高度关注，却忽视了机器伤人事故和职业病等的预防。

2. 关注了重点场所的风险及其发生，忽视了非重点区域的风险发生和处置。家具与服装纺织产业园日益规范，相关安全管理得到重视，显性风险如火灾、粉尘爆炸等事故基本可控，但一些暂时难以直接取缔的"三合一"作坊式企业容易被忽视。

3. 对次生危机与衍生危机缺乏了解。不同机器之间、不同生产工艺之间存在互扰的可能性，部分家具企业各生产工艺之间的风险关系未能理清，如产生粉尘的作业场所距离电源过近。对火灾、爆炸、坍塌、毒气泄漏等事故在特定区域内的风险互扰有待进一步加强。

（四）轻预防重救治现象仍然比较严重

1. 在预防治理创建中企业处于被动地位。要创建更高水准的预防治理需要多元共促，当前主要是政府自上而下的推动，企业处于被动地位。调研中发现，少部分家具与纺织企业对一些预防性标语的张贴都缺乏热情，对行业安全标准的创建与提升更是缺乏热情。

2. 基于短期经济考量倾向于事后处置而非预防治理。部分服装企业对事故的损害与预防治理成本进行权衡，认为机器伤人、微小火灾等事故后果并不突出，也即缺乏相应意愿进行自我转变。

3. 因自身资源与能力限制难以转向预防治理。要进行预防性治理，事前防范化解风险隐患，需要企业对安全生产管理规章、机制、文化进行优化，需要更为专业的知识与技术加以支撑，而部分中小家具与纺织企业并不具备相应资源推动这一工作。

三、提升我省企业安全生产管理水平的对策建议

当前，我省各地纷纷吹响"高质量发展"的号角，全力推动企业发展。越是这样的关键时候，越要牢牢守住安全发展的底线和红线，高度重视企业安全生产管理，切实有效地防范和化解安全生产风险。

（一）进一步激发企业重视安全生产的内生动力

1. 构建容错机制。政府在安全生产管理过程中，针对非重大安全风险隐患企业或行业，可以允许企业特别是小微企业逐步提升安全水平；鼓励有条件的企业不断提升安全水平，推进行业安全标准化建设，形成发展促安全的良性循环。

2. 建立奖惩机制。安全生产监管部门对企业自生自发的风险排查与应急能力提升等行为进行引导与鼓励，通过现金、税收优惠、荣誉称号等形式对安全状况好的企业以及相关管理主体给予奖励；同时，对存在相关风险隐患但缺乏整治行动的企业进行惩戒，对因违法违规导致事故的企业从严从重处罚。

3. 落实责任机制。要抓住关键少数，提升企业负责人与安全员的安全意识，明确相关责任，让安全责任落实到员工身上，但绝不将安全责任都推卸给员工。

（二）构建和完善安全生产管理服务平台

1. 建立安全培训教育平台。由应急部门牵头从优秀企业、科研院所、应急部门等机构组织相关专家，组成专家库，形成专业服务平台。考虑到部分企业员工安全教育的现实困难，可采用政府补贴、行业培养、科研院所专家上门服务等多种形式降低培训成本，为企业提供实用又实惠的安全智力服务支持。

2. 构建安全知识共享平台。由政府应急管理部门实时动态组织编制权威的、具有实操性的安全管理手册，共享给政府相关主体与企业，既提升监管能力，也提升企业落实能力；同时还需要积极介入与帮助企业编制员工安全手册，用于同质类企业提升员工的安全意识与安全能力，将安全制度落实到个人。

3. 推动智慧安全生产管理平台建设。将现代技术融入安全生产管理过程中，政府可以组织相关部门与专家开发管理程序，为企业安全生产提供智慧监督与智慧服务。

（三）推动政企合作协同治理企业安全生产

1. 做好政企协同风险识别。政企从各自领域出发，明确行业、园区、企业的风险点，形成风险指南，并定期更新；同时联合制定行业"禁限控"目录，对风险进行分级分类，逐步提升行业的安全标准。

2. 做好政企协同风险排查。对于重点领域、重点行业、高危企业，不仅需要企业紧盯风险，还需要政府定期开展专项整治，通过政府采购聘请相关专家团队为企业"体检"，为企业提供精准的风险排查服务。

3. 做好政企协同风险沟通。政府、园区、企业共同对园区或企业整体风险进行评估，形成风险状况与整改对策清单，并定期评估，在重点区域设置安全风险公告栏，制作发放岗位安全风险告知卡，让员工、企业、园区管理方、政府等相关主体都能知晓风险状况。

（四）大力推动企业安全生产管理向预防转型

1. 将预防理念融入全过程治理中。政企相关规制创建与安全活动都以预防为目标，使得"风险不外溢""事故不发生"成为共识、成为导向。

2. 提升预防能力与救治能力。政企不仅要提高事故灾难发生后的危机研判、危机决策、危机沟通、危机处置、危机重建等救治性能力，也需要提高事故发生前的风险识别、风险分析、风险沟通和风险处置等预防性能力。

3. 搭建企业间预防治理联动平台。要促进政企之间在预防治理阶段的联动，实现各自在资源、信息、技术等层面的优势互补；要引导与促进企业间安全治理的联动，鼓励对可共享安全设备的众筹共享，组建联合应急救援队等。

（五）统筹关注高危重点企业和低危小微企业

1. 高度锚定高危重点领域。为此，需要压实党政领导责任，以"时时放心不下"的责任感认真贯彻落实国务院安委会安全生产"十五条"硬措施及我省强化安全生产责任落实坚决防范遏制重特大事故"五十一条"具体举措，以问题为导向对照本行业领域重大事故隐患判定标准进行排查，落实"隐患就是事故"的理念，抓细抓实，切实将风险化解在源头、在苗头。

2. 持续关注低危小微领域。实际工作中，大量事故灾难的发生往往是我们在安全生产管理工作中容易忽略的领域或环节。为此，需要关注非高危风险、非高危领域、非高危行业等企业，例如对普通工贸企业、有限空间的作业管理等，同样需要引起高度重视，要协同各方资源，制定与提高行业安全标准，提升风险识别能力与应急处置能力，防范事故灾难的发生。

关于提升我省危化产业安全生产水平的对策建议

——基于我省永修县化工产业安全生产状况的调查

黄毅峰　贺　强　陶东[*]

安全是发展的基础，高质量发展需要高水平安全做保障。危化产业的生产、储存、运输和使用各个环节，涉及易燃易爆、有毒有害物质多，安全风险高度集中，一旦管控不到位，极易造成重大生产安全事故，是安全生产重点监管的行业领域。石化化工产业链作为我省"1269"行动计划中 12 条重点产业链之一，提升产业链韧性和安全水平十分重要。省委十五届四次全会明确提出，要高效统筹发展和安全，切实以高水平安全保障高质量发展。调研组以永修县化工产业为切口，深入走访调研、分析研究，形成此报告。

一、永修县危化产业安全生产工作的创新做法

永修县作为全国 50 个危险化学品产业转移重点县（市、区）之一，目前星火工业园有试生产以上危化企业 55 家。其中涉及重大危险源 45 处、企业 11 家，涉及重点监管危险工艺企业 8 家。近年来，随着危险化学品安全风险集中治理、化工集中区安全整治提升等专项行动推进，化工园区安全管理水

* 黄毅峰　省委党校领导力拓展教研部负责人、教授，江西应急管理研究中心主任、首席专家
　贺　强　省应急管理厅新闻宣传和教育培训处副处长
　陶　东　省委党校领导力拓展教研部讲师，江西应急管理研究中心研究员

平、企业风险防控能力明显提高，探索了不少行之有效的新举措。

（一）安全生产基础更多保障

1. 健全安全监管体制机制。永修县立足实际，实行危险物品安全专业委员会"双主任"制，即明确县委常委、常务副县长为第一主任，县政府分管领导为主任，细化专委会其他成员和职责，不断健全安全监管体系和协调联动机制，并每年安排专项工作经费予以保障运行。

2. 强化安全风险源头管控。依照园区产业布局和安全发展规划，实行招商引资联审联批制度，对存在重大安全风险的项目"一票否决"，定期召开危化企业开车安全把关联席会议，及时掌握危化企业生产状况。如星火航天企业在设计阶段便进行危险与可操作性分析，强化生产装置本质安全。

3. 推行企业激励奖励政策。专门制定办法，对自动化提升的企业给予总投入 15%、上限 30 万元的奖励；对聘用注册安全工程师从事安全管理工作的企业给予每名 1000 元的一次性奖励；对安全生产标准化创建达标三级、二级的企业分别奖励 2 万元、3 万元，鼓励化工企业提高安全生产工作的主动性。

（二）风险辨识管控更加精细

1. 实行重点企业评估分级。结合日常监管情况，对全县 55 家危化企业全部评估分级并挂牌，其中 A 级（红色）2 家、B 级（橙色）12 家、C 级（黄色）18 家、D 级（蓝色）23 家，A 级企业每周至少入企检查一次。分级结果动态更新，实施有针对性、差异化的监督管理，推动企业落实重大危险源包保等各项安全责任制。

2. 依托科技信息技术赋能。推进双重预防机制数字化建设，星火航天、东方巨龙、润禾合成材料等企业对可燃/有毒气体报警、安全联锁等系统进行自动化改造，提高实时监测预警能力，并探索运用职工、承包商和来访者电子定位卡，对生产装置超员立即报警。如汇和化工在全面工作危害分析基础上，开展全生命周期的工艺安全和操作风险分析，提高风险辨识管控水平。

3. 细化落实风险管控措施。紧盯重点环节安全管理，对企业开停车一律实行停车报备审批，严把开车复工安全关；特殊作业提前一天报备，关键时段提级审批，其中动火作业根据危险程度随机现场抽查，受限空间作业一律现场确认安全措施到位。如星火航天建立总经理每天现场巡查、中层干部刚性安全履职清单等制度，对涉及特级动火的作业，由相关业务主管领导现场全程"旁站"监护；东方巨龙推行"上下左右前后"六方位风险分析和"最后一分钟"风险辨识，确保安全措施到位。

（三）隐患排查治理更具实效

1. 突出重大专项整治攻坚。深入开展重大事故隐患专项排查整治行动。开展有机硅企业和老旧装置、危化品产业转移、液化烃储罐等专项整治，8家有机硅企业自查和"回头看"隐患问题全部整改；省、市、县三级应急管理部门对危化企业安全设施全覆盖设计诊断，隐患整改率达98.73%；摸排出的较低安全风险，也已建立台账、录入系统。

2. 全面提升员工能力素质。围绕重大事故隐患判定和排查整治等方面，对危化企业主要负责人和安全管理人员开展专题培训。在法定取证基础上，创新对企业一线员工、特殊作业监护人、承包商或外协单位员工等"三类"人员培训考核、持证上岗，提升从业人员的安全技能。有些企业还实行高管团队授课、每周全员培训、安全员参加车间早会、班组"小讲台"等制度，不断提高员工的安全专业能力和隐患自查自纠水平。

3. 推动企业全员岗位参与。积极履行主体责任，推动一线员工从"要我安全"向"我要安全"理念转变。如汇合化工以公司级季度、月度排查，职能部门月度综合检查，车间月度、周、日巡查自查相结合的方式，建立起专业＋属地的全天候、立体化隐患排查治理网络；星火航天、东方巨龙等企业开展安全积分活动，对隐患排查治理等予以相应分值，每月考核员工和班组平均分值，并与当月奖金关联。

（四）监管执法服务更有温度

1. 坚持执法刚性柔性衔接。加强日常执法检查，紧盯8小时外的安全生产工作，由属地应急管理部门牵头，会同相关职能部门成立联合小分队，常态化开展夜查，加大对非法生产经营建设行为的处罚力度，对无法保证生产安全的坚决关停。按照"首查不罚、整改不罚、不改必罚"原则，主动对接营商环境直通车，将重大安全隐患、反复出现的安全隐患以及非法生产列入执法负面清单，凡主观恶意违法和拒不整改的依法予以处罚，探索推行柔性执法，做到在毫不放松安全监管的同时，持续优化营商环境。

2. 主动对接企业定点帮扶。建立企业"1+4"帮扶制度，对所有危化企业均由 1 名县级领导挂点服务，配备安监员、环保员、特派员和办事员，结合"四包一促"工作举措，即包政策宣讲、包普法宣传、包监督提醒、包检查服务、促能力提升，及时帮助企业解决重点难点问题，不断提升企业安全管理水平，强化安全生产"监管 + 服务"机制。

3. 利用社会资源专家指导。县级财政每年安排 100 万元资金，与中国化学品安全协会达成长期合作协议，采取"政府买服务、专家查隐患、企业抓整改、部门督落实"的方式，有效地增强园区监管的专业能力、消除企业安全问题隐患。同时，应急管理部门牵头成立本地危化品企业安全生产协会，发挥日常安全指导、帮扶提升等方面的第三方服务作用，推进实现化工企业安全生产自治互治。

二、永修县危化产业安全生产管理存在的问题分析

虽然永修县危化产业总体安全形势保持稳定，但是调研发现，不论是着眼部门安全监管，还是立足企业自身管理，仍然存在一些瓶颈、面临一些困境，主要表现在以下几个方面。

（一）安全监管服务水平仍待提升

1. 安全监管执法精准规范有差距。相关部门对于屡次出现重大安全隐患、不履行安全设施"三同时"手续、隐患整改进度缓慢的企业通过责令停产整顿、行政处罚等方式严格执法，但在执法的精准性、规范性方面还需要不断提高，如各类执法处罚案卷中，仍存在对处罚主体行业类别划分不准确、处罚决定时间超期等问题。

2. 专业性指导服务能力还显不足。县应急管理局 9 名监管干部，其中 4 人

是化工专业硕士研究生、3 人考取注册安全工程师，加上专家指导服务起到一定补充作用，基本能满足日常管理需求，但化工园区安全管理涉及多层级、多部门，仍显"人少事多"，且新进人员没有生产实践经验，存在"学用脱节"，难以对企业进行有效的指导服务。

3. 危险物品全链条监管尚未实现。从反映的情况来看，交通运输部门在危化品运输环节，只能对本地区车辆有效监管，对外地特别是省外车辆难以实现全过程管控，基本处于"失管"状态。同时，对《危险货物道路运输安全管理办法》中"禁止危险货物运输车辆挂靠经营"条款，交通运输部门也反馈无相应法律处罚依据，缺乏有效的行政执法措施。

（二）风险辨识管控机制仍需强化

1. 安全风险分级管控措施有待细化。不少企业把重大安全风险和一般风险混为一谈，有的简单地将一般风险列入重大风险管控台账以"应付"检查，可能导致该辨识的安全风险未及时辨识，该采取的管控措施未全面落实到位，从而出现隐患问题。同时，有企业反映，自身安全培训尤其是安全事故警示教育等方面，没有相关专业师资和视频资源，提高员工安全风险意识缺乏系统性、专业性和针对性。

2. 隐患排查治理激励政策还有待完善。不少企业充分发挥主观能动性，制定有关奖励措施，推进全员岗位参与隐患排查治理，但从化工园区层面，还没有进行全面系统的总结梳理，形成一批有推广价值的经验做法，制定相应的激励性政策措施，推动所有危化企业主动自查、自报、自改隐患，实现隐患排查治理的制度化、常态化、规范化。

3. 智慧监测预警平台建设亟须推进。当前化工园区正在推进风险防控智慧平台建设，强化数字化监管，已具备基本功能模块，并基本实现重大危险源企业数据的上传，保持良好的运行状态，但智慧平台建设技术要求高、资金需求大、维护成本高，尚未与企业控制和预警系统全面对接，无法对生产全过程安全风险实时监控、预测、预警。

（三）企业持续高效发展仍存短板

1. 相应岗位培训考核效率偏低。永修县星火有机硅化工实训基地已建成投用近两年，培训企业主要负责人、安全管理人员、特种作业人员等安全生产"三类人员"2万余人次，但该县未批复相应考试点，经培训的学员需到九江市参加考试，一定程度增加时间成本和取证效率。

2. 专业人才队伍招聘存在难度。企业普遍反映，受制于化工行业危险性高、工作环境恶劣等因素，具备本科及以上学历、具有化工等相关专业背景、持有危化品从业资格证、危险化学品安全操作证等人才"招不来、留不住"问题较为突出，只能鼓励老员工提升学历、考取证书，但化工作为技术密集型行业，高素质从业人才需求较大，现有人才可能无法满足企业的转型升级和长足发展。

3. 产业融合发展程度仍然不够。当前，永修县依托星火有机硅、星火航天等龙头企业，着力打造"上下游"生产制造全产业链，化工园区企业数量、规模不断拓展，但在立足产品高端化、资源节约化、生产清洁化、制造智能化，进一步细分产业链，融合推动化工企业良性互动、安全发展方面还需加强规划引导、统筹布局。

（四）应急救援保障支撑仍然不足

1. 事故应急预案还缺乏针对性。化工园区和多数化工企业在编制应急预案过程中，基本站在园区或企业自身角度，明确应急响应行动和应急处置措施，并未充分考虑周边关联企业的影响，做到上下衔接、左右联动。化工园区是高危企业聚集区域，一旦发生爆炸等重大安全事故，极易引发连锁反应、连片效应，区域性协同联动机制有待完善。

2. 抢险处置装备配置不够充足。危险化学品方面的应急抢险处置装备属于高端、精细、专业装备，采购成本和维护要求均比较高，且化工园区和企业普遍认为平时利用率低，没必要投入太大、储备太多，只象征性地配置1—2套，导致关键时刻可能无法满足抢险处置需要，贻误最佳时机。

3. 救援队伍力量整合尚未到位。永修县正在大力推进化工园区特勤消防站建设，目前仅由县消防救援大队派出一个班的消防队员入驻星火有机硅，但从化工园区安全风险集中、救援任务繁重等实际出发，统建、统管、通用的综合性应急救援力量仍有待补充强化。

三、提升我省危化产业安全发展水平的对策建议

我省危化产业分布广，安全生产压力大，永修县星火工业园作为全省26个化工园区的一个缩影，有些经验值得借鉴，有的问题也普遍存在。统筹推进我省危化产业安全与发展两件大事，必须高度重视和全面提升我省化工园区安全监管能力和化工企业安全生产水平，构建新安全格局以保障新发展格局。

（一）统筹监管与服务两项职能，提高安全监管服务水平

1.持续推行精准规范执法。坚持用好化工项目联审联批等政策措施，根据各化工区产业发展规划，细化园区"禁限控"目录，严把项目准入评审关，从源头上防控重大安全风险。深化安全生产监管执法能力提升行动，加强多途径、多层面的培训，不断提升一线执法人员的依法履职能力。

2.强化专业监管力量建设。综合采取专业人才引进、定向岗位招录等方式，选拔、录用一批具有化工专业背景的人员充实到化工园区安全监管队伍，保证"让专业的人干专业的事"，引导现有园区监管干部通过到化工企业挂职锻炼、基地轮流实训，增强实操技能和专业知识储备，并畅通职务晋升、职称评定、评优评先等渠道，促进队伍良性发展。

3.探索危化品全链条监管。充分发挥各级危险物品安全生产专业委员会作用，聚焦危化品生产、储存、运输和使用等关键环节，建立全链条安全监管机制。针对危化品运输等重点难点问题，统筹协调公安交管、交通运输等部门组建联合执法队伍，强化管理融合、资源整合和省内外数据互联互通，切实把危化品运输车辆监管到位、风险管控到位。

（二）统筹预防与管控两个方面，健全风险辨识管控机制

1.细化安全风险管控措施。加大对安全风险辨识的指导力度，对涉及"两重点一重大"的危险化学品建设项目实行企业"一对一"督促指导，有效地管

控重大安全风险。探索建立化工园区安全培训"师资库"和安全事故警示素材"资源池"等，根据企业需求或工作实际，及时向企业选派师资、下发素材，推动全员安全风险意识提升。

2. 推进隐患日常排查治理。全面总结提炼专家指导服务和部分化工企业安全积分制、上报整改奖励制等经验做法，从政府层面以购买安全服务、制定推广清单、建立奖惩机制等方式，鼓励支持化工园区企业坚持问题导向、结果导向，积极配合、学习借鉴、主动作为，加强日常隐患排查治理，推动治理模式向事前预防转型。

3. 支持科技信息技术运用。从省级层面出台财政激励政策，加大化工园区智慧风险防控平台建设推动力度，增加园区企业、重点场所、重大危险源等监测监控设备，全面接入企业工艺参数、自动报警、安全联锁、人员定位等各类数据信息，实现园区的综合性管控、封闭式管理、可视化操作、智能型巡视，以科技信息化推进应急管理现代化。

（三）统筹发展与安全两件大事，推动企业持续高效发展

1. 优化调整培训考核布局。化工企业除主要负责人和安全管理人员外，仅特种作业就涉及氯化、硝化、裂解、氟化、重氮化、氧化、胺基化、磺化、聚合、烷基化工艺和化工自动化控制仪表作业 16 个工种，要综合考虑区位辐射、需求人数等实际，科学合理布局、增设专业考试点，就近培训、及时考试，减少时间成本、提高取证效率。

2. 制定人才招聘培养政策。针对化工企业"用工荒"问题，政府层面一方面要出台奖励政策，推动企业现有员工学历和能力提升，保证满足当前生产安全需求；另一方面要通过联合大中专院校定向培养本地生源、高新技术专业人才落户补贴奖励等有效措施，真正让化工企业"招得到人、留得住人"，着力破解长远发展的后顾之忧。

3. 大力推动产业融合发展。按照"1269"行动计划目标要求，持续发挥龙头企业牵引带动作用，逐个化工园区制定产业规划，发展石油化工、化工新材料、精细化工、氯碱深加工等细分产业链，提升有机硅、精细化工、盐化工、

氟盐化工等产业集群能级，推动化工新材料企业集聚发展，加快推进石化化工重点产业链现代化建设。

（四）统筹政府与企业两个主体，加强应急救援保障支撑

1. 健全应急协同联动机制。从政府层面加强应急预案管理，突出部门间、政企间的应急预案修订完善、相互衔接，从制度规范、行动要求等方面，推进园区内各层级、各环节应急处置、培训交流、重要信息通报会商等机制运行，共同参与突发事件的研判分析、应对响应、综合指挥、联合处置，尽可能减轻事故灾难的影响和损失。

2. 打造抢险装备汇聚平台。坚持种类配套、布局合理、数量适当、节约高效的原则，立足不同事故处置规律和抢险任务需求，从政府层面调集各行业主管部门资源，并结合化工园区内企业特点，引导企业共同出资增储相应装备，实现装备配置的共建共享共用，以备不时之需。

3. 整合应急救援综合力量。探索构建集专业、兼职和社会救援队伍为一体的化工园区综合应急力量，强化属地消防救援队伍的专业训练、专项演练，不断增强处置危化领域事故的本领水平，指导企业兼职队伍提高事故先期处置能力，引导社会资源有序参与应急救援，坚决守住保护人民生命财产安全的"最后一道防线"。

加快构建我省化工园区安全风险防控体系的建议

刘玉德　涂颖清　孙　屹　曹丽华 [*]

　　党的二十大报告指出："推进安全生产风险专项整治，加强重点行业、重点领域安全监管。"省委十五届四次全会提出要高效统筹发展和安全，切实以高水平安全保障高质量发展。化工园区和许多化工企业涉及易燃易爆、有毒有害物质，安全风险高度集中，各种重大安全生产和环境污染事故不断发生。为此，课题组赴景德镇乐平市江西乐平工业园区、吉安市新干盐化工业城、九江市濂溪区化纤工业基地等地开展实地调研，通过座谈交流、个别访谈、入企考察和问卷调查等方式，进行了深入细致的调研走访，提出加快构建我省化工园区安全风险防控体系的建议。

一、我省化工园区安全风险防控体系建设的进展

　　经统计，全省化工园区整治提升行动开展以来，全省 26 个化工园区已累计投入 65 亿元，后期还将投入 70 亿元。经过整治提升，各化工园区安全管理水平明显提升，风险防控能力显著增强。主要体现在：

*　刘玉德　省应急管理科学研究院高级工程师
　　涂颖清　省委党校领导力拓展教研部教授、江西应急管理研究中心研究员（执笔）
　　孙　屹　省应急管理厅危化处处长
　　曹丽华　省应急管理科学研究院副院长

（一）坚持规划引领，完善安全体系

26 个园区均编制了总体规划及各专项规划，出台了《产业发展指引》和《禁限控目录》，建立了与应急、消防、生态环境等部门的联合执法机制，制定完善了园区各类管理制度（如领导带班制度、黑名单制度、应急预案）并严格落实，安全管理体系初步实现规范化运行。截至目前，全省 26 个工业区总规划面积 87.0435 平方公里，现已建成 66.7297 平方公里。26 个工业园区落户企业达 619 家，其中化工企业 379 家（7 家未投产），危险化学品生产企业 240 家（长期停产 1 家且设备已清空）。

（二）提升监管力量，筑牢安全防线

26 个园区通过选调、社会招聘等方式配齐了专业监管力量，专业监管人员已从 2022 年 3 月初的 97 人扩充到目前的 242 人（其中公务员 55 人、事业编制 99 人、聘用制 84 人），平均每个园区 9.3 人，满足应急部"十有两禁"规定的人员配置要求。其中袁州区、金溪县等地的园区专业监管人员全部通过区 / 县选调或招聘化学化工类专业人才，全力满足监管要求。

（三）完善配套设施，夯实安全保障

26 个园区均实现双回路供电，并建成统一集中的供水设施和管网，其中龙南市等地的 6 个园区消防站按照特勤站标准建设，吉水县等地的 8 个园区按照一级站建设，其余 12 个园区按照二级站建设。新余市高新区等 23 个园区已初步完成封闭化管理（东乡区、安义县、樟树市等县市区的 3 个园区因实施难度大，暂未完成）。湖口县、金溪县等地的 7 个园区已建成化工技能实训基地并投入运营，其余 19 个园区采取共建等方式开展实训，现已实训 9423 人。5 个园区建设危化品停车场，其中龙南市率先按要求高标准建设危险化学品停车场，其余园区按照《江西省加强危化品道路运输安全监管工作方案》要求加大投入，尽快建设危险化学品停车场。

（四）聚焦智慧监管，筑牢安全根基

26 个园区均建成智慧监管平台并投入运行，各地智慧监管平台现已涵盖园区企业基础数据、特殊作业、重大危险源监控及园区封闭化管理等事项，共计接入 356 家危险化学品（化工）企业视频、液位、压力等相关数据，全省化工园区管理不断向数字化、智能化迈进。

二、我省化工园区安全风险防控体系的主要问题

近年来，大量化工企业从沿海发达地区转移到内地发展，我省化工园区的建设驶入了快车道。化工园区的快速发展在为地方经济带来巨大贡献的同时也带来了新的安全问题，集中体现在以下方面：

（一）规划布局不合理

一些地方的化工行业未结合本地区经济社会发展规划、产业结构特点、石化和化工产业资源、自然环境条件等因素，出于财政增收以及政绩考核的考虑，相互效仿设立化工园区，致使园区间产业结构雷同，部分化工园区规划与城市发展规划相矛盾。另外，我省认定的 26 个化工园区，很多园区是综合性园区，部分园区紧邻拟设立其他劳动密集型产业园区，化工园区的负外部性可能引发新的安全和环保问题。

（二）安全监管力量不足

我省化工园区建制不一，部分综合性的园区编制有限，增加相应的安全管理机构难度较大，在园区中的化工园区设立安全管理机构，更是困难重重，如某些经开区，单独组建化工园区专门的管理机构，同时要求主要负责人有化工背景且需进入园区领导班子，组建成功的可能性小。化工园区的安全管理涉及多个层级和多个部门，各自安全建设水平参差不齐，有的园区不能统一管理和协调，安全监管的力量被削弱。

（三）项目准入机制不健全

有些地方政府为发展经济，对新建化工园区把关不严，准入权限层层下放，甚至有的县、乡级政府就能够批准建设，且未进行深入的风险评估、安全条件论证，未落实风险管控措施；部分园区鉴于招商压力，先发展后安全的思路依然存在，招商引资并未完全遵守园区制定的《化工园区产业发展指引》和"禁限控"目录，黑名单制度和联审联批机制未有效运行，致使入园企业本质

安全化程度不高。

（四）信息化建设不完善

目前我省的化工园区都建设了智慧平台，具备基本功能模块，但是缺乏数据，尤其是与企业对接方面的数据更是匮乏。智慧平台的建设技术要求高、资金需求大、后期维护成本高昂，部分园区管理者望而却步。智慧平台建设水平还处于只有平台、没有运营的状态，无法对生产过程中存在的危险源进行实时监控，对于安全事故的预测、预警作用也很有限。

（五）安全应急救援协同能力不足

在事故应急救援方面，化工园区、化工企业的事故应急预案缺乏统一的接口，多数化工园区和化工企业在应急预案编制过程中，还是基于"一对一"的模式，未形成高效的区域应急救援能力。企业生产事故应急预案局限于其自身的应急响应，未充分考虑对周边关联企业的影响、导致事故多米诺效应发生的可能性。

三、加快构建我省化工园区安全风险防控体系的建议

当前，化工园区已成为全省石化产业发展的"主战场"，企业的生存、转型升级、高质量发展，都需要依托化工园区，因此加快构建我省化工园区安全风险防控体系就显得至关重要。

（一）进一步加强顶层设计，明确政策适用范围

1. 加强顶层设计。建立具有各地市特色的国土空间规划体系，所有化工园区都要制定并落实总体规划和产业规划，且要与市县的国土空间规划相衔接。

2. 明晰"四至"范围。根据《长江保护法》《化工园区开发建设导则》等法规政策文件的要求明确"四至"（指东南西北四个方向的边界）范围，如针对在长江干流和重要支流（湖泊）一公里范围内的企业，尤其是对当地经济贡献大，环保风险可控的情况下，工信、发改、生态、水利、应急等部门可以联合出台相应的政策文件，为这类企业的进一步发展提供清晰的发展思路，助推

化工企业高质量发展。

3. 加强安全控制线的成果应用。安全控制线是化工园区与城市建成区、人口密集区、重要设施之间的安全防护距离。市（区、县）应将安全控制线纳入国土空间规划，结合安全控制线划定结果和管控要求，在国土空间规划中进一步强化化工园区安全保障水平的目标要求，设置较为明确的规划指标。

（二）进一步增强园区安全监管力量，加大培训考核

1. 配强监管力量。各地市要统筹发展和安全，秉持"让专业的人干专业的事"的工作理念，统筹调整具有化工专业背景的人员充实到园区安全环保监管队伍，加快推进监管人员技能素质提升，持续加大专业人才招引力度，建好园区专业监管人员梯队。

2. 加强实操培训。结合化工园区已有的企业和实训基地，让园区监管干部到化工企业和实训基地进行岗位实训，参与企业隐患排查治理和日常安全检查工作，研究整改措施。

3. 加大考核力度。对实训人员定期考核，其考核结果作为职务晋升、职称评定、评先评优的重要依据。

（三）进一步完善项目准入评审机制，强化动态评估

1. 完善禁限控目录。按照《产业结构调整指导目录》和《淘汰落后危险化学品安全生产工艺技术设备目录》要求，细化明确所属化工园区（包括化工集聚区）禁止和限制的化工产品、生产规模、工艺、设备等。危险化学品建设项目应进入化工园区，化工园区内严禁建设与园区产业发展规划无关的项目。

2. 强化安全风险防控联合审查。化工项目立项前应由立项行政部门组织发改、工信、生态环境、自然资源、应急管理等有关部门进行安全风险防控联合审查。涉及"两重点一重大"危险化学品建设项目应由设区的市级以上立项行政部门牵头组织安全风险防控联合审查，要严格指标审查和做好监督管理。

3.动态评估复核园区安全风险等级。省及各地市需统筹规划、安全、消防、应急管理、信息化等领域专家，按照标准全面评估复核安全风险等级，将评估复核中发现的问题分为否决项、重点项和持续推进项，形成问题清单，结合园区实际和复核情况，制定"一园一策"整治提升方案。

（四）进一步推动智慧安全大脑建设，推动数据应用

1.完善顶层设计。让园区的数据上下互通，上能让省市两级相关部门及时了解和调度相关企业生产状况，下能掌握企业的实时数据，提高安全生产风险监测的能力和水平；出台相关财政鼓励政策，制定全省建设智慧化工园区的财政鼓励政策，减轻地方建设资金压力。

2.加强平台建设。各园区要根据《化工园区安全风险智能化管控平台建设指南》要求建设智能化管控平台，实现整个化工园区的综合管控、封闭式管理、可视化操作、智能巡视等。如配置易燃易爆有毒有害气体泄漏监测监控设备，提升化工园区内企业、重点场所、重大危险源安全风险管控水平。

3.推动数据应用。如将企业安全仪表系统信号接入"智慧园区"平台，实时监测企业安全联锁装置投用、联锁系统运行情况。重大危险源监管系统融合视频智能分析功能和企业生产区人员定位，对重点监控目标和区域自动巡检火焰识别、吸烟、设定禁止进入区域等情况智能化报警，并自动调取报警期间的视频、图片和行动轨迹等。

（五）进一步建设高效联调联战体系，加强救援能力

1.建设本领高强的应急力量体系。园区要科学组织专业、兼职和社会应急力量有序参与应急救援行动，持续推动应急救援队伍专业化建设。依托园区智慧平台，建立园区应急救援力量资源库，对队伍建设有关信息实现日常化、规范化管理。

2.建设点面协同的应急联调体系。加强与周边化工园区危险化学品专业队伍的交流合作，以点带面，推进与周边园区联合应急处置、培训交流、重要信息通报会商等机制运行，共同做好突发事件的灾情研判、及时响应、联合处置，逐步形成信息、指挥、救援等方面的全面联动。

3.建设保障有力的应急联战体系。着眼不同任务特点和保障需求，充分依托交通、运输、急救、器材等行业部门的资源，坚持种类配套、布局合理、数量适当、节约高效的原则，形成上下衔接、点面结合的保障格局，确保及时供应、高效保障。

提升化工园区企业安全生产管理水平的对策建议

——基于龙南市、会昌县、赣县区化工园区的调研

陶　东　黄毅峰[*]

习近平总书记多次提出，要牢固树立安全发展理念，加强重点行业、重点领域安全监管，以"时时放心不下"的责任感统筹发展和安全。尹弘书记在省委十五届四次全会上强调，要高效统筹发展和安全，切实以高水平安全保障高质量发展。叶建春省长主持召开全省安全生产电话会议时强调，要坚决打好岁末年初安全防范硬仗。化工园区内危险源数量多、关系复杂，抓好园区安全生产管理，将治理关口不断前移具有重要意义。调研组聚焦龙南市、会昌县、赣县区化工园区企业，深入走访调研、分析研究，形成此报告，旨在为化工园区企业安全生产管理提供有益的参考。

一、赣州化工园区企业安全生产管理的创新做法

目前，赣州市共有两个省级化工园区，分别为会昌氟盐化工产业基地、龙南经开区化工集中区，均达到 D 级水平，赣县区稀金新材料产业园化工集中区正在开展省级认定。在发展过程中，3 个园区在安全管理方面均有不少经验做法，推动 2022 年赣州市危险化学品领域实现了"零事故、零伤亡"。

* 陶　东　省委党校领导力拓展教研部讲师、江西应急管理研究中心研究员
黄毅峰　省委党校领导力拓展教研部负责人、教授，江西应急管理研究中心主任、首席专家

一是园区安全管理的制度设计更为细化。3个园区均对照应急管理部"十有两禁"要求，建立了较为完善的制度体系，形成严密的安全防护网。结合园区产业与特点，出台了园区产业发展指引、"禁限控"目录、企业和承包商准入退出制度、黑名单管理制度等，建立了三级危险化学品事故应急救援预案体系和专家指导服务工作机制；同时，开展了园区"多米诺效应"论证、事故废水分析等风险评估工作，有效地提升了园区风险源头管控、风险研判等多维度能力。

二是园区安全管理的基础设施标准更高。园区内配套的相关基础设施是安全生产风险管理与应急处置的必要支撑。3个园区均按照高标准、高要求进行建设，系统地提升了园区抗逆力。如赣县化工园区投入2亿多元建设了消防站、应急救援中心、危险化学品运输车辆专用停车场、公共管廊、事故废水应急池、取水码头、实训基地等安全基础设施。会昌化工园区累计投入12亿元建设消防车道和取水码头，在基地四周设置空气质量监测点，按照至少10年不过时的标准建设公共事故废水应急池。

三是园区安全管理的政企责任不断明确。企业方面，均成立了安全部，全面推广签订安全生产责任书，积极创建"无隐患岗位"，悬挂"安全生产责任公示牌"，重点做好企业自动化提升、重大事故隐患专项整治等工作，制定相关预案并定期开展演练。政府方面，均设有专门的园区管理机构和安全监管队伍。如赣县化工园区服务中心，配备了9名具有化工、安全管理等专业背景的安全监管人员；龙南化工园区2023年新增9个编制用于招录专业安全监管人员。同时，应急部门在全市开展危化领域安全风险大排查大起底，持续开展专家指导服务。

四是园区安全管理的救援能力得到增强。明确了园区救援队伍组成、物资准备、培训准备、制度准备、队伍管理和工作保障，实现了联调联动联战的软硬件基础。建立了以会昌化工园区企业技术力量为基础的河东片区危险化学品应急救援队伍、以龙南化工园区企业技术力量为基础的河西片区危险化学品应急救援队伍。

五是园区安全智慧管理的平台日益完备。全市化工园区管理不断向数字化、智能化转型，均已建成并运行智慧化一体平台及应急指挥中心，企业安全、环保、应急救援数字基础资料均已上传至园区智慧平台，重大危险源企业液位、压力、温度等生产监测数据和视频监控已完成对接。特别是会昌化工园区已建成全省首个氟盐新材料产业数字大脑，近期公示入选为全国2023数字化绿色化协同转型发展优秀案例。

二、当前化工园区企业安全生产管理存在的问题

调研发现，尽管三个地区企业安全形势保持稳定，但无论是着眼园区还是企业，仍然存在一些瓶颈、面临一些困境，主要表现在以下几个方面。

一是安全生产风险意识仍需加强。经调研了解，绝大多数化工企业都很重视安全生产，但有的企业对安全生产"100-1=0"的关联性、系统性还是认识不足，对开展靠前一步的风险治理积极性、主动性不够高，相关投入不足。如存在爆炸风险的车间，相关电气设备虽然达到了防爆标准，但不起眼的电气线路却满足不了防爆要求，给风险"留了空子"，而这1%的漏洞可能让其他99%的投入付诸东流，造成100%的损失。

二是安全生产管理的制度落实不够严。此次调研的化工园区企业，都建立了一系列安全生产制度，但有的企业制度"上墙不上心"，制定好后便束之高阁，只是为了应付检查之用，存在制度"空转"的现象。比如，个别企业不落实安全生产责任考核制度、事故隐患排查制度，相关记录不按时更新，难以常态化实现对安全生产风险的识别与排查处置。

三是安全生产管理的执法力度不够强。存在个别管理方与企业拿营商环境当"挡箭牌"，只强调抢生产，敷衍对待隐患排查与检查，对反馈的问题整改不到位，甚至是迟迟不改。基层执法队伍也反映，基于优化营商环境等因素考虑，对问题企业执法处罚较少、力度偏弱，导致对企业威慑不够，监管实效性打折扣。

四是安全生产管理的专业人才仍是短板。一方面，有的化工园区企业对

安全生产的专业性认识不足，认为有经验人员即可，甚至有人管即可，存在未持证上岗的现象，少数企业没有专职安全管理人员。另一方面，企业普遍反映，受制于化工行业的特殊性，相关持证人员"招不来、留不住"的问题较为突出，只能鼓励老员工提升学历、考取证书，但过程缓慢、难度较大，现有人才无法满足企业的转型升级和长足发展要求。

五是园区安全生产智慧管理的等级不够高。虽然化工园区和企业都已建立了智慧平台，但因企业端"工业互联网＋安全生产"建设刚刚起步，智慧监管"最后一公里"尚未打通，很多企业与园区智慧平台没有完成数据的全面互通，离"能监测、会预警、快处置"的建设目标还有差距。此外，园区企业中信息化相关专业人员较少，与园区监管信息化、智能化形势不相匹配。

三、提升园区企业安全生产管理水平的对策建议

当前，各地都在全力以赴"拼经济、拼发展"，越是这样的关键时候，越要牢牢守住安全发展底线，加强化工园区企业安全生产管理，坚决防范遏制重特大安全事故发生。

（一）坚持奖惩并举，促进企业风险意识提升

1. 强化正面激励。对企业安全生产水平定期进行评估，通过资金奖补、税收优惠、评优评先等形式，对安全状况好的企业给予奖励。开展"无隐患岗位"创建活动，对企业"无隐患岗位"进行奖励，正向激励企业提升风险管理意识。

2. 落实反面惩戒。行业监管和执法部门要把"安全"作为园区最好的营商环境，敢于动真碰硬，做到"检查必执法、执法必严格"，对存在风险隐患但缺乏整治行动的企业进行惩戒，对因违法违规导致事故的企业从严从重处罚，达到"惩戒一个、教育一片"的效果，倒逼企业提升风险管理意识并加大相关投入。

（二）把严顶层设计，织密园区管理的制度网

1. 科学规划布局。严格对照"十有两禁"对园区进行顶层设计，并与市国

土空间规划、"十四五"规划、工业产业布局规划相衔接，坚决防止"摊大饼"式的无序发展、"一窝蜂"式的同质竞争、"翻烧饼"式的反复折腾。着眼长远，提高规划的前瞻性、科学性，严格划定"禁建区"，科学划定"留白区"，设置安全"隔离带"，为安全可持续发展留足空间。

2. 严控项目准入。严格对照《产业发展指引》，完善"禁限控"目录，建立严格的项目准入评估体系。坚持化工项目联审联批，在化工项目立项前，联合多部门进行安全风险审查。同时，提前介入园区及安全控制线内非化工企业及项目的新（改、扩）建所涉及相关安评、设计、规划等过程。

（三）强化执法监督，营造良好的安全生产氛围

1. 刚柔并济执法。加强日常执法检查，紧盯8小时外的安全生产工作，开展常态化夜查。按照"首查不罚、整改不罚、不改必罚"的原则，与优化营商环境要求相衔接，将重大安全隐患、反复出现的安全隐患以及非法生产列入执法负面清单，凡主观恶意违法和拒不整改的依法予以处罚。

2. 抓严责任落实。督促企业严格落实化工行业"一线三排、四令三制"要求和"三个一律、五个必须"等规定。建立企业主要负责人考核、述责述安和安全风险研判、安全承诺公告等制度，按要求配备注册安全工程师，配齐专职安全管理人员，提升分管负责人化工专业学历，不断提高企业安全管理水平。

3. 创新联管联战。建立健全行业监管、协同执法和应急救援的联动机制；定期入企开展安全风险评估，建立企业安全档案，制定"一企一策"整治提升方案。着力构建以会昌、龙南、赣县化工园区企业力量为基础的河东、河西、中心城区3支区域危化品应急救援队伍，并加强实战演练和联合处置，不断提高区域联防联调联战能力。

（四）提升专业能力，推动实现更高水准的安全

1. 强化教育培训。建强用好园区实训中心，加大对关键岗位、关键环节的岗位实训力度，实现企业负责人和安全员培训全覆盖。加强安全警示教育，针对不同群体，采用短视频、VR、实战模拟等灵活多样的形式，传播警示教育案例，提升警示效果，引导企业增强风险防范意识和能力。

2. 组建共享平台。可由应急部门与园区牵头，采用补贴或市场化机制，从优秀企业、科研院所、应急部门等机构遴选相关专家，组成专家库，并邀请外地专家入驻，不断扩充专家库，再根据行业与工艺流程设计专业服务平台，企业根据需要从平台下单获得专业技术服务。同时，为节约成本，可鼓励同质企业、上下游企业共同参与、联合开发。

3. 出台培养政策。一方面，政府可以出台奖励政策，帮助企业现有员工提升学历和专业技能，保证满足当前生产安全需求。另一方面，可以通过联合大中专院校定向培养、落实高新技术专业人才落户补贴奖励等措施，让化工企业"招得到人、留得住人"，破解企业长远发展的后顾之忧。

（五）加大技术投入，提升园区安全智治水平

1. 加大投入力度。出台相关财政支持政策，支持鼓励园区和企业加大智慧平台建设投入，不断提高信息化、智能化建设管理水平，着力构建"快速感知、实时监测、超前预警、联动处置"的新型智慧监管体系。

2. 集约园区资源。鼓励园区集中资源，打造集环境预警、安全管控、能源管理、应急联动、智能安防、三维数字化园区于一体的智慧化园区管理平台，逐步提升园区智慧化治理水平。

3. 深化平台应用。要加大物联网、大数据、人工智能技术在安全生产方面的应用，全面开展园区与企业的系统对接、数据互通，实现整个化工园区的综合管控、封闭化管理、可视化操作、智能巡视等。在中高风险岗位持续推进"机器换人"，降低人为误操作带来的安全风险。

中共江西省委党校（江西行政学院）科研资政工程文库

兴赣策论（十一）

XINGGAN CELUN (SHIYI)

下册

主　编／李　能
执行主编／高莉娟
副主编／郭金丰　曾　光
　　　　杨和明　高佳俊

江西人民出版社
Jiangxi People's Publishing House
全国百佳出版社

前　言

中共江西省委党校（江西行政学院）坚持以习近平新时代中国特色社会主义思想为指导，深入学习贯彻党的二十大精神和习近平总书记关于党校工作的重要论述，深入贯彻落实习近平总书记考察江西重要讲话精神，围绕省委和省政府中心工作和重大决策部署，大力推进新时代党校智库建设，深入开展调查研究，形成了一批较高质量的决策咨询成果和理论研究成果。

为进一步用好科研资政成果、推进教研资一体化，2023 年 12 月，校（院）启动了《兴赣策论（十一）》书稿的整理和出版工作，遴选了一批优秀的调研报告和理论文章，编辑成册、结集出版。《兴赣策论（十一）》分为上、下两册。上册收录了 45 篇调研报告，主要选自 2023 年度校（院）教职工、主体班学员和市县党校人员撰写并得到省领导批示的资政报告，分别围绕构建现代化产业体系、深化对内对外开放、全面推进乡村振兴、实施科教强省战略、推进共同富裕、统筹发展和安全等六个主题，提出的对策建议得到了省领导和有关部门的肯定。下册收录了 66 篇理论文章，主要选自 2023 年度校（院）教职工公开发表于《光明日报》《学习时报》《江西日报》等报纸以及《理论视野》《科学社会主义》等期刊的高质量理论文章，分别围绕党的建设、经济建设、政治建设、文化建设、社会建设、生态文明建设等六个主题，注重学理道理哲理阐释。

在本书编纂出版过程中，常务副校（院）长李能同志高度重视并精心指导，副校（院）长高莉娟同志对本书的编写进行了全程统筹，科研管理部郭金丰、杨和明、高佳俊同志负责书稿的统稿工作，江西经济社会发展战略研究所曾光、高建设、杨和平等同志参与了上册书稿的相关工作，科研管理部柳臻、邓爱秀、黄云、刘舟方平、姚瑶等同志参与了下册书稿的相关工作，江西人民出版社编辑李鉴和同志付出了辛勤的劳动。在此，对所有参与书稿写作和出版工作的同志一并表示感谢。由于书稿内容较多、跨度较大，加之编者水平和时间有限，本书难免有纰漏之处，敬请读者批评指正！

今后，我们将始终坚守为党育才、为党献策的党校初心，坚持围绕中心、服务大局，持续做好理论研究、对策研究这个探索规律、经世致用的大学问，努力在党的创新理论研究阐释、推进党的理论创新、为党和政府建言献策等方面推出高质量成果。

本书编写组

2024 年 1 月

目　录

党的建设

经济建设

政治建设

文化建设

社会建设

生态文明建设

党的建设

牢牢把握新的战略定位和目标要求

李 能[*]

习近平总书记考察江西重要讲话精神，是全省上下解放思想、开拓进取、扬长补短、固本兴新，奋力谱写中国式现代化江西篇章的总方针总纲领总遵循。

习近平总书记对江西提出"努力在加快革命老区高质量发展上走在前、在推动中部地区崛起上勇争先、在推进长江经济带发展上善作为"的新的战略定位和目标要求，我们要自觉把江西发展放到全国大局中去谋划。加快革命老区高质量发展，确保老区人民共享改革发展成果，过上幸福生活，是推进全体人民共同富裕的底线任务；推动中部地区崛起，是落实区域协调发展战略的重大任务；长江经济带横贯东西、承接南北、通江达海，推进长江经济带高质量发展有利于更好地支撑和服务中国式现代化。这些都是"国之大者"。我们要以更高站位、更宽视野、更大格局来谋划和推进江西各项工作，努力以一域之光为全局添彩。

坚持用新发展理念引领发展行动。习近平总书记要求江西努力构建现代化产业体系，深化对内对外开放，全面推进乡村振兴，扎实推进共同富裕；坚持共抓大保护、不搞大开发；坚持创新引领发展；更好地联通国内国际两个市场，用好两种资源；强化区域协同融通；统筹好发展和安全。这些重要要求充分体现了创新、协调、绿色、开放、共享的新发展理念。我们要逐条对照研

---

* 李 能　省委党校（江西行政学院）常务副校（院）长

究，将其与落实省委打造"三大高地"、实施"五大战略"等决策部署结合起来，不断开创经济社会发展新局面。

大力锻造忠诚干净担当的高素质干部队伍。确保习近平总书记考察江西重要讲话精神落地见效，关键在党、关键在人。要以扎实开展主题教育为动力，引导和激励党员干部传承红色基因，争创新时代"第一等的工作"。坚持在学懂弄通做实习近平新时代中国特色社会主义思想上持续下功夫，不断提高政治判断力、政治领悟力、政治执行力。坚持牢固树立正确政绩观，提高履职的专业化本领，求真务实、昂扬奋进，创造性地开展工作。坚持把纪律和规矩挺在前面，坚决破除"官本位"思想，持续建设风清气正的良好政治生态。

（原载《江西日报》，2023 年 10 月 30 日）

坚持和加强党对金融工作的全面领导

吴志远[*]

　　中央金融工作会议强调："加强党中央对金融工作的集中统一领导，是做好金融工作的根本保证。"金融是国民经济的血脉，是国家核心竞争力的重要组成部分，金融治理已成为新时代中国特色社会主义国家治理现代化进程中的重点领域。中国共产党历来高度重视对金融事业的领导，坚持牢牢把握金融事业发展和前进的方向，不断探索金融支持中国革命、建设、改革的正确道路。当前和今后一个时期，做好金融工作必须坚持和加强党的全面领导，坚定不移地走中国特色金融发展之路，不断开创新时代金融工作新局面。

　　加强党中央对金融工作的集中统一领导。实践告诉我们，在重大历史关头、重大考验面前，党中央的判断力、决策力、行动力具有决定性作用。沉着应对经济金融领域重大风险挑战，必须坚持党中央集中统一领导。新时代以来，以习近平同志为核心的党中央不断建立和完善党领导金融工作的体制机制，并已逐步构建起以"两委一行一局一会"为主体的结构完整、功能齐备、具有显著内在优势的全国金融工作治理体系。这必将有利于金融改革的整体推进以及金融监管工作的协调发展，有利于防范化解重大金融风险，更好地助力实体经济健康发展。今后，要发挥好中央金融委员会的作用，做好全国金融稳定和发展的顶层设计、统筹协调、整体推进、督促落实等工作；要发挥好中央

---

* 吴志远　省委党校（江西行政学院）经济学教研部主任、教授

金融工作委员会的作用，切实加强金融系统党的建设；要在实践中不断提高制度执行力与运行效率，切实把党中央集中统一领导的制度优势转化为治理效能，着力提升我国金融治理的整体水平。

形成全国一盘棋的金融工作新格局。习近平总书记强调："地方各级党委和政府要按照党中央决策部署，做好本地区金融发展和稳定工作，做到守土有责，形成全国一盘棋的金融风险防控格局。"要按照中央金融工作会议确定的"发挥好地方党委金融委员会和金融工委的作用，落实属地责任"要求，持续完善地方党委金融工作领导体制机制，形成各地齐抓共管、全国一盘棋、稳定高效的金融工作新格局。一方面，要强化地方党委对金融工作的领导。要针对地方党委金融工作实践中存在的问题，把握党的领导制度建设规律以及金融运行特点与规律，推进新时代地方党委金融工作领导制度建设，使党的金融工作领导制度体系更加完备、专业和适用，为地方党委更加科学、有力、高效地开展金融治理提供制度保障。另一方面，要明晰制度建设的具体路径与方法。具体而言，一是要重点完善省级党委的金融工作领导制度，以此来引领、推进省以下各级地方党委金融工作领导体制机制。二是要优化地方党委、政府金融工作领导机构与执行机构的设置与职能定位，防止责任缺位、执行乏力等问题。三是要持续创新符合金融运行特点与规律的地方党委金融工作机制。比如，深入探索民主集中制的具体有效实现形式；完善定期研究金融发展战略、分析金融形势、决定金融方针政策的决策机制；设计科学合理的激励机制，明确科学用人、考核评价、容错纠错等具体措施，更好地激发干事创业的积极性，增强地方党委领导干部狠抓落实本领和驾驭风险本领，让勇于担当作为、善于攻坚克难的优秀干部脱颖而出、多作贡献。

着力打造现代金融机构和市场体系。中央金融工作会议提出："健全法人治理，完善中国特色现代金融企业制度，完善国有金融资本管理，拓宽银行资本金补充渠道，做好产融风险隔离。"党的二十大报告强调，要"推进国有企业、金融企业在完善公司治理中加强党的领导"。金融机构是金融市场活动的具体组织者、实施者，通过在金融企业设立基层党组织，将党的领导融入金融机构公司治理，是加强和改善党领导金融工作的重要举措。通过将党的领导内化于微观企业，使党的领导与公司治理深度衔接、高度融合，深刻体现了"把党的领导落实到国家治理各领域各方面各环节"的要求，对深化党对金融工作的领导，改善金融企业政治生态，全面提升金融企业领导干部的政治判断力、政治领悟力、政治执行力，锻造忠诚干净担当的高素质专业化金融干部人才队伍等，具有重要意义。今后一个时期，如何在"党建入章"、企业党委（党组）对重大经营管理事项前置把关等改革成果基础之上，进一步深化、细化金融企业党建工作，将党对金融工作的领导更有效地传导到微观层面以增强金融企业核心竞争力和抗风险能力，仍具有广阔的探索空间。

把全面从严治党要求体现在党领导金融工作之中。党的二十大报告指出，要坚决查处政治问题和经济问题交织的腐败。金融是典型的资金密集领域，腐败问题易发多发。一方面，要在党的领导下持续加强金融法治建设，及时推进金融重点领域和新兴领域立法，为金融业发展保驾护航。另一方面，要着力推进金融领域监督机制改革，加大监督力度，坚决惩治违法犯罪和腐败行为，严防道德风险。要充分发挥党内监督的带动作用，并推动人大监督、民主监督、行政监督、司法监督、审计监督、财会监督、统计监督、群众监督、舆论监督贯通协调、形成合力，以强有力的监督体系确保党中央重大金融决策部署贯彻落实到位。同时，还要加大法治环境建设、廉政教育、选拔任用、科技应用等力度，多措并举营造风清气正的金融生态环境。

（原载《江西日报》，2023 年 11 月 13 日）

朱德对南昌起义和井冈山会师的贡献

江泰然[*]

编者按：今年是井冈山会师95周年。1928年4月28日，朱德、陈毅等率领南昌起义保留下来的一部分军队和湘南农军，与毛泽东领导的秋收起义部队，在井冈山地区的宁冈砻市会师。会师后两支部队合编为工农革命军第四军（后改称为红军第四军），朱德任军长，毛泽东任党代表。井冈山会师，大大增强了井冈山革命根据地的军事力量，对红军和革命战争的发展具有重大意义。

习近平总书记指出："在新民主主义革命时期，朱德同志先后担任中国工农红军总司令、八路军总司令、中国人民解放军总司令，为中华民族独立和解放、为建立人民当家作主的新中国作出了杰出贡献。他参与领导八一南昌起义，打响了武装反抗国民党反动派的第一枪。他率领南昌起义军余部和湘南起义农军上井冈山，同毛泽东同志率领的湘赣边界秋收起义部队胜利会师，点燃土地革命战争的燎原之火。随后，他同毛泽东同志一道探索农村包围城市、武装夺取政权的中国革命道路。"朱德对领导南昌起义和实现井冈山会师贡献巨大，是人民军队的创造者和领导者。

---

* 江泰然　省委党校（江西行政学院）中共党史和党的建设教研部主任、二级教授

参与领导南昌起义，保存"中国革命的火种"

从南昌起义到上井冈山，朱德有着非同寻常的军事经历，经受了严峻考验。作为南昌起义的领导者之一，作为军事实践活动丰富的将领，朱德对南昌起义作用独特。

1927 年 1 月，朱德按照中共中央指示，利用自己同驻江西的国民革命军第五方面军总指挥朱培德及其所属第三军军长王均、第九军军长金汉鼎等滇军的关系，到南昌工作，被朱培德任命为第五方面军总参议、第三军军官教育团（即南昌军官教育团）团长，着手筹办军官教育团。1927 年 4 月 12 日，蒋介石在上海发动了反革命政变。6 月下旬，朱德被朱培德"礼送"出境，离开南昌前往武汉。这期间，他根据自己多年的军事实践和在江西工作所了解的情况，先后提出了"上山打游击去""可以在江西发展革命军事力量"的主张。

根据党的指示，1927 年 7 月 21 日，朱德从武汉秘密回到南昌。起义前，朱德做了大量工作。负责领导起义的周恩来抵达南昌后，朱德便向他汇报了南昌城内国民党军队驻扎情况，还绘制了一张详细的驻军布防图，标明碉堡、火力点及进攻线路，周恩来当即称朱德为起义立了大功。1927 年 8 月 1 日，朱德与周恩来、贺龙、叶挺、刘伯承等领导了南昌起义。根据前委指示，朱德率领起义军的先头部队南下。在南征途中，他指挥部队打下会昌，为主力部队杀出了一条血路；坚守三河坝三天三夜，完成了掩护主力部队进军潮汕的任务。当得知起义军主力部队在潮汕地区失败后，朱德独自扛起革命的大旗，他以俄国革命成功为例，向全体将士说明中国革命的长期性、复杂性、艰巨性和最终将取得成功的道理，并决定指挥部队"隐蔽北上，穿山西进，直奔湘南"。在向赣南进军途中，朱德进行了天心圩整顿、大余整编、上堡整训等。经过"赣南三整"，部队的状况得到了明显改善。为了保存这支革命力量，他千方百计寻求与范石生的合作，取得了范部的给养和医药的补充。朱德在南昌起义中起到了他人无法替代的作用，并且为中国革命保存了火种，这火种在朱毛会师后，最后成了燎原之势，燃遍了全中国。

实现井冈山会师，概括游击战争的"十六字诀"

1928 年 1 月，朱德率领南昌起义余部经粤北进入湘南。经过智取宜章、坪石大捷、大铺桥战斗，起义军向耒阳挺进，进行湘南暴动。起义军相继攻下耒阳、资兴、永兴、桂东、汝城等县城，茶陵、安仁、酃县也举行了暴动。11 个县的群众行动起来了，他们组织自己的地方武装，在地方党组织领导下，打倒土豪劣绅，推翻反动政权，建立苏维埃政府。湘南起义的成功，是朱德审时度势、精心谋划、周密部署和指挥有方的结果。为了保存工农革命军，避免在不利的条件下同敌人决战，朱德当机立断，作出撤出湘南、直奔井冈山的决策。经过朱德、毛泽东的共同努力，4 月 28 日，两军胜利会师了，这是"中国历史上最重要的事件之一"。朱德任新成立的工农革命军第四军（后改称为红军第四军）军长，毛泽东任党代表。从此，"朱毛红军"名闻天下，成为中国革命的象征。

在粉碎国民党军队对井冈山革命根据地三次"进剿"的过程中，朱德同毛泽东把红军的作战经验概括为"敌进我退，敌驻我扰，敌疲我打，敌退我追"的十六字诀，成为指导红军游击战术的基本原则。从此，红军在党的领导下，不断建立革命组织，开辟革命根据地，依靠革命群众，扩大革命武装，不断赢得胜利。

朱德率领的南昌起义军余部和湘南起义农军同毛泽东率领的秋收起义部队在井冈山胜利会师，将中国共产党领导的两支战斗力很强的部队聚集到一起，不仅大大增强了井冈山革命根据地的军事力量，而且对红军的创建和发展以及井冈山区域的武装割据都有重大的作用和影响。

创建人民军队，开创"光辉的井冈山时代"

井冈山革命斗争能够开创出一个全盛时期，进入到光辉的井冈山时代，是井冈山会师的直接结果。亲身经历过这个时期斗争的谭震林指出："朱德、毛泽东井冈山会师，部队大了，我们有力量打下永新。当然，在这之前打了茶陵、遂川，也占领了宁冈县城。那时不敢走远，因为国民党来上两个团我们就打不赢。可是，朱毛会师后力量就大了，所以一打永新，二打永新，尤其是七溪岭打了一仗。这样就把江西来的三个师打败了。"萧克指出："历史已经证明，有了湘南起义，才有井冈山会师，才有巩固的井冈山根据地，甚至可以说，才有光辉的井冈山时代。"

从参与领导南昌起义到胜利实现井冈山会师，从与毛泽东率领红四军主力向赣南、闽西进军到以瑞金为中心建立中央革命根据地，朱德功勋卓著，对人民军队的创建和发展作出了巨大贡献。在纪念朱德诞辰 130 周年座谈会上，习近平总书记指出："越是危难关头，他越是信念坚定。南昌起义部队南下潮汕失败，朱德同志所部孤立无援，他挺身而出，稳住军心，斩钉截铁地说，黑暗是暂时的，要革命的跟我走，最后胜利一定是我们的。"粟裕回忆起这段历史时，曾说："朱德同志这些铿锵有力、掷地有声的话语，精辟地分析了当时的政治形势，展示了革命必然要继续向前发展的光明前景，令人信服，感人至深。陈毅同志对之作了高度的评价。他曾经说，朱德同志的这次讲话，是讲了两条政治纲领，我们对部队进行宣传教育，就是依据这个纲领作些发挥工作。"在庆祝朱德 60 寿辰大会的祝词中，周恩来说："全党中你首先和毛泽东同志合作，创造了中国人民的军队，建立了人民革命的根据地，为中国革命写下了新的纪录。"这些评价表明，朱德对人民军队的创建和发展作出了巨大贡献。

总之，朱德在人民军队的诞生、成长和发展壮大的过程中，建立了不朽的功勋，是中国人民解放军的主要缔造者之一。虽然，南昌起义已过去 96 年，井冈山会师也过去 95 年，井冈山革命斗争的烽火硝烟也渐渐远去，但是，朱德对南昌起义和井冈山会师的贡献却永载青史，镌刻在人民心中。

（原载《学习时报》，2023 年 4 月 26 日）

发挥审计在推进党的自我革命中的独特作用

黄德锋[*]

习近平总书记在主持召开二十届中央审计委员会第一次会议时强调："在强国建设、民族复兴新征程上，审计担负重要使命，要立足经济监督定位，聚焦主责主业，更好发挥审计在推进党的自我革命中的独特作用。"这一重要讲话，为我们进一步推进新时代审计工作高质量发展指明了前进方向，提供了根本遵循。

明确审计在党和国家监督体系中的战略定位

审计被称作"经济体检"，是党和国家监督体系的重要组成部分，对于维护国家财政经济秩序、提高财政资金使用效益、促进廉政建设、保障经济社会健康发展发挥了重要作用。党的十九大以来，在党中央集中统一领导下，中央审计委员会推动审计体制实现系统性、整体性重构，走出了一条契合中国国情的审计新路子，审计工作取得历史性成就、发生历史性变革。从量上看，统计显示，5 年来全国共审计 44 万多个单位，向纪检监察、司法等部门移送重大问题线索 3.8 万多件，涉及 9 200 多亿元、5.1 万多人；促进增收节支和挽回损失 2 万多亿元，健全完善规章制度 5.8 万多项。从质上看，严肃查处了一批有重大影响的典型问题线索，揭示了一些影响经济安全的重大风险隐患，铲除了

---

* 黄德锋　省委党校（江西行政学院）中共党史和党的建设教研部副主任、教授

一些严重阻碍改革发展的"毒瘤"，推动解决了一些长期未解决的"顽瘴"，惩治了一批侵害群众切身利益的"蝇贪"，审计工作在促进廉政建设、保障群众利益、维护国家财政经济秩序等方面的作用越来越重要。

审计监督是在党的自我革命过程中不断淬炼而成的监督机制，也是推进党的自我革命的有效路径。审计在制约和监督经济权力运行方面具有不可替代的作用，能够通过检查发现各部门、各单位及各级政府履行职责过程中存在的经济问题、经济责任，从而促使各部门、各单位及各级政府更有针对性地去解决问题，是推进党的自我革命的重要力量。从习近平总书记在十九届中央审计委员会第一次会议提出要"更好发挥审计在党和国家监督体系中的重要作用"，到二十届中央审计委员会第一次会议强调要"更好发挥审计在推进党的自我革命中的独特作用"，进一步明确了审计在党和国家监督体系中的战略定位，有助于构建集中统一、全面覆盖、权威高效的审计监督体系，确保政治监督与经济监督贯通协同、统筹推进，以审计工作高质量发展来发挥审计在推进党的自我革命中的独特作用。理解和把握"更好发挥审计在推进党的自我革命中的独特作用"的丰富内涵和重大意义，要把握好审计工作的战略定位，处理好经济监督与政治监督的关系，既要发挥好审计在经济监督方面的专业优势，聚焦财政财务收支真实合法效益主责主业，有效制约和监督经济权力运行；又要坚持用政治眼光观察和分析经济社会问题，严肃查处重大财务舞弊、财经数据造假、违规举借债务、挤占挪用等问题，充分发挥审计在反腐治乱中的重要作用，坚决查处政治问题和经济问题交织的腐败等问题，推进党的自我革命。

要如臂使指、如影随形、如雷贯耳做好审计

发挥审计在推进党的自我革命中的独特作用，进一步推进新时代审计工作高质量发展，关键要贯彻落实好习近平总书记提出的要如臂使指、要如影随形、要如雷贯耳的工作要求。

要如臂使指，增强审计的政治属性和政治功能。审计必须胸怀"国之大者"，增强政治意识，把党中央部署把握准、领会透、落实好。第一，审计机

关和审计人员要深刻领悟"两个确立"的决定性意义，坚决做到"两个维护"，将落实党中央关于审计工作的决策部署落实到位。第二，各级党委要切实扛起政治责任，加强对审计工作的领导。各级党委主要负责同志要亲自抓、亲自管，充分发挥审计委员会牵头抓总、统筹协调作用。第三，审计工作要围绕中心、服务大局，紧扣党的二十大确立的奋斗目标，明确审计监督工作的着力点和落脚点，做到党的工作重点在哪里，审计监督就聚焦哪里，切实保障和推动党中央重大方针政策和决策部署贯彻落实。

要如影随形，形成审计全覆盖。对所有管理使用公共资金、国有资产、国有资源的地方、部门和单位的审计监督权无一遗漏、无一例外，形成常态化、动态化震慑。一方面，审计监督要提高覆盖率。进一步拓展审计工作的深度与广度，让审计真正覆盖到国家机关、政党组织、人民团体、国家的事业组织、国有企业和国有资本、公共资金、国有资源的单位及其主要负责人，促进依法全面履行审计监督职责，消除监督盲区，做好常态化"经济体检"。另一方面，审计要及时高效。审计相对滞后会制约审计效率与效果。因此，审计要具备及时性，通过建立效率高、效果好的全覆盖审计机制，全面提升审计监督效能。

要如雷贯耳，提高审计机关的斗争本领。坚持依法审计，做实研究型审计，发扬斗争精神，增强斗争本领，打造经济监督的"特种部队"，推动以党内监督为主导，并与其他监督贯通协同，形成监督合力，在更好地发挥审计监督作用上聚焦发力。审计工作要有权威性，不能只强调发现问题，更要注重推动解决问题。这就要求我们要把督促审计整改作为日常监督的重要抓手，做到应审尽审、凡审必严，将审计结果作为干部考核、任免、奖惩的重要参考，对整改不力、敷衍整改、虚假整改的，进行严肃问责。

发挥审计在推进党的自我革命中的独特作用，还要发挥审计人员的独特专业优势。审计监督是一项政策性、专业性较强的工作，对审计队伍的政治素养、专业水平、实践技能要求较高。这就要求审计人员要坚持"以审计精神立身，以创新规范立业，以自身建设立信"，传承审计光荣传统和优良作风，塑造职业精神，提高专业能力，全面从严治党治审，深入开展主题教育和审计队伍教育整顿，建设忠诚干净担当的高素质专业化审计干部队伍。

推进审计工作高质量发展，也要重点突破、抓好当前。对于今年审计工作，面对改革发展稳定的深层次矛盾，审计工作必须聚焦高质量发展首要任务、稳增长稳就业稳物价、实体经济发展、推动兜牢民生底线、统筹发展和安全、权力规范运行等方面，突出重大问题加大审计力度，将党中央决策部署落到实处。要一体推进审计揭示与审计整改，既写好审计揭示问题的"上半篇文章"，又做好审计整改的"下半篇文章"，以高质量审计成果为党中央治国理政提供决策参考，以高质量审计监督保障经济社会高质量发展，切实将审计制度优势转化为治理效能。

（原载《江西日报》，2023 年 6 月 26 日）

从留苏档案中看高自立的早年革命生涯

曾　辉[*]

高自立曾经担任过红三军政委、中华苏维埃共和国土地部部长、陕甘宁边区副主席、代主席、共产国际监察委员会委员等职，是中共早期革命人物之一。近几年，高自立的生平事迹从历史烟云中被挖掘出来。不过，目前对高自立的介绍侧重土地革命战争后期以后，早年革命经历语焉不详，其家世具体情况基本付之阙如。幸运的是，远在万里之遥的俄罗斯国立社会政治史档案馆所藏高自立个人档案中，有目前能查到的高自立最

高自立在苏联期间照片

早的照片，有高自立亲自撰写的一份详传《同志自传》（约 5 000 字）及一份简传《周和生》（约 600 字），还有两份表格即"国际列宁学校调查表"和一份更详细的情况调查表，此外还有俄文档案。这些档案详细介绍了他的家庭情况及赴苏前的经历。通过这些珍贵的档案，可以看出高自立的家世情况及早年革命经历。

* 曾　辉　省委党校（江西行政学院）中共党史和党的建设教研部副教授

幼失怙恃，身世坎坷

高自立，原名高省烦。高自立系其在苏区时用名，在苏联时期曾化名周和生。1900 年 7 月 7 日，高自立出生于江西省萍乡县北路村大源头（今萍乡市安源区青原镇源头村）一个农民家庭。

高自立命运坎坷，母亲刚刚怀上他不久，父亲就去世了。母亲将高自立抚养至一岁多后，也改嫁。此后高自立"从未与她（即生母）的家庭发生过关系"，而由伯父代为抚养。到九岁时，伯父也不幸去世。孤苦伶仃的高自立又一次失去了依靠，无奈之下，被过继给高昆池为子。

高昆池在当地算有文化的士绅，但命途多舛，诸事不顺。40 岁前教书为业，后在县衙做书办，但不久差事被免，之后曾与他人一起兴办铜矿，惜未成功。二次革命后，高昆池因曾加入过国民党而受通缉，家中花了数百元才算了事。55 岁以后，高昆池又重拾教鞭，其间曾与人合伙做煤炭生意，但经营不善，亏本 200 元。

高家"共有谷田 48 担，年岁丰收可收谷 48 担"，全家需吃谷 40 担，每年略有剩余，另有茶油山 4 块，每年可榨油 100 斤，房屋 1 栋，可供全家勉强居住。如果没有意外，高家本可自给

高自立在苏联手写的《同志自传》（部分）

自足，但不幸的是，因为生意失败等原因，高家背上了 1000 余元的债务，每年应还的利息就高达 240 余元，每年收支相抵，多时尚缺口 200 多元。尤其是后来，高昆池的两位哥哥因故均失去了劳动能力，高家被迫雇用长工，负担更重。高自立自然也时有衣食之虞，生活艰难。

高自立过继给高昆池后，因高昆池本身是教书先生，因此也读了"四年半老书"。但从 13 岁开始，读书已经难以为继，只好辍学到商店做学徒，16 岁出师后担任店员，断断续续帮人做工一直到 26 岁，其间曾几度失业。失业期间，高自立曾随父亲与人合伙做煤炭生意，失败亏本，后又由岳父代借 400 元资本自己做生意，也亏本停业，本来窘迫的家境更是雪上加霜。

1924 年，高自立与杨竞成结婚，并育有一女高馥英。高自立的岳父杨世昌是做皮鞋的手工业者，在萍乡县城开皮鞋店。高自立在自传中提到其岳父"有资本二千元，带有三四个徒弟，每年又请工人三四个"。高自立称他的岳父"对我是有相当爱情的（注：即很关心爱护）"，高自立几次失业期间，高昆池不允许高自立夫妇在家"吃空饭"，但岳父却经常收留他们，"甚至穿衣用钱，我家欠的债也是他帮我负担"。高自立幼失双亲之爱，其后辗转由他人抚养，不免有寄人篱下之感，高自立也自称"对家庭非常冷静"，还好在岳父家里感受到了难得的温暖。后来，高自立因参加革命离开了家庭，与岳父家也失去了联系。

参加工运，萍乡历险

萍乡安源是中国工人运动的摇篮。毛泽东早在 1921 年秋天就在安源点燃了革命火种，此后，在毛泽东、李立三、刘少奇等人的领导下，安源开展了轰轰烈烈的工人运动。风起云涌的工运浪潮，无时不触动着近在咫尺的高自立。1926 年 9 月，北伐军来到萍乡后，高自立参加了萍乡工人的罢工斗争，后来又参加了农民协会和反日运动。1926 年 10 月，高自立被抽调参与萍乡总工会筹备工作。

1925 年安源"九月惨案"后，高自立从枪杀黄静源（安源俱乐部副主任）

及通缉陆沉（安源俱乐部主任）的告示中开始知道萍乡有共产党，了解到共产党"是为工人谋利益"的政党。家庭的不幸，经济的困窘，社会的不公，让高自立对为穷人奋斗的共产党心生向往。几经周折，高自立终于找到了党组织，并于1926年冬通过在岳父店中工作的皮鞋工人、共产党员周荣生等人介绍加入了中国共产党。入党后，高自立在党内负责"宣传发展组织的工作"。1927年初，高自立被调到萍乡县清查逆产委员会及萍乡县所属的生产消费合作总社工作，负责管理账目。当时，两处有几百万资本，上级让高自立负责管理账目，可见对其相当信任。

1927年5月，长沙发生马日事变。6月间，萍乡工会、农协及合作社也被萍乡反动势力勾结许克祥队伍抢劫捣毁。高自立遇到了他革命生涯中的第一次生死考验。

关于这次遇险经历，高自立在自传中有详细的记载。许克祥军队来萍乡前几天，安源地委及工会负责人就已知道消息并提前进行转移，只留少数人在城内继续工作。当时生产消费总合作社管理下有五个支社，工人有400多人，每日收入有3000余元，是安源地委及其领导下的各个团体开展活动的最主要经费来源，事关重大。因此，地委决定管账的高自立"不是许克祥军队入城不能离开合作社"。高自立服从命令，坚持到最后一刻，当6月5日许克祥军队入城且与工人纠察队及保安队交火时，才收拾好账目和县长罗运磷（中共党员）等人出城，向安源方向转移。

但此时，高自立他们已经被侦探盯上，反动商民也得知了高自立的去向，领着许克祥的军队在城外截捕、伏击高自立等人，县长罗运磷骑马逃走（后牺牲），高自立及县总工会调查部长等三人不幸被捕。反动商民为了让高自立交出账户，软硬兼施，动用了酷刑，也"用了许多欺骗的办法"，但高自立坚贞不屈。反动势力无可奈何，第二天便将高自立他们转押到萍乡县衙门监房。

几天后，许克祥的军队撤走，反动商家也走了不少。许克祥军队匆匆而撤，也没有来得及成立正式县政府，一时间萍乡处于无政府状态。在监房工友们的压力下，狱卒逃走，高自立他们得以全部出狱。出狱后，即恢复工会并推举出临时负责人并开展工作。因为原有负责人均已转移，新的工会临时领导人缺少经验，工作生疏，尤其是没有及时恢复工人纠察队，肃清反动势力，结果一个星期后，豪绅地主就利用地方和宗族势力，裹挟数万农民攻打萍乡及安源。安源在共产党领导下，以矿警队和工人纠察队为主力，全民动员，经过半个月的奋战，取得了安源保卫战的胜利。但是，萍乡县城因为革命力量空虚，准备不充分而被豪绅地主率领的武装占领。

高自立他们在豪绅地主进入萍乡城前夕才得知消息，只好赶紧转移，但高自立刚走出总工会，便有人尾随跟踪。高自立知道"不先到岳父店脱离反动派后没有别的办法"，于是快速跑到岳父店中，尾随之人看到后也马上返回，准备请人带枪来捉拿。趁此机会，高自立赶紧秘密转移到附近的商店"刘万和号"中躲避。此后，高自立在刘万和家的晒楼底下，足足躲避了14天。在此期间，反动军队到高自立岳父店中往返搜查了六七次，并沿街敲锣打鼓，悬赏捉拿他。万幸的是，反动军队在"刘万和号"中只搜查了一遍，并没有发现他。高自立也得以躲过了这次惊险的搜捕。

矢志不移，鞠躬尽瘁

1927年7月，高自立在萍乡无法立足，被上级派往安源，带领安源部分工人以及从醴陵等处逃到安源的农民自卫军等100多人辗转至武汉，编入由卢德铭任团长的国民革命军第二方面军警卫团。警卫团本计划赶赴南昌参加暴动，但在半路得知南昌起义部队已经南下，遂经过湖北阳新等地到江西修水休整、训练了半个多月，之后参加了秋收起义，所在部队编为中国工农革命军第一军第一师第一团，高自立担任该团特务连支部委员、组长和文书。

秋收起义失利后，意志不坚定者纷纷脱离革命队伍，但是高自立矢志不移，追随毛泽东继续投身革命。高自立在军队中先后担任过红四军三十一团特务连党代表、红十二军三十四师政治部政治保卫处长、红二十二军六十四师政委（师长粟裕）、红三军政委（军长周子昆）等职位。1931年12月宁都起义后，据高自立自传可知，有些人不愿去由宁都起义部队改编而成的红五军团工作，但是已经是红三军政委的高自立不计个人得失，自告奋勇去红五军团第十五军第三十四师担任政委，半年以后担任红十五军政委。高自立努力改造旧军队，与士兵同甘共苦，以身作则，深得士兵的拥戴。

在血与火的淬炼中，高自立从一名连队指挥官迅速成长为一名军队高级指挥员，职位变了，不变的是英勇无畏的品质。在一次战斗中，高自立身先士卒，靠前指挥，不幸身受重伤，肾脏中弹，所以赴苏档案中他自称"个人曾是半残疾"。1932年12月起，高自立调到后方从事行政工作，担任过中革军委后方办事处政委兼主任、中央政府工农检察部副部长、中央政府土地部部长等职。高自立在任上积极作为，查办了瑞金县苏维埃财政部部长蓝文勋等巨贪案，轰动一时。

1934年6月，高自立等被派至苏联参加共产国际第七次代表大会，被选为共产国际监察委员会委员，会后留在苏联列宁学院学习，直到1938年11月回国担任陕甘宁边区政府副主席、代主席等职。解放战争时期，高自立担任

高自立同志逝世追悼大会现场

中共中央冀察热辽分局委员兼财经委员会书记、冀察热辽分局副书记等职。1950年1月9日，高自立因积劳成疾，于沈阳病逝，时年50岁。

（原载《百年潮》，2023年第10期，本书有删改）

干扰巡视巡察工作必受惩处

张 涛 黄 鹂[*]

中纪委官网公布的一则案例，2014年江西省委第四巡视组在调查德兴市原市委书记何金铭违纪违法问题时，何金铭四处打探消息，试图通过关系向巡视组说情打招呼，致使巡视组不断接到何金铭的亲朋好友的说情电话，要求给予其"关照"。有的对有关情况隐瞒不报或者故意向巡视组、巡察组提供"造假材料""'打折'材料"。中纪委官网公布的另一则案例，2016年云南省委第一巡视组进驻西南林业大学后，干部群众反映该校城市设计院对外承接项目"生意火爆"，但其资产财务等情况从未公开过。巡视组决定组织力量调阅相关财务资料，设计院出纳却回答称，"你们来巡视的前一段时间，我原来用的办公室装修，同事将我的东西搬到另一间办公室，有4年的财务凭证被打扫卫生的人当废纸收走了"。干扰、妨碍巡视巡察工作的套路和模式可谓五花八门，这些行为严重扰乱了巡视巡察工作的开展，危害了巡视巡察工作的权威。

巡视巡察是党内监督的战略性制度安排，是全面从严治党和深入推进反腐败斗争的利器。党的二十大报告明确指出，发挥政治巡视利剑作用，加强巡视整改和成果运用。巡视巡察是加强党内监督、全面从严治党的重要举措，党中央高度重视巡视巡察工作。在全面从严治党新形势下，巡视巡察工作不断得到加强。通过发现、查处和整改等环节有力地打击了腐败分子，也威慑、教育

* 张 涛 省委党校（江西行政学院）法学教研部副主任、副教授
黄 鹂 上饶市委党校（上饶行政学院）政治学和法学教研室主任、副教授

和警醒了一批党员领导干部。党员领导干部面对巡视巡察，应积极自觉地予以配合。然而，从近年查处的典型案例看，以各种方式干扰巡视巡察的现象时有发生。有的盯梢巡视巡察组，托人托关系打探案情。从一定意义上讲，通过各种方式干扰巡视巡察，正是这些腐败分子畏惧心理的表现。

一些党员干部对于巡视巡察工作抱有侥幸心理，以"查不到我"来自我欺骗，身不正、行不端，放任工作中的小瑕疵变成大窟窿。巡视巡察工作查到自己头上来，则千方百计干扰和妨碍调查。越是千方百计地干扰和妨碍调查，越会造成掩人耳目、自欺欺人的后果。从本质上来讲，干扰、妨碍巡视巡察工作，就是对党不忠诚，就是不履行党员义务。对于本职工作，努力做了没做好是一回事；没努力做，甚至做错了却不敢担当是另一回事。如若放任干扰、妨碍巡视巡察的行为而不加以约束，可能形成漠视、对抗监督的不良风气，严重污染政治生态。

基于对干扰巡视巡察危害性的认识，党内法规将其明确列为禁止性行为并规定处分要求。《中国共产党巡视工作条例》第三十六条明确规定："被巡视党组织领导班子及其成员应当自觉接受巡视监督，积极配合巡视组开展工作。党员有义务向巡视组如实反映情况。"该条规定将接受巡视监督的自觉性、忠诚性上升到党员义务和党纪要求的高度。针对干扰、妨碍巡视工作的行为，《中国共产党巡视工作条例》第三十七条列出具体情形和处分要求，其中，对于"指使、强令有关单位或者人员干扰、阻挠巡视工作，或者诬告、陷害他人"等行为做出明确规定。在新修订的《中国共产党纪律处分条例》第六章第五十五条也增加了对干扰巡视巡察行为的处分规定，即"干扰巡视巡察工作或者不落实巡视巡察整改要求，情节较轻的，给予警告或者严重警告处分；情节较重的，给予撤销党内职务或者留党察看处分；情节严重的，给予开除党籍处分"。在党规党纪面前，任何被巡视巡察的对象和单位都没有特权，更不允许消极对待、置身于巡视巡察之外。巡视巡察权威不容挑战，企图通过"打招呼""不配合""威胁恐吓"等行为干扰甚至对抗巡视巡察，不仅不会奏效，而且直接触犯党的政治纪律，必将受到惩处。

全面从严治党永远在路上，党的自我革命永远在路上。作为全面从严治党的利器，巡视巡察在全面从严治党体系中的地位、权威不可动摇，绝不允许有任何干扰、妨碍巡视巡察工作的行为。从巡视巡察的主旨来说，其出发点和落脚点是为了查摆问题、监督整改、管党治党。各级党组织和党员领导干部在面对巡视巡察时，首先要深刻认识到巡视巡察的目的在于"治病救人"，要习惯于监督的零距离、常态化，增强接受和支持巡视巡察监督的政治自觉，把巡视巡察当作匡正自我、纠偏工作的一面镜子、一把标尺，做到不畏惧、不躲闪、不逃避。其次要强化纪律观念，在巡视巡察过程中，认真对照党章党规党纪的要求，积极主动向巡视组、巡察组如实反映情况、支持配合工作。常言道"身正不怕影子歪"，要以坦荡无私的胸怀和自我革命的勇气直面问题，党员干部要强化政治责任，以实际行动践行对党忠诚。同时，巡视巡察也要不断完善制度规范和工作机制，通过建立健全巡察制度推动巡视巡察摆脱人情世故、地方利益等干扰，让干扰权力监督的诡计无从着手，将加强权力监督的"笼子"越扎越紧。在相关制度不断完善的基础上，具体执行中还需对相关干扰行为从严惩处，同时坚定巡视巡察干部立场，使其摆脱"人情"束缚、利益困扰，真正让干扰监督的纪律"红线"看得见、碰不得。

（原载《学习时报》，2023 年 3 月 3 日）

年轻干部要培养四种作风

张文君　陈　颉*

习近平总书记强调，领导干部要着力增强防风险、攻难关、迎挑战、抗打压能力。当前，国际形势依旧动荡不定，国内不少改革发展稳定过程中出现的深层次矛盾不容忽视，不确定难预料因素增多，各种"黑天鹅""灰犀牛"事件随时可能发生。面对种种必须攻克的难关险阻，年轻干部作为党和国家事业发展的生力军，急需培养四个方面的作风，切实增强推动高质量发展的本领、服务群众的本领、防范化解风险的本领。

培养"忠心为党，廉政为民"的思想作风。正确坚定的思想理念是做对事、做好事、做成事的首要前提。年轻干部作为实现中华民族伟大复兴的中坚力量，更应稳如磐石、坚守初心，如此方能行得通、行得正、行得远。坚定地"听党话、跟党走"，才能保证方向的正确性。理想信念坚定和对党忠诚是紧密联系的。理想信念坚定才能对党忠诚，对党忠诚是对理想信念坚定的最好诠释。在复杂的形势下，保证对党忠诚需要年轻干部坚定理想信念，不断提高政治判断力、政治领悟力、政治执行力。全心全意为人民服务是我们党区别于其他一切政党的根本标志，为中国人民谋幸福、为中华民族谋复兴是我们党始终不变的初心使命。年轻干部应该一心为民，不为外物所动，始终坚持清廉执政，思民之所思、急民之所急、解民之所忧、做民之所盼，如岳山巍峨，不为

* 　张文君　省委党校（江西行政学院）工商管理学教研部副主任、教授
　陈　颉　省委党校（江西行政学院）工商管理学教研部副教授

风摇。

培养"求真务实，敢闯敢拼"的工作作风。"俏也不争春，只把春来报。"不浮夸不卖弄的工作态度，充分体现了求真务实的精神。年轻干部恰逢风华正茂的时期，在这一过程中理应脚踏实地、戒骄戒躁，勤勤勉勉做好本分事，踏踏实实当好模范人。在工作中，从正确的工作观念出发，始终坚持把客观事实摆在首位，不妄下雌黄，不人云亦云，不做"好好先生"。秉持对党的伟大事业、对人民群众尽心负责的态度，恪尽职守，以说实话的担当为工作原则，以办实事的态度为工作坚守，以求实效的追求为工作目标。"自信人生二百年，会当水击三千里。"面对新难关新挑战，年轻干部还应保持昂扬的斗志、拼搏的精神，敢闯敢拼，千万不能墨守成规、安于现状，而应积极作为、主动创新，不惧挑战、不畏风险，抱着"不破楼兰终不还"的决心，以"千磨万击还坚劲"的毅力攻克难关。

培养"勤学不辍，笃行不怠"的学习作风。"人学始知道，不学非自然。"年轻干部正处于人生的快速成长期，更要重视学习、善于学习，成为一块"高效蓄电池"。我国发展面临新的战略机遇，机遇和挑战都有新的发展变化，年轻干部只有不断学习新知识、掌握新技能、获取新力量，形成"我要学"的终身学习态度，才能勇立潮头、奋楫争先，始终走在时代前列。"不登高山，不知天之高也；不临深溪，不知地之厚也。"脱离实践的学习是片面的，这就要求年轻干部将理论学习和实践锻炼深度结合，用理论指导实践，在实践中检验真理，并通过实践对理论形成更加深刻的认识。学习的最终目的在于学以致用、解决现实问题。年轻干部绝不能闭门造车、纸上谈兵，要将所学知识与具体问题相结合，将之转化为攻坚克难的能力，做到知行合一、会者不忙。

培养"克己慎行，健康向上"的生活作风。"风成于上，俗形于下。"党员干部的生活作风绝不仅仅是工作之余的个人爱好，更是关系到党在人民群众中的印象和风评，对整个社会风气的形成有重要的示范引领作用。"巴豆虽小坏肠胃，酒杯不深淹死人。"养小德才能成大德，生活上小事小节的不注意往往容易导致大问题的产生。年轻干部在生活中要注意严于律己、关注细节、谨慎行事，时刻检点反思自己生活的方方面面，做到于细微之处见风范、毫厘之间定乾坤。"视其所好，可以知其人。"兴趣爱好反映的是一个人的生活态度。对年轻干部来讲，个人喜好应该是积极健康、向上向善的。因此，要坚决抵制享乐主义、奢靡之风，摆脱低级趣味，培养健康的生活情趣，正确选择兴趣爱好。"愿君学长松，慎勿作桃李。"年轻干部在成长中难免会碰到挫折，关键是看能否始终保持积极的人生态度，以谦虚的姿态面对成就，以乐观的心态应对低谷，即便遭受困难挫折也决不改变初心。"河水不择滩头路，人情只在淡泊间。"人与人之间的交往必不可少，年轻干部还要慎重对待朋友交往，提倡"君子之交"，做到明辨是非、知人识人，既讲感情又讲原则。

（原载《学习时报》，2023 年 5 月 1 日）

把基层党组织建设成为群众致富的领路人

冯志峰 *

2023 年 10 月，习近平总书记在江西考察时强调："乡村要振兴，关键是把基层党组织建好、建强。基层党组织要成为群众致富的领路人，确保党的惠民政策落地见效，真正成为战斗堡垒。"这一重要论述指出了组织强与乡村兴、群众富之间的内在逻辑。抓党建促乡村振兴，必须把基层党组织建设成为群众致富的领路人，不断提高引领新型农村集体经济发展的能力和水平，持续提升广大群众的生活水平。

落实"双培养"的组织机制。"双培养"组织机制，就是既注重把那些政治素质好、品德作风正派、处事公正公平、勇于创新、能带领农民群众增收致富的能人培养成基层党员干部，又注重把现有基层党员干部培养成推动新型农村集体经济发展的能人，着力打造一支政治素质强、担当精神强、治村能力强、带富本领强的基层党组织干部队伍，为乡村振兴打牢坚实的基础。一方面，把能带领农民群众增收致富的能人培养成基层党员干部。要突出政治标准和实干实效，坚持组织推荐、群众举荐和个人自荐相结合，完善基层党员干部的晋升渠道、福利待遇、政治荣誉、教育培训、容错纠错等激励机制，从回乡大学生、返乡农民工、复转军人、致富能手、农民专业合作社理事长等群体中选出发展思路清晰、"双带"能力强、懂经营善管理的人才进入基层党组织干部队伍，注重将各方人才集聚到乡村振兴大舞台中来。另一方面，把现有基层

---

* 冯志峰　省委党校（江西行政学院）马克思主义研究院院长、研究员

党组织干部培养成推动集体经济发展的能人。首先，要强化系统培训，坚持岗前培训、在岗培训、专业培训相结合，采取专家授课、交流研讨、实地学习等多种方式，加大对村"两委"班子在市场经济、实用技术、政策法规和管理技能等方面的培训力度，多角度拓宽村"两委"班子视野，增强思想政治素养，提高理论政策水平，强化法治社会观念，不断提升他们指导村级集体经济发展的参谋、协调能力。其次，要注重实践锻炼，采取"理论培训＋现场观摩""业务辅导＋实操演练"模式，依托两新组织、楼宇商圈、产业园区等平台，探索实施村干部到企业挂职、驻村工作人员与村干部结对帮带等方式，让他们在生产一线"边学习、边培养、边锻炼、边提升"，全面提高他们推动集体经济发展的能力和带领群众致富的能力。最后，完善考核评估办法，围绕"班子运行顺不顺、工作能力强不强、精神状态好不好、群众反映行不行、矛盾问题多不多"等内容完善分类考核制度，强化目标管理和任务分工，采取定期评定、随机检查、年度述职、满意度测评等方式开展基层党组织星级评定，常态化选树乡村振兴模范党组织、预警软弱涣散基层党组织、重点村党组织，"抓两头、带中间"，把基层党组织建设成为坚强的战斗堡垒。

探索"双选派"的工作机制。根据各地工作实际，可以将当前村支部第一书记同乡村振兴工作指导员制度有机结合起来，实现制度上的优势互补，发挥"1+1>2"的效果。第一书记主要采取"点派驻"的方式，按照"因村派人、因人选村"的原则，积极探索实行"双向选择"的派驻办法，面向新农村建设任务重、村级组织软弱涣散、集体经济薄弱、信访问题较多的重点村提供科学指导，协助精准解决问题，强化指导员个人能力与派驻村需要的对接，更好地推动农村经济社会发展和美丽乡村建设。乡村振兴指导员可以采取更加灵活的方式，如一村一指导、一事一指导、一业一指导等，既可以针对矛盾问题比较突出的村或者其某一项比较薄弱的工作实行派驻指导，也可以对一个区域内产业发展、高标准农田改造等一类工作实行巡回指导，对于周期比较长、涉及面比较宽的工作，还可以实行全过程、全产业链的跟踪指导。在实践中，要注意将第一书记同乡村振兴工作指导员相结合，选派一批既有浓厚乡土情怀，又有丰富工作经验的干部到乡村振兴一线打硬仗、攻难题，按需求派驻、以效果为导向进行指导，既留下带不走的工作队，又留下长期管用的经验方法和发展优势。同时，打破部门、行业、体制等壁垒，突破地域、身份、专业等界限，鼓励各村聘请优秀乡贤担任乡村振兴工作指导员、兼任新型农村集体经济发展顾问，积极稳妥地组建发展顾问团，发挥桥梁纽带作用，既利用自身优势跑项目、找资金、要政策、谋发展，又出金点子用活自身资源，帮助基层党组织提能力、聚合力、强实力，理思路、谋出路、蹚新路。通过完善"双选派"的工作机制，可以更好地建立健全"企到村""企到企"帮扶机制，组织有实力的国有企业、民营企业对经济薄弱村及该村现有的集体企业进行点对点帮扶，推动人才回归、资金回流、资源回乡，在市场经济发展大潮中精准发力，确保新型农村集体经济经营性收入稳步增长，使广大群众物质上更加富足、精神上更加富有。

完善"双挂钩"的考核机制。探索建立新型农村集体经营管理绩效同经营者收入挂钩、同干部选拔任用挂钩的"双挂钩"考核机制。要引导健全经营管理绩效与经营者收入挂钩的干部结构性奖励制度，有条件的股份经济合作社可以探索股权激励机制，最大程度激发集体经济组织管理人员的积极性。要将发展壮大村级集体经济列入选拔任用干部的重要依据，畅通从优秀村干部选拔乡镇领导、招聘乡镇事业编制人员的渠道，提高村干部发展村集体经济的主动性和积极性。对发展村级集体经济作出突出贡献的村干部，可以优先推选为"两代表一委员"、优秀共产党员和劳动模范；对抓村级集体经济发展无思路、无举措、无成效的乡村干部，则应当通过撤换选派等方式进行组织调整。通过严格"双挂钩"的考核机制，可以提高党员干部主动作为、干事创业的积极性，也更有利于培养出一批能够在市场经济中"勇立潮头、创新进取"的人才，为农村集体经济高质量发展提供强有力的保障。只有把基层党组织建设好、建设强，才能更全面、更有力地推进乡村组织振兴，为乡村产业振兴、乡村人才振兴、乡村文化振兴、乡村生态振兴提供坚强有力的组织保障，更好地全面推进共同富裕。

（原载《江西日报》，2023 年 12 月 11 日）

以学正风要坚持党风党性党纪

江桑榆*

习近平总书记在内蒙古考察时指出，"要抓实以学正风，坚持目标导向和问题导向相结合、学查改相贯通，对标党风要求找差距、对表党性要求查根源、对照党纪要求明举措，增强检视整改实效"，并强调要"大兴务实之风""弘扬清廉之风""养成俭朴之风"。这一系列重要论述深刻阐释了以学正风的科学方法、目标任务和实践要求，为推动主题教育取得实实在在的成效进一步指明了方向。

要突出对标党风要求，持续强化理论武装。政治上的坚定离不开理论上的清醒。用党的创新理论武装全党是党的思想建设的根本任务。要坚持学深悟透党的创新理论，将其内化于心、外化于行，提高用理论指导实践的能力，从而推动解决党风方面存在的突出问题，推动主题教育走深走实。要强化理论学习，坚持读原著、学原文、悟原理，学深悟透习近平新时代中国特色社会主义思想。要抓好调查研究，开展全面、系统、周密的调查，在察实情、出实招、求实效上下功夫，把工作抓实、基础打实、步子迈实，在力戒形式主义、官僚主义上取得明显实质性进展。要加强学风建设，弘扬马克思主义优良学风，反对主观主义、教条主义，将理论与实践相结合，把自己摆进去、把职责摆进去、把工作摆进去，坚持学思用贯通、知信行统一，把理论学习成果转化为谋

---

*　江桑榆　省委党校（江西行政学院）马克思主义研究院助理研究员

划工作的思路、促进发展的举措、改进工作的本领。

要突出对表党性要求，不断深化自我革命。先进的马克思主义政党不是天生的，而是在不断自我革命中淬炼而成的。只有持之以恒深化党的自我革命，才能从容应对各种已知和未知事件的挑战。要全面激活坚持自我革命的内生动力，引导党员干部勇于刀刃向内、刮骨疗毒，不断增强党的创造力、凝聚力、战斗力。要注重严明纪律，把纪律建设摆在更加突出的位置，坚持纪严于法、执纪执法贯通，精准有效地用好监督执纪"四种形态"，严守党的政治纪律和政治规矩，以"君子检身，常若有过"的态度发现自身不足和短板。要锤炼过硬作风，以"钉钉子"精神加强作风建设，持续纠治"四风"，坚决筑牢反对特权思想的堤坝，坚持以严的基调破除特权，永葆人民公仆本色。要增强斗争本领，夯实敢于斗争、善于斗争的思想基础，面对困难迎难而上，面对矛盾敢于碰硬，面对不良现象敢于亮剑，切实克服软骨病、恐惧症、无能症，不断增强抓工作的科学性、针对性、主动性，增强运用规律赢得斗争胜利的本领。

要突出对照党纪要求，一体推进"三不腐"。习近平总书记指出："反腐败斗争形势依然严峻复杂，遏制增量、清除存量的任务依然艰巨。必须深化标本兼治、系统治理，一体推进不敢腐、不能腐、不想腐。"只有坚持一体推进"三不腐"，不断强化不敢腐的震慑，扎牢不能腐的笼子，增强不想腐的自觉，才能巩固反腐败斗争压倒性胜利，确保我们党始终成为中国特色社会主义事业的坚强领导核心。要按照"三不腐"要求健全相关制度、严格执纪，建好护栏，降低腐败内部动因，教育引导党员干部提高思想觉悟、严明公私界限、崇廉拒腐防变。要营造不敢腐的政治生态，不断强化高压惩治，坚持无禁区、全覆盖、零容忍，坚持重遏制、强高压、长震慑，建立腐败预警惩治联动机制，推动常态化、长效化防范和治理腐败问题。要完善不能腐的体制机制，强化监督和防治，补齐制度短板，从权力运行的空间、环节上去除腐败条件，积极探索纪检监察监督、派驻监督、巡视巡察监督、审计监督、财会监督、统计监督等贯通协同的有效路径，做到防患于未然。要涵养不想腐的内在自觉，不断强化廉政教育，以廉洁文化正心修身，增强党员干部拒腐防变能力，厚植克己奉公情怀，不断创新廉洁文化的传播方式，以良好政治文化涵养风清气正的政治生态，推动实现干部清正、政府清廉、政治清明、社会清朗，推进党和国家各项事业健康发展、行稳致远。

（原载《江西日报》，2023 年 7 月 10 日）

经济建设

实施项目带动战略　加快培育新的增长点

吴志远[*]

项目建设是推动高质量发展的"牛鼻子"和"强引擎"，是稳投资、调结构、惠民生的重要支撑。抓项目就是抓发展，谋项目就是谋未来。实施项目带动战略是省委把握大势赢得未来的重大举措，是打造"三大高地"的强大支撑，是深化完善推进中国式现代化江西实践的具体路径。

经过接续奋斗，江西已经进入工业化中后期、信息化快速发展期、城镇化提质提效期、农业现代化稳步推进期，正处在厚积薄发、爬坡过坎、转型升级的关键阶段。与此同时，江西经济欠发达的基本省情尚未改变，发展不平衡不充分的问题仍较突出。但是，这也意味着江西未来发展仍蕴藏着全新投资机遇和广阔投资空间。投资具有双重属性，在短期体现为需求，在中长期表现为供给，是实施扩大内需战略同深化供给侧结构性改革有机结合起来的关键载体，对推动我国经济运行持续好转、内生动力持续增强、社会预期持续改善、风险隐患持续化解具有积极意义。实施项目带动战略旨在充分发挥有效投资的关键性作用，必将为江西经济社会高质量发展注入强劲动能。

实施项目带动战略要坚持系统观念。万事万物是相互联系、相互依存的，一个地区的各类投资项目在功能上往往具有联动性、匹配性或互补性，增强各类投资的协同效应、整体效应具有重大经济意义。要围绕国家及江西

---

* 吴志远　省委党校（江西行政学院）经济学教研部主任、教授

"十四五"规划目标任务，加强前瞻性思考、全局性谋划、战略性布局、整体性推进，着力固根基、扬优势、补短板、强弱项，以全方位项目建设加速释放江西发展的潜力。要在产业、科教、生态、文化、民生等领域谋划实施一批重大产业、重大基础设施、重大民生项目，发挥有效投资对加快推进我省质量变革、效率变革、动力变革的关键性作用。

实施项目带动战略要彰显特色优势。长期以来，国内各地通过实施项目带动战略，为区域经济社会发展提供了强大的动力引擎。不同地区或不同发展阶段，对实施项目带动战略有着不同的要求，理应与时俱进，充分体现时代特色和区域特征。要深刻认识江西发展的省情实际和阶段性特征，进一步明晰实施项目带动战略的具体方向与实践路径，深入推进制造业重点产业链现代化建设"1269"行动计划，加快构建"一主一副、两翼联动、多点支撑"区域发展新格局，深入推进乡村振兴，更高标准打造美丽中国"江西样板"，奋力开创赣鄱文化繁荣发展新局面，扎实推进共同富裕，精准谋划实施一批重点项目，加快培育新的经济增长点。

实施项目带动战略要强化要素保障。一方面，要强化项目建设资金保障。当前，预期转弱的压力依然存在，民间投资信心亟待提振。为此，各地要结合各类项目的特点优化投资组合，通过政府投资和政策激励有效地带动全社会投资，通过加快地方政府专项债券发行和使用、充分发挥政策性金融作用、强化政府产业引导基金引领作用等举措形成投资合力，助力重大项目建设。另一方面，要落实项目建设用地保障。集中梳理重点项目用地存在的难点堵点，强化国土空间规划支撑，畅通重大项目用地审批绿色通道，提高用地报批效率，高质量推进重点项目落地。

实施项目带动战略要加强党的全面领导。重大项目建设"牵一发而动全身"，地方党委在实施项目带动战略中要发挥总揽全局、协调各方的领导核心作用，不断提高统筹、组织、研判、调度的能力和水平，通过构建事前、事中、事后的项目全流程推进体系，推动行政审批、工程建设、竣工验收全面提速，确保要素保障、现场施工、项目运营环环相扣，形成"储备一批、开工一批、建设一批、竣工一批"的良性循环。

当前，全省上下要按照省委十五届四次全体（扩大）会议提出的实施项目带动战略的要求，完整准确全面贯彻新发展理念，不断强化抓投资、上项目、促发展的政治意识、责任意识、紧迫意识，做到思路更加清晰、重点更加明确、措施更加精准，奋力谱写中国式现代化的江西篇章。

（原载《江西日报》，2023 年 8 月 7 日）

多为民营经济发展壮大办实事

柯　健[*]

民营经济是推动中国式现代化的生力军，是高质量发展的重要基础，是推动我国全面建成社会主义现代化强国、实现第二个百年奋斗目标的重要力量。当前，民营经济在发展过程中遇到一些问题和困难，优化发展环境，促进民营经济发展壮大，已成为全社会的共识。应当从降低市场准入门槛、加大金融支持、改善税收政策和营商环境，以及加强知识产权保护等方面入手，依法依规为民营企业和民营企业家解难题、办实事，着力优化民营经济发展环境。

降低市场准入门槛。市场准入门槛是指企业进入市场所需要满足的条件和要求。目前，我国的市场准入门槛相对较高，特别是对于创业初期的小微企业而言，会面临许多的限制和困难。要持续优化民营经济发展环境，进一步加大改革力度，降低市场准入门槛，促进市场竞争，激发创新活力，提升经济效益。一是简化行政审批程序。通过新设立的民营经济发展局，进一步简化行政审批流程，提高办事效率。建立健全企业信用评价体系，减少企业的审批环节，缩短审批时间，为企业提供更加便利和高效的服务。二是放宽行业限制。建议适当放宽行业限制，严格落实市场准入负面清单制度，建立健全行业准入标准，清理各种不合规、不合理的行业壁垒，为创业者提供更多的发展机会。三是降低注册资本要求。建议在加强企业信用监管的前提下，适度降低注册资

---

* 柯　健　省委党校（江西行政学院）经济学教研部教授

本要求，给予创业者更多的灵活性和发展空间。

加大金融支持力度。融资难是制约民营企业发展的重要因素之一。当前，一些地方的民营企业需要面对信贷门槛高、融资成本高等问题。因此，加大金融支持是优化民营经济发展环境的关键环节之一。一是建立多元化的融资渠道。除了传统的银行信贷外，还应积极发展其他融资方式，如股权融资、债券融资、创业投资等，为民营企业提供更加便捷和灵活的融资服务，降低融资门槛，提高融资的可及性。二是提供更加灵活的融资服务。针对不同类型和发展阶段的企业，制定相应的融资政策和服务，满足其融资需求。比如，对于创业初期的小微企业，可以提供风险投资、创业贷款等创新融资方式，降低融资门槛；对于成长期的企业，可以提供定向融资、担保贷款等支持，帮助企业扩大规模和提升竞争力。三是加强银行对民营企业的信贷支持。政府可以通过设立专门的信贷机构，加大对民营企业的信贷投放，提高信贷可得性。加强对民营企业的信用评估，建立健全信用评价体系，为信用较好的民营企业提供更多的信贷支持。

改善税收政策和营商环境。税收负担重、税收征收不规范是制约民营企业发展的重要问题，必须通过改善税收政策和营商环境来改善民营经济的发展状况。一是进一步完善税费优惠政策。政府可以通过减税和优惠政策，降低企业税收负担。比如，对符合条件的小微企业减免部分税费，允许企业提前享受研发费用加计扣除优惠等。二是优化税收征收程序。政府应当积极推出便民办税缴费措施，比如，拓展非接触事项范围，试点增值税留抵退税"智能预填"、出口退税"免填报"等功能，切实减轻民营企业的负担，提高纳税人的满意度。三是优化政务服务。政府应当积极履行自身职能，加强对市场的监管和执法力度，打击不正当竞争行为，营造公平、有序的竞争环境。同时，积极为企业提供更加便捷有效的服务，加强与企业的沟通和合作，听取企业的意见和建议，及时化解企业在发展过程中遇到的问题和困难。

加强知识产权保护。知识产权保护是提升民营企业创新能力和核心竞争力的重要保障。当前，我国的知识产权保护还存在一些不足之处，如侵权行为多发、法律法规不完善等，需要结合实际，加大知识产权保护力度。一是完善知识产权法治体系。政府应当推动知识产权保护法规的修订和完善，建立多元化的知识产权矛盾纠纷化解机制，从源头上加强知识产权保护。二是加强知识产权宣传教育。可以开展广泛的宣传教育活动，并鼓励民营企业对员工开展知识产权培训，提高对知识产权保护的认识。三是加强知识产权保护的执法力度。建议加大对知识产权侵权行为的打击力度，健全执法机制和监管体系，建立多部门协同工作机制，形成保护合力，提高执法效能，对侵权者形成有效的威慑。

优化民营经济发展环境是一个长期的过程，需要政府、企业和社会各方共同努力。只有通过持续不断的改革和创新，才能实现民营经济的可持续发展，为经济发展和社会进步作出更大贡献。只有通过不断完善相关政策和制度，减轻企业的负担，提供更好的发展条件，才能激发民营企业的创新活力，推动经济社会的持续发展和进步。在未来的发展中，政府应继续加大优化民营经济发展环境的力度，制定更加有力的政策措施，为民营企业提供更好的发展环境和支持。同时，民营企业也需要不断提高自身的创新能力和竞争力，积极适应市场的变化和挑战，为自身发展创造更多机会。

（原载《江西日报》，2023 年 9 月 25 日）

扎实推进共同富裕

江泰然 *

习近平总书记在江西考察时指出："确保老区人民共享改革发展成果，过上幸福生活，是推进全体人民共同富裕的底线任务。"共同富裕是社会主义的本质要求，是中国式现代化的重要特征。党的十八大以来，习近平总书记站在新时代坚持和发展中国特色社会主义的战略和全局高度，就扎实推进共同富裕发表一系列重要讲话，作出一系列重要部署，为逐步实现全体人民共同富裕提供了科学指引和根本遵循。

坚定不移走共同富裕道路

共同富裕，是马克思主义的一个基本目标，也是自古以来我国人民的一个基本理想。马克思认为，在新的社会主义制度中，社会生产力的发展将如此迅速，生产将以所有人的富裕为目的。中国共产党一经诞生，就把为中国人民谋幸福、为中华民族谋复兴作为自己的初心使命，团结带领人民为创造美好生活、实现共同富裕而不懈奋斗。新中国成立之初，毛泽东同志就提出了我国发展富强的目标，指出"这个富，是共同的富，这个强，是共同的强，大家都有份"。改革开放后，邓小平同志也多次强调共同富裕并指出，"社会主义最大的优越性就是共同富裕，这是体现社会主义本质的一个东西"。

---

* 江泰然　省委党校（江西行政学院）中共党史和党的建设教研部主任、二级教授

百余年来，我们党团结带领人民进行新民主主义革命，建立新中国，为实现中华民族伟大复兴创造根本社会条件；进行社会主义革命，推进社会主义建设，为实现中华民族伟大复兴奠定根本政治前提和制度基础。党的十一届三中全会后，党深刻总结新中国成立以来正反两方面的经验，做出把党和国家工作中心转移到经济建设上来、实行改革开放的历史性决策，成功开创了中国特色社会主义。

中国特色社会主义进入新时代，以习近平同志为核心的党中央把握发展阶段新变化，把逐步实现全体人民共同富裕摆在更加重要的位置，形成了一系列重要的新论断新理念。比如，2012 年 11 月 15 日，在十八届中共中央政治局常委与中外记者见面会上，习近平总书记郑重宣示，"人民对美好生活的向往，就是我们的奋斗目标"，并强调要"坚定不移走共同富裕的道路"，充分彰显了团结带领全党全国各族人民走共同富裕道路的决心和信心；在党的十九大报告中，习近平总书记明确指出，"必须坚持以人民为中心的发展思想，不断促进人的全面发展、全体人民共同富裕"；在庆祝中国共产党成立 100 周年大会上，习近平总书记指出，"着力解决发展不平衡不充分问题和人民群众急难愁盼问题，推动人的全面发展、全体人民共同富裕取得更为明显的实质性进展"；在党的二十大报告中，习近平总书记再次强调，"分配制度是促进共同富裕的基础性制度"；等等。这些重要论述进一步丰富和发展了我们党对共同富裕的规律性认识，是习近平经济思想的重要内容，为新征程上我们促进共同富裕指明了前进方向、提供了根本遵循。

在习近平新时代中国特色社会主义思想特别是习近平总书记关于共同富裕重要论述的指引下，党团结带领全国人民朝着实现共同富裕的目标不懈努力，打赢脱贫攻坚战，全面建成了小康社会，形成了超过 4 亿人的世界上规模最大的中等收入群体；基本养老保险覆盖十亿四千万人，基本医疗保险参保率稳定在百分之九十五，人民生活全方位改善；思想文化建设不断取得进展，人民文化需求不断得到满足，精神力量不断增强；等等。这些伟大成就为新发展阶段扎实推进共同富裕创造了良好条件。

把握扎实推动共同富裕的历史阶段

实现共同富裕是中国共产党一以贯之的奋斗目标。在我国全面建成小康社会之后，习近平总书记作出了"现在，已经到了扎实推动共同富裕的历史阶段"的重大判断。新征程上，我们必须深刻认识到，扎实推进共同富裕是坚持党的性质宗旨、初心使命，不断夯实党长期执政基础的必然要求；是在全面建成小康社会基础上，向着全面建成社会主义现代化强国迈进的必然要求；是适应社会主要矛盾变化，着力解决发展不平衡不充分问题的必然要求。

扎实推动全体人民共同富裕，体现了经济发展的根本立场和时代要求。从国内看，适应我国社会主要矛盾的变化，更好地满足人民日益增长的美好生活需要，必须把促进全体人民共同富裕作为为人民谋幸福的着力点，不断夯实党长期执政的基础。从国际看，当前，全球收入不平等问题突出，一些国家贫富分化，中产阶层塌陷，导致社会撕裂、政治极化、民粹主义泛滥，教训十分深刻。有鉴于此，我们必须坚决防止两极分化，促进共同富裕，实现社会和谐安定。同时，必须清醒地认识到，我国发展不平衡不充分问题仍然突出，城乡区域发展和收入分配差距较大。新一轮科技革命和产业变革有力地推动了经济发展，也对就业和收入分配带来深刻影响，包括一些负面影响，需要有效地应对和解决。

习近平总书记指出："要深入研究不同阶段的目标，分阶段促进共同富裕：到'十四五'末，全体人民共同富裕迈出坚实步伐，居民收入和实际消费水平差距逐步缩小。到2035年，全体人民共同富裕取得更为明显的实质性进展，基本公共服务实现均等化。到本世纪中叶，全体人民共同富裕基本实现，居民收入和实际消费水平差距缩小到合理区间。"同时，我们要把握好促进共同富裕的原则，即鼓励勤劳创新致富、坚持基本经济制度、坚持尽力而为量力而行、坚持循序渐进。当前，江西发展正处在厚积薄发、爬坡过坎、转型升级的关键阶段。要扎实推进共同富裕，持续增进老区人民福祉，必须深入践行以人民为中心的发展思想，强化就业优先导向，优化区域教育资源配置，深入推进健康江西行动，扎实推动人口高质量发展，着力解决人民群众急难愁盼问题，不断满足人民对美好生活的向往。

在高质量发展中促进共同富裕

发展是我们党执政兴国的第一要务。高质量发展是全面建设社会主义现代化国家的首要任务，也是实现共同富裕的前提基础和必然路径。通过高质量发展不断"做大蛋糕"，厚植共同富裕的基础，才有可能实现共同富裕。

在中央财经委员会第十次会议上，习近平总书记明确提出了促进共同富裕的总体思路，强调要"坚持以人民为中心的发展思想，在高质量发展中促进共同富裕""促进社会公平正义，促进人的全面发展，使全体人民朝着共同富裕目标扎实迈进"。同时，习近平总书记还提出了"提高发展的平衡性、协调性、包容性""着力扩大中等收入群体规模""促进基本公共服务均等化""加强对高收入的规范和调节""促进人民精神生活共同富裕""促进农民农村共同富裕"等六条促进共同富裕的重要举措。以此为遵循，我们必须勠力同心、勇毅前行，坚定不移地推进全体人民共同富裕。

要推进解放思想、不断开拓进取。新时代新征程，应对新挑战，抓住新机遇，我们要深入学习贯彻习近平新时代中国特色社会主义思想和党的二十大精神，学习贯彻习近平总书记关于"扎实推进共同富裕"的重要指示要求，进一步推动习近平总书记重要讲话、重要指示精神落地见效。要聚焦"走在前、勇争先、善作为"的目标要求，全力打造"三大高地"、实施"五大战略"，切实做好经济社会发展和党的建设各项工作，扎实推进共同富裕。要紧扣高质量发展目标，认真查找体制机制存在的症结，抓住发展急需破解的问题，坚定不移地推进思想再解放，打破因循守旧、思想僵化的桎梏。

要进行自我革命、夯实作风建设。勇于自我革命是党百余年奋斗培育的鲜明品格。党的作风问题关系人心向背，关系党的执政基础。我们党历来高度重视作风建设，特别是在重大历史转折时期更加突出地强调和抓紧作风建设，为取得革命、建设和改革的胜利提供了强有力的保证。站在新的历史起点上，我们要大力弘扬伟大的井冈山精神、苏区精神、长征精神，发扬苏区干部好作风的优良传统，以扎实的作风推进江西各方面工作取得新进展、新成效。广大党员干部尤其是党员领导干部要以开展主题教育为契机，树立和践行正确的政绩观，夯实作风建设，提高推动高质量发展的本领，促进共同富裕。

要立足自身优势、发展特色产业。当前，江西发展进入了工业化中后期、信息化快速发展期、城镇化提质提效期、农业现代化稳步推进期。踏上现代化建设新征程，江西"四面逢源"的区位优势、门类齐全的产业优势、山清水秀的生态优势、物产丰富的资源优势、国家战略的叠加优势更加凸显，蕴含着巨大发展潜力和优势，为我省扎实推进共同富裕注入强大动力。在发展过程中，各地要注意不搞"一刀切""大而全"，而要依托各自优势，发展特色产业，注重营造环境，做足山水文章，始终把民生福祉摆在首位，努力创造经得起实践、人民、历史检验的成绩。

（原载《江西日报》，2023 年 11 月 1 日）

坚持农业农村优先发展　全面推进乡村振兴

周延飞 *

习近平总书记在上饶市婺源县秋口镇王村石门自然村考察时指出："中国式现代化既要有城市的现代化，又要有农业农村现代化，我很关注乡村振兴。希望你们保护好自然生态，把传统村落风貌和现代元素结合起来，坚持中华民族的审美情趣，把乡村建设得更美丽，让日子越过越开心、越幸福！"这一谆谆嘱托为全面推进乡村振兴指明了前进方向、提供了重要遵循。

锚定建设农业强国目标，全面推进乡村振兴，江西必须充分认识习近平总书记考察江西的重大意义，深刻体会总书记对老区人民的深情大爱，全面理解总书记对江西发展的战略定位，准确把握总书记对江西工作的重要要求，深入贯彻落实总书记关于全面推进乡村振兴的重要论述，奋力谱写中国式现代化江西篇章。

牢牢守住全面推进乡村振兴的安全底线

全面推进乡村振兴，必须牢牢守住安全底线，保障粮食和重要农产品供给安全，巩固拓展脱贫攻坚成果。习近平总书记在江西考察时强调："要坚持农业农村优先发展，加快农业农村现代化建设步伐，牢牢守住粮食安全底线，推进农业产业化，推动农村一二三产业融合发展，全面推进乡村振兴。"这一

---

* 周延飞　省委党校（江西行政学院）公共管理学教研部教授

重要指示为牢牢守住全面推进乡村振兴的安全底线指明路径。

守住粮食安全底线，其前提是保证耕地数量和质量的稳定。要落实粮食安全党政同责，把确保粮食和重要农产品供给作为首要任务，全方位夯实粮食安全根基，强化藏粮于地、藏粮于技物质基础，健全辅之以利、辅之以义保障机制，执行最严格的耕地保护制度，牢牢守住18亿亩耕地红线，逐步把永久基本农田全部建成高标准农田，深入实施种业振兴行动，强化农业科技和装备支撑，健全种粮农民收益保障机制和主产区利益补偿机制，持续提高农业综合生产能力，确保粮食和重要农产品有效供给。

守住粮食安全底线，要增强内生发展动力。习近平总书记在江西考察时强调："巩固拓展脱贫攻坚成果，要更多依靠产业发展，不断增强内生发展动力。"省委十五届四次全会明确要求，"不断增强脱贫地区和脱贫群众内生发展动力"。对此，要做好脱贫群众的动态监测工作，拓宽产业就业增收渠道，探索建立脱贫人口收入可持续健康增长机制，确保过渡期后脱贫人口收入保持总体稳定和增长。要加强村级（联村）扶持产业基地建设，培育壮大脱贫地区特色产业，因地制宜发展高质量庭院经济。要加强扶贫（帮扶）项目资产监管，强化运营管理，及时确权登记，规范和监督收益分配，按规定纳入国有资产和农村集体资产管理体系。要持续做好定点帮扶和社会帮扶，发挥民主党派、工商联在乡村振兴中的作用，推进"万企兴万村"行动，引导社会资本投资乡村振兴。

准确理解全面推进乡村振兴的深刻内涵

当前，"三农"工作的重心已经实现历史性转移，人力投入、物力配置、财力保障都转移到乡村振兴上来，但更为艰巨繁重的任务还在后面。乡村振兴的具体路径是全面推进乡村产业振兴、人才振兴、文化振兴、生态振兴、组织振兴"五个振兴"。"五个振兴"是相互联系、相互支撑、相互促进的有机统一整体，既要统筹部署、协同推进，抓住重点、补齐短板，还要强调精准、因地制宜，激发乘数效应和化学反应，提高全面推进乡村振兴的效力效能。

产业振兴是乡村振兴的重中之重，也是实际工作的切入点。习近平总书记在江西考察时强调，"发挥生态优势和传统农业优势，打造区域性优质农副产品生产和供应基地""坚持产业兴农、质量兴农、绿色兴农，把农业建设成为大产业，加快建设农业强省。发展林下经济，开发森林食品，培育生态旅游、森林康养等新业态"。江西要依托农业农村特色资源，向开发农业多种功能、挖掘乡村多元价值要效益，向一二三产业融合发展要效益。人才振兴方面，要积极培育本土人才，鼓励外出能人返乡创业，鼓励大学生村官扎根基层，为乡村振兴提供人才保障。文化振兴方面，要传承农耕文化，提供优质公共文化产品和服务设施，建设宜居宜业和美乡村。生态振兴是乡村振兴的重要支撑。正如习近平总书记所指出的，"优美的自然环境本身就是乡村振兴的优质资源，要找到实现生态价值转换的有效途径，让群众得到实实在在的好处"。要发挥生态优势，提供生态产品，真正做好生态文章。组织振兴是乡村振兴的根本保证。习近平总书记指出："乡村要振兴，关键是把基层党组织建好、建强。基层党组织要成为群众致富的领路人，确保党的惠民政策落地见效，真正成为战斗堡垒。"我们要建立和完善以党的基层组织为核心、村民自治和村务监督组织为基础、集体经济组织和农民合作组织为纽带、各种经济社会服务组织为补充的组织体系，夯实乡村有效治理这一根基，以乡村全面振兴为目标，以保障和改善农村民生为优先方向，提高乡村善治水平，让农民得到更好的组织引领、社会服务、民主参与，确保乡村社会充满活力、安定有序。

强化优化全面推进乡村振兴的双驱联动

建设农业强国，利器在科技，关键靠改革。科技创新可以直接推动农业生产力发展，制度创新可以通过生产关系的调整和优化间接促进农业生产力发展。江西必须协同推进科技创新和制度创新，开辟新领域新赛道，塑造新动能新优势，加快实现量的突破和质的跃升。在科技创新方面，要全面强化农业科技和装备支撑。结合江西实际，要深入实施种业振兴行动，提高种业科技自立自强水平，推动中国水稻所江西早稻研究中心、江西南繁科研育种基地、农作物种质资源研究中心等种业创新平台建设。要研发更多适合不同地理条件和不同农业产品生产经营的农业机械，围绕丘陵山区果业、茶叶、蔬菜等特色经济作物和林区生产作业的机械化、智能化农机装备，开展技术攻关、产品研发制造和推广。要加快高效植保、产地烘干等与耕种收机械化的集成配套，推广水稻、油菜等农作物全过程机械化、智能化生产，开展农机化示范基地建设。

在制度创新方面，要健全城乡融合发展体制机制，加快打通城乡要素平等交换、双向流动的制度性通道。具体而言，要统筹县域城乡规划建设，坚持项目带动，加快补齐县城城镇化短板。强化县城综合服务功能，加强中心镇市政、服务设施建设，加快小城镇发展，把乡镇建设成为服务农民的区域中心。推进县域农民工市民化，建立健全基本公共服务同常住人口挂钩、由常住地供给机制。建立健全城乡公共资源均衡配置机制，推动城乡设施和服务互联互通、公共服务普惠均衡，推动县域供电、供气、电信、邮政等普遍服务类设施城乡统筹建设和管护。持续推进国家和省级城乡融合发展试验区试点工作。

切实增强全面推进乡村振兴的实际成效

习近平总书记在江西考察时强调："围绕农村产业发展、公共服务、环境整治、乡风建设，循序渐进、久久为功，抓好办成一批实事，让群众看到新变化。"满足广大农民的美好生活需要是乡村振兴的出发点和落脚点，我们要在具体实践中推动广大农民的获得感幸福感安全感持续提升。

全面推进乡村振兴实际成效主要体现在完善的基础设施、优质的公共服务、深厚的文化传承、稳定有序的乡村治理、全面富裕的农民群众。江西要把习近平总书记重要讲话精神和党中央决策部署落到实处，加快发展乡村产业，优化产业布局，让农民更多分享产业增值收益。加强社会主义精神文明建设，加强农村思想道德建设，培育和践行社会主义核心价值观，推动形成文明乡风、良好家风、淳朴民风。加强农村生态文明建设，以钉钉子精神推进农业面源污染防治，加强土壤污染、地下水超采、水土流失等治理和修复。

要深化农村改革，加快推进农村重点领域和关键环节改革，激发农村资源要素活力，完善农业支持保护制度。实施乡村建设行动，在推进城乡基本公共服务均等化上持续发力，接续推进农村人居环境整治提升行动，合理确定村庄布局分类。推动城乡融合发展见实效，把县域作为城乡融合发展的重要切入点，健全城乡融合发展体制机制，促进农业转移人口市民化。加强和改进乡村治理，加快构建党组织领导的乡村治理体系，提高乡村善治水平，切实增强党员干部责任感使命感紧迫感，让全面推进乡村振兴各项措施落地见效。

（原载《江西日报》，2023 年 10 月 18 日）

夜间经济：扩内需、促消费的重要增长点

钟国辉　邹家骏[*]

　　夜间经济一般指从当日十八时到次日早晨六时之间发生的第三产业方面的商务活动，涉及食宿、娱乐、学习、运动等多元经济业态，包含了食、游、购、娱、体、展、演等多种消费形式。夜间经济是社会发展的必然结果，是激发消费潜能的重要引擎，也是扩内需、促消费的重要增长点，对满足人民日益增长的消费需求、展现城市形象和精神风貌等起到了正向积极的作用。近年来，我省积极培育夜间经济，先后出台了《关于进一步推动夜间经济发展促进消费升级的指导意见》等政策文件，并安排专项资金支持夜间经济和美食街区建设，构建"夜市、夜食、夜展、夜秀、夜节、夜宿"等多元消费市场，积极探索形式多元、内容丰富且具有可延展性的夜间消费环境，不断打造消费新场景，营造消费新热点，释放消费新潜力。未来，我省应当加强对夜间经济的扶持与鼓励，加大政策引导和资金扶持力度，不断丰富夜间经济业态，完善基础设施配套，强化监督管理，营造高品质的消费场景与良好的消费体验，激发消费热情与活力。

夜间经济的重要性日益凸显

　　夜间经济是点燃城市活力的重要引擎，具有综合带动作用大、产业链长、

＊　钟国辉　省委党校（江西行政学院）公共管理学教研部副教授
　　邹家骏　省委党校（江西行政学院）经济学教研部讲师

关联产业多等特征。数据显示，我国有 60% 的消费发生在夜间，在旅游人均消费的贡献方面，夜间消费至少是白天消费的 3 倍。由此可见，夜间经济已经成为市场经济的重要组成部分，是彰显地域特色与活力的重要载体，也是评价一座城市现代化水平，衡量经济开放度、便利度和活跃度的重要指标。比如，今年上半年火爆出圈的淄博烧烤、贵州村超等活动，不仅点燃了夜间活力，还带动地方经济发展走向新高潮。我省也在积极发掘夜间经济潜能，当前全省累计打造夜间经济和美食街区超过 150 个，形成"县县有街区、各市有示范"的发展新格局，带动各级政府和社会资本投资超过千亿元。

夜间经济是展示文化内涵，打造旅游特色主题的新渠道。随着消费水平的不断提升，夜间经济已经突破传统消费形式的局限，从"为吃喝买单"延伸到了"为文娱付费"。许多地方都在积极探索具有地域文化特点和生活特色的发展之路，让夜间经济摆脱"千城一面"的套路，依托地方文化特色和底蕴，让夜间经济能够与人产生精神共鸣。我省今年也开展了"百城百夜"文化和旅游消费季活动，发动全省百县 400 多个文化消费场所、200 余家 AAAA 级及以上景区参与，结合当地文旅资源特色，让赣鄱大地的夜晚变得更加璀璨夺目。

夜间经济是促进业态融合，满足多元休闲消费的新载体。随着生活水平的不断改善，消费者对夜间经济的需求也在不断升级，催生出了越来越多的新模式、新场景、新业态，推动各种产品和项目朝着融合化、品质化、特色化、产业化的方向发展。比如，我省就举办了赣江夜游、瓷都夜珠山、夜庐陵好去处、夜梦文昌里等融合多种业态的夜间主题促消费活动，满足消费者个性化、多层次、品质化的夜间消费需求，在推动形成新消费热点的同时，也激发了更多消费活力。

丰富夜间经济业态

丰富的经济业态能够创造就业和经济收益，扩大经济总量，提高消费品质，推动夜间经济长久发展。一方面，要加强夜间经济与城市商圈、文化、科技等的融合。通过丰富"夜购""夜宴""夜娱""夜游""夜演""夜健"等多种形态的消费供给，提升夜间经济品质。围绕城市商圈等设计夜间项目，引入大型商超、电影院、剧院、餐馆、美术馆、酒店等。参考南昌秋水广场的灯光秀、赣江之心老官洲的烟花等，围绕现代科学技术，打造具有较强艺术性、创造性的夜间项目。参考南昌万寿宫历史文化街区等，打造城市文化步行街。另一方面，建议突出城市特色，打造自身品牌。各地条件不一、特色不同，光靠模式复制很难激发夜间经济的活力，因此必须因地制宜，打好"文化牌""创意牌""服务牌"，走出一条差异化的夜间经济品牌路线，展现独特的吸引力。深入挖掘区域内自然资源禀赋和文化内涵，规划建设自有的 IP 项目和品牌，积极应用声光电、全息投影、虚拟现实等新技术，将地方特色与夜间消费相融合，不断探索和开发夜间消费项目新蓝海。此前，我省一些地方就通过将夜间经济与本地特色相结合，打造出了一批具有唯一性的夜间经济品牌，如南昌的"寻梦滕王阁"、抚州的"寻梦牡丹亭"、鹰潭的"寻梦龙虎山"、吉安的"井冈山"、景德镇的"China"等，让消费者获得多维度的沉浸式体验空间的同时，也提高了城市夜间产品和服务的附加值，擦亮了地方特色品牌。

完善基础设施配套

　　夜间经济的发展离不开基础设施的建设与完善。营造良好的夜间环境能够起到刺激延时消费欲望的作用，有助于增加市民的出行意愿和消费机会。夜间经济的基础设施建设与完善应当从照明、交通、安全、文化等方面着手。开展夜景亮化工程。城市的照明系统不仅具有基本指引作用，还可以重塑场景层次感。相关部门应当加大日常维护力度，重点治理城市照明"盲""缺""脏"等问题，为消费者营造安全、舒适、美观的夜间出行环境。改善夜间交通出行。完善便利的公共交通是夜间经济繁荣发展的必要条件，建议结合实际情况，适当延长重点线路公共交通工具运营时间，进一步优化网约车与出租车的调配，有条件的地方还可以提供夜间公共交通出行补贴，满足多数夜间消费者出行需要。改善街面停车位管理。合理的车位规划有助于提升消费者的夜间出行意愿，可以在有条件的地方设置夜间限时停车位、出租车候客点、夜间临时停车点等，鼓励停车场减免停车费。加强公共服务设施建设。可以在重点区域打造 24 小时便利店和 24 小时图书馆，提供公共场所 Wi-Fi 网络全覆盖等，满足夜间消费者的多种需求。

加强市场监督管理

推动城市夜间经济行稳致远，需要统筹多部门力量，加强食品、环境、治安等方面的监督管理，健全服务保障机制，为夜间经济的平稳有序运行保驾护航。加强夜市治安消防管理。制订合理可行的治安管理措施，对夜市开展定期巡查、专项检查，提升精细化管理程度，采用温馨提示、提醒告诫、限期整改等柔性执法方式消除各种隐患问题，着力营造繁荣、安全、有序的夜间消费环境。加强夜市卫生管理。有关部门应当督促夜市经营主体贯彻落实城市卫生环境责任制度，合理排放油烟，及时对餐厨垃圾进行清运等。灵活调整夜市运营时间。要加强夜间营业时间的管理，在鼓励重点街区的超市、便利店等延长营业时间的同时，也要严格限制人口居住密集区域内可能产生较多噪声、光污染的项目营业时间，实现夜间经济与本地居民的和谐共处。

（原载《江西日报》，2023 年 10 月 30 日）

城镇化背景下土地财政对城乡收入差距的影响

钟国辉　姚金海[*]

一、引言与文献综述

我国城镇化率从 1978 年的 18% 上升至 2021 年的 65%，过去 40 多年经历了世界上人口最大规模的城镇化过程。诺贝尔经济学奖得主约瑟夫·斯蒂格利茨（Joseph Eugene Stiglitz）指出，21 世纪影响人类发展的两大关键因素，一是美国的高科技，二是中国的城镇化。城镇化不仅对我国经济发展具有重要意义，对世界经济发展也具有深远影响。在城镇化发展过程中，我国居民收入获得快速提高，1999 年和 2022 年《中国统计年鉴》显示，我国城乡人均收入分别从 1978 年的 343.4 元和 133.6 元增加至 2021 年的 47 411.9 元和 18 930.9 元，虽然城乡收入获得大幅增长，但 2021 年城乡居民人均收入比值为 2.5。

党的二十大报告指出"城乡区域发展和收入分配差距仍然较大""着力促进全体人民共同富裕，坚决防止两极分化"。万广华等（2022）认为，共同富裕尽管包含多个维度，但共同富裕的首要维度应该是收入差距的缩小，而城乡收入差异是收入不均等中最不合理的部分。《中共中央关于党的百年奋斗重大成就和历史经验的决议》强调，党始终把解决好"三农"问题作为全党工作重中之重，实施乡村振兴战略，加快推进农业农村现代化。农民收入提升是乡村

---

* 钟国辉　省委党校（江西行政学院）公共管理学教研部副教授
　姚金海　湖州学院经济管理学院党委书记、院长、教授

振兴与农业农村现代化的重要指标，对缩小城乡收入差距、促进全体人民共同富裕具有重要意义。

1990 年，《城镇国有土地使用权出让和转让暂行条例》颁布之后，标志着我国国有建设用地使用权有偿出让市场正式建立。随着住房制度改革以及经济的快速发展，地方政府的土地出让收入也急速增长，尤其是在 1994 年分税制改革之后。孙秀林和周飞舟（2013）认为，分税制与过去的包干制有本质区别，分税制导致地方政府形成以土地开发、出让为主的发展模式，即土地财政成为新的支持地方财政的主要来源。因此，地方政府具有通过经营土地获得土地财政的强烈动机，同时土地也是经济活动、产业布局、居住空间载体，土地财政自然会对城乡居民收入产生深远影响。

目前，学术界就土地财政对城乡收入差距的影响展开了深入研究，主要包括以下几方面：一是从收益的角度分析，认为农村土地在集体土地转为国有建设用地的过程中，农民无法享受土地被征收之后因土地性质转变而带来的土地增值收益，由于不同的收益分配从而影响城乡居民收入差距；二是从支出的角度分析，认为土地财政具有明显的城市支出偏向，土地财政在筹集城市建设资金，支持城市发展方面发挥了重要作用，但城市支出偏向策略拉大了城乡收入差距；三是从城市居民资产的角度分析，认为土地财政与房价相连接，房价上涨推动了城市居民的财产性收入，从而影响城乡收入差距。文竹和金涛（2022）也认为，在城镇化进程中，土地财政为我国经济快速增长提供了大量资金和强大推动力。尤其在短期内，土地财政对地方政府财政收入具有改善效应。

改革开放以来，我国经历了快速的城镇化阶段，城镇化无论是对城镇还是对农村发展，都发挥了积极作用。因此，在考虑城镇化这一重要因素之后，土地财政对城乡收入差距的影响如何，尤其是城镇化是否对土地财政影响城乡收入差距存在强化效应；在不同城镇化阶段，土地财政对城乡收入差距是否存在城镇化的门槛特征；地理学第一定律表明，在空间上各区域之间几乎都存在或弱或强的空间相关性，土地财政对城乡收入差距是否存在空间溢出性。基于此，本文将分析其内在机制并提出研究假说，并构建模型进行实证研究。

二、内在机制与研究假说

（一）城镇化对土地财政影响城乡收入差距存在强化效应和门槛效应

目前，我国正在稳步推进农村集体经营性建设用地入市，促进集体经营性建设用地与国有建设用地同等入市、同权同价，但整体而言，集体经营性建设用地入市的比例并不高，土地一级市场还是由地方政府垄断。马九杰和亓浩（2019）认为，土地一级市场被垄断对土地财政具有促进作用，会加剧地方政府对土地财政的依赖。地方政府为促进经济快速发展，需要加大对基础设施、公共服务等资金投入，但在税收收入受到约束的条件下，土地财政作为预算外收入在一定程度上可以弥补地方政府的资金缺口。陈志勇和陈莉莉（2010）认为，财税体制调整促使地方政府加大了对土地财政的依赖。提高土地财政一定程度上放松了地方政府的预算约束。

随着城镇化率的提高，城市建成区不断向外扩张，导致农村土地被征收，农民虽然可以获得土地补偿款，但农民获得的土地补偿款低于地方政府出让土地而获得的土地出让收入。高飞（2020）认为，在我国农村土地征收补偿实践中，存在征地补偿方式单一、补偿标准过低以及补偿款难到位，不利于农民财产权实现。吕炜和许宏伟（2015）认为，土地财政具有明显的城市支出偏向特点。由于城市支出偏向，虽然地方政府获得了大量土地财政，但更愿意将资金用于城市产业发展和基础设施建设。由于地方政府的城市偏向政策，城市公共支出将高于农村公共支出，张杰（2020）通过构建城市偏向政策的综合性指标体系发现，城市偏向政策会显著拉动城乡收入差距。

在推进城镇化的过程中，大量农村居民转移至城镇变为城镇居民，并在城镇就业和购买住房，此时对房价上涨也将产生积极效应。大量农村人口转移至城镇，将会刺激对房屋租赁和买卖的需求，进而提高城镇居民的财产性收益，享受经济发展带来的红利。周建军等（2020）研究发现，房价上涨会拉大城乡居民收入差距；何维（2021）认为，城镇家庭的资产财富效应大于农村家庭。城镇居民财产收益不仅体现于财富效应，对于信贷效应也会产生影响。资产价值上涨，城镇居民家庭将更容易通过抵押贷款获得信贷融资资金，从而进行产业等相关投资获得额外收益，进一步拉大城乡居民收入差距。同时，无论是教育、技术创新还是资金都会存在集聚效应，随着城镇化快速发展，城镇生产效率的提高会高于农村生产效率的提高，导致城镇就业收入的上涨会高于农村就业收入的上涨，从而进一步扩大城乡收入差距。因此，本文提出假说1。

H1：提高土地财政会扩大城乡收入差距，同时城镇化对土地财政扩大城乡收入差距存在强化效应。

党的十六大提出城乡统筹发展，党的十九大提出城乡融合发展。随着城镇化率的提高，国家加大了对农业农村的转移支付，出台了诸多关于土地出让收入分配的政策，如《关于调整完善土地出让收入使用范围优先支持乡村振兴的意见》指出，调整土地出让收益城乡分配格局，稳步提高土地出让收入用于农业农村比例。由于转移支付的原因，本文提出假说2。

H2：由于土地财政对农业农村支出的加大，在城镇化率较高阶段，提高土地财政扩大城乡收入差距的效应弱于城镇化率较低阶段，即土地财政影响城乡收入差距，存在城镇化的门槛效应。

（二）土地财政对城乡收入差距不仅有直接效应，还存在空间溢出效应

我国土地资源具有稀缺性特征，土地资产已成为地方政府的重要资产，土地财政对地方经济发展产生了重要作用。1994年分税制改革之后，在面对基础设施、公共服务等资金投入缺口时，地方政府对土地财政的依赖也越来越大。随着经济的快速发展与地价的不断攀升，土地财政已成为地方政府的重要收入来源，地方政府通过土地出让以及土地抵押等方式融资，促进了地方的基础设施建设。卢现祥和滕宇法（2020）研究发现，地方政府适度的土地财政依赖，有利于地区经济发展；葛扬和钱晨（2014）研究发现，土地财政收入每增加1%，地方经济增长将提高0.17%；但Reinhart等（2012）认为，土地财政容易扩大地方政府信贷需求，促进长期利率上涨，进而对民营企业投资产生挤出效应，不利于经济增长；因此，既要认识土地财政积极的正面影响，也要客

观认识其负面作用；程瑶（2009）认为，土地财政容易引发寻租以及降低土地资源配置效率，进而影响城乡居民收入分配；谢鹏（2019）认为，土地财政会导致"人地失调"以及公共产品供给结构不合理，从而影响城乡收入分配。因此，土地财政对城乡收入差距具有直接影响。

地理学第一定律表明，在空间上相邻区域之间几乎都存在或强或弱的空间相关性，区域越接近联系越紧密。潘文卿（2012）认为，经济改革消除了我国各区域之间的市场分割，加快了生产要素在各区域之间的流动，一区域经济增长对相邻区域经济增长存在正的空间溢出效应；郭丽燕和庄惠明（2022）也认为，随着户籍制度改革以及各地人才政策实施，我国劳动力实现了大规模跨区流动，增强了各区域之间的空间相关性。人口在城乡流动过程中，城乡收入差距也在发生变化。孙文杰和严文沁（2021）认为，城乡收入差距存在空间溢出效应，同时基础设施建设有利于缩小城乡收入差距。由于各地区经济增长和城乡收入差距存在空间溢出性，土地财政将通过空间传导进而影响相邻区域的城乡收入差距。因此，本文提出假说3。

H3：土地财政不仅对本区域城乡收入差距有直接影响，由于空间溢出效应存在，其对相邻区域城乡收入差距还具有间接影响。

三、模型构建、变量选取与说明

（一）模型构建

1. 交互项模型构建

为验证 H1，本文构建包含土地财政与城镇化的交互项模型，研究城镇化对土地财政影响城乡收入差距的强化效应。为获取更多样本信息以及模型估计和检验的自由度，选取我国 31 个省份（不包括港澳台地区）的样本面板数据进行实证研究，同时为消除异方差以便对模型进行经济解释，分别对相关变量取自然对数。

$$\ln IG_{it} = C + \beta_1 \ln LF_{it} + \beta_2 \ln UR_{it} + \pi \ln LF_{it} \ln UR_{it} + \theta \sum_{k=1}^{k} \ln X_{it} + \varepsilon_{it} \quad (1)$$

其中：IG 表示城乡收入差距；LF 表示土地财政；UR 表示城镇化率；X 表示控制变量；β_1、β_2 分别表示土地财政与城镇化率的估计系数；π 是土地财政与城镇化率的交互项系数；ε 表示随机扰动项；C 为常数项。土地财政对城乡收入差距的影响不仅受系数 β_1 的影响，还受到系数 π 的影响，π 即城镇化对土地财政影响城乡收入差距的强化效应。

2. 门槛模型构建

为对 H2 进行验证，构建门槛模型，分析在不同城镇化水平下土地财政对城乡收入差距的影响。

$$\ln \mathrm{IG}_{it} = C + \eta_1 \ln \mathrm{LF}_{it} I(\mathrm{UR}_{it} \leq \gamma) + \eta_2 \ln \mathrm{LF}_{it} I(\mathrm{UR}_{it} > \gamma) + \beta_2 \ln \mathrm{UR}_{it} +$$
$$\pi \ln \mathrm{LF}_{it} \ln \mathrm{UR}_{it} + \theta \sum_{k=1}^{k} \ln X_{it} + \varepsilon_{it} \tag{2}$$

其中：将城镇化率（UR）作为门槛变量；γ 表示门槛值；假定虚拟变量 $I(\gamma) = (\mathrm{UR}_{it} \leq \gamma)$，$I\{\cdot\}$ 为伯努利变量，如果 $\mathrm{UR}_{it} \leq \gamma$，则 $I = 1$，反之，$I = 0$。在公式（2）中，仅包含城镇化率的单一门槛值，如果存在城镇化率的两个门槛值时，门槛模型则设定为：

$$\ln \mathrm{IG}_{it} = C + \eta_1 \ln \mathrm{LF}_{it} I(\mathrm{UR}_{it} \leq \gamma_1) + \eta_2 \ln \mathrm{LF}_{it} I(\gamma_1 < \mathrm{UR}_{it} \leq \gamma_2) +$$
$$\eta_3 \ln \mathrm{LF}_{it} I(\mathrm{UR}_{it} > \gamma_2) + \beta_2 \ln \mathrm{UR}_{it} + \pi \ln \mathrm{LF}_{it} \ln \mathrm{UR}_{it} +$$
$$\theta \sum_{k=1}^{k} \ln X_{it} + \varepsilon_{it} \tag{3}$$

其中，$\gamma_1 < \gamma_2$。如果存在城镇化率的双门槛模型，一般假定之前估计的城镇化率的单一门槛值 $\hat{\lambda}_1$ 为已知，同时对第一个城镇化率的门槛值予以检验。

3. 空间滞后模型构建

为对 H3 进行验证，构建空间滞后模型。空间相关性的模型主要有空间误差模型和空间滞后模型，空间误差模型认为相邻区域因变量的误差冲击会对本区域产生影响，而空间滞后模型是研究相邻区域之间是否存在空间溢出效应或扩散现象。Fingleton（2004）认为，在经济发展过程中，空间相关性主要表现为所投入生产要素的外部性或技术对外的扩散，因变量的误差冲击所产生的作用相对较小。因此，本文构建空间滞后模型进行实证检验。

$$\ln IG_{it} = C + \rho \sum_{j=1}^{n} W_{ij} \ln IG_{it} + \beta_1 \ln LF_{it} + \beta_2 \ln UR_{it} + \pi \ln LF_{it} \ln UR_{it} +$$

$$\theta \sum_{k=1}^{k} \ln X_{it} + \varepsilon_{it} \tag{4}$$

其中：β_1 为土地财政的系数，土地财政的直接效应为 $\beta_1\%$，即一区域土地财政波动 1%，该区域城乡收入差距波动 $\beta_1\%$；ρ 为空间滞后项系数，表示相邻省份城乡收入差距提高 1%，该省份城乡收入差距提高 $\rho\%$；土地财政的间接效应为（$\beta_1 \times \rho$）%，表示相邻区域土地财政波动 1%，该区域城乡收入差距波动（$\beta_1 \times \rho$）%。由此可知，由于空间溢出性，土地财政对城乡收入差距的影响不仅有直接效应，还具有间接效应。

公式（4）中 W 表示空间权重，也是外生变量。空间权重在空间计量经济学中是一项非常重要的指标，是土地财政空间溢出性的关键因素，$n \times n$ 维的空间权重可表示为：

$$W = \begin{bmatrix} w_{11} & w_{12} & \cdots & w_{1n} \\ w_{21} & w_{22} & \cdots & w_{2n} \\ \vdots & \vdots & & \vdots \\ w_{n1} & w_{n2} & \cdots & w_{nn} \end{bmatrix} \tag{5}$$

在实证研究过程中，对空间权重进行标准化处理，使各行元素之和为 1，从而减少其他因素的影响。同时，在计算 W 时，相邻区域的邻近采用 Rook 邻近，即相邻省份之间有共同边界（海南与广东虽隔海相望，但社会经济发展联系紧密，并且还有火车通行，因此假定两省也是相邻的），如果 i 省份与 j 省份相邻，w_{ij} 则为 1；如果 i 省份与 j 省份不相邻，w_{ij} 则为 0。

（二）变量选取与数据说明

1. 变量选取

（1）被解释变量。城乡收入差距，利用泰尔指数表示，泰尔指数不仅能反映城乡居民收入变化，还考虑了城乡人口结构变化。借鉴王少平和欧阳志刚（2007）的研究方法，泰尔指数的计算公式为：

$$theil_{i,t} = \sum_{j=1}^{2} \left(\frac{p_{ij,t}}{p_{i,t}} \right) \ln \left(\frac{p_{ij,t}}{p_{i,t}} \middle/ \frac{z_{ij,t}}{z_{i,t}} \right) \tag{6}$$

其中：$j = 1$，2，分别表示城镇和农村地区；z_{ij} 表示 i 地区城镇或农村人口数量；z_i 表示 i 地区总人；p_{ij} 表示 i 地区城镇（$j = 1$）或农村（$j = 2$）的总收入（用相应人口乘以人均可支配收入）；p_i 表示 i 地区总收入。

（2）解释变量与门槛变量。土地财政是地方政府通过出让土地使用权而获得的收入，属于政府性基金收入，主要来源于房地产开发企业在土地一级市场购置土地的价款。因此，以房地产开发企业在购置土地时的土地成交价款表示土地财政。城镇化率以年末城镇人口比重表示，在门槛模型中，城镇化率还是门槛变量。

（3）控制变量。城乡收入差距不仅受到土地财政和城镇化率的影响，还受到其他因素的影响。因此，本文选取以下变量作为控制变量纳入模型中：各省份经济发展水平，以各省份生产总值表示；各省份产业结构非农化，以二三产业增加值占生产总值的比重表示；各省份房价，以各地区商品房销售额与商品房销售面积之比表示；各省份土地供给，以各省份房地产开发企业本年土地购置面积表示。除此之外，还包括各省财政教育支出、各省份财政科学技术支出、各省份财政农林水支出、各省份财政交通运输支出。

2. 数据说明

2007—2021 年各省份泰尔指数、城乡居民人均可支配收入、土地成交价款、年末城乡人口、GDP、二三产业增值、教育支出、科学技术支出、农林水支出、交通运输支出、商品房销售额、商品房销售面积、土地供应面积等数据，整理自历年《中国统计年鉴》。同时，为使数据具有可比性，利用居民消费价格指数将城乡居民人均可支配收入、土地成交价款、GDP、教育支出、科学技术支出、农林水支出、交通运输支出、商品房销售额等相关数据折算为基期年（2007 年为基期年），居民消费价格指数整理自 2022 年《中国统计年鉴》。

各主要变量统计描述见表 1 所列。由表 1 可知，泰尔指数最大值为 0.25，

平均值为 0.10，说明我国部分地区城乡收入差距较大；土地财政最大值为
2 277.14 亿元，平均值为 266.73 亿元，说明在部分地区，地方政府对土地财政
的依赖较大；土地供给面积最大值与最小值相差较大，再次反映部分地区对土
地财政的依赖较大；产业结构非农化最大值为 0.99，最小值为 0.72，平均值为
0.90，说明第一产业增加值在 GDP 中已处于较低比重；房价最大值为 28 877.57
元/平方米，平均值为 5 656.85 元/平方米，说明在部分地区，高房价对居民
财产的影响较大。从离散系数来看，产业结构非农化最小，说明该数据的离散
程度最小；从教育支出、农林水支出、交通运输支出以及科学技术支出的离散
系数来看，前三个变量的离散系数总体比较接近，但科学技术支出的离散系数
达到 1.35，说明各省份科学技术投入的差异相对更大。

表 1　2007—2021 年各主要变量统计描述

指标	最大值	最小值	平均值	标准差	离散系数
泰尔指数	0.25	0.02	0.10	0.05	0.50
土地财政（亿元）	2 277.14	0.06	266.73	332.03	1.24
城镇化率	0.90	0.22	0.56	0.14	0.25
GDP（亿元）	88 622.61	341.43	17 595.38	15 334.48	0.87
产业结构非农化	0.99	0.72	0.90	0.05	0.06
房价（元/平方米）	28 877.57	1 848.68	5 656.85	4 019.12	0.71
教育支出（亿元）	2 705.41	33.57	562.78	404.73	0.72
科学技术支出（亿元）	861.32	1.93	83.94	112.94	1.35
农林水支出（亿元）	994.09	22.96	356.81	213.83	0.60
交通运输支出（亿元）	1 590.74	8.48	197.91	139.09	0.70
土地供给（万平方米）	4 207.74	1.34	1 023.90	831.29	0.81

四、实证分析

（一）单位根检验与协整检验

为避免在实证研究过程中模型出现伪回归现象，本文对城乡收入差距

（lnIG）、土地财政（lnLF）、城镇化率（lnUR）、GDP（lnGDP）、产业结构非农化（lnIS）、房价（lnHP）、教育支出（lnEE）、科学技术支出（lnST）、农林水支出（lnAF）、交通运输支出（lnTP）、土地供给（lnLS）的自然对数进行单位根检验。异质单位根检验采用 Fisher- ADF 方法，同质单位根检验采用 LLC 方法，检验结果见表 2 所列。

表 2　异质单位根与同质单位根检验

检验方法	统计量					
	lnIG	lnLF	lnUR	lnGDP	lnIS	lnHP
Fisher–ADF	25.16	103.25***	174.74***	161.43***	92.98***	53.88
LLC	−0.09	−5.33***	−17.88***	−11.32***	−5.81***	−5.70***
	lnEE	lnST	lnAF	lnTP	lnLS	
Fisher–ADF	268.77***	83.54**	297.13***	311.28***	87.74**	
LLC	22.31***	−7.16***	−21.94***	−20.94***	−3.78**	
	ΔlnIG	ΔlnLF	ΔlnUR	ΔlnGDP	ΔlnIS	ΔlnHP
Fisher–ADF	240.55***	278.66***	122.30***	143.66***	176.50***	207.82***
LLC	−16.02***	−16.26***	−6.02***	−9.61***	−9.57***	−11.02***
	ΔlnEE	ΔlnST	ΔlnAF	ΔlnTP	ΔlnLS	
Fisher–ADF	89.46**	179.47***	114.56***	184.06***	272.21***	
LLC	−7.58***	−8.63***	−9.98***	−9.98***	−16.99***	

注：*、**、*** 分别表示在 10%、5%、1% 的显著性水平上显著

从单位根检验可以发现，在未差分的条件下，lnIG 未通过异质单位根与同质单位根检验，lnHP 未通过异质单位根检验，但对上述数据进行一接差分之后，所有数据均通过了异质单位根检验和同质单位根检验，表明该数据为平稳序列。

从 Kao 检验可以发现，Kao 检验的 T 统计量为 −5.01，P 值为 0.00，数据之间存在稳定均衡关系，说明在实证研究城镇化背景下土地财政对城乡收入差距的影响时，模型不会出现伪回归现象。

（二）城镇化对土地财政影响城乡收入差距的强化效应分析

为研究城镇化对土地财政影响城乡收入差距的强化效应，依据公式（1）进行交互项模型估计。对面板数据模型进行 Hausman 检验发现，自由度为 11 时的值为 58.40，在 1% 的显著性水平上支持固定效应模型，固定效应模型估计结果见表 3 所列。

表 3　全国层面的交互项模型估计

变量		时间固定效应模型	地区固定效应模型	双向固定效应模型
土地财政	lnLF	0.061 6* （1.91）	0.064 5 （1.35）	0.065 1*** （3.57）
城镇化率	lnUR	−0.564 0*** （−5.55）	−0.334 3*** （4.41）	−0.184 1*** （−2.99）
GDP	lnGDP	−0.294 4*** （−5.53）	−0.150 5*** （−3.35）	−0.005 4*** （−3.15）
产业结构非农化	lnIS	0.249 6 （0.96）	0.214 2*** （8.56）	0.100 5*** （5.07）
房价	lnHP	−0.315 8*** （−6.18）	−0.215 0*** （−6.11）	0.093 2*** （2.71）
教育支出	lnEE	0.162 4** （2.03）	−0.195 8*** （−4.78）	−0.090 3*** （−2.34）
科学技术支出	lnST	0.060 1 （0.74）	0.016 0 （0.90）	0.010 1* （1.92）
农林水支出	lnAF	−0.003 2 （−0.05）	0.045 1 （1.55）	−0.079 4*** （−2.98）
交通运输支出	lnTP	0.242 5*** （6.56）	0.031 2** （2.41）	0.042 1*** （3.34）
土地供给	lnLS	0.084 5*** （3.09）	0.039 6*** （3.74）	0.005 4*** （3.61）
交互项	lnLF × lnUR	−0.091 3 （−1.18）	0.073 3 （1.53）	0.097 1*** （3.05）
拟合优度	R^2	0.63	0.98	0.99
F 检验	F 统计量	101.10***	647.48***	887.59***

注：*、**、*** 分别表示在 10%、5%、1% 的显著性水平上显著；括号内的数据为 T 统计量。下同

其中，R^2 越高，说明模型对观测值的拟合程度越好。从交互项模型的 R^2 可知，时间固定、地区固定和双向固定模型的 R^2 分别为 0.63、0.98 和 0.99，时间固定效应模型的拟合程度较低；从地区固定效应模型各指标的显著性来看，交互项以及土地财政等关键变量不显著。因此，本文采用双向固定效应模型进行经济解释。从双向固定效应模型可知，土地财政的系数为 0.065 1，并且在 1% 的显著性水平上显著，说明土地财政每提高 1%，城乡收入差距扩大

0.065 1%，提高土地财政会扩大城乡收入差距。土地财政与城镇化率的交互项系数为 0.097 1，在 1% 的显著性水平上显著，说明城镇化对土地财政影响城乡收入差距存在强化效应，在城镇化的强化作用下，土地财政会进一步拉大城乡收入差距，验证了 H1 的合理性。虽然城镇化会强化土地财政扩大城乡收入差距，但仅从城镇化率的角度来看，城镇化率的系数为 –0.184 1，并通过了 1% 的显著性水平检验，说明提高城镇化率，可以缩小城乡收入差距。随着城镇化率的提高，既可以吸引大量农民到城镇就业和生活，又可以在一定程度上提高农民的收入。因此，有必要稳步、有序提高我国城镇化率，促进城乡收入差距缩小。

GDP 系数为 –0.005 4，并通过了 1% 的显著性水平检验，说明提高经济发展水平，有利于缩小城乡收入差距。一方面，经济发展水平本身就可以在一定程度上反映居民的收入状况；另一方面，经济发展水平越高，财政用于农村转移支付就越多，从而有利于缩小城乡收入差距。产业结构非农化系数为 0.100 5，并且在 1% 的显著性水平上显著，说明随着二三产业的不断发展，城镇居民可支配收入不断提高，但农村居民收入增长的相对缓慢，导致城乡收入差距扩大。房价系数为 0.093 2，说明房价上涨会扩大城乡收入差距，房价的上涨在一定程度上会提高城镇居民的资产性收益，但相对而言，农村居民的财产性资产要少于城镇居民，进而导致城乡收入差距扩大。教育支出系数为 –0.090 3，并且通过了 5% 的显著性水平检验，教育推动民富国强，对缩小城乡收入差距具有积极作用。科学技术支出系数为 0.010 1，并且在 10% 的显著性水平上显著，说明提高科学技术支出，会扩大城乡收入差距，这可能与我国产业结构有关。2022 年《中国统计年鉴》显示 2021 年我国第一产业比重为 7.3%，在一定程度上表明我国科学技术支出主要用于二三产业投入，说明提高科学技术支出会扩大城乡收入差距。农林水支出系数为 –0.079 4，说明加大对农业农村投入，有利于农村产业发展、农民收入提高，有利于缩小城乡收入差距。交通运输支出的系数为正，表明目前交通运输支出仍主要倾向于城镇产业，这可能也与产业结构有关。土地供给系数为正，并且在 1% 的显著性水平上显著，说明增加土地供给也会扩大城乡收入差距。

　　各地区自然资源、社会资源差异使得我国经济社会发展存在显著的区域异质性。本文将各省份区分为东部、中部和西部三大区域，东部地区包括北京、天津、河北、辽宁、上海、江苏、浙江、福建、山东、广东、海南11个省市；中部地区包括山西、吉林、黑龙江、安徽、江西、河南、湖北、湖南8个省份；西部地区包括内蒙古、广西、重庆、四川、贵州、云南、西藏、陕西、甘肃、青海、宁夏、新疆12个省市。在模型回归过程中发现，双向固定效应模型的回归总体更好。同时为节省篇幅，仅列出关键变量的估计系数。东中西部的交互项模型估计结果见表4所列。

表4　东中西部的交互项模型估计

变量		东部	中部	西部
土地财政	lnLF	0.054 2*** （2.99）	0.066 3*** （3.54）	0.070 1*** （3.02）
城镇化率	lnUR	−0.170 3*** （3.11）	−0.179 8*** （3.37）	−0.201 1** （2.32）
控制变量	已控制			
交互项	lnLF × lnUR	0.091 2*** （3.04）	0.132 1** （2.38）	0.084 3*** （3.18）
拟合优度	R^2	0.98	0.98	0.97
F 检验	F 统计量	423.42***	364.65***	403.47***

　　由表4可知，土地财政在东中西部的系数分别为0.054 2、0.066 3和0.070 1，并且均在1%的显著性水平上显著，说明土地财政在东部对城乡收入差距的扩大效应相对更低，而在西部的扩大效应相对更大。这可能与经济发展状况有关，东部相对而言有更多的财政用于平衡城乡收入差距，而在中西部，由于经济发展水平相对落后，需要更多的财政集中用于城市建设和发展，导致在一定程度上不利于城乡收入差距缩小。城镇化率系数的绝对值在东中西部依次增大，说明提高西部的城镇化率，对缩小城乡差距的效果更加明显，东部的效果最弱，可能是东部的城镇化率总体更高，会降低边际效应。城镇化率对土地财政影响城乡收入差距的强化效应在中西部之间均为正，但在中部最高，东部次之，西部最低。

（三）城镇化对土地财政影响城乡收入差距的门槛特征分析

为研究城镇化对土地财政影响城乡收入差距的门槛特征，依据公式（2）和公式（3）进行门槛模型估计。在进行门槛模型回归前，需要对门槛特征进行检验，以城镇化率作为门槛变量，利用 Bootstrap 反复抽样方法检验发现，单一门槛时的 F 统计量为 71.57、P 值为 0.002 0，两个门槛时的 F 统计量为 63.50、P 值为 0.143 0，说明模型仅存在城镇化率的单一门槛。在城镇化率单一门槛特征的背景下，控制地区效应和时间效应进行门槛模型估计，估计结果见表 5 所列。

表 5　门槛模型估计

变量		系数
城镇化率	lnUR	$-0.511\ 1^{***}$（-6.91）
GDP	lnGDP	$-0.134\ 0^{***}$（-3.20）
产业结构非农化	lnIS	$0.191\ 0^{***}$（8.13）
房价	lnHP	$0.195\ 1^{***}$（5.94）
教育支出	lnEE	$-0.173\ 1^{***}$（-4.53）
科学技术支出	lnST	$0.017\ 8$（1.07）
农林水支出	lnAF	$-0.044\ 6^{*}$（-1.65）
交通运输支出	lnTP	$0.029\ 9^{**}$（2.48）
土地供给	lnLS	$0.033\ 4^{***}$（3.39）
交互项	lnLF × lnUR	$0.067\ 3^{***}$（6.42）
土地财政	lnLF（UR $\leq$ 0.27）	$0.112\ 4^{***}$（3.82）
	lnLF（UR>0.27）	$0.049\ 8^{***}$（7.90）
拟合优度	R^2	0.91
F 检验	F 统计量	110.84^{***}

由表 5 中 R^2 可以发现，R^2 为 0.91，说明模型的拟合程度较好；从 F 检验可以发现，F 检验的联合显著性在 1% 的显著性水平上显著。模型估计结果显示，城镇化率的单一门槛值为 0.27，当城镇化率小于或等于 0.27 时，土地财政的系数为 0.112 4，在 1% 的显著性水平上显著，此时土地财政每提高

1%，城乡收入差距扩大 0.112 4%；当城镇化率大于 0.24 时，土地财政的系数为 0.049 8，此时土地财政每提高 1%，城乡收入差距扩大 0.049 8%。说明土地财政在影响城乡收入差距的过程中，存在城镇化率的门槛特征，在城镇化率较高阶段，提高土地财政而扩大城乡收入差距的效应弱于城镇化率较低阶段，验证了 H2 的合理性。我国城镇化率一直处于快速发展阶段，2021 年城镇化率为 0.65，远高于 0.27 的门槛值，相对而言，如今土地财政扩大城乡收入差距的效应在减弱，土地财政对农业农村支出的比例也在加大。党的二十大报告提出中国式现代化，而农业现代化是现代化经济体系的重要内容，推进农业现代化有必要获得国家政策的支持。随着经济的快速发展，国家越来越重视农业农村的发展，对农业农村的转移支付在不断提高，一定程度上抑制了城乡收入差距的扩大。同时，交互项系数为 0.067 3，可以再次验证城镇化会强化土地财政影响城乡收入差距的作用。

为分析不同区域的异质性，分别对东中西部进行单一门槛模型回归，见表 6 所列。限于篇幅，仅列出城镇化率门槛值和土地财政系数。

表 6　东中西部门槛模型估计

地区	变量	系数	T 统计量	R^2	F 检验
东部	lnLF（UR ≤ 0.25）	0.092 8***	3.06	0.94	106.25***
	lnLF（UR>0.25）	0.031 8***	4.20		
中部	lnLF（UR ≤ 0.29）	0.041 7***	2.99	0.89	98.78***
	lnLF（UR>0.29）	0.010 3***	5.33		
西部	lnLF（UR ≤ 0.32）	0.142 3***	4.47	0.93	123.01***
	lnLF（UR>0.32）	0.065 3***	5.01		

由表 6 可知，东中西部的土地财政系数均反映在城镇化率较低阶段，对城乡收入差距的扩大效应要强于城镇化率较高阶段。东中西部城镇化率的单一门槛值分别为 0.25、0.29 和 0.32，虽然差异并不十分明显，但在一定程度上说明了经济发达地区在时间上更早将土地财政用于农村投入，从而缩小了城乡收入差距。

（四）土地财政对城乡收入差距的空间溢出效应分析

为研究土地财政对城乡收入差距的空间溢出效应，依据公式（4）进行空间滞后模型估计。Kele-jian 和 Prucha（1999）认为，在空间计量分析时，如果数据是面板数据，那么直接采用 ML 方法估计会导致估计结果有偏；Barry 和 Pace（1999）认为，利用蒙特卡罗模拟方法来近似对数—似然函数中雅克比行列式的自然对数，就可以规避上述问题。而利用 Elhorst 和 Lesaget 编制的程序，就可以实现空间计量模型回归。空间相关性检验是空间计量的重要检验指标，面板数据空间相关性检验指标的 Moran 指数、LM-lag 检验和 Robust LM-lag 检验的值分别为 0.130 9、92.956 4 和 80.850 7，均在 1% 的显著性水平上显著，进一步说明采用空间滞后模型估计是合适的。固定效应空间滞后模型估计结果见表 7 所列。

表 7　空间滞后模型估计

变量		时间固定空间滞后模型	地区固定空间滞后模型	双向固定空间滞后模型
土地财政	lnLF	−0.050 5（−1.24）	0.036 9***（3.13）	0.010 1***（2.98）
城镇化率	lnUR	−0.643 2***（−3.02）	−0.222 6***（−3.47）	−0.187 3***（−3.39）
GDP	lnGDP	−0.178 8***（−3.59）	−0.073 6*（−1.95）	−0.002 8***（−3.09）
产业结构非农化	lnIS	0.248 7（1.06）	0.151 7***（7.23）	0.100 5***（5.64）
房价	lnHP	−0.193 1***（−4.03）	−0.064**（−2.09）	0.092 7***（3.01）
教育支出	lnEE	0.100 7（1.39）	−0.155 9***（−4.52）	−0.084**（−2.42）
科学技术支出	lnST	0.079 0***（2.77）	0.011 0（0.74）	0.015 2（1.25）
农林水支出	lnAF	−0.023 3（−0.45）	0.044 0*（1.82）	−0.076 0***（−3.18）
交通运输支出	lnTP	0.170 4***（4.96）	0.020 7*（1.91）	0.041 1***（3.62）
土地供给	lnLS	0.084 1***（3.42）	0.020 0**（2.24）	0.008 3***（3.05）
交互项	lnLF × lnUR	−0.071 2***（−3.62）	0.046 9（0.89）	0.008 9***（3.07）
空间滞后项系数	ρ	0.328 9***（9.37）	0.479 9***（11.97）	0.391 9***（6.00）
拟合优度	$Corr^2$	0.66	0.91	0.93

传统模型一般采用 R^2 来反映模型的拟合优度，但传统的 R^2 是残差平方和的分解，不适合衡量空间计量模型的拟合优度，Verbeek（2004）利用拟合值与实际值的相关系数的平方测算拟合优度，即 Corr^2，通过 Corr^2 可以反映空间计量模型的拟合优度。从表 5 可知，时间固定效应、地区固定效应、双向固定效应的空间滞后模型的 Corr^2 分别为 0.66、0.91 和 0.93，时间固定效应模型的 Corr^2 最低，双向固定效应模型的 Corr^2 最高，在时间固定效应模型估计中，土地财政的系数不显著，而在地区固定效应模型估计中交互项系数不显著，因此，本文采用双向固定效应模型的估计结果进行经济解释。

从公式（4）可知，土地财政的直接效应为 β_1%，间接效应为（$\beta_1 \times \rho$）%，从双向固定效应空间滞后模型估计来看，β_1 为 0.010 1，ρ 为 0.391 9，并且均在 1% 的显著性水平上显著。因此，土地财政直接效应为 0.010 1%，间接效应为 0.391 9%，说明土地财政每提高 1%，城乡收入差距扩大 0.010 1%，相邻省份土地财政每提高 1%，该省份城乡收入差距扩大 0.004 0%。研究结果表明，土地财政不仅会扩大本地区城乡收入差距，而且对相邻省份的城乡收入差距存在空间溢出性，验证了 H3 的合理性。因此，土地财政不仅会对本区域推进共同富裕存在影响，还对相邻区域推进共同富裕存在影响。由于缩小城乡收入差距对推动共同富裕具有积极作用，在土地出让收入的分配过程中，不仅要考虑本区域内城乡之间的分配比例的协调，还有必要在全国层面，对土地出让收入进行适当统筹。

（五）稳健性检验

为检验模型的稳健性以及结论的可靠性，本文进行稳健性检验，以城乡居民人均可支配收入之比（lnRR）替换泰尔指数，以土地成交价款占地区生产总值的比重（lnLL）替换土地财政，同时分别采用双向固定的交互项模型、门槛模型和空间滞后模型分别进行测算，为节省篇幅，仅列出关键变量的系数，结果见表 8 所列。

表 8 稳健性检验结果

模型	变量		系数	R^2（$Corr^2$）	F 检验
交互项模型	土地成交价款占地区生产总值的比重	lnLL	0.002 9*** （6.95）	0.98	353.93***
	城镇化率	lnUR	−0.247 8*** （−5.92）		
	交互项	lnLL × lnUR	0.005 4*** （2.95）		
门槛模型	土地成交价款占地区生产总值的比重	lnLL（UR ≤ 0.31）	0.063 3*** （4.05）	0.88	202.53***
		lnLL（UR>0.31）	0.043 6*** （3.43）		
	城镇化率	lnUR	−0.001 3*** （−3.29）		
	交互项	lnLL × lnUR	0.017 2*** （2.95）		
空间滞后模型	土地成交价款占地区生产总值的比重	lnLL	0.016 1*** （3.09）	0.98	
	城镇化率	lnUR	−0.213 3*** （−7.92）		
	交互项	lnLL × lnUR	0.009 8** （2.48）		
	空间滞后项系数	ρ	0.129 9** （2.17）		

注：*、**、***分别表示在 10%、5%、1% 的显著性水平上显著；括号内的数据为 T 统计量；交互项模型与门槛模型的拟合优度为 R^2，空间滞后模型拟合优度为 $Corr^2$

从交互项模型回归结果可以发现，替换变量之后，模型的 R^2 为 0.98，F 检验的联合显著性在 1% 的显著性水平上显著。同时，从回归系数可知，土地成交价款占地区生产总值的比重、城镇化率以及交互项系数的正负符号与表 3 双向固定效应模型的估计结果基本一致，说明双向固定效应的交互项模型具有一定的稳健性。从门槛回归模型的回归结果可以发现，替换变量之后，各变量系数的正负符号与表 5 的估计结果基本一致，模型的 R^2 为 0.88，F 检验的联合显著性在 1% 的显著性水平上显著。同时，估计的城镇化率的门槛值为 0.31，与表 5 的 0.27 较为接近，并且在小于或等于 0.31 时，lnLL 的系数为 0.063 3，大于 0.31 时，lnLL 的系数为 0.043 6，前者的数值大于后者，与表 5 的研究结论基本一致，说明门槛模型具有一定的稳健性。从空间滞后模型的回归结果可以发现，替换变量之后，$Corr^2$ 达到 0.98，拟合优度较高，同时从估计系数可以发现，与表 7 双向固定效应模型的估计结果基本一致，说明双向固定效应空间滞后模型也具有一定的稳健性。同时，交互项模型、门槛模型、空间滞后模型属于不同类型的模型，从表 8 的估计结果可以发现，在分别替换变量之后，各模型在估计关键变量时，各关键变量系数的正负符号是基本一致的，因此，本文构建的模型是稳健的。

五、结论与政策建议

（一）结论

本文通过构建交互项模型、门槛模型和空间滞后模型，并以 2007—2021 年我国省级面板数据，实证研究城镇化背景下土地财政对城乡收入差距的影响。研究发现：①交互项模型表明，提高土地财政会扩大城乡收入差距，同时交互项系数为正，说明城镇化会强化土地财政扩大城乡收入差距的效应，但提高城镇化本身则可以缩小城乡收入差距，验证了 H1 的合理性，同时还发现土地财政在东中西部对城乡收入差距的扩大效应依次增大；②门槛模型进一步表明，城镇化在强化土地财政作用的同时，还存在城镇化的门槛特征，在城镇化率较高阶段，提高土地财政而扩大城乡收入差距的效应弱于城镇化率较低阶段，说明土地财政对农业农村支出的比例在加大，验证了 H2 的合理性；③ 空间滞后模型还表明，土地财政不仅会扩大本地区城乡收入差距，还存在空间溢出效应，对相邻省份的城乡收入差距也有扩大效应，验证了 H3 的合理性；④各省份经济发展水平、教育支出、农林水支出、产业结构非农化比例、交通运输支出、科学技术支出等对城乡收入差距也会产生影响。根据研究结论，本文提出以下政策建议。

（二）建议

1. 推进人口有序流动，稳步提高城镇化率

交互项模型、门槛模型和空间滞后模型的回归结果都显示提高城镇化率可以缩小城乡收入差距，同时门槛模型还显示，在城镇化率较高阶段，提高土地财政而扩大城乡收入差距的效应弱于较低城镇化率阶段。一是促进农业转移

人口市民化。虽然 2021 年年末常住人口城镇化率为 65%，但户籍人口城镇化率仅为 47%，近 2.5 亿人没有在城镇落户，而这个群体主要是在城镇务工的农民，他们虽然在城镇创造财富，但医疗、养老以及子女教育主要是在农村。要进一步推动户籍制度改革，尤其是完善户籍制度改革的相关配套措施，促使城镇基本公共服务逐步覆盖城镇常住人口，而不仅仅是户籍人口。二是加快推进以县域为载体的城镇化建设。习近平总书记指出，要把县域作为城乡融合发展的重要切入点。县域既有一定的工商业基础，在国家治理体系中又处于承上启下的重要位置，加快县域产业、公共服务、基础设施一体化规划。引导大城市周边的县域与城市有效衔接，强化县域资源有效配置，促进县域经济发展，进而提高县域人口承载能力。三是提高农业转移人口的劳动技能。针对城镇用工需求大、矛盾突出的行业，开展相关技能培训，如医疗照护、养老托育等，同时针对面向新时代年轻农民工开展直播销售、网约配送等培训，进而提高农业转移人口的就业创业能力。

2.统筹区域间、城乡间土地财政资源，优化支出结构

土地财政不仅会扩大本区域城乡收入差距，对相邻区域的城乡收入差距也存在扩大效应。一是在国家层面，对不同区域之间的土地出让收入进行适当统筹。《土地管理法》规定，新增建设用地的土地有偿使用费，百分之三十上缴中央财政，百分之七十留给有关地方人民政府。为满足居民的居住空间需求，城市建成区向外扩张，此时出让的城市建设用地大部分是由农村集体土地被征收之后转变而来的，由于是新增建设用地，按照土地出让之后相关法律规定，百分之三十上缴中央财政，中央政府就可以将这部分资金依据不同地区经济发展现状进行转移支付。但为提高土地配置效率，地方政府会不断盘活存量建设用地，而这部分土地出让收入主要归地方政府。由于土地财政存在空间溢出性，需要对新增建设用地出让收入进行统筹，存量建设用地出让收入也需要进行适当统筹。二是进一步加大土地财政向农村倾斜的力度，尤其是中西部地区。虽然国家已出台多项政策，支持土地出让收入用于农村发展，但模型回归显示，提高土地财政，会扩大城乡收入差距，尤其是土地财政在中西部对城乡

收入差距的扩大效应相对更高。因此，要进一步加大土地财政对农村的转移支付力度，尤其是中西部地区，让农村也享受土地财政带来的发展红利。

3.加大财政涉农支出比例，推进农业高质量发展

一是进一步加大农林水事务支出，缩小城乡收入差距。提高农民收入，关键要发展乡村产业，新冠疫情致使乡村产业发展同样面临较大下行压力，一方面，要通过增加农林水事务支出，完善乡村产业发展的相关基础设施，提高乡村企业经营效率；另一方面，要加大对农业补贴、农业开发等支持力度，降低乡村企业发展成本。二是加大教育支出，尤其是农村地区的教育支出。百年大计，教育为本，增加农村地区教育投入，对农民的人力资本积累、农民素质提升以及在阻断贫困代际传递等方面可以发挥重要作用。多渠道增加农村普惠性教育资源供给，加大农村困难地区教育投入，确保农村贫困子女享受平等受教育的机会。加大对农村教师的培训力度，推进农村师资队伍建设，提高农村教育水平，促进城乡教育均衡发展。三是加大涉农产业的科学技术支出。科技是第一生产力，研究发现，提高科学技术支出会扩大城乡收入差距，这可能与我国产业结构有关，2021年我国第一产业比重为7.3%，一定程度上说明我国科学技术支出主要用于二三产业的科技研发，二三产业随着科技投入的不断增加，科学技术水平也在不断提高，从而促进了城镇居民收入提高。因此，要不断增加涉农产业的科技研发投入，提高第一产业生产效率，促进农业高质量发展，增加农民收入，缩小城乡收入差距。

（原载《华东经济管理》，2023年第7期，本书有删改）

扎实推动共同富裕：背景要素、核心要义与实践要求

尤　琳　罗志强[*]

一、问题的提出

党的十八大以来，以习近平同志为核心的党中央围绕共同富裕这个重大理论和实践问题作出了一系列新阐释和新部署。2021 年 8 月 17 日，习近平在中央财经委员会第十次会议上判断我国"已经到了扎实推动共同富裕的历史阶段"。之后，他在 2021 年 12 月 8 日召开的中央经济工作会议上又强调需要"正确认识和把握我国发展重大理论和实践问题"，并把"正确认识和把握实现共同富裕的战略目标和实践途径"放在第一个问题的战略高度着重进行阐释。在此基础上，党的二十大报告进一步深刻阐明了中国式现代化与共同富裕的内在关系，揭示了中国式现代化是全体人民共同富裕的现代化，实现全体人民共同富裕是中国式现代化的本质要求，"人的全面发展、全体人民共同富裕取得更为明显的实质性进展"是二〇三五年我国发展的总体目标的重要内容。这充分反映了扎实推动全体人民共同富裕已成为时代强音，也已凸显为中国共产党的重要使命。

近年来，学界主要围绕三个方面对扎实推动共同富裕话题展开了热议和研

* 尤　琳　江西师范大学马克思主义学院执行院长、教授

罗志强　江西师范大学马克思主义学院博士研究生、省委党校（江西行政学院）公共管理学教研部副教授

究，形成了不少具有较高理论价值与现实意义的研究成果。其一，从认识论角度探讨了扎实推动共同富裕的深刻内涵。学界从不同学科视角对其内涵进行了探讨，既有共识也有争论，总体上聚焦"不是什么"和"是什么"双重向度展开。有学者认为"共同富裕是一个相对概念而不是绝对概念"，不是传统意义上的"均富""共富"思想，而是消除两极分化、消灭剥削、真正实现人的解放的科学论断。还有学者提出，"共同富裕不仅是经济问题，也是社会问题，还是政治问题，需从政策、实践、难题、对策等四个层面进行系统研究"。其二，从方法论角度剖析了扎实推动共同富裕的重要关系。有学者从指标体系维度建构了共同富裕的测算系数，强调"富裕"和"共同"两方面的有机统一。有学者从伦理关系维度提出，要正确处理好一己富裕与他人富裕的关系、个人富裕和集体富裕的关系、不同性质和形式的集体富裕与集体富裕的关系。还有学者提出，"扎实推动共同富裕需要处理好物质共同富裕和其他方面共同富裕、国内和国际、初次分配和再分配三次分配、先富和共富、公平和效率的关系"。此外，有学者建议协调好宏观与微观，发展与共享，政府与市场，共建和共富，目标与工具的关系。其三，从实践论角度提出了扎实推动共同富裕的具体路径。多数学者认同需从多维视角着手，按照"五位一体"总体布局要求，统筹推进共同富裕。有学者抓住制度这个关键，提出"制度和政策创新是实现共同富裕的根本途径"，必须加强制度的系统集成创新，"充分发挥制度、政策在调节贫富差距方面的重要作用"。有学者聚焦分配这个手段，提出"有效市场主导的初次分配、有为政府主导的再分配和'有爱社会'主导的第三次分配"的"三轮驱动"路径。有学者凝练出共同富裕的实现机制，划分为总体实现机制与具体实现机制。还有学者提出"加强党的领导贯彻新发展理念""大力推进旧体制的改革和新体制的建设"等举措。

由以上论述可知，扎实推动共同富裕已从理论问题向实践问题不断拓展，从表层研究向深层研究继续延伸。这为进一步研究共同富裕话题提供了良好的基础和有益的借鉴。但还有一些问题值得深入探讨，需要进行更加系统化的研究。

二、扎实推动共同富裕的背景要素

扎实推动共同富裕孕育于深刻的现实背景，它是回应"人民所盼"新期待的需要、化解"社会所忧"新矛盾的需要、启航"国家所愿"新征程的需要、顺应"世界所向"新时势的需要，这"四个需要"很大程度上揭示了扎实推动共同富裕的出场逻辑。

（一）回应"人民所盼"新期待的需要

共同富裕蕴含着深厚的本体论根基，是千百年来全人类的共同追求，也是中国人民的共同期盼。自古以来，中国不少仁人志士就对共同富裕理论和实践进行了艰辛探索，涌现出"治国之道，必先富民""不患寡而患不均""等贵贱，均贫富"等思想和口号。但由于历史局限性，这些思想和口号有些异化为剥削压迫的外衣，有些缺乏落地生根的土壤，因而没有实质性解决实现共同富裕的难题。中国共产党自诞生以来，就把促进全体人民共同富裕作为践行初心和使命的着力点，带领人民千方百计消除贫困、改善民生，历史性地解决了绝对贫困问题，中国人民生活实现了从温饱不足到总体小康再到全面小康的历史性跨越，为扎实推动共同富裕打下了坚实基础。站在新的起点，人民群众对美好生活的向往更加强烈，更加期盼从小康生活走向富裕生活，从小康社会迈入共同富裕社会。这就要求必须把促进全体人民共同富裕摆在更加重要的位置，着力保障和改善民生，让广大人民群众拥有更加充实的获得感、更有保障的幸福感、更可持续的安全感。

（二）化解"社会所忧"新矛盾的需要

我国社会主要矛盾发生历史性转变，这一变化关系全局、影响深远，我们要以新矛盾为依据来谋划和推进党和国家工作。据国家统计局编制的《中国统计年鉴—2021》披露，以"人民生活"篇目中 2020 年数据为例，从城乡差距来看，我国城镇居民人均可支配收入为 43 833.8 元，农村居民仅为 17 131.5 元，城镇居民人均消费支出为 27 007.4 元，农村居民仅为 13 713.4 元；从区域差距来看，全国居民按东、中、西部及东北地区分组的人均可支配收入中，东部地区为 41 239.7 元, 中部地区为 27 152.4 元, 西部地区为 25 416.0 元, 东北地区为 28 266.2 元; 从群体差距来看, 全国居民按收入五等份分组的人均可支配收入中, 2020 年 20% 低收入组家庭人均可支配收入为 7 868.8 元, 20% 中间收入组家庭人均可支配收入为 26 248.9 元, 而 20% 高收入组家庭人均可支配收入高达 80 293.8 元。这些数据从不同侧面反映出我国当前发展不平衡不充分问题仍然突出, 且已经成为经济社会发展的忧虑所在。习近平深刻指出, "适应我国社会主要矛盾的变化, 更好满足人民日益增长的美好生活需要, 必须把促进全体人民共同富裕作为为人民谋幸福的着力点, 不断夯实党长期执政基础"。在全面建成小康社会的目标实现后, 适时提出扎实推动共同富裕的战略目标, 既有助于统筹理解生产力和生产关系、经济基础和上层建筑的辩证关系, 也有利于带动实现更加平衡、更加协调、更加包容的发展状态, 从而更好地解决新时代社会主要矛盾。

(三) 启航 "国家所愿" 新征程的需要

我国实现了第一个百年奋斗目标, 意味着建成社会主义现代化强国有了良好基础, 也标志着推动共同富裕迈出了坚实的一大步。"实现共同富裕已成为我国从发展中大国转变为现代化强国过程中的重要议题。" 习近平指出, "我国现代化是人口规模巨大的现代化, 是全体人民共同富裕的现代化, 是物质文明和精神文明相协调的现代化, 是人与自然和谐共生的现代化, 是走和平发展道路的现代化"。由此观之, 全体人民共同富裕是中国式现代化区别于西方式现代化的显著特征, 既道明了中国式现代化所具有的独特性, 又表达了中国式现代化所彰显的超越性。追溯历史, 大部分西方资本主义国家走上现代化的征途中都充斥着霸权主义和殖民主义, 它们富起来的轨迹里随处可见资本增殖的烙印, 在这种现代化体系里, 社会财富主要集中于少数人手中, 使得贫富差距拉大成为不可治愈的顽疾。中国式现代化打破了对西方的 "路径依赖", 超越了 "个人至上" "资本至上" 的西方式现代化逻辑, 开创了人类现代化发展新道路。共同富裕对于中国的现代化进程而言, 到底意味着什么? 有学者认为, "共同富裕不仅是中国特色社会主义现代化建设的重要目标, 而且是中国作为后发大国建成现代化强国唯一可能的实践方式"。根据这一论断，我们就能更好地理解，"共同富裕"和"中国式现代化"必须同向而行、互相促进。

（四）顺应"世界所向"新时势的需要

当前，全球财富不平衡、收入不平等问题突出，共同富裕成为世界性难题。人们对"世界怎么了，我们怎么办"的追问从未如此强烈。近代以来，中国在世界民族之林的角色和姿态经历了"世界失我"到"世界有我"再到"世界向我"的转变。发展到今天，我国无论是财富总量还是治理成效都取得了举世瞩目的成就。这得益于我们自觉遵循科学社会主义的理论逻辑和实践逻辑，做到合规律性与合目的性相统一，坚持在解放生产力、发展生产力的同时，坚定走共同富裕道路。中国正前所未有地靠近世界舞台中心，进入了不可逆转的民族复兴进程。然而，也要清醒地认识到，就人类发展指数和幸福指数等重要指标的现实进展来看，我国仅仅处于世界中等水平。这与我国国家制度和国家治理体系的显著优势，尤其是与"坚持以人民为中心的发展思想，不断保障和改善民生、增进人民福祉，走共同富裕道路的显著优势"还不完全匹配。实现中华民族伟大复兴的中国梦，最基本的内涵包括国家富强、民族振兴、人民幸福，三者缺一不可。这就要求我国在不断提升综合国力的同时，坚决防止两极分化，把扎实推动共同富裕作为一个"中心课题"，为全人类的共同富裕梦想贡献中国智慧、提供中国方案、彰显中国力量。

三、扎实推动共同富裕的核心要义

扎实推动共同富裕的核心要义不仅要从特定生产力和生产关系的角度阐释，更要结合中国的具体国情与发展实际来理解。

（一）全民有份指明了扎实推动共同富裕的方向标

"坚持共同富裕是马克思主义发展思想中十分重要的内容。"马克思主义经典作家在憧憬未来社会理想图景时蕴含着共同富裕的价值旨趣，他们描绘到"生产将以所有的人富裕为目的"，让"所有人共同享受大家创造出来的福利"，"以便使所有劳动者过最美好的、最幸福的生活"。中国共产党人自觉将共同富裕思想付诸实践。学界研究认为，"共同富裕"概念发端于1953年12月毛泽东主持起草的《中共中央关于发展农业生产合作社的决议》，该文件体现了"使农民能够逐步完全摆脱贫困的状况而取得共同富裕和普遍繁荣的生活"的美好愿望。此后，毛泽东还强调我们实行的制度和计划能实现"大家都有份"的"共同的富"和"共同的强"。改革开放以后，邓小平对共同富裕进行了比较系统的思考，他强调"社会主义不是少数人富起来、大多数人穷，不是那个样子"。江泽民、胡锦涛也要求朝着全体人民共同富裕方向稳步前进。党的十八大以来，习近平反复强调"我们追求的富裕是全体人民共同富裕"。对全体人民的强调就指明了全民有份的方向标。一方面，全民有份指向共享主体的普遍性，意在强调全体人民各得其所。在共同富裕征程中要注重实现全体人民的机会公平和结果公正，尽最大努力确保各个群体互惠互利，防止"建立在多数人利益受损之上的少数人富裕"。另一方面，全民有份关注共建主体的普遍性，意在激发全体人民各尽所能。"共同富裕要靠勤劳智慧来创造。"实现共同富裕的根本途径是共同奋斗，要激发全体社会成员的主体性，丢掉躺平的念想和躺赢的幻想，力争给更多人提供创造财富的机会。

（二）全面发展呈现了扎实推动共同富裕的任务书

现实中，不少人容易将共同富裕等同于物质富裕，把共同富裕简单地视为拥有更多的经济财富、占有更多的物质产品、获得更多的物质享受。这种理解过于狭隘，无法真实反映出共同富裕的目标任务。邓小平早就指出："经济建设这一手我们搞得相当有成绩，形势喜人，这是我们国家的成功。但风气如果坏下去，经济搞成功又有什么意义？"由此可见，共同富裕不是经济发展带来物质富裕状态的单一呈现，而是包括更多方面、更高层次文明形态的完整集合。习近平指出，"促进共同富裕与促进人的全面发展是高度统一的"，我们说的共同富裕是"人民群众物质生活和精神生活都富裕"。新时代的共同富裕是一个综合性范畴，"是指经济、政治、文化、社会和生态文明建设的全方位进步"，其叙事逻辑具有鲜明的时代特征和中国特色，内含着全面富裕的价值诉求和内在要求。《中共中央　国务院关于支持浙江高质量发展建设共同富裕示范区的意见》形象地为共同富裕画了像，即"全体人民通过辛勤劳动和相互帮助，普遍达到生活富裕富足、精神自信自强、环境宜居宜业、社会和谐和睦、公共服务普及普惠，实现人的全面发展和社会全面进步，共享改革发展成果和幸福美好生活"。还要指出的是，全面发展的共同富裕包含两层深意：一方面，实现人的全面发展必须依托社会全面进步，只有经济、政治、文化、社会和生态文明协调发展进步了，人们认识世界和改造世界的能力才能全面提升；另一方面，只有人的全面发展得以逐步实现，才能更好地推动经济、政治、文化、社会和生态文明全面发展进步。

（三）全程渐进揭示了扎实推动共同富裕的时间表

"共同富裕是一个长远目标，需要一个过程，不可能一蹴而就，对其长期性、艰巨性、复杂性要有充分估计，办好这件事，等不得，也急不得。"扎实推动共同富裕是一个在动态中向前发展的过程，要深入研究每个阶段的目标和任务，考察可行性和可操作性，在设计和实施时应细分为若干时段接续推进。我们党对共同富裕及其目标的认识是由浅入深的，对其战略部署也是循序渐进的。党的十九大首次将共同富裕从中国特色社会主义的重要原则外化为具体奋斗目标，并把实现共同富裕的时间表纳入"两个阶段"的战略安排之中，即从 2020 年到 2035 年基本实现现代化之时，"全体人民共同富裕迈出坚实步伐"；从 2035 年到本世纪中叶社会主义现代化强国实现之时，"全体人民共同富裕基本实现"。党的十九届五中全会进一步谋划了实现共同富裕的时间表，把 2035 年目标更新为"人的全面发展、全体人民共同富裕取得更为明显的实质性进展"。在中央财经委员会第十次会议上又做了新的部署，共同富裕目标分为三个时间节点实现，第一阶段"到'十四五'末，全体人民共同富裕迈出坚实步伐，居民收入和实际消费水平差距逐步缩小"；第二阶段"到 2035 年，全体人民共同富裕取得更为明显的实质性进展，基本公共服务实现均等化"；第三阶段"到本世纪中叶，全体人民共同富裕基本实现，居民收入和实际消费水平差距缩小到合理区间"。这些谋划和布局过程不代表党和国家政策朝令夕改，而是生动反映了共同富裕具有"全程渐进"的特征，要有步骤也要有重点，按照既定规划设计稳步推进。

（四）全局统筹阐明了扎实推动共同富裕的方法论

"全体人民共同富裕是一个总体概念，是对全社会而言的，不要分成城市一块、农村一块，或者东部、中部、西部地区各一块，各提各的指标，要从全局上来看。"这段论述强调了扎实推动共同富裕的整体性和系统性，体现了我们党对实践发展规律的认识和把握，具有重要的认识论和方法论意义。我们也要承认，14亿多中国人民不可能同时富裕，中国所有地区不可能同步富裕，不同人群不同地区一定是差别有序的富裕。这种差别不仅体现在时间上有先有后，而且体现在程度上有高有低。就现实情况而言，我国城乡区域发展和收入分配差距较大，如果不能按照全国一盘棋来有序推进共同富裕，势必很难改善不平衡不充分的现状，甚至会使这种趋势进一步恶化。作为一项复杂庞大的系统工程，我们不仅不能缺失对共同富裕的总体性把握，还要把握总体中的阶段性、全面性、辩证性，要强化整体性、系统性、协同性思维和方法，既从大局着眼和布局，又从局部和重点领域着力，统筹处理好几对重大关系，比如长期目标与短期任务的关系、顶层设计与基层探索的关系、量的增长与质的提升的关系、先富与后富的关系、公平与效率的关系。只有厘清"全局"与"局部"、"全面"与"重点"之间的辩证关系，做到"两点论"与"重点论"的有机统一，才能通过系统集成实现协同推进共同富裕。

四、扎实推动共同富裕的实践要求

扎实推动共同富裕不仅要适应时代发展阶段成为新表述，更要满足人民美好生活需要落实到新实践。我们要找准方向、探对路子，一个阶段接着一个阶段奋斗、一个脚印循着一个脚印前进。

（一）以高水平党建为引领，确保全民有份的方向标

办好中国的事情关键在党，"能否实现共同富裕，既是对党的执政能力的新考验，也是判断世界各国治理能力和制度优势的重要标准"。中国共产党带领全国各族人民创造了世所罕见的经济快速发展奇迹和社会长期稳定奇迹，用

无数事实证明了自身无比坚强的领导力、组织力、执行力。新时代扎实推动共同富裕只有在中国共产党的坚强领导下才能顺利实现，这就需要深入推进新时代党的建设新的伟大工程，落实新时代党的建设总要求，以高水平党建为引领，确保全民有份的方向标。

首先，坚持思想引领。扎实推动共同富裕是中国共产党践行全心全意为人民服务根本宗旨的重要体现，彰显着百年大党对初心使命的执着追求。中国共产党要继续坚持以人民为中心的发展思想，以永不懈怠的精神状态和一往无前的奋斗姿态，走好新时代扎实推动共同富裕之路。其次，坚持作风引领。中国共产党要持之以恒抓紧抓实作风建设，不断增强自我净化、自我完善、自我革新、自我提高的能力，不惧风雨、不怕磨难、不畏艰险，依靠过硬作风在推进共同富裕中发现问题、纠正偏差、推动创新，自觉主动地解决地区差距、城乡差距、收入差距等棘手问题，实打实地一件事一件事办好，"让人民群众真真切切感受到共同富裕不仅仅是一个口号，而是看得见、摸得着、真实可感的事实"。最后，坚持方法引领。扎实推动共同富裕呼唤全体人民理想信念、价值理念、道德观念的全面提升。中国共产党要强化社会主义核心价值观引领，加强促进共同富裕舆论引导，主动澄清各种模糊认识，既做实事也说实话，既压实责任也健全容错纠错机制，为促进共同富裕营造良好的舆论环境。

（二）以高品质生活为目标，落实全面发展的任务书

"高品质生活"是一种追求各方面相协调的高层次、全方位、多功能的新生活方式，具有鲜明的目标导向和时代特征。高品质生活看似是一个抽象概念，但它确实可以分解为一系列具体目标要求，这些具象化的要求涵盖人民群众实际生活的方方面面。现阶段，人民群众的需求层次发生了从低层次到高层次的迭代、需求领域发生了从单方面到多方面的拓展、需求功能发生了从实用价值到符号价值的位移。要结合这些新变化去促进高品质生活目标的实现。

首先，必须准确把握高品质生活的多方面需求。高品质生活作为美好生活

的具体化，涉及物质文化生活和民主、法治、公平、环境等方方面面的更高需求。以这些需求为依据，要在实践中着力解决好人民群众急难愁盼问题，不断更新认知，适应人的全面发展和全体人民共同富裕进程。其次，必须合理构建高品质生活的多层次指标。高品质生活的指标是随着经济社会发展而动态变化的，需要不断跟踪和及时修正。学界对高品质生活的评价指标体系进行了有益探索，但到底应区分为多少层次，至今并未取得一致意见。循着主流话语体系的逻辑，可以尝试把高品质生活评价指标体系建构为获得感、幸福感和安全感三个目标层组成的一级指标体系。在这三个关键词之下，还能建构出怎样的二级指标呢？这些指标是否能科学地反映人们的真实世界？种种问题，都需要更加深入研究。无论如何，要树立战略眼光，把握综合性与代表性相结合、科学性和可行性相结合、统一性与独立性相结合、整体性与差异性相结合的原则。最后，必须逐步探索实现高品质生活的多样化路径。要从发展实际出发，从新发展理念、供给侧结构性改革、国内国际双循环、制度建设层面等入手，积极探索创造高品质生活的行动路径。同时，创造高品质生活需要形成相应的高质量公共服务体系，促进基本公共服务资源向基层延伸、向农村覆盖、向边远地区和生活困难群众倾斜，增强广大人民群众尤其是弱势群体在教育、医疗、住房等方面的均衡性和可及性。

（三）以高标准设计为前提，遵循全程渐进的时间表

扎实推动共同富裕是中国特色社会主义建设的长远目标和宏大愿景，要加强顶层设计，研究制定促进共同富裕行动纲要，把握好示范区建设和整体性推进的时度效，按照时间表分阶段一步一步推进，推动共同富裕从宏观到微观落地、从局部向整体覆盖，实现稳和进良性互动、动态平衡。

一是坚持目标导向。扎实推动共同富裕迫切需要厘清长远目标和短期目标的具体指向及其关系，"我们不宜只关注刻画共同富裕的理论形态，而是要始终把发展性、共享性和可持续性作为国家治理的根本目标，通过体制机制和政策体系创新，不断推进共同富裕大业"。二是坚持问题导向。要以发现问题、分析问题、解决问题为着力点和突破口，找准扎实推动共同富裕的重点、

难点与堵点问题，花大力气解决共同富裕最艰巨最繁重的任务，进一步巩固拓展脱贫攻坚成果，全面推进乡村振兴，补齐农民农村富裕短板。三是坚持过程导向。要找准每个阶段的工作节奏和工作力度，从重点领域和关键环节着手，有效地清除共同富裕路上的拦路虎和绊脚石，善于积小胜为大胜。此外，要抓好浙江共同富裕示范区建设，以带动各地灵活探索有效路径，不断形成可复制可推广的经验。四是坚持结果导向。共同富裕不仅是一个过程，也是一种状态。达致这一状态要统筹需要和可能，不能脱离实际随意吊高胃口，不能信口开河做兑现不了的承诺，还要保持理性，坚决防止落入"福利主义"养懒汉的陷阱。

（四）以高质量发展为主题，运用全局统筹的方法论

《中共中央关于党的百年奋斗重大成就和历史经验的决议》强调要"立足新发展阶段、贯彻新发展理念、构建新发展格局、推动高质量发展，促进共同富裕"。高质量发展是"十四五"乃至更长时期我国经济社会发展的主题，是实现共同富裕的必然路径。

第一，正确认识理念逻辑下的高质量发展。新发展理念是高质量发展的指挥棒，高质量发展就是要契合和贯彻落实新发展理念。进入新发展阶段，要科学把握新发展理念与扎实推动共同富裕的内在关联，在扎实推动共同富裕中全面、完整、准确地贯彻新发展理念，实现更高质量、更有效率、更加公平、更可持续、更为安全的发展。第二，全力推动制度逻辑下的高质量发展。中国特色社会主义制度具有巨大优越性，能为高质量发展提供制度保障和政策支持。要切实发挥好中国特色社会主义制度的优势，比如，坚持和完善社会主义基本经济制度，"大力发挥公有制经济在促进共同富裕中的重要作用，同时要促进非公有制经济健康发展、非公有制经济人士健康成长"，推动发展更平衡、更协调、更包容，从而把制度优势转化为实实在在的治理效能。第三，合理安排动力逻辑下的高质量发展。要发挥分配调节作用，构建初次分配、再分配、三次分配协调配套的基础性制度安排，打造"政党有力、市场有效、政府有为、社会有爱、人民有福"的共同富裕共同体。要持续优化营商环境，调动市场主体

的积极性，促进各类资本规范健康发展，为经济社会高质量发展提供强劲动能。要允许一部分人先富起来，树立正面典型，形成保护合法致富、提倡先富带动后富的良好氛围。

五、结语

经过一代又一代中国共产党人的艰苦努力，扎实推动共同富裕已经具备了坚实基础和良好条件。我们要有十足的耐心和定力，在实现现代化过程中不断地、逐步地解决好共同富裕这个重大问题。未来的探索和实践必须以客观实际为根据，以尊重规律为前提，防止陷入认识论、方法论和实践论误区。为进一步更好地推进共同富裕，至少还有以下几个问题值得进一步研究和讨论：

其一，拓展研究如何在中国式现代化中把扎实推动共同富裕的制度优势转化为治理效能。目前的研究成果更多采用论证式的方式说明在中国式现代化中扎实推动共同富裕的制度优势，而欠缺实证式通过例证的方式挖掘在中国式现代化中扎实推动共同富裕的治理效能。尤其是对比西方福利国家，在中国仍处于"赶超者"身份境遇下，不能仅仅聚焦于从学理上阐明社会主义与资本主义两种制度在共同富裕道路的差异性，更要从理论与实践相结合的角度系统阐释作为主体性的中国在扎实推动共同富裕中的独特性和超越性。

其二，关注共同富裕评价指标体系的建构。全国各地多所高校及研究机构相继挂牌成立了共同富裕研究院（所/中心），一批学者争先恐后提出了共同富裕的评价指标。有学者支持"人民性、共享性、发展性和安全性的指标构建维度"，有学者倾向"生产力指标、发展机会指标、收入差距指标、发展保障指标和人民福利指标"，不一而足。这些指标从不同维度评价了共同富裕的实现程度，具有一定的合理性。但是，我们也要警惕"各提各的指标"，继续探索全国基本适用的指标体系。

其三，精准研判在大变局及风险社会下实现共同富裕的有效途径。实现共同富裕面临着复杂的国内国际环境，各种不稳定性不确定性因素频繁出现。应对非凡困难必须有非凡之策。要坚持系统观念，从全局和战略高度出发，准确识变、科学应变、主动求变，做好随时应对各种风险挑战的准备。还要花大力气解决农民农村共同富裕这个难题，持续巩固脱贫成果，坚决预防返贫风险。

总之，我们要充分认清我国的特殊国情和历史方位，把促进全体人民共同富裕摆在更加重要的位置。下一步，要兼顾需要和可能，明确共同富裕的要点，锁定共同富裕的重点，打通共同富裕的堵点，按照阶段性安排扎实推动共同富裕。

（原载《科学社会主义》，2023 年第 2 期，本书有删改）

探寻税收风险管理数字化的路径

何文靓 *

一、税收风险管理数字化的理念、目标与内涵

数字化不等同于无纸化和信息化

无纸化的概念主要是突出资料在传递、报送、存储中的文件载体要尽可能脱离纸质材料，尽量使用电子数码设备、网络、云端平台等互联网通信技术。与传统手工流程不同，信息化技术重点关注风险管理系统中信息技术所起到的作用，诸如硬件设施搭建以及软件工具的配套等。目前，在税收风险管理中的大部分工作流程和环节已经进入无纸化阶段，如税收数据留存、工作流程记录、工作成果提交等。借助大数据技术搭建的信息管理系统为税收风险分析、税收任务分配、风险避免和应对提供了重要支撑。但是从税收风险管理系统整体出发，其中部分环节中运用的无纸化、信息化手段基本上都是通过载体、方式等对税收风险管理做出数字化智能化改进，继而提高了信息传递和风险管理效率。数字化进程绝对不是简单的纸质电子化、传输信息化、系统模块化，而是从整体出发，借助大数据、人工智能、云计算等先进手段，充分发挥数字驱动效应，将风险管理各个岗位、各个业务合理高效整合，实现根本上改变的数字化系统化风险管理模式。

---

* 何文靓　省委党校（江西行政学院）工商管理学教研部副主任、副教授

数字化智能化以数字驱动为理念

税收风险管理数字化智能化并不是简单地搭建信息管理平台或生硬地进行数据汇总和静态分析，而是借助数字化技术实现数字驱动税收风险管理。与目前国家税务管理工作流程中使用的信息驱动和技术驱动手段不同，数字驱动的含义是指将税收风险管理中的所有信息和数据进行数字化和系统化转换之后，税务管理部门能够使用各类先进技术对数据进行深度分析、发现潜在问题，借助数字化手段实现风险管理工作和流程效率的提高。

税收风险管理数字化以搭建监管系统为目标

税收风险管理实现了税收流程的规范化和系统化，促进了风险管理机制的简洁化。并充分运用数字和数据来表征各个环节和流程，让税收风险管理透明公开。同时，将税收风险管理进行数字化与智能化改造能够实现工作流程去行政化，提高税务工作的质量和效率，将税务管理者和纳税人两方的服务效能更加准确地使用数字进行展示，实现准确监控、高效防控、快速打击。

税收风险管理数字化的内涵

为实现税收风险管理的数字化，需要在完成无纸化和信息化的前提下，充分利用数字化和智能化技术，以数字驱动为目标，结合大数据、人工智能方法，逐步实现税收风险管理系统中各个环节和流程的数字化转型，并搭建其高度智能化、高度自动化、高度系统化的税务风险管理数字系统。首先，在智能化方面，需要对涉税和执法两方面风险进行分析，特别应该关注税收风险中的穿透理论和对人为行为的分析，从根本上改进税收风险管理能力。其次，在自动化操作方面，通过大数据或人工智能手段实现数字驱动，在关键环节设置阈值，到达一定条件便自发启动税收风险管理系统，使得各个环节自动连接、自动工作。最后，在系统化方面，通过深度分析和研判将税收风险管理系统中各个岗位职能、信息数据从整体角度出发进行分析，打通整体系统，整理零散信息，实现税收风险管理流程中的统一协调。

二、先进技术带给税收风险管理实现数字化的机遇

智能化实现了税务数据的深度分析和处理

在税务机构成立之后，各个税收风险管理部门、公司税务管理部门和税务数据都会相互关联协同合作，对税务数据和信息进行收集和处理并进行深度分析与挖掘。这些税务数据中的潜在联系本来是很难分析与发现的，但在得到关联、整理和解析之后会形成重要的价值数据，再结合大数据或者人工智能技术可以快速绘制用户金融画像和群体金融特征，这些结果特征鲜明且形象准确。纳税人的税务特征和形态同样也能够被详细绘制出来，以此来帮助税收风险管理机构对纳税人风险进行管控。税务管理部门借助这些高质量信息数据可实现快速掌握纳税人心理状态和纳税习惯，对纳税人的共性问题和需求进行合理解决，提高税务工作的效率和质量。借助智能化数字化税收风险管理系统，能够实现企业行为的透明公正化，对税务工作的质量要求也会更高。

通过大数据技术高效识别税收风险

以先进大数据技术作为基础，搭建云端大数据平台，通过收集、学习、建模、分析大量信息数据样本，对税务工作中的常见问题诸如虚假发票、虚假账单等进行风险肖像刻画。所有风险肖像刻画都可以被人工智能或大数据技术录入并扫描，同时对所有企业进行逐一排查比对，列出可疑清单。例如，在大数据平台中人工智能将开设虚假发票的公司标为负样本点，对于正常合法企业则是正样本点，之后根据发票数据和税务账本数据，将这些被标记为负样本点的开设虚假发票的公司进行风险特征刻画，每个特征具有独特的代表性。同时，人工智能还会自行调整样本点权重比例，实现画像自动智能更改和同步。

人工智能提供了强大的数据支撑

通过人工智能提供的数据支持，税收风险管理实现了更加系统先进的数据分析方式。数据分析和深度挖掘是数据库深度分析的一个环节，主要作用是通过在全部数据信息中进行搜索并抓取潜在有用信息，从多方位对数据进行分析，研究数据关系，从各个因果关系中分析数据联系，为税收风险分析提供

新方法，为税务工作人员提供可靠性更高的预测和判决，从整体上提高税收风险工作效率。同时，人工智能技术还能实现数据管理的优化整理，在人工智能的帮助下数据库系统管理更加完善、高效、安全，并且人工智能为税收风险管理的数字化和智能化提供软件支持和环境搭建，在关系型数据库中人工智能可以实现数据属性的自动分类、数据库索引目录的优化设计、更快更好地搜索查询；在数据中心，人工智能可以实现数据中心的协同管理和控制。借助机器学习技术，人工智能可以将原有税收风险管理数据全部学习并自行生成决策算法，相比于人工决策具有更高的准确性和安全性。

人工智能为税收风险统计带来新的技术手段

税收风险实现数字化与智能化管理需要人工智能的加持。从智能化角度出发，在进行税务和法律风险分析的过程中，人工智能算法如决策树、神经网络、机器学习能够快速帮助税务部门勾勒纳税人税务风险画像，并且可以给出税收风险管理中的相关特征性指标，从而实现风险监管和预防。从数字化角度出发，人工智能技术可以将税务工作中的几乎所有目标文件和流程转换为数字信息数据，使信息数据得以在每个部门每个环节中实时传递和交换，人工智能和大数据系统一同为税收风险管理的预防和治理带来新兴便利手段，强有力地提高税收风险管理的效率。

三、实现税收风险管理数字化可行路径的相关建议

借助先进数字技术实现信息收集、分析和集成

第一，税收风险管理部门应该借助人工智能和大数据技术搭建云端一体化平台，避免税务数据混乱复杂，信息难以应用、整合困难的情况发生，将税务数据通过人工智能进行分类、集成并实现数字化管理。第二，税收风险管理部门应该使用人工智能算法技术对海量数据进行深度分析和整理，将各类数据充分整合并利用。第三，税收风险管理部门需要对海量数据进行规范化，更新迭代系统和数据，使得各个数据能够兼容多个系统，允许不同来源的数据进入系统并规范化，加强云端数据的安全稳定和维护，利用大数据技术实现异构数

据重组。第四，税收风险管理部门应该建立统一标准的管理模板，根据人工智能的分析技术明确税务分析任务，为数据模型建立和深度分析打下坚实基础。

健全和完善智能化数字化风险识别指标

当前，随着市场行业不断复杂化，应该逐步将税收风险指标与日常税收工作牢固结合，运用大数据手段设计实时全面监管系统。对于不同行业不同种类的企业建立不同税种的风险指标和模型，有效提高指标度量作用和模型分析效果。由于不同行业业务标准、经营方式、法律规定各不相同，即使行业相同，不同企业的财务管理方式也存在差异，如果想要高效识别税收风险，必须建立完善的风险指标规定。税收风险指标体系和风险识别模型的建立必然要借助大数据和人工智能技术，为了应对不同行业不同企业的不同税务管理模式，必须要做好税务数据信息分收集统计工作，以这些海量数据为基础运用大数据技术总结行业和企业规律，进行模型建立和风险指标的选定，实现风险识别的精准化差异化。

将先进数字技术融入税收风险管理系统

第一，推进税收风险管理全流程数字化智能化。依托先进数字技术如大数据和人工智能强大算力，以税收风险管理平台为基础，打造纳税人风险监视管理库，整合各个税务机构税务数据并进行机器分类，将风险管理全流程各环节融入先进数字技术，形成税务系统闭环链条，实现税务风险监管的实时全面覆盖。第二，推进税收风险分析数字化智能化。借助机器学习和人工智能的识别技术，将纳税人的风险画像和需求特点进行归纳总结，针对不同种类纳税人进行不同程度的税务风险管理。第三，推进税务风险预警数字化智能化。大数据技术和人工智能可以深度挖掘海量数据的潜在联系，通过模型建立、系统分析得到群体画像。税务机关可以借助税务群体画像迅速了解纳税人的潜在风险，同时人工智能还能实现纳税人风险轻重程度的鉴定，充分实现事前预防、事中阻断、事后控制的税务风险管理模式。

税务管理部门应加大复合人才培养力度

税务部门和机关应该建立起大数据思考思维方式。目前大数据技术和人工智能技术在国家技术发展方面占据关键地位，既推进了技术革新又促进了人们的思想进步。将大数据技术和人工智能融入税务风险管理系统，不仅为传统税务风险管理注入新鲜知识和血液，还促进税务风险管理的思维转换。税务风险管理的数字化和智能化需要大批高素质高能力复合型人才。第一，税务部门应该主动招揽社会优秀人才，有意识地吸引高素质人才。发布相关人才引进和激励政策，完善部门奖惩制度，促进人才多方面多角度发展。第二，税务部门应该加大人才培养和培育力度，建立系统完善的人才培养机制和体系，积极开展各类讲座、培训、自学活动。不但要加强整体综合素质的培训，还要开展专业技能技术教育。第三，税务部门内部应该优化人员配置，完善工作人员的合理搭配，充分发挥工作人员的自身潜力。

（原载《中国商界》，2023 年第 10 期；人大复印资料

《财政金融文摘》2023 年第 6 期转载）

《种植业"三品一标"提升行动实施方案（2022—2025年）》解读

何文靓　薄萍萍[*]

一、"三品一标"行动带来的影响

"三品一标"是指生产单位严格按照基础农产品质量安全标准、环境标准和农产品地理标志标准生产的有机农产品、绿色农产品、优质农产品和特色农产品。"三品一标"提升行动对农业产业和消费市场都将产生重要影响。

首先，在农业产业方面，该行动对规范农产品生产、提高农产品质量和品牌竞争力起到了重要作用。通过建立"三品一标"标准体系，提高农产品的质量和安全性，打造优质农产品品牌和供应链，推动农产品增值，对稳定增加绿色优质蔬菜供给、促进蔬菜产业提质增效、全面提升竞争力有重要意义。同时，打造"三品一标"示范企业和示范基地，推动农业转型升级和现代化发展。

其次，对于消费市场而言，"三品一标"提升行动将给消费者带来更加安全、放心的产品，并提高消费市场的透明度和可行度。消费者对"三品一标"认知度的提高，将促进良好的市场环境和消费习惯的养成，促进消费模式的转变，推动市场的快速发展。总之，"三品一标"提升行动的落实将为农业现代

* 何文靓　省委党校（江西行政学院）工商管理学教研部副主任、副教授
　薄萍萍　省委党校（江西行政学院）法学教研部副主任、讲师

化进程、消费市场的快速发展带来促进作用。

为了更好地推动"三品一标"提升行动顺利实施，农业农村部发布了《方案》，对"三品一标"标准体系进行优化升级，建立农产品质量安全保障机制。

二、存在的问题

"三品一标"标准体系的实施，可以推进农产品质量的提高，保障消费者权益和安全，促进产品品牌和企业形象的建设，同时也可以促进产业升级和持续发展。在我国，"三品一标"的标准体系虽然已经建立，但在实践中，"三品一标"标准体系仍存在不少问题，主要有以下几个问题：

1. 标准定位不准确

有些农产品标准定位不够准确，难以满足消费者的需求。一个农产品可能会被多个机构制定标准，其中的差异让消费者不知道选择哪个标准比较合适。一些企业为了迎合市场，滥用标准，导致标准失去了规范性和权威性。另外，制定标准的组织及其编委会成员可能受到利益集团的干扰，导致标准的制定不够公正透明，限制了标准的权威性和规范性。

2. 标准制定过程缺乏参与

有些标准制定过程缺乏参与，导致标准的实际有效性和普遍性受到影响。一些企业和相关机构不愿意参与标准制定的过程，导致标准不够科学和公正。标准缺乏统一性，行业内存在的标准不一，导致市场标准的趋同性降低，也让消费者难以评估产品品质和安全性。

3. 标准执行力度不够

在实践中，一些企业没有将"三品一标"作为生产的必要要求，导致标准的执行力度不够。一些不法企业甚至打着"三品一标"的旗号，进行假冒伪劣的生产活动，破坏了标准的实际效果。合理的标准只有在得到认真执行的情况下才能够发挥出最大效用。一些企业和生产者未能妥善执行标准，或者心存侥幸心理，故意规避标准。这种行为不仅会引发市场交易的不稳定性，对于消费者也有风险的威胁。

4.标准的推广和宣传力度不够

虽然"三品一标"已经成为国家重要的质量标准体系之一，但在实际推广和宣传方面，仍存在不少问题。例如，农产品的标准标识和检测结果不易被消费者和经销商理解等问题，影响了标准的推广和效果。

因此，《方案》提出了对"三品一标"标准体系进行优化升级，建立农产品质量安全保障机制。同时，还将加强"三品一标"监管，提高追溯能力，规范企业运营行为，为消费者提供更加安全、放心的产品。

三、主要内容

《方案》的提出主要是为了促进我国种植业的质量提升，建设标准化、规模化以及专业化的生产模式，加强提升农产品品牌化，推动我国绿色农业的发展，具体而言，包括了以下几个方面的内容：

1.完善标准体系

通过建立与国际接轨的标准体系，可以促进我国农产品"走出去"，提升品牌的国际影响力，实现更高的经济效益和社会效益。此外，加强标准化和规范化管理也有利于提高农业生产的效率和品质，有效防范和控制病虫害等问题，维护农产品的安全性和可追溯性。

针对目前现阶段，我国农业标准化管理的不足，《方案》提出要加强标准实施，并推进产品质量检测和监督抽检，保障市场秩序和消费者权益，同时，通过优化种质资源推动绿色发展、提高产业附加值、强化服务保障等措施，进一步促进种植业的高质量发展，实现农民增收致富，推动农业农村现代化和乡村振兴。

2.推动标准实施

《方案》提出要采取多种方式推进标准实施。首先，加强标准宣传推广，提高农民和企业对标准的认知度，引导其依据标准生产，逐步形成规范化管理的良好习惯。其次，加强标准培训，为农民提供标准化生产的技术指导和帮助，提高其标准化生产的能力和水平。

除了推动标准实施，《方案》还提出了加强检测和监管的措施。在农产品质量检测上，要建立起完整、系统、高效的检测体系，提高检测的精度和准确性，为产品出口和市场准入提供有力保障。在市场监管上，要加强对农产品流通环节的监管，规范市场秩序，查处违法行为，保护消费者的合法权益，确保市场的公正、公平和透明，提高社会公信度。通过这些措施的推进，可以有效地保障农产品的质量和安全，提高农业和农民的收益水平，推动我国的农业农村现代化和乡村振兴进程。

3. 优化种质资源

优化种质资源是推进现代化农业的重要举措，也是农业可持续发展的关键环节。为了实现这一目标，《方案》提出了一系列措施。首先，要加强优质种质资源的收集和保护。针对各地的生态环境和种植条件，建立相应的收集和保存机制，充分利用现代生物技术手段，提高种质资源的利用效率和保护水平。其次，要注重优良品种的选育和繁育。通过挖掘本地珍稀稻种，采取良种繁育技术等措施，培育出适应特定区域的优质品种，提高其产量和品质。最后，要推广优质品种，促进其在优势区域的广泛种植。通过品种的推广和应用，可以促进优势品种优势区域的发展，提高农产品的产量和品质，推动农业现代化和农村经济的发展。除此之外，《方案》还提出了加强种质资源的研究和利用，推广节约集约的农业生产技术，促进作物生长与环境和谐协调等措施。这些措施的实施，有利于提高农业生产的效益和可持续性，促进农业的现代化和可持续发展。

4. 推动绿色发展

《方案》强调要实现种植业的生态化、循环化和低碳化，具体措施包括以下几个方面。首先，要推广科学种植技术和管理方法，促进农业生产的节能降耗。其次，要大力发展农业生态循环链条。通过推广废弃物回收利用，开展农业生产废弃物的资源化和回收利用等措施，实现农业生产的循环利用，降低环境污染。再次，要推进生态优先原则，保障生态系统的健康发展。要加强生物多样性保护，加强农业生态环境监管，确保农业生产的可持续性。最后，要加强全社会的环保意识和参与度，营造绿色生态的社会氛围。

5. 提高产业附加值

实现农业现代化需要不断提高产业附加值，增强农业产业的盈利能力。第一，加强产业链管理，做好农产品的全产业链布局规划，促进上下游企业协同发展，整合资源、平衡产业发展。第二，建设品牌，提高农产品的知名度和信誉度，在品质、价格等方面实现差异化竞争，提升品牌竞争力。第三，拓宽农产品销售渠道，实现"农产品上行、农民增收"目标。可以通过生产者组织、电商平台、直销等方式，拓展农产品销售渠道，增强产品的流通能力。第四，推动农产品的深加工，实现产品附加值的提高。提高产业附加值是实现农业现代化的必由之路。需要加强产业链管理，做好规划布局，建设品牌，拓宽销售渠道，推进农产品深加工等措施，才能实现农业产业的升级和盈利能力的提高。

6. 强化服务保障

加强科技创新和专业技术服务，提升农民的生产技能和经营能力，建设农业信息化平台和电商平台，为农业生产和销售提供支撑和保障。农业生产环节中的科技创新和专业技术服务是中小农户进行现代化农业生产的基础。强化服务保障需要从以下三个方面进行拓展：

第一，加强科技创新。农业科技创新是实现农业现代化的关键。在生产种植和畜牧养殖方面，加强优质种子、肥料、农药、兽药等小农具的生产和供给，打造出更加科学的耕作方式、养殖方法。此外，需要采用新型技术手段，如物联网、4G、5G等技术，加快农业信息化进程，提高农业生产效益。

第二，提升农民生产技能和经营能力。为农民提供专业技术服务，包括新品种引进、农业技术培训、销售服务等，提高农民的生产技能和经营水平。在这个过程中需要建立专业的农业技术服务机构，完善技术服务网络，鼓励农民参加培训和交流活动。

第三，建设农业信息化平台和电商平台。通过建设电子商务平台、农业信息化平台等手段，建立起加工、销售和物流等信息化体系和平台，提供个性化、专业化、智能化的服务，协助农民实现生产销售的便利化和高效化。这些新平台可以帮助农民将农产品快速地推广到市场，提高销售额，带动农民收入增长。

强化服务保障需要着力于加强科技创新、提升农民的生产技能和经营能力、建设农业信息化平台和电商平台，这样才能更好地提升农业行业的可持续性，创新农业生产方式，推进农业现代化，实现农民增收和乡村振兴。

（原载《区域治理》，总第 455 期；人大复印资料

《种植与养殖》2023 年第 22 期转载）

生产性服务业开放与制造业高质量发展

聂淑花　　魏作磊 [*]

一、引言

党的二十大报告指出，高质量发展是全面建设社会主义现代化国家的首要任务。制造业是立国之本、强国之基，是振兴实体经济的主战场，更是实现经济高质量发展的重要载体和关键力量。改革开放以来，我国制造业实现了跨越式发展，制造业增加值连续十余年保持世界第一。但受经济结构转型和要素成本上升等内部因素的影响，以及中美经贸摩擦的外部冲击，近年来我国制造业发展略显疲软，2022 年上半年规模以上工业增加值增长率仅为 3.4%。在内部压力与外部冲击的双重作用下，提升制造业的发展质量成为振兴实体经济，实现制造强国、质量强国的重要途径，实现制造业高质量发展成为当前我国经济发展的核心问题。

国内外诸多理论与实践表明，生产性服务业与制造业融合发展是实现制造业高质量发展的重要途径。伴随着制造业服务化和服务业产业化进程的推进，生产性服务业逐渐向制造业价值链延伸，尤其在研发设计、产品架构等环节向制造业不断渗透，同时，制造业企业也不断通过增加在投入产出中服务要素的比重来发展服务型制造业，两个产业正实现从共生互动到高效融合发展转

*　聂淑花　省委党校（江西行政学院）工商管理学教研部讲师
　　魏作磊　广东外语外贸大学经济贸易学院教授

变。在产业融合过程中，生产性服务业通过促进人力资本和知识资本深化、降低生产成本等途径促进制造业效率提升、转型升级，进而提升其核心竞争力，从而实现制造业高质量发展。对外开放是生产性服务业发展的重要途径，深入探究生产性服务业开放与制造业高质量发展之间的关系极具现实意义。

已有关于生产性服务业开放与制造业发展关系的研究主要围绕以下内容展开：首先，关于生产性服务业开放对制造业生产率影响的研究。Arnold 等（2016）发现服务业自由化可显著促进制造业企业提高生产效率；徐毅和张二震（2008）、张艳等（2013）均发现相似结论。进一步研究发现，不同类型的生产性服务业开放对不同区域的制造业生产率影响也不同。姚星等（2012）发现对外开放度相对较低的地区生产性服务业对制造业生产效率产生外溢效应具有一定的后发优势；白雪洁和刘莹莹（2021）发现生产性服务业 FDI 对我国制造业生产率影响不论在长期还是短期都存在，且存在地区异质性，陈启斐和刘志彪（2014）、陈明和魏作磊（2018）也得到类似结论。其次，关于生产性服务业开放对制造业全球价值链地位的影响方面。梁经伟等（2021）发现了其正向作用的存在；符大海和鲁成浩（2021）则基于工业企业数据库数据和海关数据，发现服务业开放能加速中国企业贸易方式由加工贸易向一般贸易转型；顾雪芹（2020）发现我国的生产性服务业开放通过提高制造业中高技能劳动力的劳动报酬占比、劳动时间占比来促进制造业价值链地位提升，且对中、低层次的制造业价值链攀升影响更显著；杜运苏等人（2021）认为服务业开放在总体上对企业出口国内价值链具有正向作用，既有利于提高出口的国内附加值率，又有利于延长从进口中间投入品至出口产品的国内价值链长度；不过，张二震和戴翔（2022）发现服务业开放并未推动制造业全球价值链攀升。最后，在生产性服务业开放对制造业服务化影响方面。齐俊妍和任同连（2020）基于2000—2014 年 37 个国家制造业数据，研究发现生产性服务业开放对制造业服务化有显著的提升作用；全文涛和张月友（2021）则基于省际面板数据得到类似结论；柳香如等（2022）基于世界投入产出数据库发现前者对后者的促进作用是非线性的，对不同程度的创新型人力资本会存在差异；亦有研究发现两者关系并非一定正向，存在门槛效应。

已有文献已充分关注到生产性服务业开放对制造业生产率、制造业全球价值链、制造业服务化的影响，其相关理论分析、指标选取、模型构建、实证检验与异质性分析等对本文研究亦有所启示，所得结论亦为扩大生产性服务业开放以促进制造业发展提供了理论指导，但仍有可拓展空间。一是关于生产性服务业与制造业高质量发展的研究几乎没有，理论分析二者之间的关系及其作用机制并加以实证检验的相关研究更是匮乏；二是没把时下日益受重视的绿色发展引入制造业发展的评估体系，考察生产性服务业开放对制造业高质量发展的影响；三是数据层面都局限于 2015 年之前的数据，时效性差。鉴于此，本文基于 2005—2019 年的省际面板数据，考察生产性服务业开放对制造业高质量发展的影响，进而分析并检验其作用机制，以期拓展现有研究。

相较于已有文献，本文可能的边际贡献有：（1）将生产性服务开放与制造业高质量发展纳入统一分析框架，对生产性服务业开放选择、制造业高质量发展有重要意义。（2）从经济效益、创新水平、生态效益和社会共享四个方面构建了制造业发展质量评价指标体系，并测度了 2005—2019 年 26 个省市制造业发展质量。（3）已有文献更多是研究 2015 年之前的省级生产性服务业开放，时效性较弱。本文把数据拓展至 2005—2019 年 26 个省市的面板数据。（4）从理论上分析了生产性服务业开放与制造业高质量发展之间的关系及其内在机制，并利用固定效应、差分 GMM 和系统 GMM 等模型实证检验了二者的非线性关系以及成本节约效应与资源重置效应，并做了相关的异质性分析，得出一些新的结论。

二、理论分析与研究假设

关于生产性服务业开放对制造业高质量发展的影响。首先，生产性服务业开放有助于引进外资，能够增加国内的资本总量，助力于制造业发展质量的提升，进而推动我国经济高质量发展。不过，生产性服务业开放的影响并不必然是线性的，原因在于我国经济发展方式发生了变化。当我国经济处于粗放型的发展阶段的时候，虽然依靠本土廉价资源能提高经济增长速度，但制造业企业大多被锁定为国际产业链的中低端环节，难以有效提升制造业发展质量，可能会存在"量增质降"的窘境。只有当我国经济发展由粗放型增长转向高质量发展，生产性服务业开放才能在促进制造业增长的同时提升制造业发展质量，实现"量质齐升"的局面。由于在2008年的金融危机之前，我国经济发展更多强调高速增长，用粗放型的发展换取高速增长，导致生产性服务业开放可能会对制造业发展质量产生负面影响；而在金融危机之后，我国的经济发展模式开始向高质量发展转变，使得生产性服务业开放对制造业发展质量的促进作用不断显现。由此，本文提出如下研究假设：

H1：生产性服务业开放与制造业发展质量存在非线性关系。

生产性服务业开放影响制造业高质量发展的作用机制体现为成本节约效应和资源重置效应两个方面。

第一，成本节约效应。生产性服务业属于制造业的上游投入部门，上下游产业关联是生产性服务业影响制造业发展的重要渠道。生产性服务业开放能够从三个方面降低制造业生产成本：一是通过生产者服务种类的增加来提高下游产业的全要素生产率，进而降低制造业生产成本；二是通过增强生产性服务业企业的竞争以及内部分工来促使服务价格下降，进而降低下游制造业企业的生产成本；三是通过引入国外具备先进的管理模式、经营理念，提升本土服务企业的发展水平与服务质量，有助于提高下游制造业企业的生产效率与发展质量。综合看，生产性服务业开放有助于降低下游制造业企业的生产成本，进而提升制造业发展质量。由此，本文提出如下研究假设：

H2：生产性服务业开放能通过成本节约效应来促进制造业高质量发展。

第二，资源重置效应。生产性服务业开放不仅有助于提高本地服务企业的专业化程度、创新能力，增加生产者服务种类，降低下游制造业生产成本，还能通过竞争效应与示范效应等方式来提升生产性服务业规模，最终形成要素集聚并吸引生产要素流入。在制造业生产率提高的同时，会反过来增加生产性服务的需求，促进生产性服务业进一步开放，使得两者形成双向促进的作用，进一步吸引生产要素流入，产生资源重置效应。此外，时下日益受重视的绿色发展所对应的环境规制政策会影响生产性服务业开放的种类与结构，进而通过产业关联作用于下游制造业发展，对制造业在生产要素投入规模与结构上产生影响，引发资源重置效应的变化。综合来看，生产性服务业开放也能通过资源重置效应来助力于制造业高质量发展。由此，本文提出如下研究假设：

H3：生产性服务业开放会促使生产要素向制造业集聚，进而通过资源重置效应来促进制造业高质量发展。

三、研究设计

（一）模型设计

为考察生产性服务业开放对制造业高质量发展的影响，并检验假设 H1 是否成立，本文构建了如下基本模型：

$$quality_{it} = \beta_0 + \beta_1 \ln(sfdi_{it}) + \beta_2 \ln(sfdi_{it})^2 + \alpha X_{it} + \gamma_i + \varepsilon_{it} \qquad (1)$$

其中，$quality_{it}$ 表示 i 省第 t 年的制造业发展质量，$sfdi_{it}$ 代表 i 省第 t 年的生产性服务业开放程度，X_{it} 为控制变量，β_0、β_1、β_2 和 α 为待估参数，γ_i 为省市固定效应，ε_{it} 为随机扰动项。

进一步地，本文参照温忠麟和叶宝娟（2014）、邵帅等（2019）、孔令丞和柴泽阳（2021）等研究，利用中介效应模型来检验"生产性服务业开放—成本节约效应—制造业高质量发展"和"生产性服务业开放—资源重置效应—制造业高质量发展"的作用机制是否存在，验证假设 H2 和假设 H3 是否成立。由此，进一步推导出公式（2）和公式（3）两个方程：

$$\begin{cases} cost_{it} = \beta' + \beta'_1 \ln(sfdi_{it}) + \alpha' X_{it} + \gamma_i + \varepsilon_{it} \\ quality_{it} = \beta''_0 + \beta''_1 \ln(sfdi_{it}) + \beta''_2 (cost_{it}) + \alpha'' X_{it} + \gamma_i + \varepsilon_{it} \end{cases} \qquad (2)$$

$$\begin{cases} reallocate_{it} = \lambda'_0 + \lambda'_1 \ln(sfdi_{it}) + \alpha' X_{it} + \gamma_i + \varepsilon_{it} \\ quality_{it} = \lambda''_0 + \lambda''_1 \ln(sfdi_{it}) + \lambda''_2 (reallocate_{it}) + \alpha'' X_{it} + \gamma_i + \varepsilon_{it} \end{cases} \qquad (3)$$

其中，$cost_{it}$ 和 $reallocate_{it}$ 分别代表成本节约效应和资源重置效应。如果 β'_1

和 β''_2 显著为负，并且 β''_1 显著为正，说明生产性服务业开放有助于节约企业生产成本，进而提升制造业发展质量，即"生产性服务业开放—成本节约效应—制造业高质量发展"的作用机制存在。如果 λ'_1、λ''_1 和 λ''_2 都显著为正，说明生产性服务业开放有助于提高企业的资源配置效率，进而提升制造业发展质量，即"生产性服务业开放—资源重置效应—制造业高质量发展"的作用机制存在。

（二）测度制造业发展质量

由于制造业发展质量是一个综合变量，包含制造业在多个维度的表现。现有文献常用的测度方法主要有两种：一种方法是从多个方面构建评价指标体系，并采用熵值法等方法测度一个综合指数，如，金泽虎和蒋婷婷（2022）；另一种方法同样是先构建评价指标体系，但采用的是 DEA–Malmquist 指数法测度制造业要素生产率，如余东华和王梅娟（2022）。其中，第一种方法是现有文献采用最多的。鉴于此，本文采用熵值法，并参照金泽虎和蒋婷婷（2022）的研究，从经济效益、创新水平、生态效益和社会共享等 4 个方面和 14 个二级指标构建制造业高质量发展指标体系，综合测度各省在 2005—2019 年的制造业发展质量，如表 1 所示。需说明的是，本文测度指标体系的二级指标主要来源于《工业企业科技活动统计年鉴》，但是该统计年鉴只发布了 2005—2015 年各省的工业企业数据。为了尽可能地反映制造业发展的最新情况，本文利用各省统计年鉴的大中型工业企业数据和规模以上工业企业数据来间接反映各省的制造业高质量发展情况，进而把研究数据更新到 2019 年。

表 1　制造业高质量发展的测度指标体系

一级指标	二级指标	指标测算方式
经济效益	产业结构	高技术产业主营业务收入 / 工业企业主营业务收入

续表

一级指标	二级指标	指标测算方式
	销售利润	工业企业营业利润 / 工业企业主营业务收入
	国际竞争力	工业企业出口交货值 / 工业企业主营业务收入
	外贸依存度	外商及港澳台商企业资产 / 工业企业资产总额
创新水平	研发经费投入	工业企业研发经费内部与外部支出 / 工业企业主营业务收入
	研发人员投入	工业企业研发人员数量 / 工业企业数量
	研发专利产出	工业企业有效发明专利数量 / 工业企业研发经费内部与外部支出
	研发产品产出	工业企业新产品销售收入 / 工业企业新产品开发经费支出
	政府扶持环境	工业企业研发获得的政府扶持资金与企业减免税 / 工业企业主营业务收入
生态效益	能源消耗强度	工业能源终端消费量 / 工业企业主营业务收入
	废水排放强度	工业废水排放总量 / 工业企业主营业务收入
	废气排放强度	工业废气排放总量 / 工业企业主营业务收入
社会共享	收入贡献率	制造业从业人员平均工资 / 城镇从业人员平均工资
	就业贡献率	制造业就业人数 / 地区就业人数

注：囿于数据，部分指标的测度采用工业企业数据来代替制造业数据。

对于评价指标体系，确定各个指标权重是关键，熵值法是现有文献最常采用的方法。熵值法的基本原理为：首先对基础指标进行无量纲化处理，然后利用熵值法对基础指标进行赋权，并把无量纲化的值与指标权重相乘，之后加总成一级指标的权重，最后根据一级指标的权重计算出综合分数。由于熵值法既考虑了经济发展质量的各维度重要性，还利用了各个指标数据的客观信息，具有一定的科学性。

不过，传统熵值法主要适用于横截面数据的评价，牛苗苗等（2022）把该方法拓展到面板数据上，形成一个动态熵值法，具体分为如下几个步骤。

第一步，对基础指标进行无量纲化和归一化处理。利用最大值 – 最小值的标准化方法对原始数据进行无量纲化处理，进而对基础指标进行归一化处理。假设有 I 个省市，J 个二级指标和 T 个年份，具体的归一化方式为：

$$p_{t,i,j} = \frac{r_{t,i,j}}{\sum_{t=1}^{T} \sum_{i=1}^{I} r_{t,i,j}}$$

其中，$r_{t,i,j}$ 是经过无量纲化处理之后 i 省第 t 年的 j 指标，$p_{t,i,j}$ 是 i 省第 t 年的 j 指标的权重。

第二步，计算第 j 项指标的信息熵 h_j。

$$h_j = -\sum_{i=1}^{I} \sum_{t=1}^{T} p_{t,i,j} \ln(p_{t,i,j}) / \ln(TI)$$

第三步，计算第 j 项指标的权重。

$$w_j = \frac{1 - h_j}{\sum_{j=1}^{J} (1 - h_j)}$$

第四步，测度 i 省第 t 年的制造业发展质量。

$$Q_{t,i} = \sum_{j=1}^{J} w_j p_{t,i,j} / q_{i,j}$$

经过上述步骤，本文测算出了各省在 2005—2019 年的制造业发展质量。经过比较，本文测度的各省制造业发展质量与马永伟（2022）测度的结果相近，表现为沿海省市（东部地区）的制造业发展质量总体水平要高于内陆省市（中西部地区），与现实情况基本相符。

（三）指标测度与描述

在核心变量方面，参照魏作磊和佘颖（2013），本文选取各省生产性服务业外商直接投资（$sfdi$）来反映生产性服务业开放程度。参照陈建军等（2009）、宣烨（2013），本文选取了交通运输、仓储和邮政业，信息传输、计算机服务和软件业，金融业，租赁和商务服务业，科学研究、技术服务和地质勘查业这 5 个子行业来代表生产性服务业。各省分行业的外商直接投资数据来源于各省统计年鉴，经整理，有 12 个省市的数据齐全，同时包含服务业 FDI 和生产性服务业 FDI；有 14 个省市的数据有各省的服务业 FDI 但没有分行业数据，剩余 5 个省市则没有找到相关数据。针对存在部分数据缺失的省市，本文先利用 12 个省市的数据计算出历年的生产性服务业 FDI 与服务业 FDI 比值的平均水平，然后用此数值来估算这 14 个省市的生产性服务业 FDI。最终，本文获得 26 个省市在 2005—2019 年的省际面板数据，共 390 个有效样本。

在控制变量方面，本文参照金泽虎和蒋婷婷（2022）等研究，并结合数据可得性，选取制造业企业科研投入（$r\&d$）反映制造业的创新能力，选取制造业企业平均规模（$scale$）和制造业固定资产比例（$structure$）反映制造业的社会效益，选取工业企业出口交货值（$open$）反映制造业的对外贸易状况，选取政府一般预算支出占比（gov）反映该地区的政府调控程度，选取王芳（2021）测算的各省环境规制强度来反映环境规制程度（$regulation$）。上述变量的数据主要来源于《中国统计年鉴》《工业企业科技活动统计年鉴》。

在作用机制方面，本文选取制造业就业人员占比来反映制造业企业的用工成本，用于刻画成本节约效应；选取制造业固定资产与制造业就业人员的比值来反映制造业企业的资本与劳动力的相对变动情况，用于刻画资源重置效应。上述变量的测度方式及描述性分析如表 2 所示。

表 2　指标测度与描述性分析（N= 390）

变量	符号	测度	均值	标准差	最小值	最大值
制造业发展质量	*quality*	作者测算	0.160	0.100	0.011	0.646
生产性服务业开放	*sfdi*	生产性服务业 FDI	10.756	2.008	4.025	16.022
制造业企业科研投入	*r & d*	工业企业科研经费投入 / 企业主营业务收入	0.096	0.052	0.008	0.467
制造业企业平均规模	*scale*	制造业就业人数 / 企业数量	156.266	67.799	56.938	410.200
制造业地区开放程度	*open*	工业企业出口交货值取对数	0.770	0.857	0.001	3.523
地方政府调控程度	*gov*	政府一般预算支出 / 地区 GDP	0.219	0.095	0.079	0.628
制造业固定资产比例	*structure*	制造固定资产总值 / 地区 GDP	0.632	0.237	0.210	1.516
地区环境规制程度	*regulation*	王芳（2021）	1.459	1.713	0.120	12.350
成本节约效应	*cost*	制造业就业人数 / 地区就业人数	0.235	0.093	0.070	0.519
资源重置效应	*reallocate*	制造业固定资产总值 / 制造业就业人数	1.223	1.111	0.174	6.120

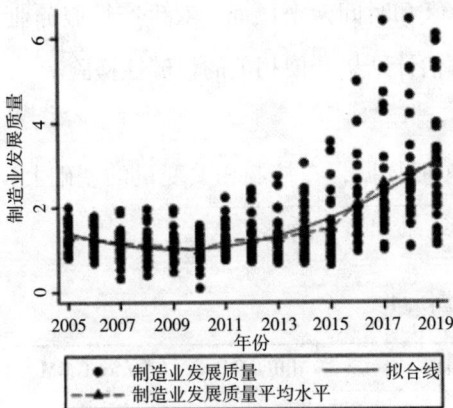

（a）制造业发展质量的动态变化　　（b）生产性服务业开放与制造业发展质量

图　制造业发展质量的动态变化及其与生产性服务业开放的关系

在测度各省制造业发展质量（*quality*）和生产性服务业开放程度（*sfdi*）的基础上，本文描绘了两者的关系以及制造业发展质量的动态变化情况。由上图（a）可知，虽然 *sfdi* 总体呈增长趋势，但是呈先降后升的"U"型变动关系。进一步地，本文计算了历年的制造业发展质量总体水平，发现在 2005—2010 年几乎呈逐年下降的趋势，并且在 2010 年的制造业发展质量总体水平达到最低（0.114），而在 2011—2019 年呈逐年上升的趋势，如上图（a）所示。进一步地，上图（b）描绘了 2005—2019 年生产性服务业开放与制造业发展质量的关系，发现两者之间仍旧呈先降后升的"U"型变动关系，意味着两者之间非线性的变动关系是相对稳定的。因此，假设 H1 得到了初步验证。

四、实证结果分析

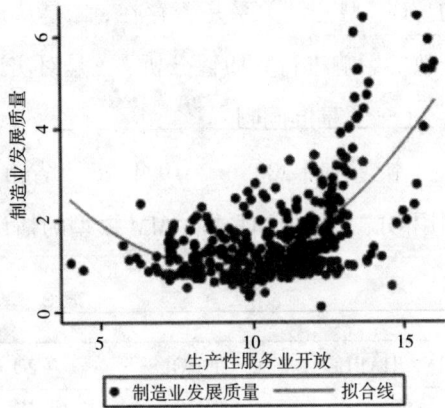

为考察生产性服务业开放对制造业高质量发展的影响，本文同时采用 OLS、差分 GMM（diff–GMM）和系统 GMM（sysGMM）三种计量模型进行估计，并比较不同计量模型的估计结果。其中，OLS 模型是从静态的角度进行考察，差分和系统 GMM 则从动态的角度来考察两者之间的关系。本小节包括如下三个部分的内容：一是基准回归，检验生产性服务业开放与制造业发展质量之间的"U"型变动关系是否存在；二是从地区和时间两个层面，对生产性服务业开放的影响进行异质性分析；三是对实证估计结果开展相关的稳健性检验。

（一）基准回归

本文利用2005—2019年26个省市面板数据，在控制相关变量的基础上，利用OLS、差分和系统GMM模型的估计结果如表3所示。

表3 基准回归

VARIABLES	（1）OLS	（2）OLS	（3）diffGMM	（4）sysGMM
sfdi	0.028*** （0.004）	0.013*** （0.004）	0.005*** （0.002）	0.004*** （0.001）
r & d		0.763*** （0.084）	0.057 （0.043）	0.017 （0.025）
scale		0.000*** （0.000）	0.000** （0.000）	0.000 （0.000）
open		0.033*** （0.010）	0.006 （0.005）	0.010*** （0.003）
gov		0.079 （0.116）	0.147* （0.082）	0.028 （0.028）
structure		0.076*** （0.026）	0.056*** （0.013）	0.040*** （0.009）
regulation		0.023*** （0.005）	0.008** （0.003）	0.003*** （0.001）
L.quality			0.963*** （0.029）	0.998*** （0.024）
Province FE	YES	YES	YES	YES
Number of id	26	26	26	26
Observations	390	390	338	364

注：*、**、*** 分别代表10%、5%和1%的统计水平上显著（下同）。

表3报告了生产性服务业开放对制造业发展质量的影响。由OLS的估计结果可知，不管有无引入控制变量，sfdi对quality具有显著的正向影响，并且在1%统计水平上显著。由差分和系统GMM的估计结果可知，sfdi对quality产生显著的正向影响，意味着生产性服务业开放对制造业发展质量具有促进作用，与已有文献发现生产性服务业开放对提升制造业生产率的结论是一致的。除此之外，quality的一阶滞后项同样具有显著的正向影响，表明上一期的制造业发展质量也会对当期的质量水平产生影响。

在控制变量方面，制造业企业科研投入（r & d）和制造业企业平均规模（scale）都对制造业发展质量产生显著的正向影响，表明制造业科研经费投入越多和制造业企业平均规模越大，地区的制造业发展质量越高；制造业地区开放程度（*open*）、地方政府调控程度（*gov*）和制造业固定资产比例（*structure*）也对 *quality* 产生显著的正向影响，意味着地区的制造业开放程度、政府调控程度和制造业固定资产份额提高也有助于提升制造业发展质量；地区环境规制程度（*regulation*）同样对 *quality* 产生显著的正向影响，表明地区环境规制强度有助于提升制造业发展质量，原因在于环境规制强度增加会倒逼制造业升级，从而提升制造业发展质量。综合来看，上述控制变量在不同计量模型下的影响方向基本不变，意味着本文的估计结果相对稳健。

进一步地，由上图可知，生产性服务业开放程度（*sfdi*）与制造业发展质量（*quality*）之间存在的是先降后升的"U"型变动关系。因此，为验证上图描绘的结果，本文引入 *sfdi* 的平方项，利用 OLS、差分和系统 GMM 模型的具体估计结果如表 4 所示。

表 4　生产性服务业开放对制造业质量的影响：考虑非线性关系

VARIABLES	（1）OLS	（2）OLS	（3）diffGMM	（4）sysGMM
sfdi	-0.181^{***}（0.017）	-0.161^{***}（0.017）	-0.166^{***}（0.045）	-0.113^{***}（0.029）
sfdi2	0.010^{***}（0.001）	0.009^{***}（0.001）	0.009^{***}（0.002）	0.006^{***}（0.001）
Control variables	NO	YES	YES	YES
Province FE	YES	YES	YES	YES
Number of id	26	26	26	26
Observations	390	390	64	390

根据表 4 第（1）列的估计结果，在没有引入控制变量的情况下，*sfdi* 和 *sfdi2* 分别对 *quality* 产生显著的负向与正向影响，表明生产性服务业开放程度（*sfdi*）对 *quality* 产生的是先降后升的"U"型变动关系，而不是简单的线性关系。根据第（2）列的估计结果，在引入控制变量之后，*sfdi* 对 *quality* 产生的非线性影响仍旧稳定存在，与上图描绘的结果一致。因此，本文认为生产性服务业开放对制造业发展质量的非线性影响是相对稳健的。进一步地，利用差分和系统 GMM 方法的估计结果显示，*sfdi* 仍旧对 *quality* 产生显著的负向影响，

而 *sfdi2* 产生显著的正向影响，再次说明两者之间存在的是非线性关系，再次验证了假设 H1。

关于 *sfdi* 与 *quality* 的非线性关系，本文发现制造业发展质量在 2008 年的金融危机之后出现较大变化，是导致两者呈先降后升 "U" 型变动关系的重要原因。其中，制造业发展总体水平在 2005—2010 年期间几乎呈逐年下降的趋势，并且在 2010 年达到最低，而在 2011—2019 年期间呈逐年上升的趋势。具体地，在 2010 年之前，制造业发展质量总体呈下降趋势，因为当时的中国经济发展更强调高速增长而不是高质量发展，虽然依靠本土廉价资源提高了经济增长速度，但制造业企业大多被锁定为国际产业链的中低端环节，难以有效地提升制造业发展质量；在 2010 年之后，制造业发展质量触底反弹，呈逐年上升趋势，中国经济开始转向高质量发展。由于金融危机之前，我国经济发展偏粗放型增长，导致 *sfdi* 的增加并未明显改善制造业发展质量，甚至出现负向作用；而在金融危机之后，这种情况得到扭转并对制造业发展质量产生显著的促进作用。

进一步地，本文根据表 4 第（2）—（4）列的估计结果，计算出 OLS、差分和系统 GMM 三个模型下生产性服务业开放的拐点分别为 8.944、9.222 和 9.417，可见 *sfdi* 对 *quality* 之间 "U" 型关系的拐点在 8.944—9.417 之间。此结果意味着，在 *sfdi* 还未达到拐点之前，其对 *quality* 的影响为负；而在 *sfdi* 超过拐点之后，其对 *quality* 的正向影响逐渐显现。根据本文测算的各省 *sfdi*，在 2010 年之前，大部分省市的 *sfdi* 都在拐点左边。随着改革开放的不断推进，越来越多省市的 *sfdi* 超过拐点，对 *quality* 的正向影响不断增强。

（二）异质性分析

在基准回归的基础上，本文从地区和时间两个层面，考察生产性服务业开放对制造业发展质量的异质性影响。在地区异质性方面，本文把 26 个省市划分为沿海省市和内陆省市，分别是 10 个和 16 个省市；在时间异质性方面，根据上图（a）的描绘结果，本文把研究样本划分为 2005—2010 年和 2011—2019 年两个时期，具体的估计结果如表 5 所示。

表 5　生产性服务业开放对制造业发展质量的异质性影响

VARIABLES	地区异质性				时间异质性	
	沿海省市		内陆省市		2005—2010	2011—2019
$sfdi$	0.057***	−0.334***	−0.001	−0.046***	−0.005**	0.022***
	（0.011）	（0.040）	（0.003）	（0.018）	（0.002）	（0.007）
$sfdi2$		0.017***		0.002**		
		（0.002）		（0.001）		
Control Variables	YES	YES	YES	YES	YES	YES
Province FE	YES	YES	YES	YES	YES	YES
Number of id	10	10	16	16	26	26
Observations	150	150	240	240	156	234

　　表 5 呈现了生产性服务业开放对制造业发展质量的异质性影响。从地区异质性来看，在引入控制变量的情况下，$sfdi$ 对沿海省市的 $quality$ 具有显著的正向影响，而且先降后升的"U"型变动关系也显著存在；类似地，$sfdi$ 和 $sfdi2$ 对内陆省市的制造业发展质量的影响同样存在"U"型变动关系。进一步地，可计算出 $sfdi$ 在沿海和内陆省市的拐点分别为 9.824 和 11.500，表明生产性服务业开放对制造业高质量发展的"U"型变动关系在沿海和内陆省市都存在，而且沿海省市的拐点比内陆省市要早。

　　从时间异质性来看，2005—2010 年期间，$sfdi$ 对 $quality$ 产生显著的负向影响；而在 2011—2019 年期间，$sfdi$ 对 $quality$ 才产生显著的正向影响，意味着生产性服务业开放对制造业发展质量的影响的确是非线性的，而且是先降后升的"U"型变动关系，与表 4 报告的估计结果一致。

（三）稳健性检验

　　为检验上述估计结果是否稳健，本文开展了两个方面的稳健性检验：一是采用 2005—2015 年的研究样本，因为《工业企业科技活动统计年鉴》只发布了 2005—2015 年的统计数据；二是采用 12 个省市的样本，因为用于测度生产性服务业开放程度（$sfdi$）的分行业 fdi 数据只有 12 个省市是齐全的。

　　上述两种稳健性检验的估计结果显示，无论是采用 2005—2015 年的样本，还是采用 18 个省市的样本，生产性服务业开放程度对制造业发展质量产生先降后升的"U"型变动关系仍旧存在，表明本文的研究结论是稳健的。

五、机制检验

（一）成本节约效应

根据本文的机制分析，生产性服务业开放会通过成本节约效应来提升制造业发展质量。为检验此作用机制，本文利用 OLS、差分和系统 GMM 模型对公式（2）设定的计量模型进行估计，具体的估计结果如表 6 所示。

表 6 呈现了生产性服务业开放程度（$sfdi$）通过成本节约效应（$cost$）对制造业发展质量（$quality$）的影响。首先，考察生产性服务业开放程度对成本节约效应的影响，可以发现，无论是采用 OLS 模型，还是差分 GMM 模型，又或者是系统 GMM 模型，生产性服务业开放程度都对成本节约效应产生负向影响，意味着生产性服务业开放有助于制造业企业节约成本的影响是存在的。然后，考察生产性服务业开放程度通过成本节约效应对制造业发展质量的影响，可以发现，在引入成本节约效应之后，生产性服务业开放程度对制造业发展质量仍旧产生显著的正向影响，而成本节约效应对制造业发展质量具有显著的负向影响。此结果表明，生产性服务业开放程度通过成本节约效应降低来提升制造业发展质量的作用机制是存在的，由此验证假设 H2。

表 6　机制检验：成本节约效应

VARIABLES	OLS		diffGMM		sysGMM	
	cost	quality	cost	quality	cost	quality
fdi	−0.003*	0.012***	−0.005**	0.013*	−0.001	0.010**
	（0.002）	（0.004）	（0.002）	（0.008）	（0.003）	（0.005）
$cost$		−1.256***		−1.310***		−0.301***
		（0.129）		（0.248）		（0.089）
Control Variables	YES	YES	YES	YES	YES	YES
Province FE	YES	YES	YES	YES	YES	YES

续表

VARIABLES	OLS		diffGMM		sysGMM	
	cost	quality	cost	quality	cost	quality
Number of id	26	26	26	26	26	26
Observations	390	390	364	364	390	390

表 7　机制检验：资源重置效应

VARIABLES	OLS		diffGMM		sysGMM	
	reallocate	quality	reallocate	quality	reallocate	quality
sfdi	0.147***	0.012***	0.167***	0.017*	0.058**	0.009*
	（0.042）	（0.004）	（0.063）	（0.010）	（0.026）	（0.004）
cost		0.046***		0.050***		0.033***
		（0.008）		（0.012）		（0.012）
Control Variables	YES	YES	YES	YES	YES	YES
Province FE	YES	YES	YES	YES	YES	YES
Number of id	26	26	26	26	26	26
Observations	390	390	364	364	390	390

（二）资源重置效应

为检验"生产性服务业开放—资源重置效应—制造业高质量发展"的作用机制是否存在，本文同样利用 OLS、差分和系统 GMM 模型对公式（3）设定的计量模型进行估计，具体的估计结果如表 7 所示。

表 7 呈现了生产性服务业开放程度（sfdi）通过资源重置效应（reallocate）对制造业发展质量（quality）的影响。可以看出，采用 OLS、差分和系统 GMM 模型的估计结果都显示，生产性服务业开放程度都对资源重置效应产生显著的正向影响，表明生产性服务业开放能够促使制造业企业往资本密集型方向发展，起到资源重置效应。进一步地，考察资源重置效应对制造业发展质量的影响。发现生产性服务业开放程度和资源重置效应都对制造业发展质量产生显著的正向影响，意味着生产性服务业开放程度增加能够加快资源重置效应

进而提升制造业发展质量，即生产性服务业开放能够提高制造业的资本吸引能力，进而提升制造业发展质量，由此验证假设 H3。

六、结论与建议

本文首先在文献回顾的基础上分析了生产性服务业开放对制造业高质量发展的作用机制，然后从经济效益、创新水平、生态效益和社会共享四个方面构建指标评价体系，测度 2005—2019 年 26 省市的制造业发展质量及其生产性服务业开放程度，接着考察生产性服务业开放对制造业发展质量的影响，最后检验两者之间的作用机制。得出如下结论：

第一，我国制造业发展质量在 2005—2019 年呈先降后升的"U"型变化特征，制造业发展质量在金融危机之后（2010 年）迎来触底反弹。第二，生产性服务业开放是造成制造业发展质量呈非线性变化的重要因素，而且这种变动关系在沿海和内陆地区都存在，且沿海地区的拐点比内陆地区更早。第三，生产性服务业开放影响制造业发展质量的拐点发生在 2010 年附近，在 2005—2010 年和 2011—2019 年期间分别对制造业发展质量产生显著的负向与正向影响。第四，生产性服务业开放主要通过成本节约效应和资源重置效应助力于制造业高质量发展。第五，制造业发展质量还会受到科研经费投入份额、地区开放程度、地区环境规制强度等因素的影响。

根据上述研究结论，为充分发挥生产性服务业开放对制造业高质量发展的推动作用，本文提出以下政策建议：首先，政府应该加大生产性服务业的开放力度，适度引导外商直接投资进入生产性服务业，提高生产性服务业规模，增强生产性服务业开放对制造业高质量发展的促进作用。其次，强化生产性服务业与制造业之间的产业关联度，增强两者之间的产业耦合度，充分发挥生产性服务业开放的成本节约效应和资源重置效应，助力于制造业高质量发展。最后，充分发挥地区环境规制作用，通过企业倒逼机制促进制造业发展质量的提升，适当提高地区环境规制强度，促进我国经济高质量发展。

（原载《商业研究》，2023 年第 6 期，本书有删改）

以新作为推进革命老区高质量发展

郭金丰　高建设[*]

省委十五届四次全体（扩大）会议提出"打造革命老区高质量发展高地"，这是贯彻落实习近平总书记对江西"在加快革命老区高质量发展上作示范，在推动中部地区崛起上勇争先"目标要求的生动体现，是针对江西发展特色优势和基础条件提出的具体举措。新起点上，我们要发挥江西优势，以争先进位、勇创一流的新作为，加快推进革命老区高质量发展。

坚持科技和改革"双轮驱动"，推动创新发展。发展是党执政兴国的第一要务。高质量发展是全面建设社会主义现代化国家的首要任务。江西要打造革命老区高质量发展高地，最根本的就是要实现经济社会高质量发展。要坚定不移地实施创新驱动发展战略，全面增强创新驱动力。加快构建以数字经济为引领、先进制造业为主体、先进制造业与现代服务业融合发展的现代化产业体系，切实推进产业链现代化"1269"行动计划。用好改革关键一招，深入实施营商环境优化升级"一号改革工程"。大力实施全面深化改革攻坚行动，加快推进开发区管理体制等重点领域和关键环节改革，加强改革系统集成、协同高效，强化开放制度供给、内外联动，构建更为顺畅的体制机制。聚焦经营主体成本痛点，持续推进减税降费、融资优惠、降低要素成本、降低物流成本等改革。

* 郭金丰　省委党校（江西行政学院）江西经济社会发展战略研究所所长、教授
　高建设　省委党校（江西行政学院）江西经济社会发展战略研究所副教授

打通"绿水青山就是金山银山"转化通道，推动绿色发展。绿色生态是江西的最大财富、最大优势、最大品牌。绿水青山是推进江西高质量发展的宝贵资源和显著优势。江西要打造革命老区高质量发展高地，要持续在打通"绿水青山就是金山银山"转化通道上下功夫。要以绿色低碳为导向，创新生态产品价值实现机制。着力深化抚州国家级生态产品价值实现机制试点，探索完善生态系统生产总值（GEP）核算应用体系，建设好生态产品交易市场，争取将革命老区全部纳入国家级生态产品价值实现机制试点。要进一步落实国家重点生态功能区产业准入负面清单制度，鼓励有条件的区域和行业率先实现碳达峰，落实碳排放权交易制度，实施温室气体和污染物协同治理举措。要发展绿色金融，探索建立生态信用行为与金融信贷相挂钩的激励机制。要坚持共建共治共享，持续完善横向生态补偿机制，用好省内省外两种资源，建立健全东江流域上下游横向生态保护补偿长效机制，与广东省开展生态、产业、人才等全方位合作，实现从"生态共保"到"产业共兴"的转变。支持符合条件的地方申报国家碳达峰试点，加快推进省级碳达峰试点，将已开发的碳汇产品纳入对口支援地区碳排放交易市场，积极探索可持续生态价值实现路径。

补齐民生短板弱项，持续提升老区人民生活品质。习近平总书记指出，"必须以满足人民日益增长的美好生活需要为出发点和落脚点，把发展成果不断转化为生活品质，不断增强人民群众的获得感、幸福感、安全感"。人民幸福安康是推动高质量发展的最终目的。要按照合理布局、适度超前的原则，持续帮助革命老区实施完善一批重点基础设施和公共服务设施项目，持续改善革命老区交通状况，加强水利基础设施建设，完善能源配套设施。要探索共建共享，补齐公共服务短板。充分利用数字信息技术，开发创造个性化、智能化、精准化的知识内容共享服务，使革命老区群众能享受到更加丰富的现代教育资源。探索城乡、行业、区域之间的医疗资源共建共享，使老区人民能享受到更加完善的医疗服务。要创新多元化的养老服务体系，促进基础养老、社会养老、高端康养、居家养老等多种形式的养老服务均衡发展。要强化就业优先导向，补齐人均收入短板。完善促进创业带动就业、多渠道灵活就业的保障制度，完善高校毕业生、退役军人和农民工等重点群体就业支持体系。支持企业开发爱心岗位，加强就业困难人员培训、帮扶和托底安置，确保零就业家庭动态清零。创新先富带后富模式，对有劳动能力的，强化开发式帮促，提高自我发展能力；对劳动增收能力较弱的，强化"帮扶＋保障"；对丧失劳动能力的，强化兜底保障。

发挥红色资源富集优势，大力推动红色基因传承。要以建设全国红色基因传承示范区为载体，大力弘扬伟大建党精神和井冈山精神、苏区精神、长征精神，让红色基因代代相传、永不褪色。不断做好革命遗址的保护工作，加大革命旧址的修缮力度，维护运营好革命博物馆、纪念馆、党史馆、烈士陵园等红色基因库。把红色资源作为坚定理想信念、加强党性修养的生动教材，多种形式多种途径推动红色文化教育进机关、进企事业单位、进学校、进农村、进社区。建设和提升一批革命老区党性教育、爱国主义教育、党史学习教育、红色旅游教育基地，大力发展红色展览、红色旅游、红色研学等产业业态，使红色产业成为革命老区高质量发展的支柱产业和富民产业，助力老区人民过上美好生活。

（原载《江西日报》，2023 年 8 月 14 日）

民营企业家要做"四个典范"

曾　光[*]

今年全国两会期间，习近平总书记在看望参加政协会议的民建工商联界委员时强调："民营企业和民营企业家要筑牢依法合规经营底线，弘扬优秀企业家精神，做爱国敬业、守法经营、创业创新、回报社会的典范。"这一谆谆教导，民营企业家们应当牢记。

当前，世界百年未有之大变局加速演进，国际国内环境发生深刻复杂变化，我国民营经济发展面临新形势新任务新挑战。风险挑战越大，越需要大力弘扬优秀企业家精神，更好地发挥企业家在全面建设社会主义现代化国家、全面推进中华民族伟大复兴中的积极作用，为国家作出更大贡献。

要做爱国敬业的典范。企业营销无国界，企业家有祖国。爱国是近代以来我国优秀企业家的光荣传统，从清末民初的张謇，到抗战时期的卢作孚、陈嘉庚，再到新中国成立后的荣毅仁、王光英等，都是爱国企业家的典范。他们怀着对国家和民族的崇高使命感和强烈责任感，把企业发展同国家繁荣、民族兴盛、人民幸福紧密结合在一起，主动为国担当、为国分忧。进入新时代，我们要以爱国企业家为榜样，深入开展爱国主义教育，加强思想政治引领，引导民营企业和民营企业家进一步增强家国情怀，坚守实业、做强主业，以产业报国、实业强国为己任，带领企业奋力拼搏、力争一流，使企业发展与党和国

* 曾　光　省委党校（江西行政学院）江西经济社会发展战略研究所副所长、副研究员

家、与民族和人民同呼吸、共命运。

要做守法经营的典范。社会主义市场经济是信用经济、法治经济，而法治意识、契约精神、守约观念是现代经济活动的重要意识规范，也是信用经济、法治经济的重要要求。企业家是否诚信守法，对经济运行和社会风气有深刻影响。2020年7月，习近平总书记在企业家座谈会上强调："企业家要做诚信守法的表率，带动全社会道德素质和文明程度提升。"我们要深入推进全面依法治国，引导民营企业和民营企业家坚守法律底线，践行社会主义核心价值观，自觉依法经营、依法治企、依法维权，倡导重信誉、守信用、讲信义，营造人人讲诚信、事事依法纪的氛围，将诚信守法贯穿于企业发展的全过程。

要做创业创新的典范。创新是引领发展的第一动力，人才是创新的根基，是创新的核心要素。民营企业和民营企业家是重要的创新力量。当前，新一轮科技革命和产业变革深入发展，面对高质量发展这一全面建设社会主义现代化国家的首要任务，我们要深入实施科教兴国战略、人才强国战略、创新驱动战略，引导民营企业贯彻新发展理念，突出企业科技创新主体地位，勇于推动生产组织创新、技术创新、市场创新，全面激发企业创新创业活力，争做创新发展的探索者、组织者、引领者。

要做回报社会的典范。社会是企业家施展才华的舞台，只有真诚回报社会、切实履行社会责任的企业家，才能真正得到社会认可，才是符合时代要求的企业家。企业家的真正价值不仅体现在创造多少财富，更体现在能够承担多大社会责任。要积极引导民营企业和民营企业家自觉践行以人民为中心的发展思想，增强先富带后富、促进共同富裕的责任感和使命感，切实履行社会责任，做到富而有责、富而有义、富而有爱，为实现全体人民共同富裕创造更大的价值。

一花独放不是春，百花齐放春满园。我国民营经济只能壮大、不能弱化，不仅不能离场，而且要走向更加广阔的舞台。广大民营企业和民营企业家要坚定不移听党话、跟党走、感党恩，做爱国敬业、守法经营、创业创新、回报社会的典范，凝聚起建设中国式现代化的磅礴力量。

（原载《江西日报》，2023年3月16日）

构建更大范围更宽领域更深层次开放格局

曾　光[*]

省委十五届四次全体（扩大）会议站在全省改革发展全局的战略高度，明确提出要"打造内陆地区改革开放高地"。这是省委深入贯彻落实习近平总书记视察江西提出的"推进改革开放走深走实"重要要求的具体举措，也是立足江西优势特色作出的重大战略部署，对推动江西高质量发展具有重要意义。我们要完整、准确、全面贯彻新发展理念，着力在开放通道、重点领域改革、重大平台建设、先行示范区建设和制度型开放等方面下功夫，奋力打造内陆地区改革开放高地。

聚焦互联互通，畅通对内对外开放通道。江西作为不沿边、不靠海的内陆地区，只有加强互联互通，融入国内国际双循环，才能把"四面逢源"的区位优势转化为"四通八达"的发展优势。构建全方位立体式开放通道体系，是江西打造内陆地区改革开放高地的基础。要依托我省承东启西、连南贯北、毗邻长珠闽的区位条件，抢抓国家"十四五"重大基础设施建设机遇，着力打通水陆空"大动脉"、畅通国内国际"大循环"，拓展对外开放空间。要全面推进昌北机场三期、赣州航空口岸建设，新辟或加密昌北机场、赣州黄金机场等通达"一带一路"沿线城市的航线，扩大空中开放。要发挥九江港的龙头作用，提升赣州国际陆港、南昌国际陆港、九江区域航运中心等口岸能级，加快建

* 曾　光　省委党校（江西行政学院）江西经济社会发展战略研究所副所长、副研究员

设浙赣粤大运河，增强通江达海能力。要深化与湖南、湖北、广东、福建、浙江、安徽等周边省份协作，打通省际"断头路"。要支持南昌、赣州、九江、鹰潭等国家物流枢纽建设，推动主要港口铁路进港全覆盖，大力发展铁海联运、江海联运、集装箱多式联运，扩大口岸"三同"试点成果，加快形成面向"一带一路"国家（地区）的开放通道、商贸物流枢纽、重要产业和人文交流基地，构建内陆地区效率高、成本低、服务优的国际贸易通道。

聚焦重点领域，形成一批高质量改革成果。全面深化改革是推进中国式现代化的根本动力。要大力实施全面深化改革攻坚行动，抓住重点领域和关键环节，推动一批牵引力大、穿透力强、精准度高的改革落地，锻长板、补短板、强弱项。要深入实施科教强省、人才强省战略，加快构建"政产学研用金"全方位科技创新体系，加速科技成果来赣转移转化，着力补齐科技创新最大短板。要深入实施开发区改革创新工程，以"小管委会＋大公司"为主要模式，积极探索市场化运营模式，促进优势产业集群集聚发展，做强开发区最强引擎。要强化就业优先导向，用心用情用力办好民生实事，全方位全周期保障人民健康，持续增进老区人民福祉，扎实推动共同富裕。

聚焦平台载体，建设一批高能级开放平台。打造内陆地区改革开放高地，开放平台是主战场、主阵地、主力军。要统筹推进各类开放平台建设，巩固拓展综合保税区功能业态，优化提升开发区外向型产业承载能力，进一步增强开放型经济发展的综合承载力。要发挥赣江新区、国家级开发区和省级开发区主阵地作用，围绕实施制造业重点产业链现代化建设"1269"行动计划，强化招商和项目建设，培育建设省级国际合作园区，加快打造全省改革开放的试验田、经济增长的主引擎。要推进南昌综合保税区、赣州综合保税区等海关特殊监管功能区扩容提质，推进南昌、赣州、九江跨境电商综合试验区提速提效，积极推动符合条件的设区市申报跨境电商综合试验区和创建国家外贸转型升级基地。要打造提升重大经贸活动平台，持续办好世界绿发会、世界 VR 产业大会、世界赣商大会、江西对接粤港澳大湾区经贸合作交流活动、中国景德镇国际陶瓷博览会等重大经贸活动，打造江西连接世界的窗口和招商引资的平台。

聚焦中心城市，打造一批高标准开放示范区。中心城市是区域发展的"增长极"和对外开放的"先行区"。要加快构建以省会为引领、省域副中心城市为带动的"一主一副、两翼联动、多点支撑"区域发展新格局，依托区域中心城市高标准打造一批改革开放先行示范区。要深入实施省会引领战略，支持南昌打造"一枢纽四中心"，加快提升发展首位度和综合竞争力，发挥以南昌为核心的南昌都市圈在全省改革开放中的"领头羊"作用。要支持赣州省域副中心城市建设，着力打造革命老区高质量发展示范区和对接融入粤港澳大湾区桥头堡。支持九江高标准建设长江经济带重要节点城市，支持上饶打造对接长三角一体化发展先行区，支持景德镇建好国家陶瓷文化传承创新试验区等。要深化区域开放合作，加快建设赣台、赣粤、赣深、赣浙、赣湘、赣闽等省际合作产业园，推动湘赣边区域合作示范区、浙赣边际合作（衢饶）示范区、赣闽产业合作示范区等建设取得更大实效，促进湘赣粤港澳中医药全产业链协同发展。

聚焦制度型开放，探索一批高水平的发展经验。同商品和要素流动型开放相比，制度型开放是以规制、规则、标准开放为主的开放，是一种更高层次的开放。扩大制度型开放，是新发展阶段我国推进高水平对外开放、建设更高水平开放型经济新体制的必然要求，是国家赋予江西内陆开放型经济试验区的重大使命。要以江西内陆开放型经济试验区为抓手，准确把握国际规制合作的演变特征和发展趋势，主动对标《区域全面经济伙伴关系协定》（RCEP），进一步完善负面清单制度，推动构建与国际通行规则相衔接的制度体系和监管模式。要用好用活赣江新区和南昌综合保税区等开放平台先行先试作用，强化制度创新功能，深化贸易投资、绿色金融、产业高质量发展等领域的管理体制改革。要抢抓服务贸易机遇，强化新兴领域规则探索，稳步扩大科技、医疗、文化和数字经济等服务业领域的制度型开放。同时，要深入推进贸易和投资的便利化自由化，深入实施外商投资准入前国民待遇加负面清单制度，全面落实"非禁即入"，进一步完善国际贸易"单一窗口"功能，打造市场化法治化国际化营商环境。

（原载《江西日报》，2023 年 7 月 31 日）

大力推动民营经济创新发展

程 涛*

民营经济是推进中国式现代化的生力军，是高质量发展的重要基础。要进一步提振民营经济信心，必须鼓励民营企业创新发展，创新党建工作，优化营商环境，为推动我国全面建成社会主义现代化强国、实现第二个百年奋斗目标贡献力量。

创新民营企业经营管理方式。提振民营经济信心，一方面，需要民营企业家与时代同进步，不断解放思想，创新经营管理方式。另一方面，需要政府给予实实在在的鼓励与支持。要不断激发创新活力和创造潜能。民营企业家应当不断学习和创新，积极研判市场需求，实现管理精细化、经营科学化、产品差异化。同时，要完整、准确、全面贯彻新发展理念，拓展国际视野，敢闯敢干、创新创造。要履行好社会责任。民营企业家应当充分认识到企业不仅要为股东负责，还要对社会负责，只有这样才能使企业成长于行业、融入于社会。新时代，民营企业家应当站在更高的角度审视自身，明确企业的社会责任，追求企业利益与社会效益的统一，实现民营企业的可持续发展。要加快推动数字化转型，支持企业科技创新。数字经济是民营企业突破传统竞争框架束缚、寻求差异化发展的重要方式。一方面，要加快支持中小企业数字化转型，将数字化、信息化技术广泛应用于生产、管理、营销、售后等多个场景，鼓励有条件

---

* 程 涛 省委党校（江西行政学院）马克思主义研究院助理研究员

的民营企业开展数字化共性技术研发，参与数据中心、工业互联网等新型基础设施的投资建设和应用创新。另一方面，要支持民营企业在国家科技创新中担当作为，破除民营企业参与国家重大创新的体制机制障碍，推动民营企业在关键核心技术和重大原创技术突破中发挥积极作用，并通过政策支持和经费补贴等方式，鼓励民营企业积极探索前沿技术，提高自主创新能力。

创新民营经济领域党建工作。当前，民营经济领域已基本实现党建全面覆盖，但在具体的工作方式上还需要进一步创新，充分发挥党建引领民营企业创新发展的独特作用。要发挥党组织的政治引领作用。非公企业党组织要做好政策宣传解读，帮助民营企业正确把握引领民营经济创新发展的政策导向，用活创新成果，有条件的企业党组织还应当引领民营经济代表人士在"一带一路"和国际经济活动中发挥更大作用。要做好在民营经济先进分子中发展党员的工作。创新民营经济党建工作，关键在于拥有一支政治过硬、善于创新的人才队伍，为民营经济党组织注入新鲜血液，增添新的活力。要做优做强做实民营企业党建，坚定不移地走好党的群众路线，发挥好党组织在企业中的吸引力、凝聚力、战斗力。当前，民营经济发展道路上依然存在着重重挑战，非公企业党组织应当积极引导，持续提振民营企业和企业家信心，坚持把创新发展放在首位，凝聚企业创新共识，筑牢企业发展根基。

创新优化民营经济营商环境。良好的营商环境是创新民营经济发展的必备条件，也是实现民营经济高质量发展的重要保障。要切实营造公平竞争的市场环境，建立健全公平竞争制度，平等对待不同所有制企业，保障各类经营主体平等使用资源要素。坚决破除在市场准入、成果转化、项目招投标等方面制约民营企业的制度障碍，依法保护民营企业和民营企业家权益。建立多部门协作机制，依法严厉打击以负面舆情要挟勒索民营企业的行为。要全面构建亲清政商关系。各级领导干部要把民营企业和民营企业家当作自己人，坦荡真诚同民营企业家接触交往，亲而有度、清而有为，努力做好民营企业服务工作，把构建亲清政商关系抓在日常、管在经常。要把优化营商环境作为"一把手"工程推进，紧盯企业反映强烈、群众反映集中的损害营商环境问题，重拳整治突出问题，擦亮各地营商环境品牌。民营企业家应当积极主动地与各级党委和政府部门沟通交流，了解政策、反映问题，洁身自好走正道、遵纪守法办企业、光明正大搞经营。要完善激励约束机制。进一步强化已出台政策的督促落实，加大《中共中央　国务院关于促进民营经济发展壮大的意见》的执行力度。把落实各项惠企政策纳入干部年度考核，引导广大干部主动为民营企业排忧解难。严格落实各项减税降费政策，持续优化涉企服务政策，精简审批环节、时间与费用，实现政策制定"量体裁衣"、政策落实"一碗水端平"。

（原载《江西日报》，2023 年 8 月 28 日）

政治建设

深入学习领会习近平法治思想　建设更高水平的法治江西

罗志坚 *

习近平法治思想是法治领域践行"两个结合"的最新理论成果，是原创性的、中国化时代化的马克思主义法治理论。它是以马克思主义法治理论为指导，立足于人类法治文明发展大势，充分汲取人类法治通识理论精华，紧密结合我国基本国情和法治实践、紧密结合中华优秀传统法律文化逐步形成和丰富完善的。《习近平著作选读》第一卷、第二卷为深入学习贯彻习近平法治思想提供了权威教材，意义重大。

习近平法治思想贯穿了一条治国理政的逻辑主线。它可概括为"一二三四五六七八"，是学习贯彻落实习近平法治思想的基本脉络。一个目标：强调以"坚持全面依法治国、推进法治中国建设"推进和保障"强国建设、民族复兴"；两个大局：强调统筹中华民族伟大复兴战略全局和世界百年未有之大变局，需要"坚持统筹推进国内法治和涉外法治"；三个执政：强调要科学执政、民主执政、依法执政，形成中国特色法治体系和"三个共同推进、三个一体建设"工作布局；四个全面：强调统筹"四个全面"战略布局，凸显了全面依法治国的法治支撑作用；五位一体：强调统筹推进五大建设的总体布局，"坚持在法治轨道上推进国家治理体系和治理能力现代化"；六个必须坚持："六个必须坚持"明确阐释了习近平新时代中国特色社会主义思想的世界观和方法论，

* 罗志坚　省委党校（江西行政学院）一级巡视员、教授

为全面依法治国提供了基本遵循和行动指南；七种能力：强调领导干部特别是年轻干部需要提高解决实际问题的七种能力；八项规定：以八项规定及其实施细则为切入口带动全面从严治党和自我革命，彰显了制度建党、依规治党、依法执政的政治自觉和坚强决心。

要扎实做好习近平法治思想的深化、内化、转化工作，建设更高水平的法治江西。一是在深化上下功夫。按照学深悟透要求深入学习，从中悟规律、明方向，注重深刻领悟贯穿其中的世界观、方法论和立场观点方法，武装头脑、指导实践。二是在内化上下功夫。按照铸魂增智要求深入学习，从中学方法、增智慧，注重弘扬法治精神，坚定"坚持中国特色社会主义法治道路"信心。三是在转化上下功夫。按照正风促干要求深入学习，从中学好看家本领、兴党本领、强国本领，注重增强依法执政、依法行政、依法办事能力，推进工作。

（原载《江西日报》，2023 年 6 月 21 日）

深刻认识把握历史主动的重大意义

姚满林　吴　琼[*]

人类社会发展是一个自然历史过程，既有着其自身的客观规律，又打上了人类意志与追求的烙印，体现了规律性与目的性的高度统一。科学判断历史大势，牢牢把握历史主动，事关国家治理，事关人民福祉。党的十八大以来，以习近平同志为核心的党中央牢牢把握历史主动，进行了许多具有新的历史特点的伟大斗争，经受住了各种风险挑战的考验，开创了党和国家事业的十年伟大变革。今天，我国已经迈上了全面建设社会主义现代化国家的新征程，这是前无古人的伟大事业，要实现我们的宏伟目标，必须以史为鉴，坚定历史自信，也必须面向未来，把握历史主动。

把握历史主动是中国共产党取得事业成功的重要经验

中国共产党的诞生就是顺应历史大势、把握历史主动的必然结果。在近代以后的民族救亡图存运动中，中国先进知识分子顺应世界社会主义兴起大势，把目光从"学西方、学日本"转向"学苏俄"，实现了救亡图存理念的根本转变。可以说，十月革命一声炮响，不仅给我们送来了马克思列宁主义，促进了中华民族的伟大觉醒，给苦苦探寻救亡图存出路的中国人民提供了全新选择、指明了前进方向，还极大地推动了马克思列宁主义同中国工人运动的紧密

* 姚满林　省委党校（江西行政学院）哲学教研部副主任、教授
吴　琼　省委党校（江西行政学院）文化与科技教研部副教授

结合，使得处在彷徨与苦闷中的中国人民看到了希望和光明，正是在这个历史大潮中，中国共产党应运而生。

中国共产党团结带领中国人民创造的一切历史伟业都是顺应历史大势、把握历史主动的必然结果。为有牺牲多壮志，敢教日月换新天。一百多年来，我们党团结带领人民取得的一切成就，无不得益于把握历史大势、掌握历史主动。无论是创造新民主主义革命的伟大成就，还是创造社会主义革命和建设的伟大成就；无论是创造改革开放和社会主义现代化建设的伟大成就，还是创造新时代中国特色社会主义的伟大成就，中国共产党人总是围绕时代主题，把握时代发展大势，顺应民心所向所盼，取得了一个又一个足以载入史册的伟大成就。中国共产党一百多年的历史告诉我们，只有顺应历史潮流，积极应变，主动求变，才能与时代同行。把握历史主动是我们党实现由小到大、由弱到强，战胜困难、取得胜利的宝贵经验。

把握历史主动是中国共产党开创未来的现实需要

在庆祝改革开放 40 周年大会上，习近平总书记指出："历史发展有其规律，但人在其中不是完全消极被动的。只要把握住历史发展大势，抓住历史变革时机，奋发有为，锐意进取，人类社会就能更好前进。"当前，我们面临着新机遇与新挑战，能否成功化挑战为机遇，关键在于我们能否把握历史主动。

从国际环境看，世界正处于百年未有之大变局，世界不稳定性、不确定性因素时有凸显，可以说，世界之变、时代之变、历史之变正以前所未有的方式展开。然而，这种变局既具有丰富的时代内涵，又蕴含着深刻的内在矛盾。就其时代内涵而论，国际格局发生深刻调整、全球治理体系与国际力量对比发生深刻变革，这一变局最为突出、最为重要的特点就是"东升西降"，中国日益走近世界舞台中央；就其内在矛盾来说，和平发展历史潮流与霸权霸道霸凌行径之间不断交叠、纠缠与冲突，人类在历史的十字路口上面临新的抉择。

从国内形势看，中华民族伟大复兴已进入不可逆转的历史进程，同时，新时代十年伟大变革为实现中华民族伟大复兴提供了更为完善的制度保证、更为坚实的物质基础、更为主动的精神力量。面对未来，我们能不能以中国式现代化全面推进中华民族伟大复兴，能不能深刻统筹世界百年未有之大变局与中华民族伟大复兴战略全局之间的辩证关系，能不能在大局中应变局、在变局中稳大局，关键在于我们是否能够把握历史发展规律、掌握历史主动，提出一系列应对之策，打好"主动战"，下好"先手棋"。

把握历史主动是推动马克思主义中国化时代化的必然要求

习近平总书记在党的二十大报告中明确指出："拥有马克思主义科学理论指导是我们党坚定信仰信念、把握历史主动的根本所在。"同样，把握历史主动、重视实践创新也是我们党不断推动马克思主义发展、实现理论创新创造的根本所在。

马克思主义不是教条，它具有鲜明的实践性和开放性，始终站在时代前沿，把握时代发展脉搏，既在解答时代问题中得到丰富，又在吸收人类优秀思想文化中得到发展。正因为如此，恩格斯在 1887 年 1 月 27 日致美国社会主义者弗洛伦斯·凯利 - 威士涅威茨基夫人的信中强调，"我们的理论是发展着的理论，而不是必须背得烂熟并机械地加以重复的教条"。

作为马克思主义的忠诚信奉者与坚定实践者，中国共产党人自觉扛起推动马克思主义发展的神圣职责，善于从理论和实践的结合上来解答时代课题，洞察时代大势，把握历史主动，不断回答中国之问、世界之问、人民之问、时代之问，不断推进马克思主义中国化时代化，开辟马克思主义发展的新境界。毛泽东思想、邓小平理论、"三个代表"重要思想、科学发展观、习近平新时代中国特色社会主义思想，都是我们党坚定理论自信、把握历史主动的重大理论成果。

面向未来，继续推进实践基础上的理论创新，就必须增强历史自信、把握历史主动，坚持把马克思主义基本原理同中国具体实际相结合、同中华优秀传统文化相结合，特别是要牢牢把握习近平新时代中国特色社会主义思想的世界观和方法论，坚持好、运用好贯穿其中的立场观点方法，不断续写马克思主义中国化时代化新篇章。

　　党的二十大报告明确宣示了新时代新征程中国共产党的使命任务，我们党要团结带领全国各族人民全面建成社会主义现代化强国、实现第二个百年奋斗目标，以中国式现代化全面推进中华民族伟大复兴，就必须把准历史方向、把握历史主动，踔厉奋发、勇毅前行，做历史潮流的引领者。

　　　　　　　　　　　　　　（原载《江西日报》，2023 年 6 月 7 日）

马克思对世界历史解读的新范式及其价值

姚满林 *

马克思立足唯物史观的基本立场对资本主义历史与现实进行了深入的考察和批判，形成了世界历史理论这一丰硕成果。马克思对现代社会问题的分析、研究和讨论都离不开世界历史这样的宽广视野和理论高度，可以说，世界历史理论在马克思学说中占据了非常重要的地位。然而，一段时间以来，学术界对马克思世界历史理论并未给予足够的重视，以至于人们在某些重要问题的研究上出现了偏差，进而对现实问题不是缺乏该有的回应力，就是缺乏科学的阐释力。可见，在当代语境中，深入发掘、研究并激活马克思世界历史理论这一思想资源，具有非常重要的理论与现实意义。

一、世界历史领域中的思想变革

马克思世界历史理论既非空中楼阁，也非玄虚的象牙塔，相反，它拥有深厚的文化底蕴、广泛的思想资源、独特的历史依据以及鲜活的时代沃土。总体上看，近代以来西方世界发生的重大思想变革与社会变革为这一理论的形成做了充分的铺垫。

就历史条件而论，西方世界能够走出黑暗的中世纪，并使人们的视野从民族国家拓展到世界范围，在一定意义上应该归功于那些意义深远的历史事

---

* 姚满林　省委党校（江西行政学院）哲学教研部副主任、教授

件。首先，文艺复兴、宗教改革和启蒙运动为欧洲走进现代扫清了思想障碍。如果说文艺复兴运动唤醒了欧洲人对辉煌过去的记忆，激发他们的文化自信，那么宗教改革在一定程度上改变了欧洲人对宗教与现实生活的态度，而启蒙运动则进一步恢复了欧洲人的理性，理性变成了塑造现代社会的基本原则。其次，大航海的实践深化了欧洲人对世界的认知。航海探索的成功让欧洲人获得了地理大发现，开辟了通往东方的新路线，促进了欧洲世界与东方世界之间的交往和商贸频繁化，东方世界与新大陆由此都被纳入西方人的"历史"视野之中。最后，资产阶级革命的胜利和工业革命的兴起直接催促着世界历史走向前台。资产阶级革命是一场政治革命，它的胜利为资产阶级赢得了统治权；工业革命则是一场社会革命，它推动了资本主义生产方式向全球拓展，于是生产和消费跨越了民族国家的狭隘性，预示着世界历史时代的真正到来。

从思想基础来看，世界历史观念或者说世界历史意识在西方文化中并不是与生俱来的，而是在对历史认知中逐步形成的，它的出现是西方文明进步的表征。在马克思生活的那个时代之前，西方主流的历史观囿于民族历史层面，很少达到世界历史的高度，这既与人们对待历史的心态有关，又与人们研究历史的旨趣有关。在古希腊时代，由于人们执迷于现实生活和偏重形上思维，因而他们对于历史多半是漠不关心的，历史也只被看作是对过去个别事件的叙述，不具有普遍性。在中世纪，基督教把控着西方人的精神生活，也主导着人们的历史观念，在这样的时代中，上帝的理念决定了历史的行程，历史也就变成了上帝的剧本或作品，退一步说，虽然这样的历史难免带着神意和天启的色彩，但它仍可以算作是"一部普遍的历史，或一部世界通史"。进入近代以后，上帝的权威被人的权威取代，历史也由此成了人类史，无论是卢梭所表达出的对人类自然状态的迷恋，还是维科以新科学对历史周期性运动的揭示，也无论是赫尔德以"有机体"来看待人类历史，还是康德以"自然计划"来阐释历史发展，这些新观点足以展示西方人历史意识的进步和提升。

在马克思世界历史理论的形成过程中，黑格尔的历史观无疑有着直接的影响。黑格尔对历史的研究与其前辈有很大的不同，他明确反对以罗列经验事实的方式来编撰历史，作为思辨哲学家，他力图寻找历史中最本质的东西，这样一来，就必须撇开经验性的史料，克服具体史事的偶然性和特殊性，因为唯有如此才能达到抽象的普遍性。显而易见，黑格尔的历史观有着浓厚的思辨性，这也就决定了它实际上属于历史哲学。当然，这种历史观以绝对精神的自我运动来阐释历史运动，在此一视阈下，所谓的"世界历史"乃是绝对精神在客观精神阶段所达到的最后环节，于是，在这里"'理性'统治了世界，也同样统治了世界历史"。客观地说，黑格尔的历史观有着独到的建树，也有着明显的弱点。就其建树来说，它展现出了一种"巨大的历史感"，恩格斯对此是这样评述的：黑格尔第一次"把整个自然的、历史的和精神的世界描写为一个过程，即把它描写为处在不断的运动、变化、转化和发展中，并企图揭示这种运动和发展的内在联系"；就其弱点而言，它是露骨的唯心史观，认为历史和世界历史无非是绝对精神自我运动所达到的特定环节或整体描述。正是由于这一思想资源的良莠共生，马克思对其采取了科学的批判态度，而非拷贝主义态度，实现了世界历史领域中的思想变革。

其一，鉴于黑格尔世界历史观念"头足倒置"的唯心主义立场，马克思实现了从"绝对精神"到"现实的人类"的变革。在黑格尔的历史体系中，我们能够发现，一方面，"绝对精神"是历史的出发点，另一方面，世界历史是"绝对精神"自我运动的产物，正是在这里"绝对精神"展现了历史的整体性，但却是以唯心主义的方式表现出来。马克思以"现实的人类"来取代了"绝对精神"，从而既克服了历史观中的唯心主义倾向，又克服了个人历史观的片面性。其二，鉴于黑格尔世界历史观念的抽象化，马克思恢复了世界历史的物质内容。马克思不赞成黑格尔对世界历史内容的抽象化处理，把历史的出发点置于现实生活上，在他看来，"历史向世界历史的转变，不是'自我意识'、世界精神或者某个形而上学幽灵的某种纯粹的抽象行动，而是完全物质的、可以通过经验证明的行动"。其三，鉴于黑格尔世界历史观念的内在局限性，马克思开创了世界历史探讨的新视角。马克思紧扣现代社会这一视野，不但纠正了黑格尔"欧洲中心论"的论调，而且跳出了"历史终结论"的怪圈，因为黑格尔在讨论世界历史时既秉持欧洲优越感，又以精神的回归来表明历史的终结。其四，鉴于黑格尔世界历史观念的思辨倾向，马克思克服了世界历史研究的僵化模式。由于黑格尔世界历史观具有鲜明的思辨特征，它就要求历史材料服从于思辨逻辑、内容服从于形式，一切现实的、具体的东西都成为"世界精神"展现与演化的工具。马克思认为，这样的抽象研究"绝不提供可以适用于各个历史时代的药方或公式"。总之，马克思通过对黑格尔历史观的批判和扬弃，开启了世界历史的马克思解读范式。

二、世界历史解读的新范式

一旦我们进入马克思世界历史理论研究当中，就会追问在他那里"世界历史"意指什么呢？对此，马克思在文本中大体表达了两层意思：一是在整体意义上指人类史，这是相对人类的野蛮状态而言的，如马克思在《1844 年经济学哲学手稿》中就声言："整个所谓世界历史不外是人通过人的劳动而诞生的过程，是自然界对人来说的生成过程。"二是指随着生产方式、分工以及交往的发展，各民族日益突破地域限制而由相对孤立走向相互依赖的发展过程和基本趋势，如《德意志意识形态》中的论述："各民族的原始封闭状态由于日益完善的生产方式、交往以及因交往而自然形成的不同民族之间的分工消灭得越是彻底，历史也就越是成为世界历史。"必须指出的是，人们通常是在第二种意义上，也就是在与民族历史相对的意义上，来论及马克思的"世界历史"概念。诚然，在世界历史理论方面马克思从未写过专著，但我们不能就此否认其世界历史理论的重要地位，在理论框架上，它隶属于唯物史观；在理论色彩上，它具有历史哲学的特征；在理论表述上，它散见于诸多重要文本当中。毋庸置疑，在《德意志意识形态》《共产党宣言》《资本论》《人类学笔记》和《历史学笔记》这些重要文献中，马克思以不同视角展开过世界历史理论的相关讨论，但在众多文献中，《德意志意识形态》和《共产党宣言》是阐述世界历史理论的经典文本，因此，我们将围绕这两部经典文献来梳理马克思世界历史理论。

首先，深刻揭示了世界历史形成的根本动力。与黑格尔从精神运动阐释历史不同，马克思是以现实的物质生产和生活为出发点来阐释世界历史发展的。在马克思看来，生产力、分工与交往的发展共同推动了世界历史的出现，而生产力的发展在这三者中则是最根本的，因为生产力的水平既能决定民族内部的发展，又能制约民族间的交往，还能体现在分工发展程度上。基于此，我们可以说，生产力的发展构成了世界历史形成的现实前提与根本动力，这既是唯物史观的核心思想，又是社会发展的公认原理。从这样的原理出发来进行考察，我们会发现，在前资本主义时代，由于受到自然条件、社会生产力发展水平的制约，民族之间的交往还很有限，分工的发展也不够充分，但是随着资本主义时代的到来，这些狭隘性都将被打破，民族之间的交往变得越发频繁，民族之间自然形成的分工被逐渐消灭，于是民族史转向了世界史。平心而论，在促进生产力发展方面，资本主义有着不小的贡献，"资产阶级在它的不到一百年的阶级统治中所创造的生产力，比过去一切世代创造的全部生产力还要多，还要大"。进一步说，这一突出的功绩在于开启了工业革命，宣告了大工业时代的开始，大工业作为一种现实力量，"它首次开创了世界历史，因为它使每个文明国家以及这些国家中的每一个人的需要的满足都依赖于整个世界，因为它消灭了各国以往自然形成的闭关自守的状态"。由此可见，马克思从唯物史观的视角揭示与解读了世界历史形成的根本动力。

其次，明确阐释了世界历史形成的现实逻辑。马克思认为，在资本主义时代，历史实现由民族史向世界史的转变是有其现实逻辑的。其一，世界市场的出现是世界历史形成的重要条件。世界市场的开辟得益于大航海时代的地理发现，然而它却是资本主义生产方式得以形成的必要前提，从"新世界"被纳入世界市场，到世界市场促进交通和商业的发展，再到它们的互相促进，市场的范围已经拓展到了全球。客观地看，没有广阔的世界市场，资本主义生产方式很难延续和扩大，正因为如此，马克思认为："资产阶级社会的真正任务是建成世界市场（至少是一个轮廓）和确立以这种市场为基础的生产。"其二，商品和资本是推动世界历史实现的主要手段。一方面，大工业使得资本主义普遍采用了机器生产的方式，有效地降低了商品的成本，显示出了工业产品价格低廉的优势，凭借这一优势，商品成为资本主义征服世界的"锐器"。马克思指出："它的商品的低廉价格，是它用来摧毁一切万里长城、征服野蛮人最顽强的仇外心理的重炮。"另一方面，由于资本的逐利趋向、资产阶级贪婪的本性，资本也有效推动了世界历史的深入发展。因为在趋利本能的推动下，资本会冲破一切阻拦和障碍，"在一切地点把生产变成由资本推动的生产"。此外，随着历史的推进，血腥的武力干涉也成为资产阶级维护资本扩张的"利器"。于是，推动世界历史发展的手段出现了复合型、多层面的趋势。其三，同一化是世界历史形成的基本规律。所谓的"同一化"，按照马克思的说法，就是资产阶级"按照自己的面貌为自己创造出一个世界"，不言而喻，资产阶级创造出的那个世界不仅在物质生产上具有同一性，还在精神生产上具有同一性。在物质生产上，通过掏空工业脚下的民族基础来挤压和逼迫古老民族工业，致使其加速灭亡，借用《共产党宣言》的表述来说，"它迫使一切民族——如果它们不想灭亡的话——采用资产阶级的生产方式"。在精神生产上，不但各民族的精神产品伴随着物质生产而成为共享的财产，而且克服了多方面的局限性，世界性的精神产品取代了地域性精神产品。经过物质和精神双重生产的同化后，前资本主义模式为资本主义模式所代替，东方古老民族从属于西方资本主义民族，这就是马克思所处时代世界历史形成的内在规律和现实结果，也正是在这个意义上，马克思认为："世界史不是过去一直存在的；作为世界史的历史是结果。"

最后，敏锐预见了世界历史发展的基本趋势。马克思认为，虽然资产阶级开启了世界历史这扇大门，提供了物质基础，但却不能完成世界历史根本转变这一任务，究其原因，乃是因为资产阶级的历史局限性以及资本主义社会无法克服的内在矛盾，这样一来，承担并完成此一艰巨任务的责任就落到了无产阶级身上。那么，无产阶级为何能承担此任务，并确保世界历史朝向共产主义呢？在马克思看来，其一，无产阶级本身就是大工业的产物，"无产阶级只有在世界历史意义上才能存在"。在此境遇中，反抗资产阶级的斗争就不可能是孤立的个别现象，而是共同的行动。因此，《共产党宣言》反复强调无产阶级不分民族利益，工人没有祖国，无产阶级拥有共同的利益和追求，无产阶级必须联合起来。其二，作为现实运动的共产主义是无产阶级的事业，这一事业也必须置于世界历史进程中。在谈到无产阶级作为世界历史意义上才能存在的同时，马克思以比喻的方式阐述共产主义也必须从世界历史高度去理解和实现，他解释道："就像共产主义——它的事业——只有作为'世界历史性的'存在才有可能实现一样。"其三，人的解放同世界历史的进程是一致的，在唯物史观视野中，未来社会是自由人的联合体，人类社会迈向这个联合体的必要环节就是人的解放，而谈到人的解放就撇不开世界历史，因为"每一个单个人的解放的程度是与历史完全转变为世界历史的程度一致的"。换句话说，当个人真正解放了，世界历史也就转变成功，伴随这种转变而来的必然是共产主义时代。显而易见，在这里，马克思将无产阶级、共产主义以及人的解放同世界历史的进程紧密结合起来，敏锐地洞察到了经过无产阶级革命，世界历史将会由资本主义时代走向共产主义时代。

质言之，马克思为我们揭示了资产阶级依靠世界市场、商品、资本以及其他手段来重新塑造整个世界的过程，也为我们阐述了无产阶级在革命斗争中如何能够实现世界历史的根本转向。

三、跨越时空的深邃思想

马克思生活的那个时代已经过去一百多年，虽然马克思不是"全球化"概念的提出者，但他却是现代经济全球化理论公认的奠基者，其世界历史理论仍然具有强大的阐释力，恰似穿透时空的思想电波，仍然是照亮人类前行的思想灯塔。

对我们而言，深入研究和探讨这一理论有着非同寻常的现实意义。

其一，马克思把无产阶级革命和共产主义运动置于世界历史进程之中，为共产党人奠定了崇高的理想追求，在新时代，深入研究马克思世界历史理论，有益于我们坚定共产主义远大理想。在马克思世界历史理论中，共产主义既是一种现实运动，又是一盏指路明灯，既蕴含着人类解放的希望，又表达了人类未来的愿景，因此，无论我们身处顺境还是逆境，也无论革命年代还是建设时期，它都是共产党人不断前进的精神动力和安身立命的根本所在。回顾历史，我们可以发现，共产主义这一远大理想曾经激励过无数共产党人的热情与奋斗，甚至书写了无产阶级革命和社会主义建设的光辉篇章。然而，随着东欧剧变、苏联解体的发生，世界范围一度出现了怀疑马克思主义的喧嚣，无论是资本主义世界里的"历史终结论"，还是社会主义国家中的"马克思主义过时论"，都在不同程度上对马克思主义和共产主义进行了诋毁，也中伤了马克思主义真理。为了有效地回应这些思想"逆流"，一方面，中国共产党人始终坚持共产主义远大理想，不但成功开辟了中国特色社会主义道路，而且坚持与拓宽了这条道路，以无可辩驳的事实证明了"历史没有终结，也不可能被终结"，证明了马克思主义不会过时，它仍然是我们认识和改造世界的强大思想武器、依旧是共产党人必须掌握的过硬看家本领；另一方面，针对少数党员干部理想信念动摇的现象，我们党始终强调理想信念教育，特别是党的十八大以来，以习近平同志为核心的党中央坚持把理想信念教育作为思想建设的战略任务，明确指出"理想信念就是共产党人精神上的'钙'"，要求对全党同志切实加强理想信念教育，努力避免思想上的动摇和滑坡。今天，面对各种风险和挑战，我们仍然要保持追求理想的初心和定力，把共产主义远大理想同中国特色社会主义共同理想结合起来，把我们正从事的伟大事业置于共产主义理想追求之中，既脚踏实地又胸怀理想，自觉做共产主义理想的坚定信仰者和忠实践行者。

其二，马克思从自由竞争资本主义时期实际出发，深入考察了商品与资本对世界历史形成的重要推动作用，为我们展现了经济全球化的历史起源、本质和趋势，在新时代，深入研究马克思世界历史理论，有益于我们顺应历史潮流来推动共建"一带一路"。马克思不仅揭示了资本主义生产方式对世界历史形成的重要推动作用，还指明了历史由民族史向世界史的转变是不可抗拒的潮流。可以说，从自由资本主义时代到垄断资本主义、帝国主义时代，世界历史一直都在延展，这一发展趋势在冷战结束后被人们称为"全球化"。在这样的历史进程中，除了特定阶段的意识形态斗争外，以经济为主要领域的全球化席卷了所有的国家和民族，并且远远超越了单纯的经济领域，这一切都充分证明了全球化浪潮已势不可挡。然而，近几年来，西方世界却掀起了一股"反全球化"的浪潮，贸易保护主义、单边主义的不断抬头深深影响了全球经济发展。与以上"逆流"不同，自改革开放以来，中国就积极融入世界发展潮流，成为经济全球化的重要支持者、参与者和推动者，在这个过程中我们"遇过浪""呛过水"，也学会了"游泳"，练就了本领，成为经济全球化的受益者、贡献者，甚至"最大旗手"。尤其重要的是，进入新时代以来，我们不仅深刻认识到"经济全球化是时代潮流"，还顺应世界发展大势，把握历史主动，坚持经济全球化的正确方向，推动共建"一带一路"。显然，"一带一路"是新时代我国实行全方位对外开放的重大举措，也是新时代中国共产党人开启世界经济全球化的新实践。毫无疑问，共建"一带一路"既顺应时代发展潮流，符合各国人民利益，又顺应了全球治理体系的变革要求，"为完善全球治理体系变革提供了新思路新方案"，为全球经济发展提供了"深受欢迎的国际公共产品和国际合作平台"。就此而言，"一带一路"的成功实践为新时代经济全球化探索了新模式、注入了新活力。

其三，马克思把无产阶级的解放、人的自由全面发展同世界历史进程有机结合起来，为我们揭示了人类交往的世界性。在新时代，深入研究马克思世界历史理论，有益于我们积极推动构建人类命运共同体。马克思世界历史理论科学预见了人类的未来必将走向自由人的联合体，从这种意义上看，共同体思想属于马克思世界历史理论的重要内容，它标识了世界历史进程的最终归宿。尽管时代已经发生了深刻而巨大的变化，但"我们依然处在马克思主义所指明的历史时代"。换句话说，一方面，资本逻辑依旧是世界通行法则，无产阶级与资产阶级之间的阶级矛盾表现形式虽已随社会文明的进步而有所改变，但无产阶级肩负的历史使命尚未最终完成；另一方面，资产阶级通过系列政策与措施的调整，同时又积极借鉴社会主义国家的治理经验，缓和了国内矛盾、避免了不必要的外部冲突，以至于资本主义和社会主义的和平共处已成为客观现实，并且随着政治多极化、经济全球化、文化多样化、社会信息化的深入发展，世界各国已经变得休戚相关、命运与共。于是，在人类迈向自由人的联合体的征途中，我们必须立足当代现实，着眼人类未来，为促进世界发展提供中国智慧。正是基于此，以习近平同志为核心的党中央提出了中国方案，这个方案就是"构建人类命运共同体，实现共赢共享"。今天，人类命运共同体理念已多次写入联合国等国际组织的决议和文件。我们要推动构建人类命运共同体，就必须站在世界历史高度来把握发展大势、来审视人类面临的重大问题，大力弘扬和平、发展、公平、正义、民主、自由的全人类共同价值，矢志不渝地走和平发展的人类正道，践行共商共建共享的全球治理观，旗帜鲜明地反对强权政治和霸权行径、反对单边主义和保护主义。从理论上讲，人类命运共同体思想是马克思世界历史理论的当代运用，它为我们丰富了世界历史从资本主义时代转向共产主义时代的内容和环节。

其四，马克思深刻洞见了工业革命时代民族历史向世界历史转变的现实和趋势，以广阔的视野和鲜明的观点论及了资本主义现代化，为我们理性对待西方现代化提供了立场观点方法，在新时代，深入研究马克思世界历史理论，有益于我们以中国式现代化开启人类文明新形态。在马克思看来，世界历史进程同西方现代化进程交织着，资本主义生产方式突破民族国家的界线向全球拓展，具有双重后果。从积极方面看，工业革命和航海实践有力地促进了世界市场的形成，在一定程度上实现了工业文明的跨国传播，从而使前资本主义世界与现代化进程关联起来；从消极方面看，资本主义世界以工业革命开启了现代化，但这种现代化披着文明的外衣却内藏着掠夺与血腥，这种文明也就只能作为统治阶级的资产阶级所享有的文明，对无产阶级和被压迫民族而言则更多是野蛮。马克思在世界历史视野中将这一后果总结为："正像它使农村从属于城市一样，它使未开化和半开化的国家从属于文明的国家，使农民的民族从属于资产阶级的民族，使东方从属于西方。"用当代哲学话语来说，马克思在工业革命时期对现代性的批判为我们客观评价西方现代化提供了重要依据，也为我们拓展中国式现代化提供了有益借鉴。中国共产党人是中国式现代化的真正开拓者，在新中国成立以来尤其是改革开放以来的长期探索和实践基础上，经过新时代的理论和实践创新的双重突破，中国共产党人成功推进和拓展了中国式现代化。我们追求的中国式现代化不仅遵循现代化的一般规律，更具有鲜明的中国特色和时代特征，它摒弃了西方现代化的野蛮路径，打破了"现代化＝西方化"的迷思，把科学社会主义的价值主张同中华优秀传统文化融会贯通起来。无论是在个体与全体的关系上还是在物质文明与精神文明的关系上、无论是在人与自然的关系上还是在国家与人类的关系上，都做到统筹兼顾、系统谋划、整体推进，既为中华民族伟大复兴开辟了广阔前景，又为人类展现了现代化新的美好图景，还为发展中国家走向现代化提供了全新路径和全新选择，更贡献了中国方案和中国智慧。一句话，中国式现代化的推进和拓展，就是要开启人类文明新形态。

习近平指出："我们所处的是一个充满挑战的时代，也是一个充满希望的时代。"一方面，和平发展仍是不可阻挡的历史潮流；另一方面，人类面临前所未有的全新挑战。在历史的十字路口，人类该何去何从，我们该怎么办，这是急需解答的现实问题。我们可以在马克思世界历史理论中汲取智慧，站在真理与道义的制高点上做出明智的抉择。

（原载《理论视野》，2023 年第 4 期，本书有删改）

马克思历史诠释学思想探析

姚满林[*]

马克思主义创始人极少涉猎西方正统诠释学，然而，这并不意味着马克思主义创始人那里缺乏诠释学思想，只不过马克思主义创始人没有使用西方正统诠释学的话语，相反，他们以独特的方式展现了其诠释学思想的魅力。毋庸存疑，在革命实践与理论探索的过程中，作为马克思主义理论的重要奠基者和创始人，马克思为我们展现了一种独特的历史诠释学，这种诠释学有着丰富的思想内涵。

一、马克思哲学遗产之辩

马克思留给我们的哲学遗产是什么？对这个问题的回答，无论是在马克思主义发展与传播史上，还是在当代马克思主义哲学研究中，可以说是各抒己见、众说纷纭，甚至引发了关于马克思哲学或马克思主义哲学的形态争论。

为了呈现学术界关于马克思哲学遗产的争辩情况，让我们从传统教科书所主张的观点开始。由于受到苏联马克思主义研究范式的影响，在我国传统教科书中，马克思主义哲学（而非马克思哲学）被置于普遍规律的学说之列，关注的领域涉及自然、人类社会以及思维，在形态上被称为"辩证唯物主义"和"历史唯物主义"，至于这两者之间的关系，长期以来比较通行的观点是"推

* 姚满林 省委党校（江西行政学院）哲学教研部副主任、教授

广论"，也就是说，辩证唯物主义应用到历史领域就成为了历史唯物主义。倘若要追寻"推广论"的源头，恐怕斯大林可以算作重要的倡导者，他就明确指出，"历史唯物主义就是把辩证唯物主义原理推广去研究社会生活，把辩证唯物主义原理应用于社会生活现象，应用于研究社会，应用于研究社会历史"。实际上，恩格斯也持有这样的观点，他在肯定马克思新世界观的贡献时，就强调"把这个世界观彻底地（至少在主要方面）运用到所研究的一切知识领域里去了"，显然，这里的"一切知识领域"包括了社会历史领域。不言而喻，在"推广论"这里，辩证唯物主义是马克思主义哲学的"基础"，历史唯物主义是"衍生"，从知识接受的角度看，"推广论"的逻辑思路似乎是相当清晰的，并且凸显了唯物主义属性的重要意义，但马克思哲学与传统哲学的本质区别被忽视，马克思哲学对传统哲学所实现的超越未受到关注。

不可否认，传统马克思主义哲学体系或形态在马克思哲学（包括马克思主义）的传播中发挥了重要作用，那么，马克思主义伴随 20 世纪 90 年代苏联解体和东欧剧变而来的却是某些挑战，特别是被教条化的危险。正是社会主义运动出现的曲折和低谷，引发和激发了人们对马克思学说或马克思思想遗产的重新审视和研究，无论是我国国内"回到马克思""走近马克思""走进马克思"等呼声的出现，还是国外马克思主义研究中《马克思的哲学》《马克思的幽灵》等著作的出版，都标志着马克思学说研究复兴序幕的拉开。然而，值得注意的是，学术界已明确提出把马克思学说与马克思主义、马克思哲学与马克思主义哲学区分开来，譬如，《马克思的哲学》一书的作者艾蒂安·巴里巴尔就主张把马克思的哲学同传统意义上的、同时已被教条化的马克思主义哲学区分开来。接下来，让我们对这些现象与问题逐步展开审视与反思。

就"辩证唯物主义"而论，马克思几乎没有使用过这一术语，但马克思在自己的著作和手稿中使用过"唯物主义"的表述，即便是同样的"唯物主义"概念，马克思对"这一术语的运用并不始终是十分严格的"，存在着不同的提法，比如，在《关于费尔巴哈的提纲》中就有"旧唯物主义"与"新唯物主义"的区分；在《德意志意识形态》中又使用了"实践唯物主义者"这种表达。从有关文献看，最先使用"辩证唯物主义"这个术语的是狄慈根，作为马克思恩格斯思想的追随者，他在1886年第一次使用了"辩证唯物主义"，我们可以在《一个社会主义者在认识论领域中的漫游》这篇论文中发现狄慈根使用该术语的目的：以此来表述马克思主义的世界观。后来，普列汉诺夫也肯定了马克思哲学是"辩证唯物主义"，在他看来，"我们用'辩证唯物主义'这一术语，它是唯一能够正确说明马克思的哲学的术语"；列宁在《唯物主义和经验批判主义》第二版序言中也明确提到"马克思主义哲学即辩证唯物主义"。正是通过普列汉诺夫以及列宁等人的权威阐释，"辩证唯物主义"成为了表述马克思主义哲学的"标志性概念"。当然，随着马克思主义研究的深入，学者们对"辩证唯物主义"这个术语赋予了新的内涵，既有演变为"自然观"的倾向，又有演变为"历史观"的倾向。总体上看，以"辩证唯物主义"来称谓马克思主义哲学，有一定的理论贡献，那就是："突出地强调辩证唯物主义全面地论证了思维与存在相统一的物质基础，彻底地坚持了唯物主义的认识论路线"，但这很容易遮蔽马克思主义哲学的本体论维度，从而有着陷入方法论泥潭的危险，更不用说"推广论"的指责。

就"历史唯物主义"来看，它通常也被称为"唯物史观"或者"唯物主义历史观"。马克思在其文章或手稿中很少使用"历史唯物主义"这种表述，即便是在阐述新历史观时，也没有用"历史唯物主义"。恩格斯是使用"历史唯物主义"这个术语的第一人，在1890年致康拉德·施米特的信中，针对德国青年著作家对"唯物主义"采取标签化的做法时，恩格斯批评这些人只是用"历史唯物主义的套语"。不仅如此，在《社会主义从空想到科学的发展》1892年英文版导言中，恩格斯还用"历史唯物主义"来表达"一种关于历史过程的观点"。应当说，在19世纪末那些影响较大的马克思主义理论家那里，对马克思主义哲学的研究，基本上都是沿着历史唯物主义方向推进的，梅林、考茨基、拉法格、拉布里奥拉都是如此。在列宁和斯大林那里，"历史唯物主义"这一术语也是作为科学的历史观来被继承与使用的。

值得注意的是，在当代马克思主义哲学研究中，除了沿袭传统的"辩证唯物主义"和"历史唯物主义"这两种称谓外，还出现了"实践唯物主义"这一表述，它一度是我国马克思主义哲学研究中的热点问题。那么，何谓"实践唯物主义"呢？这种说法源自《德意志意识形态》的有关表述，马克思、恩格斯在这个文本中明确提出，"对实践的唯物主义者即共产主义者来说，全部问题都在于使现存世界革命化，实际地反对并改变现存的事物"。基于"实践"这一独特视角，有学者较为系统地梳理了马克思的实践唯物主义思想，在他们看来，马克思的实践唯物主义思想在《1844 年经济学哲学手稿》中已初露端倪，后经《神圣家族》与《关于费尔巴哈的提纲》中的发展，这种思想已逐渐展现出来，并在《德意志意识形态》中提出了"实践唯物主义"。在"实践唯物主义"研究方面，杨耕教授的观点具有代表性，他不仅考察了"实践唯物主义"概念的由来，而且还阐明了它与"辩证唯物主义""历史唯物主义"的关系，在他看来，这三者"不是三个不同的'主义'，而是同一个'主义'"，只不过是从不同维度对马克思新世界观的表述与称谓。实际上，以历史唯物主义来称谓马克思哲学，突显的是其历史性；以实践唯物主义来称谓马克思哲学，突显的是其实践性。

基于苏联马克思主义哲学研究范式，我国学术界一度把"辩证唯物主义"和"历史唯物主义"看作马克思主义哲学的两个重要组成部分。然而，改革开放以来，我国不少学者大力借鉴现代西方哲学和国外马克思主义研究的新成果，突破了传统观点和理论框架的束缚，对传统马克思主义哲学进行了重新审视与定位，提出了一系列独到的见解，打开了当代马克思主义哲学研究的新空间，也开创了当代马克思哲学研究的新局面。现在，该是我们追问马克思哲学遗产到底是什么的时候了。对这个问题的回答，我们可以从以下两个维度来探讨。

第一个维度是马克思思想的演变过程及其理论关注点。马克思从青年时代开始起，就对哲学、政治和法学问题感兴趣，特别是对贯通这些领域中的法哲学非常重视，随着对现实关注的不断深入，他逐渐进入到政治经济学的研究与剖析当中，在分析与批判的基础上得出了自己的结论。对于马克思的思想转变历程，我们可以从马克思的有关回忆中得到佐证，他明确写道："我学的专业本来是法律，但我只是把它排在哲学和历史之次当做辅助学科来研究"，可是，当《莱茵报》时期的马克思需要面对现实物质利益难题时，他不得不去研究经济问题，可以说，为了解答这些令人苦恼的疑问，马克思进行了深入探讨，并得出了自己独到的结论："法的关系正像国家的形式一样，既不能从它们本身来理解，也不能从所谓人类精神的一般发展来理解，相反，它们根源于物质的生活关系，这种物质的生活关系的总和，黑格尔按照 18 世纪英国人和法国人的先例，概括为'市民社会'，而对市民社会的解剖应该到政治经济学中去寻求。"倘若我们关注马克思思想的这种演进，能够发现其理论关注的重点已经是市民社会和政治经济学，应当说，恰恰是在批判黑格尔历史唯心主义和资产阶级庸俗经济学中形成了历史唯物主义。

第二个维度是恩格斯对马克思理论贡献的权威评价。作为马克思的亲密战友，恩格斯对马克思毕生的理论贡献给予了高度的评价，在《在马克思墓前的讲话》中，恩格斯以两个"发现"来凸显了马克思的重要理论贡献，具体言之："马克思发现了人类历史的发展规律""还发现了现代资本主义生产方式和它所产生的资产阶级社会的特殊的运动规律"。毋庸置疑，无论恩格斯评价时所强调的资本主义运行的特殊规律，还是人类历史的发展规律，毫无例外，都属于唯物史观或历史唯物主义的范畴。值得注意的是，一方面，恩格斯的评价为后世理解马克思学说奠定了重要的理论依据，唯物史观和剩余价值学说由此成为马克思学说的核心内容；另一方面，恩格斯在这里以比喻的方式把唯物史观同达尔文的进化论并置起来，为马克思主义学术史上的自然与人类社会关系之争论留下了余地。

通过上述考察和分析，不难发现，马克思的哲学遗产本质就是历史唯物主义，正如俞吾金教授所指出的，"马克思的划时代的哲学变革就在于创立了历史唯物主义""历史唯物主义就是马克思的全部哲学"。一旦在理论纷争中厘清了马克思的哲学遗产，我们就能准确认识与把握马克思在哲学变革所作出的伟大贡献、马克思哲学所产生的深远影响。

二、马克思视域中的历史

何谓历史？在西方思想文化发展中，自从维柯提出"新科学"、兰克创立历史科学以来，人们对何谓历史问题的探讨就存在着不同的理解与多样的回答，但很明确的一点是，整个历史学实现了从历史意识层面到历史科学层面的提升。当然，我们的任务不是纠结于诸种争论，而是要聚焦于马克思和恩格斯对历史本身的阐释。

在马克思这里，历史到底意味着什么呢？客观地说，在历史问题上，马克思既批判了历史唯心主义，又批判了旧唯物主义。在对历史唯心主义的批判方面，我们可以从他对黑格尔历史观的批判中洞察到其理论旨趣，马克思非常关注黑格尔对精神自我运动的阐述，从黑格尔这里，马克思发现他"只是为历史的运动找到抽象的、逻辑的、思辨的表达，这种历史还不是作为既定的主体的人的现实历史"，历史变成了精神自我否定这一运动的历史，显然，作为唯物主义者，马克思在历史观上是不可能认同黑格尔的唯心主义立场的。然而，马克思并非止步于对历史唯心主义的批判，他还进一步展开了对旧唯物主义历史观的批判，不但点中了"环境决定论"的命穴，而且也切中了费尔巴哈半截唯物主义的要害，认为由于费尔巴哈不懂得作为"感性活动"的实践，而停留在"感性对象"层面，因此，"当他去探讨历史的时候，他不是一个唯物主义者"。那么，对马克思而言，历史究竟意味着什么呢？基于马克思本人的文本，我们进行考察与梳理，总体上可以归结为以下几个层面：

第一，马克思为我们展现了历史的共时性层面，肯定了历史就是人的现实活动。在马克思看来，历史是由现实生活中人创造出来的，历史的丰富内容奠基于人的实践活动，离开了人的现实生活，历史只能是抽象的玄思。对于这一点，我们可以在《神圣家族》当中发现这一思想踪迹，马克思和恩格斯在批判以鲍威尔为代表的青年黑格尔派唯心主义时，就明确指出，"历史不过是追求着自己目的的人的活动而已"。与上述观点相呼应，在《德意志意识形态》中，马克思着重强调了人的历史性特征，特别是在论述人具有意识的时候，马克思加了个边注，强调"人们之所以有历史，是因为他们必须生产自己的生命"。马克思的这些论断明确告诉我们，历史是人的活动，这就意味着历史是人的存在方式，人的存在是历史得以可能的根基，离开了人也就无从谈起历史，正是在这个意义上，我们完全可以说，"人自身作为历史的'前提'和'结果'，以自己的活动构成自己的历史，以自己的历史构成自身的存在"。

第二，马克思为我们展现了历史的历时性层面，强调了历史是世代的更替延续。如果说上面的论断侧重于强调历史的共时性，那么，下面这个论断显然强调了历史的历时性，这个论断我们是在《德意志意识形态》中遇到的，马克思在批判历史唯心主义的无根性和抽象性时明确指出，"历史不外是各个世代的依次交替"，马克思在此意图是非常清楚的，既承认人们创造历史并不是没有前提的，相反总是承袭前代人遗留的东西，并据此来进行创造与展现历史，又明确反对把历史的承接庸俗化为"目的论"、反对把历史抽象化。由此一来，历史就可以表现为世代之间的生命延续、生产力的积累、生产关系的相继、精神文化的传承等等。客观地讲，历史的历时性维度在知识论和历史学领域得到了充分的高扬，从而有力地推动了历史知识大厦的构建。

第三，由于资本生产方式的变革，促进了人类历史从民族历史向世界历史的转变，因而在马克思视野中历史也蕴含着世界历史维度。马克思敏锐地看到，随着资本主义大工业的发展，特别是分工的推动，民族历史不可逆转地朝着世界历史发展。让我们来看看马克思是如何阐述的：在分工对世界历史形成的推动作用方面，马克思谈到了资本主义生产方式的日益完善、交往的不断扩大以及狭隘分工的日趋消灭所产生的现实影响，他写道，"各民族的原始封闭状态由于日益完善的生产方式、交往以及因交往而自然形成的不同民族之间的分工消灭得越是彻底，历史也就越是成为世界历史"；在大工业对世界历史形成的积极贡献方面，马克思看到了民族的自给自足的生产方式和闭关自守的生存状态被日益打破，取而代之的是民族之间的互来互往，这就是《共产党宣言》中所说的资本塑造世界的历史过程，也是世界历史开启的过程，虽然带有野蛮的色彩，但却是历史发展的趋势。

　　第四，马克思不仅从不同维度或层面论述了历史的丰富内涵，还从世界观层面阐述了新历史观。在《德意志意识形态》这个曾经被遗忘但非常重要的文本中，马克思第一次明确地阐述了历史唯物主义的核心观点，简明扼要地说，这种历史观"从直接生活的物质生产出发阐述现实的生产过程，把同这种生产方式相联系的、它所产生的交往形式即各个不同阶段上的市民社会理解为整个历史的基础，从市民社会作为国家的活动描述市民社会，同时从市民社会出发阐明意识的所有各种不同的理论产物和形式，如宗教、哲学、道德等等，而且追溯它们产生的过程"。这种历史观不同于以往任何历史观，尤其是德国历史唯心主义，这种差异集中体现在对历史理解和解释的立足点、出发点以及路径上，马克思所创立的历史观"不是从观念出发来解释实践，而是从物质实践出发来解释各种观念形态"，不言而喻，开辟这条理解和解释历史的路径也是马克思哲学的变革性贡献所在。

　　实事求是地讲，马克思创立的这种新历史观很容易受到所谓"生物史"或"自然史"的责难。对于这些责难，马克思进行了如此回应。首先，马克思以"是否有意识"作为标志来区别人与动物。马克思认为动物与其生命活动具有直接同一性，因而它们无法对这两个方面进行自我区分，人却不一样，他具有超越性，能"使自己的生命活动本身变成自己意志的和自己意识的对象"，这就是说人的生命活动具有明确的意识性，正是这种意识性赋予了人的生命活动的自然性和目的性，实现了生命活动"自在"与"自为"的统一。其次，马克思通过把自然史融入人类史来实现历史有机统一。虽然马克思也肯定自然界的先在性，但明确反对离开人类社会历史来抽象地谈论自然，在《1844年经济学哲学手稿》中马克思写道："被抽象地理解的、自为的、被确定为与人分隔开来的自然界，对人来说也是无。"不仅如此，在《德意志意识形态》中，自然史与人类史的关系被澄明，虽然历史可以划分为自然史和人类史，但"只要人存在，自然史和人类史就彼此相互制约"。最后，马克思主张自然科学与人的科学统一于历史科学。马克思深入批判了以黑格尔为代表的历史唯心主义，把历史看作是精神的自我运动轨迹或历程，从而缺乏现实基础，相反，他从大工业时代的现实出发，敏锐地发现了自然科学随着大工业的发展而进入了生产实践、融入了人的现实生活，于是自然科学同人的社会生活实现了内在统一，在这个意义上，马克思认为自然科学与人的科学成为了"一门科学"，这"一门科学"历史科学，用马克思的话说，"我们仅仅知道一门唯一的科学，即历史科学"，在这里我们能发现一个非常重要的问题，如果历史是人的生成活动，那么作为见证人之生成活动轨迹的科学就拥有文化的名分。

三、历史理解与解释的马克思方案

在历史理解与解释上，马克思超越以往历史学家和哲学家的地方在哪里呢？不言而喻，这是我们必须回答的问题，也是发掘历史唯物主义诠释学意蕴这一课题的关键之处。但对这个问题解答的前提是历史理解与解释何以可能的马克思方案。这个方案是什么呢？马克思没有给出直接现存的答案，我们只能通过对马克思有关文本的阅读，遵循马克思的逻辑与思路来发掘马克思的方案。

其一，如果说人的生成构成了历史，那么，实践活动是历史理解与解释活动的基础。马克思在《关于费尔巴哈的提纲》中给我们亮明了历史理解的总原则，这个总原则就是"实践"。在这个文本中，马克思不赞同旧唯物主义对外在对象所做的直观性理解，批评这些旧唯物主义者"不是把它们当做感性的人的活动，当做实践去理解，不是从主体方面去理解"。在这个方面，马克思把实践作为新哲学构建的理论基点，实践原则由此成为了他理解与解释历史现象的总原则。总体上看，在马克思哲学中实践概念拥有丰富的内涵，从早期的感性活动、异化劳动，到生产物质生活、交往方式、雇佣劳动，再到无产阶级革命、现存世界革命化、人的解放以及人的自由全面发展等等，可以说，在马克思不同时期的文本中，强调的侧重点是不同的。就历史而言，如果我们遵照马克思的观点，认为"人们的存在就是他们的现实生活过程"，那么，这也是创造历史的过程，由此深入一步，我们就会发现，历史理解与解释同历史实践活动具有诠释学循环的功能，一方面，理解和解释规定与约束着实践活动，另一方面，理解与解释活动在实践基础上得以展开。

其二，"现实的个人"是人类历史的前提，也是历史理解与解释的前提。在《德意志意识形态》中，马克思声言"全部人类历史的第一个前提无疑是有生命的个人的存在"，这些现实的个人不同于黑格尔及其后继者那里的抽象个人，他们是有着明确的现实规定性，人类甚至可以通过纯粹经验来确认这种现实规定性，然而，历史的创造却是由这些"现实的个人"在生活中完成的，基于这一点，我们完全有理由说历史的理解与解释也离不开"现实的个人"，进一步说，现实的个人要生活，就有基本需要，要满足基本需要就必须生产满足需要的物质资料，在此基础上，马克思延展到了"新的需要""人的生产""生活关系的生产"等原初的历史关系。恰恰是现实的个人通过实践活动和交往形式把自然存在物和他人纳入了历史，由此观之，理解历史、解释历史必须基于现实个人，离开了现实个人也只能是抽象地谈论历史、理解历史与解释历史，难免会重走历史唯心主义的老路。

其三，市民社会是全部历史的发源地和舞台，更构成了历史理解与解释的现实文本。在对黑格尔思想的批判中，马克思似乎对市民社会有一种"偏爱"。在《德意志意识形态》中，马克思把"市民社会"规定为受生产力制约又制约生产力的交往形式，并以历史唯物主义的视野强调"这个市民社会是全部历史的真正发源地和舞台"，正是在这里，唯物史观与其他一切历史观分道扬镳，后者因不懂得从现实关系、从市民社会来理解政治事件和现实生活，从而陷入历史唯心主义窠臼之中。在《路易·波拿巴的雾月十八日》中，马克思有一段重要论述，为我们理解和解释历史提出了重要线索，他写道，"人们自己创造自己的历史，但是他们并不是随心所欲地创造，并不是在他们自己选定的条件下创造，而是在直接碰到的、既定的、从过去继承下来的条件下创造"，这些既定条件是什么呢？至少有两个方面值得注意，一是在物质层面上，人们在展开生活、创造历史时，总是利用前代流传下来的材料、环境、资金以及生产力，与此同时，人们又通过实践活动改变这些条件并流传给下一代；二是在精神层面上，马克思在考察历史原初关系时也非常重视意识问题，不仅看到了意识受到作为物质的语言之"纠缠"，还指明了体现为关系的意识始终是社会的产物，更为重要的是，在马克思看来，思想观念、神学、哲学、道德乃至整个文化等都是奠基于物质生活实践，然而，它们一旦产生就能通过教育化为传统、思维方式以及价值观念，并影响到历史的创造。质言之，虽然马克思没有使用西方传统诠释学的话语来论述历史理解与解释问题，但他以自己的理论开创了历史理解与解释的新路径。

其四，意识形态是一种有着鲜明阶级性的历史现象，意识形态批判必须被纳入历史理解与解释之中。在马克思看来，无论是青年黑格尔派还是老年黑格尔派，他们之间的分歧与争论，都是在观念里打圈圈，都主张观念统治着现存世界，因此，宗教批判也好，政治批判也罢，根本上不可能切中现实，相反，势必陷入了意识形态的幕景之中。马克思与上述这些人持完全相反的态度，力图从"天上"回到"人间"，以尘世的现实生活来理解和解释观念。一方面，马克思认为意识形态本质上就是"虚假意识"，从根源上看，意识形态的出现与历史唯心主义的认识方式密切相关，也就是说，源自对思维独立化的崇拜，在《德意志意识形态》中马克思展现了意识形态独立化、虚假化的步骤和过程。另一方面，马克思旗帜鲜明地揭示了意识形态的阶级性和掩蔽性，在他看来，阶级社会中统治阶级不仅把控着物质力量，还掌握着精神力量，总是把自己的思想抬高为统治思想，赋予自己阶级思想以普遍性，然而，从本质上看，"占统治地位的思想不过是占统治地位的物质关系在观念上的表现，不过是以思想的形式表现出来的占统治地位的物质关系"。意识形态的这些特征决定了对历史的理解与解释必须展开先行的意识形态批判。就意识形态批判来说，马克思不但通过理论探索来澄清历史唯心主义的错误，揭穿笼罩在意识形态上的种种迷雾，从而唤醒无产阶级的阶级意识，为无产阶级的自身解放指明了现实道路。实际上，马克思意识形态批判无论是对历史研究本身，还是对诠释学发展都有着不可低估的贡献，哈贝马斯与伽达默尔关于意识形态批判的争论一定程度承接了马克思的理论探讨。

其五，共产主义是消灭现存状况的历史运动，拥有历史理解与解释的真理意蕴。在历史认识论上，真理在于揭示历史发展规律，而在历史本体论上，真理在于展现历史澄明之境，必须强调的是，认识论维度奠基在本体论维度之上，本体论维度是认识论维度的基石。从历史认识论层面看，马克思既揭示了人类社会历史运动的规律，又揭示了资本运行的特殊规律，就前者而言，马克思把阶级斗争、生产力与生产关系、经济基础与上层建筑等这些因素及其相互关系纳入历史规律的探讨之中；就后者来说，马克思深入剖析了资本主义生产方式，揭露了资本主义的剥削秘密，指出了资本主义固有的无法自行解决的内在矛盾，除此以外，马克思还主张把人类社会历史发展一般规律和资本运行规律统一起来。在历史本体论层面，马克思通过对资本主义时代无产阶级现实状况，特别是异化现象的分析，不仅揭示了无产阶级受剥削、受压迫的社会历史根源，还为无产阶级摆脱悲惨命运指明了路径与方向，当然，这是以前海德格尔式话语来揭示的，同时，马克思又以共产主义运动来进行真理之揭蔽，正是在这种思想共鸣中，海德格尔对马克思的这一观点予以了高度评价，"人们可以用形形色色的方式来对待共产主义的学说及其论证，但在存在历史上可以确定的是：一种对世界历史性地存在着的东西的基本经验，在共产主义中表达出来了"。显而易见，共产主义社会预示着人的自由全面发展阶段，这一图景乃是存在的澄明之境，具有鲜明的历史本体论意蕴。

其六，综合考察是科学对待历史现象的基本态度，也是历史理解与解释的重要方法。马克思是康德批判思想遗产的继承者，他扛起了康德树立的批判大旗，以批判精神对待历史现象，形成了独特的历史理解与解释的方法。在马克思理解与解释历史现象的诸多方法中，尤其是去蔽法、还原法与回溯法值得我们关注。就"去蔽法"来说，它是指除去掩盖在社会历史现象上的假象并把历史真相呈现出来的方法，譬如在货币拜物教的分析与批判上，马克思把货币形式看成是商品世界的完成形式，认为货币本质就是商品，严格地讲，乃是用来充当一般等价物的商品，货币之所以被神话、被崇拜，是因为货币从商品世界中取得了一般等价物形式，也就是说，"当一般等价形式同一种特殊商品的自然形式结合在一起，即结晶为货币形式的时候，这种假象就完全形成了"，货币拜物教与商品拜物教有着共同本质，只不过前者更加耀眼夺目罢了。以"还原法"而论，它是指把表面的社会历史现象还原为实际现实生活的方法，比如马克思在分析宗教现象时，就使用了还原法，在他看来，宗教作为社会历史现象、作为一种社会意识，无论其内容多么荒诞、离奇，但都是人们现实生活的投影，以此观之，"对天国的批判变成对尘世的批判，对宗教的批判变成对法的批判，对神学的批判变成对政治的批判"，显然，这就是把神圣现象还原为现实生活，并基于此来阐释。从"回溯法"来看，它就是通过解剖复杂的社会历史现象来理解原初的社会历史现象的方法，借用马克思自己的话语来说，那就是"人体解剖对于猴体解剖是一把钥匙"，譬如在谈到如何看待封建的、古代的以及东方的经济现象时，马克思就明确指出"资产阶级经济学只有在资产阶级社会的自我批判已经开始时，才能理解封建的、古代的和东方的经济"，从诠释学角度看，这乃是在理解者视野批判的基础上确保理解与解释的客观性。

马克思在创建唯物史观或者说历史唯物主义的同时，也以自己的方式创建历史诠释学，客观地讲，我们对马克思历史诠释学思想的梳理还不够深入，但却展现了马克思历史诠释学的核心要义，这种诠释学兼具方法论与本体论双重维度，通过实践活动把历史认识的方法论奠基在历史本体论之上，"确立了透视一切思想、观念和文本的参照系——生存实践活动"，因此，马克思在诠释学领域中做出了独到贡献。遗憾的是，马克思的这一重大贡献还未得到应有的重视，发掘马克思历史诠释学思想遗产是一项亟待深入研究的重大理论课题。

（原载《马克思主义哲学》，2023 年第 2 期，本书有删改）

实现有原则高度的实践

付高生 *

1843 年 10 月，马克思移居法国巴黎，与德国青年黑格尔派分子共同创办《德法年鉴》，同时积极参加法国工人的集会，了解他们的生活状况、思想面貌。通过与群众、工人运动领袖以及各国革命家的广泛而密切的联系，马克思得以深入研究社会主义思潮，进一步推进了对黑格尔法哲学的批判。1844 年 1 月，马克思完成了《〈黑格尔法哲学批判〉导言》。

《〈黑格尔法哲学批判〉导言》是马克思关于社会主义论述的开篇之作，是马克思从唯心主义向唯物主义、从革命民主主义向共产主义转变过程中的重要著作。马克思批判德国青年黑格尔派停留于宗教批判的思路，提出要把"对天国的批判变成对尘世的批判，对宗教的批判变成对法的批判，对神学的批判变成对政治的批判"。同时，他批判德国实践政治派不重视理论解放的狭隘眼界，提出"理论的解放对德国也有特殊的实践意义"。马克思认为，只有同时开展理论批判和现实批判才是彻底的批判，才能为"人的解放"奠定坚实的基础。如何做到这种彻底的批判？马克思提出，要"实现有原则高度的实践"。

"实现有原则高度的实践"是世界观和方法论的有机统一，具有丰富多维的科学内涵。

"实现有原则高度的实践"立足实践的思维方式。马克思在《关于费尔巴

---

* 付高生　省委党校（江西行政学院）哲学教研部主任助理、副研究员

哈的提纲》中指出："哲学家们只是用不同的方式解释世界，问题在于改变世界。"改变世界是实践思维方式的必然要求，在马克思的文本语境中集中体现为共产主义。马克思在《1844年经济学哲学手稿》中指出，共产主义"是人的解放和复原的一个现实的、对下一段历史发展来说是必然的环节""是最近将来的必然的形态和有效的原则"。他在《德意志意识形态》中也指出："共产主义对我们来说不是应当确立的状况，不是现实应当与之相适应的理想。我们所称为共产主义的是那种消灭现存状况的现实的运动。"因此，"实现有原则高度的实践"本质上就是不断更新世界及立于其上的观念的革命。

　　"实现有原则高度的实践"的根本目的是要达到"人的高度"，实现"人的完全回复"。这就要求"必须推翻使人成为被侮辱、被奴役、被遗弃和被蔑视的东西的一切关系"，在实践中就体现为建立真正的共同体。马克思在《德意志意识形态》中指出："从前各个人联合而成的虚假的共同体，总是相对于各个人而独立的。""在真正的共同体的条件下，各个人在自己的联合中并通过这种联合获得自己的自由。"这种真正的共同体将致力于实现每个人的自由而全面的发展。马克思在《资本论》中提出设想："未来社会将是一个更高级、以每一个个人的全面而自由的发展为基本原则的社会形式。"因此，"实现有原则高度的实践"归根到底就是促进全体人民自由、全面地发展。

　　"实现有原则高度的实践"是一项分阶段稳步实现的历史进程。马克思在《〈黑格尔法哲学批判〉导言》一文中认为，德国可以分两步"实现有原则高度的实践"：第一步是"把德国提高到现代各国的正式水准"，即通过发动资产阶级革命，实现从封建社会向资本主义社会的过渡，建立一个形式上自由、民主、平等的社会；第二步是"提高到这些国家最近的将来要达到的人的高度的革命"，即通过发动无产阶级革命，实现资本主义社会向社会主义社会的过渡，建立一个实质上真正自由、民主、平等的社会。而德国实现这两步走的关键"就在于形成一个被戴上彻底的锁链的阶级，一个并非市民社会阶级的市民社会阶级，形成一个表明一切等级解体的等级"。这个阶级，在马克思看来，就是无产阶级。只有形成无产阶级，德国才会有需求普遍解放的需要和动力，才能形成推动革命的坚定历史主体。在此意义上，"实现有原则高度的实践"是无产阶级根据历史条件而逐渐推进的历史运动。

"实现有原则高度的实践"是马克思对 19 世纪的德国寻求现代化之路的一种探索和解答，对于我们今天把握中国式现代化具有重要的启示。我们要注重推进中国式现代化的实践创新与理论创新的良性互动，尤其要重视推进中国式现代化的话语创新，以新的现代化理论、现代化话语讲好中国式现代化的故事。要始终坚持以人民为中心的发展思想，不断满足人民对美好生活的向往，推动实现人民自由而全面的发展；同时以增进人类福祉为价值追求，不断推动人类社会共同进步，积极推进中国梦和世界梦的相互融通、交相辉映。要充分认识到中国式现代化是一个循序渐进的历史过程，按照党的二十大确定的全面建设社会主义现代化国家的时间表、路线图，按步骤分阶段推进中国式现代化，稳步有序实现以中国式现代化全面推进中华民族伟大复兴的中心任务。

（原载《中国纪检监察报》，2023 年 12 月 5 日）

领导干部化危为机要锤炼"四力"

何兵兵*

习近平总书记强调，"危和机总是同生并存的，克服了危即是机""要危中寻机、化危为机"。当前，我国发展进入战略机遇和风险挑战并存、不确定难预料因素增多的时期，各种矛盾危机、困难困局交错叠加。广大领导干部不仅要增强忧患意识、做到居安思危，更要锤炼过硬本领、积极担当作为，巧妙地化"危机"为"契机"，在新时代新征程上应变局、育新机、开新局。

锤炼"泰山压顶而面不改色"的政治定力。理想信念是共产党人精神上的"钙"，是领导干部保持政治定力的"稳定器"。把好理想信念这块"压舱石"，危机来临之时才能处变不惊、临危不乱、面不改色，做到"任凭风浪起，稳坐钓鱼船"。坚持把学习习近平新时代中国特色社会主义思想作为必修课、常修课，全面系统地掌握这一思想的基本观点、科学体系，把握好这一思想的世界观、方法论，坚持好、运用好贯穿其中的立场观点方法，在学思践悟中不断夯实化危为机的思想根基。把对党绝对忠诚融入血脉、注入灵魂，坚定拥护"两个确立"、坚决做到"两个维护"，不断提高政治判断力、政治领悟力、政治执行力，确保在风浪考验面前无所畏惧。厚植"时时放心不下"的为民情怀，贯彻群众路线，坚持"以百姓心为心"，锚定"群众想什么、我们就干什么"，始终与人民风雨同舟、与人民心心相印、与人民团结奋斗，从人民群众

---

* 何兵兵　省委党校（江西行政学院）哲学教研部副教授

中获得无穷的力量，战胜各种艰难险阻，从胜利走向新的胜利。

锤炼"草摇叶响知鹿过"的敏锐眼力。"圣人见微以知萌，见端以知末，故见象箸而怖，知天下不足也。"预判风险是防范风险的前提，把握风险走向是谋求战略主动的关键。领导干部要有"草摇叶响知鹿过、松风一起知虎来、一叶易色而知天下秋"的见微知著能力，最大限度地把矛盾消解于未然、把风险化解于无形。练就"一叶知秋"的敏锐，擦亮识别风险的"火眼金睛"，增强工作的科学性、预见性、主动性、创造性，科学预见形势发展走势和隐藏其中的风险挑战，做到眼睛亮、见事早、行动快，提前考虑、超前谋划，及时消除各种隐患。保持"洞若观火"的清醒，善于透过现象看本质、透过一域看全局，避免坐井观天、一叶障目，盯紧"灰犀牛"动向，警惕"黑天鹅"出现，确保风险隐患无处遁形、做到心中有数。涵养"成竹在胸"的底气，下好先手棋，打好主动仗，多思僵局、危局、险局，从最坏处着眼、向最好处努力，以"四两拨千斤""一子落而满盘活"的妙招，全心全力做好自己的事情。

锤炼"越是艰险越向前"的担当魄力。"志不求易者成，事不避难者进。"习近平总书记指出，在哲学意义上，"难"是在任何领域前进道路上永恒的命题。危机面前不怯懦、困难面前不低头，方能化"天堑"为"通途"。保持"为官避事平生耻"的正气，风险越大、挑战越多，越要锤炼"越是艰险越向前"的担当魄力，在机遇面前主动出击、不犹豫观望，在困难面前迎难而上、不推诿逃避，在风险面前积极应对、不畏缩躲闪，善于从危机和困难中捕捉和创造机遇，化险为夷、化危为机。鼓足"滚石上山、爬坡过坎"的勇气，以"狭路相逢勇者胜"的刚健勇毅，"不获全胜决不收兵"的顽强意志，"一锤接着一锤敲"的不懈努力，充分发挥主观能动性，积极创造条件，打好化危为机的战略主动仗。激扬"知难而上、激流勇进"的胆气，激发"办法总比困难多"的必胜信心，主动作为、大胆尝试、敢于突破，战激流、抢险滩、破难题，不断化解风险、战胜困难、赢得胜利。

锤炼"宝剑锋从磨砺出"的干事能力。"自胜者强，自强者胜。"强筋骨才能御风浪。化危为机的能力不是与生俱来的，而是在不断学习实践中积累提升的。领导干部只有经受严格的思想淬炼、政治历练、实践锻炼、专业训练，掌握"几门硬功"、练就"几把刷子"，才能战胜各种风险挑战。强化学习提升、夯实理论根基、提升业务能力、锻炼工作本领，杜绝"一招鲜、吃遍天"的惯性思维，练强见招拆招、来招应招的解题"硬功夫"，丰富借力发力、借势谋势的化险"软办法"，备好"工具箱"、擦亮"撒手锏"，在学中干、在干中学，努力成为所在工作领域的行家里手。"刀在石上磨，人在事上练。"积极投身实践，把工作实践作为最好的课堂，把化危为机作为重大课题，自觉到风险挑战第一线化解矛盾，到重大任务最前沿接受考验。多经历"风吹浪打"，多捧"烫手山芋"，多当几回"热锅上的蚂蚁"。经历一些难事、急事、大事、复杂的事，经风雨、见世面、壮筋骨、长才干，真正练就勤勉干事、担当任事的宽肩膀。无论面对风高浪急还是惊涛骇浪，都能底气十足、闲庭信步。

（原载《学习时报》，2023 年 8 月 14 日）

以科学的态度对待科学

何兵兵[*]

1872 年，马克思、恩格斯在《共产党宣言》德文版序言中，对《宣言》所阐述的一般原理作出说明："这些原理的实际运用，正如《宣言》中所说的，随时随地都要以当时的历史条件为转移。"马克思、恩格斯不仅讲述了应该以什么样的态度对待《共产党宣言》中的一般原理问题，而且也提出了如何对待马克思主义的问题。

马克思主义坚持辩证发展观，认为一切事物都处在永不停息的运动、变化和发展过程中。基于这种无限发展的"过程论"思想，马克思、恩格斯在进行理论研究和开展革命斗争时，主张以实事求是的科学态度对待他们创立的理论，指出"我们的理论是发展着的理论，而不是必须背得烂熟并机械地加以重复的教条"。

在创立科学社会主义理论的初期，马克思就一再说明："我们不想教条式地预料未来，而只是希望在批判旧世界中发现新世界。"马克思十分厌恶对他的理论"奴隶式的盲目崇拜"和"简单模仿"，而是强调"正确的理论必须结合具体情况并根据现存条件加以阐明和发挥"。1877 年 10 月，米海洛夫斯基在俄国《祖国纪事》杂志上发表了《卡尔·马克思在尤·茹柯夫斯基先生的法庭上》一文，对《资本论》作了错误的解释。马克思给《祖国纪事》杂志编辑

＊　何兵兵　省委党校（江西行政学院）哲学教研部副教授

部写了一封答辩信，试图纠正米海洛夫斯基的观点。马克思指出，米海洛夫斯基"一定要把我关于西欧资本主义起源的历史概述彻底变成一般发展道路的历史哲学理论，一切民族，不管它们所处的历史环境如何，都注定要走这条道路"，但是"他这样做，会给我过多的荣誉，同时也会给我过多的侮辱"。因为马克思从不认为自己的理论是一般历史哲学理论这样的"万能钥匙"。

恩格斯同样以科学的态度对待马克思主义，他指出："社会主义自从成为科学以来，就要求人们把它当作科学看待。"恩格斯的科学态度集中体现在他的一句名言上："马克思的整个世界观不是教义，而是方法。它提供的不是现成的教条，而是进一步研究的出发点和供这种研究使用的方法。"1890 年 6 月 5 日，恩格斯在一封信中写道："如果不把唯物主义方法当作研究历史的指南，而把它当作现成的公式，按照它来剪裁各种历史事实，那它就会转变为自己的对立物。"针对某些德国青年著作家把"唯物主义"视作"套语"或"标签"的倾向，恩格斯在 1890 年 8 月 5 日的一封信中严肃表示："我们的历史观首先是进行研究工作的指南，并不是按照黑格尔学派的方式构造体系的杠杆。"这些论述无不体现出恩格斯的态度：反对那种只知简单套用其理论而不做进一步研究的做法。

恩格斯一再告诫人们不要生搬硬套马克思和他的话，"而要根据自己的情况像马克思那样去思考问题"。1890 年 8 月 27 日，他在给保尔·拉法格的信中，十分尖锐地批评当时一些德国大学生和年轻的著作家们学风浮躁，指出这些人热衷于做表面文章，把马克思的一些对他们有用的话当作标签、到处乱贴。恩格斯坚决反对把各种虚构、附加、解释强加给马克思的冒牌马克思主义，他认为把马克思主义教条化的"马克思主义"其实并不是真正的马克思主义，其并没有掌握马克思学说的精髓，而只是机械地理解和照搬。

马克思、恩格斯对待马克思主义的科学态度深深影响着中国共产党人。毛泽东说："不如马克思，不是马克思主义者；等于马克思，也不是马克思主义者；只有超过马克思，才是马克思主义者。"一百多年来，我们党始终坚持把马克思主义基本原理同中国具体实际相结合、同中华优秀传统文化相结合，不断推进马克思主义中国化时代化，不断形成新的理论创新成果，进而指导党和人民取得革命、建设和改革的伟大成就。

党的十八大以来，以习近平同志为核心的党中央坚持解放思想、实事求是、守正创新，着眼生动鲜活的新实践新发展，不断做出新的理论创新创造，赋予马克思主义鲜明的实践特色、民族特色、时代特色，创立了习近平新时代中国特色社会主义思想。习近平总书记强调："对待马克思主义，不能采取教条主义的态度，也不能采取实用主义的态度。"今天，时代变化和我国发展的广度和深度远远超出了马克思主义经典作家当时的想象。面对新的时代特点和实践要求，我们必须坚持把马克思主义基本原理同中国具体实际相结合、同中华优秀传统文化相结合，用马克思主义观察时代、把握时代、引领时代，奋力谱写马克思主义中国化时代化新篇章。

（原载《中国纪检监察报》，2023 年 7 月 25 日）

发展全过程人民民主的理论逻辑与实践路径

周燕妮*

　　党的二十大报告指出："全过程人民民主是社会主义民主政治的本质属性，是最广泛、最真实、最管用的民主。"新时代发展全过程人民民主，是践行人民当家做主的政治制度的内在要求，是中国民主政治理论的重要体现，也是创新和丰富人类政治文明新形态的生动实践。

　　习近平总书记指出："人民民主是社会主义的生命，是全面建设社会主义现代化国家的应有之义。"发展全过程人民民主是中国式现代化的本质要求之一，需要从大历史观的维度厘清发展全过程人民民主的理论逻辑。一方面，发展全过程人民民主，是马克思主义民主理论的创新成果。全过程人民民主，正是伴随着国家治理、战略谋划、意识形态、价值构建等多元化的政治需求产生的，其发展路径也统一于国家的政治、经济、文化、社会和法治建设等各领域。因此，全过程人民民主是建立在深化与创新马克思主义民主理论基础上、以保证国家治理功能成功转型的民主。另一方面，发展全过程人民民主，具有深厚的群众基础和实践基础。就群众基础而言，国家在行使权力过程中，将"协商民主"理念纳入决策环节，有力地保障各项权力的有效运行，促进了党和国家各项事业的有序开展，拉近了党同人民群众的联系，奠定了深厚的群众基础。就实践基础而言，全过程人民民主是建立在中国基层社会治理实践中

* 周燕妮　省委党校（江西行政学院）科学社会主义（政治学）教研部讲师

的、以实现基层社会中各种民主诉求为目标的创新实践。而基层社会的实践探索是丰富、多元且极具创造力的，通过全过程人民民主实践探索，又进一步为中国的民主理论提供源头活水。

发展全过程人民民主，以解决中国实际问题、推进社会主义民主政治建设、实现中国式现代化为实践目标。要在解决实际问题中创新发展全过程人民民主的实践路径。

构建全过程人民民主的"中国叙事"，增强国际话语权。"全过程人民民主"这一重大理论具有鲜明的中国实践特色和话语品格，它不仅是党带领人民开创的人类民主政治生活的中国特色实践方式，也是党在长期探索和推进民主政治建设中形成的中国民主话语表达方式。构建全过程人民民主的"中国叙事"，是增强国际话语权的现实需要，也是发展全过程人民民主的重要路径之一。对此，要进一步发扬斗争精神，跳出西方民主话语体系和逻辑陷阱，用中国特有的话语体系讲好中国的民主故事。同时，要从中华优秀传统文化中汲取智慧和营养，如"和合文化""利民之用，厚民之生""和而不同，美美与共"等精髓，进一步讲透讲好中国人的世界观、政治观、人民观，阐明中国社会主义民主的鲜明特征与显著优势。

完善协商民主体系，为发展全过程人民民主提供制度保障。协商民主是实践全过程人民民主的重要形式。习近平总书记多次强调，"社会主义协商民主，是中国社会主义民主政治的特有形式和独特优势"。当前，我国基本政治制度是中国共产党领导的多党合作和政治协商制度，发展全过程人民民主，尤其需要在协商民主的实践探索中汲取经验和智慧。要完善协商民主体系，通过统筹推进政党协商、人大协商、政府协商、政协协商、人民团体协商、基层协商以及社会组织协商，推进协商民主广泛、多层、制度化发展。此外，通过完善协商民主体系，还能不断增进民主共识，形成科学的民主决策，在全社会形成最大公约数，充分体现"有事好商量，众人的事情由众人商量"的人民民主真谛，在制度层面为发展全过程人民民主提供支撑。

在中国式现代化新征程上发展全过程人民民主。发展全过程人民民主是中国式现代化的重要内容。首先，要将发展全过程人民民主的具体实践与基层社会治理相结合，通过人大、政协、基层协商等平台，提升人民民主的实践治理效能。其次，要坚持以人民为中心的发展思想。中国式现代化建设全过程，必须紧紧依靠人民，团结人民，凝聚全体人民的智慧和力量。要通过各种渠道、各种方式发展全过程人民民主，构建民主实现形式新样态，通过完善人民当家做主的制度体系，保障人民群众的知情权、参与权、表达权、监督权，真正将人民当家做主的民主政治优势落到实处，不断激发人民群众的积极性、主动性、创造性。

（原载《江西日报》，2023 年 4 月 3 日）

以伟大自我革命引领伟大社会革命

刘金东 *

习近平总书记在党的二十大报告中指出："全党必须牢记，全面从严治党永远在路上，党的自我革命永远在路上，决不能有松劲歇脚、疲劳厌战的情绪，必须持之以恒推进全面从严治党，深入推进新时代党的建设新的伟大工程，以党的自我革命引领社会革命。"在参加党的二十大广西代表团讨论时，习近平总书记再次强调，要牢牢把握以伟大自我革命引领伟大社会革命的重要要求，为全党继续深入推进新时代党的建设新的伟大工程指明了方向、提供了遵循。

以伟大自我革命引领伟大社会革命是马克思主义政党实现历史使命的内在要求。马克思主义政党以实现人的自由全面发展和解放全人类为己任，要实现这样的崇高使命，必须在不断自我革命中永葆先进性和纯洁性，以彻底的自我革命推动深刻的社会革命。正如马克思、恩格斯所指出，革命之所以必需，不仅是因为没有任何其他的办法能够推翻统治阶级，而且还因为推翻统治阶级的那个阶级，只有在革命中才能抛掉自己身上的一切陈旧的肮脏东西，才能胜任重建社会的工作。中国共产党是中国特色社会主义事业的坚强领导核心，党的自我革命和党领导的社会革命是有机统一的，二者相互促进、相得益彰。党的自我革命是推进伟大社会革命的强大动力，贯穿于社会革命的全过程，全

---

* 刘金东　省委党校（江西行政学院）中共党史和党的建设教研部教授

面引领社会革命的新实践，党的自我革命所达到的历史高度，决定着伟大社会革命的实践深度；社会革命的新任务新挑战又对党的自我革命提出新目标新要求。对于拥有 9600 多万名党员、490 多万个基层党组织的中国共产党来说，只有不断进行自我革命，一刻不放松地解决自身存在的问题，才能打造和锤炼过硬的政治领导力、思想引领力、群众组织力、社会号召力，推动中国特色社会主义事业航船劈波斩浪、一往无前。

以伟大自我革命引领伟大社会革命是中国共产党进行革命、建设和改革的宝贵经验。党的历史就是一部自我革命史。新民主主义时期，我们党通过古田会议、遵义会议和延安整风廓清了错误认识，实施和推进党的建设伟大工程，开辟了农村包围城市、武装夺取政权的正确革命道路，推翻了三座大山，建立了新中国。"文化大革命"结束以后，在党和国家面临何去何从的重大历史关头，我们党召开十一届三中全会，作出把党和国家工作重心转移到经济建设上来、实行改革开放的历史性决策，开辟了中国特色社会主义道路。中国特色社会主义进入新时代，以习近平同志为核心的党中央把全面从严治党纳入"四个全面"战略布局，坚定不移地推进党风廉政建设和反腐败斗争，持之以恒地正风肃纪，一体推进不敢腐、不能腐、不想腐，刹住了一些多年未刹住的歪风邪气，解决了许多长期没有解决的顽瘴痼疾，清除了党、国家、军队内部存在的严重隐患，管党治党宽松软状况得到根本扭转，找到了自我革命这一跳出治乱兴衰历史周期率的第二个答案，为推进伟大社会革命提供强大力量支撑。历经百余年奋斗，党团结带领中国人民踏上了实现第二个百年奋斗目标新的赶考之路。新征程上，我们必须永葆"赶考"的清醒和坚定，持之以恒地推进全面从严治党，深入推进新时代党的建设新的伟大工程，把党建设成为始终走在时代前列、人民衷心拥护、勇于自我革命、经得起各种风浪考验、朝气蓬勃的马克思主义执政党。

以伟大自我革命引领伟大社会革命必须时刻保持解决大党独有难题的清醒和坚定。全面建设社会主义现代化国家、全面推进中华民族伟大复兴，关键在党。我们党作为世界上最大的马克思主义执政党，要始终赢得人民拥护、巩固长期执政地位，必须时刻保持解决大党独有难题的清醒和坚定。要始终坚持党的领导。深刻领悟"两个确立"的决定性意义，坚决做到"两个维护"，确保全党在政治立场、政治方向、政治原则、政治道路上始终同党中央保持高度一致。要不断强化思想武装。坚持不懈用习近平新时代中国特色社会主义思想凝心铸魂，加强理想信念教育，引导全党牢记党的宗旨，自觉做共产主义远大理想和中国特色社会主义共同理想的坚定信仰者和忠实实践者。要始终坚持人民至上。把一切为了人民作为自我革命的根本目的，始终站稳人民立场、把握人民愿望、尊重人民创造、集中人民智慧，发展全过程人民民主，健全人民当家做主制度体系，毫不动摇地把实现好、维护好、发展好最广大人民根本利益作为一切工作的出发点和落脚点。要持之以恒地推进全面从严治党。坚决落实新时代党的建设总要求，坚持以严的基调强化正风肃纪，持续深化纠治"四风"，重点纠治形式主义、官僚主义，坚决破除特权思想和特权行为，坚决打赢反腐败斗争攻坚战持久战，以零容忍态度反腐惩恶，决不姑息。

（原载《江西日报》，2023 年 1 月 9 日）

经典现代化理论的中国式超越

杨泽娟*

现代化是一个复杂的历史现象和发展过程。围绕这个复杂现象和过程，形成了经典现代化理论、依附论、新政治经济学、世界体系理论、（新）依附发展理论等现代化理论，其中，经典现代化理论影响最为深远。

经典现代化理论是 20 世纪五六十年代，美国主流学派研究发展中国家实现现代化问题的理论。该理论的核心是"西化"，理论前提是"内因论"，认为贫困国家的落后是自己制度上和观念上的落后造成的，因此，落后国家实现现代化必须在制度和观念上进行"西化"。该理论涉及范围广泛，在经济、政治、社会、历史、心理、文化等多领域都有对应的现代化理论研究。在经济学领域，"二元经济结构理论"阐释了欠发达国家内部存在农业经济体系和城市现代工业体系两种截然不同的经济体系，主张打破这种二元经济结构，通过贸易与西方取得经济上的联系与对接，待时机成熟，模仿西方工业化进程。在政治学领域，美国政治学家加布里埃尔·阿尔蒙德和塞缪尔·亨廷顿是该领域具有重大影响力的学者。阿尔蒙德强调政治的结构功能主义，将欧美政治体制奉为标准，过分推崇西方政治结构，主张现代化政治体制的结构分化和功能的专门化，将政治结构看作是高度分工的结构体系。但历史和现实都已经证明了其局限性，比如，拉美和非洲国家虽然模仿学习这种政治结构，但政局依然动荡不

---

* 杨泽娟　省委党校（江西行政学院）中共党史和党的建设教研部教授

断。亨廷顿主张"政治秩序论"，主张"国家之间最重要的差异不在于政府的形而在于政府的度"，主张权威的合理化、结构的分离及政治参与的扩大，认为现代化取得成功的关键在于政治的制度化，即秩序。在社会学领域，美国社会学家帕森斯阐述了独特的"传统－现代"二元对立的现代化理论。他认为，尽管世界各民族发展状况不一，但最终都会选择殊途同归的现代化发展模式。可见，经典现代化理论虽然划分为不同的具体理论，其共同的核心是以西方国家的现代化发展模式为样本，具有明显的"西方中心主义"特征，把"现代化"等同于"西方化"、"西方化"等同于"普适化"，更有甚者，将"现代化"等同于"英国化""美国化"，认为"西方化"是落后国家实现现代化的必经之路和唯一选择。这一理论在特定时期产生了较大影响，但由于其局限性而日渐褪色。

20 世纪 70 年代末，随着我国国家工作重心转向以实现社会主义现代化为中心的新发展轨道，西方流行的现代化理论在国内学界开始不胫而走。改革开放以来，中国学界立足于国情，对待经典现代化理论经历了从吸收到扬弃的过程，形成一种以"工业－经济"双核心的现代化理论作为分析范式的倾向。进入新时代，国内学者一改以往国外学者和改革开放早期国内学者对经典现代化理论的推崇，开始对西方现代化理论采取马克思主义式的批判态度，对"西方中心主义"的现代化理论采取深入的批判，并立足社会文明形态的演变规律，理性地看待经典现代化理论，尝试破解西方经典现代化理论，构建中国式现代化理论：一是破解了西方经典现代化理论"传统"与"现代"的二元对立，把现代化建设同中华优秀传统文化相结合，更加注重从中华优秀传统文化中吸收有益于治国理政的经验和智慧，比如，有学者提出，中华优秀传统文化蕴含着解答西方现代化道路总问题即人类总体性危机的基本提示；二是破解了西方经典现代化理论关于社会主义历史终结论的谬论，把马克思主义基本原理同中国具体实际相结合，创造了令世界瞩目的现代化奇迹，认为马克思主义激活了支撑中国现代化的现实历史的伟力；三是破解了马克思主义与经典现代化理论之间的不平等地位，敢于对西方现代化进行批判审视。比如，有学者认为，西方现代化的本质就是以西方文化为坐标的"资本主义化";有学者从资本主义生产关系角度揭露了"现代化＝西方化"的"失真",所谓的"现代化"实质上是新私有制代替了旧私有制,背离和毁掉了对原有文明的延续,资本主义现代化文明形态也必然被新的文明形态所取代。不过,除了批判和破解,更重要的是海纳和包容,国内学者也从唯物史观角度辩证地从中吸取和运用各种现代化理论,创造性地阐释中国式现代化的总体面貌。

国内学界关于现代化理论研究态度的转变,不仅体现在心理态度、价值观、生活方式的改变上,更体现在对中国共产党能、中国特色社会主义好、马克思主义行的自信上。

（原载《江西日报》, 2023 年 9 月 11 日）

自觉用党的创新理论改造主观世界

潘丽文 *

　　"学思想、强党性、重实践、建新功"是学习贯彻习近平新时代中国特色社会主义思想主题教育的总要求。强党性，就是要自觉用习近平新时代中国特色社会主义思想改造主观世界，深刻领会这一思想关于坚定理想信念、提升思想境界、加强党性锻炼等一系列要求，始终保持共产党人的政治本色。习近平总书记围绕主题教育发表的一系列重要讲话，作出的一系列重要指示，对"为什么学""学什么""怎么学"进行了深刻阐释，为我们提供了最坚实的思想遵循。

　　坚持以马克思主义理论为指导。马克思主义诞生已有 170 多年，但它的真理力量并没有因时间的流逝而消失，迄今依然有着强大的生命力。马克思主义深刻揭示了自然界、人类社会、思维发展的普遍规律，为人类社会发展进步指明了方向。同时，马克思主义揭示了事物的本质、内在联系及发展规律，是"伟大的认识工具"，是人们观察世界、分析问题的有力的思想武器。习近平新时代中国特色社会主义思想是新时代中国共产党坚持和发展马克思主义的最新理论成果，以一系列原创性战略性重大思想观点丰富和发展了马克思主义，是当代中国马克思主义、21 世纪马克思主义。只有学懂弄通了习近平新时代中国特色社会主义思想，特别是领会了贯穿其中的马克思主义立场、观点、方

＊　潘丽文　省委党校（江西行政学院）中共党史和党的建设教研部讲师

法，才能心明眼亮，才能深刻认识和准确把握共产党执政规律、社会主义建设规律、人类社会发展规律，才能始终坚定理想信念，才能在纷繁复杂的形势下坚持科学指导思想和正确前进方向，把中国特色社会主义不断推向前进。

在深化对"两个结合"的理解中学懂弄通。习近平新时代中国特色社会主义思想是马克思主义基本原理同中国具体实际相结合、同中华优秀传统文化相结合的最新理论成果。学习贯彻习近平新时代中国特色社会主义思想，就要深刻理解"两个结合"。第一，习近平新时代中国特色社会主义思想是用马克思主义基本原理破解中国之问的典范。党的十八大以来，以习近平同志为主要代表的中国共产党人，坚持解放思想、实事求是、与时俱进、求真务实，一切从实际出发，着眼解决新时代改革开放和社会主义现代化建设的实际问题，提出了一系列原创性的治国理政新理念新思想新战略，形成了一系列符合客观规律、能够切实指导中国实践的创新成果。比如，提出绿水青山就是金山银山，丰富和发展了马克思主义自然观；提出全面推进依法治国，丰富和发展了马克思主义法治思想；等等。这些创新成果在中国特色社会主义伟大实践中展现出强大的真理力量。第二，习近平新时代中国特色社会主义思想把马克思主义基本原理同中华优秀传统文化相结合，推动了中华优秀传统文化创造性转化、创新性发展。中华民族有着深厚的文化传统，形成了富有特色的思想体系和价值体系，体现了中国人几千年来积累的知识智慧和理性思辨，是我国的独特优势。习近平新时代中国特色社会主义思想把马克思主义思想精髓同中华优秀传统文化精华贯通起来，不断赋予科学理论鲜明的中国特色，赓续了中华民族的文化命脉。比如，提出人与自然和谐共生，蕴含着中华优秀传统文化中天人合一的宇宙观；提出全过程人民民主的重大理念，发展了中华优秀传统文化中和而不同的社会观；等等。学习贯彻习近平新时代中国特色社会主义思想就要坚定历史自信、文化自信，坚持古为今用、推陈出新，把马克思主义思想精髓同中华优秀传统文化精华贯通起来、同人民群众日用而不觉的共同价值观念融通起来，在深化对"两个结合"的理解中学懂弄通。

把思想伟力转化为干事创业的实际成效。习近平总书记指出："学习不能仅停留在记住一些概念和提法。新时代以来，党的理论创新和实践创新是十分生动的，我们的学习也应该是生动的。"学习习近平新时代中国特色社会主义思想的目的全在于运用，在于把这一重要思想变成改造主观世界和客观世界的强大思想武器。从具体视野来看，就要大力弘扬理论联系实际的马克思主义学风，强化问题导向、实践导向、需求导向，把自己摆进去、把职责摆进去、把工作摆进去。"十个明确""十四个坚持""十三个方面成就"概括了习近平新时代中国特色社会主义思想的主要内容，系统全面，逻辑严密，要熟练掌握其中蕴含的领导方法、思想方法、工作方法，不断提高履职尽责的能力和水平，凝心聚力促发展，驰而不息抓落实，努力创造经得起历史和人民检验的实绩。从宏阔视野来看，学好习近平新时代中国特色社会主义思想，就要用其中蕴含的科学世界观和方法论改造客观世界、推动事业发展，用以观察时代、把握时代、引领时代，积极识变应变求变，解决经济社会发展和党的建设中存在的各种矛盾问题，防范化解重大风险，推动中国式现代化取得新突破新进展。

（原载《江西日报》，2023 年 7 月 24 日）

如何改变"违法成本低、守法成本高"的现象

张　涛*

　　守法成本是日常生活中公民或组织按照法律规定实施行为需付出的代价或减少的利益，包括因守法产生的时间、精力、路途等多种形式的成本，也包括以金钱形式存在的成本，如诉讼费、鉴定费、交通费等费用。与之相对应，所谓违法成本，是指违法者因违反法律规定而承担的各种损失和惩罚。

　　全民守法是依法治国的基础。影响组织和个人守法及其程度的因素比较多，如法律本身的正当性、规范的明确性和可操作性、社会习惯、企业和公民自身的法律意识等。除此之外，还有一个非常重要的因素制约着公民守法的程度和水平，那就是守法成本。法治实践中存在的"违法成本低、守法成本高"，也就是守法行为未能获得足够的激励，而违法行为人则在相对较低违法成本下获得了较大的不当利益，这对法治建设会产生消极影响。对此，习近平总书记强调："要坚决改变违法成本低、守法成本高的现象，谁违法就要付出比守法更大的代价，甚至是几倍、十几倍、几十倍的代价。"

　　从现实情况来看，导致"违法成本低、守法成本高"的原因是多方面的，主要表现在制度设计存在漏洞、行政执法不严不实和守法意识有待提高等方面。

　　第一，良法是善治之前提，"违法成本低、守法成本高"的现象之所以产生，根源在于部分法律制度的设计存在漏洞。例如，对于建筑施工噪声，某地环境保护条例规定最高罚款为3万元，但该地某些施工企业在赶工期间，所获

* 张　涛　省委党校（江西行政学院）法学教研部副主任、副教授

得的利润远高于罚款的数额，因此，宁可认罚也要夜间施工。在此意义上，制度成本的配置将直接决定法律实施的效果。从趋利避害的行为逻辑来说，一项制度设计如果导致守法所付出的制度成本较低，人们就会倾向于遵守法律；否则，人们可能宁愿违反法律，也要做法律禁止的行为。

第二，虽然行政执法的规范化建设已取得很大成效，但行政执法不严不实的现象依然存在，客观上加剧了"违法成本低、守法成本高"的问题。一方面，由于行政执法不严不实，降低了法律规则的确定性，削弱和模糊了法律的规范性和强制性。在实践中，执法机构监管能力弱、执法检查带有随机性、发现违法事实后的应对方式过于随意、处罚力度与违法程度不匹配等现象，都将导致执法降低威慑力，增加违法行为发生的概率。另一方面，少数单位和个人在执法过程中层层加码，在行政审批活动中额外增加不必要的条件和环节，违反依法行政的原则，无形中增加了依法办事的成本，也就削弱了人们对法律的信任。

第三，在守法意识上，个别地方仍存在"发展要上、法治要让"的错误观念，对一些违法行为的惩处"失之以宽、失之以松、失之以软"，助长了违法者的侥幸心理。例如，有的地方出台的国家级自然保护区管理条例将《中华人民共和国自然保护区条例》规定的"禁止在自然保护区内进行砍伐、放牧、狩猎、捕捞、采药、开垦、烧荒、开矿、采石、挖沙"等10类活动，缩减为"禁止进行狩猎、垦荒、烧荒"等3类。地方立法存在的这种"放水"情况正是一些地方生态系统遭到严重破坏的一个重要原因。

"违法成本低、守法成本高"现象，对法治建设非常不利，当人们不愿为遵守法律付出成本，当法律规则无法成为行为选择的排他性理由，法律的权威就会遭到削弱，必须采取有效手段予以纠正。

一是不断增强立法的社会适应性，有效地激励引导人们守法。法律以社会为基础，立法要根据社会需求，设置符合社会需要并能推进社会发展的规则和制度。在我国经济迅猛发展的背景下，法律制定要充分考量经济要素对法治建设的影响。在法律制度设计上，必须进一步鼓励合法行为，明确规定违法行为导致的不利后果。在正反两方面激励中，将制度设计得更加鲜明。一方面，对于食品安全、环境保护、医疗卫生等重点领域违法行为，增加惩罚性条款，依法适当加大经济惩处力度，促使相关行为主体不敢轻易触碰法律底线。另一方面，应当将是否易于遵守作为法律规则设计的考量因素之一，尽量简化守法环节，如取消一些烦琐的审批环节、适当减免相关费用、建立对守法者的救济机制等，将守法成本真正降下来。例如，我国民法典规定，拾得遗失物，应当返还权利人。拾得人应当及时通知权利人领取，或者送交公安等有关部门。但同时也规定，权利人领取遗失物时，应当向拾得人或者有关部门支付保管遗失物等支出的必要费用。这就是对守法者（拾得人）所付出成本的一种补偿。值得注意的是，主张提高违法成本、降低守法成本并不意味着法律要一味实行重刑或重罚，而是要依据守法成本和违法成本设定一个平衡点，对于所需要付出和承担的代价进行合理估算，在立法中尽最大努力实现公平。

二是优化执法方式、提升执法质量。一方面，坚决纠正有法不依、人情执法、选择性执法等行为，完善和细化行政执法的程序规则和自由裁量基准，不得随意增设法外条件，以科学严谨的行政程序和裁量规则来控制和约束行政执法行为，确保执法行为的公信力。另一方面，加大行政执法公开的力度，充分落实行政执法责任，以公开和问责促进执法公正，最大限度地减少执法的随意性。同时，加强执法队伍管理，不断增强执法人员的法治意识，促使行政执法真正符合有法必依、执法必严，既不让守法者"吃亏"，又使违法者实实在在地付出代价。

三是大力弘扬法治精神，让守法成为自觉。徒法不足以自行，法律的权威源自人民的内心拥护和真诚信仰。人民权益要靠法律保障，法律权威要靠人民维护。应当进一步大力弘扬社会主义法治精神，进一步强化人民群众对法律规则的信任，使得守法意识潜移默化地渗透人们日常生活中，使遵守法律成为公民的普遍共识并自觉服从，做社会主义法治的忠实崇尚者、自觉遵守者、坚定捍卫者，真正形成"守法者荣、违法者耻"的社会风气。

（原载《学习时报》，2023 年 12 月 6 日）

发展全过程人民民主　推动市县法治建设高质量发展

薄萍萍　万高隆 [*]

民主是全人类的共同价值追求，也是法治的前提和基础。进入新时代，人民群众在民主、法治等方面的要求日益增长。党的二十大对"发展全过程人民民主，保障人民当家作主"和"坚持全面依法治国，推进法治中国建设"作出明确部署。全面依法治国的基础在基层，工作重点在基层。市县法治建设是新时代中国特色社会主义法治体系不可或缺的一环。2022 年 8 月，中央全面依法治国委员会印发《关于进一步加强市县法治建设的意见》，旨在夯实全面依法治国的基础，提升市县法治建设水平。推动公众有序有效参与到市县法治建设进程中，是发展全过程人民民主的重要内容，也是保障人民当家作主的重要方式，有助于把体现人民利益、反映人民愿望、维护人民权益、增进人民福祉落实到市县法治建设全过程和各方面。

地方法规制定充分体现人民意志。立法是为国家定规矩、为社会定方圆，民主立法是科学立法的前提。市县法治是否建立在民主基础上，不仅要看地方立法是否设定人民的权利和利益条款，更要看立法是否充分体现人民意志。地方立法唯有接地气、察民情、聚民智，才能提高立法质量、实现良法善治。

注重民心的导向性。坚持问题导向，百姓关心群众急需的重点领域先立，不必要不成熟的不立，有争议待完善的缓立。健全立法征求意见机制，依靠立

* 薄萍萍　省委党校（江西行政学院）法学教研部副主任、讲师
　万高隆　省委党校（江西行政学院）文化与科技教研部主任、教授

法联系点、立法咨询基地、代表联络站以及各种媒体广泛征求意见，完善立法调研论证、意见征集、风险评估、立法听证等制度。加强行政规范性文件制定和监督管理，杜绝为了地方或部门利益制发减损公民权利、增设公民义务的规范性文件。立足地方民情的特殊性。市县法规制定的目的主要是根据各地实际情况，有针对性地解决人民群众的实际问题，补充现有法律或者行政法规相关规定，更好地满足人民对美好生活的需要。在立法内容、制定方式以及参与形式等方面要明确自身需求，根据各地经济发展、社会治理实际情况进行补充立法。注重立法的精细化。做好立法规划，强化立法统筹，灵活运用"小切口""小快灵"式立法，着重在城乡建设与管理、历史文化保护等方面有所作为。

行政决策和执法全面保障人民参与。市县法治是否建立在民主基础上，不仅要看人民有没有投票权，更要看人民有没有广泛的参与权，动员人民群众一起来想、一起来干，使行政决策更能顺乎民意、合乎实际。

保障行政决策和执法中人民的参与机会。重大决策必须严格遵循民主原则，保证公众参与决策途径和形式的多样性，积极发挥法律顾问、公职律师在重大行政决策中的作用，充分保障执法过程中行政相对人的陈述申辩权利。发挥各类社会组织作用，打造共建共治共享的社会治理格局。保障行政决策和执法中人民的参与深度。涉及社会公众切身利益的重要规划、重大公共政策和措施、重大公共建设项目以及影响较大的执法等，应当通过举行听证会等形式加大公众参与力度，认真听取和反映利益相关群体的意见建议。保障行政决策和执法中人民的参与效果。建立健全重大行政决策和执法跟踪反馈和评估制度，并将行政决策和执法人民满意情况纳入法治政府建设考核范围，促进基层政府依法行政。

法律实施着力维护人民利益。市县法治是否建立在民主基础上，不仅要看地方法规制度规定了什么样的程序和规则，更要看这些法规制度是不是得到了真正的执行。市县法治与服务保障民生和维护基层安全稳定直接关联，要积极维护人民群众在法治领域的获得感幸福感安全感，打通法治建设的"最后一公里"。

坚持公平正义的价值追求。努力让人民群众在每一项法律制度、每一个执法决定、每一宗司法案件中都感受到公平正义。审判机关、检察机关要依法独立公正行使审判权、检察权，程序上公开透明，维护好"看得见的正义"，实体上合法合理，实现形式正义与实质正义的有机统一。培养执法人员的宪法意识和法治精神。全面贯彻合法性原则，坚持法无授权不可为、法定职责必须为。深入践行合理性原则，执法手段和执法目的之间要有正当相关性，最大限度保护人民权利和利益。落实办案质量终身负责制和错案责任倒查问责制。有权必有责、用权受监督。要把严格规范公正文明执法和公正司法落到实处，全面落实执法司法责任制，健全执法司法质量考核评议和执法司法全过程责任追究机制，构建有权有责、权责统一、滥权问责的责任体系和追究机制。

权力监督大力彰显人民民主。权力运行能否得到有效制约和监督，是衡量一个国家政治制度是否民主的重要标准。市县法治是否建立在民主基础上，不仅要看权力运行规则和程序是否民主，更要看权力是否真正受到人民群众的监督。

坚持以党内监督为主导。党的性质和执政地位决定了党内监督的决定性作用。只有党内监督有效，其他监督方式才能真正落地。通过对全体党组织和党员干部的监督全覆盖，保证立党为公、执政为民，使人民的意志通过党内监督得到充分体现。以国家监督为依托。健全人大监督、监察监督、行政监督、司法监督、民主监督制度，发挥审计监督、统计监督职能作用。通过对所有行使公权力的公职人员监督全覆盖，保证国家机构依法履职、秉公用权，保障人民赋予的权力得到充分、全面、有效行使。以人民监督推动党内监督和国家监督。充分发挥群众监督和舆论监督的作用，做到事事有回应、件件有着落，防止让群众的表达和诉求在程序上陷入"空转"。坚持群众路线，拓宽民主渠道，确保在决策、执行、监督等各个环节都能听到广大人民群众的声音。党内监督、国家监督与社会监督相互贯通，各种监督力量才不会"缺位"，才能进一步增强监督效能，确保权力用来为人民谋福利，真正体现人民当家作主。

（原载《光明日报》，2023 年 2 月 11 日）

不断深化对党的理论创新的规律性认识

冯志峰 *

习近平总书记在中共中央政治局第六次集体学习时强调："我们要不断深化对党的理论创新的规律性认识，在新时代新征程上取得更为丰硕的理论创新成果。"党和人民事业发展到什么阶段，党的理论创新就要推进到什么阶段。迈上全面建设社会主义现代化国家新征程，面对国内外形势新变化和实践新要求，迫切需要我们从理论和实践的结合上深入回答关系党和国家事业发展的一系列重大时代课题。我们必须始终坚持解放思想、实事求是、与时俱进、求真务实，不断结合新的实际深化对党的理论创新的规律性认识，守正创新、砥砺前行，让当代中国马克思主义、21世纪马克思主义展现出更为强大、更有说服力的真理力量。

坚持把马克思主义思想精髓同中华优秀传统文化精华贯通起来推进理论创新

马克思主义始终是我们立党立国、兴党兴国的根本指导思想，是我们认识世界、把握规律、追求真理、改造世界的强大思想武器。党的百年奋斗史告诉我们，中国共产党为什么能，中国特色社会主义为什么好，归根到底是马克思主义行，是中国化时代化的马克思主义行。拥有马克思主义科学理论指导是

---

* 冯志峰　省委党校（江西行政学院）马克思主义研究院院长、研究员

我们党坚定信仰信念、把握历史主动的根本所在。中国共产党人深刻认识到，只有把马克思主义基本原理同中国具体实际相结合、同中华优秀传统文化相结合，坚持运用辩证唯物主义和历史唯物主义，才能正确回答中国之问、世界之问、人民之问、时代之问，得出符合客观规律、指导中国实践的科学认识，形成与时俱进的理论成果。我们必须始终坚守马克思主义这个魂脉、中华优秀传统文化这个根脉，用马克思主义激活中华优秀传统文化中富有生命力的优秀因子并赋予新的时代内涵，将中华民族的伟大精神和丰富智慧更深层次地注入马克思主义，用博大胸怀吸收人类创造的一切优秀文明成果来创新和发展党的理论，形成兼容并蓄、博采众长的理论大格局大气象。要坚持和运用马克思主义的实践观、群众观、阶级观、发展观、矛盾观，真正把马克思主义这个看家本领学精悟透用好，将党的创新理论不仅作为努力"解释世界"的"伟大认识工具"，更作为积极"改变世界"的"伟大实践工具"，使习近平新时代中国特色社会主义思想放射出更加灿烂的真理光芒、焕发出更加强大的实践伟力。

坚持把问题导向同目标导向贯通起来推进理论创新

时代是思想之母，实践是理论之源。理论在一个国家的实现程度，取决于理论满足这个国家需要的程度。一切划时代的理论，都是满足时代需要的产物。问题是时代的声音，及时科学解答时代新课题是理论创新的根本任务。坚持目标导向与问题导向相贯通，充分体现了辩证唯物主义和历史唯物主义的世界观与方法论，是被实践证明行之有效的推进理论创新的好办法。当前，在"两个大局"加速演进并深度互动的时代背景下，我们所面临问题的复杂程度、解决问题的艰巨程度明显加大，迫切需要我们牢固树立大历史观，以更宽广的视野、更长远的眼光把握世界历史的发展脉络和正确走向，认清我国社会发展、人类社会发展的大逻辑大趋势，以理论创新提交科学答案。推进理论创新是一个追求真理、揭示真理、笃行真理的过程，需要在实践中发现问题、找准目标，用实践来解决问题、实现目标。我们既要以目标为着眼点，在统筹谋划、顶层设计上下功夫，善于从纷繁复杂的多重矛盾中把握规律，以增强方向感、计划性，又要以问题为着力点，在补短板、强弱项上持续用力，善于在防范化解重大风险中推动工作，以增强精准性、实效性，在团结奋进中凝共识育先机鼓干劲，在攻坚克难中谋全局应变局开新局，切实把习近平新时代中国特色社会主义思想贯彻落实到党和国家工作各方面全过程，不断谱写马克思主义中国化时代化新篇章。

坚持把体系化同学理化贯通起来推进理论创新

马克思主义之所以具有强大的真理力量和实践伟力，在于其以深刻的学理揭示人类社会发展的真理性，以完备的体系论证其理论的科学性，奠定了共产党人坚定理想信念的理论基础。体系是人类思维和实践活动的逻辑表达，学理是人类探求科学真理所遵循的法则，推进理论的体系化、学理化是理论创新的内在要求和重要途径。理论的生命力在于不断创新，推动马克思主义体系化、学理化是中国共产党人的神圣职责。习近平新时代中国特色社会主义思想的发展是一个不断丰富拓展并不断体系化、学理化的过程。我们要重点研究阐释习近平新时代中国特色社会主义思想的时代价值、理论精髓、学理原理、体系结构与实践要求，把握其构成要素的内在联系，不断深化对共产党执政规律、社会主义建设规律、人类社会发展规律的认识，为前瞻性思考、全局性谋划、战略性布局、整体性推进党和国家事业提供科学的思想方法。我们要更加自觉主动地深入学习贯彻习近平新时代中国特色社会主义思想，带着问题学、联系实际学，在世界马克思主义政党命运比较和我们党长期执政面临的现实考验中，深化对党的自我革命战略思想的规律性认识，全面系统地提出解决现实问题的科学理论、有效对策。继续推进实践基础上的理论创新，必须把握好习近平新时代中国特色社会主义思想的世界观和方法论，运用好贯穿其中的立场观点方法，以体系为载体和纽带，科学规划设计，合理配置资源，层层传导压力、激发动力、增添活力，让各个领域协调运转、各个环节紧密衔接、各项措施协同推进。

坚持把党性同人民性贯通起来推进理论创新

中国共产党是中国工人阶级的先锋队，同时是中国人民和中华民族的先锋队，马克思主义中国化时代化成果都是党和人民实践经验和集体智慧的结晶，体现出鲜明的党性和人民性。习近平总书记强调："党性和人民性从来都是一致的、统一的。"这种一致性、统一性体现为：党性是人民性的集中体现和升华，坚持党性，核心就是坚持正确的政治方向，站稳政治立场，坚决同党中央保持高度一致，坚决维护党中央权威和集中统一领导；人民性是马克思主义的本质属性，是党性的主要来源和根基，坚持人民性，就是要把实现好、维护好、发展好最广大人民的根本利益作为出发点和落脚点，坚持问计于民、问需于民。党性寓于人民性之中，人民性以党性引领方向，这不仅能得到理论阐明，也已经在我们党领导人民进行革命、建设和改革的伟大实践中得到印证。继续推进实践基础上的理论创新，必须坚持以习近平新时代中国特色社会主义思想为指导，坚持党的全面领导不动摇，始终践行以人民为中心的发展思想，保持党同人民群众的血肉联系，尊重人民的首创精神，注重从人民的创造性实践中总结新鲜经验，不断夯实马克思主义中国化时代化的群众基础，让党的创新理论植入亿万人民心中，转化为改造主观世界和客观世界的磅礴伟力，不断开辟马克思主义中国化时代化新境界。

（原载《江西日报》，2023 年 8 月 7 日）

建设具有强大凝聚力和引领力的社会主义意识形态

冯志峰 *

意识形态工作是为国家立心、为民族立魂的工作。加强新时代意识形态工作，必须始终以习近平文化思想为指引，着力建设具有强大凝聚力和引领力的社会主义意识形态，为强国建设、民族复兴提供坚强的思想保证和强大的思想力量。

牢牢掌握党对意识形态工作的领导权

中国共产党成立以来，就一直坚持党管宣传、党管意识形态。牢牢掌握党对意识形态工作的领导权，是全面落实意识形态工作责任制的根本要求，是加强新时代意识形态工作的重大举措。

要强化党对意识形态工作的全面领导。各级党组织要认真贯彻党中央关于意识形态工作的决策部署和指示精神，全面落实意识形态工作的责任制，明确谁负责、为谁负责、如何负责、为何负责，增强各级党组织做好意识形态工作的责任意识和敢抓敢管、敢于亮剑的斗争精神。注重加强对重大理论和现实问题的科学研判，围绕中心、服务大局，把握大势、着眼大事，抓牢领导权、善用管理权、掌控话语权，既做到因时而谋、应势而动、顺势而为，又做到旗帜高扬、立场坚定、斗争坚决，更好地巩固全党全国各族人民团结奋斗的共同

* 　冯志峰　省委党校（江西行政学院）马克思主义研究院院长、研究员

思想基础。

要高度重视意识形态阵地建设。坚持党管宣传、党管意识形态、党管媒体，强化阵地意识，始终做到守土有责、守土负责、守土尽责。各级党组织要从战略层面积极推进意识形态阵地建设，在事关大是大非和政治原则问题上，旗帜鲜明地坚持真理，立场坚定地批驳谬误，增强主动性、掌握主动权、打好主动仗，做到占领阵地、建设阵地和守牢阵地有机统一，确保把思想舆论阵地牢牢掌握在忠诚的马克思主义者手中。

要健全意识形态工作研判机制。精准把握党员、群众对党的政策、物质利益和精神文化的需求变化，及时掌握意识形态形势和动态，不断提高对意识形态领域情况的预警力、研判力和处置力。必须注意区分政治原则问题、思想认识问题、学术观点问题，对各种政治性、原则性、导向性问题真抓真管、敢抓敢管、善抓善管，坚决守住思想舆论阵地，夺取意识形态斗争的全面胜利。

坚持马克思主义在意识形态领域指导地位的根本制度

马克思主义是我们立党立国、兴党强国的根本指导思想，必须坚持马克思主义在意识形态领域的指导地位，确保意识形态建设的正确前进方向和发展道路。

要健全用党的创新理论武装全党、教育人民、指导实践工作体系。始终坚守好马克思主义这个魂脉和中华优秀传统文化这个根脉，用马克思主义激活中华优秀传统文化中富有生命力的优秀因子并赋予新的时代内涵，不断增强中国特色社会主义的道路自信、理论自信、制度自信、文化自信。必须始终坚持不懈地用习近平新时代中国特色社会主义思想凝心铸魂，引导广大党员干部深刻领会和把握蕴含其中的坚定信仰信念、鲜明人民立场、强烈历史担当、求真务实作风、勇于创新精神和科学思想方法，推动习近平新时代中国特色社会主义思想深入人心。

要深入实施马克思主义理论研究和建设工程。加强学科体系、学术体系、话语体系的建设，按照立足中国、借鉴国外，挖掘历史、把握当代，关怀人类、面向未来的思路，注重从当代中国鲜活丰富生动的社会实践中创造新概念、创立新范畴、创建新话语，推动形成中国自主的原创性知识体系。

要及时科学地解答新时代新征程上的新课题。着力推进党的创新理论体系化学理化，用以更好地观察时代、把握时代、引领时代，更为科学有效地破解全面建设社会主义现代化国家、全面实现中华民族伟大复兴进程中的时代问题、实践难题，帮助干部群众划清是非界限、澄清模糊认识，把科学思想理论转化为认识世界、改造世界的强大物质力量。

坚持以人民为中心的工作导向

中国共产党始终坚持人民立场，始终保持同人民群众的血肉联系，创造性地发展了马克思主义群众观，促进了党性和人民性的贯通统一。

要把凝聚民心作为工作的出发点和落脚点。聚焦人民群众关心的热点、难点、焦点和堵点问题，不断推出有思想、有温度、有品质的好作品，为人民提供更多更好的精神食粮。充分发挥人民在理论创新创造中的主体作用和首创精神，敢于针砭时弊、激浊扬清，用真情和实干保障人民权益、赢得人民信任、获得人民拥护，不断保持社会主义意识形态的旺盛生命力。

要积极培育和践行社会主义核心价值观。坚持以社会主义核心价值观为引领，弘扬以伟大建党精神为源头的中国共产党人精神谱系，注重用社会主义先进文化、革命文化、中华优秀传统文化培根铸魂，深化爱国主义、集体主义、社会主义教育，持续抓好党史、新中国史、改革开放史、社会主义发展史的宣传教育，用富有时代气息的中国精神凝聚中国力量。

要全面加强新时代公民道德建设。实施公民道德建设工程，把社会公德、职业道德、家庭美德、个人品德建设作为着力点，提高人民的道德水准和文明素养。自觉传承中华传统美德，加强家庭家教家风建设，加强和改进未成年人思想道德建设，统筹推进文明培育、文明实践、文明创建，推进城乡精神文明建设融合发展，大力弘扬劳动精神、奋斗精神、奉献精神、创造精神、勤俭节约精神，提高社会的文明程度。

塑造主流舆论新格局

在互联网无处不在、社会信息化快速发展的时代条件下，要把维护网络意识形态安全作为守土尽责的重要使命，推动形成良好的网络生态。

要加强全媒体传播体系建设。习近平总书记指出："推动媒体融合发展，形成资源节约、结构合理、差异发展、协同高效的全媒体传播体系。"加快推动形成网上网下一体、内宣外宣联动的主流舆论格局，建立以内容建设为根本、先进技术为支撑、创新管理为保障的全媒体传播体系。

要健全网络综合治理体系。加快建立健全网络空间治理的法治建设，充分发挥政府、社会团体等组织在正确引导社会舆论和提供网络服务方面的积极作用，加强网络内容建设，做强网上正面宣传，培育积极健康、向上向善的网络文化。

要创新信息传播方式方法。因势而谋、应势而动、顺势而为，充分运用以互联网为代表的信息技术，改进和创新正面宣传，举旗帜、聚民心、育新人、兴文化、展形象，形成"最大公约数"，画出"最大同心圆"，使全体人民在理想信念、价值理念、道德观念上紧紧团结在一起。坚守中华文化立场，提炼展示中华文明的精神标识和文化精髓，加快构建中国话语和中国叙事体系，讲好中国故事、传播好中国声音，向世界展现可信、可爱、可敬的中国形象，不断提升国家的文化软实力、中华文化影响力。

（原载《江西日报》，2023 年 10 月 23 日）

深刻领会马克思主义中国化时代化新的飞跃

程 涛*

习近平总书记在党的二十大报告中指出：“我们创立了新时代中国特色社会主义思想，明确坚持和发展中国特色社会主义的基本方略，提出一系列治国理政新理念新思想新战略，实现了马克思主义中国化时代化新的飞跃，坚持不懈用这一创新理论武装头脑、指导实践、推动工作，为新时代党和国家事业发展提供了根本遵循。”这一论断深刻阐明了习近平新时代中国特色社会主义思想的重大理论意义和重要历史地位。深刻领会“马克思主义中国化时代化新的飞跃”所蕴含的重大意义，对于我们在新时代不断谱写马克思主义中国化时代化新篇章，奋力夺取新时代中国特色社会主义新胜利具有十分重要的意义。

“新的飞跃”源自新的历史方位和新的时代课题

时代是思想之母。一方面，实现“新的飞跃”是由我国发展处于新的历史方位所决定的。中国特色社会主义进入了新时代，这是我国发展新的历史方位，也是习近平新时代中国特色社会主义思想产生的时代背景。这一时期党面临的主要任务是，实现第一个百年奋斗目标，开启实现第二个百年奋斗目标新征程，朝着实现中华民族伟大复兴的宏伟目标继续前进。另一方面，

---

* 程 涛 省委党校（江西行政学院）马克思主义研究院助理研究员

实现"新的飞跃"是由新的时代课题所决定的。中国特色社会主义进入新时代，我国社会主要矛盾已经转化为人民日益增长的美好生活需要和不平衡不充分的发展之间的矛盾。这一社会主要矛盾的变化是关系全局的历史性变化，对党和国家工作提出许多新要求，迫切需要我们从理论和实践的结合上深入回答关系党和国家事业发展、党治国理政的一系列重大时代课题。习近平新时代中国特色社会主义思想就新时代坚持和发展什么样的中国特色社会主义、怎样坚持和发展中国特色社会主义，建设什么样的社会主义现代化强国、怎样建设社会主义现代化强国，建设什么样的长期执政的马克思主义政党、怎样建设长期执政的马克思主义政党等重大时代课题作出了科学回答。新的历史方位、新的时代课题，表明马克思主义中国化时代化新的飞跃是历史的必然与时代的呼唤。

"新的飞跃"源自一系列原创性的新理念新思想新战略

习近平新时代中国特色社会主义思想是一个系统全面、逻辑严密、内涵丰富、内在统一的科学理论体系，涉及改革发展稳定、内政外交国防、治党治国治军，从理论上对中国特色社会主义作出了全方位、多角度、体系化、系统化的创新发展。首先，党的十九大、十九届六中全会提出的"十个明确""十四个坚持""十三个方面成就"概括了这一重要思想的主要内容，必须长期坚持并不断丰富发展。在此基础上，党的二十大报告进一步提出"六个必须坚持"，即必须坚持人民至上、必须坚持自信自立、必须坚持守正创新、必须坚持问题导向、必须坚持系统观念、必须坚持胸怀天下。这是对习近平新时代中国特色社会主义思想的世界观和方法论的高度凝练和科学概括，体现了对马克思主义基本原理和贯穿其中的立场、观点、方法的继承发展。其次，这一重要思想形成了一系列新的重大的原创性理论观点。比如，作出中国特色社会主义进入新时代的重大判断，提出我国进入新发展阶段，深化了社会主义发展阶段理论；提出全过程人民民主，发展了马克思主义民主理论；强调要弘扬全人类共同价值，构建人类命运共同体，发展了马克思主义国际关系理论；等等。习近平新时代中国特色社会主义思想鲜明反映了中国特色社会主义理论逻辑、历史逻辑、实践逻辑的有机统一，是新时代中国特色社会主义伟大实践的理论结晶。最后，这一重要思想鲜明提出"两个结合"。习近平新时代中国特色社会主义思想是"坚持把马克思主义基本原理同中国具体实际相结合、同中华优秀传统文化相结合"的重大理论成果。"两个结合"的论断，以其深邃的理论思考和宽广的历史视野，极大地推动了对马克思主义中国化时代化的规律性认识，不断赋予科学理论鲜明的中国特色，夯实了马克思主义中国化时代化的历史基础和群众基础，对于新时代实现马克思主义中国化时代化新的飞跃具有重要意义。

"新的飞跃"源自新的实际成效与新的伟大变革

实践是检验真理的唯一标准。新时代的历史性成就、历史性变革，是检验"新的飞跃"的实践标准。党的十八大以来，以习近平同志为核心的党中央，全面贯彻党的基本理论、基本路线、基本方略，采取一系列战略性举措，推进一系列变革性实践，实现一系列突破性进展，取得一系列标志性成果，攻克了许多长期没有解决的难题，办成了许多事关长远的大事要事，经受住了来自政治、经济、意识形态、自然界等方面的风险挑战考验，党和国家事业取得历史性成就、发生历史性变革。比如，在三年多的抗疫斗争中，取得了疫情防控的重大决定性胜利，创造了人类文明史上人口大国成功走出疫情大流行的奇迹；经过接续奋斗，实现了小康这个中华民族的千年梦想，打赢了人类历史上规模最大的脱贫攻坚战；等等。这些成就的取得，根本在于有习近平总书记的掌舵领航，有习近平新时代中国特色社会主义思想的科学指引。党的二十大报告从十六个方面总结概括了新时代十年的伟大变革，是全方位、根本性、格局性的，强调我们经历了"三件大事"，有力地证明了中国共产党为什么能、中国特色社会主义为什么好，归根到底是马克思主义行，是中国化时代化的马克思主义行。习近平新时代中国特色社会主义思想引领的变革是划时代的、解决的问题是世界性的、影响的人群是数十亿量级的、蕴含的价值是具有人类普遍意义的。在这一重要思想的指引下，中国共产党在革命性锻造中更加坚强有力，党的政治领导力、思想引领力、群众组织力、社会号召力显著增强，党同人民群众始终保持血肉联系，中国人民焕发出更为强烈的历史自觉和主动精神，实现中华民族伟大复兴进入了不可逆转的历史进程，科学社会主义在 21 世纪的中国焕发出新的蓬勃生机。

（原载《江西日报》，2023 年 2 月 23 日）

提升政治领导力应对大党独有难题

江桑榆[*]

习近平总书记在二十届中央纪委二次全会上指出："如何始终不忘初心、牢记使命，如何始终统一思想、统一意志、统一行动，如何始终具备强大的执政能力和领导水平，如何始终保持干事创业精神状态，如何始终能够及时发现和解决自身存在的问题，如何始终保持风清气正的政治生态，都是我们这个大党必须解决的独有难题。"党的政治领导力是确保党始终成为坚强领导核心、永葆生机活力的根本能力。解决大党独有难题，需要加强党的政治领导力建设。新时代增强党的政治领导力要在增强把握政治方向、防范政治风险、驾驭政治局面、保持政治定力的能力上下功夫，使党始终成为全国人民最可靠的主心骨。

增强把握政治方向的能力。政治方向是党生存发展第一位的问题，事关党的前途命运和事业兴衰成败。一要始终坚持党的全面领导。健全总揽全局、协调各方的党的领导制度体系，把党的领导落实到国家治理各领域各方面各环节。二要把握好中国特色社会主义根本方向。增强道路自信，保持清醒的政治头脑，提高统筹推进"五位一体"总体布局和协调推进"四个全面"战略布局的能力，坚定不移地走中国特色社会主义道路。三要以党的政治建设为统领。把党的政治建设与各项业务工作特别是中心工作紧密结合，引导党员补足精神

---

* 江桑榆　省委党校（江西行政学院）马克思主义研究院助理研究员

之"钙"，拧紧理想信念"总开关"，始终不忘初心、牢记使命，推动全党上下拧成一股绳，心往一处想、劲往一处使、步调一致向前进。

增强防范政治风险的能力。习近平总书记指出："我们是一个大国、大党，党和国家事业的复杂性和艰巨性世所罕见。"有效地防范政治风险要求党在事关方向性、原则性和根本性的问题上作好政治引领。一方面，要维护政治权威，深刻领悟"两个确立"的决定性意义，增强"四个意识"、坚定"四个自信"、做到"两个维护"，不断提高政治判断力、政治领悟力、政治执行力，自觉在思想上政治上行动上同以习近平同志为核心的党中央保持高度一致。另一方面，要发扬斗争精神，始终保持干事创业的精神状态，在工作实践中锤炼敢于斗争、善于斗争的硬脊梁、铁肩膀、真本事，提高防风险、迎挑战、抗打压的能力，增强推动高质量发展的本领、服务群众的本领、防范化解风险的本领，增强志气、骨气、底气，不信邪、不怕鬼、不怕压，做到平常时候看得出来、关键时刻站得出来、危难关头豁得出来。

增强驾驭政治局面的能力。中国共产党要实现中华民族伟大复兴的历史使命，必须善于驾驭政治局面，更好地把中国特色社会主义事业推向前进。一要加强战略谋划。洞悉时代发展需求、紧扣时代发展脉搏，胸怀"两个大局"，既立足当下，又着眼长远，善于从战略上看问题、想问题，确保各项战略决策的科学性、前瞻性和有效性。二要加强审时度势。善于培养见微知著的政治慧眼，保持政治清醒、坚定政治立场，从纷繁复杂的矛盾中把握客观规律、认清发展大势，分析机遇挑战、利弊因素，充分调动积极因素乘势而上、顺势而为，形成有利的政治局面。三要加强社会动员。做好新形势下宣传思想工作，增进人民群众对主流思想和价值观的认同，从而赢得政治主动、战略主动、历史主动。

增强保持政治定力的能力。政治定力本质上是党性问题。党的十八大以来，我们解决了党内许多突出问题，但党面临的"四大考验""四种危险"将长期存在，必须一刻不停地推进全面从严治党，一刻不停地进行自我革命。一要坚持不懈地用习近平新时代中国特色社会主义思想凝心铸魂。把握好习近平新时代中国特色社会主义思想的世界观和方法论，坚持好、运用好贯穿其中的立场观点方法。二要坚持以人民为中心的根本立场。牢记"江山就是人民，人民就是江山"，始终坚持人民至上，始终保持同人民群众的血肉联系，着力解决人民群众最关心、最直接、最现实的利益问题，让人民群众的获得感、幸福感、安全感更加充实、更有保障、更可持续。三要完善党的自我革命制度规范体系。坚定不移地深入推进全面从严治党，坚持制度治党、依规治党，健全党的统一领导、全面覆盖、权威高效的监督体系，坚持推进作风建设常态化长效化，坚持不敢腐、不能腐、不想腐一体推进，使党的事业不断焕发生机与活力，确保党始终成为中国特色社会主义事业的坚强领导核心。

（原载《江西日报》，2023 年 1 月 18 日）

文化建设

以"千万工程"经验　推进传统村落保护利用

何兵兵*

　　传统村落承载着中华优秀传统文化，是农耕文明不可再生的文化遗产。习近平总书记在江西考察时指出，"把传统村落风貌和现代元素结合起来，坚持中华民族的审美情趣，把乡村建设得更美丽"。"千村示范、万村整治"工程（以下简称"千万工程"）久久为功，始终十分重视传统村落文化的保护利用，自 2003 年开始实施，至今已有 20 年。2012 年到 2022 年 10 年间，浙江保护利用的重点村落已达 432 个、一般村落 2105 个，发掘保护省级以上非物质文化遗产 1128 项，一批濒临衰落的历史文化村落重新焕发了生机和活力。

　　江西历史文化资源禀赋优厚，在长期历史进程中凝练形成了独具特色的乡村风貌。自 2012 年传统村落保护工作开展以来，我省按照科学规划、整体保护、抢救优先、活态传承、合理利用、兼顾发展、政府主导、社会参与的基本思路，持续推进传统村落保护利用，取得明显成效。新征程上全面推进乡村振兴，我们应当深入学习运用"千万工程"中的好做法、好经验，奋力开创江西传统村落保护利用的新局面。

　　强化科学规划引领。制定科学规划是传统村落保护发展措施高效实行的重要前提，也是传统村落持续发展的关键。2010 年，浙江专门制定了《美丽乡村建设行动计划（2011—2015）》，并在此基础上坚持用"七分力量抓落实，

---

* 何兵兵　省委党校（江西行政学院）哲学教研部副教授

三分力量搞规划"，注重规划先行。经过实践探索，浙江形成了以县域美丽乡村建设规划为龙头，村庄布局规划、中心村建设规划、农村土地综合整治规划、历史文化村落保护利用规划为基础的"1+4"县域美丽乡村建设规划体系。学习运用浙江"千万工程"经验，要像重视城镇建设规划一样重视传统村落保护利用规划，注重长远、量力而行。标准要有高有低，不能搞"照猫画虎"、整齐划一的"一刀切"。在结合各地各村发展实际的基础上，沉下心来，多一些前瞻性的思考，多一些"打破砂锅问到底"的较真，把一个"实"字贯穿在规划编制决策和执行的全过程。根据各个地区不同的地理环境和地域特色，充分考虑田园风光和乡土风俗，结合人与自然和谐共生的规划理念，有针对性地开展规划，使传统村落人居环境与自然环境有机地融为一体。

注重文化传承创新。传统村落在建筑布局、哲学思想、历史文化、教育观念、风俗习惯等方面，承载着大道自然、天人合一、耕读传家、父慈子孝、邻里守望、美美与共等精神文化内核，是极其宝贵的文化资源。浙江在实施"千万工程"过程中，结合农村特性传承耕读文化、民间技艺，加强了对农业文化遗产和历史文化村落的保护，并通过打造"美在安吉"、德清"德文化"等区域性品牌，不断发掘农村传统文化基因。我省在推进传统村落保护利用的过程中，应当学习运用好浙江"千万工程"经验，探索创新保护传承传统村落精神文化价值的新路径。对传统村落中有价值的内涵要赋予其现代表达形式，激活其生命力。在做好传统村落建筑保护修复、非遗传承等工作的基础上，要更加注重将价值阐发与文化创新融合推进，按照时代的发展要求，对传统村落的内涵加以补充、拓展、完善，增强其影响力和感召力，使承载厚重历史的传统村落焕发新生，不仅留住"美丽乡愁"，更传承文化基因，延续历史文脉。

尊重农民主体地位。"千万工程"充分尊重农民的意愿，让农民参与开会讨论、民主决策、具体落实的全过程。20年来，浙江从农民群众的切身利益出发，坚持民有所呼、我有所应，不断改善农村生产生活条件，提高农民的生活质量和健康水平，使广大农民有更多获得感、幸福感、安全感。村落是农民的生活家园和精神家园，农民又是村落的建造者和村落文化的生产者、传承者与享用者。如果传统村落脱离了农民，就会变成单纯的景区，失去生命和本真。在传统村落保护工作中，我省应当借鉴浙江"千万工程"经验，一方面，要充分发挥农民在传统村落保护中的主体地位，引导农民增强文化自觉、树立文化自信、激发文化意识，让农民对村落文化产生认同感，提升自我发展能力，自觉利用传统村落文化遗产进行"文化再生产"。另一方面，在保护利用传统村落的过程中，要始终坚持以人为本的理念，真正做到为了农民、依靠农民、造福农民，充分考虑农民的生存需求、发展要求和公平诉求，不断改善传统村落居民生活环境，让农民在传统村落保护中得到实惠、实现发展。

持续做好业态融合。传统村落保护的真谛是活化利用、以用促保。浙江在实施"千万工程"过程中，把村庄整治与发展经济结合起来，推动田园变公园、村庄变景区、农房变客房，走出了可持续发展、绿色发展的兴村富民之路。学习运用浙江"千万工程"经验，要做好"历史文化村落+"文章，不断增强传统村落保护发展的内生动力。坚持原态保护与活态开发相结合，充分发挥市场机制作用，积极引导社会力量参与，深度盘活传统村落资源，促进更多资源要素向乡村流动，形成农民主体、企业推动和人才汇聚的合力。运用数字技术，创新线上乡村历史文化遗产观光游览新形式，打造数字文创产业，培育乡村历史文化"直播秀"，发展网红经济、乡愁经济，赋能相关产业发展。将传统村落旅游与生态旅游、康养旅游、研学旅游等结合起来，打造集山水田园观光、民宿休闲体验、生态农业共享、康养度假旅居于一体的特色乡村旅游目的地。通过文化传承、业态转化、产业发展，推动传统村落保护发展更有质量、更可持续，形成"在保护中发展，在发展中保护"的良性循环，不断增强传统村落生机和活力，让传统村落留住乡亲、护住乡土、记住乡愁。

（原载《江西日报》，2023 年 12 月 18 日）

克尔凯郭尔反讽个体与马克思现实个体的美学分野

吴允通[*]

在人类思想纪元中，1841 年是个特殊的年份。这一年，费尔巴哈凭借《基督教的本质》发出了唯物主义到来的新时代雷鸣，谢林则受邀成为柏林大学讲座教授，恩格斯、布克哈特与巴枯宁是其座下听众。同年，青年马克思靠着对自然哲学的独到研究获得了博士学位，克尔凯郭尔也写就了他的博士论文《论反讽概念》。风云际会，这些日后将在历史中留下浓墨重彩的思想家在同一年做着同一件事：反思黑格尔哲学。当然，这一时期马克思与克尔凯郭尔仍然是黑格尔的信徒。马克思在青年黑格尔派中频频活动，克尔凯郭尔对体系性哲学的批判与对辩证法的重视似也与青年黑格尔派理念相仿，但是两人很快又出奇一致地走向了批判黑格尔的道路，马克思借助费尔巴哈的帮助走向了辩证唯物主义，克尔凯郭尔则经由费希特－谢林的浪漫主义开启了存在主义思潮。

卡尔·洛维特在总结这一段历程时说，"马克思把黑格尔的绝对精神哲学改造为马克思主义，克尔凯郭尔则将其改造为存在主义……两人无论在概念上还是在历史上都是休戚与共的，都是黑格尔的一个反题"。作为黑格尔的反题，他们都触及了黑格尔哲学最深的危机，即体系性哲学的宏大框架之下个体价值的阙如，审美活动在此背景下也呈现出一种"异化"样态——现实的人必须服从理念的规范，美学因此被交予抽象的确定性之手，这既与需要、感情及信念

---

* 吴允通　省委党校（江西行政学院）哲学教研部讲师

共同推动着个体的自我完善的现象不符，又与个体始终面对不确定性威胁的现实相悖。

基于此，考察马克思与克尔凯郭尔从个体生存论出发对美学的思考，可以发现他们的观点存在相似之处，即通过整全思考个体生存境况，揭示非理性因素在审美活动中的基础性作用。另一方面，克尔凯郭尔对个体的具体总体性认知使其认为审美阶段是个体生存的基础性条件，但尚需通过反讽的扬弃通向总体性。马克思对个体的实践总体性把握则让审美呈现为个性生成中的本质力量的展开，劳动是塑造现实个体及其审美的关键。对总体性的不同把握进一步让他们对审美自由的理解产生分野：克尔凯郭尔视野中的审美自由是一种主观的精神自由，而马克思则为之赋予了深刻的社会历史内涵。上述考察是基于美学"基本问题"展开的，本文试图呈现的正是在相同历史背景和问题意识下，克尔凯郭尔与马克思对个体及"个性"思考的相似与差异对其美学观点的影响。

一、个性由来：生存论语境及其美学意蕴

"个性"（individuality，亦即"个体性"）从古希腊时代开始已经成为了潜伏的困难，亚里士多德提出的"第一性实体"是回答这一问题的典范。第一性实体是指"既不可以用来述说一个主体又不存在于一个主体里面的东西"，事实上就是指个体事物。在亚里士多德看来，形式与质料的合一才构成个体事物的本质，但"质料本身不是个体，只有在形式被加上时，才有个体这种结果出现。任何个体必定既有存在又有特性；如若无质料，它就不会有存在，但若无形式，它就不会有特性"。唯名论试图颠覆这一占统治地位的理路，通过反对共相的终极实在性及其三段论逻辑的推理形式，提出只有个体事物才是实在的，并成功描画了一种混乱无序的个体存在者的世界图景。个体因此获得了一种存在论的地位，整全地接受个体存在者的实在性成为一种理论必要。

唯名论运动确立起的"个性原则"在近代发挥了巨大影响。洛克接受唯名论确立的原则，对亚里士多德模式进行反向理解，认为个体事物唯有依赖主体的知觉才能确立，所以个性原则是对"实在的存在者"的确认，这里的"个

性"已包括两个层面，即作为主体的个体与作为客体的个体。休谟在洛克的基础上进一步以因果性将个体事物与人的知觉构建起联系，从而确立起了近代欧洲美学主流之———经验论美学的哲学基础。但是康德却指出这样的做法无非是让个体事物成为一群无主的羊群，与此相对的则是德国观念论的专制统治，于是他转而提出自己的先验哲学，美学在其中是以主体的想象力对个体事物的感性直观综合的创造性表象，它是想象力和知性自由和谐的互动。康德美学表达了主体与自然、世界先在性的水乳交融，这与知性的主客二分截然不同。

黑格尔继承了这一理念，但却在审美活动中引进了初步的实践观点，认为要在个体事物的感性形象中表现出普遍性，从而具有精神性的内容，以此使概念与实在统一，并在二者的辩证运动中最终达到美的理念。简言之，黑格尔试图在审美实践中让主体与世界融为一体，因此黑格尔称"美就是理念的感性显现"，美的显现在这里是通过理念的辩证法展开，亦即主体的思辨实践来实现的。黑格尔的美学思辨体系集近代美学之大成，但事实上仍是用理性视角来考虑审美问题，而并未成功回应唯名论的挑战——整全接受个体存在者的实在性，并在此基础上通盘考虑基于个性原则的审美活动。克尔凯郭尔与马克思率先看出了黑格尔这一弊病，于是重返黑格尔思辨的起点——"这一个"，将"个体"视作思想的逻辑起点与归宿。

克尔凯郭尔从人生道路的三个阶段来描画个体：审美阶段、伦理阶段和宗教阶段，三个阶段的典型形象分别是唐璜、苏格拉底和亚伯拉罕。唐璜是莫扎特同名歌剧的主角，是一个充满诱惑力、浪荡情场的公子哥，他的生活为情绪与欲望所支配，纵欲享乐是其生活的内容和目标。感官性是一种直接性的生活，它需要不断填补对象来满足欲望，一旦欲望无法满足，人们就会陷入空虚和痛苦中，因此人们会希望摆脱这种直接性的生活。苏格拉底正是对直接性进行反思的代表，他完全遵从理性的指令，恪守伦理道德，以致死亡。但人们时常会受到感官性的诱惑，以致无法坚守道德，于是便有了罪恶感，因此人们也会希望摆脱这种伦理的生活。亚伯拉罕用自己的儿子以撒来祭祀正是这样的典型，他既摆脱了感官性的诱惑，又超越了理性的束缚。选择怎样的生活意味着要以自己的生命投身其中，克尔凯郭尔称之为"跳跃"，跳跃中蕴藏原始的自由，但对自己并不知道的未来，选择跳跃进去则会让人产生"畏"，它是对所怕之物的欲求。

上述阶段的划分事实上描画了人类生存的总体样态，分别描述了感性主导、理性主导、超越性主导下的人的生存可能。按照传统的惯例，人们往往会认为从美学到宗教三个阶段是三个不断提升的阶段，但克尔凯郭尔却借童话中的阿拉丁指明，"敢去想要"是一种天赋，它不是"去想要正确的东西"，而首先是"去想要"。阿拉丁面对神灯时，"即使对于阿拉丁来说什么愿望都没有实现，他还是把愿望、把这一做出欲求的力量排列在至高的位置上"。换言之，处于审美阶段的欲望是最为重要的力量，它构成了人的生存基础。这一判断在克氏对理想性的论述中得到印证，他认为"抽象是理想性的最初表达，而具体则是它的本质性表达"，"真正理想化的决定必定在同样程度上既是具体又是抽象的"，其中具体指的就是审美阶段的直接性，抽象的则指宗教阶段的永恒性。基于此，克尔凯郭尔发现个体具有一种"具体的总体性"，即个体也具有与黑格尔理性思辨同样的存在论地位，打破了黑格尔的"辩证法本身是个很没有人格的规定"的局限。这也就意味着，克尔凯郭尔成功冲出了黑格尔"存在与本质的同一"的理性形而上学，最终达到了"生存与本质的同一"的理念。生存与本质的同一意味着承认人的本质是生成中的，这就是个体的生存论语境。

马克思则从劳动实践的维度来说明人所具有的这种总体性。他指出，"人是特殊的个体，并且正是人的特殊性使人成为个体，成为现实的、单个的社会存在物，同样，人也是总体，是观念的总体，是被思考和被感知的社会的自为的主体存在，正如人在现实中既作为对社会存在的直观和现实享受而存在，又作为人的生命表现的总体而存在一样"。人作为总体有两方面的内容，一方面，人是感性存在物，因此首先是对社会存在的直观以及出于现实需求而必须满足的享受，另一方面，人又能够主动感知和思考社会存在，使这些存在为自己所用。对社会存在的意识构成了观念的总体，而当这些自为的意识外化之时，便构成了人的生命表现的总体。此外，人作为感性存在物的客体性与人作为观念或生命表现的主体性共同构成了一个更为宏观的主客体统一的总体性。

打通主客体统一的总体性的是"劳动"，是基于感性存在物的客体性进行能动的对象性活动，亦即感性的对象性活动。劳动实践是人的本质规定，它是人们发挥自身无穷生命力量的彰显，是表达自身意义和价值的根本方式。劳动是在不断生成中的，它是现实个体的生存方式，是个体能够超出现在指向未来的开放性。基于此马克思也打破了黑格尔"存在与本质的同一"的理性形而上学，得出了在劳动中实现"生存与本质的同一"的结论。以劳动实践的总体性纵观"美"，可以发现审美活动就是人的本质力量的展开。审美是合规律性与合目的性的统一，其中依照感性存在物本身的尺度与需要展开活动就是"合规律性"，而将自己的意识能动地对象化则无疑是合乎自身目的的。就此而言，审美活动当然是人的本质力量的展开。当然，对马克思来说更为重要的是，在社会历史的演变中，一旦丧失对个体的这种总体性认知，那么立马就会陷入对人的"异化"理解中，亦即对人的片面理解，那么作为审美活动的整全的"美感"就会丧失，审美活动因而也就会成为一种外在的、强制性的力量。人类社会历史的发展，就是为了恢复这种本真的"美感"与"审美关系"。

二、个性生成：反讽辩证法与劳动辩证法的美学差异

克尔凯郭尔用反讽来勾勒"个性"的生成。反讽（eironia）作为一种文学修辞技巧，在哲学中发展为一种自我辩证法的环节和历史辩证法的尝试。反讽一般指"所言非所是"，苏格拉底是这一手法的创始人，他总是以"无知"的态度向寻常认为极高明的人请教，并在不断追问中使那人露出破绽与出丑，最终证明这些高明的人不过与他一样无知。这种牛虻叮咬式的追问不放过任何人，但也旨在帮助每一个人从未经反思的生活中惊觉。

浪漫派指出反讽与人的自我建构具有重要关联，黑格尔在批判浪漫派时进一步揭示反讽的本质在于其"无限的绝对的否定性"，而克尔凯郭尔则将这种自我建构拓展到一种生存立场，并指出阿里斯托芬戏剧中的苏格拉底正是代

表这一立场的典型形象。阿里斯托芬的《云》是苏格拉底式反讽的形象化表征："作为客观势力的云在地面找不到留身之处，向地面的接近总是产生新的距离，而主体苏格拉底坐在吊在半空的筐里。"该表征中的反讽"是一个新的立场，与旧的希腊文化势不两立，又是一个不停地自我扬弃的立场，是消耗一切的虚无，是永远捉摸不定的东西，同时既在又不在，而这归结到底是戏剧性的"。

"通过反讽，个体将自己从克尔凯郭尔所谓的'直接性'中解放出来，从'被赋予'的东西——成长环境、社会背景、文化，也就是构成他的事实性——中解放出来。"这也就是"认识你自己"的初步价值，他把生存中的所有直接性的片段消解。这一箴言还具有一个进阶价值，那就是通过反讽从直接性的片段跳跃到生存的整体，正如"苏格拉底对生存越是进行瓦解、销蚀，他的每一句话就越来越深地、越来越必然地趋向于反讽的整体"。就这样，一种修辞技巧竟让人开始关注自己的生存，反讽让人们开始关注个体的生存整体，这就是苏格拉底将哲学从天上拉回人间的重要意涵。同时，近代哲学的认识论转向确定了对人的自我认知和建构决定了人能认识世界的程度，因此反讽同时成为催生世界本质的一种方式。更深层面的解读是，反讽通过语言形成了人类生存的逻辑，而人类生存的逻辑是进一步理解世界本质的前提，因此反讽是一种关乎世界逻辑的美学。

反讽辩证法是一种否定性的统一，它只摧毁而不建立，所以苏格拉底作为伦理生活的代表却自居"无知"。但它同时是一种主观性的无限自由，虽然不占有客观事物，却确保了一种无限可能性的存在，因而又具有崇高的"理想性"。故此反讽是一种消极的辩证法，它只触及真理而不拥有真理，它消解了个体生存的一切坚固背景，但它同时肯定了个体生存的整体价值。反讽最终退回到纯粹个体的情绪层面，以此保证个体的独立，这也就是通盘考虑个体性的存在论形态——接受个体的一切实存属性，承认其非理性一面的价值。克尔凯郭尔宣称反讽的最高目标是"诗意地生活"，因为"诗意"是随人的情绪而动的无限自由，人们能够在一种最具想象力的状态中用情绪跨越主客之分，领悟世界的整体性与生命的无限可能。

相较之下，马克思运用的则是一种积极的辩证法，即劳动辩证法来阐明个性的形成。马克思的"现实个体"来自对费尔巴哈"类本质"的扬弃，费尔巴哈从唯物主义批判黑格尔的唯心主义，认为自然是第一性的，并将之等同为感性事物与感性力量的总和。费尔巴哈认为，"自然是一切生活善美之总和"，美"不过是个体的属性绝不是什么自为的本质而仍是个体性的表征或规定，这些'一般概念'是以个体性为前提的，个体性却不是以这些'一般概念'为前提的"。费尔巴哈对美的认识有两个重要结论：第一，美是客观的；第二，美是个体性的。在这一背景下，人作为自然存在物，其感官能力被无限放大，美被认为不过是人类感官反映客观世界的结果。马克思接受了费尔巴哈关于美的两个结论，但同时指出费尔巴哈由于未能掌握辩证法，他的理论在自然界或许是正确的，但却无法对社会历史领域产生正确的看法，因此费尔巴哈无法正确认识到人的审美活动对于人的自由自觉的全面发展的构建作用。

马克思在《1844 年经济学哲学手稿》中指出，"整个所谓世界历史不外是人通过人的劳动而诞生的过程，是自然界对人来说的生成过程"。他通过"人化的自然"这一概念初拟了劳动辩证法的观点。自然唯有在"人化的自然"意涵中才有意义，亦即在劳动的中介下，人和自然产生一种相互影响的关系。在自然的人化过程中，人的感觉的对象化是美感产生与发展的基础。尤其值得注意的是，马克思也是在否定的统一性上使用的辩证法，人化自然即指的对自然的否定和改造态度，但由于并非无限否定，所以是积极的。这一观点认为人的审美活动——"美感"的产生是随着社会的发展而发展的，因为"任何一个对象对我的意义……都以我的感觉所及的程度为限"，"五官感觉的形成是以往全部世界历史的产物，囿于粗陋的实际需要的感觉只具有有限的意义"。换言之，人类社会历史随着人类需要的扩大不断发展，在此过程中，为了满足需要，更多对象成为"人化的自然"，自然反过来刺激着人的感官发展，而感官发展是决定人的审美能力的丰富性和多样性限度的基础条件。更为重要的是，美感在形成的过程中还受制于个体所处的政治经济关系，一如马克思所说，"忧心忡忡的穷人甚至对最美丽的景色都没什么感觉，贩卖矿物的商人只看到矿物的商业价值，而看不到矿物的美和特性"。

很快，在《德意志意识形态》中，马克思将这一理念进一步表达为"个人怎样表现自己的生命，他们自己也就怎样……个人是什么样的，这取决于他们进行生产的物质条件"。换言之，相较于克尔凯郭尔对具体总体性的强调，马克思更重视的是实践总体性，因此他将"生存"表达为"生命"，而生命的对象性活动就是现实的物质资料"生产"，综言之，即自然生命与感性生活的外部自我的发展与拓展。在生产实践活动中，"人不仅通过思维，而且以全部感觉在对象世界中肯定自己……一切对象对他来说也就成为他自己的对象化，成为确证和实现他的个性的对象"。而审美活动有助于对象性活动的发展，"只是由于人的本质客观地展开的丰富性，主体的、人的感觉的丰富性，如有音乐感的耳朵、能感受形式美的眼睛，总之，那些能成为人的享受的感觉，即确证自己是人的本质力量的感觉，才一部分发展起来，一部分产生出来"。

马克思在《政治经济学批判导言》中把人类掌握世界的方式归纳为四种：哲学的、艺术的、宗教的和实践—精神的，其中艺术的思维方式就是指现实个体用一种审美的关系来对待现实，而审美关系或活动主要通过形象思维对世界进行把握。与哲学思维从抽象到具体的方式不同，艺术思维建立在现实个体的具体生活基础之上，并通过想象力努力去掌握社会生活图景。这就决定了艺术思维的成立有两个前提，一是现实个体是作为"社会关系的总和"而存在，这就是他的生活情境；二是个别与一般的统一意味着个性化或非理性属性的展示与理性化的抽象并存。基于此，马克思与恩格斯在《德意志意识形态》说的"个人怎样表现自己的生命，他们自己也就怎样"与艺术思维的具体方式联结，就体现了现实个体所具有的美学意涵。

马克思就此从感官生成的历史性和社会性两方面回答了审美活动如何催生个性，事实上，这也就是其劳动辩证法一般立场的初步阐发，而在其中是对个体的肯定性建构，它所指向的是现实的、具体的个人，而不是普遍意义上的"人"的类本质的一个显现。

三、个性未来："人性解放"与"人类解放"的美学视野

基于对辩证法与个体价值的共同体认，克尔凯郭尔与马克思一道，试图突破理性形而上学的桎梏，摧毁一个大全式的思辨宫殿，重估人的价值，这一尝试建立在对人的本质重新认知的基础上。克尔凯郭尔的反讽个体与马克思的现实个体正是这一努力的成果，它们具有同样的特征，即建基于辩证法的综合能力与对个体自由的发掘之下的开放性，辩证法对现实性与非现实性的扬弃转化使得克尔凯郭尔与马克思都获得了历史性这一向度，而个体自由抉择的可能则使得实践性正式成为现代哲学的重要基础。然而，对个性实存的不同认知导致了克尔凯郭尔与马克思对"个性"的开放性走向抱有不同见解，并逐渐演化为二者美学理念的根本冲突——美学的旨归是"人性解放"还是"人类解放"。

克尔凯郭尔的反讽辩证法无疑指向"人性解放"。鉴于克氏的信仰背景，人作为一个"类"的本质不容挑战，因此，按照西方哲学传统，人性作为对人的本质的界定，如何拓展这一概念的内涵成为主要的方向。反讽辩证法作为对青年黑格尔派批判信仰的虚假与堕落的一个呼应，是贯彻启蒙理性崩塌后怀疑主义的一个表征。但出于对本真信仰的认可，在反讽的怀疑之后，他走向了信仰的重建，这一重建基于对苏格拉底反讽的目标——"精神助产术"的说明。苏格拉底用"灵魂回忆"说来说明如何"认识你自己"，他预设了一个不朽灵魂的先在，并认为它处于神性永恒的生成之中，若要获得知识或美德只需进行回忆，亦即回溯到神性源泉那里。"精神助产术"正是在这一意义上成立，助产术本身并不具有生育真理的能力，真理不是外在的灌输，苏格拉底的助产术是帮助人去回忆自身，换言之，助产术最重要的是对内在自我的塑造。借助反讽的无限否定特性，克尔凯郭尔无限扩充了人性的内涵，使得人性走向开放与解放成为可能。

不同于克尔凯郭尔，马克思认为个体通过感性对象性活动从感性和意识两个层面对自己的个性进行塑造，即基于自身的自然禀赋有意识地进行自我改

造。在这一过程中，自然界通过人的实践成为"人化的自然"，最为关键的是，"可以根据意识、宗教或随便别的什么来区别人和动物。一旦人开始生产自己的生活资料，即迈出由他们的肉体组织所决定的这一步的时候，人本身就开始把自己和动物区别开来"。从人类生产生活资料开始，"人类"成为现实，人作为一个自然的"类"既非单纯意识的存在物，又作为一个有意识的"类"区别于无意识的自然存在物。"人类"的解放获得了第一重内涵，即从自然的掌控中获得自主。但"人类"还有第二重内涵，即人与人的社会关系，私有制导致的人与人之间的剥削关系导致人的本质异化，而"人类"的第二重解放就在于使人类自由自觉的劳动的复归。正是在这双重维度上，现实个体才"在其现实性上，是一切社会关系的总和"，也正是在这一意义上，现实个体的创造性与可能性彻底被打开。助产术需要将人从现实中抽离，抽离的程度决定了回溯神性之源的程度。而复归则需要人更加地与现实融为一体，实践的对象越丰富，复归的程度才越高，换言之，唯有力量越凝聚，才越有改变世界的条件，才能最终实现"我有可能随自己的兴趣今天干这事，明天干那事，上午打猎，下午捕鱼，傍晚从事畜牧，晚饭后从事批判"的自由自觉劳动。

对人的本质的不同思考，影响了两人对审美活动及其基础的认知。克尔凯郭尔之前，浪漫派曾经试图通过统一哲学与诗学来突破理性形而上学，用有限经验的自我替代自我意识，在此基础上理解现实的自我创造过程。克尔凯郭尔认为浪漫派的突破并不彻底，他进一步将个体生存的现实理解为"悖论"，反讽经历了从无知到知识与从已知扩展向未知的辩证过程，感受性的美学阶段强调的片段被扬弃，普遍性的伦理阶段是个体通过反讽所要达到的目标。普遍性中当下的瞬间与过去和未来取得和解，共同组成一个完整的自我。反讽作为一种修辞格，即便具有哲学价值，也并未真正达到伦理阶段，从美学阶段通向伦理阶段需要个体在激情支撑下纵身一跃，即从片段中做出选择，对生命的目的有一个清晰的认取。但在更深远的意义上，反讽不能达到伦理阶段是因为选择的自由趣向的确定性是反讽本身所拒斥的，反讽的绝对否定性突出的是个体作为主体的总体性，伦理阶段无法实现反讽的这一目标，个体唯有再度凭借勇气与激情纵身一跃，投身不确定性中，以彻底的主观性来僭越普遍性，再度回到片段的瞬间，切断过去与未来的关联，透过瞬间的抉择，去追求永恒的意义。

在克氏那里，个体生存因为具有跳跃的可能，使得历史实存成为被选择的结果，而不是"必然性"的结果，个性的价值再度被凸显，被视作是解放的作用，但这正好与马克思对现实个体自我生产的历史性的判断相抵牾。在马克思看来，历史发展是符合物质生产的社会规律的，这个规律事实上也就是辩证法的规律——量变导致质变。一如他曾说过，"历史不外是各个世代的依次交替。每一代都利用以前各代遗留下来的材料、资金和生产力；由于这个缘故，每一代一方面在完全改变了的环境下继续从事所继承的活动，另一方面又通过完全改变了的活动来变更旧的环境"。勇气与激情在不同时代的物质生产条件基础上也会有不同的形式，并不具备决定性作用，决定性的是每一代个体通过劳动对象化的范围与程度，以及个体间相互的生产关系，感官与审美活动是伴随着这两项内容的丰富而逐步完善与升华的，这也是个性所具有的美学意涵所应遵循的规律。

对审美活动及其基质的不同认知最终导致了克氏与马克思对未来人类生存图景产生了极为不同的判断。

克尔凯郭尔认为人们应该从社会抽离，成为高贵的孤独个体，在彻底的主观性中完全掌握选择和决策的自由，美学应该是对这种摆脱限制的体验的艺术表达，或是对这种孤独及其痛苦的展现。彻底主观性的理论追求使克尔凯郭尔对社会生活不屑一顾，他认为"人们社会性地聚合在一起，希望靠数量在历史精神上打下烙印。……他们只关心偶然事物，关心世界历史的结果，而不去关心本质的东西，内在的东西，自由，伦理"。而真正的自由一定是将自己从社会中抽离，所以"那选择所呈现的第一种形式就是完全的隔绝。就是说，在我选择我自己的时候，我将我自己从我与那整个世界的关系中区分出来"，从而成为一个孤独个体。孤独在现代社会已经成为挥之不去的生存状态，这是因为启蒙道德理想崩塌，社会伦理开始重建，重建的过程中人们"随着痛苦而产生孤独感，然后在痛苦的孤独感中寻求新的痛苦"，而彻底的主观性就是对痛苦的克服。

　　马克思则试图推动人们"类本质"的觉醒，在社会中凝聚变革力量，美学是这种觉醒的本质的社会意识之一种，与之相应的是人的感觉与情感的社会存在。与将人类社会的本质只看作是"数量"不同，马克思恰恰将"新唯物主义的立脚点"落在了"人类社会或社会化的人类"。现实个体间生产方式的组织最终决定了经济结构与政治制度的形式，在这一基础上，美学作为一种特殊的社会意识形态虽然起初产生于物质劳动和精神劳动的分工，但却在存在论上始终是与个体的感觉结构与情感结构息息相关，"善于捕捉并把握人民大众的感觉结构，以及这种感觉结构与人民大众日常生活的关系"，并以批判的眼光来考察这一切，事实上是"广大人民大众审美启蒙并获得文化解放的重要中介"。在这一意义上，文化解放并不仅仅只是意识形态的解放，更重要的是对异化劳动的辩证扬弃，是在革命中抛掉陈旧肮脏的东西后进行重建的感性基础。

四、小结

　　在生存论语境中，克尔凯郭尔与马克思都支持个体的总体性是"生存与本质同一"。克尔凯郭尔糅合辩证法与反讽，将反讽从文学修辞拓展为一种自我辩证法，这个"自我"中的激情与瞬间（亦即感性与时间）作为生存的构成条件，是人能通达永恒的更具决定性的基础。与克尔凯郭尔对辩证法的消极运用不同，马克思基于劳动辩证法确认了审美活动对于人的自由自觉的全面发展具有积极构建作用，并揭示了审美活动的基础，即人的感官也在生成中。感官生成所具有的历史性和社会性正是个体表现自己生命的构成要素，它生成的前提性条件是生存的自然表现"生命"及其对象化活动"生产"，正是在人与自然、人与人的矛盾及其克服的社会历史进程中塑造了不同个体，美学就其实质而言是用形象思维来表达这种矛盾及其克服的历史运动。

　　对个性生成的认知不同造成了美学理念的根本冲突：美学究竟是为了"人

性解放"还是"人类解放"？对克尔凯郭尔来说，反讽催生个性是为了帮助个体塑造内在自我，并时刻通过自由选择的不确定性去追求永恒的意义。毫无疑问，克尔凯郭尔通过将激情与不确定性纳入生存的本质要素极大地拓展了人性空间，但这也导致他所赞赏的理想生存状态是一种从社会"抽离"的孤独状态，反映了现代社会向后现代社会的转折，在这一背景下，美学作为封闭的主观性领域，必然会成为后现代主流的社会生活形态之一。马克思则呼唤人们投身现实的生产活动，在实践中通过劳动对象化的范围与程度的扩大来提升个性，这是将人从自然的掌控和社会压迫中解放出来的关键，而美学可以从文化解放和情感重塑两个维度推动这一进程。

（原载《马克思主义美学研究》，2023 年第 2 期，本书有删改）

培育新时代廉洁文化　夯实清正廉洁思想根基

黄德锋*

习近平总书记在二十届中央纪委二次全会上指出："要在不想腐上巩固提升，更加注重正本清源、固本培元，加强新时代廉洁文化建设，涵养求真务实、团结奋斗的时代新风。"加强新时代廉洁文化建设，一个重要方面就是夯实清正廉洁思想根基，提高党性觉悟，增强拒腐防变能力。中共中央印发的《关于加强新时代廉洁文化建设的意见》强调，要夯实清正廉洁思想根基，强化理论武装，增强政治定力抵腐定力；坚定信仰信念信心，筑牢拒腐防变思想防线；发展积极健康党内政治文化，引领廉洁文化建设。培育新时代廉洁文化，要把加强廉洁文化建设作为一体推进不敢腐、不能腐、不想腐的基础性工程抓紧抓实抓好，不断加固拒腐防变的思想堤坝。

夯实清正廉洁思想根基，要强化理论武装。理论上清醒，政治上才能坚定。习近平总书记指出："中国共产党人的理想信念建立在对马克思主义的深刻理解之上，建立在对历史规律的深刻把握之上。"党员干部只有深入学习马克思主义理论，不断加强理论修养，才能始终做到理想信念坚定，经受住各种考验，炼就"金刚不坏之身"。马克思主义政党的先进性，首先源于理论上的先进性。保持党的先进性的根本途径，就是加强马克思主义理论教育，用科学理论武装全党，不断提高党员的理论修养和思想觉悟。加强新时代廉洁文化建

---

* 黄德锋　省委党校（江西行政学院）中共党史和党的建设教研部副主任、教授

设，必须坚持用马克思主义及其中国化创新理论武装全党，尤其要学深悟透做实习近平新时代中国特色社会主义思想，把握好其世界观和方法论，切实增强政治判断力、政治领悟力、政治执行力。要不断增强贯彻落实党的创新理论的自觉性和坚定性，切实提高用党的创新理论指导实践、推动工作的能力，在真学真懂真信真用上下更大功夫，把各方面力量凝聚到推动社会主义现代化国家建设上来。要用共产党员的标准严格要求自己，不断提高党性修养、思想觉悟和道德水平，抵御各种诱惑，排除各种干扰，始终坚守共产党人的高尚品格和廉洁操守，不断增强政治定力和抵腐定力。

夯实清正廉洁思想根基，要坚定信仰信念信心。信仰、信念、信心，任何时候都至关重要。坚定的信仰始终是党员干部站稳政治立场、抵御各种诱惑的决定性因素。马克思主义是中国共产党人理想信念的灵魂。中国共产党为什么能、中国特色社会主义为什么好，归根到底是因为马克思主义行，是中国化时代化的马克思主义行。要始终坚定对马克思主义的信仰，从党百余年的奋斗中感悟信仰的力量，始终保持顽强意志，勇敢战胜各种重大困难和严峻挑战。方向决定道路，道路决定命运。中国特色社会主义是历史发展的必然，是发展中国的必由之路。要始终坚定对中国特色社会主义的信念，始终坚定道路自信、理论自信、制度自信、文化自信。信心，关乎着既定目标的实现，是初心与使命的现实表达。当今世界正经历百年未有之大变局，国际国内形势都发生着深刻复杂的变化，各种风险挑战接踵而至，其复杂性严峻性前所未有，但总体上机遇大于挑战，时与势都在我们一边。这是我们攻坚克难的定力和底气所在，也是我们实现目标的决心和信心所在。要始终坚定对实现中华民族伟大复兴的信心，锚定奋斗目标，保持战略定力，坚信我们党一定能够团结带领人民在中国特色社会主义道路上实现中华民族伟大复兴，努力创造无愧于党、无愧于人民、无愧于时代的业绩。

夯实清正廉洁思想根基，要发展积极健康的党内政治文化。中国共产党的党内政治文化，是以马克思主义为指导、以中华优秀传统文化为基础、以革命文化为源头、以社会主义先进文化为主体、充分体现中国共产党党性的文化。一百余年来，无数中国共产党人在践行初心、担当使命的过程中，修身慎行、严明纪律、清廉自守，形成了具有鲜明标识的党内政治文化，保持了共产党人的政治本色。新时代新征程，我们要发展积极健康的党内政治文化，大力推进廉洁文化建设，厚培廉洁奉公的文化土壤、文化基础。一是用革命文化淬炼公而忘私、甘于奉献的高尚品格，从红色基因中传承廉洁文化，加强党性修养，坚持党性党风党纪一起抓，从思想上固本培元，建设共产党人的精神家园。二是用社会主义先进文化培育为政清廉、秉公用权的文化土壤，推动形成清正廉洁、向上向善的社会氛围。三是用中华优秀传统文化涵养克己奉公、清廉自守的精神境界，从历史文献、文化经典、文物古迹中汲取廉洁奉公的文化养分。四是培养廉洁自律的道德操守，把家风建设作为领导干部作风建设的重要内容。习近平总书记告诫领导干部："要把家风建设摆在重要位置，廉洁修身，廉洁齐家，防止'枕边风'成为贪腐的导火索，防止子女打着自己的旗号非法牟利，防止身边人把自己'拉下水'。"要大力弘扬中华民族传统美德，从传统家风家训家规中汲取营养，结合新的时代和实践要求进行创造性转化、创新性发展，为新时代家风建设提供丰厚滋养。各级领导干部要带头抓好家风，做家风建设的表率，以千万家庭的好家风支撑起全社会的好风气。

（原载《江西日报》，2023 年 2 月 6 日）

《柳堡的故事》：革命迎来艳阳天

李志敏 *

有一年游扬州，我专门去看了闻名遐迩的柳堡，去后才知道柳堡原名留宝头，后改名刘坝头，是电影编剧石言为体现一部作品既讲战争又叙情感的风格，而将刘坝头又改名柳堡——因"柳"字多情、"堡"有兵味，何况刘坝头上也确实长了许多大柳树。而就在这部电影上映之后，柳堡便扬名天下了，这部电影就是由新中国第一位女性电影导演王苹执导的《柳堡的故事》。一部文艺作品能为一个美丽的地方命名，实在让人惊叹红色经典的影响力与艺术魅力。

一

《柳堡的故事》拍摄于 1957 年，作为军旅题材的红色经典，影片并没有重点刻画与营造大规模枪林弹雨的战斗场面，而是独具匠心地聚焦军人的整训与情感。1944 年春，新四军某部一个连队进入苏北柳堡村整训，四班副李进与当地姑娘二妹子产生了感情。在指导员的帮助下，李进抛开个人情感随部队南征作战。五年后，已晋升连长的李进带队途经柳堡村，与已入党成为干部、正带领粮船踊跃支前的二妹子欣喜重逢。

应该说《柳堡的故事》选材独树一帜，依然是革命理想高于天的主题，又浮动着一抹似有若无的情感，背后闪耀的仍然是金色的革命光辉。纵观整部

* 李志敏　省委党校（江西行政学院）文化与科技教研部副主任、副研究员

电影，李进与二妹子从相遇相识、互生情愫，再到南征作战、胜利重逢，影片巧妙地将情感叙事融入革命叙事，揭示了新中国成立前地主阶级和农民阶级之间的矛盾及战争中的敌我矛盾，昭示了具有深远意义的社会意涵：只有人民大众获得彻底解放，才能真正实现个体幸福。

影片中，当副班长李进因和二妹子在柳前月下"谈情说爱"，而被指导员要求向大家作思想汇报时，李进向大家讲述了二妹子深夜前来是缘于其身陷险境，彼时电影以回叙的方式牵引出一个敌人——害死大妹子又企图强娶二妹子的伪军中队长刘胡子。其后，刘胡子果真派地主汪掌柜带着狗腿子将二妹子蛮横地抢走，部队闻讯即刻兵分两路，将二妹子合力救回。

此时，二妹子的遭遇让李进深刻地意识到，革命斗争异常残酷，需暂时抛开个人情感，彻底解放全中国受苦受难的劳苦大众。李进在对敌斗争和自我斗争中迅速成长，"我想二妹子心里难过，总还受得住；我一想到从此要脱离部队，党从此就不要我，我宁死也受不了！我入党的时候说过，为劳苦大众奋斗到底！"对二妹子而言，新四军对她的拯救，不仅使其身体获得解放，更促成了其精神成长。二妹子听李进说道"我们新四军讲男女平等"，她立马反观自身"平等？我也能平等？"在经过思想启蒙后，二妹子在人民军队的帮助下彻底改变了自身命运——她不但幸运地挣脱了刘胡子的魔爪，更光荣地成长为一名党的妇女干部。

二

《柳堡的故事》全片于坚韧刚强之中撒落了些许温柔，让人印象深刻。此种淳朴含蓄的情感得以成功表达，除去男女主人公精心运用细腻的眼神、细微的表情、不经意的动作，朦胧而隐忍地准确传达外，还源于二妹子对李进的情感中，包含了劳苦大众对中国共产党和人民军队的由衷爱戴与拥护，以及人民群众对光明与希望、和平与民主的热切期盼与向往。二妹子在革命斗争中的情感选择，将这一切并置叠现，使之互为一体。

尤其值得一提的是，主题曲《九九艳阳天》这男女互表心曲的江南小调，于全片恰到好处地四次响起，将潜隐于革命叙事当中的情感叙事精巧地连缀起来，充分凸显了主人公丰盈的心理活动与情感流转，串联起李进与二妹子从相识、相处、离别到重逢的整个情感历程。

歌曲第一次响起，李进和四班战友们一块帮房东田大爷修房子和院墙，"蚕豆花儿香啊麦苗儿鲜"，初次响起的《九九艳阳天》是欢快明亮的男声，饱含着战士们对美好生活的憧憬。这时，田大爷外出避难的女儿二妹子在歌声中回来了，"哥哥惦记着呀小英莲"，歌曲至此似乎预示了一个美丽的故事即将开启。

歌曲第二次响起，二妹子欢喜地到河畔为战士们收回晾晒的衣服。这时的她已与李进互生好感，且向李进表达了参军的意愿。"风向呀不定那个车难转呀，决心没有下呀怎么开言"，二次响起的《九九艳阳天》是甜美的女声独唱，十分贴切地释放并外化了二妹子彼时的心绪与情感。

歌曲第三次响起，是在蒋桥战斗胜利后部队即将南征作战，四班战士马小宝唱道："这一去呀翻山又过海呀，这一去三年两载呀不回还。这一去呀枪如林弹如雨呀，这一去革命胜利呀再相见。"马小宝是个乐天派，在柳堡的河汊子里无忧无虑地撑船高歌。坐在船头的李进却在沉思：尽管柳堡有他惦念和向往的，但毫无疑问，他将义无反顾地随部队南下征战。

歌曲第四次响起，是五年后已成为连长的李进带队途经柳堡，与已入党当了干部的二妹子在运粮船上欣喜重逢、并立船头。"哪怕你一去呀千万里呀，哪怕你十年八载呀不回还。只要你不把我英莲忘呀，只要你胸佩红花呀回家转。"末次响起的《九九艳阳天》依然是女声，婉转地表达了二妹子对李进的深情与承诺。而重逢时李进那一声激动的"田学英同志"，更将歌曲里柔情坚贞的"小英莲"形象与剧情里情深意笃的二妹子田学英完全对应起来。

三

《柳堡的故事》中二妹子虽为女一号，实际台词却并不多，最重要的一段台词是表达参军的意愿。但影片充分发挥了大银幕视听语言的独特优势，运用迷人的视听镜语，彰显了人物的清纯甜美、情感的清新动人与心灵的清澈美好。

导演别具匠心地让二妹子在李进的歌声中出场，且调度了一个抒情长镜头——杨柳垂堤、小河潺湲，二妹子和她爹田大爷划着小船映入眼帘，挽着包袱坐在船头的二妹子渐行渐近，大辫子的背影淳朴柔美。其后，二妹子回到家中，看到那么多新四军战士正在为她家修屋顶、刷院墙，于是在战士们的注视下，她感激又腼腆地穿过院落，匆匆进到屋里。从二妹子父女返乡至归家，这两处的视线引导与空间调度新颖别致，成功地抢抓了观众注意力。

而当部队即将出发，柳堡的乡亲们都不约而同地前往送行时，二妹子也去了，但她只是独自一人站在一棵柳树旁远远目送、遥遥眺望。彼时影片勾勒出一棵柳树旁站着一个人影子、梳着一条大辫子的远景镜头，观众在镜头里看不清二妹子的脸，但其静默张望的远景透出的淡淡忧伤，却使银幕效果比看清她的脸更写意和动人。在中国的古代文化里，柳意味着送别。《诗经·小雅·采薇》中"昔我往矣，杨柳依依。今我来思，雨雪霏霏"。李进抱着要解放千千万万个劳苦大众的坚定决心，头也不回地走了；倒是善解人意的指导员替李进回望了一下，而正是这一回望为五年后李进与二妹子在指导员的牵引下欣喜重逢埋下伏笔。

《柳堡的故事》中苏北特有的蜿蜒河堤、独木小桥、依依杨柳以及风车、芦苇、雁阵，是影片完美的视听镜语的重要构成。尤其柳堡的水源丰富、河道密集，片中流水与田亩纵横交错、水路与陆路相映成趣，柳堡所独具的水网中的村落特色，不仅因风景如画而渲染出浓郁的抒情氛围，更不动声色地参与和丰富了电影叙事。

比如，柳堡那一湾河水在片中反复出现，具有特别的意蕴。当刘胡子带人欲强抢二妹子时，二妹子无奈地浸在河里，正是借助河水和芦苇的掩护，方逃此一劫；而当汪掌柜趁着夜黑风高，带着狗腿子强闯田家硬拖走二妹子时，弟弟小牛也是藏在河中，方得以伺机逃脱并赶往新四军驻地通风报信。被抢走的二妹子被羁押在汪掌柜的船上，依然是沿水路而行，被强送至刘胡子所在的蒋桥；而为营救二妹子，新四军兵分两路，一路疾驰于河岸沿陆路追寻，一路蹚河乘船沿水路应援，最终是水路应援的战士一枪打断了敌船的桅绳，截住了汪掌柜一伙……

电影《柳堡的故事》不仅是红色文艺经典，还是民族文化经典，它以颇具东方神韵的秀丽与温婉，聚焦了革命洪流中的一脉支流，在独特的故事天地里抒写了军民关系、阶级矛盾及战士的情感与责任。《柳堡的故事》之所以能够历久弥新，根源就在于影片通过美好的情感故事，彰显了党的先锋战士革命理想高于天的英雄本色。情感不过是考验，金色的革命光辉才是最神圣的召唤。

（原载《学习时报》，2023 年 2 月 24 日）

《智取华山》：开创新中国惊险式战争片先河

李志敏[*]

在看影片《智取华山》之前，我从没想过红色经典也可以拍得如侦探片般紧锣密鼓、步步惊心，令观众从头至尾感受视听感官的震撼、心灵体验的跌宕。故事情节一点一点深入、惊险元素一点一点渗透，每分钟都惊心动魄、每一秒都不舍得快进。该片依凭紧张的节奏、奇特的情境、惊险的气氛，将人民解放军与敌军的冲突、与大自然的冲突渐次推开，逻辑严密、镜头饱满，如行云流水般流畅。主创者是经过怎样的推敲和斟酌，才以处处用心实现步步深化，成就这样一部电影化程度甚高的红色经典？

《智取华山》拍摄于 1953 年，讲述了 1949 年人民解放军发动解放大西北的强大攻势，胡宗南匪部狼狈向南逃窜，敌旅长方子乔率其残兵败将逃上西岳华山，企图凭借华山天险做垂死挣扎。解放军某团侦察参谋刘明基率领侦察小分队，在当地药农常生林的帮助下，绕过狭窄又惊险的小道，以超常的勇敢与智慧打破了"自古华山一条路"的传说，并迅速占领千尺幢，为部队解放华山打开了门户。

悬念

所谓"自古华山一条路"，就是要从华山的关口千尺幢上去，爬百尺峡到北峰；从北峰经苍龙岭，一条路直上西峰（方子乔的司令部所在地）。所以敌

---

* 李志敏 省委党校（江西行政学院）文化与科技教研部副主任、副研究员

人会说，守住千尺幢就是守住了华山。可这华山唯一的上山道路被敌人控制，且千尺幢是在山缝里凿开的一条直上直下的梯子道，有 200 米高，坡度极陡，每级台阶不过三分之一个脚掌的宽度，必须抓住两边悬挂的铁链才能向上攀爬，石梯顶端有如井口，用钢板将井口封住，便阻塞了通往华山的道路。

影片开场，解放军解放了华山脚下的华阴县，鉴于不能让华山天险拖住人民解放军参加解放大西北的战斗，且敌人多待一天，华山百姓就要多受一天痛苦，于是面对"自古华山一条路"的传说，即便明知要找寻第二条路没有可能或异常困难，团部还是决定让参谋刘明基带着侦察员必须寻找到通往华山的另一条路。可千尺幢只有一个洞，我们无路可通；西峰后壁峭拔陡立，更无攀爬的可能；只有北峰，从它与其他山脉的连接形势看，很可能爬上去。而究竟能否找到、如何找到这样一条路，一个强大的悬念由此设下，且影片注重将悬念揭开的过程铺陈得回旋曲折、波澜起伏，避免在影片的开端部分即拉满弓。

当刘参谋带领小分队第一次侦察华山时，毫无头绪；第二次再侦察算是有了点眉目，而这点眉目也只是听说了药农常生林曾经从北峰后面爬上去过。等到了常生林家，小分队正巧从枪口下救下常生林年老的母亲和年轻的妻子，当两人无意中获悉小分队是欲找常生林带路时，却表现得无奈而抗拒。原来那"另一条路"非常危险，一不留神就会摔死人。用常生林的话说，这条道山羊都上不去。常生林的爷爷为挖药材爬这条道摔断了腿，常生林的父亲更因此没了命。常母怕他出事，自打其父摔死后，五六年就再没让他上去过。但因为小分队在当夜的暴风雨中为常家老小遮风挡雨、抢修房屋，让常母和常妻异常感动，常母终于主动提出让常生林给小分队带路。

华山

电影《智取华山》对惊险风格的营造，除依凭情节连缀上的步步惊心，正是依托了华山这一以险著称、奇险峻秀的独特叙事空间。影片选择了"天井"—"老虎嘴"—"天桥"这三个华山十分有代表性的高危点，以"天井"直如刀削的兀立危峰、"老虎嘴"目不敢斜视的险绝峭崖，以及仅以一块朽木架于万丈深渊之上的"天桥"，来彰显华山的险峻。一方面华山因峭拔宏伟、雄浑壮丽而成为该片重要的视觉元素，使影片在画面构图上颇显气势；而另一方面也正因华山氤氲着高深神秘的气韵，予人一种重压和危机感，于此才更凸显了侦察小分队翻山越岭、绝地求生的坚韧意志。

华山这一地势险要的环境空间参与叙事，体现了一种层层深入、步步为营的渐进性与层次感。找寻通往华山的另一条路这一艰巨任务，将侦察小分队送上了一条艰辛的求索之路，这一路上注定了小分队必须与各种对抗力量相抗争。从第一次侦察毫无头绪、第二次侦察有了点眉目，到找着常家、感动常母，再到由常生林带路，小分队终于踏上了一条"不是路"的希望之路。影片正是通过将侦察小分队推向华山一路走高的危境，来发掘并呈现其愈发强大的意志和愈加过硬的本领，华山的叙事功能愈发彰显。

敌人在山上、解放军在山下，前者下不来、后者上不去，两股军事力量隔空对峙。要想征服敌人，必先征服华山。在小分队于华山之巅与敌人短兵相接之前，影片着力呈现的正是侦察小分队以无畏和神速成功飞越了天险。智取华山的胜利得益于两个方面：其一是侦察小分队在面对"自古华山一条路"时，没有表现出丝毫气馁和动摇，而是凭借强大的意志和过硬的本领，始终相信一定能找到那另一条路，且临危不惧、处变不惊，随机应变、当机立断；其二则是人民军队广泛深入群众、紧密依靠群众，如若没有群众的援助，要想找到上山的另一条路几无可能，即便找到了，要想征服天险、战胜敌人也举步维艰。

奇袭

当年，该片摄影师陈民魂是将绳子的一头拴在华山的松树上，另一头捆在自身腰间，整个人吊在那悬崖上，手持着摄影机、脚蹬着山坡，身体往后仰着进行拍摄的，否则距离太近，无法提取全景。仅仅是拍摄就这样险象环生，由此可想而知，当年的战斗英雄是冒着怎样的危险飞越天险、奇袭峰巅的。

当所有人均有惊无险地顺利越过第三重障碍"天桥"时，这条来之不易而令人触目惊心的道路，却因木桥折断战士们无法返回联系团部。就在这时，刘参谋根据山上俘虏的口供正确地分析形势：华山上的敌人并不算多，且敌人相信只有一条路通向华山，一切防备是对着千尺幢的下边而非上边；更重要的是，敌人是一群丧家之犬，完全依凭天险壮胆，一旦他们发现天险被打破了，三更半夜地摸不清小分队的来路，定会张皇失措。基于以上考虑，已经行进至敌人眼皮子底下的小分队，机智而神勇地将"探路"升级为"奇袭"——趁着夜色悄悄摸上北峰，干脆利索、一声不响地打了敌人个措手不及、目瞪口呆，紧紧地扼住了华山咽喉。

拿下北峰后，战士们一面悄悄地封锁西峰，一面迅速控制千尺幢，以便将主力部队从千尺幢迎上来全歼敌人。在这个当口，战士们表现得机敏灵活、勇猛果敢：一方面以"再不投降就要开炮了"镇住敌人，继而再以解放军优待俘虏的宽大政策——保证其生命财产安全，愿回家的发路费等，感召了绝大部分敌军士兵，闯过了因"奇袭"而遭遇的险情。另一方面则不失时机地在千尺幢上发送信号弹，并派出药农常生林自千尺幢火速下山送信，以最快速度与团部取得联系。待方子乔获悉一切，六神无主地组织西峰士兵反扑时，小分队以一当十、沉着应战，为主力部队的到来赢得了时间。危急时刻，药农常生林带领大部队及时赶到，战士们与小分队合力攻上西峰，活捉了方子乔。

摄制于20世纪50年代的电影《智取华山》，开了新中国惊险式战争片的先河。然而让我没想到的是，它还是知名导演郭维独立执导的首部电影；更让人感动的是，那赫然映入眼帘的片头字幕——"本片系根据我中国人民解放军在解放大西北的战役中一个真实事件编制而成"，昭示了如此惊魂动魄而又富于传奇性的故事，所营构的并非假定情境、所演绎的也非虚构情节，它叙说的是历史真实。而也正因这坚不可摧的"真实"，那"智取华山八勇士"的伟大壮举、那"智取华山惊险路"的英雄足迹，才会更令广大观众深深震撼与由衷惊叹。正是"侦察—登山—奇袭"这节节生奇、层层追险的英雄步履，使美丽的华山重回人民的怀抱，这份铭刻于时光河床的功勋与荣誉，永远属于人民、属于我们千百万始终在为人民事业创造奇迹的人民解放军战士。

（原载《学习时报》，2023年4月21日）

《战火中的青春》：那是青春放光华

李志敏[*]

在我的成长岁月中，有一部选材新颖、视角独特、格调清新的红色经典电影，讲述了一位为了能够参加中国人民解放军成为野战部队的一员而隐瞒性别，勇敢地站在斗争最前线的现代花木兰式的优秀女共产党员的传奇故事，格外引人注目。片中的女主人公高山是我记忆中的一缕光，这缕光穿越半个世纪而来，助我成长、促我坚强。这部电影就是《战火中的青春》。

源于真实

《战火中的青春》拍摄于1959年，影片看似重返于民间流传千年的经典传奇"木兰从军"，讲述了烈士女儿高山女扮男装于战场建立功勋的故事，颂赞其英勇无畏的精神与保家卫国的豪情，但《战火中的青春》又被赋予了鲜明的时代特色。更重要的是，这具有传奇色彩的动人故事源于真实的历史。它源自影片编剧陆柱国在海军部队深入生活，在对一位青年艇长（雷振林原型）的细致观察及与其倾心交谈中，陆柱国捕捉到了片中雷振林与高山的生活原型。

陆柱国曾写过两篇关于影片的琐忆与泛谈。据他回忆，现实生活中的"雷振林"10多岁时曾由地下党巧妙安排，认一个大地主做"干父"。这个大地主另有一个担任伪军宪兵大队长的干儿子和一个在日本特务系统当特务的干

---

* 李志敏　省委党校（江西行政学院）文化与科技教研部副主任、副研究员

儿媳。此后几年中，"雷振林"为我军传递了不少重要情报。18岁时"雷振林"身份暴露，于是逃回解放区，在解放军里担任"青年战斗排"排长，其间遇上了女扮男装的"高山"。关于"高山"，陆柱国所掌握的材料则源自青年艇长"雷振林"的深情回忆与动人追叙。他为"雷振林"与"高山"的故事惊讶、赞叹并将其写进长篇小说，《人民文学》以《战火中的青春》为题将这个故事摘登出来，于是有了后来同名电影的改编与上映。

电影《战火中的青春》上映后，许多观众都认为除去青年艇长"雷振林"记忆中的"高山"，高山还有另外一个更为知名的原型郭俊卿——那个年仅15岁女扮男装的小姑娘，在野战部队隐瞒性别长达5年，后因劳累过度生病住院始被医生发现女儿身的特等女战斗英雄。而无论高山有多少个原型，这都昭示出电影《战火中的青春》植根于火热的现实与群众的沃土——那就是在国难当头时，无数中华女儿巾帼不让须眉，她们以身许国、赤心报国，在卫国安民的烽火硝烟中做出了惊人的壮举。

欲扬先抑

《战火中的青春》自开场戏就设计得十分考究，19岁的基层指挥员高山经受住了严酷的斗争考验，独自一人坚持战斗到了最后，并时刻准备着与阵地共存亡。她为了加入野战部队，隐瞒了自身性别，观众十分理解这个刚刚失去父亲与战友的姑娘的选择，万分敬佩她的坚毅刚强。

整部电影的戏核——性别倒置的悬念也就此埋下：片外观众对高山隐瞒其女性身份洞若观火；片中人物则对高山的女性身份处在完全不知情状态，直至片末谜底揭开。而也正是这银幕内外的视角差，使得观众对片中许多细节设计了然于心甚至忍俊不禁。

影片对高山初到英雄排这一重要情境的表现，即先宕开一笔、充分蓄力。团长经慎重考虑，将高山派往英雄排担任副排长。连长特意叮嘱高山："你要特别注意这个排里的有些习气，就是对雷振林也不能放松呀！"英雄排是一个壮志凌云、所向披靡的攻坚团队，排长雷振林个性英勇果敢，但是粗粝张扬。

在高山到来前，雷振林和全排战士正铿锵有力地高唱着曲风激昂奔放、轻快活泼的《战斗进行曲》。此时，大高个一班长好奇道："排长，新来咱们这的副排长也是个好样的吧？"雷振林道："到咱们英雄排来的还会有次的？！"小胖不禁瞪大了眼睛："排长，那你见过了？"雷振林胸有成竹道："不用见我也知道，个头比我高出半头，宽宽的肩膀……轻机关枪在他手里，像拿个烧火棍一样。"

就在这时，连长领着高山前来英雄排报到。大家眼瞅着满心期待的副排长居然这样瘦弱、矮小，穿着不合身的硕大军装，还背着一支老套筒枪，都禁不住满脸满眼的困惑。调皮的小胖比画着瘦小的高山比自己还矮半截，称其为"儿童团长"。就连排长雷振林也忍不住直问高山："什么时候回地方呀？"并直言野战部队比地方苦，以试图劝退她。

英雄排怎么都不会想到新来的副排长会是位假小子，电影的这个段落以英雄排先前的翘首以盼与眼下感受到的落差，制造悬念，是为了让其后高山的表现更为突显。与此同时，这顿挫回环、跌宕生姿的一放一收、一开一合、一推一挽，将电影呈现为有节奏的时空、回荡的时空，为其注入了活泼灵动之势。

以柔克刚

相对于战争中的敌我矛盾，高山与雷振林之间的性格冲突与斗争，构成了影片推动故事情节向前发展的主要动力。高山沉稳柔韧，与女性的温婉特征相一致；雷振林粗犷勇猛，与男性的强悍特征相统一。两种鲜明个性的碰撞贯穿影片始终，而就在一番撞击、一场烈火之后，高山的含蓄内秀逐渐征服了雷振林毕露的锋芒，以柔克刚促成了雷振林与英雄排的进步与成长。

高山从失去血缘关系的小家庭，进入到革命关系的大家庭后，一步一步地以自身对战士的情感、对工作的高度原则、对斗争的智勇双全，令雷振林乃至全排对其肃然起敬、刮目相看。她细致入微地关怀战士，为小胖密针细线地缝补棉鞋；对雷振林"突击敌人营部"的军事预判，她敏锐地指出："不，恐怕是偷袭。"大伙儿都意识到了，这副排长不含糊、不简单。而对高山与雷振林之间关系的发展变化及雷振林个性的转变，影片十分精巧地运用了一把雷排长几乎不离身的战刀，作为表征二人关系与雷振林性格的特殊道具。

雷振林甫一登场，就因这把战刀引起了新任团长的注意："还带这么个玩意儿，把刀摘下来！"雷振林表示这刀是上一仗从敌人的旅长手里缴来的，请求团长让他试试。团长考虑片刻后答应了，但前提条件是仗要打好，"要打不好啊，我连人带刀一起撤"。雷振林遂挥舞着战刀冲锋在前。此时的战刀寓示着雷振林信奉的就是猛打猛冲的战斗作风，且这一作风在他亮相大银幕的第一场戏便给观众留下了深刻的印象。

在副排长高山面前，雷振林又禁不住炫耀这把战刀："怎么样，漂亮吧？这是团首长亲自批准我带的。"这又寓示着雷振林对其大刀傍身血气方勇的战斗状态，颇以为然、沾沾自喜。正如他自己所言，哪次战斗子弹都得给他让路。

再后来，雷振林举着战刀闯入敌营，幸得高山从旁助力，他免遭敌人暗算；但勇猛过火的他并未即刻吸取教训，而是再次举起战刀追击敌军官，导致明明枪击可立马结束的对决不但被敌人翻盘，更给了敌人将其陷入包围圈、逼近碾房的机会。雷振林终于在身陷绝境时意识到了自身的问题，他忆起了高山的苦心劝导："瞎闯出来的英雄不是真英雄。"雷振林开始悔悟与觉醒。高山却因冒着生命危险闯入烟熏火燎的碾房拯救雷排长脱离险境，而不慎负伤住进了医院。

在影片结尾，雷振林与高山告别时将战刀送给了她。这时的战刀一方面寓示着雷振林与高山在战斗中建立的真挚情感，另一方面也象征了雷振林的蜕变与成长。他痛下决心，在全排战士前立下了铮铮誓言："今后看吧，一定克服个人英雄主义！"

淬炼党性

高山与雷振林尽管性格迥异，但对党的忠诚与热爱、对党组织利益的坚决维护，是他们共同的态度和立场，两个人身上都一致地体现了革命战士的坚强党性。

高山关心自己战友的进步，却从不掩饰战友的错误。她把战友的缺点看成自己的缺点，心急如焚；她把战友的生命看得高于自己的生命，可以以命换命。她接受了党的指示来领导英雄排和帮助雷振林，便时刻履职尽责，无时无刻不关心着英雄排的成长与雷振林的转变。这正是党和连队政治工作力量的充分体现，也是一名共产党员对生死与共的战友所深怀的真挚情感。

排长雷振林的坚强党性则在高山初到英雄排时，已然展现。尽管一开始英雄排因不知晓高山的真实性别而感到"落差"，可雷振林对战士们的态度却是十分严厉的："副排长是上级派来的，有意见可以提，可不准在下边随便说怪话。"可见，雷振林对党组织的决策部署是坚决拥护并坚定执行的。当高山对战斗中的他横冲直闯、急躁冒进的鲁莽做派直言规劝时，尽管他并不服气，可当他听到这是党支部的意见时，即刻冷静下来陷入反思。这表明雷振林在对党忠诚、听党指挥、为党尽责上是严肃而认真的。

当雷振林带着全排战士的殷殷嘱托和大家捎给高山的各种礼物，兴冲冲地赶来看望正躺在病床上的高山时："小高，我已经给上级打报告啦，要求把排长的职务交给你，我雷振林甘心情愿地给你当一辈子战士。"雷振林的表白是那么真诚，话里饱含了他对高山的全部感激与信任、拥护与爱戴，更彰显了他将党的利益放在高于一切位置的博大胸怀。在他眼中，高山比他更适合领导英雄排，那么为了今后英雄排能更好地完成党交予的任务，他发自内心、心悦诚服地推贤让能。

此时高山因受伤必须接受手术，雷振林终于知道了高山的姑娘身份："我要知道你是女的，怎么也不能让你为了我负那么重的伤。""为了你？那你又为了谁呢？"这就是那一代人战火中的青春，严峻斗争考验下无私的阶级友爱与互助团结。临别，雷振林将指挥刀留给高山做纪念，说看见它就会令高山想起他们在一起的战斗生活。高山却脱口而出："我忘得了吗？"是啊，她忘不了，作为后辈的我们更忘不了：为了对付敌人，无数的高山不爱红妆爱武装；为了赢得胜利，无数人的青春在战火中放光华！

（原载《学习时报》，2023 年 7 月 21 日）

《董存瑞》：为了新中国，前进！

李志敏[*]

1955 年，长春电影制片厂出品了一部优秀的人物传记样式战争片，影片讲述了一名在风云激荡的革命斗争岁月里，于中国农村解放区成长起来的人民英雄、军人楷模的革命生涯，对每一位观众而言，他都是照亮我们生命的一道温暖光芒。这部作品就是根据全国战斗英雄董存瑞的革命事迹创作的电影《董存瑞》。

一

作为该片编剧之一的赵寰在创作剧本《董存瑞》之前，曾采访过掩护董存瑞完成爆破任务、被评为全国特等战斗英雄的郅顺义。郅顺义到各单位作巡回报告时总是会强调董存瑞的英雄事迹。郅顺义的深情讲述，让赵寰萌生了将董存瑞炸碉堡的事迹搬上舞台的念头。在赵寰等人创作的歌剧《舍身炸碉堡》的演出大获成功后，为了让董存瑞的英雄壮举进一步深入人心，国家主管电影的相关部门决定将其英雄事迹搬上银幕。

片中的董存瑞甫一登场，映入观众眼帘的首先是一名迫切希望走上革命道路的农村少年，他紧追着队伍强烈地要求参军，却因年龄太小一再遭拒。那一颗滚烫的爱国心与坚韧的性格，在开场戏即已透过银幕众目具瞻。

---

* 李志敏　省委党校（江西行政学院）文化与科技教研部副主任、副研究员

终于如愿参军入伍，行军路上董存瑞发现战友们的子弹袋都鼓鼓囊囊的，据好友郅振标估计每人"足有二百发"，那为啥他跟郅振标只有十发子弹？董存瑞感到委屈。战士们将子弹袋纷纷解下来，给疑惑不已的两人看个明白，原来每人在战斗中都只有十发子弹，其余塞的都是高粱秆。糊弄鬼子的事，可把董存瑞给蒙住了。就这珍贵的十发子弹，董存瑞却在初次参战时打掉了其中的九发而一无所获，为此赵连长给予他严厉批评。此次经历及连长的严格要求、悉心教导让董存瑞深受教育，抗战条件异常艰苦，斗争要求成效、战斗务求战果，作为战士一定要经得起革命的锻炼与斗争的考验。

紧接着，就在一次战场瞬息万变、战机稍纵即逝的战斗的紧要关头，董存瑞以革命利益为重的大局观念与奉献精神，让他实现了人生中的重要成长——立功并入党。当国民党军队如潮水般涌向友邻阵地时，董存瑞建议火速出击支援；班长却认为没有接到上级命令，不能轻举妄动；战友王海山更以董存瑞"自作主张"的行为会影响其入党来提醒他认真考虑。董存瑞最终决定抛开个人得失，以战斗的全局利益为重，毅然带领战友们抓住战机、策应友邻，加速了全团战斗的胜利。

影片震撼人心的地方，除了大家熟悉的作为其高潮部分的舍身炸碉堡，还有此前隆化战役的誓师大会。在誓师大会上，董存瑞当选为爆破队长，当他在人群中搜寻火力组长的人选，继而掷地有声地喊出与其闹过不愉快的战友王海山的名字时，王海山一时难以置信、热泪盈眶，他没有想到一个即将冲入密集的弹火中实施爆破的队长，把掩护生命的重要任务交给了他。董存瑞在考虑革命的重大问题时，始终将革命与集体的全局利益放在高于一切的位置。

经过誓师大会的铺垫，此后的舍身炸碉堡，便是合乎董存瑞性格的英雄壮举，惊心动魄又势所必然，这是任何一个编剧或导演都无法凭空生造出来的高潮部分与中心事件。此前影片层层铺垫与步步蓄势，是对人物在这一关键时刻所喷涌而出的巨大力量的深沉凝聚，因为那不只是电影情节的高潮，更是观众情感的高潮，无限悲壮与震撼，致敬在危难关头挺身而出的英雄。

二

导演郭维在 1955 年出品的电影《董存瑞》中对视听语言的运用和展示，体现出了超乎年代的惊艳。郭维表现出了对电影语言的原创性尝试：摄影机在多重空间中穿行拍摄、收放自如，镜头衔接如行云流水、一气呵成，在片中呈现了完美的视听结构与丰沛的情感时刻。

镜头的运动感空间。为实现参军夙愿，董存瑞与同村好友郅振标分别找到赵连长和区党委书记王平，采取两头"蘑菇"、双线"进攻"的策略。影片运用交叉蒙太奇分头叙述、并行表现，将同一时间两个不同空间发生的相互关联的情节线迅速而频繁地交替剪接，使之相互烘托、彼此映衬。

如这边王平对郅振标解释道："军队要的是战士，可不要小孩啊。"此时空间再度迅速转换，镜头对准了董存瑞那紧跟赵连长的执着步伐和农村少年那嘎劲十足的脸："我给您当个勤务兵总行吧，给您当小鬼，先不发枪也干！"此处设计，使影片精练地集中笔墨，并妙趣横生地彰显人物个性、强化作品韵律，从而凸显了董存瑞对参军入伍这一理想信念的无比坚定与赤诚。

画面的纵深感空间。在黑白电影年代，影片《董存瑞》已十分注重表现银幕的空间深度与画面的层次感和立体感。最典型的是在连指挥部的一场戏，导演巧妙地将有限的银幕空间划分成前景、中景、后景三个不同层次，且充分利用门框这一构图技巧，丰富与拓展了既有空间。

在并不宽敞的指挥部内，处于中景的连长正在和上级通电话"什么，国民党又投入了一个空运团……战士们情绪很激昂……"处在前景的指导员正在读各班排送来的请战书。"报告！"董存瑞于后景门框突然出现，继而从画面深处逐渐走向前景。此处画面纵深感的营造，正是为了强调董存瑞是在前线炮火的呼啸声中、是在战事胶着的时刻要求入党。影片将董存瑞请求入党的关键时刻，置于一个颇富紧迫感与现场感的战时指挥部的场景之中，让人有身临其境之感。

音效的回荡感空间。影片大胆采用"瞬间静场 + 即刻释放"的处理方式，精巧地拉满了影片的张力感与回荡感，娴熟地把控了影片的韵律与节奏，有力地升华了人物的激昂斗志与高涨情绪。"瞬间静场"是为了以银幕的暂时停顿收住观众心神，犹如放箭时的回拉；而接下来的"即刻释放"则如手松箭放，立马在观众刚刚收紧的心灵中掀起狂澜。这样的设计可谓是无声胜有声。

特别是在影片的高潮，董存瑞高呼着"为了新中国，前进！"舍身炸碉堡后，战场的喧嚣迅速转为沉寂，影片静场数秒，随后战友们跃起高呼"为了新中国，前进！"则将董存瑞牺牲后战友们化悲痛为力量坚强而深厚的情感，推至高潮、推向极致。

值得一提的是，电影《董存瑞》中还成功塑造了一位从未出场的军属，即战士牛玉合的爱人。所有关于她的一切都是通过三封家书来讲述的，于细微处窥见精深，成功折射了这位军属思想上的进步与精神上的成长，并体现出举国上下个人命运与家国命运的紧密相连。

在解放战争爆发之前，玉合爱人曾两次来信望玉合回到家乡照顾孩子土地庄稼。解放战争爆发之后，农村经过轰轰烈烈的土地改革，广大贫苦农民终于迎来了属于自己的土地，在日子发生翻天覆地变化的事实面前，玉合爱人实现了思想观念的转变："如今咱们家什么也不缺，就是在光荣军属的大门口上还缺你一张立功喜报。"三处描写虽着墨不多，却收到了让人印象深刻的效果，影片借暗写一个已翻身做主人且要求保卫胜利果实的军属典型，铺陈了全中国即将迎来彻底解放的大好形势。

电影《董存瑞》以纯熟的视听镜语，讲述了战斗英雄董存瑞短暂而光辉的革命生涯。党和国家就是要以永恒的银幕光影为英雄铭刻下永不褪色的生命荣光，并借此昭示我们将永远不会忘记党的优秀儿子、永远缅怀人民的革命英雄；他的精神将永远激励我们：为了新中国，前进！

（原载《学习时报》，2023 年 11 月 3 日）

《烈火中永生》：一片丹心向阳开

李志敏[*]

　　"红岩上红梅开，千里冰霜脚下踩。三九严寒何所惧，一片丹心向阳开。"一曲《红梅赞》，让如红梅一般凌霜傲雪的江姐形象深入人心。江姐是小说《红岩》中的人物，历史原型为革命烈士江竹筠。《红岩》的作者罗广斌、杨益言根据自身遭遇的重庆解放前那场残酷屠杀而幸存下来的经历，写下了这部经典作品。导演水华读到这部小说后，决定将它搬上银幕。1965 年改编自小说《红岩》的电影《烈火中永生》上映，轰动全国。

　　《烈火中永生》讲述了在重庆解放前夕，国民党开始对共产党人和进步人士进行疯狂镇压，由于叛徒甫志高出卖，江姐和许云峰不幸被捕，他们在血腥的牢笼里同敌人展开了严酷的狱中斗争。在天亮前最黑暗的一段，面对已步入穷途末路而惶惶不可终日的敌人，他们乐观坚毅、英勇无畏，在魔窟里将信仰坚守到底，保持了共产党人的本色。

信仰：最坚实的铠甲

　　影片中的江姐形象立体丰满、光彩夺目，作为知识女性的温婉细腻与革命者的坚韧刚毅，在她身上交相辉映。江姐在大雨滂沱中看到丈夫彭松涛牺牲的布告后，就选择了坚强的隐忍，将内心的一切伤痛独自深藏着。

＊　李志敏　省委党校（江西行政学院）文化与科技教研部副主任、副研究员

到狱中她为了保护同志们，故意向穷凶极恶的特务头子徐鹏飞宣告"上级的姓名我知道，下级的姓名我也知道。这是我们党内的秘密，不能告诉敌人"。以激怒敌人将其他人都放下，集中力量突破她，以一己之力保护着同志和组织。每逢江姐被带去严刑审讯时，所有狱友便无片刻安宁。他们深知行将覆灭王朝的鹰犬是如何丧心病狂，更明白江姐那坚定的信仰，是敌人无论如何都无法突破的最坚实的铠甲。就像江姐在受尽酷刑后所喊出的："竹签子毕竟是竹子做的，共产党员的意志是钢铁！"

许云峰则是一名稳重果敢、经验丰富的老地下党员，他的初次亮相便是穿过混乱嘈杂的重庆街道，前往码头接应从上海返回重庆的江姐。后因甫志高出卖，许云峰在与地下党接头的茶楼被捕。就在其人生发生重大变故的时刻，他依然神色不惊、夷然自若。敌人在甫志高的带领下，着急忙慌地从茶楼的一楼往上抓他；他则手持礼帽，安之若素地从茶楼的二楼一步步朝下走。许云峰每向下走一步，敌人便怯怯地往后退一步。无声的对峙中，许云峰正气凛然、顶天立地的高大形象，顷刻间树立起来。

还有装疯15年忍辱负重潜伏在监狱里的华蓥山区党委书记华子良，多年前，华子良利用陪法场的机会装作吓疯了，从此长期隐蔽下来，等待机会与党建立联系。特务看他是个"疯子"，便令其买菜做饭干杂活。当人民解放军逼近四川，敌人眼见大势已去，预谋屠杀狱中的共产党人时，江姐和许云峰带领狱友们积极筹划、准备越狱。关键时刻华子良站了出来，他挑着担子利用与敌人上街买菜的机会，在特务的眼皮子底下机智地与监狱外党组织取得了联系，为此后众人里应外合、成功越狱作出了突出贡献。

监狱：最特殊的战场

为保护江姐不再遭受酷刑折磨，并祭奠在狱中被特务枪杀的烈士龙光华，狱中同志发出了"不准虐待江雪琴、追悼烈士龙光华"的齐声呐喊并集体绝食。同志们团结一心、同仇敌忾：敌人若不答应条件，绝食决不停止。特务头子徐鹏飞如大厦将倾前的丧家犬和亡命徒一般，狂躁地被迫接受条件，共产党人在监狱这特殊的战场里赢得了斗争的胜利。

为祭奠烈士龙光华，狱中同志们自制笔墨纸张，以竹签做水笔，以草纸拼贴成大纸张，用于书写挽联和横幅，再用采摘自监狱院坝里的野花野草扎成敬送花圈。在监狱的高墙铁网下，狱中所有同志为烈士龙光华举行了追悼会。特务们蜷缩一隅，眼巴巴地看着那"一个倒下去，万人站起来"的醒目挽联，看着那被小心收藏并供众人瞻仰的龙光华烈士的红星军帽……而这一切都昭示了狱中共产党人坚如磐石的革命信念与不可动摇的对党的绝对忠诚。

与此同时，影片穿插了监狱外人民解放军于各大战场气势如虹、捷报频传，在解放战争中取得空前胜利、重大战果。此时敌人对付狱中共产党人的策略也发生相应转变，他们试图以一套欲擒故纵、明松暗紧的做法麻痹众人，以达到从中捕捉线索然后一网打尽的真实目的。狱中同志们索性将计就计，在监狱里开起了联欢会。大伙儿贴上"洞中才数月　世上已千年"的对联，横批"扭转乾坤"，寓意监狱外人民解放军正以摧枯拉朽之势打垮国民党反动派，蒋介石的黑暗统治行将覆灭。同志们自己编演节目，拿着瓶子、罐子、杯子、脸盆当乐器，欢快地高唱起人民子弟兵自己的歌曲，并穿着草鞋、戴着脚镣扭起了秧歌。

在铺陈狱中联欢会的热烈欢腾时，影片再次穿插了监狱外学生、教师和工人队伍凝心聚力、游行示威，一致要求国民党接受中共和谈条件、立即释放政治犯、反对假和平真备战等声势浩大的场面，以及人民解放军发起渡江战役、迅速突破和彻底摧毁国军江防、径直攻入南京总统府等振奋人心的场景。监狱外与监狱内的两个空间彼此映照、相互激荡，拓宽了影片叙事的时空跨度，使其思想蕴含更为充实广博。

红旗：绣出一片新天地

1949 年 10 月 1 日，当中华人民共和国成立、五星红旗于天安门广场冉冉升起时，远在千里之外的重庆歌乐山下的监狱里，共产党人和爱国志士们依然还在以各种形式与敌人坚持斗争。当新中国诞生的喜讯传来，同志们心潮澎湃、热泪盈眶，将一床红色的被面拽下来，共同为新生的共和国制作了一面他们从未见过的五星红旗，以期盼重庆解放的那一天，让五星红旗飘扬在歌乐山顶。

影片对江姐绣红旗这一情节进行了精心设计，在国歌与《东方红》的背景音乐中，刻画了江姐含着热泪按心中设想的五星布局，先用石块画上了五颗五角星，继而大家喜不自禁地用手捧着、用脸贴着"红旗"，去尽情抒发对新中国成立的激动和喜悦。江姐和许云峰最终还是没能看到真正的五星红旗是什么样子，他们倒在了黎明前的黑暗中。但他们在黑洞洞的牢房里为革命者留下了光明的记忆，并为大家带来了生的希望。许云峰夜以继日地挖凿墙壁缝隙，徒手凿开了通向监狱外的唯一出口。待解放大军的炮声响起，同志们依照计划高举着狱中绣制的红旗成功越狱，终于看到了那个铁窗之外他们不惜一切代价共同缔造的新中国！

电影《烈火中永生》讲述的故事是一段真实发生过的历史，然而历史要远比电影设计的结局残酷得多。就在重庆解放前夕，国民党反动派对关押在歌乐山下人间地狱中的革命者进行了疯狂大屠杀，数百名有志之士倒在了黎明前的至暗时刻——离重庆解放已经很近很近的日子里，他们就长眠在今天的歌乐山烈士陵园当中。

据饰演江姐的著名艺术家于蓝回忆，本来片末江姐和许云峰被敌人拉出监狱后，镜头就径直衔接到了众人迎接解放大军并与之会师的热烈场面。周恩来总理指出，太快了，就义应该有形象的表现，当时许多共产党员牺牲时都高喊出"共产主义万岁！"应该有一点壮烈的场面……于是摄制组根据周总理的意见补拍了江姐和许云峰就义的场面，而正是这一场戏将整部影片的情感推向了高潮。周总理最后为影片定名为《烈火中永生》，电影正是以一种特殊的方式，让革命先辈永恒地活在后人心中，他们在烈火中永生。

（原载《学习时报》，2023 年 12 月 29 日）

努力在建设中华民族现代文明中展现江西新作为

罗　天[*]

习近平总书记在江西考察时，先后察看了长江国家文化公园九江城区段、景德镇陶阳里历史文化街区、婺源县秋口镇王村石门自然村，并作出重要指示，鼓舞人心、催人奋进。这三个地方都具有显著的文化标识。我们要认真学习贯彻习近平总书记重要讲话精神，坚定文化自信，加快建设文化强省，推动赣鄱文化繁荣发展，努力在建设中华民族现代文明中展现江西新作为。

"第二个结合"是新时代推动赣鄱文化繁荣发展的必由之路

习近平总书记强调："在五千多年中华文明深厚基础上开辟和发展中国特色社会主义，把马克思主义基本原理同中国具体实际、同中华优秀传统文化相结合是必由之路。"坚定不移推进"两个结合"，特别是运用马克思主义的立场观点方法，加强对中华优秀传统文化的挖掘和阐发，才能把跨越时空、超越国界、富有永恒魅力的中华文明发扬光大，彰显中华优秀传统文化的世界意义。可以说，中华优秀传统文化是中国特色社会主义植根的沃土，"两个结合"的提出，尤其是"把马克思主义基本原理同中华优秀传统文化相结合"的"第二个结合"，是又一次的思想解放，让我们能够在更广阔的文化空间中，充分运用中华优秀传统文化的宝贵资源，探索面向未来的理论和制

* 罗　天　省委党校（江西行政学院）文化与科技教研部副主任、副教授

度创新。

江西是文化资源大省，江右文脉流淌千年，在中华文明史上占有重要地位。明理崇德、家国天下的浔阳文化，重教育人、创新进取的临川文化，追求卓越、坚守气节的庐陵文化，勇于开拓、敦亲敬祖的客家文化，以及承载着厚重历史底蕴的书院文化、戏曲文化、陶瓷文化、中医药文化、农耕文化等，都是中华优秀传统文化在赣鄱大地的生动体现，赋予了江西独特的文化气质，也是我们推动文化繁荣、推进文化强省建设的信心和底气。新征程上，我们要保持高度的文化自觉和文化自信，在全面深入了解中华文明历史的基础上，将历史经验、民族智慧、民族精神进一步融入马克思主义，真正做到古为今用，洋为中用、辩证取舍、推陈出新，守正不守旧、尊古不复古，以开放包容的心态、守正创新的姿态推动中华优秀传统文化创造性转化、创新性发展。要注重挖掘和阐发赣鄱文化中与时代精神、现代价值相契合的有益资源，让陈列在广阔大地上的遗产、收藏在禁宫里的文物、书写在古籍里的文字活起来，实现江西优秀传统文化的创造性转化、创新性发展。

建设中华民族现代文明是新时代江西文化建设和发展的重要任务

习近平总书记强调："在新的起点上继续推动文化繁荣、建设文化强国、建设中华民族现代文明，是我们在新时代新的文化使命。"这一重要论述为新时代江西文化建设和发展工作提供了方向指引和根本遵循。

加强党的领导是根本保证。习近平总书记指出，"中国共产党人始终是中国优秀传统文化的忠实继承者和弘扬者"。历史和实践充分证明，中国共产党在领导中国人民进行革命、建设、改革进程中，始终怀有高远的文明理想，坚定的文化自信，坚持历史主动，自觉担当中华文明的传承者和弘扬者，不断推进文化建设和发展，推动中华优秀传统文化创造性转化、创新性发展。党的性质宗旨、理想信念、政策主张等决定了建设中华民族现代文明的前进方向。党的领导为建设中华民族现代文明提供了行动指南。同时，中国共产党在百余年的奋斗中形成了以伟大建党精神为源头的中国共产党人的精神谱系，为建设中华民族现代文明提供源源不断的精神力量。

坚定守正创新是实践路径。习近平总书记在文化传承发展座谈会上，把中华文明的突出特性概括为五个方面，即突出的连续性、创新性、统一性、包容性、和平性，并强调"中华文明的创新性，从根本上决定了中华民族守正不守旧、尊古不复古的进取精神，决定了中华民族不惧新挑战、勇于接受新事物的无畏品格"。"必须坚持守正创新"是习近平新时代中国特色社会主义思想世界观和方法论的重要内容。建设中华民族现代文明，是一个理论和实践辩证统一的现实问题，守正创新恰是其核心命题之一。守正才能不迷失方向，创新才能把握时代、引领时代。因为守正创新，中华文明才能在人类发展史上始终保持生机活力，成为具有突出的连续性而绵延五千多年不中断的世界文明。10月11日上午，习近平总书记在景德镇市考察时指出："中华优秀传统文化自古至今从未断流，陶瓷是中华瑰宝，是中华文明的重要名片。"在陶阳里历史文化街区，习近平总书记在同非遗传承人交流时，鼓励他们秉持艺术至上，专心致志传承创新。千余年来，景德镇制瓷业集历代名窑之大成，汇各地技艺之精华，形成了独树一帜的手工制瓷工艺生产体系，开创中国陶瓷史的辉煌篇章。在文化领域，大批江西学者开宗立派，引领潮流，陶渊明、黄庭坚、晏殊等就是其中最杰出的代表。可以说，江西的传统文化资源，既是中华文明"五个突出特性"形成的丰厚滋养，也是"五个突出特性"的缩影之一。

坚定文化自信是力量源泉。习近平总书记指出："如果没有中华五千年文明，哪里有什么中国特色？如果不是中国特色，哪有我们今天这么成功的中国特色社会主义道路？"在中华文明的漫长历程中，形成了中国人独特的宇宙观、天下观、社会观、道德观。中华文明突出的连续性、创新性、统一性、包容性、和平性是区别于其他民族的显著特征，是实现中国式现代化的力量源泉，筑牢了推进中华民族文化自信自强的深厚根基。习近平总书记在江西考察的文化足迹，彰显了江西水脉连接文脉的人文气象、技艺承载文明的文化底蕴、乡愁汇聚风土的文明土壤，展现了江西文化资源大省的深厚禀赋。无论过去、现在还是将来，我们都要坚定文化自信，坚持走自己的路。

传承好交流交融、文明互鉴的历史经验，在建设中华民族现代文明中展现江西担当

文明的丰富性，决定了交流互鉴的必然性。历史和现实深刻表明，文明交流互鉴是推动人类文明进步和世界和平发展的重要动力。习近平总书记指出，"中华文明从来不用单一文化代替多元文化，而是由多元文化汇聚成共同文化，化解冲突，凝聚共识""中华文明的包容性，从根本上决定了中华民族交往交流交融的历史取向，决定了中国各宗教信仰多元并存的和谐格局，决定了中华文化对世界文明兼收并蓄的开放胸怀"。

江西古称"吴头楚尾，粤户闽庭"，乃"形胜之区"，地理优越性可见一斑，造就了人文迁徙的汇聚之地、文化交流之所。江西四通八达，河流众多，是古代中国内河运输网中最重要的省份之一。早在先秦时代，江西文化与全国先进地区的交流与传播已经展开。宋元明时期，江西是全国茶叶、瓷业、印刷、造纸、造船、采矿、冶炼中心，经济的繁荣形成了江西多元昌盛、开放包容的文化局面。不仅如此，江西对中国传统文化中儒、释、道三家文化的形成及发展都产生过积极而深远的影响。春秋时期，孔子的弟子子羽南下传道江西。自汉代佛教传入中国后，净土宗与禅宗两大宗派的成长及发展在江西留下了浓墨重彩的一笔，而道教更是留下了"天下道统尽出江西"的佳话。

江西自古就不乏胸怀天下、兼容并蓄的世界情怀。以"匠从八方来，器成天下走"闻名遐迩的景德镇陶瓷，很早就是世界认识中国、中国走向世界的重要载体和文化符号。元代江西南昌籍航海家汪大渊远航非洲，足迹广及西南太平洋，止于大西洋，为当时时代所仅有。明代江西吉水籍外交家陈诚曾五次出使西域，在众多中亚古城留下了来自"东方的足迹"，为促进中原与西域的文化交流、维护陆上"丝绸之路"的繁荣作出了重要贡献。

"文明因交流而多彩，文明因互鉴而丰富。"不同文明平等交流、互学互

鉴，将为人类破解时代难题、实现共同发展提供强大的精神指引。传承好交流交融、文明互鉴这一历史经验，江西才能够更好地传承发展中华优秀传统文化，努力在建设中华民族现代文明中展现江西担当、赣鄱风采。

（原载《江西日报》，2023 年 10 月 25 日）

社会建设

共同富裕路上　一个也不能掉队

——读习近平总书记《在中央扶贫开发工作会议上的讲话》

高莉娟[*]

《在中央扶贫开发工作会议上的讲话》是习近平总书记 2015 年 11 月 27 日的讲话，收录在《十八大以来重要文献选编》下册。这篇重要文献提出了打赢脱贫攻坚战的总体要求，发出"两不愁三保障""两个确保""六个精准""五个一批"等重要指令，吹响打赢脱贫攻坚战的冲锋号。对于新时代新征程巩固拓展脱贫攻坚成果、全面推进乡村振兴、加快实现农业农村现代化、促进农民农村共同富裕具有重要指导意义。

消除贫困、改善民生、逐步实现共同富裕是我们党的重要使命

共同富裕是科学社会主义的基本原则，是中国特色社会主义的本质要求。中国扶贫开发事业始终以实现共同富裕为根本方向，成功地走出了一条中国特色扶贫开发道路，为全面建成小康社会打下坚实基础。党的十八大以来，习近平总书记反复强调扶贫工作，把脱贫攻坚摆到治国理政突出位置。他指出，如果贫困地区长期贫困，面貌长期得不到改变，群众生活长期得不到明显提高，那就没有体现我国社会主义制度的优越性，那也不是社会主义。2012 年 12 月，在河北省阜平县考察扶贫开发工作时，习近平总书记指出，"没有农村的小康，特别是没有贫困地区的小康，就没有全面建成小康社会"。2015 年，在中央扶

---

* 高莉娟　省委党校（江西行政学院）副校（院）长、教授

贫开发工作会议上，习近平总书记强调，"消除贫困、改善民生、逐步实现共同富裕，是社会主义的本质要求，是我们党的重要使命"。全面建成小康社会进入决胜阶段，脱贫攻坚到了啃硬骨头、攻坚拔寨的冲刺阶段，必须动员全党全国全社会力量，向贫困发起总攻，齐心协力打赢脱贫攻坚战。

全面建成小康社会，一个也不能少；共同富裕路上，一个也不能掉队。习近平总书记指出："全面建成小康社会，是我们对全国人民的庄严承诺，必须实现，而且必须全面实现，没有任何讨价还价的余地。"在讲话中，他要求各级领导干部要从巩固党执政的阶级基础和群众基础、从保持同人民群众的血肉联系的高度出发，做好脱贫攻坚工作。在脱贫攻坚过程中，以习近平同志为核心的党中央坚持以人民为中心，立足我国国情，把握减贫规律，出台了一系列超常规政策举措，构建了一整套行之有效的政策体系、工作体系、制度体系，使贫困地区不仅基本生产生活条件明显改善而且整体面貌发生历史性巨变，脱贫攻坚取得重大历史性成就。

中国共产党始终把人民放在心中最高位置。习近平总书记强调，"中国共产党在中国执政就是要为民造福，而只有做到为民造福，我们党的执政基础才能坚如磐石"。我们党自成立之日起，就坚持把为中国人民谋幸福、为中华民族谋复兴作为初心使命，团结带领人民，为创造美好幸福生活进行了接续艰辛奋斗，赢得了民心，巩固了党的执政基础。我们坚持党的领导，为脱贫攻坚提供坚强的政治和组织保证；坚持以人民为中心的发展思想，坚定不移地走共同富裕的道路；坚持发挥我国社会主义制度能够集中力量办大事的政治优势，形成脱贫攻坚的共同意志、共同行动；坚持精准扶贫方略，用发展的办法消除贫困根源；坚持调动广大贫困群众的积极性、主动性、创造性，激发脱贫内生动力；坚持弘扬和衷共济、团结互助的美德，营造全社会扶危济困的浓厚氛围；坚持求真务实、较真碰硬，做到真扶贫、扶真贫、脱真贫。

精准扶贫充分彰显我国政治优势和制度优势

党的十八大以来，党中央从党和国家事业发展全局的战略高度看待脱贫问题，把扶贫开发工作纳入"五位一体"总体布局和"四个全面"战略布局，作为实现第一个百年奋斗目标的重点任务、全面建成小康社会的底线任务，摆在治国理政的突出位置。在讲话中，习近平总书记围绕"扶持谁""谁来扶""怎么扶""如何退"等问题，就扶贫工作提出实现扶持对象精准、项目安排精准、资金使用精准、措施到户精准、因村派人精准、脱贫成效精准的"六个精准"，实行发展生产、易地搬迁、生态补偿、发展教育、社会保障兜底"五个一批"等重要论断。科学扶贫、合力扶贫、内源扶贫等精准脱贫思想，深刻总结了中国特色扶贫开发道路的创新实践和主要经验，有力地贯彻了新发展理念，充分发挥了政治优势和制度优势，守正创新了中国治贫之道。

经过8年持续努力，我们如期打赢脱贫攻坚战。近1亿农村贫困人口实现脱贫，全国832个贫困县全部摘帽，12.8万个贫困村全部出列，960多万贫困人口实现易地搬迁，历史性地解决了绝对贫困问题，取得了重大历史性成就。农村居民收入明显增加，生产生活条件显著改善，脱贫地区经济社会发展大踏步赶上，脱贫群众精神风貌焕然一新。

精准扶贫基本方略，不仅在理论上彰显中国共产党领导的中国特色社会主义制度的优越性，为全球贫困治理提供多样化的解决方案，而且在实践中通过积极开展国际减贫合作，履行推进减贫国际责任，为发展中国家提供了力所能及的帮助，赢得国际社会的广泛赞誉，提升中国的国际形象与话语权。习近平总书记关于扶贫工作的重要论述及其实践，为推动构建人类命运共同体贡献了中国方案和中国智慧，开拓了世界扶贫的战略视野，具有巨大的世界意义。

巩固拓展脱贫攻坚成果是全面推进乡村振兴的底线任务

伴随着10年来党和国家事业取得历史性成就、发生历史性变革，新时代脱贫攻坚伟大成就为我国迈上全面建设社会主义现代化国家新征程提供了重要支撑。但我们也清醒地认识到，脱贫摘帽不是终点，而是新生活、新奋斗的起点。解决发展不平衡不充分的问题、缩小城乡区域发展差距、实现人的全面发展和全体人民共同富裕仍然任重道远。我国是一个发展中大国，仍处于社会主义初级阶段；中国经济社会发展最大的不平衡是城乡发展不平衡，最大的不充分是农村发展不充分。近2亿人口在农业领域就业，近5亿人口常住在乡村，在一段时期内是常态。全面建设社会主义现代化国家，最艰巨最繁重的任务仍然在农村。全面推进乡村振兴是新时代建设农业强国的重要任务，没有农业农村现代化，就没有整个国家现代化。接下来必须巩固拓展脱贫攻坚成果同乡村振兴有效衔接，乘势而上、再接再厉、接续奋斗。

在2022年中央农村工作会议上，习近平总书记指出："巩固拓展脱贫攻坚成果是全面推进乡村振兴的底线任务，要继续压紧压实责任，把脱贫人口和脱贫地区的帮扶政策衔接好、措施落到位，坚决防止出现整村整乡返贫现象。"全面推进乡村振兴，必须坚持以习近平新时代中国特色社会主义思想为指导，深入学习习近平总书记关于"三农"工作的重要论述，扎实落实中央经济工作会议和中央农村工作会议精神，完整、准确、全面贯彻新发展理念，锚定建设农业强国目标，以乡村振兴统揽新发展阶段"三农"工作，把确保粮食和重要农产品供给作为首要任务，把巩固拓展脱贫攻坚成果摆在突出位置。

要依靠发展实现巩固拓展脱贫攻坚成果同乡村振兴有效衔接。继续严格落实"四个不摘"要求，建立健全防止返贫动态监测和帮扶机制。增强脱贫地区和脱贫群众内生发展动力。鼓励脱贫地区有条件的农户发展庭院经济。深入开展多种形式的消费帮扶，管好用好扶贫项目资产。充分发挥乡村公益性岗位就业保障作用。在国家乡村振兴重点帮扶县实施一批补短板促振兴重点项目，深入实施医疗、教育干部人才"组团式"帮扶，更好地发挥驻村干部、科技特派员产业帮扶作用。把增加脱贫群众收入作为根本要求，把促进脱贫县加快发展作为主攻方向，更加注重扶志扶智，聚焦产业就业，用发展的办法让脱贫成果更加稳固、更可持续。

历史和实践证明，中国共产党领导的社会主义国家，完全有能力、有条件续写新型工农关系、城乡关系，把巩固拓展脱贫攻坚成果同乡村振兴衔接好，使农村的生活奔向现代化，越走越有奔头。

（原载《学习时报》，2023年3月22日）

增强做好调查研究的自觉性

王仕国　付高生 [*]

重视调查研究、善于调查研究是我们党百余年来不断从胜利走向胜利的优良传统。习近平总书记指出，"调查研究是谋事之基、成事之道，没有调查就没有发言权，没有调查就没有决策权"。党的二十大报告要求全体党员"弘扬党的光荣传统和优良作风，促进党员干部特别是领导干部带头深入调查研究，扑下身子干实事、谋实招、求实效"。领导干部是党和国家事业发展的"关键少数"，必须不断增强做好调查研究的政治自觉、思想自觉、行动自觉，传承和发扬调查研究这一传家宝，扎实练好调查研究基本功，以高质量调查研究推动高质量发展。

做好调查研究关系党和人民的事业发展

中国共产党是在马克思主义指导下成立、发展起来的政党，高度重视实事求是这一马克思主义的思想精髓。坚持和加强调查研究是我们党坚持实事求是的鲜活体现。党的发展历程表明，只要全党始终重视调查研究并开展正确的调查研究，就能推动党的主观认识符合客观实际、领导意志顺应群众愿望，从而使党制定的工作决策和指导方针具有科学性、可行性，推动党和人民事业顺利发展；反之，什么时候忽视调查研究或者调查研究不够，往往就会导致党的

---

* 王仕国　省委党校（江西行政学院）哲学教研部主任、教授

　付高生　省委党校（江西行政学院）哲学教研部主任助理、副研究员

主观认识脱离客观实际、领导意志脱离群众愿望，造成工作决策和指导方针上的失误，使党和人民事业蒙受损失。习近平总书记深刻指出："调查研究不仅是一种工作方法，而且是关系党和人民事业得失成败的大问题。"新时代新征程，领导干部要善于从政治上把握做好调查研究的极端重要性，从党的历史中发扬重视调查研究的优良传统、汲取善于调查研究的宝贵智慧，在不断做好调查研究的过程中推动党和人民事业接续发展。

做好调查研究是战胜各种风险挑战、完成党的中心任务的重要抓手

领导干部的基本职责就是发现问题、作出决策、解决问题。发现问题，就必须通过系统的"调查"广泛收集材料，全面了解和掌握客观事物的历史和现状；而在"调查"客观事物的基础上，通过理性的"研究"准确地把握客观事物的本质及其发展变化规律，才能制定具有针对性、科学性、可行性的决策部署，从而解决问题、推动工作。中国特色社会主义进入新时代，我们依靠调查研究战胜了许多前所未有的风险挑战、解决了许多长期制约发展的矛盾问题、办成了许多事关长远的大事要事。当前，在全面建成社会主义现代化强国、以中国式现代化全面推进中华民族伟大复兴的前进道路上，仍然存在各种可以预见和难以预见的风险考验，有时甚至是惊涛骇浪，这就要求领导干部必须练好调查研究这个基本功，通过系统、周密、可行的调查研究发现问题、分析问题并提出解决问题的路径、方法、对策，为完成党的中心任务献智献策。

做好调查研究是增强能力本领的有效路径

习近平总书记指出，"调查研究是做好领导工作的一项基本功，调查研究能力是领导干部整体素质和能力的一个组成部分""调查研究的过程，是领导干部提高认识能力、判断能力和工作能力的过程"。从客体方面看，调查研究是问题发现、问题研究、问题解决的过程；从主体方面看，是践行群众路线、改进工作作风、制定科学决策的过程，是不断提高领导干部的党性修养、领导艺术、理论水平和工作能力的过程。比如，地方领导干部通过深入调查研究本地区的实际情况，找准在本地区创造性贯彻落实党的路线方针政策和重大决策部署的有效举措，就是提高政治执行力的鲜活体现。领导干部在不同的地方、部门、岗位担任领导工作，遇到的问题层出不穷、形势复杂多变，必然需要加强理论学习和做好调查研究，才能有效地克服本领不足、本领恐慌、本领落后的问题，有效地避免少知而迷、不知而盲、无知而乱的困局，做到临危不惧、化危为机。

做好调查研究是推进马克思主义中国化时代化的内在要求

不断谱写马克思主义中国化时代化新篇章是新时代中国共产党人的庄严历史责任。推进马克思主义中国化时代化的根本途径是坚持"两个结合"，而贯彻"两个结合"的关键就在于做好调查研究。其一，通过考证研究马克思主义经典文本资料及其历史创作背景等等，搞清楚何谓马克思主义、何谓马克思主义基本原理、何谓马克思主义的立场观点方法，这是推进马克思主义中国化时代化的理论前提。其二，通过古今历史的纵向调研、国际国内的横向调研等弄明白国情世情、具体实际、时代特征是什么，中华优秀传统文化包含哪些内容，这是推进马克思主义中国化时代化的现实基础。其三，在前两方面调研的基础上寻找马克思主义基本原理同中国具体实际的结合方式、同中华优秀传统文化的结合方式，并在反复的实践检验、调查研究中不断完善这两种结合方式，这是推进马克思主义中国化时代化的核心环节。其四，对马克思主义基本原理同中国具体实际相结合、同中华优秀传统文化相结合的成效进行总结，提炼出中国化时代化的马克思主义理论成果，并在反复的实践检验、调查研究中对其进行贯彻落实、丰富发展，这是推进马克思主义中国化时代化的价值依归。因此，调查研究可谓贯穿于坚持"两个结合"，推进马克思主义中国化时代化的全过程各领域各环节。这就要求新时代的领导干部必须增强做好调查研究的自觉性，不断谱写马克思主义中国化时代化新篇章。

（原载《江西日报》，2023 年 6 月 5 日）

以人民城市理念引领城市治理现代化

付高生 *

作为现代文明的标志性成果，城市推动了人类文明的持续进步，城市治理则是国家治理体系和治理能力现代化的重要内容。改革开放以来，随着城镇化进程明显加快，我国已由以传统的农村人口为主体的乡土中国进入到以城镇人口为主体的城市中国。根据国家统计局发布的 2022 年国民经济和社会发展统计公报显示，2022 年年末全国常住人口城镇化率为 65.22%。从这一变化不难看到，目前我国的城市已成为中国式现代化的关键载体。习近平总书记考察上海时提出的"人民城市人民建，人民城市为人民"重要理念，为我国城市治理体系和治理能力现代化提供了根本遵循。"以人民为中心"的发展思想在城市建设与治理中，深刻而鲜明地回应了城市发展"为了谁、依靠谁"的重大时代命题。因此，对于城市管理者来说，根据城市运行的特点和规律，积极推进城市治理现代化持续创新升级，寻找城市治理现代化的行动方案，实现城市的可持续和高质量发展至关重要。

"人民城市人民建"理念具有丰富多维的科学内涵。"人民城市人民建"，明确回答了新时代城市工作依靠谁的问题，深刻揭示了新时代城市建设发展的力量之源，是"人民群众创造历史"唯物史观的鲜明体现。一是在发展定位上是属于广大人民的，强调人是城市的核心，深刻回答了城市"属于谁"的问

---

* 付高生　省委党校（江西行政学院）哲学教研部主任助理、副研究员

题。二是在发展动力上要依靠人民，强调人民群众是推动城市发展的强大动力，城市的一切已有成就都是人民群众创造出来的，城市的一切未来辉煌同样离不开人民群众的创造，从而深刻回答了城市发展"依靠谁"的问题。三是在发展成果上要由人民共同享有，强调城市发展成果要更多更公平地惠及广大人民群众，全方位提升人民的获得感、幸福感、安全感，从而深刻回答了城市发展"为了谁"的问题。四是在发展成效上要由人民来评价，强调人民是对城市发展最有直接感性体验、最有资格进行评价的主体，要把老百姓满意不满意、生活方便不方便作为评判和检验城市工作做得好不好的重要标准，从而科学回答了城市发展怎么评的问题。总体而言，人民城市理念是"人民城市为人民、人民城市人民建、人民城市人民享、人民城市人民评"的辩证统一，是在城市工作领域践行党的初心使命的必然要求，充分体现了社会主义城市的人民属性。

推进城市治理现代化必须坚持"人民城市为人民"。"人民城市为人民"深刻回答了城市建设发展的根本问题，诠释了建设什么样的城市、怎样建设城市的重大命题。因此，需要在以下几个方面下功夫。

一是找准出发点，强化人民城市人民治。人民参与城市治理是社会主义民主政治的内在要求，也是确保在中国特色社会主义市场经济体制下城市健康发展的有力保证，使人民在有序参与治理城市过程中获得出彩机会、增强归属认同。首先，要搭建治理平台，通过拓展线上线下空间、完善群众动员方式、优化服务群众模式等最大限度调动人民参与城市治理的主动性创造性，充分激活人民群众治理城市的力量和智慧，培育"群众的事同群众多商量，大家的事人人参与"的社会氛围，构建人民协同治城的生动局面。其次，要加强制度赋能，以制度、程序、法律等形式保障和落实人民对城市发展决策的知情权、参与权、监督权，推动人民参与城市治理的制度化常态化长效化。最后，要完善评价体系，在城市发展绩效考评中重视吸收人民的意见和评价，实现自上而下的考核与自下而上的监督相统一，使城市管理者既对上负责、又对下尽责，切实起到践行人民城市理念的桥梁作用、纽带作用。

二是把准着力点，下好城市治理这盘棋。面对日益增长的人民生活需求和动态多元的复杂环境形势，要持续探索城市治理新模式，走出一条具有中国特色、适合中国特点的城市治理新路子。一方面，要树立对城市的全周期管理意识，针对城市治理过程中的不同要素、不同阶段的不同问题、同一阶段的不同环节，处理好各要素、各阶段、各环节之间的治理关系，形成具有事前科学统筹、事中有序推进、事后总结提升相衔接的治理机制，不断提升城市精细化治理水平。另一方面，要构建城市治理共同体，科学把握城市治理过程中党委、政府、市场和社会的各自功能和互补优势，充分发挥党的领导的核心优势、政府的服务优势、市场的分配优势、社会的参与优势，推动构建党领导下政府主体、经营主体和社会主体共商城市发展规划、共治城市发展难题、共享城市发展成果的城市治理新格局，加快推进从传统城市管理走向现代城市治理的转变进程，在不断提高城市治理现代化水平的过程中开创人民城市新局面。

三是找好落脚点，践行人民城市理念。由于历史遗留等原因，城市管理思维、城市建设中的同质化思维、城乡二元思维等不同程度上成为制约人民城市建设的因素。当前，深入推进人民城市建设，提升人民城市生活质量，需要树立科学有效的思维。首先，要树立底线思维，在城市发展中始终把人民的利益放在第一位，牢牢坚持以人民为中心的发展思想这一底线要求，坚决避免做劳民伤财、群众不答应不满意不高兴的事，决不做自以为领导满意却让群众失望的蠢事。其次，要树立系统思维，既要统筹处理好城市治理内部各要素、各阶段、各环节的关系问题，实现城市治理的合力最大化、效果最优化。同时，也要统筹处理好城市治理和乡村治理之间的关系问题，在推进城乡协同治理过程中推动形成工农互促、城乡互补、协调发展、共同繁荣的新型工农城乡关系，不断促进城乡居民共同富裕。最后，要树立历史思维，从大历史观的高度深入把握城市发展的昨天、今天、明天，总结蕴含其中的城市发展规律，进而制定符合地方实际的城市发展规划，培育体现地方特色的城市精神、城市形象，为建设个性化的人民城市植入鲜明的"地方基因"。

（原载《江西日报》，2023 年 6 月 28 日）

深刻把握"千万工程"的哲学意蕴

何兵兵[*]

"千村示范、万村整治"工程（以下简称"千万工程"）是习近平同志在浙江工作时亲自谋划、亲自部署、亲自推动的一项重大决策。20年来，从"千村示范、万村整治"到"千村精品、万村美丽"再到"千村未来、万村共富"，"千万工程"的内涵外延不断深化拓展、迭代升级，造就了万千美丽乡村，造福了万千农民群众，成效显著、影响深远，充分彰显了习近平新时代中国特色社会主义思想的真理力量和实践伟力。学好用好浙江"千万工程"经验，必须以习近平新时代中国特色社会主义思想的世界观和方法论为指导，牢牢把握其精髓要义和理念方法，将其不断转化为推进美丽乡村建设和中国式现代化的思路办法和具体成效。

真挚深厚的为民情怀

"千万工程"源于习近平总书记的深厚为民情怀，不仅是乡村人居环境整治与改善的乡村建设工程，而且也是惠民工程和民心工程。"利民之事，丝发必兴；厉民之事，毫末必去。"浙江牢记习近平总书记"凡是为民造福的事就一定要千方百计办好"的重托，在实施"千万工程"过程中，始终从农民群众角度思考问题，想农民之所想、急农民之所急，把增进人民福祉、促进人的全面发展作为出发点和落脚点，不断解决好农业农村发展最迫切、农民反映最强

---

* 何兵兵　省委党校（江西行政学院）哲学教研部副教授

烈的实际问题。推进"千万工程"时，浙江并未就环境抓环境，而是把它放到了城乡统筹的高度，秉持让村里人像城里人一样全面享受公共服务和生活便利的初心，着力推动城乡公共服务均等化。20年来，浙江坚持民有所呼、我有所应，不断改善农村生产生活条件，提高农民的生活质量和健康水平，得到了农民群众的真心支持和拥护。

前进道路上，无论是风高浪急还是惊涛骇浪，人民永远是我们最坚实的依托、最强大的底气。因此，必须坚持以人民为中心的发展思想，不断增进民生福祉。要更加自觉地站稳人民立场，强化宗旨意识，树牢群众观点，贯彻群众路线，锚定"群众要什么、我们干什么"，始终与人民风雨同舟、与人民心心相印，想人民之所想，行人民之所嘱，激发"时时放心不下"的责任担当，采取更多惠民生、暖民心举措，切实解决人民群众最关心最直接最现实的利益问题，不断把人民对美好生活的向往变为现实，让人民群众获得感、幸福感、安全感更加充实、更有保障、更可持续。

实事求是的问题导向

坚持问题导向，必须从实际出发。只有秉持实事求是的态度才能促使我们深入实际、了解实际。真正做到实事求是、从实际出发，离不开调查研究。"千万工程"是习近平同志到浙江工作后不久，用118天时间跑遍11个地市，一个村一个村地仔细调研，充分掌握省情农情作出的重大决策。在实施"千万工程"过程中，浙江坚持从实际出发，从浙江农村区域差异性大、经济社会发展不平衡和工程建设进度不平衡的实际出发，立足不同地形地貌，区分发达地区和欠发达地区、城郊村庄和纯农业村庄，因村制宜编制村庄建设规划，坚持一次性规划与量力而行建设相统筹，把握好整治力度、建设程度、推进速度与财力承受度、农民接受度的关系，因地制宜、分类指导、尽力而为、量力而行，标准有高有低，不搞整齐划一。20年来，"千万工程"的每一次深化拓展，都是基于调查研究从实际出发的成果。

实践证明，正确的决策离不开调查研究，正确的贯彻落实同样也离不开调查研究。只有学好练精这个基本功，才能把情况摸清、把问题找准，提出的点子、政策、方案才能符合实际情况、符合客观规律、符合科学精神。当前，世界百年未有之大变局加速演进，不确定、难预料因素增多，国内改革发展稳定面临不少深层次矛盾躲不开、绕不过，各种风险挑战、困难问题比以往更加严峻复杂，迫切需要通过调查研究把握事物的本质和规律，找到破解难题的办法和路径。因此，必须持续加强和改进调查研究，保持求真务实的作风，努力在求深、求实、求细、求准、求效上下功夫。围绕学习贯彻党的二十大精神，聚焦推进乡村振兴、实现共同富裕、增进民生福祉等改革发展稳定中的重点难点问题，深入实际、深入基层、深入群众，察实情、谋实招、求实效，不断破解矛盾和发展瓶颈、推动高质量发展。

善谋全局的系统思维

系统观念是系统思维的出发点，系统思维是系统观念的具体过程。坚持系统观念，必须把握好全局和局部、当前和长远、宏观和微观、主要矛盾和次要矛盾、特殊和一般的关系。农村人居环境问题是城乡发展不平衡和乡村发展不充分的体现，涉及硬件和软件、技术和机制、设施和观念等许多方面。推进农村人居环境整治必须坚持系统治理，从根上革除弊病，从面上实现普惠共享。"千万工程"实施 20 年来，始终坚持统筹城乡发展，不断推动城市基础设施向农村延伸、公共服务向农村覆盖、资源要素向农村流动，使城乡关系发生深刻变革。农村和城市是一个有机统一的整体，必须统筹协调、系统推进，充分发挥城市对农村的带动作用和农村对城市的促进作用，兼顾多方面因素，注重多目标平衡。此外，在推进"千万工程"中，需要注重农村物质文明和精神文明相协调、硬件与软件相结合，努力把农村建设成农民身有所栖、心有所依的美好家园。

新时代新征程上，要系统把握城乡关系，以县域为重要切入点，统筹部署、协同推进，抓住重点、补齐短板，加大改革力度，破除妨碍城乡要素平等交换、双向流动的制度壁垒，促进发展要素、各类服务要素更多下乡，加快形成工农互促、城乡互补、协调发展、共同繁荣的新型工农城乡关系。要牢牢掌握统筹推进的科学方法，坚持两手提升软硬件，设施机制同步抓，环境文明互促进。更加注重完善提升乡村基础设施和公共服务配套，推动乡风文明、乡村治理再提升，让农村群众享受到现代化建设新成果。

久久为功的战略定力

"千万工程"是浙江干部群众发扬钉钉子精神，坚持一张蓝图绘到底、一任接着一任干的成果。习近平同志在浙江工作期间强调，既要多办一些近期能见效的大事、好事，又要着眼长远、着眼根本，多做一些打基础、做铺垫的事，前人栽树、后人乘凉的事，创造实实在在的业绩。改善农村人居环境，功在当代、利在千秋。浙江紧盯"千万工程"目标不动摇、不折腾，循序渐进、久久为功，保持工作连续性和政策稳定性，每 5 年出台 1 个行动计划，每个重要阶段出台 1 个实施意见，以钉钉子精神推动各项建设任务顺利完成。不断丰富"千万工程"内涵，拓展建设领域，根据不同发展阶段确定整治重点，与时俱进、创新举措，制定针对性解决方案，既不刮风搞运动，搞短期政绩，也不超越发展阶段提过高目标，从花钱少、见效快的农村垃圾集中处理、村庄环境清洁卫生入手，到改水改厕、村道硬化、绿化亮化，再到产业培育、公共服务完善、数字改革，先易后难、层层递进。

新时代新征程上，必须树立和践行正确的政绩观，把为民造福作为最重要的政绩，完整、准确、全面贯彻新发展理念，坚持领导带头、以上率下，多做打基础、利长远、出实效、创实绩的事，不慕虚荣、不务虚功、不图虚名，不搞劳民伤财的"形象工程""政绩工程"，真正做到对历史和人民负责。要发扬"功成不必在我、功成必定有我"的精神，坚持一张蓝图绘到底，对已有的部署和规划，只要是科学的、切合新的实践要求的、符合人民群众愿望的，就要坚持，一茬接着一茬干。要坚持眼前利益和长远利益相统一，踏实努力、久久为功，真抓实干、绵绵用力，善用巧功夫、敢啃硬骨头，创造经得起历史和人民检验的实绩。

（原载《光明日报》，2023 年 7 月 12 日）

牢牢把握防范化解重大风险的战略主动

何兵兵[*]

党的二十大报告强调，推进国家安全体系和能力现代化，坚决维护国家安全和社会稳定。这一重大制度安排，为我们做好新时代国家安全工作提供了根本遵循。要自觉对标对表推进国家安全体系和能力现代化的战略要求，始终保持清醒的头脑，深刻把握当前形势，以更实举措破解各类矛盾问题，牢牢把握防范化解重大风险的战略主动。

坚持极限思维。习近平总书记在二十届中央国家安全委员会第一次会议上指出："要坚持底线思维和极限思维，准备经受风高浪急甚至惊涛骇浪的重大考验。"极限思维的表述系习近平总书记首次创造性提出，并将其与底线思维并列起来，拓展了总体国家安全观的思维方法，对维护国家安全具有重要意义。极限思维是一种把所研究的问题或事物推到极限状态下进行思考的科学思维方法，要求我们既要考虑"力所能及"，又要考虑"力所不能及"。国家安全问题涉及政治、国土、军事、经济、文化、社会等诸多方面，领域之广、范围之大，使各种矛盾风险挑战源和各类矛盾风险挑战点呈现出相互交织、相互影响的态势。当前和今后一段时期，国际局势波谲云诡、周边环境敏感复杂、改革发展稳定任务艰巨繁重，国家安全问题的复杂程度、艰巨程度随之明显加大。这就要求我们在坚持底线思维的同时，还要熟练运用极限思维，凡事从最

---

* 何兵兵　省委党校（江西行政学院）哲学教研部副教授

坏处着想，做最糟糕的打算，做好应对最坏局面的思想准备与工作准备，才能充分预判极端事件的发生、发展以及可能会带来的恶劣影响。

提高防范化解风险的能力。防范化解重大风险是一项复杂的系统工程，对广大干部特别是领导干部防范和化解风险的能力提出了更高要求。要提高风险洞察能力。保持"洞若观火"的清醒头脑，增强"草摇叶响知鹿过，松风一起知虎来，一叶易色而知天下秋"的见微知著能力，科学预见事物发展趋势和隐藏其中的风险挑战，提高动态监测、实时预警能力，推进风险防控工作科学化、精细化。增强前瞻意识，善于从苗头问题中发现事物发展的倾向性，将着眼点放在前置防线、前瞻治理、前端控制和前期处置上，将问题解决在萌芽状态，消灭在成灾之前。要提高风险防范能力。盯紧"灰犀牛"动向，警惕"黑天鹅"出现，着力防范各种风险传导、联动、叠加、演变、升级，不让小风险演化为大风险，不让个别风险演化为综合风险，不让局部风险演化为区域性或系统性风险，不让经济风险演化为社会政治风险，不让国际风险演化为国内风险。要提高风险化解能力。透过复杂现象把握本质，抓住要害、找准原因、果断决策，善于引导群众、组织群众，善于整合各方力量、科学地排兵布阵，有效予以处理。

发扬斗争精神。敢于斗争是战胜风险挑战的前提，善于斗争是战胜风险挑战的保障。要把握斗争方向。凡是危害中国共产党领导和我国社会主义制度的各种风险挑战，凡是危害我国主权、安全、发展利益的各种风险挑战，凡是危害我国核心利益和重大原则的各种风险挑战，凡是危害我国人民根本利益的各种风险挑战，凡是危害我国实现"两个一百年"奋斗目标、实现中华民族伟大复兴的各种风险挑战，只要来了，就必须进行坚决斗争，且必须取得斗争的胜利。要注重斗争策略。在各种重大斗争中，要坚持增强忧患意识和保持战略定力相统一，坚持战略判断和战术决断相统一，坚持斗争过程和斗争实效相统一。要根据形势需要，把握好时、度、效，在原则问题上寸步不让，在策略问题上灵活机动，根据形势变化及时调整斗争策略，牢牢把握防范化解重大风险的主动权。要锤炼斗争本领。党员干部要主动投身各种斗争，经受严格的思想淬炼、政治历练、实践锻炼、专业训练，在复杂严峻的斗争中经风雨、见世面、壮筋骨、长才干，真正锻造成为烈火真金。

完善制度机制。习近平总书记强调："发展环境越是严峻复杂，越要坚定不移地深化改革，健全各方面制度，完善治理体系，促进制度建设和治理效能更好地转化融合，善于运用制度优势应对风险挑战冲击。"要完善风险防控机制，建立健全风险研判机制、决策风险评估机制、风险防控协同机制、风险防控责任机制，完善统一指挥、统筹协调、合成作战、专业研判、分类处置的工作格局，创新智能化、数字化支持手段，切实提高防范化解风险的精准化、科学化水平。要全面落实防范化解重大风险的政治责任，发挥党总揽全局、协调各方的领导核心作用，构建一级抓一级、层层抓落实的责任体系。党员干部特别是领导干部要保持强烈的忧患意识，既要高度警惕和防范自己所负责领域内的重大风险，也要密切关注全局性重大风险，主动加强协调配合，做到守土有责、守土负责、守土尽责。

（原载《江西日报》，2023 年 8 月 21 日）

实现城乡融合发展

何兵兵 *

马克思、恩格斯非常重视城乡关系问题，马克思在《哲学的贫困》中指出："城乡关系的面貌一改变，整个社会的面貌也跟着改变。"他们以19世纪德、法、英等国城乡发展状况为主要依据，分析城乡分离与对立的原因及造成的影响，并指出未来城乡关系的发展必将以融合为历史趋势。

马克思、恩格斯认为，城乡对立是社会历史发展到一定阶段的产物，并随着生产力发展达到一定程度后逐渐消失。马克思在《资本论》中描述道："一切发达的、以商品交换为媒介的分工的基础，都是城乡的分离。"

19世纪的欧洲，工业革命推进经济飞速发展。一方面城市资本集聚和生产规模不断扩大，另一方面工业发展与乡村脱离，城乡间的差距逐步拉大并呈现对立趋势。城乡分离与对立带来难以克服的消极影响。马克思、恩格斯看到，农民涌入城市，使得人口拥挤、房屋密集、垃圾遍布、空气污染等社会问题不断涌现。恩格斯在《反杜林论》中阐述道，城乡对立产生分工后的结果不仅造成了工人的畸形发展，还导致了"劳动活动本身的畸形发展，这种劳动活动局限于单调地机械地终身重复同一的动作"。

马克思、恩格斯从生产力和生产关系的矛盾运动中指出城乡融合发展的历史必然性。恩格斯在《共产主义原理》中首次提出了"城乡融合"的概念：

---

* 何兵兵 省委党校（江西行政学院）哲学教研部副教授

"通过消除旧的分工，进行生产教育、变换工种、共同享受大家创造出来的福利，以及城乡的融合，使社会全体成员的才能得到全面的发展。"马克思、恩格斯在《德意志意识形态》中指出："在共产主义社会里，任何人都没有特殊的活动范围，而是都可以在任何部门内发展。"在《反杜林论》中，恩格斯进一步指出："城市和乡村的对立的消灭不仅是可能的，而且已经成为工业生产本身的直接需要，同样也已经成为农业生产和公共卫生事业的需要。只有通过城市和乡村的融合，现在的空气、水和土地的污染才能排除。"马克思、恩格斯首次将城乡融合同生态环境联系起来，从辩证唯物主义的高度论证了城乡对立引发的生态问题将阻碍工业文明的进步。

走向融合是城乡关系发展的最终趋势，但这一趋势的完全实现还要具备一定的条件。

首先，大力发展生产力。马克思、恩格斯在《德意志意识形态》中写道："消灭城乡之间的对立，是共同体的首要条件之一，这个条件又取决于许多物质前提，而且任何人一看就知道，这个条件单靠意志是无法实现的。"只有使生产力得到极大发展，进而影响未来社会人的全面发展，城乡才可实现全面的融合。

其次，工农业要有机结合。《共产党宣言》指出："在最先进的国家里采取的方法是：把农业和工业结合起来，促进城乡之间的差别逐渐消灭。"恩格斯还认为，农业和工业的从事者没有阶级之分，工业应尽可能地平均分布在全国各地。

再次，保护生态环境。马克思、恩格斯指出，要兼顾城乡和自然的协调发展。生态环境是人类长期赖以生存的基础，一旦遭到破坏，短期内将难以修复甚至不可逆。在处理城乡关系的过程中也要保护好生态环境，有效地控制工业废水的排放，集中处理生活垃圾，合理规划城市用地，保护乡村耕地。

最后，重视科技和教育的作用。恩格斯强调："社会成员中受过教育的人会比愚昧无知的没有文化的人给社会带来更多的好处。"在马克思、恩格斯看来，通过教育，帮助人们掌握如何运用专业技术投入到生产中，使人们从单一行业生产中解放出来，熟悉其他领域的生产状况，提升人的综合素质，促进人的自由全面发展。

马克思、恩格斯关于城乡关系的论述对当代中国统筹城乡融合发展具有重要的借鉴意义。当前，我国常住人口城镇化率已经超过60%，正处于破除城乡二元结构、健全城乡融合发展体制机制的窗口期。习近平总书记强调："不管工业化、城镇化进展到哪一步，农业都要发展，乡村都不会消亡，城乡将长期共生并存，这也是客观规律。"

党的十八大以来，以习近平同志为核心的党中央高度重视把握和处理城乡关系。一方面，高度重视新型城镇化工作；另一方面，坚持把解决好"三农"问题作为全党工作重中之重。在强国建设、民族复兴的新征程上，我们需要深入学习贯彻习近平总书记关于"三农"工作和城乡融合发展的重要论述，顺应新型工业化、信息化、新型城镇化、农业现代化发展大趋势。要破除妨碍城乡要素平等交换、双向流动的制度壁垒，增强城乡间要素合理有序的双向自由流动，加快形成工农互促、城乡互补、协调发展、共同繁荣的新型城乡关系，充分激发农民的主观能动性，提升乡村教育水平，推动社会全面进步，走好人口规模巨大的现代化之路。

（原载《中国纪检监察报》，2023年11月28日）

调查研究要力戒形式主义

熊　标*

在直面问题中找到办法、在解决问题中凝聚共识

近日，中共中央办公厅印发的《关于在全党大兴调查研究的工作方案》明确指出："要力戒形式主义、官僚主义，不搞作秀式、盆景式和蜻蜓点水式调研，防止走过场、不深入。"形式主义是开展调查研究的大忌，必须大力戒除。

调查研究中的形式主义突出表现为蜻蜓点水式调研、钦差式调研、嫌贫爱富式调研及丧失主动权的"被调研"等，他们有一个共同点就是扎扎实实走程序、认认真真走过场，无实事求是之意，却有哗众取宠之心。名义是调研，却对问题和矛盾绕着、躲着、拖着，对上镜头出风头的事情围着、追着、捧着，看起来如火如荼，忙前忙后，实则一地鸡毛、原地空转，自己乐在其中，群众苦不堪言。形式主义的调研危害甚大，不仅耽误工作，而且劳民伤财，更损害党和政府的形象。形式主义的实质是主观主义、功利主义，根源是政绩观错位、责任心缺失，长此以往，将成为横亘在工作任务和工作目标、成本和绩效、党和群众关系之间的一堵墙。要破除这堵墙，既要不断提升党员干部的调研本领和水平，更要使其端正实事求是的态度和作风。

实事求是是党的思想路线的实质和核心，没有深入的调查研究，就不可

---

* 　熊　标　省委党校（江西行政学院）哲学教研部讲师

能有实事求是。调研中的形式主义与实事求是的要求背道而驰。"涉浅水者得鱼虾，涉深水者得蛟龙。"党员干部要自觉把实事求是与调查研究统一起来，把高涨的工作热情与严格的科学态度结合起来，大兴求真务实之风，努力出实招、办实事、求实效。一方面，要改进工作方法，采取"四不两直"方式，真调查、敢较真，不发通知、不打招呼、不听汇报、不用陪同接待，直奔基层、直插现场，真正了解掌握基层的真实情况、真实想法，发现真实问题。另一方面，要找准问题，不能听风就是雨，被人牵着鼻子走，更不能避重就轻、以偏概全，要善于思、成于策，做好研究工作，把零散的认识系统化，把粗浅的结论深刻化，直至抓准问题的本质规律，真正研在关键处、谋在点子上。

当然，调查研究就是解决问题，要以调研出实效、问题真解决的要求倒逼调查研究过程的求真务实。要做好调研的后半篇文章，本着量力而行、尽力而为的原则，拿出破解难题的实招、硬招，坚决不做表面文章，不开空头支票，承诺了就要兑现，一时做不到的要解释清楚，不能欺骗群众，真正做到有一是一、有二是二，既报喜又报忧，不唯书、不唯上、只唯实。只有在直面问题中找到办法、在解决问题中凝聚共识，才能真正力戒调研中的形式主义，做出经得起历史和人民检验的实绩。

（原载《江西日报》，2023 年 4 月 13 日）

学好"千万工程"蕴含的系统观念

姚　亮[*]

　　"千万工程"是习近平总书记在浙江工作时亲自谋划、亲自部署、亲自推动的一项重大决策。2003 年，浙江省启动"千村示范、万村整治"工程，从全省选择 1 万个左右的行政村进行全面整治，把其中 1 000 个左右的中心村建成全面小康示范村。"千万工程"作为一项复杂的系统工程，浙江省进行了前瞻性思考、全局性谋划和整体性推进，取得了显著成效。20 年来，"千万工程"得以不断推进，从"千村示范、万村整治"引领进步，到"千村精品、万村美丽"深化提升，再到"千村未来、万村共富"迭代升级。"千万工程"蕴含着丰富的系统观念，对全面建设社会主义现代化江西的最大启示就是必须遵循系统观念的内在规律与实践要求，正确处理好局部和全局、重点和非重点、当前和长远、速度和质量的关系，并将其转化为推进江西高质量发展的思路和方法。

　　统筹好"局部"和"全局"，凝聚高质量发展"合力"。局部和全局互相依存、互相促进。局部依托和服务于全局，如果不从全局、整体去考虑，就容易"只见树木不见森林"；然而，全局又不能脱离局部，需要局部作用的发挥。浙江省通过实施"千万工程"走出了一条"以点促线""以线促面"再到"全域发展"的新路径，实现了由一个个具体的行政村和示范村再到"浙江高质量

*　姚　亮　省委党校（江西行政学院）科学社会主义（政治学）教研部主任、教授

发展建设共同富裕示范区"的蝶变。同时，把城市地区和农村地区作为一个有机整体来统筹考虑，形成了有效推进城乡融合发展的合力。因此，在全面建设社会主义现代化国家的新征程中，要促进全体人民共同富裕，就必须有效地将区域性与全局性统一起来，在确保中国经济社会发展这个大局稳定有序的前提下，统筹各类资源和力量，着力推进城乡融合和区域协调发展。就江西省而言，城乡区域发展总体上较为均衡，但均衡的水平还不高。为此，需要在统筹各个区域发展的同时，加快实施"强省会"战略，做大做强南昌都市圈，增强其对全省的影响力和辐射力，以此推动全域大中小城市协调发展和城乡一体化发展。

统筹好"重点"和"非重点"，形成高质量发展"巧力"。唯物辩证法认为，在面对事物矛盾发展过程中，既要抓住主要矛盾，也要兼顾次要矛盾。实际工作中，在思考问题和解决问题的方法论上要有重点与非重点之分，做到善于抓重点、集中力量解决主要矛盾。在实施"千万工程"过程中，始终牢牢把握"最先一公里"和"最后一公里"这两个不同阶段的"牛鼻子"，抓住这些关键点来突破带动全局工作，充分运用了"四两拨千斤"的巧力。从"最先一公里"来看，坚持以整治环境问题为重点和先手棋，从垃圾收集、村道硬化、卫生改厕、河沟清淤、村庄绿化不断向污染治理、农房改造等方面拓展。从"最后一公里"来看，全面建设社会主义现代化国家最艰巨最繁重的任务仍然在农村。紧紧抓住"改善农村基础设施和基本公共服务"这个重点，不断推动城市基础设施向农村延伸、公共服务向农村覆盖、资源要素向农村流动，有效地推动了城乡融合发展。当前，对于江西省发展来说，要持续纵深推进数字经济做优做强"一号发展工程"和营商环境优化升级"一号改革工程"，通过这两项事关全局的重大牵引性工作来推进江西的高质量发展。

统筹好"当前"和"长远"，保持高质量发展"定力"。党的十八大以来，习近平总书记多次讲到"立足当前、着眼长远"。"立足当前"就是要一步一个脚印地解决具体问题，多做打铺垫、管根本的事；而"着眼长远"就是要把眼光放得长远一些，有"功成不必在我"的境界，坚持久久为功，以更宽广的视野来抓谋划和促发展。20 年来，浙江省紧盯"千万工程"目标不动摇，始终把"千万工程"作为"一把手"工程，保持战略定力，一任接着一任干，每年召开深化"千万工程"现场会，由省委书记亲自参加并作工作部署。在立足当前的同时，着眼长远，在实现一个个具体目标的基础上又不断提出新的目标，从"千村示范、万村整治"引领起步到"千村精品、万村美丽"深化提升，从"千村未来、万村共富"迭代升级到"千村向未来、万村奔共富、城乡促融合、全域创和美"生动局面，再到现如今"浙江高质量发展建设共同富裕示范区"的新目标，既不断丰富着"千万工程"的内涵，又深化拓展了"千万工程"的外延。党的二十大报告指出，中国式现代化是全体人民共同富裕的现代化。然而，全体人民共同富裕是一项长期任务，无法一蹴而就，需要分阶段、分步骤循序渐进实现。为此，要从"千万工程"中汲取奋力谱写中国式现代化江西篇章的力量和智慧，聚焦"努力在加快革命老区高质量发展上作示范、在推动中部地区崛起上勇争先"的目标要求，充分用好江西的区位、资源、文化等优势，保持工作的连续性、稳定性、可持续性，坚持"一张蓝图绘到底"，以钉钉子精神推动各项工作任务顺利完成。

统筹好"速度"和"质量"，增强高质量发展"动力"。在经济社会发展中，速度和质量是相互依存的。没有一定的速度，难以企及发展的质量；没有相应的质量，就遑论发展的速度。浙江省坚持"速度"与"质量"并重，在追求发展速度的同时，也注重发展的质量。从发展速度方面看，20 年来浙江省保持着较高的增速，地区生产总值从 8 000 亿元跃升至 7.77 万亿元，增长了 8.6 倍；进出口总额占全国比重从 6.8% 提高至 11.1%；城市和农村居民人均可支配收入分别由 2003 年的 13 180 元和 5 431 元提高到 2022 年的 71 268 元和 37 565 元，分别增长了 4.4 倍和 5.9 倍。从发展质量方面看，20 年来，高质量发展始终是浙江经济社会发展的主旋律。第三产业占比从 40.3% 提高至 54.3%；科技进步贡献率从 43.6% 提高至 68%，研发人员密度为国内第 3 位，数字经济增加值占 GDP 比重超过 50%，区域创新能力从国内第 6 位跃居第 4 位，农业现代化水平居国内第 3 位；森林覆盖率从 59.4% 提高至 61.24%，农村生活垃圾集中收集处理实现了全覆盖，无害化处理率达 100%。截至 2022 年底，浙江省城、乡居民收入分别连续 22 年和 38 年居全国各省区市第 1 位，城乡居民收入比为 1.9，连续 10 年呈缩小态势。当前，江西省正处在厚积薄发、爬坡过坎、转型升级的关键时期，面临着做大总量与提升质量的双重使命，这既要不断扩大内需和打造发展的新生长点，保持合理的经济增长速度，又要坚持新发展理念，转变发展方式，着力提高全要素生产率，推动经济实现质的有效提升。

（原载《学习时报》，2023 年 7 月 19 日）

让寻乌调查闪耀新的时代光芒

江泰然 *

编者按：5月6日至8日，省委书记尹弘率省四套班子成员赴赣州重温《寻乌调查》和习近平总书记视察江西重要讲话精神，这是我省开展学习贯彻习近平新时代中国特色社会主义思想主题教育的重要活动。为深入学习贯彻习近平总书记关于调查研究的重要论述，大力弘扬寻乌调查唯实求真精神，以高质量调查研究推动主题教育走深走实，本报特邀3位专家学者围绕相关内容等进行阐释，今日推出第一期，以飨读者。

《寻乌调查》是调查研究的典范。习近平总书记曾指出："毛泽东同志1930年在寻乌县调查时，直接与各界群众开调查会，掌握了大量的第一手材料，诸如该县各类物产的产量、价格，县城各业人员数量、比例，各商铺经营品种、收入，各地农民分了多少土地、收入怎样，各类人群的政治态度，等等，都弄得一清二楚。这种深入、唯实的作风值得我们学习。"

1930年5月，红四军攻克寻乌县城，毛泽东利用红军在安远、寻乌、平远分兵发动群众的机会，在寻乌开展了20多天的社会调查，掌握了大量的第一手资料，涉及寻乌的政治区划、地理交通、商业活动、土地关系、土地斗争等情况，之后整理撰写成《寻乌调查》一文，共5章39节、8万多字，为中

---

* 江泰然 省委党校（江西行政学院）中共党史和党的建设教研部主任、二级教授

国共产党实事求是思想路线的形成和发展奠定了重要的理论基础。《寻乌调查》中蕴含的调查研究方法，诸如明确调查目的、定出调查提纲、筛选调查对象、躬身调查研究、科学使用调查方法等，对新时代党员干部开展调查研究具有重要的指导意义。

调查研究是我们党的重要传家宝。寻乌调查不但解决了当时红四军中存在的各种问题，还找到了开启中国革命胜利的钥匙，这就是：实事求是、群众路线、独立自主。我们党的发展历程表明，什么时候全党从上到下重视并坚持和加强调查研究，党的工作决策和指导方针符合客观实际，党的事业就顺利发展；忽视调查研究或者调查研究不够，往往导致主观认识脱离客观实际、领导意志脱离群众愿望，从而造成决策失误，使党的事业蒙受损失。

调查研究是获得真知灼见的源头活水，是做好工作的基本功。习近平总书记指出："调查研究是谋事之基、成事之道。没有调查，就没有发言权，更没有决策权。研究、思考、确定全面深化改革的思路和重大举措，刻舟求剑不行，闭门造车不行，异想天开更不行，必须进行全面深入的调查研究。"调查研究不仅是一种工作方法，而且是关系党和人民事业成败得失的大问题。正确的决策离不开调查研究，正确的贯彻落实同样也离不开调查研究。今年3月，中共中央办公厅印发的《关于在全党大兴调查研究的工作方案》强调，"党中央决定，在全党大兴调查研究，作为在全党开展的主题教育的重要内容"。这是深入学习贯彻习近平新时代中国特色社会主义思想、全面贯彻落实党的二十大精神的一项重要举措。我们要从寻乌调查中汲取精神养分，大力弘扬寻乌调查唯实求真精神，依靠调查研究作决策，坚持不调研不决策、先调研后决策。要践行以人民为中心的发展思想，始终把人民放在心中最高位置，坚持一切为了群众，一切依靠群众，不断满足人民群众对美好生活的需要。要拜人民为师，坚持问政于民、问需于民、问计于民，广泛听取民声、收集民意、汇聚民智，进一步提高决策的科学性和有效性。

（原载《江西日报》，2023年5月16日）

让社区协商治理"协同"运转起来

罗志强　陶国根*

社区协商治理是基层治理创新的典型样态，已成为破解社区治理难题的"幸福药方"。现实中，社区协商治理仍然面临组织要素区隔化、制度要素碎片化、技术要素简单化等问题。因此，需要破除要素协同障碍，让社区协商治理"协同"运转起来，以提升"协商"的效率和"治理"的质量。值得注意的是，要素协同不是要素的简单相加，而是强调通过要素的功能耦合和交互影响，实现单一个体不可能达到的协同效果，即1+1>2的整体效应。在具体实践中，不仅要关注组织、制度、技术等要素的嵌入功能，更要关注各要素内部协同运作的功效，以要素内部协同助力形塑社区协商治理的合作网络、夯实社区协商治理的法治保障、拓展社区协商治理的时空边界，全面提升社区协商治理的组织化程度、制度化标准、精细化水平。

以组织要素协同形塑社区协商治理的合作网络。公共组织与非公共组织是现代社区治理不可或缺的参与主体。在社区协商治理实践中还存在着不同组织之间分工较模糊、配合不紧密的情况。为此，要加强公共组织与非公共组织的有效协同，创造社区协商治理的合作网络。其一，强化公共组织与非公共组织的认知协同，弥合不同组织的缝隙。社区协商治理要促进不同组织在认知上树立共建共治共享理念，致力于建设人人有责、人人尽责、人人享有的社区治

---

* 罗志强　省委党校（江西行政学院）公共管理学教研部副教授
　陶国根　省委党校（江西行政学院）公共管理学教研部负责人、教授

理共同体，而不能陷入各自唱"独角戏"的尴尬境地。因而要发扬公共精神，加强公共组织与非公共组织的沟通，寻求彼此理解，促进相互"补台"，增强双方的认同感和信任度。其二，强化公共组织与非公共组织的政策协同，弥补不同组织的功能短板。社区协商治理相关政策出台要适应主体差异性、利益多样性、目标分散性等特点，并依靠组织合力做好赋权增能和减负增效工作。要充分认识不同组织的功能特点，改变公共组织全能主义角色，积极引入市场化服务，鼓励各类组织参与社区公共事务，进一步推动形成政府基本公共服务、社区公共服务、志愿服务、互助服务、市场服务等相衔接的社区政策服务体系。其三，强化公共组织与非公共组织的行动协同，发挥不同组织的联动效应。社区协商治理是有组织的集体行动。要不断完善党委领导、政府负责、民主协商、社会协同、公众参与、法治保障、科技支撑的社会治理体系，构建突破组织区隔的集体行动网络，使各主体在分工与协作中打通治理的难点、痛点、堵点，实现政府部门、社会组织、市场机构、社区居民等主体合作共治。

以制度要素协同夯实社区协商治理的法治保障。制度是确保治理过程规范化、有序化、持续化的载体，在社区秩序形成、维持和扩展中具有基础性整合作用。事实上，社区协商治理中依然存在制度碎片化、执行不力等困境，严重影响协商治理的效果。应强化正式制度与非正式制度的有效协同，并取得内在一致性。其一，完善正式制度与非正式制度的协同供给。要高度关注制度供给的质量，既完善起硬约束作用的正式制度体系，也完善起软约束作用的非正式制度体系，提升社区协商治理制度的完备性、科学性、适用性。实践中，要因时因势制定完善社区协商治理法律法规。同时，要充分发挥自治章程、村规民约、居民公约、伦理道德等的积极作用，促进自治、法治、德治有机融合。其二，强化正式制度与非正式制度的协同执行，为"令行禁止"奠定基础。制定制度很重要，更重要的是抓落实。社区协商治理是形同虚设抑或令行禁止，关键在于制度执行能否落实落地。只有让制度"长牙""带电"，才能彰显制度的严肃性和权威性，增强制度执行力。任何主体都要依循制度来获得认可和支持，按照规范化流程来处理社区公共事务，使各项政策在制度框架内持续推进而不陷入"空转"。尤其是社区协商治理要防范象征性协商、选择性协商、投机性协商等偏差行为，跳出"领导重视才协商""想协商就协商""走过场协商"等困境。

以技术要素协同拓展社区协商治理的时空边界。技术是社区协商治理顺利开展的重要支撑。实际上，受制于固定空间、特定时间等因素，社区协商治理的参与率和效率不容乐观。因此，要强化线上技术与线下技术协同配合，推动社区协商治理由"线下"向"线上"扩展，由"线上"向"线下"延伸。其一，通过线下技术与线上技术协同，全面拓展协商治理空间。社区交往日益复杂，协商治理主体间的网络关系早已不囿于实体空间领域，已拓展为物理空间、价值空间与心理空间等多重维度。一方面，要立足"面对面"协商治理技术"找回群众"。社区工作者必须跳出对线上技术的盲目崇拜，依然需要上门入户、设摊定点，并运用社区居民议事会、民主恳谈会、协商议事会等形式，加强与社区居民之间无障碍、零距离的沟通对话，提升居民在参与中的存在感、归属感、幸福感。另一方面，要创新"键对键"协商治理技术"联系群众"。社区工作者必须克服对线上技术的无端排斥，积极利用政务微博、政务微信和政务 APP 等网络工具打造一个"没有围墙"的治理平台，同时推动部门干部进区入网、社区干部进网入户，提高信息透明度和服务便捷度。其二，通过线下技术与线上技术协同，合理衔接协商治理时间。社区居民来源于不同阶层、不同年龄、不同工作，平时忙于各种事务，很难在特定时间集中参与协商。这就需要将现代信息网络技术应用于社区协商治理，通过社区网站或公众号、微信群、朋友圈等互动交流平台，不断加快智慧社区、掌上社区、共享社区等建设进程，让数据多跑路、群众少跑腿，以节约协商时间成本、提高协商效率。

（原载《学习时报》，2023 年 11 月 29 日）

全方位推动治理强基战略落地生根

罗志强 胡 珺[*]

省委十五届四次全会聚焦江西发展的关键问题和突出短板，作出了打造"三大高地"、实施"五大战略"的重要部署。作为"五大战略"之一的治理强基战略，要求我们要始终坚持党建引领，完善党领导下的基层治理机制，不断探索基层治理新模式，全面提升基层治理体系和治理能力现代化水平。实施治理强基战略是一项系统工程，需要在理念、体系与能力各方面下功夫。

树立抓基层、打基础、固基本相统筹的治理理念。习近平总书记强调："基层强则国家强，基层安则天下安，必须抓好基层治理现代化这项基础性工作。"基层是国家治理的最末端，也是服务群众的最前沿，做好基层基础工作十分重要，必须把抓基层打基础作为长远之计和固本之策。一是树立抓基层理念，坚持重心下移、力量下沉、资源下投。基层历来是矛盾问题的发源处、聚合点，为此，要着力强化基层力量，推动人往基层走、钱往基层投、政策向基层倾斜，推动中央和省委决策部署落实到基层。二是树立打基础理念，增强基层党组织的创造力、凝聚力、战斗力。党的基层组织是党的全部工作和战斗力的基础，也是落实党的路线方针政策和各项工作任务的战斗堡垒。要完善党建引领基层治理机制，增强党组织政治功能和组织功能，推动党员在生产和项目一线打头阵、当先锋，把基层党组织建设成为有效实现党领导基层治理的坚强

---

* 罗志强 省委党校（江西行政学院）公共管理学教研部副教授
　 胡 珺 省委党校（江西行政学院）中共党史和党的建设教研部讲师

战斗堡垒。三是树立固基本理念，建设人人有责、人人尽责、人人享有的基层治理共同体。人民群众既是参与基层治理实践的主力军，也是检验基层治理成效的阅卷人。在推进基层治理现代化建设过程中，必须坚持以人民为中心的发展思想，畅通和规范群众诉求表达、利益协调、权益保障通道，把党员组织起来、把人才凝聚起来、把群众动员起来，及时把矛盾纠纷化解在基层、化解在萌芽状态，确保小事不出村、大事不出镇、矛盾不上交。

健全自治、法治、德治相结合的治理体系。自治、法治、德治是推动基层治理格局良性运转的不同治理方式，各种方式在基层治理中的功能及效力呈现出一定差异。自治是法治与德治的基础，法治是自治与德治的保障，德治是自治与法治的引导和补充。自治、法治、德治相结合，便可降低基层社会事务的治理成本，提高治理效率，实现有效治理目标。一是以自治为基，增强基层治理活力。依托村民会议、村民代表会议、村民议事会、村民理事会、村民监事会等组织形式治理基层公共事务，构建民事民议、民事民办、民事民管的基层协商治理格局，保障基层群众民主选举、民主决策、民主管理、民主监督等权利，确保基层事情基层办、基层权力给基层、基层事情有人办。二是以法治为本，保障基层治理秩序。以法治为本不仅强调依据法律条文从事治理活动，而且强调遵循法治精神调节社会关系，应从科学立法、严格执法、公正司法、全民守法四个角度合力推进，为自治与德治提供保障。比如，持续深化"法律明白人"培养工程，培养更多社情民意的信息员、政策法律的宣传员、矛盾纠纷的化解员、法治实践的引导员，让办事依法、遇事找法、解决问题用法、化解矛盾靠法的法治思维和法治方式在基层治理中落地生根。三是以德治为魂，弘扬基层治理正气。基层治理依据的规范既包括国家法律、政策、党内法规、上级党政部门规范性文件等硬规则，又涵盖村规民约、道德规范等软约束。以德治为魂就是重视道德教化的作用，强调通过道德规范来约束人们的行为举止，从而形成以软约束激发正能量的治理观念和方式，这就需要进一步挖掘基层先进文化，加强社会公德、职业道德、家庭美德、个人品德建设，专项治理群众反映强烈的失德败德问题，让社会和谐稳定建立在较高道德水平之上。

提升精准"放"、科学"管"、高效"服"相协同的治理能力。精准"放"、科学"管"、高效"服"不是治理能力的简单相加，而是一个有机整体，是协同推进的一套治理"组合拳"。一是提升精准"放"的治理能力。"放"，重在放权赋能，要求有的放矢。要科学定位不同主体的权限和功能，正确处理不同主体的利益和关系，为基层治理创造敢作为、能作为、善作为的权力规范和政策空间，推动基层治理方式从行政性单一化管理向党领导下的多元共治转变，从硬性管理向柔性治理转变，从传统粗放式管理向现代精细化治理转变。二是提升科学"管"的治理能力。"管"，重在综合施策，要求我们把好钢用在刀刃上，而不是眉毛胡子一把抓。当前，要完善网络化管理、精细化服务、信息化支撑的基层治理平台，在应急管理、平安建设等事项中运用大数据、云计算、区块链、人工智能等前沿技术推动管理手段变革、管理模式创新，推动基层依数而治、循数而治。三是提升高效"服"的治理能力。"服"，重在用心尽力，要求雪中送炭而非锦上添花。要精准投放面向居民群众的公共服务、社会服务、市场服务、志愿服务等服务资源和力量，推动服务下沉网格，切实做到居民有诉求、组织有回应、服务有保障，有效地解决基层治理中的堵点、痛点、难点问题，使人民群众获得感、幸福感、安全感更加充实、更有保障、更可持续。

（原载《江西日报》，2023 年 11 月 13 日）

厚植人才沃土　赋能高质量发展

涂颖清[*]

　　人才是发展之本。近年来，江西坚持党管人才、服务发展大局、突出市场导向、体现分类施策、扩大人才开放的基本原则，紧盯人才队伍建设"引、育、用、留"四个环节，实现人才工作不断取得新突破。站在新的起点上，我们要继续厚植人才沃土，进一步壮大人才队伍、构建产才闭环、创优人才管理、营造爱才氛围，让人才这个"第一资源"成为赋能江西高质量跨越式发展的"最强动力源"。

　　壮大人才队伍。要紧密结合经济、产业、项目进行人才载体建设，通过大力发展经济，增强对人才的吸储能力，逐步形成以各大企业、科研院所、学校、医院等人才载体容量较大单位为核心的人才集聚地。扩大人才政策覆盖面，将基础性人才、本土人才、技能型人才等纳入人才政策享受范围，吸引各类人才"落地生根"。推动高技能人才与专技人才职业贯通，在做好工程技术领域高技能人才与专技人才贯通的基础上，将范围扩大到农业、工艺美术、体育等领域，注重解决生产难题、参与技术改造革新、传技带徒等方面的能力和贡献，破除身份、学历、资历等障碍，搭建和畅通技能人才成长成才"立交桥"。

　　构建产才闭环。产业是吸引集聚人才的重要载体。要坚持以产育才、以才促产、产才融合的理念，聚焦重点产业项目，精准发力，促进"人才链"与

* 涂颖清　省委党校（江西行政学院）领导力拓展教研部教授

"产业链"深度融合。一方面，紧扣产业链，部署人才链，布局创新链，围绕我省具有特色和比较优势的稀土、航空、VR、新能源、新材料、装备制造等领域打造重点产业，进一步整合产业资源，推动重大项目和平台集聚发展。另一方面，充分利用本土人才资源形成人才链，以人才赋能产业高质量发展。通过引进重大项目，设立建成更多研发机构，吸纳更多科技创新人才，不断深化产才融合，形成产业和人才同频共振、互动支撑的良好局面。

创优人才管理。要充分发挥项目载体作用，实施专业技术人才知识更新工程，围绕数字经济、生态环保、陶瓷文化、乡村振兴等主题开展研修项目，不断夯实人才培养平台。探索目录认定、机构认定、推荐认定、自主认定、按薪认定等多种人才认定方式，探索自主举荐人才制度，实施以才奖才政策，打破资历、学历等条件束缚，坚持在实践中识别人才、发现人才，注重以实绩和贡献评价人才。借助大数据及人工智能技术，建设"人才科创驾驶舱"，对全省人才科技创新资源进行多维度、多层面、全过程的深度挖掘、科学分析、可视化呈现及多场景应用，为政府部门、企业家、高层次人才等提供精准服务，全面推动人才链、创新链、产业链深度融合。

营造爱才氛围。要在人才服务过程中破除"官本位"思想，从精准贴心的生活优质服务入手，着眼于解决人才"8小时外"生活，用心办好他们成长发展的"关键小事"，延长人才服务链，有效地提升人才服务便利度。坚持引育并重，通过多样化的引才方式，做到人才"引得进来"；积极发挥市场和政府的作用，做到人才"育得出来"；通过提升效能，让人才"留得下来"，实现人才不断积聚，逐步构建我省"近悦远来"的一流人才环境。弘扬工匠精神，加大职业技能竞赛选拔评价力度，构建以世赛和国赛为引领、省赛为主体、市县技能竞赛和企业院校岗位练兵为基础的职业技能竞赛体系。弘扬科学家精神，进一步传承老一辈江西籍科学家的优秀品质，营造爱才敬才的良好氛围，唱响江西人才品牌。

（原载《江西日报》，2023年3月15日）

不断完善"多元一体"的养老服务体系

谈慧娟　罗家为 *

随着经济和社会的发展转型，我国人口老龄化进程不断加快，给新时代做好养老服务工作、推进健康中国建设带来巨大挑战。党的二十大报告指出："实施积极应对人口老龄化国家战略，发展养老事业和养老产业，优化孤寡老人服务，推动实现全体老年人享有基本养老服务。"我国老年群体数量庞大、个性突出、条件迥异，要以老年人个性化需求为导向，提供多元化、多层次的养老服务，完善以居家养老为基础、社区养老为依托、机构养老为补充、医养康养相结合的"多元一体"养老服务体系。

巩固居家养老的基础性地位。居家养老是以家庭为核心、以社区为依托、以专业化服务为支撑，为居住在家的老年人提供生活照料、医疗服务和精神关爱等社会化服务的养老模式。中国自古以来就有浓厚的家庭本位思想，居家养老弥补了"三无老人""孤寡老人"家庭养老的缺位，也适应了具有自理能力或半自理能力老年人的个性化需求，成为当前我国养老服务的基础性工程。为积极应对人口老龄化，必须不断提高居家养老服务水平，巩固其在养老服务体系中的基础性地位。一是适度增加财政投入，加大政府购买服务的力度，扩大居家养老的覆盖面。以县（区）为单位，对居家养老财政投入进行统筹协调，逐步增加政府购买服务品类，将居家养老覆盖人员由"三无老人""特困人

* 　谈慧娟　省委党校（江西行政学院）马克思主义研究院副院长、教授
　罗家为　省委党校（江西行政学院）公共管理学教研部讲师

员""低保人群""个别付费"向更大范围推进，从而提高居家养老服务的均等性、可及性和保障水平。二是加强机构和平台建设，提高居家养老规范化、精细化和信息化服务水平。大力培育和引进养老服务机构，完善政府购买服务机制，促进养老服务人才专业化、职业化发展，推动养老服务机构由建章立制到效能提升转变；加强适应老年人需求的信息平台建设，利用信息平台对老年人需求进行分类，并实现"一键下单"、快速回应。三是鼓励社会力量参与居家养老，促进服务资源和养老需求有效对接。养老服务是一项公益性事业，要推动社区、机构、社工、志愿者、慈善资源联动服务，加强内部资源整合与外部资源链接，形成居家养老供需之间的动态平衡。

强化社区养老的依托保障功能。社区养老是以需求为导向，以社区为依托，以日间照料、生活护理和精神慰藉为主要内容，以上门服务、社区日托、建立老年活动中心为主要形式的养老服务模式。社区是现代社会重要的养老、交往和娱乐场所，社区养老适合具备自理能力和中低龄老年人的养老需求，是当前养老服务体系的重要组成部分。为进一步做好养老服务工作，必须以老年人需求为导向加强社区建设，强化社区养老的依托保障功能。一是加强社区养老基础设施建设，推进各类设施的适老化改造。加强顶层设计和统筹规划，重点建设老年食堂、娱乐活动中心、老年学校、养老驿站、医疗保健中心等社区养老服务设施；加快老年人无障碍设施建设和改造，构建"一刻钟"社区养老服务圈，建设老年友好社区。二是引导和培育老年人社区社会组织，强化老年人的组织化和归属感。鼓励和支持退休党员干部、文艺骨干和积极分子组织公益类、娱乐类、专业类的社区社会组织，将老年人分门别类地吸纳到组织内，从而实现物质、精神和社会生活等方面的互助共济。三是推动社区养老和居家养老联动服务，满足老年人多元化和个性化需求。构建居家养老＋社区养老＋嵌入式养老联动机制，以社区为依托引进嵌入式养老服务机构，实现三者良性互动，提高养老服务的专业化和个性化水平，从而拓展社区养老的深度和广度。

引导机构养老事业良性运行。机构养老是以养老机构为载体，为老年人提供饮食起居、清洁卫生、生活护理、健康管理、紧急救援和文体娱乐活动等综合性服务的养老模式，可以划分为基本的机构养老服务和中高端的机构养老服务。为了满足各个老年阶层个性化的需求，必须引导机构养老事业良性运行，弥补居家养老服务和社区养老服务的不足。一方面，要提升基本的机构养老服务水平。拓宽资金来源，建立健全多渠道资金筹集机制，在加大政府公共财政投入的基础上，鼓励社会资本参与，并加强资源链接，争取社会捐赠；完善运营管理模式，创新"公建公营""公建民营""民办公助""公办民助"等多元模式，充分发挥政府和社会两个积极性；加强养老服务人才队伍建设，建立一支专业化、多元化、复合化的养老服务队伍。另一方面，要规范和引导中高端养老机构的运营与发展。明确角色定位，推动中高端养老机构市场化，让市场成为资源配置的决定性力量，明确定价原则并规范服务收费；加快完善中高端养老机构服务行业标准、从业人员行为规范、服务安全基本规范，促进机构养老专业化、规范化和标准化；支持养老机构连锁化、品牌化，提高服务质量和安全管理，风险防范意识和应对处置能力；加强地方立法，完善机构养老服务法治体系，让养老服务在法治轨道上行稳致远。

促进医养康养全面融合发展。随着我国老龄化程度不断加深以及老年人生活水平的提高，人们对养老服务的要求不断提高，医养康养全面融合发展成为当前养老服务的重要发展趋势。同时，医养结合与康养结合还处于起步阶段，各方面服务还远未成熟。要打造高品质老年生活，必须以老年人需求为导向，不断完善各方面体制机制，促进医养康养全面融合发展。第一，加强医养结合机构和设施建设，着眼于医养康养全面融合，不断完善养老机构、医疗机构、康复中心等基础设施布局，建立健全养老综合体，夯实医养结合与康养结合的硬件基础。第二，探索多元化的实践模式，可以建立"家—医院—机构—回家"的全过程养老服务闭环，也可以推进医疗护理康复资源进社区、进家庭；根据人口和资源禀赋，建立"一体化""嵌入式""混合式"等差异化发展模式。第三，统筹推进居家养老、社区养老和机构养老，从三个层面同步开展医养康养结合服务，促进居家、社区、机构三个层面联动和融合发展。第四，探索建立健全长期护理保险制度，拓宽投融资渠道，减轻老年人医养结合的经济负担；加快医养康养复合型人才队伍建设，促进医养康养服务行业健康发展。第五，充分运用信息技术，建立老年人健康全周期管理系统，整合各类健康信息资源，促进医院、养老机构、社区、家庭信息互联互通，实现共建共治共享。

（原载《学习时报》，2023 年 4 月 26 日）

生态文明建设

提升"生态银行"效能重在机制创新

席鹭军[*]

党的二十大明确提出"建立生态产品价值实现机制，完善生态保护补偿制度"。2019 年发布的《中共中央　国务院关于建立健全城乡融合发展体制机制和政策体系的意见》，明确提出"探索生态产品价值实现机制"。解锁生态产品价值转化通道，带动广大农村地区发挥生态优势就地就近致富、形成良性发展机制，缩小城乡发展差距，是实现共同富裕必须回答的问题。"生态银行"是生态产品价值实现机制的有益探索，其借鉴了商业银行"分散化输入、集中式输出"的模式，对碎片化生态资源的集中收储和规模整治，转换成优质资产包，并引入投资企业及运营管理企业，从而将资源转变成资产、资产转变成资本。纵观各地情况，"生态银行"机制还不完善，亟需进行创新。

"生态银行"机制目前存在的问题。为探索生态产品价值实现机制，近年来，全国一些地方积极探索试点"生态银行"，初步建立了"生态银行"机制，形成了一系列经验和做法，但也存在一些共性问题。

问题一：市场化运作不足。推动资源变资产变资本必须将有为政府和有效市场有机结合。既要发挥政府职能，通过集中流转，将分散在个人手中的零散生态资源聚合起来；又要发挥市场职能，通过市场交易和生态资源产业化经营，实现生态资源的经济价值。目前，一定程度上存在政府热市场冷的情况，

* 席鹭军　省委党校（江西行政学院）经济学教研部副教授

政府积极推动，但企业及社会各界响应度和参与度不足，市场化的资源定价、交易机制不完善。

问题二：难以科学定价。生态产品特别是公共产品属性较强的生态产品难以科学定价，阻碍了生态资源变资产变资本。尽管我国生态产品价值核算探索取得了一定进展，但科学性的估值和标准化的定价不足，资源变现缺少依据。后端交易大多未能进行充分竞价，仍然是买方市场，不能充分反映生态资源的价值；以现金或股权作价的过程，公开程序也履行不到位，未将交易价格按科学程序进行公示、听证等；交易价格未能充分体现生态资源的外溢价值，把资源当作单一要素，没有将资源所处的山水林田湖草沙生态系统进行整体综合定价。

问题三：对"生态银行"理解不准确。有些地方对"生态银行"的内涵和操作流程把握不准，理解上的偏差导致落实上的偏离。例如，有的把具体项目等同于"生态银行"，或者把具体产品作为经营对象，"生态银行"的经营对象是生态资源的所有者权益；有的搞错了"生态银行"在资源开发和产业发展中的服务阶段，"生态银行"的工作重点是把生态资源资产组织好输送到绿色产业，而不是做社会服务或者具体产品的营销；有的把金融运作或产业项目导入等同于"生态银行"的全部内容；有的简单转交任务，大范围部署镇村试点。

问题四：信息披露通道不畅通。项目招商难是普遍问题，究其原因是缺乏有效的信息披露渠道，造成招商效率低、成本高。市场化渠道缺乏，各地与专业的项目策划咨询机构、大型产权交易平台合作不密切，利用专业力量、专业平台开展项目资产包推介的力度还不够，缺乏规范统一的披露平台。

现行"生态银行"机制创新路径。鉴于以上四个问题一定程度上降低了"生态银行"的运行效率，弱化了其功能，亟需进行机制创新。

为规模化经营创造条件。一要扩充资源规模。进一步加大资源收储整合的力度，可以深化林业股份合作制改革及实施国家储备林质量提升工程为主轴，大力推进林权流转，鼓励通过摘牌方式，收储各类生态资源。二要完善定价方法。完善各类资源及生态产品价值核算办法，统筹考量资源所处系统、项目业态、投资效益等因素，评估区域资源整体价值，探索其整体资本化。三要创新合作方式。推广应用"村民＋合作社＋公司"模式，建立健全资源从村民到合作社"一级流转"和合作社再到公司的"二级流转"机制，从而建立共建共享机制。

培养壮大运营主体。按照市场化运作目标，不断提升"生态银行"平台公司的运作水平。一方面，明确培育重点。培育发展平台公司、农村合作社和村集体经济组织，发展壮大生态公司、资源类投资集团等经营企业。另一方面，探索建设交易平台。推动农村产权交易平台建设，鼓励和支持各级政府探索搭建资源产权交易平台，探索完善交易流程和交易办法，推动自然资源资产市场化交易。

推动资源多元化增值。探索拓展资源的综合提升途径，提升资源开发赋值。一是完善基础设施配套。整合涉农和自然资源管理、开发、保护、补偿等资金投向，加大绿地漫道和沟渠路坝建设、河道整治、自然景观塑造等投入，提高资源的开发价值。二是提升资源质量。加大资源管护水平，提高资源开发等级，加快推进储备林质量精准提升以及高标准农田、流域治理等项目建设。三是强化科研创新。运用"揭榜挂帅"方式，研发一批新产品，例如林木及花卉新种苗、特色水果等新型农产品。四是注重品牌营销。围绕当地的特色资源，例如独特山水景观、特色农产品等，塑造区域品牌，加强推广宣传。

完善资源开发信用链。借助资源储量搭建"信用池"，推动资本进入生态资源保护开发领域。一要创新融资担保机制。允许各级平台公司用生态资源包作为担保标的物，探索建立新型融资担保机制，吸引金融信贷资金注入资源产业化。二要推动企业上市。鼓励和帮扶规模大、效益好、资产优良的平台公司和投资企业上市，培育一批上市后备企业，壮大企业队伍。三要加大产业基金运作力度。发挥政府资金杠杆效应，吸引社会资本进入，重点组建乡村振兴基金、"两山"转化基金、旅游及绿色产业基金等，做好基金的"募、管、投、退"工作，扶持生态资源产业化。四要创新金融模式。引入债券、保险等金融工具，探索设立森林保险及绿色债券、特色农业保险等，为企业提供金融服务。

推动自然资源价值变现。通过产业和项目导入，促进生态价值高效转化为经济价值。一方面，提高项目策划水平。发挥资源特色优势，精心策划一批优势资源密集型的项目，并保持其整体性和延续性。另一方面，加强产业招商。深化与全国和区域性资源股权及产权交易机构合作，常态化组织推广活动，定期举办"生态银行"招商推介会。

探索推动制度创新。鼓励有条件的地区在资源产权制度、交易制度、开发利用管制规则等方面进行有益的探索，例如实施自然资源的三权分置，自然资源的占补平衡制度、流域水权交易制度、存量碳汇交易制度、生态资源资产融资抵押质押制度等，最大程度破除自然资源交易的制度性障碍。

（原载《学习时报》，2023 年 7 月 12 日）

以高品质生态环境支撑长江经济带高质量发展

席鹭军[*]

习近平总书记近期在江西省南昌市主持召开进一步推动长江经济带高质量发展座谈会，这是党的十八大以来，围绕长江经济带发展这一区域重大战略，习近平总书记主持召开的第四次座谈会。这次座谈会聚焦"进一步推动长江经济带高质量发展"，一以贯之的是"共抓大保护、不搞大开发"的坚定决心，释放出"在高水平保护上下更大功夫"的重要信号。长江经济带发展战略实施以来，到2022年底，沿线省市经济总量占全国比重达到46.5%，高质量发展亮点频出。但是，长江作为我国第一大河，干流流经11个省（自治区、直辖市），流域自然条件、生态环境特征、经济社会发展均呈现较强的不均衡性，长江流域生态环境保护和高质量发展正处于由量变到质变的关键时期，取得的成效还不稳固，客观上也还存在不少困难和问题。因此，进一步推动长江经济带高质量发展，必须把保护长江生态环境摆在首要位置，以高品质生态环境支撑长江经济带高质量发展。

积极制定实施长江标志性生物恢复行动计划。流域特定物种恢复既是水环境变好和渔业恢复的标志，更是流域生态系统向好的标志。以"莱茵河行动计划"为例，按照这个行动方案，全流域制定工业安全法规，开始从海岸线到河源全程治理污染。其中，莱茵河生态恢复的标准不仅包括若干水质指标改

---

* 席鹭军 省委党校（江西行政学院）经济学教研部副教授

善，而且包括流域生态系统整体完善，并以保护流域珍稀生物种群恢复作为环境治理的重要选项，制定实施"鲑鱼重返计划"。为此，具体到我国长江流域来说，中华鲟、江豚等处于长江水生生物食物链顶端，是长江淡水生态系统良好的标志物种，这些物种的数量标志着长江生态系统的健康状态。因此，在长江"共抓大保护"工作中，应借鉴莱茵河流域治理经验，把中华鲟、江豚、刀鱼等物种作为生态系统恢复的标志，制定长江珍稀生物恢复行动计划。一方面，排查各江段标志性生物种类、种群和数量，摸清底数。另一方面，确定标志性生物恢复目标、阶段、参与计划的地区和部门，以及主要任务和措施，并周密部署，沿江各地区要通力合作与科学实施。

严守生态红线，保护好长江生态空间。长江经济带覆盖沿江 11 省市，人口规模占据中国"半壁江山"。因此，要压实属地责任，沿江地区各级党委和政府要以高度的政治责任感，保护好辖区内的自然保护区、水质种质资源保护区、重要湿地、蓄滞洪区、水源地保护区、不稳定岸线、水生动物栖息地、河流生境、滨江湿地等生态功能区。这些生态功能区是长江重要的生态屏障，长江中游水域资源丰富，有河有湖有江，生态资源也非常丰富，有珍稀鱼类有候鸟还有湿地植被，一旦失守将会对长江生态系统造成严重破坏，从而阻碍长江经济带高质量发展。因此，可将长江中游打造成生态红线保护的典型示范，建立长江中游"国家湿地公园"，如鄱阳湖国家湿地公园、洞庭湖国家湿地公园等，依托长江中游重要水生动物自然保护区、水产种质资源保护区、湿地保护区等生态保护空间，以长江为轴带串联滨江湿地、长江故道、中游重要湖泊，形成长江中游生态廊道，为长江流域绿色生态廊道建设作示范。

构建长江流域"三生"岸线格局。作为一种新兴和特殊的战略资源，岸线资源处于大河流域经济带的水陆交互带，承载临岸港口、工业、城镇和湿地等人类活动和自然生境，发挥重要的经济社会和生态环境功能。按照"共抓大保护、不搞大开发"原则和生态优先、绿色发展的理念，构建生态、生产、生活相协调的长江自然岸线格局，促进生产岸线集约高效、生活岸线宜居适度、生态岸线原生天然，推动形成既尊重自然规律、保护生态环境、保障防洪安全及供水安全，又能支撑经济社会发展的长江岸线格局，必须处理好长江岸线保护与利用的关系。

首先，根据岸线的形态设计、自然地貌重建、生态系统构建、防洪功能保障等要求对长江岸线进行生态修复，恢复长江岸线自然属性和生态功能。其次，对岸线功能进行优化调整，结合岸线生态红线，建立岸线占用退出机制，优化调整红线范围内岸线开发利用的强度与方向，提升其生态功能。最后，根据城市发展和岸线利用效率效益、环境承载力的综合评估，因地制宜增加城市生活和产业岸线供给，尤其是要合理引导港口码头集约化、专业化、绿色化发展，坚决取缔小、散、污码头，提高岸线资源的配置效率。

强化长江生态环境综合治理。长江生态环境要走系统治理之路，不能头痛医头、脚痛医脚。因此，须统筹水环境、水生态、水资源、水安全、水文化和岸线等综合因素，推进长江上中下游、江河湖库、左右岸、干支流协同治理。一是打造长江干流与支流协同治理格局。例如，推动五河（赣江、抚河、信江、饶河、修河）—鄱阳湖—长江体系治理。二是打造长江国家生态公园和长江国家文化公园，将水环境、水生态、水资源、水安全、水文化、岸线、滩洲等多元素融合，构建整体保护的框架。三是沿江各地可尝试构建长江水污染预防—监管—治理—修复全过程保护格局，统筹岸上岸下、沿江产业污染治理与长江水环境保护，从源头上消除污染。四是协同推进长江流域降碳、减污、扩绿、增长，沿江地区要探索四位协同的路径，如培育发展沿江生态农业、生态林业、生态渔业、生态旅游等，协同好生态环境保护与经济发展之间的关系。

完善流域管理体制。目前，长江流域的管理部门多，管理方法和手段还不完善，现有的管理法规在部门之间的协调性有待提高。同时，水、土、生物等生态资源的开发利用与保护管理目标及机制，在一定程度上存在一些不完善之处，可能造成流域管理机构的行政监督权、处罚权以及行政执法地位受到地方保护主义的干扰。因此，可借鉴"莱茵河行动计划"的统一决策与分区域治理的管理模式经验，以"统一管理、垂直领导"的流域管理体制方式，组织协调各地区和各部门的目标、职能和权限，如政策法规制定、环境影响评价、环境执法、审批责权及资金管理等，构建长江全流域的综合管理机构，打破部门和地域之间的条块分割，从而加强流域内水、土、生物等生态资源要素的统一保护管理。

（原载《学习时报》，2023 年 11 月 22 日）

空间均衡导向下的生态产品价值实现路径及演进

——基于改进四象限模型的理论分析

杨和平　李红波[*]

　　生态文明建设不断向纵深推进，使得长久以来物质经济效益最大化的区域发展目标失衡得以改善。在历史性地消除了绝对贫困、解决了物质财富绝对匮乏后，建设生态文明、推动绿色低碳循环发展，不仅可以满足人民日益增长的优美生态环境需要，而且可以推动实现更高质量、更有效率、更加公平、更可持续、更为安全的发展。新时代国土空间发展模式已由唯经济增长的单一目标模式逐渐转向区域经济发展、社会进步和生态环境"三维"目标的高质量发展模式，通过不断提升人民群众的生态环境福祉，协同推进区域经济绿色转型升级，真正实现"绿水青山"与"金山银山"的双向转化，推动区域物质财富和生态财富协同发展的空间均衡。生态产品价值实现作为"两山"转化的关键抓手，是促进人均物质财富和生态财富协同均衡的重要手段。2018年4月，习近平在深入推动长江经济带发展座谈会上指出："要积极探索推广绿水青山转化为金山银山的路径，选择具备条件的地区开展生态产品价值实现机制试点。"2021年4月中共中央办公厅、国务院办公厅印发《关于建立健全生态产品价值实现机制的意见》，在全国范围内推动生态产品价值实现的机制探索，

---

* 杨和平　省委党校（江西行政学院）江西经济社会发展战略研究所助理研究员
　李红波　华中农业大学公共管理学院教授

2020 年 4 月—2021 年 12 月，自然资源部陆续推出三批共计 32 个生态产品价值实现典型案例，为各地区探索创新提供学习借鉴。2022 年 10 月 16 日中共二十大报告中明确提出要"建立生态产品价值实现机制，完善生态保护补偿制度"。

已有研究从生态学、经济学、地理学等多学科视角对生态产品价值实现的概念内涵、逻辑机制、路径模式和实践案例等进行了富有意义的研究，但对于生态产品价值实现的区域差异讨论还不够深入，尤其在当前全国大范围试点生态产品价值实现的背景下，受制于区域禀赋、发展模式、社会结构以及自然生态的生产特点和服务属性等因素异质性影响，各地区探索方向和实践重心存在一定差异。因此，强化各区域间个性与均衡、发展基础与未来方向之间的关系剖析，引导生态产品价值实现政策工具的区域特色化与协调性，进而因地制宜探讨不同地域生态产品价值实现的路径选择和价值收敛，有利于实现物质财富与生态财富空间均衡与协同的高质量发展目标。基于此，本文试图梳理生态产品及其价值实现的概念内涵与主要模式，引入物质财富与生态财富状态测度的改进四象限模型，构建生态产品价值实现的空间均衡分析框架，并基于GEP 核算和实际案例讨论不同区域生态产品价值实现的路径选择及演进，以期为不同地区探索生态产品价值实现提供差异化路径与对策参考。

一、概念内涵

（一）生态产品价值实现及其模式路径

生态产品是我国在探索生态文明建设中的独创概念，指的是良好的自然生态系统基于自身生物生产以及与人类共同生产提供的满足人类美好生活需要的最终产品或服务，其价值实现是将自然生态资源及其服务以市场化或非市场化形式实现经济效益和生态效益协调统一的过程，既包括生产主体供给生态产品的生产活动和环境保护活动，也包括消费主体以交易或补偿方式支付费用的过程，其最终目的是为了实现区域社会经济和生态环境的均衡发展状态，达到生产主体、消费主体、制度策略、价值收益等多区域、多主体、多要素的利益协同。关于生态产品价值实现的模式路径研究比较丰富，张林波等基于生态文明建设角度将其分为生态保护补偿、生态权属交易、经营开发利用、绿色金融扶持、刺激经济发展、政策制度激励等方式。刘伯恩从基础发展型、拓展发展型、支撑发展型基础上将生态产品价值实现分为产业生态型、生态产业型、产权交易型、生态溢价型、生态补偿型、生态倡议型、绿色金融型 7 种具体模式。王会等基于支付机制和制度供给主体两个视角提出了政府购买租用、政府财政补偿、要素权益交易、生态服务交易、公众自愿捐赠、产品认证出售、自发捆绑交易和自发直接交易 8 种实现模式。

基于实现物质财富与生态财富的空间均衡与协同目标，不同的空间治理单元在推进生态产品价值实现中的路径组合与差异，本文将生态产品价值实现的主要路径分为生态修复整治、生态保护补偿、生态权益交易、生态产业开发、产业生态转型 5 种类型：

（1）生态修复整治，主要指通过自然生态系统保护修复、农田生态系统保护修复、城镇生态系统保护修复、矿山和海洋生态保护修复等方式对全域国土空间进行系统修复和综合整治，恢复并提升自然生态系统功能，强化生态产品的供给能力。（2）生态保护补偿，主要是指对于为保护自然生态而付出劳动价值或限制部分经济发展机会的生态产品供给能力强的区域空间进行经济补偿付费的模式，一般包括以财政转移支付为主的纵向补偿、流域上下游跨区域的横向补偿和以保护资金补助、财税补贴等为主的政府购买服务方式。（3）生态权益交易，指的是建立在生态资源确权和价值核算基础上，生态产品供需双方通过市场化机制进行产权权益交易的模式，其本质在于固化生态资源产权属性转化为可交易流通的市场价值，空间尺度表现为经济发达地区向自然生态优势区域购买水权、碳汇、排污权等生态产品的形式。（4）生态产业开发，即生态产业化，主要指生态产品供给能力强的区域推动生态产品以产业化方式形成经济资产并进行经营运作的产业体系，如大力发展以生态产品为依托的现代生态农业、生态工业和生态文化旅游业等，其重点在于将经营性生态产品与传统三大产业有机耦合，构建生产、流通、消费和产业资本投资的价值增殖系统。（5）产业生态转型，即产业生态化，主要是指生态产品需求强度大的地区基于生态环境综合承载能力，以生态经济为发展主线引进绿色生态技术，对区域产业如采掘工业、原材料工业、加工工业等进行生态化改造，因地制宜培引节能高效、生态环保的新兴产业，引导物质财富部门实现绿色化、数字化、低碳循环的产业高质量转型升级。

（二）物质财富与生态财富的内涵与关系

传统的财富观指向单一的物质财富，是公众从经济生产系统获得的产品和服务。新古典经济学家理查德·斯通在完善国民经济核算体系 SNA 的基础上建立了以国内生产总值 GDP 作为衡量物质财富价值的指标系统，但是现行的 GDP 指标局限于实物资产、金融资产等物质财富的统计，忽视了自然生态环境在经济发展中提供的隐形服务和资源支持。生态财富是隐藏于自然生态中的价值形态，必须依赖于良好的生态环境供给及与人类共同生产的服务产品才能显化，生态产品是其中的关键媒介。在"两山理论"成为绿色发展共识的背景下，优质的水资源、空气、生物多样性等环境资源及其提供的服务已经成为与物质产品拥有同等地位的生态产品，其价值可作为生态财富的表征指标。

中共二十大报告提出"构建优势互补、高质量发展的区域经济布局和国土空间体系"，既要推动以生产力进步为导向的物质财富增长与分配，也要谋求生态财富带来的福祉增益，在绿色发展中减弱两者的权衡关系而强化其协同促进，构建人均生态财富与人均物质财富辩证统一、相互促进的国土空间发展格局。首先，生态财富积累是物质财富的增长前提和环境基础，人类进行农业、工业和服务业生产的物质经济活动离不开自然生态资源供给的产品与服务，忽视人对生态财富的诉求而造成的气候变暖、生物多样性减少、土地荒漠化等环境破坏问题，反过来会限制物质经济持续增长的拓展空间；其次，物质财富有助于增强生态财富的福祉效应，人与自然和谐共生离不开物质财富的持续投入，如"十三五"期间中央财政总计投入 8779 亿元支持生态保护修复，"天更蓝、山更绿、水更清"正是物质财富推动生态财富不断增长的客观印证；最后，生态财富与物质财富可以互相转化，基于国土空间均衡的视角，生态产品价值实现就是两种财富价值相互转换的关键路径。生态财富相对盈余的区域可以将自然生态资源与生产资料和劳动力相结合，生产出满足公众需求的产品或服务，最后经市场化机制实现"惊险的跳跃"，以供给生态产品的方式推动生态财富向物质财富的价值转化和增殖。物质财富相对富裕的地区可以通过生态补偿转移支付、生态权益购买等方式满足群众对生态财富的向往和需求，不同地域依据其物质财富和生态财富差异及供需强度因地制宜探索生态产品价值实现的政策实践，推进国土空间"富绿"协同。

二、生态产品价值实现的空间均衡分析框架

（一）空间均衡理论

一般认为，空间均衡理论是经济学一般均衡理论在地理学、区域经济学等学科上交叉产生的理论，主要研究商品市场在空间层面的流动配置、经济发展的空间形态及影响因素等，其发展历程大致可分为区域分工理论、产业区位选择及基于新经济地理学的空间均衡框架等阶段。随着生态文明建设与高质量发展理念的深入推进，空间均衡已经不局限于经济指标的均衡，而是向经济、社会、生态环境协调的均衡目标转变。《生态文明体制改革总体方案》明确提出要"树立空间均衡理念，把握人口、经济、资源环境的平衡点推动发展"，建立"经济—社会—生态"的三维空间均衡框架，通过空间开发供给能力与保护需求相匹配以及区域间的分工协调实现空间尺度的帕累托最优状态。多维目标下的空间均衡不是物质财富和生态财富的简单对立博弈，而是人在不同阶段因不同的发展需求所做的顺序选择。在基本物质生活需要未得到满足的发展阶段，人对生存的需要迫使其以物质财富增长为主要目标；在完成物质财富的增长与分配后，对生活质量的需要使得生态财富的福祉增益得到更多关注；随着人们对人与自然的关系认识进入和谐共生的阶段，推动两种财富的协同增长成为绿色发展理念的重要目标，以生态产品价值实现推动两种财富空间均衡成为"绿色共富"的关键手段。

（二）基于改进四象限模型的生态产品价值实现路径匹配

与土地利用空间均衡类似，不同地域物质财富和生态财富的态势差异导

致其生态产品供给能力和需求强度也存在空间不一致。本文引入多应用于景观生态和生态系统服务领域的四象限模型，讨论省域间物质财富和生态财富的状态差异及生态产品供需关系。文中的生态财富以生态系统服务价值为表征，物质财富以 GDP 为表征，参考生态系统服务供需研究，生态财富充裕的区域生态产品供给能力相对较强，物质财富充裕的区域生态产品的需求强度相对更大。参考易家林等的分类方式，以区域人均物质财富和人均生态财富分别作为横纵坐标轴建立坐标系，并引入均分一、三象限的均衡线，讨论不同象限生态产品供需能力的相对势差，与前文界定生态产品价值实现的 5 种主要路径进行复合匹配，构建基于空间尺度的改进四象限模型（图 1）。

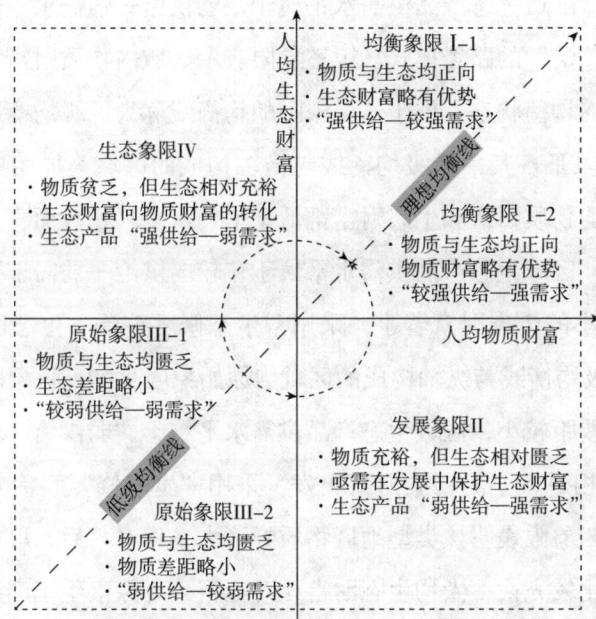

图 1　两种财富空间均衡状态及演进模型

Fig.1　Equilibrium states and evolution of material wealth and ecological wealth

第一象限表示该地区的物质生产和生态建设达到了均衡状态，将其命名为均衡象限Ⅰ，位于这一象限的均衡线称为理想均衡线。其中，理想均衡线与人均生态财富纵轴构成的区域为均衡象限Ⅰ-1，处于该象限的地区生态产品的供需水平属于"强供给—较强需求"类型，人均物质财富和生态财富均属于正向区间，相较而言生态财富更占优势，具备充分的生态基础和物质动力去推动生态产品价值实现的"生态保护补偿"的路径模式；理想均衡线与人均物质财富横轴构成的区域为均衡象限 I-2，处于该象限的地区生态产品供需水平属于"较强供给—强需求"类型，区域人均生态财富和物质财富都高于平均水平，且物质财富相对更占优势，具备扩容区域生态潜力的物质条件和生态诉求，可采用"生态产业开发"的路径模式。第二象限表示该区域物质经济发展水平相对较高，而生态财富相对匮乏，有可能是区域生态本底较为脆弱，或是"先污染后治理"的发展思路忽视了对生态环境的有效保护，将这类地区划分为发展象限 II，区域生态产品供需水平属于"弱供给—强需求"类型，建议采用"生态修复整治"的路径模式。第三象限表示区域内物质财富和生态财富均处于较低水平的均衡状态，位于这一象限的均衡线称为低级均衡线，这类地区划分为原始象限 III。其中低级均衡线与横轴构成的区域为原始象限 III-1，该象限区域的人均物质财富和生态财富都低于平均水平，相较而言人均生态财富相对差距较小，区域生态产品供需水平属于"较弱供给—弱需求"类型，建议从势差相对较小的生态财富着手，采用"生态修复整治 + 生态产业开发"的复合模式；低级均衡线与纵轴构成的区域为原始象限 III-2，该象限的地区人均物质财富相对差距较小，区域生态产品供需水平属于"弱供给—较弱需求"类型，可从势差相对较小的物质财富出发，采用"生态修复整治 + 产业生态转型"模式。第四象限表明该类型地区物质经济水平相对落后，可提供的生态空间和生态服务比较充裕，人均生态财富相对充裕，对探索生态产品价值转化为物质财富的诉求最为迫切和紧要，这类地区划分为生态象限 IV，生态产品供需水平属于"强供给—弱需求"类型，可与"生态权益交易"路径进行匹配。

三、基于改进四象限模型的生态产品价值实现路径实证

（一）数据来源与处理

国内 GEP 核算与应用仍处于激烈的探索和试点阶段，受限于数据可得性

和时效性，本文采用生态系统服务价值作为 GEP 的数值表征，2015 年、2020年两期数据来源于中国科学院资源环境科学与数据中心（http：//www.resdc.cn）的中国陆地生态系统服务价值空间分布数据集，分辨率为 1 km。数据参考谢高地的生态服务价值当量因子法，总价值由供给服务价值 Vps（食物生产、原料生产、水资源供给）、调节服务价值 Vrs（气体调节、气候调节、净化环境、水文调节）、支持服务价值 Vss（土壤保持、维持养分循环、生物多样性）、文化服务价值 Vcs（美学景观）4 大类共 11 种生态系统服务价值构成。全国 31个省级行政区（以下均未统计港澳台地区）的人口和社会经济数据来源于2016—2021 年《中国统计年鉴》。

（二）生态产品总价值时空分异特征

基于上述方法计算得到 2015—2020 年全国 31 省 GEP 及构成，如表 1 所示，2015—2020 年 31 省份 GEP 由 39.99 万亿元增长至 53.27 万亿元，整体增长了13.28 万亿元，剔除价格因素后实际增幅 19.35%。其中供给服务价值 Vps 实际增幅 23.26%，调节服务价值 Vrs 实际增幅 20.05%，支持服务价值 Vss 实际增幅 13.19%，文化服务价值 Vcs 实际增幅 34.61%。从空间分布来看，GEP 单位面积价值具有明显的"南高北低"特征，云南、贵州、广西、广东等西南、华南片区的单位面积 GEP 显著高于天津、北京、河北、宁夏等华北、西北片区，这也与谢高地等研究的 2010 年中国生态系统服务的分布特征保持一致，且 10年间这种不均衡分布的格局趋势愈发明显。全国 31 省人均 GEP 从 2015 年的2.90 万元增长至 2020 年的 3.78 万元，实际增幅达 16.80%。"十三五"期间新疆、陕西、山西、安徽、湖北、福建 6 个省份人均 GEP 在全国的排序略有下降，而吉林、辽宁、四川、贵州、广西、湖南、广东和浙江 8 个省份排序有所上升，整体上西藏、青海、云南等西部地区人均生态财富高于上海、江苏、山东等东部地区，"西高东低"的空间格局仍然明显，单位面积 GEP 和人均 GEP的空间格局明显不一致，各地区推进生态文明建设的水平存在较大的差异性。

表1　2015—2020年全国31省（市）GEP及构成

Tab.1　GEP and its composition in 31 provinces in 2015 and 2020

省份	$V_{ps}/10^8$元		$V_{rt}/10^8$元		$V_{rt}/10^8$元		$V_{cs}/10^8$元		GEP/10^8元		人均GEP/10^4元	
	2015年	2020年	2015年	2020年	2015年	2020年	2015年	2020年	2015年	2020年	2015年	2020年
全国	30 545.05	42 016.61	271 036.46	363 137.36	84 311.48	106 500.15	13 991.37	21 018.60	399 884.38	532 672.72	2.90	3.78
安徽	1 184.18	1 273.46	10 041.98	10 526.19	1 713.63	1 742.36	249.54	263.44	13 189.33	13 805.44	2.19	2.26
北京	53.81	62.19	449.13	532.16	222.10	281.12	26.81	33.97	751.85	909.44	0.34	0.42
福建	846.93	1 134.86	8 992.79	10 732.41	3 665.72	4 321.90	394.23	727.32	13 899.68	16 916.49	3.49	4.07
甘肃	545.02	687.78	4 141.94	5 129.64	2 019.15	2 791.33	515.64	375.32	7 221.75	8 984.08	2.86	3.59
广东	1 493.94	2 060.33	16 092.40	19 821.73	3 735.82	5 867.14	536.11	1 160.94	21 858.27	28 910.14	1.87	2.29
广西	1 674.58	2 492.16	17 875.38	22 537.00	4 731.88	6 144.16	697.28	1 438.49	24 979.11	32 611.81	5.19	6.50
贵州	795.21	1 487.76	7 752.33	12 316.28	2 637.94	3 078.56	360.48	800.87	11 545.95	17 683.46	3.11	4.58
海南	273.95	385.87	2 644.58	3 616.21	849.45	957.54	138.71	206.87	3 906.68	5 166.49	4.13	5.11
河北	743.88	767.53	4 070.10	4 526.79	1 458.36	1 668.46	304.21	285.05	6 576.55	7 247.83	0.90	0.97
河南	930.47	940.98	4 150.43	4 779.45	1 178.75	1 309.70	227.74	216.74	6 487.38	7 246.86	0.67	0.73
黑龙江	2 093.40	2 933.01	15 959.43	23 669.25	3 244.73	4 420.78	1 446.93	1 934.53	22 744.49	32 957.56	6.45	10.39
湖北	1 597.65	1 999.77	16 133.89	19 669.63	2 752.54	3 170.48	516.93	621.38	21 001.02	25 461.25	3.59	4.43
湖南	1 237.18	2 121.23	14 300.55	20 672.32	2 733.41	4 326.77	466.35	911.10	18 737.50	28 031.42	2.83	4.22
吉林	813.85	1 074.63	5 966.66	8 725.39	1 154.51	1 609.27	419.19	593.19	8 354.21	12 002.48	3.20	5.00
江苏	1 132.37	1 133.14	10 336.54	9 444.20	279.96	251.62	118.67	79.88	11 867.54	10 908.83	1.43	1.29
江西	1 515.68	1 795.00	16 620.32	18 061.83	3 272.77	4 188.37	487.07	736.35	21 895.85	24 781.55	4.88	5.48
辽宁	606.76	774.28	4 252.73	5 973.84	1 044.82	1 492.98	303.68	361.18	6 207.98	8 602.28	1.43	2.02
内蒙古	1 904.56	2 549.59	16 525.37	21 943.91	4 137.42	5 178.81	1 500.01	1 804.42	24 067.36	31 476.73	9.86	13.10
宁夏	121.40	106.70	752.20	620.68	320.83	298.08	65.83	39.48	1 260.25	1 064.94	1.84	1.48
青海	1 034.27	1 345.44	12 581.44	12 818.23	3 442.55	3 667.50	564.31	625.72	17 622.56	18 456.88	30.54	31.14
山东	797.39	903.16	3 683.81	4 726.32	561.60	585.95	192.33	125.60	5 235.12	6 341.04	0.53	0.62
山西	546.63	612.97	3 792.26	4 039.37	1 927.29	2 247.58	296.60	289.55	6 562.77	7 189.47	1.86	2.06
陕西	897.70	1 011.23	6 953.79	6 999.89	4 076.87	3 952.38	509.33	516.84	12 437.70	12 480.34	3.23	3.16
上海	44.40	44.04	431.74	324.86	10.94	12.29	5.24	4.84	492.32	386.04	0.20	0.16
四川	1 769.76	3 005.94	15 018.50	23 922.35	10 238.61	11 059.98	822.10	1 545.32	27 848.97	39 533.59	3.40	4.72
天津	68.24	63.34	542.12	512.83	31.65	27.36	12.70	9.42	654.71	612.95	0.45	0.44
西藏	1 115.51	2 604.61	11 485.78	28 872.25	7 172.84	10 064.39	534.97	1 305.50	20 309.11	42 846.76	61.54	117.20
新疆	1 290.88	1 191.78	9 120.27	8 847.92	2 245.98	4 500.58	746.42	510.16	13 403.55	15 050.45	5.62	5.81
云南	2 045.96	3 927.55	20 383.60	34 444.61	8 851.09	12 868.59	1 117.66	2 741.12	32 398.30	53 981.87	6.95	11.43
浙江	698.55	938.24	7 657.41	9 200.62	2 300.74	3 159.06	257.21	489.96	10 913.90	13 787.88	1.82	2.13
重庆	444.51	688.07	3 547.45	4 929.21	1 303.55	1 355.06	157.09	264.03	5 452.60	7 236.38	1.78	2.26

（三）改进四象限模型的分区结果

积极探索创新生态产品价值实现是深入践行"两山"理论的核心路径，以全面生态文明建设促进人均物质财富与生态财富的"富绿"协同，必须考虑区域差异性并制定差异化策略。本文以全国31个省（市）人均GDP和人均GEP分别作为各地区人均物质财富和人均生态财富的数据表征，以人均GDP

和人均 GEP 的平均值作为原点建立坐标系，构建两种财富价值协同均衡的改进四象限模型进行分析，结果如图 2 所示。2020 年处于均衡象限Ⅰ-1 的地区包括内蒙古和湖北 2 个省份，其中湖北由 2015 年生态象限Ⅳ发展"前进"而来；处于均衡象限Ⅰ-2 的仅有福建 1 个省份；处于发展象限Ⅱ的地区包括北京、上海、江苏、浙江、天津、广东、重庆、山东 8 个省市；处于原始象限Ⅲ-1 的有山西、甘肃 2 个省份；处于原始象限Ⅲ-2 的有陕西、安徽、辽宁、宁夏、河南、河北 6 个省份，陕西和辽宁分别由 2015 年生态象限Ⅳ和发展象限Ⅱ"跌落"进入，安徽由原始象限Ⅲ-1 转移进入；处于生态象限Ⅳ的地区有西藏、青海、云南、黑龙江、新疆、广西、江西、海南、四川、贵州、湖南、吉林 12 个省份，其中湖南由 2015 年原始象限Ⅲ-1"前进"而来。

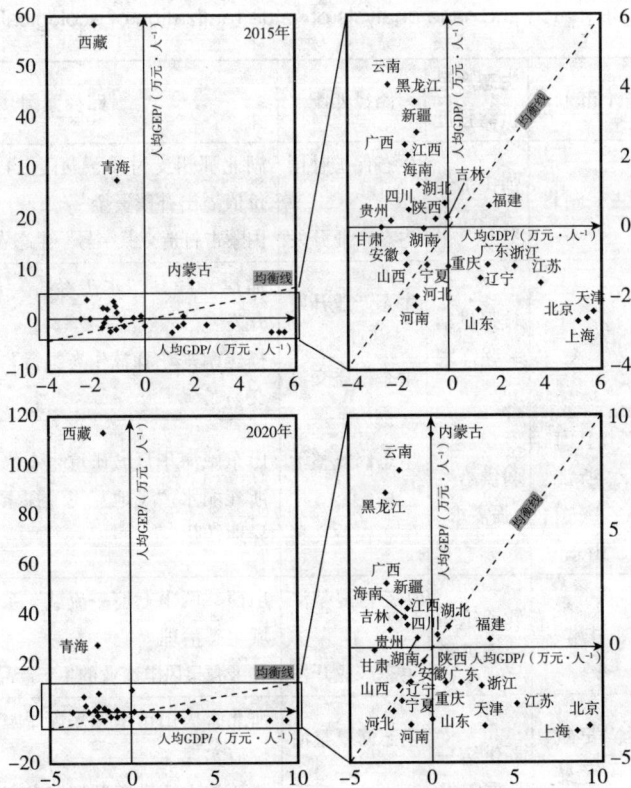

图2　2015—2020 年全国 31 省（市）财富均衡状态的分区变化

Fig.2　Zoning change of wealth equilibrium in 31 provinces in 2015 and 2020

（四）生态产品价值实现的路径选择及演进

中共十八大以来，中共中央和国务院以及各部委推进了一系列关于生态产品价值实现试点，如国家生态文明试验区、国家生态产品市场化省级试点、国家生态产品价值实现机制试点城市、国家生态文明建设示范市县（区）和"绿水青山就是金山银山"实践创新基地等，各地区积极探索并贡献了大量富有试点意义和现实亮点的路径方案。基于此，分析各省级行政区物质财富和生态财富两种财富价值协同均衡的象限分区结果，结合区域生态产品供需强度的相对势差和区域试点特色，讨论各省探索生态产品价值实现的路径匹配及演进案例（表2）。

表 2　生态产品价值实现的路径匹配及案例分析

Tab.2　Path match and case analysis of value realization of ecological products

象限分区	省（市）	生态产品供需强度	路径匹配	路径案例
均衡象限 I -1	内蒙古、湖北	强供给—较强需求	生态保护补偿 + 生态产业开发	湖北鄂州支付梁子湖区 2.4 亿元生态服务价值溢出补偿资金 内蒙古打造"蒙字号"生态农牧业区域品牌
均衡象限 I -2	福建	较强供给—强需求	生态产业开发 + 生态权益交易	福建光泽县"水美经济"促进生态资源开发 福建南平"森林生态银行"实现资源资产交易
发展象限 II	北京、上海、江苏、浙江、天津、广东、重庆、山东	弱供给—强需求	生态修复整治 + 生态权益交易	山东威海华夏城矿坑生态修复及价值实现 浙江丽水"飞地互飞"探索生态产品价值异地转化
原始象限 III -1	山西、甘肃	较弱供给—弱需求	生态修复整治 + 生态产业开发	山西"两山七河一流域"系统推进黄河流域生态治理 甘肃酒泉风电产业的生态产品价值实现探索
原始象限 III -2	陕西、安徽、辽宁、宁夏、河南、河北	弱供给—较弱需求	生态修复整治 + 产业生态转型	河北省唐山市南湖采煤塌陷区生态修复及价值实现 陕西神木探索资源型城市产业融合绿色转型新模式

续表

象限分区	省（市）	生态产品供需强度	路径匹配	路径案例
生态象限 Ⅳ	西藏、青海、云南、新疆、广西、江西、海南、四川、贵州、湖南、吉林、黑龙江	强供给—弱需求	生态保护补偿 + 生态权益交易	广西选聘生态护林员协同推进生态补偿脱贫与乡村振兴 江西抚州探索市县乡三级生态产品权益交易

位于均衡象限 Ⅰ-1 的内蒙古和湖北两省处于人均物质财富和生态财富均实现正向均衡的状态，且生态财富水平相对更高，生态产品供需强度属于"强供给—较强需求"类型，建议采取"生态保护补偿+生态产业开发"的复合路径。首先充分开展自然生态资源调查监测和评估定价，由政府与市场构建"财政补助+金融扶持"的模式，为区域保护生态环境供给生态产品而付出的劳动价值和损失的经济效益提供定向补偿和金融支持。如湖北从 2015 年生态象限"前进"至均衡象限，人均物质财富增长的同时坚持探索绿色发展保护自然生态价值，鄂州建立区域间横向生态补偿机制，试行阶段已支付梁子湖区 2.4 亿元生态服务价值溢出补偿资金，全面推进城乡重大生态工程，并积极探索水库灌溉权质押融资、林权收益权转让及融资、排污权交易等市场化运作的生态价值实现路径。在此基础上进一步利用生态产品强供给优势，如内蒙古积极推进乌兰察布马铃薯、科尔沁牛、呼伦贝尔草原羊等"蒙字号"生态农牧业区域品牌，以构建生态产品"第四产业"产业链提高生态溢价，推动区域人均物质财富和生态财富向理想均衡线持续协同演进。

位于均衡象限 Ⅰ-2 的福建在"十三五"期间物质财富与生态财富保持均衡富裕，且物质财富略占优势，生态产品供需强度属于"较强供给—强需求"类型，建议采取"生态产业开发+生态权益交易"的路径模式，充分发挥区域生态领先优势和丰厚物质基础的耦合协同，通过大力发展生态农业、生态文化旅游业、生态工业等，加快促进生态资源向资产资本的高效转化，创新优化生态产品的供给结构，打造形成具有区域特色优势的生态产品品牌。同时积极响应人们对生态产品的强需求，积极打造生态产品的资本化运营市场，通过运营收储、营销推介、项目转化等方式整合优化生态资源资产，搭建生态产品权益交易平台，综合提升区域生态赋能社会经济增长的动能动力，如福建光泽县"水美经济"构建卖资源、卖产品、卖环境和卖高端食品的水生态全产业链，建立"水生态银行"和"武夷山水"区域公用品牌，搭建了整合资源、优化资产、引入资本、品牌建设的综合平台，成功实现了生态产品市场化开发和交易的转化机制。

　　位于发展象限Ⅱ的北京、上海、江苏、浙江等8个省（市）大多属于人口和物质经济分布密度相对较高的区域，物质财富较为富裕但生态财富相对稀缺，生态产品供需强度属于"弱供给—强需求"类型，建议采用"生态修复整治＋生态权益交易"的复合路径。首要的重点任务是增强区域生态产品生产供给能力，加快推进生态修复和环境综合整治，积极探索以政府为主导、社会资本和公众共同参与的区域生态综合治理工程，提高区域人民群众生态财富的获得感和幸福感。同时充分发挥区域物质经济基础驱动，引导针对市场强需求开发新的生态产品，构建多元主体协同的生态权益认证流转交易机制，创新生态产品价值实现路径推动区域进入均衡象限。如山东威海以产权出让方式公开引进华夏集团，对龙山区域开展矿坑生态修复治理和文化旅游产业相结合的治理新模式，实现了生态资源资产化、区域生态修复、富民产业融合发展的多重目标。浙江丽水则通过探索发展生态工业，以"验地、验水"制度确保工业企业用地污染的及时修复，并与上海、杭州等地创新"飞地互飞"机制，合作探索生态产品价值异地转化路径。

　　位于原始象限Ⅲ-1的山西、甘肃两省属于中西部地区，受区位历史和发展模式等因素影响，区域人均物质财富和生态财富处于匮乏水平的低级均衡状态，且生态财富的差距相对较小，生态产品供需强度属于"较弱供给—弱需求"类型，迫切需要探索"生态修复整治＋生态产业开发"的复合路径。首先从差距相对较小的供给弱侧出发，推动区域积极开展国土综合整治和生态修复，如山西以丘陵沟壑区水土流失综合治理、矿山生态修复、黄河生态保护修复等方式重点推进"两山七河一流域"生态修复治理，统筹山水林田湖草沙一体化保护修复。在此基础上引导区域开发对环境影响小、生态产品需求较少的绿色产业，积极发掘具备区域优质特色的生态产品，因地制宜发展数字经济、清洁能源等环境敏感型产业，积极争取国家 EOD 模式项目，推动生态优势转化为产业优势。大力招引发展生态友好型产业和企业，打造一批具有示范带动作用的绿色工厂和绿色供应链企业，减少污染排放对生态产品调节服务功能的损耗。如甘肃酒泉精准识别区域风能资源的生态价值属性，以风电产业发展推动能源产业转型创新。

位于原始象限Ⅲ-2 的陕西、安徽、辽宁等 6 个省份也处于人均物质财富和生态财富都匮乏的状态，且物质财富的差距相对更容易缩小，生态产品供需强度属于"弱供给—较弱需求"类型，建议采用"生态修复整治 + 产业生态转型"的复合路径，尤其是辽宁、陕西、安徽分别由 2015 年的发展象限Ⅱ、生态象限Ⅳ和原始象限Ⅲ-1"跌落"到该类型，表明经济社会发展与自然生态保护存在失衡现象，亟需开展全域生态修复和国土综合整治，以系统化思维统筹物质财富和生态财富的均衡协调，强化区域生态产品供给能力。同时要积极探索产业绿色循环转型的新发展形态，以绿色、低碳、节能为导向，将区域内产业经济系统、自然生态系统和社会文化系统进行耦合协调及优化，以绿色发展理念创新发展先进生态技术，积极培育绿色低碳产业，降低原有传统高耗能、高污染产业对生态环境的空间压迫，引导传统产业向着节能绿色的方向转型，推进地区产业经济绿色化转型升级。如陕西神木积极推进资源型城市造林修复、减污降碳，探索煤矿开采、生态种植和新能源发展有机结合的产业绿色转型新模式。

位于Ⅳ生态象限的西藏、青海、江西等 12 个省份的人均生态财富相对充裕而人均物质财富相对匮乏，生态产品供需强度为"强供给—弱需求"水平，这些地区迫切期待生态产品价值实现机制对区域经济社会发展的正向驱动，建议采用"生态保护补偿 + 生态权益交易"的复合路径。首先充分把握生态产品强供给能力，在政策上构建府际间横纵双向补偿制度，以财政转移支付、生态专项工程、资源配额交易等方式，适当向中西部生态富裕省份倾斜政策扶持，将生态补偿与乡村振兴、区域协调发展等工作结合起来，引导建立生态公益组织和公益基金会等，充分调动政府、社会资本、民众多主体共同参与生态保护与建设，形成生态价值向物质价值的合理高效转化。如广西探索石漠化综合治理与生态观光农业协同推进，结合选聘贫困户为生态护林员，实现生态补偿脱贫与乡村振兴的有机衔接。江西省资溪县建立"两山银行"，积极探索"景区收费权质押贷款""林权补偿收益权质押贷款""竹木产业链融资"等创新模式，为区域物质财富增长提供生态渠道。

　　混合策略选择的最终目标是实现均衡，生态产品价值实现的空间均衡体现为物质财富与生态财富的均衡及协同促进。基于对物质、生态、精神等多维共同富裕的追求，均衡象限 I-1 和生态象限 IV 的区域将积极推动生态产品从强供给向强需求流动，探索生态财富向物质财富转化，由顺时针方向往理想均衡线演进，如湖北省；均衡象限 I-2 和发展象限 II 的区域发展将探索物质经济对生态环境的反哺，通过修复、补偿、购买等方式满足区域对生态产品的强需求，由逆时针方向往理想均衡线演进。而位于原始象限 III 的地区似乎拥有演进方向的选择权，一般而言生态差距相对更小的原始象限 III-1 区域倾向于提高生态财富水平，经生态象限 IV 向理想均衡线演进，如湖南省；物质财富差距更小的原始象限 III-2 更倾向于加快物质经济的高质量发展，经发展象限 II 向理想均衡线演进。研究也发现部分地区在探索多维目标空间均衡的过程中未能充分识别自身禀赋优势和发展逻辑，导致在演进中发生了"象限跌落"，在下一步谋求绿色发展的动态演进中需要探索更清晰的路径选择。

四、结论与讨论

（一）结论

　　生态产品价值实现是"两山理论"转化的发展新范式，也是推进经济、社会、文化、政治等系统性改革工程的重要抓手。本文梳理了生态产品及其价值实现的概念内涵和主要模式，以物质财富和生态财富的价值协同及生态产品供需强度构建了生态产品价值实现的空间均衡分析框架，在核算 2015—2020 年全国 GEP 构成及变化的基础上，采用改进四象限模型对 31 省进行经济—生态象限分区，并基于实际案例讨论不同区域生态产品价值实现的路径选择和演进策略。得出以下结论：（1）"十三五"期间全国 GEP 和人均 GEP 均实现增长，但空间不均衡的格局差异愈发明显。2015—2020 年全国 31 省 GEP 总值由 39.99 万亿元增长至 53.27 万亿元，实际增幅达 19.35%；人均 GEP 从 2015 年的 2.90 万元增长至 3.78 万元，实际增幅为 16.80%。单位面积 GEP 呈现"南高北低"的空间特征，与人均 GEP "西高东低"的空间格局存在明显的错配不均。（2）基于改进四象限模型构建生态产品价值实现的空间均衡框架，以物质和生态财富的协同均衡关系将 31 省划分为均衡象限 Ⅰ–1 和 Ⅰ–2、发展象限 Ⅱ、原始象限 Ⅲ–1 和 Ⅲ–2、生态象限 Ⅳ 共 6 个象限分区，各分区生态产品的供需强度存在不同的相对势差。（3）处于不同象限的地区应在生态修复整治、生态保护补偿、生态权益交易、生态产业开发、产业生态转型等 5 种主要路径中因地制宜进行匹配组合，并朝着物质与生态财富协同的理想均衡线演进。不同地域在探索多维目标空间均衡的演进过程中，应充分厘清禀赋优势和发展逻辑进行价值实现的路径选择和演进策略。

（二）讨论

寻求不同区域间生态产品价值实现的路径匹配是"两山"理论下实现物质财富和生态财富空间均衡的关键问题。本文尝试讨论了生态产品价值实现中两种财富价值的空间均衡与协同，并基于不同区域生态产品供需强度的相对势差讨论了区域生态产品价值实现的路径选择与演进，对如何以生态文明思想指导异质性区域实现绿水青山与金山银山的双向互动转化以及空间均衡提供了一定的指导和参考。同时本文也存在一些不足，首先是区域间生态财富的数据测度还存有优化空间，尤其是各地 GEP 进行大范围核算试点后，全国尺度如何进行统一标准化核算仍具有较大难度，以 GEP 为表征的生态财富价值如何克服传统物质财富以 GDP 为表征的短期效益、福利缺失、成本模糊等缺陷还需深入讨论。然后是生态产品价值实现路径选择的相互协同与转化尚待进一步明晰，如张林波等认为多数生态产品价值实现案例都需要综合采用多种路径模式，各种实践模式相互之间存在很大的关联性和相似性。精准识别不同地区的生态产品价值实现路径匹配与复用性，既需要厘清各路径间存在的复杂交互协同，更需要从宏观制度框架到微观方案设计上进行不断的适应性动态调整。最后是研究的空间尺度还有待丰富，我国因幅员辽阔而天然存在资源分布的空间非均衡，尝试讨论均衡的目的在于以生态产品价值实现推动"两山"相互转化，引导区域间功能互补、价值流动和利益联结，以构成分阶段促进共同富裕的支撑途径之一。文中主要依据生态产品供需强度和紧缺亟需原则对省域单元的路径选择进行整体方向和多数意志的归类，市县乡等多尺度单元探索其价值实现还需基于政策选择偏好和响应强度构建完整的路径匹配与演进体系，尤其是县域单元定位于国家治理的载体节点和国土空间基本单元，为寻找自身特色的经济与生态均衡协同发展道路寻找新的发力点。另外，共同富裕中精神财富对生态产品价值实现提出的新要求也有待进一步讨论。

（原载《中国土地科学》，2023 年第 2 期，本书有删改）

守住环保底线，提升锂电新能源产业发展能级

温　焜[*]

动力电池是新能源汽车的"心脏"，因此做大做强锂电新能源产业成为新能源汽车产业发展的关键。如今，锂电新能源作为高新技术产业，是未来的能源发展方向之一。但锂矿在开发过程中对环境的影响较大，会带来水体、土壤和空气污染等环境隐患。一些锂矿资源丰富的省份甚至出现了"母亲河"水质异常现象，给锂电新能源产业敲响了环保警钟。显然，这与人民群众日益增长的优美生态环境需要不相符，也有悖于新能源产业发展的初衷。因此，有必要通过延伸产业链、深化创新链、加强支撑链、优化循环链，减少锂电新能源产业对环境的负面影响，提升其发展能级，打造绿色低碳产业的发展样板。

延伸产业链，推动锂电新能源产业高质量发展。大力发展锂产业集群，优化全产业链，推动产业成群结链，从而提升发展能级，减弱产业对环境的影响。加快锂电新能源产业集聚，可以立足各地的产业优势和禀赋条件，形成差异化的产业链模式。同时，加强上下游产业协同发展，包括加强锂电（电芯及电池组）生产企业、锂电一阶材料企业、二阶材料企业、锂矿等上游资源企业、锂电回收企业、锂电终端应用企业的协同与系统集成；推动动力电池与新能源整车、电机电控产业等上下游产业的协同。此外，还要优化锂电新能源产业链的区域布局，避免低水平同质化发展和恶性竞争。这方面可以结合

---

* 温　焜　省委党校（江西行政学院）校（院）刊编辑部副主任、教授

"十四五"制造业系列规划和《关于推动能源电子产业发展的指导意见》要求，明确电池级碳酸锂、氢氧化锂、正负极材料、隔膜、电解质产业链各环节的发展目标。

深化创新链，发挥锂电新能源产业的关键核心技术优势。聚焦关键核心技术攻关，一是支持高安全性、高能量密度、低钴动力电池的技术研发，提高动力电池的安全性、可靠性和使用寿命。二是积极谋划布局钠电池、钒电池等新型电池的产业布局。三是整合多方优势资源，引导新能源汽车及动力电池龙头企业、社会资本和各类基金集中投入，共同开展关键技术或自主知识产权技术研发。四是加快推动科技成果转移转化，具体包括：积极构建锂电新能源产业的科技成果转移转化体系，以企业需求为导向、市场服务为桥梁，加快"政产学研用"深度融合；建立健全产业标准和规范，加强标准化建设，指导企业参与全球锂电新能源关键技术标准的制定工作等。

加强支撑链，构建锂电新能源产业的良好生态。一要优化政策支撑，发挥好新能源产业相关政策的系统集成作用，加大对龙头企业的扶优扶强力度，发挥好产业引导基金、科技成果转化基金等扶持政策的系统合力，支持产业相关重大项目建设和关键共性技术研发平台建设，做大做强产业链。二要强化项目支撑，聚焦龙头企业打造支撑产业高质量发展的"生力军"。三要聚力引进专精特新企业，打造支撑产业集群式发展的"集团军"。四要强化人才支撑，积极搭建国际合作平台，引进培养一批锂电新能源产业"高精尖缺"人才和高水平创新团队，实现人才引领产业和产业集聚人才的良性循环。五要加强校企合作，以产业需求为导向，健全科技成果转化机制，推进高校、科研院所科技成果项目有效落地转化，鼓励高校、科研机构与企业建立人才实训基地。

优化循环链，促进锂电新能源产业生态化发展。一方面，积极推进锂矿的绿色开发。可总结国内外锂矿的成功开发运营经验，推动锂矿有序开发，将资源优势转变为产能优势。同时，健全完善矿产资源开发利用保障性制度体系，优化锂矿产业开发政策，积极推动锂矿资源的规模化、集约化、绿色化开发利用。此外，支持行业龙头企业利用自身技术、环保优势，前往海外资源丰富的矿区开展生产作业，有力地支持国内外锂电新能源产业的绿色可持续发展。另一方面，推动锂电全生命周期绿色低碳发展，尤其是锂渣等固废资源在建材等行业的安全化、资源化利用。可优化关于动力电池回收利用的管理办法，制定好电池回收、储存、梯级利用等环节的行业标准和要求，通过与动力电池生产企业、梯次利用企业、回收拆解企业、再生利用企业共建锂电新能源梯次利用和再生利用体系，推动锂电新能源产业全价值链发展。同时，加快动力电池溯源监管平台建设，尤其是各地大型的动力电池回收利用区域综合服务中心站建设，建成安全规范、高效运行的动力电池回收利用体系。此外，还要加快推进动力电池回收综合利用示范基地、示范项目、标杆企业建设，探索废旧动力电池"一站到达"回收利用模式，支持相关企业、科研机构、行业组织开展技术研究，提升动力电池无害化处理的技术能力和水平。

　　锂电新能源产业的新一轮变革已然开启。如何推动锂电新能源产业链深度融合，打造更具韧性的供应链、构建健康发展的生态链，从而实现产业蝶变跃升、引领全球绿色能源革命，既是严峻挑战，也是重大机遇。

（原载《光明日报》，2023 年 7 月 29 日）